合格のための **入試レーダー** **東京都**

2024年度入試はどう行われたか

受検者のみなさんへ

東京都内ではおよそ約200校の都立高校が入学者を募集し，
学んで
います。各校は公立高校としての共通の基盤に立って一方向に
保ちな
がら，教育目標や指導の重点を定めて特色ある教育を展開して
ば，公
立であるため学費が安い，特定の宗教に基づいた教育はしない，

都立高校にはいろいろな種類の学校があります。それぞれの学校の特色を理解し，志望校選びをしましょう。なお，現在は学区制度がなく，どの学校にも同じ条件で出願できるようになっています。

全日制課程

普通科　普通教科(おおよそ中学校の９教科と考えてよい)の学習を中心とする。国公立や難関私立大への進学実績の向上を目指した進学指導重点校・社会生活を送る上で必要な基礎的，基本的学力をしっかり身につけるためのエンカレッジスクールなどもある。単位制の学校では，多様な選択科目が準備され，自分の興味・関心のある分野を重点的に学ぶことができる。また，コース制では，外国語や芸術など学習内容の重点化を図っている。

専門学科　普通教科に加え，専門的な教科(農業・工業・科学技術・商業・ビジネスコミュニケーション・海洋国際・家庭・福祉・理数・芸術・体育・国際・産業)の学習を行う。進学型商業高校(大田桜台高校・千早高校)，先端技術分野の学習と大学進学を目指す科学技術高校(科学技術高校・多摩科学技術高校)，生産から流通まで一貫して学べる産業科高校(橘高校・八王子桑志高校)などがある。

総合学科　普通教科から，工業や商業・情報や美術などの専門教科まで，自分の興味・関心や進路希望に応じて履修科目を選択し，幅広く学べる。現在，晴海総合高校・つばさ総合高校・杉並総合高校・若葉総合高校・青梅総合高校・葛飾総合高校・東久留米総合高校・世田谷総合高校・町田総合高校や王子総合高校がある。

定時制課程

総合学科　チャレンジスクール：午前・午後・夜間の各部からなる三部制で，普通科の科目以外にも福祉や商業や美術などに関する専門的な学習ができる。

普通科・専門学科　夜間などの時間を利用して授業を行うもので，都内に勤務先がある者でも出願できる。単位制普通科の学校には午前・午後・夜間の各部からなる三部制の昼夜間定時制高校もある。専門学科には農業・工業・商業・産業・情報がある。

その他，**通信制課程**　**中高一貫教育校**　**高等専門学校**　がある。

英語リスニングテストの音声について

※コードの使用期限以降は音声が予告なく削除される場合がございます。あらかじめご了承ください。

リスニングテストの音声は、下記アクセスコード(ユーザー名／パスワード)により当社ホームページ(https://www.koenokyoikusha.co.jp/pages/cddata/listening)で聞くことができます。(当社による録音です)

〈アクセスコード〉ユーザー名：koe　パスワード：04191　使用期限：2025年3月末日

●全日制課程
学力検査に基づく選抜の実施要綱

●第一次募集

1 応募資格

(1)2024年３月に中学校を卒業する見込みの者，中学校を卒業した者，など。

(2)原則として，都内に保護者とともに在住し，入学後も引き続き都内から通学することが確実な者，または応募資格審査を受け，承認を得た者。

2 出　願

インターネット出願を実施。出願は１校１コースまたは１科(１分野)に限る。ただし，志望する同一の都立高校内にある同一の学科内に２科(２分野)以上ある場合(芸術に関する学科を除く)は，志望順位をつけて出願することができる(立川高校と科学技術高校の理数科については別に定める)。

出願情報入力期間　12月20日(水)～２月６日(火)

書類提出期間　１月31日(水)～２月６日(火)

変更は他学科か他校へ１回のみ

3 志願変更

願書提出後，１回に限り志願変更をすることができる。ただし，同校同一学科内の志望の順位を変更することはできない。

願書取下げ　２月13日(火)　願書再提出　２月14日(水)

原則５教科入試

4 学力検査等

学力検査教科は５教科を原則とし，５～３教科の中で各校が定める。ただし，エンカレッジスクール(蒲田，足立東，東村山，秋留台，中野工科，練馬工科)は学力検査を実施しない。また，傾斜配点の実施や，面接，実技検査，小論文または作文を行う学校もある。

学力検査日　２月21日(水)

9:00～9:50	10:10～11:00	11:20～12:10	昼食	13:10～14:00	14:20～15:10
国　語	数　学	英　語		社　会	理　科

※英語学力検査時間の最初の10分間にリスニングテストを実施する。

日比谷，戸山，青山，西，八王子東，立川，国立，新宿，墨田川，国分寺は，自校で作成した国語，数学，英語の問題(社会，理科は都の共通問題)を使用する。国際高校では英語のみ自校作成問題を使用する。

5 選　考

選考は，調査書，学力検査の成績(面接などを実施する学校はそれらも含む)，スピーキングテストの結果(英語の学力検査実施校のみ)の総合成績と入学願書による志望，都立高校長が必要とする資料に基づいて行う。なお，自己PRカードは点数化せず面接資料として活用する。

原則
学力検査：調査書＝７：３

総合成績の算出

学力検査と調査書の合計を1000点満点とする。各校は学力検査と調査書の比率を７：３に定め，それぞれの得点を比率換算し得点を算出する。ただし，体育科(駒場，野津田)および芸術科(総合芸術)は学力検査と調査書の比率を６：４とする。それらの得点に，スピーキングテスト・面接・実技検査・小論文・作文(それぞれ実施した場合)の得点を加えて総合成績とする。

6 合格発表

合格者の発表　３月１日(金)　８時30分(ウェブサイト)，９時30分(校内掲示)

手続き　３月１日(金)，４日(月)

●全日制課程第二次募集

1 出　願

出願日　3月6日(水)　インターネット出願は実施しない。

志願変更日　取下げ　3月7日(木)　再提出　3月8日(金)

2 選抜日程等

第二次募集は3教科原則 学力検査：調査書＝6：4

学力検査　　3月9日(土)　　国語，数学，英語（各50分）

※面接・実技検査等・傾斜配点を行う学校がある。また，学力検査と調査書の比率は6：4となる。

合格者の発表　　3月14日(木)

※「インフルエンザ等学校感染症罹《り》患《かん》者等に対する追検査」は同じ日程で行う。ただし，分割募集実施校は追検査を実施しない。

●分割募集

全日制都立高校は，第一次募集期間における募集＝分割前期と第二次募集期間における募集＝分割後期の2回に分けて募集を行うことができる。日程，出願方法などは，第一次募集，第二次募集の規定による。

※2024年度実施校…日本橋，八潮，田園調布，深沢，竹台，大山，田柄，青井，足立新田，淵江，南葛飾，府中東，山崎，羽村，蒲田，足立東，東村山，秋留台，中野工科，練馬工科，野津田(体育)

●海外帰国生徒等入学者選抜
(帰国生徒対象/4月入学生徒)

1 実施校

三田，竹早，日野台，国際

2 出　願

出願情報入力期間　　12月20日(水)～2月7日(水)

書類提出期間　　1月31日(水)～2月7日(水)　インターネット出願を実施する。

3 志願変更

願書取下げ　2月13日(火)　　願書再提出　2月14日(水)

4 検　査

検査日　　2月15日(木)　国語(作文を含む)，数学，英語，面接

※国際高校：現地校出身者は日本語または英語による作文，面接

5 合格発表

合格者の発表　　2月19日(月)

※国際高校の国際バカロレアコースなどの募集に関しては，別に定められている。

普
工
商
農
家
理

都立 立《たち》 川《かわ》 高等学校

【所在地】 〒190-0022 立川市錦町２－13－５ ☎042(524)8195(代) FAX042(527)9906
【交 通】 JR線「立川駅」南口より徒歩８分，多摩モノレール「立川南駅」「柴崎体育館駅」より徒歩６分
【生徒数】 普通科868名(男子451名，女子417名) 【登校時間】 ８：20

施設ほか
空欄はなしまたは不明 食堂 購買部(軽食) 電子黒板 プール 照明つき運動場 携帯電話持ち込み 自転車通学 アルバイト 不可 カウンセラー 制服

校外施設は千葉県館山市の清明寮。図書館は蔵書51,000冊を誇り，和装古書籍も収蔵。ほかに自習室，天体ドーム，小ホール，武道場など。

在校生からのメッセージ

立川駅の近くに立地し，落ち着いた高校生活を過ごせるのが，この立川高校です。「自主自律」の精神を重んじ，勉強だけでなく，行事や部活動においても，生徒が主体となって取り組んでいます。立川高校で高校生活の思い出をつくり，夢に向かって一緒に進んでいきましょう。(宮上中出身 Y・K)

学校からのメッセージ

東京都から進学指導重点校，文部科学省からスーパーサイエンスハイスクール(SSH)の指定を受けており，探究型の授業やフィールドワーク，講演会などを実施しています。2022年度からは普通科の一部(１クラス)が「創造理数科」に改編され，イノベーションを生み出す学校へと進化しました。

◎授業

３学期制・45分×７時限(水・金曜は６時限) 習数英 講放課後・長期休業 朝ー

大学入学共通テストのフル型受験での難関国公立大学をめざす教育課程を編成。土曜授業を行って授業時数を確保し，主要３教科などで習熟度別や少人数制授業を採用して理解の徹底をはかる。１・２年はほぼ共通履修で，各教科を偏りなく学ぶ。３年は文系・理系別の学習となり，選択科目も設けて進路に対応する。外国人講師の授業や英語論文の読解，プレゼンなどで実践的な英語力を鍛えるほか，１・２年で探究的な授業を必修とし，「主体的･対話的で深い学び」の基礎を培う。放課後や長期休業中の講習も充実。

◇３年間の主な流れと主要５教科の週授業数(2024年度)

１年 → ２年 → ３年 文系／理系

	１年	２年	３年 文	３年 理
国	5	5	7～	2～
社	4	6	9～	0～
数	6	6	2～	5～
理	4	5	2	13
英	5	5	6～	6

※基本的に必修授業。 普通科のみ記載。

行事＆海外研修

70年以上の伝統がある初夏の合唱祭は全クラスがア・カペラで歌いあげ，夏休み明けの演劇コンクールは近隣の会場を舞台に，本格的な演劇を創りあげる。続く文化祭では趣向をこらした公演や展示が繰り広げられ，毎年5,000人を上回る来場者がつめかける。また，夏には同窓会所有の清明寮で１年全員参加の臨海教室を実施。ほかに体育祭，クラスマッチ，２年修学旅行なども楽しみ。なお，アメリカ海外研修やタイとの短期交換留学なども実施(希望者)。

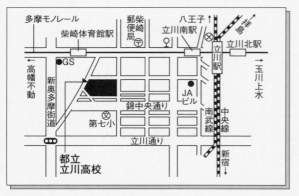

部活動

運動系では卓球部，ハンドボール部，陸上競技部，硬式テニス部，硬式野球部，水泳部などが各大会で活躍中。文化系では全国総文祭出場の天文気象部(最優秀賞)，新聞委員会，東日本大会出場の吹奏楽部のほか，軽音楽部，ESS，文芸部なども頑張っている。

プロフィール

1901年，東京府第二中学校として創立。都立第二高等学校を経て，1950年，現校名に改称。2022年，創造理数科を設置。「質実剛健」「自主自律」を校風とする。普通科高校としては多摩地区で最も長い120年を超える歴史と伝統を誇り，各界で活躍するトップリーダーを多数輩出している。

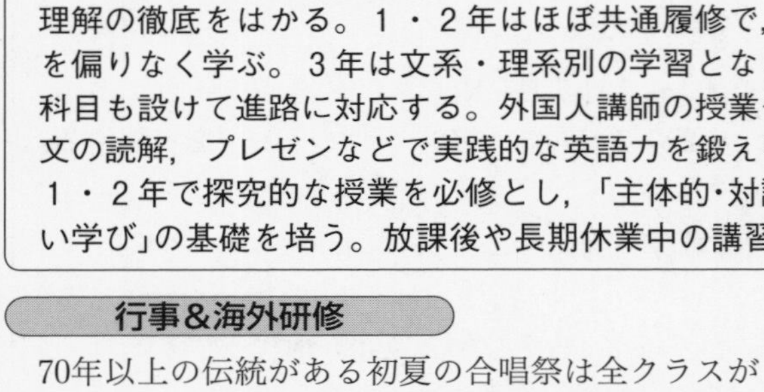

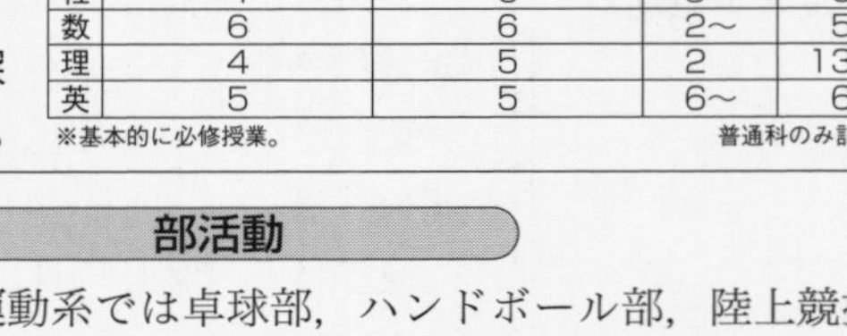
●多摩地区の伝統校

▶土曜の扱い…年20回，４時限の授業を行う。また，部活などに活用する。

入試ガイド

入試概況

※普通科のみ

※2024年度より男女合同定員。

年度	募集定員	推薦入試				一般入試					
		定員	志願者数	合格者数	実質倍率	定員	締切時志願者数	確定志願者数	受検者数	合格者数	実質倍率
2024	276	56	165	56	2.95	220	314	318	292	225	1.30
2023	男144 女132	28 26	83 106	28 26	2.96 4.08	116 106	159 154	155 155	142 153	118 110	1.20 1.39
2022	男144 女132	28 26	73 107	28 26	2.61 4.12	116 106	135 154	136 149	124 144	118 108	1.05 1.33

選抜方法(2024年春)

※普通科

推薦入試		一般入試	
推薦枠	20%	試験科目	5科
特別推薦	—	学力検査	700点
調査書	500点	調査書	300点
個人面接	100点	スピーキング	20点
小論文	400点	自校作成問題	国・数・英

合格のめやす

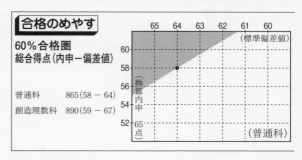

60%合格圏
総合得点(内申－偏差値)

普通科 865(58 － 64)
創造理数科 890(59 － 67)

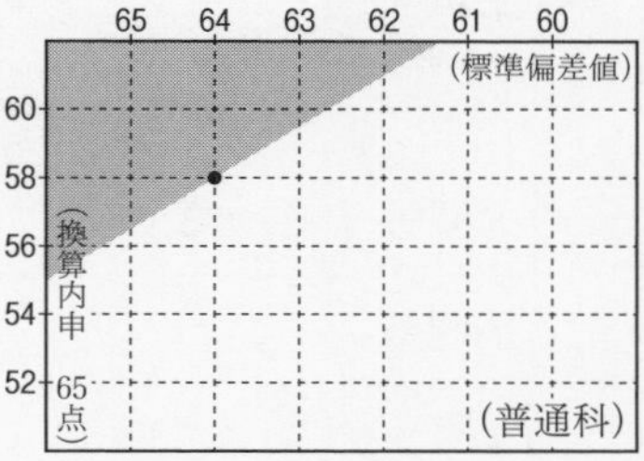

ワンポイント・アドバイス

☆一般の総受検者数は前年並みで，倍率は全都平均を下回った。　☆創造理数科と併願できるため，一般の倍率は見かけより高い。　☆来春は反動と国立高からの流入に注意。

併願校リスト

※Bは本校とほぼ同レベルを，Aは上位，Cは下位レベルを示す。

	国公立	私立	
A	西　国立	早稲田実業 明治大付明治 国際基督教大	◆慶應義塾
B	立川(創) 立川(普) 八王子東 東京科学大附科学技術(仮称)	◆桐　朋 帝京大	法政大第二 中央大附 錦城(特) 拓殖大第一(特)
C	武蔵野北　国分寺 小金井北 昭和　日野台	桜美林(特) 明治学院東村山 ◇東京純心女子(特)	八王子(特進) 桐蔭学園(ア) 明法(特)

◆は男子募集，◇は女子募集，無印は共学または別学募集。

主な併願校　拓殖大第一，錦城，中央大附，八王子学園八王子，帝京大

ミニ情報

▷自習室は夜7時20分まで利用可。
▷SSHではつくばサイエンスツアーや各地へのフィールドワークなど多彩な取り組みを実施。
▷台湾の学校とオンライン交流を実施。
▷紫芳会(同窓会)の全面支援による立高未来塾では各界の一線で活躍中の卒業生を講師に迎え，ワークショップ形式で課題学習を行う。
▷卒業生は，作家の多和田葉子さん，詩人の吉増剛造さん，翻訳家の井上一馬さん，漫画家の東海林さだおさんなど錚々《そうそう》たる顔ぶれ。

卒業後の進路

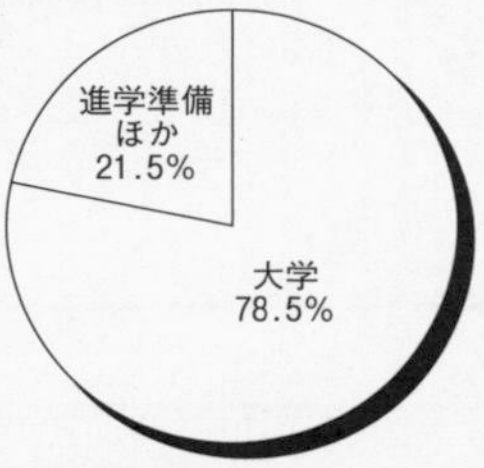

卒業生数… 312 名
大学… 245 名
短期大学… 0 名
専門学校… 2 名
就職… 0 名
進学準備ほか… 65 名
(2023年3月卒業生)

〔大学進学率の推移〕 79%(23年)←76%(22年)←81%(21年)

〈大学合格実績〉 ※(　)は現役で内数。　(2023年春)

大学名	人数	大学名	人数	大学名	人数
東京大	3(3)	京都大	5(3)	早稲田大	61(53)
東京工業大	5(5)	一橋大	9(9)	慶應義塾大	18(14)
大阪大	3(3)	東北大	7(6)	上智大	27(24)
北海道大	11(9)	筑波大	4(4)	国際基督教大	4(4)
東京都立大	28(25)	お茶の水大	5(4)	東京理科大	50(29)
東京外語大	9(9)	九州大	1(1)	明治大	110(81)
神戸大	1(1)	千葉大	4(3)	青山学院大	44(39)
電気通信大	2(1)	東京農工大	20(15)	立教大	60(45)
横浜国立大	4(2)	横浜市立大	1(1)	中央大	76(57)

指定校推薦　東京都立大，早稲田大，慶應義塾大，国際基督教大，東京理科大，青山学院大，中央大，法政大，学習院大など。

進路指導

ほとんどが大学進学希望のため，早くからLHRや総合的な探究の時間を通じ，将来の職業をも視野に入れた志望校選択ができるよう指導している。また，「進路部通信」「先輩からの手紙」などを配付するほか，進路講話，大学出張講義，難関大学訪問なども適宜実施。担任による個別面談では受験勉強の仕方もきめ細かくアドバイスし，補習・講習にも力を入れる。

▶**通学区域トップ5**…八王子市13%，府中市8%，小平市8%，立川市7%，日野市5%

出題傾向と今後への対策　英語

出題内容

	2024	2023	2022
大問数	3	3	3
小問数	27	27	26
リスニング	○	○	○

◎放送問題は都立高校入試と共通問題。長文読解総合問題は2題出題され，会話文とエッセーもしくはスピーチのパターンが多い。長文はどちらも長い。

2024年度の出題状況

1 放送問題

2 長文読解総合―会話文

3 長文読解総合―スピーチ

解答形式

2024年度	記　述／マーク／併　用

出題傾向

長文読解の総合問題は，会話文形式と通常の物語やエッセーなどが出題されている。設問は，空所に適切な語句や文を選択・補充するもの，登場人物の気持ちを問うもの，内容一致や要約文を完成させるものなどである。放送問題は都立高校入試と共通の問題で，配点も全体の2割を占め軽視できない。40～50語程度の英作文も必ず出る。

今後への対策

長文読解は，まずは教科書を総復習し基本単語・熟語や構文を全部暗記してしまおう。そのうえで，1冊問題集を決めて繰り返し解くとよい。放送問題は，ラジオ講座などを活用し毎日少しでも英語を聞くようにすること。英作文は，暗記した構文をもとに日頃から自分の考えを表現する練習を積むと，力がつく。

◆◆◆◆◆ 英語出題分野一覧表 ◆◆◆◆◆

			2022	2023	2024	2025 予想※
音声	放送問題		●	●	●	◎
	単語の発音・アクセント					
	文の区切り・強勢・抑揚					
語彙・文法	単語の意味・綴り・関連知識					
	適語(句)選択・補充					
	書き換え・同意文完成			●		△
	語形変化					
	用法選択					
	正誤問題・誤文訂正					
	その他					
作文	整序結合		●	●	●	◎
	日本語英訳	適語(句)・適文選択				
		部分・完全記述				
	条件作文					
	テーマ作文		●	●	●	◎
会話文	適文選択					
	適語(句)選択・補充					
	その他					
長文読解	内容把握	主題・表題				
		内容真偽	●	●	●	◎
		内容一致・要約文完成	●	●	●	◎
		文脈・要旨把握	●		●	◎
		英問英答				
	適語(句)選択・補充		●	●	●	◎
	適文選択・補充		●	●	●	◎
	文(章)整序		●	●	●	◎
	英文・語句解釈(指示語など)		●	●	●	◎
	その他					

●印：1～5問出題，■印：6～10問出題，★印：11問以上出題。

※予想欄　◎印：出題されると思われるもの。　△印：出題されるかもしれないもの。

出題傾向と今後への対策　数学

出題内容

2024年度　作　証　グ

大問４題，13問の出題。[1]は小問集合で，４問。数の計算，連立方程式，確率，平面図形の出題。平面図形は作図問題。[2]は関数で，放物線と直線に関するもの。座標軸の周りに回転させてできる立体について問うものもある。[3]は平面図形で，直角三角形を利用した問題。２つの三角形が相似であることの証明問題も出題されている。[4]は空間図形で，立方体と四角錐を合わせた立体について問うもの。４つの線分の長さの和が最短になるときを考える問題もある。

2023年度　作　証　グ

大問４題，14問の出題。[1]は小問集合で，５問。数の計算，方程式，確率，平面図形の出題。平面図形は作図問題。[2]は関数で，放物線と直線に関するもの。三平方の定理などを利用する問題もある。[3]は平面図形で，正三角形について問うもの。証明問題も出題されている。[4]は空間図形で，正四角錐について問うもの。線分の長さがある値になることを説明する問題もある。

作…作図問題　証…証明問題　グ…グラフ作成問題

解答形式

2024年度　記　述／マーク／併　用

出題傾向

大問４題，総設問数13～15問の出題。[1]の小問集合は４～６問で，数と式，方程式の計算問題は，式が若干複雑であるが難解なものではない。作図問題が必出である。[2]～[4]は関数，図形となることが多い。関数は，放物線を利用したもの，図形は，平面図形と空間図形。途中過程や証明などを記述する問題がそれぞれに含まれている。

今後への対策

まずは計算力。少し複雑なものでもすらすらと解けるように。また，複雑なものは工夫ができないかということも考えるようにしよう。これと並行して，標準レベルの問題集を使って，関数，図形分野を中心に演習を積み重ねること。解法は１つだけとは限らないので，いろいろな角度から問題を見るようにしよう。

◇◆◆◆◆ 数学出題分野一覧表 ◆◆◆◆◇

分野	年度	2022	2023	2024	2025 予想※
数と式	計算，因数分解	●	●	●	◎
	数の性質，数の表し方				
	文字式の利用，等式変形				
	方程式の解法，解の利用	■	■	●	◎
	方程式の応用				
関　数	比例・反比例，一次関数				
	関数 $y=ax^2$ とその他の関数	★	★	★	◎
	関数の利用，図形の移動と関数				
図　形	（平面）計　量	■	■	■	◎
	（平面）証明，作図	■	■	■	◎
	（平面）その他				
	（空間）計　量	★	■	★	◎
	（空間）頂点・辺・面，展開図				
	（空間）その他		●		
データの活用	場合の数，確率	●	●	●	◎
	データの分析・活用，標本調査				
その他	不 等 式				
	特殊・新傾向問題など				
	融合問題				

●印：１問出題，■印：２問出題，★印：３問以上出題。
※予想欄　◎印：出題されると思われるもの。　△印：出題されるかもしれないもの。

出題傾向と今後への対策

国語

出題内容

2024年度

一 漢字

二 漢字

三 小説

四 論説文

五 説明文

課題文

三 逸木 裕『風を彩る怪物』

四 池上嘉彦『記号論への招待』／石黒 圭『日本語は「空気」が決める』

五 齋藤希史『漢文ノート』

2023年度

一 漢字

二 漢字

三 小説

四 論説文

五 説明文

課題文

三 森谷明子『南風吹く』

四 中村雄二郎『哲学の現在』／古田徹也『いつもの言葉を哲学する』

五 松本章男『西行 その歌その生涯』

2022年度

一 漢字

二 漢字

三 小説

四 論説文

五 説明文

課題文

三 額賀 澪『風は山から吹いている』

四 小林秀雄『感想』／伊藤亜紗「『うつわ』的利他」

五 渡部泰明『和歌史』

解答形式

2024年度	記述／マーク／併用

（記述に〇印）

出題傾向

出題の形式は，都立高校の入試とほぼ同じだが，課題文の分量は多く，読解問題の設問内容は，比較的高度である。設問は内容理解が中心で，表現など本文の特徴を問う設問もある。漢字その他の知識問題については，標準的である。50～150字程度の記述式解答を求める設問が複数出題されている。

今後への対策

読解問題は，設問内容が比較的高度であるから，応用力を養成する問題集をたくさんこなすとよい。また，解いた問題について，課題文の要旨を100字程度でまとめるといった練習をしておくとよい。古文については，教科書程度のものが読める基礎学力は身につけておく必要がある。国語の知識については，参考書などで確認しておくこと。

◆◆◆◆◆ 国語出題分野一覧表 ◆◆◆◆◆

分野		年度	2022	2023	2024	2025 予想※
現代文	論説文 説明文	主題・要旨	●			△
		文脈・接続語・指示語・段落関係				
		文章内容	●	●	●	◎
		表現		●	●	◎
	随筆 日記 手紙	主題・要旨				
		文脈・接続語・指示語・段落関係				
		文章内容				
		表現				
		心情				
	小説	主題・要旨				
		文脈・接続語・指示語・段落関係				
		文章内容	●	●	●	◎
		表現	●	●	●	◎
		心情	●			△
		状況・情景				
韻文	詩	内容理解				
		形式・技法				
	俳句 和歌 短歌	内容理解				
		技法				
古典	古文	古語・内容理解・現代語訳				
		古典の知識・古典文法				
	漢文	（漢詩を含む）				
国語の知識	漢字 語句	漢字	●	●	●	◎
		語句・四字熟語				
		慣用句・ことわざ・故事成語				
		熟語の構成・漢字の知識				
	文法	品詞	●		●	◎
		ことばの単位・文の組み立て				
		敬語・表現技法		●		△
	文学史					
作文・文章の構成・資料						
その他						

※予想欄 ◎印：出題されると思われるもの。 △印：出題されるかもしれないもの。

●出題傾向と対策

東京都立高等学校

【社会・理科】
共 通 問 題

社会　出題傾向と対策

●出題のねらい

地理，歴史，公民の各分野とも基礎知識を中心に幅広い出題がなされている。ほとんど全ての問題が地図，統計，図表などを利用して出題されており，単に知識を問うだけでなく，資料を読み取り，総合的に考察する力を見ようとしている。

出題形態にも工夫がなされており，地理，歴史，公民の各分野が融合問題や総合問題の形式をとっているなど，社会科の学力を総合的に試そうとする意図が感じられる。個々の知識を互いに関連させて問題をとらえる力が求められている。

●何が出題されたか

2024年度は昨年同様，大問が全６題出題された。構成は，三分野の小問集合問題が１題と地理が２題，歴史が１題，公民が１題，三分野総合問題が１題となっている。また，小問数は昨年までと同様20問で，文章記述の解答は昨年より１問増えて３問であった。配点は全問５点で，三分野の出題のバランスはとれている。

[1]は三分野の基礎事項からなる問題で，地図の読み取りを含む小問形式である。[2]は世界地理で，各国の気候や産業などに関する問題。[3]は日本地理で，各県の自然環境や，産業などに関する問題。[4]は歴史で，古代から現代までの海上交通に関する歴史をテーマにした問題。[5]は公民で，社会集団をテーマにした問題。[6]は三分野総合問題で，国際社会とグローバル化をテーマに，地図，グラフを用いた問題となっている。

〈社会出題分野一覧表〉

分野	年度	2021	2022	2023	2024	2025予想※
地理的分野	地形図	●	●	●	●	◎
	アジア		地産　総	産		◎
	アフリカ				総	△
	オセアニア	総				△
	ヨーロッパ・ロシア	地産		総	総	◎
	北アメリカ		総			△
	中・南アメリカ					△
	世界全般	総	総	総	産　総	◎
	九州・四国					△
	中国・近畿					△
	中部・関東		産		産　総	◎
	東北・北海道					△
	日本全般	総	総	産人総	総	◎
歴史的分野	旧石器～平安	●	●	●	●	◎
	鎌倉	●	●		●	◎
	室町～安土桃山	●	●	●	●	◎
	江戸	●	●	●	●	◎
	明治		●	●	●	◎
	大正～第二次世界大戦終結	●	●	●	●	◎
	第二次世界大戦後	●	●	●	●	◎
公民的分野	生活と文化		●			△
	人権と憲法	●	●	●	●	◎
	政治	●	●		●	◎
	経済	●		●	●	◎
	労働と福祉	●				△
	国際社会と環境問題			●	●	◎
	時事問題					△

注）地理的分野については，各地域ごとに出題内容を以下の記号で分類しました。
地…地形･気候･時差，産…産業･貿易･交通，人…人口･文化･歴史･環境，総…総合
※予想欄　◎印：出題されると思われるもの。　△印：出題されるかもしれないもの。

●はたして来年は何が出るか

形式は本年のように全６題程度の大問構成となる可能性が高く，地理，歴史，公民の各分野だけでなく，総合問題などを含んだバランスのよい出題となろう。内容も基礎事項を中心としながらも，資料分析力や総合的考察力などさまざまな力を試そうとする傾向には変化がないと思われる。地理では地図や統計を用いて自然や産業を問うもの，歴史では１つのテーマを取り上げて展開していくもの，公民では政治や経済，国際社会など，その他各分野にわたる総合問題など例年どおりの出題傾向が続くと考えられる。また，資料の読み取りを伴う文章記述の問題を重視する傾向にあることに注意しておきたい。

●どんな準備をすればよいか

基本的な設問から応用力が求められる問題まで確実に対応するためには，基本的知識を確実に理解していることが重要である。そのためには教科書を十分に活用して基礎知識をしっかり定着させることから始めたい。その際，知識を個別に覚え込むだけでなく，地図帳や年表，資料集などを積極的に利用して，個々の事項がどのように関連しているか，体系的にまとめていくとよい。地図や図表は例年出題されているので，日頃の学習の中で十分慣れておきたいし，統計も最新のものを確認しておきたい。また，地理，歴史，公民といった分野の枠を越えた総合的な学習も心がけたい。そのためにはニュースなどを通じて現代の社会の課題や国際問題などに対する関心を深めておこう。最後にそれまでの学習の成果を確認し，弱点を補強するためにも過去の問題を解いておこう。問題演習に慣れるとともに出題の意図や傾向を知り，その後の学習に生かしていくことが望ましい。

理科　出題傾向と対策

●出題のねらい

理科の出題のねらいは，中学校で学習する範囲内の各単元について，基礎的な理解度を見ることにある。基本的な知識を問うとともに，実験や観察を題材として，その手順と方法，結果，考察に関わる事柄にも重点が置かれている。出題単元についても，特定のものにかたよることなく，それぞれの分野の各単元間のバランスがはかられており，出題形式についても，記号選択式だけでなく記述式の出題を加える工夫が見られ，受検者の学力が適切に評価される内容となるように配慮されている。

●何が出題されたか

[1]は物理・化学・生物・地学の４つの分野から１，２問，合計６問の出題で，いずれも基礎的な知識を確認するための問題。[2]は岩石についての自由研究のレポートから，岩石に含まれる化石，金属を取り出せる岩石，石英，生物由来の岩石について，示準化石・示相化石，酸化銅の還元，光の屈折，生物どうしのつながりに関する４問。[3]は地球と宇宙から，太陽と地球の動きについて，知識や理解を問う問題。[4]は植物の体のつくりとはたらきから，光合成と呼吸について，知識や考察力を問う問題。[5]は水溶液に関する問題。電解質・非電解質，溶解度について，知識と理解が問われた。[6]は運動とエネルギーから，力学的エネルギーについて，仕事や作用・反作用，速さ，分力，エネルギーなどの知識や理解が問われた。

〈理科出題分野一覧表〉

分野	年度	2021	2022	2023	2024	2025予想※
身近な物理現象	光と音	●	●	●	●	◎
	力のはたらき(力のつり合い)	●	●			◎
物質のすがた	気体の発生と性質					△
	物質の性質と状態変化	●	●	●		◎
	水溶液			●	●	◎
電流とその利用	電流と回路	●	●	●	●	◎
	電流と磁界(電流の正体)	●				◎
化学変化と原子・分子	いろいろな化学変化(化学反応式)	●		●	●	◎
	化学変化と物質の質量	●	●		●	◎
運動とエネルギー	力の合成と分解(浮力・水圧)				●	△
	物体の運動	●	●	●	●	◎
	仕事とエネルギー		●		●	◎
化学変化とイオン	水溶液とイオン(電池)		●	●	●	◎
	酸・アルカリとイオン	●	●			◎
生物の世界	植物のなかま		●	●		◎
	動物のなかま	●			●	◎
大地の変化	火山・地震	●	●	●		◎
	地層・大地の変動(自然の恵み)		●		●	◎
生物の体のつくりとはたらき	生物をつくる細胞					△
	植物の体のつくりとはたらき	●	●		●	◎
	動物の体のつくりとはたらき	●	●	●	●	◎
気象と天気の変化	気象観察・気圧と風(圧力)	●			●	◎
	天気の変化・日本の気象	●	●	●		◎
生命・自然界のつながり	生物の成長とふえ方		●	●		◎
	遺伝の規則性と遺伝子(進化)	●	●			◎
	生物どうしのつながり			●	●	◎
地球と宇宙	天体の動き	●	●	●	●	◎
	宇宙の中の地球					△
自然環境・科学技術と人間						
総合	実験の操作と実験器具の使い方	●		●	●	◎

※予想欄　◎印：出題されると思われるもの。　△印：出題されるかもしれないもの。
分野のカッコ内は主な小項目

●はたして来年は何が出るか

例年どおり，特定の分野にかたよることなく，物理・化学・生物・地学の各分野からバランスよく出題されており，来年もこの傾向が続くのは確実である。その中で，「化学変化」，「電流とその利用」など，理解度の差が表れやすい化学や物理の分野の重要単元については，連続して出題されることが多い。地学や生物の分野でも，「火山・地震」，「動物の体のつくりとはたらき」，「天体の動き」などは同様である。いずれの分野も実験の経緯や観察結果の考察が問われるのは間違いない。年によって論述式解答問題や作図問題が出題されている。この傾向は今後も続くことが予想される。

●どんな準備をすればよいか

まず，教科書で扱われている内容については，しっかり理解できるようにしておくことが何よりも重要である。出題範囲の点でも，難易度の点でも，教科書レベルを超えることはないのだから，教科書のマスターを最重要課題とすべきである。知識的な項目を覚えていくことも必要だが，実験や観察を通して求められる理科的な思考力を身につけていくことが大切である。それには，教科書をただ読んでいくだけでは不十分で，自分なりの「理科ノート」をつくっていくのがよいだろう。特に実験や観察については，その目的，手順，使用する器具，操作の注意点，結果，考察のそれぞれについて，図やグラフも含めて丹念に書きすすめていくこと。この過程であいまいな点が出てきたら，学校の授業ノートや参考書で確認しておくとよい。この一連の作業をすすめていくことができれば，自然に重要なポイントを押さえることができるはずだ。テストや問題集で自分が間違えたところをノートにフィードバックさせていけば，さらに有益だろう。

Memo

特別収録

中学校英語
スピーキングテスト（ESAT-J）

- スピーキングテストについて
- スピーキングテストの準備と対策
- 問題と解答例

2023年度　11月27日実施

2023年度　12月18日実施（予備日テスト）

2022年度　11月27日実施

2022年度　12月18日実施（予備日テスト）

中学校英語スピーキングテストについて

※中学校英語スピーキングテスト(テスト名称：ESAT-J)は，東京都教育委員会が英語の「話すこと」の能力を測るアチーブメントテストとして実施しており，都立高等学校入学者選抜学力検査とは異なるテストです。

1 実施方法

タブレット端末等を用いて，解答音声を録音する方法で実施し，試験時間は準備時間を含み，65分程度とする。

2 出題方針

(1) 出題の範囲は，実施年度の中学校学習指導要領における英語「話すこと」に準拠した内容とする。

(2) 問題は，中学校検定教科書や東京都教育委員会が指定する教材に基づく。

(3) 基礎的・基本的な知識及び技能の定着や，思考力・判断力・表現力などをみる。

3 問題構成及び評価の観点

※評価の観点 ①コミュニケーションの達成度 ②言語使用 ③音声

Part	ねらい	出題数	評価の観点		
			①	②	③
A	英文を読み上げる形式の問題で英語音声の特徴を踏まえ音読ができる力をみる。	2			○
B	図示された情報を読み取り，それに関する質問を聞き取った上で，適切に応答する力や，図示された情報をもとに「質問する」，「考えや意図を伝える」，「相手の行動を促す」など，やり取りする力をみる。	4	○		
C	日常的な出来事について，話の流れを踏まえて相手に伝わるように状況を説明する力をみる。	1	○	○	○
D	身近なテーマに関して聞いたことについて，自分の意見とその意見を支える理由を伝える力をみる。	1	○	○	○

4 評価の観点の内容

① コミュニケーションの達成度(２段階)：コミュニケーションの目的の成立

	Part B	Part C	Part D(意見)	Part D(理由)
○	・各設問の問いかけに応じた内容を伝えることができている。 ・相手に適切な行動を促すことができている。 ★1	・各コマのイラストの内容(事実)を伝えることができている。 ★2	・意見(自分の考え)を伝えることができている。	・意見(自分の考え)をサポートする理由を伝えることができている。
×	・各設問の問いかけに応じた内容を伝えることができていない。 ・相手に適切な行動を促すことができていない。	・各コマのイラストの内容(事実)を伝えることができていない。	・意見(自分の考え)を伝えることができていない。	・意見(自分の考え)をサポートする理由を伝えることができていない。

★1 問題趣旨に沿って解答できていれば，解答は単語・センテンスのどちらでもよいとする。

★2 各コマのイラストについて判断する。

② 言語使用（５段階）：語彙・文構造・文法の適切さ及び正しさ，内容の適切さ（一貫性・論理構成）

	Part C，Part D
◎◎	・豊富で幅広い語彙・表現や文法を，柔軟に使用することができる。 ・アイデア間の関係性を整理して伝えることができる。 ・語彙や文構造及び文法の使い方が適切であり，誤解を生むような文法の誤りや，コミュニケーションを阻害するような語彙の誤りもない。
◎	・複雑な内容を説明するときに誤りが生じるが，幅広い語彙・表現や文法を使用し，アイデアを伝えることができる。 ・簡単なアイデアを順序立ててつなげることができる。 ・語彙や文構造及び文法の使い方が概ね適切である。
○	・使用している語彙・表現や文法の幅が限られているが，簡単な接続詞を使って，アイデアをつなげたりすることができる。 ・簡単な描写を羅列することができる。 ・語彙や文構造及び文法の使い方に誤りが多い。
△	・使用している語彙や表現の幅が限られているが，簡単な接続詞を使って，単語や語句をつなげることができる。 ・簡単な事柄なら言い表すことができる。 ・語彙や文構造及び文法の使い方に誤りが非常に多い。
×	・求められている解答内容から明らかに外れている。 ・英語ではない，あるいは，英語として通じない。 ・力を測るための十分な量の発話がない。

③ 音声（４段階）：発音，強勢，イントネーション，区切り

	Part A，Part C，Part D
◎	・発音は概ね正しく，強勢，リズムや抑揚が，聞き手の理解の支障となることはない。 ・言葉や言い回しを考えたり，言い直したりするために，間（ま）を取ることがあるが，発話中の間（ま）は，概ね自然なところにあり，不自然に長くない。
○	・発音は概ね理解できるが，強勢，リズムや抑揚が，聞き手の理解の支障となることがある。 ・不自然なところで区切っていたり，言葉や言い回しを考えたり言い直したりするための間（ま）が不自然に長かったりすることがあるが，話についていくことには可能な程度である。
△	・簡単な単語や語句の強勢は適切であるが，全体を通して発音の誤りが生じ，抑揚がほとんどない。 ・不自然なところで区切っていたり，言葉や言い回しを考えたり言い直したりするための間（ま）が多い，もしくは不自然に長かったりすることがあり，話についていくことが難しい。
×	・求められている解答内容から明らかに外れている。 ・英語ではない，あるいは，英語として通じない。 ・力を測るための十分な量の発話がない。

5 テスト結果の評価と留意点

●テスト結果は，都教委によるESAT-J GRADE（６段階評価）で評価する。

※IRT（項目応答理論）により，採点結果を統計的に処理し算出。

●このテスト問題及びそれに付随する採点基準・解答例の著作権は，試験実施団体に帰属します。

スピーキングテスト(ESAT-J)の準備と対策
～試験までにできること～

★ESAT-J全体の特徴

◆これまでの傾向

➡2022年度・2023年度に実施された計４回のテストからわかる傾向を見てみよう。

☞ 形式：自分の声をタブレット端末に吹き込んで行う。

☞ 構成：４つのパート，計８問(下表参照)で構成される。これはGTEC®(Coreタイプ)*とほぼ同じ。

*民間の英語試験。学校を通じて申し込める。できれば事前に一度受けておきたい。
*「GTEC(Coreタイプ)」は，株式会社ベネッセコーポレーションの登録商標です。

◆ESAT-Jの構成とパートごとの特徴

Part	No.	概要	準備時間	解答時間	類似問題
A	1, 2	40語程度の英文を音読する	30秒	30秒	英検®３級[1]
B	1, 2	与えられた情報を読み取り，それに関する質問に答える	10秒	10秒	英検®準２級[2]
	3, 4	与えられた情報について，自分の考えを伝える，自分から質問する	10秒	10秒	なし
C		４コマのイラストを見て，ストーリーを英語で話す	30秒	40秒	英検®２級[3]
D		身近なテーマに関する音声を聞き，その内容について自分の意見と，その意見をサポートする理由を述べる	１分	40秒	英検®２級[4]

[1] ３級は30語程度。準２級になると50語程度になる。ESAT-Jはその中間といえるが英検®のように英文に関する質問はない。
[2] 準２級のNo.２とNo.３は，やや異なる形式ではあるが，単文解答式でという点で類似している。
[3] ２級の問題は３コマ。英検®の場合はイラストの中に文字情報があるが，ESAT-Jにはない。
[4] ２級のNo.３とNo.４は，やや異なる形式ではあるが，あるテーマについて自分の意見と理由を述べるという点で類似している。
* 英検®は，公益財団法人 日本英語検定協会の登録商標です。

★ESAT-Jの対策

➡スピーキングは一朝一夕では身につかない。大切なのは積み重ね。日頃から次のことを心がけよう。

☞ 教科書などを音読する。音読する際は，区切りや抑揚，それに英文の意味を意識して読む。

☞ いろいろな質問に英語で答える習慣をつける。聞かれた内容を理解し，それに応じた返答をする。

☞ 日常の生活で目にする光景や状況を日本語から英語の順でよいので，言葉にする習慣をつける。

☞ 身の回りのさまざまな問題やテーマについて考え，自分の意見を言えるようにしておく。日本語からでよい。日本語で言えないことは英語でも言えない。まず日本語で自分の考え・意見を持つことが大切。その後英語にする。

⇨Part Dの自分の意見とそう考える理由を問う形式は，高校入試の英作文問題でもよく出題されている。作文とスピーキングの違いはあるが，やること自体は変わらない。こうした作文問題に数多く取り組むことで，さまざまなテーマについて自分の意見を考え，養うことができるようになると同時に，その解答を英語で準備することで使える語彙や表現が増える。さらにそれを音読して覚えていくことで，即座に答える瞬発力を上げていくことができる。

◆対策のまとめ

Part	対策
A	・単語を正しく発音する。 ・適切な場所で区切って読む。不適切な場所で区切ると，聞く人の理解が妨げられる。 ・強く読むところや，語尾を上げて読むところなどを意識し，抑揚をつけて読む。 ⇨読む英文にネイティブスピーカーの音声がついている場合は，その音声の真似をして読むとよい。
B	・聞かれたことに対してしっかり答える。 ・情報から読み取れないことなどについて，自分から質問したり，自分の考えを伝えたりする習慣をつける。
C	・日常の場面を英語で表現する習慣をつける。 ・ストーリーはいきなり英語にしなくてよい，まず日本語で考え，それから英語にする。 ・必要に応じて接続詞などを効果的に使いながら文を膨らませ，伝える内容を発展させる。
D	・まず流れる音声を正確に聞き取る。リスニング力も求められている。 ・日頃から身の回りのさまざまな問題やテーマについて考え自分の意見を述べ，それを英語で表現する習慣をつけておく。 ⇨あるテーマについて意見を述べさせる形式は，高校入試の英作文問題でもよく出題されている。こうした問題に多く取り組むことが対策になる。書いた英文は先生などにチェックしてもらい，完成した英文を繰り返し音読し覚える。 ・表現の幅を広げるために，学習した語彙や表現を日頃から文単位で書きとめ，蓄積し，それを繰り返し音読して使えるようにしておく。
全体	・機械に吹き込むことに慣れておく。 ・毎日少しでも英語を声に出す習慣をつける。その際，ただ声に出すだけでなく，英文の意味を理解しながら読む。 ・解答までの準備時間があるので，まず日本語で考えてからそれを英語にした方がよい。 ・解答する時間には制限があるので，時間を意識しながら時間内に答えられるように練習する。 ・試験当日は，肩の力を抜いてできるだけリラックスする。 ・最初から完璧に話そうとする必要はない。途中で間違えても言い直せばよい。相手にきかれたこと，自分の言いたいことを，相手に伝えることが何よりも大事である。 ・Practice makes perfect.「習うより慣れよ」

★ESAT-Jの今後の予測

➡2023年度のテストは2022年度のテストと形式や構成，難度の面で変化は見られなかった。2024年度も同様の構成，難度で実施されることが予想される。

★参考

■東京都教育委員会のウェブサイトには，ESAT-Jの特設ページが用意されており，採点例や英語力アップのためのアドバイスなども掲載されている。

■英検®のウェブサイトには，各級の試験の内容と過去問１年分が公開されている(二次試験のスピーキングはサンプル問題)。

取材協力：星昭徳氏(日本大学高等学校)

2023年度　中学校英語スピーキングテスト（ESAT-J）　（11月27日実施）

Part A

Part A は、全部で２問あります。聞いている人に、意味や内容が伝わるように、英文を声に出して読んでください。はじめに準備時間が３０秒あります。録音開始の音が鳴ってから解答を始めてください。解答時間は３０秒です。

【No.1】

あなたは留学先の学校で、昼休みの時間に放送を使って、新しくできたクラブについて案内することになりました。次の英文を声に出して読んでください。録音開始の音が鳴ってから解答を始めてください。
（準備時間３０秒／解答時間３０秒）

▶ **No. 1**

Have you heard about the new math club? It will start next week. Club members will meet every Tuesday afternoon at four o’clock in the computer room. They’ll study together and play math games. If you want to join, please talk to Mr. Harris.

【No.2】

留学中のあなたは、ホームステイ先の子供に、物語を読み聞かせることになりました。次の英文を声に出して読んでください。録音開始の音が鳴ってから解答を始めてください。
（準備時間３０秒／解答時間３０秒）

▶ **No. 2**

A woman lived in a large house. She liked singing and writing songs. One night, her friends came to her house for dinner. After dinner, she sang her new song for them. What did her friends think? They loved it, and they wanted to learn the song, too.

Part B

Part B は、全部で４問あります。質問に答える問題が３問と、あなたから問いかける問題が１問あります。与えられた情報をもとに、英語で話してください。準備時間は１０秒です。録音開始の音が鳴ってから解答を始めてください。解答時間は１０秒です。

No. １と No. ２では、与えられた情報をもとに英語で適切に答えてください。

【No.1】

留学中のあなたは、友達と学校の掲示板に貼ってある、来年開催される地域のイベントのポスターを見ています。友達からの質問に対して、与えられたポスターの情報をもとに、英語で答えてください。録音開始の音が鳴ってから解答を始めてください。

（準備時間１０秒／解答時間１０秒）

Question: What are all of the events in September?

【No.2】

留学中のあなたは、友達とコンサートに行くために、あなたのいる場所から会場までの行き方を、あなたの携帯電話で調べています。友達からの質問に対して、与えられた情報をもとに、英語で答えてください。録音開始の音が鳴ってから解答を始めてください。

（準備時間１０秒／解答時間１０秒）

Question: What is the fastest way to get to the concert hall?

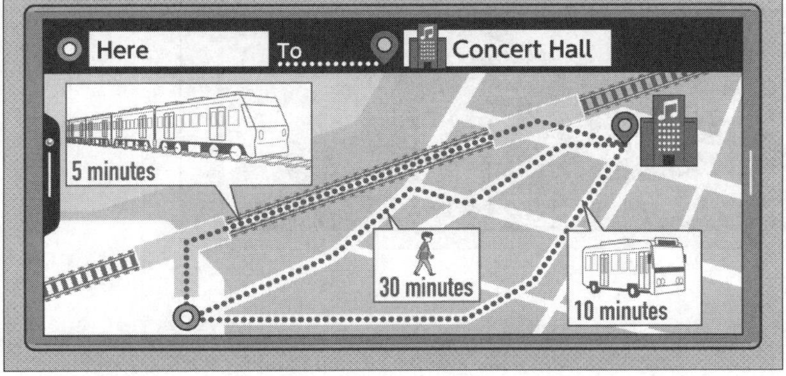

No. 3とNo. 4は、同じ場面での問題です。

No. 3では、質問に対するあなた自身の答えを英語で述べてください。No. 4では、あなたから相手に英語で問いかけてください。

【No.3】

留学中のあなたは、2日間で行われるサマーキャンプに参加していて、初日の活動の案内を見ています。キャンプ担当者からの質問に対して、与えられた活動の情報をもとに、あなた自身の回答を英語で述べてください。録音開始の音が鳴ってから解答を始めてください。

（準備時間10秒／解答時間10秒）

Question: Which activity do you want to do?

【No.4】

次に、あなたはキャンプ2日目に行われるイベントについての案内を受け取りました。あなたはその内容について、案内に書かれていないことで、さらに知りたいことがあります。知りたいことをキャンプ担当者に英語で尋ねてください。録音開始の音が鳴ってから解答を始めてください。

（準備時間10秒／解答時間10秒）

We’re going to have a walking event.

Part C

Part C は、4コマイラストの問題です。これから画面に表示される１から４の全てのイラストについて、ストーリーを英語で話してください。はじめに準備時間が３０秒あります。録音開始の音が鳴ってから解答を始めてください。解答時間は４０秒です。この Part には例題はありません。

あなたは、昨日あなたに起こった出来事を留学生の友達に話すことになりました。１のイラストに描かれた人物になったつもりで、相手に伝わるように英語で話してください。
（準備時間３０秒／解答時間４０秒）

Part D

Part D は、英語で話される音声を聞いたうえで、質問に対する自分の考えとそう考える理由を英語で述べる問題です。英語の音声は２回流れます。そのあと準備時間が１分あります。録音開始の音が鳴ってから解答を始めてください。解答時間は４０秒です。この Part には例題はありません。

海外姉妹校の生徒であるマイクから、ビデオレターで質問が届きました。そこで、あなたは、英語で回答を録音して送ることにしました。ビデオレターの音声を聞き、あなたの**意見**を述べ、そう考える**理由**を詳しく話してください。日本の地名や人名などを使う場合には、それを知らない人に分かるように説明してください。
（準備時間１分／解答時間４０秒）

【英語音声のみ・画面表示なし】
Hello. At my school, the students are going to choose a place for this year’s one-day school trip. We can go to a mountain or an art museum. In your opinion, which is better for students, a trip to a mountain or a trip to an art museum? Tell me why you think so, too. I’m waiting to hear from you.

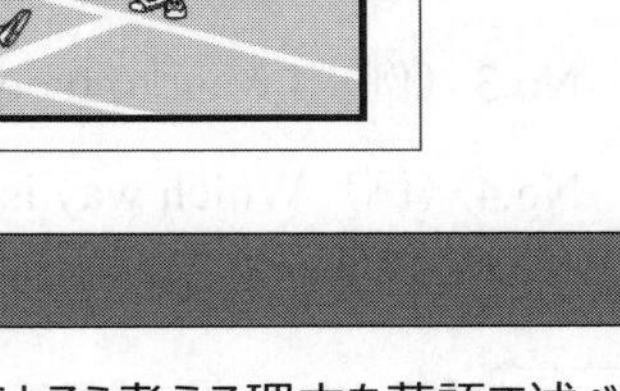

2023年度　中学校英語スピーキングテスト（ESAT-J）　（11月27日実施）　解答例

○　本テストでは、「コミュニケーションの達成度」、「言語使用」、「音声」の各観点により話すことの力を総合的に判定します。なお、各パートで評価する観点を設定しています。

○　各パートにおける評価の観点の表記
- コミュニケーションの達成度…**【コミュニケーション】**
- 言語使用…**【言語】**
- 音声…**【音声】**

Part A **【音声】**

No.1（省略）

No.2（省略）

Part B **【コミュニケーション】**

No.1（例）(They are) a fishing event and a music event. / Fishing and music.

No.2（例）The fastest way (to get there) is by train. / By train.

No.3（例）I want to [cook / dance / ride a bike [[bicycle]]].

No.4（例）Which way is shorter, A or B? / What should I take (on the walk)?

Part C **【コミュニケーション】【言語】【音声】**

I was running at a school event. Then, I dropped my cap. There was a boy behind me. He got my cap and gave it to me. After that, we finished running together.

Part D **【コミュニケーション】【言語】【音声】**

○生徒は遠足で山に行くべきという意見の例

I think it's good for students to go to a mountain. The students can spend time together in nature on the mountain. So, they experience nature and enjoy time with friends.

○生徒は遠足で美術館に行くべきという意見の例

In my opinion, it's better for students to go to an art museum because they can learn about many kinds of art at the museum. Then, they can find their favorite picture.

2023年度　中学校英語スピーキングテスト(ESAT-J)(予備日テスト)　(12月18日実施)

Part A

Part A は、全部で２問あります。聞いている人に、意味や内容が伝わるように、英文を声に出して読んでください。はじめに準備時間が３０秒あります。録音開始の音が鳴ってから解答を始めてください。解答時間は３０秒です。

【No.1】

留学中のあなたは、ホームステイ先の子供に、物語を読み聞かせることになりました。次の英文を声に出して読んでください。録音開始の音が鳴ってから解答を始めてください。

（準備時間３０秒／解答時間３０秒）

▸ **No. 1**

A boy lived in a house near a forest. In his free time, he liked to walk in his family's garden. One day, he saw a rabbit in the garden. What was it doing? It was sleeping in the flowers because it was warm there.

【No.2】

あなたは留学先の学校で、昼休みの時間に放送を使って、来週の校外活動について案内することになりました。次の英文を声に出して読んでください。録音開始の音が鳴ってから解答を始めてください。

（準備時間３０秒／解答時間３０秒）

▸ **No. 2**

We're going to go to the city library on Saturday. Are you excited? Let's meet in front of the school at nine o'clock. You can find many kinds of English books at the library. After visiting the library, we're going to have lunch in a park. You're going to love this trip!

Part B

Part B は、全部で４問あります。質問に答える問題が３問と、あなたから問いかける問題が１問あります。与えられた情報をもとに、英語で話してください。準備時間は１０秒です。録音開始の音が鳴ってから解答を始めてください。解答時間は１０秒です。

No. １と No. ２では、与えられた情報をもとに英語で適切に答えてください。

【No.1】

留学中のあなたは、友達とテニススクールの体験レッスンの案内を見ています。友達からの質問に対して、与えられた案内の情報をもとに、英語で答えてください。録音開始の音が鳴ってから解答を始めてください。

（準備時間１０秒／解答時間１０秒）

Question: What do you need to take to the lesson?

【No.2】

留学中のあなたは、友達と季節ごとの果物について調べるためにウェブサイトを見ています。友達からの質問に対して、与えられたウェブサイトの情報をもとに、英語で答えてください。録音開始の音が鳴ってから解答を始めてください。

（準備時間１０秒／解答時間１０秒）

Question: What is the best month to get cherries?

No. 3とNo. 4は、同じ場面での問題です。

No. 3では、質問に対するあなた自身の答えを英語で述べてください。No. 4では、あなたから相手に英語で問いかけてください。

【No.3】

留学中のあなたは、学校で開催される職業紹介イベントの案内を見ています。先生からの質問に対して、与えられた案内の情報をもとに、あなた自身の回答を英語で述べてください。録音開始の音が鳴ってから解答を始めてください。

（準備時間１０秒／解答時間１０秒）

Question: Which job do you want to learn about?

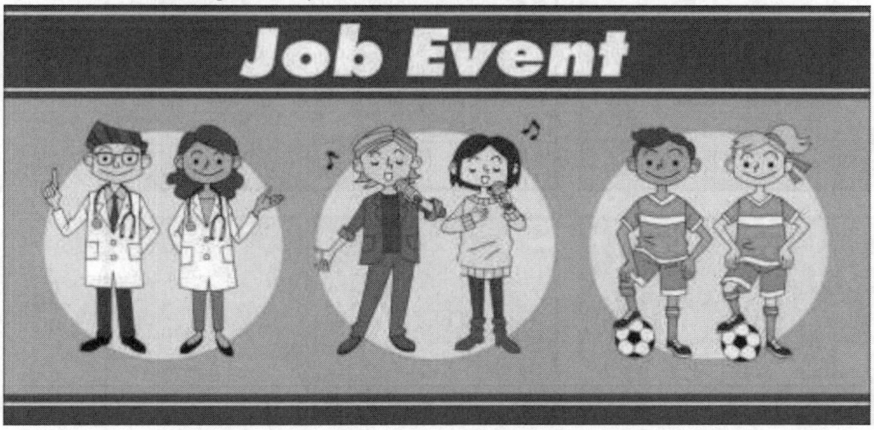

【No.4】

次に、職業紹介イベントで行われるスピーチに関する案内を受け取りました。あなたはその内容について、案内に書かれていないことで、さらに知りたいことがあります。知りたいことを先生に英語で尋ねてください。録音開始の音が鳴ってから解答を始めてください。

（準備時間１０秒／解答時間１０秒）

We're going to have a special guest.

Part C

Part C は、4コマイラストの問題です。これから画面に表示される１から４の全てのイラストについて、ストーリーを英語で話してください。はじめに準備時間が３０秒あります。録音開始の音が鳴ってから解答を始めてください。解答時間は４０秒です。この Part には例題はありません。

あなたは、昨日あなたに起こった出来事を留学生の友達に話すことになりました。１のイラストに描かれた人物になったつもりで、相手に伝わるように英語で話してください。
（準備時間３０秒／解答時間４０秒）

Part D

Part D は、英語で話される音声を聞いたうえで、質問に対する自分の考えとそう考える理由を英語で述べる問題です。英語の音声は２回流れます。そのあと準備時間が１分あります。録音開始の音が鳴ってから解答を始めてください。解答時間は４０秒です。この Part には例題はありません。

海外姉妹校の生徒であるマイクから、ビデオレターで質問が届きました。そこで、あなたは、英語で回答を録音して送ることにしました。ビデオレターの音声を聞き、あなたの**意見**を述べ、そう考える**理由**を詳しく話してください。日本の地名や人名などを使う場合には、それを知らない人に分かるように説明してください。
（準備時間１分／解答時間４０秒）

【英語音声のみ・画面表示なし】

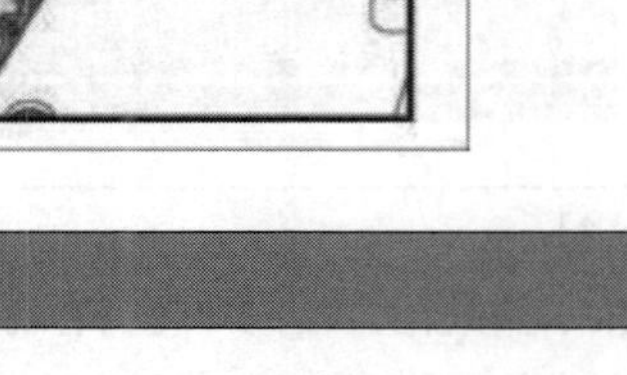

Hello. I read a book in class yesterday, and I enjoyed the story very much. I told John, one of my friends, about that, and he said, "I enjoyed watching a movie of that story." Now, I know that there are two ways to enjoy a story. In your opinion, which is better for students, reading a book of a story or watching a movie of a story? Tell me why you think so, too. I'm waiting to hear from you.

2023年度　中学校英語スピーキングテスト(ESAT-J)(予備日テスト)　(12月18日実施)　解答例

○　本テストでは、「コミュニケーションの達成度」、「言語使用」、「音声」の各観点により話すことの力を総合的に判定します。なお、各パートで評価する観点を設定しています。

○　各パートにおける評価の観点の表記
- コミュニケーションの達成度…**【コミュニケーション】**
- 言語使用…**【言語】**
- 音声…**【音声】**

Part A **【音声】**

No.1（省略）

No.2（省略）

Part B **【コミュニケーション】**

No.1（例）We need to take a shirt and shoes. / A shirt and shoes.

No.2（例）June is the best month (to get cherries). / June.

No.3（例）I want to learn about [doctors / singers / soccer players].

No.4（例）What will Mary Walker talk about? / How long is the question and answer time?

Part C **【コミュニケーション】【言語】【音声】**

I went to a coffee shop. I looked for a place to sit. Then, I found a chair. But I couldn't sit there because a baby was sleeping on it.

Part D **【コミュニケーション】【言語】【音声】**

○生徒は物語について本を読むべきという意見の例

I think it's better for students to read a book of a story because books often have more information. So, students can understand the story much more.

○生徒は物語について映画をみるべきという意見の例

In my opinion, it's better for students to watch a movie of a story. To understand the story, watching a movie is easier than reading it. And they can also see their favorite characters.

2022年度　中学校英語スピーキングテスト（ESAT-J）　（11月27日実施）

Part A

Part A は、全部で２問あります。聞いている人に、意味や内容が伝わるように、英文を声に出して読んでください。はじめに準備時間が３０秒あります。録音開始の音が鳴ってから解答を始めてください。解答時間は３０秒です。

【No.1】

あなたは留学中です。あなたは近所の図書館で子どもたちに絵本を読んであげることになりました。次の英文を声に出して読んでください。

（準備時間３０秒／解答時間３０秒）

▸ **No. 1**

Tom always had his soccer ball with him. He even took it to bed. One day, he put the ball into his bag and took it with him to school. After lunch, he looked in his bag. The ball wasn’t there. Where was it?

【No.2】

あなたは英語の授業で、最近経験した出来事について短いスピーチをすることになりました。次の英文を声に出して読んでください。

（準備時間３０秒／解答時間３０秒）

▸ **No. 2**

Do you drink tea? You may have seen that there’s a new tea shop next to our school. It opened last Saturday. Yesterday, I got some tea at the new shop with my family. It was great. You should try the shop, too!

Part B

Part B は、全部で４問あります。質問に答える問題が３問と、あなたから問いかける問題が１問あります。与えられた情報をもとに、英語で話してください。準備時間は１０秒です。録音開始の音が鳴ってから解答を始めてください。解答時間は１０秒です。

No. １と No. ２では、与えられた情報をもとに英語で適切に答えてください。

【No.1】

あなたは、あなたの家にホームステイに来た留学生と一緒に旅行をしていて、泊まっているホテルのフロアガイドを見ています。留学生からの質問に対して、与えられたフロアガイドの情報をもとに、英語で答えてください。
（準備時間１０秒／解答時間１０秒）

Question: Which floor is the restaurant on?

【No.2】

あなたは、留学生の友だちとスポーツを観戦するために、スポーツの種類とその開始時間が書かれたウェブサイトを見ています。友だちからの質問に対して、与えられたウェブサイトの情報をもとに、英語で答えてください。
（準備時間１０秒／解答時間１０秒）

Question: Which event will start the earliest?

No. 3とNo. 4は、同じ場面での問題です。

No. 3では、質問に対するあなた自身の答えを英語で述べてください。No. 4では、あなたから相手に英語で問いかけてください。

【No.3】

あなたはアメリカに留学中です。所属している生物クラブの活動で、自分たちで資金を集めて校外で活動を行うことになりました。あなたは今、資金集めの活動が掲載されたチラシを見ています。先生からの質問に対して、与えられたチラシの情報をもとに、あなた自身の回答を英語で述べてください。

（準備時間１０秒／解答時間１０秒）

Question: There are three activities. Which one do you want to do?

【No.4】

資金集めを終え、校外活動では動物園に行くことになりました。校外活動の案内を受け取ったあなたは、その内容について、案内に書かれていないことで、さらに知りたいことがあります。知りたいことを先生に英語で尋ねてください。

（準備時間１０秒／解答時間１０秒）

The club is going to visit this zoo.

Part C

Part C は、４コマイラストの問題です。これから画面に表示される１コマめから４コマめのすべてのイラストについて、ストーリーを英語で話してください。はじめに準備時間が３０秒あります。録音開始の音が鳴ってから解答を始めてください。解答時間は４０秒です。この Part には例題はありません。

あなたは、昨日あなたに起こった出来事を留学生の友だちに話すことになりました。イラストに登場する人物になったつもりで、相手に伝わるように英語で話してください。
（準備時間３０秒／解答時間４０秒）

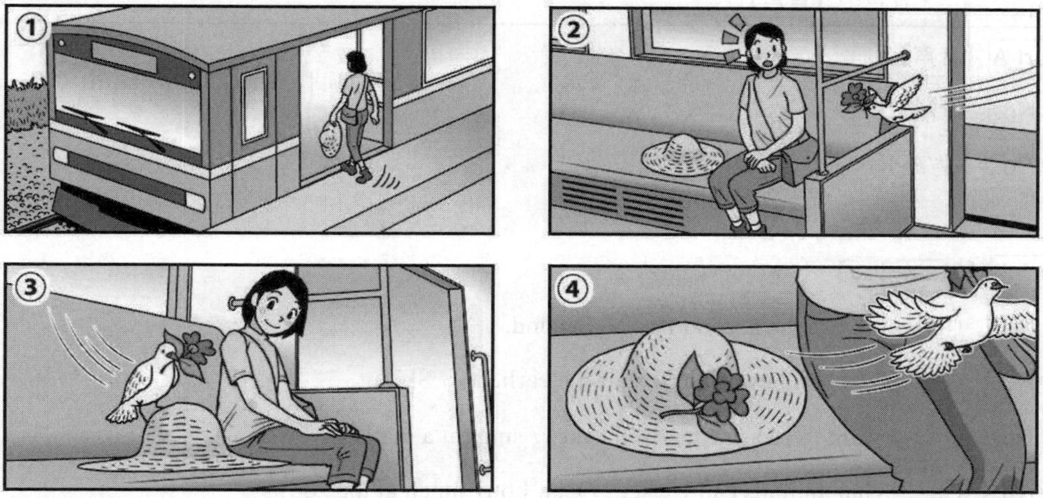

Part D

Part D は、英語で話される音声を聞いたうえで、質問に対する自分の考えとそう考える理由を英語で述べる問題です。英語の音声は２回流れます。そのあと準備時間が１分あります。録音開始の音が鳴ってから解答を始めてください。解答時間は４０秒です。この Part には例題はありません。

海外姉妹校の生徒であるマイクから、ビデオレターで質問が届きました。そこで、あなたは、英語で回答を録音して送ることにしました。ビデオレターの音声を聞き、あなたの**意見**を述べ、そう考える**理由**を詳しく話してください。日本のことを知らない人にも伝わるように説明してください。
（準備時間１分／解答時間４０秒）

【英語音声のみ・画面表示なし】

At my school, we can choose different foods for lunch. For example, I had pizza for lunch today, and one of my friends had a hamburger. But I heard that in Japan, students have the same school lunch. In your opinion, which is better for students: eating the same school lunch or choosing different foods for lunch? Tell me why you think so, too. I'm waiting to hear from you!

2022年度　中学校英語スピーキングテスト（ESAT-J）　（11月27日実施）　解答例

○　本テストでは、「コミュニケーションの達成度」、「言語使用」、「音声」の各観点により話すことの力を総合的に判定します。なお、各パートで評価する観点を設定しています。

○　各パートにおける評価の観点の表記
- ・コミュニケーションの達成度…**【コミュニケーション】**
- ・言語使用…**【言語】**
- ・音声…**【音声】**

Part A **【音声】**

No.1（省略）

No.2（省略）

Part B **【コミュニケーション】**

No.1（例）(It’s on) the second floor. / Second.

No.2（例）The skiing event (will start the earliest). / Skiing.

No.3（例）I want to [wash cars / sell cakes / sing (at a mall)].

No.4（例）What animals can we see? / Can I buy lunch at the zoo?

Part C **【コミュニケーション】【言語】【音声】**

I got on a train. Then, a bird came into the train. It had a flower. The bird sat on my hat. It put the flower on the hat and then went away.

Part D **【コミュニケーション】【言語】【音声】**

○生徒は学校が提供する同じ昼食を食べるべきという意見の例

I think students should have the same lunch. School lunches are good for students’ health. Each day, they can have different kinds of food. So, it’s healthy.

○生徒は学校で食べる昼食を自分で選ぶべきという意見の例

I think students should choose their food for lunch because students like many different things. So, it’s good for them to choose their favorite foods. Then, they’ll be happy.

Part A

Part A は、全部で２問あります。聞いている人に、意味や内容が伝わるように、英文を声に出して読んでください。はじめに準備時間が３０秒あります。録音開始の音が鳴ってから解答を始めてください。解答時間は３０秒です。

【No.1】

あなたは留学中です。あなたはホームステイ先の小学生に頼まれて、絵本を読んであげることになりました。次の英文を声に出して読んでください。

（準備時間３０秒／解答時間３０秒）

▶ **No. 1**

There were three cats, and they were brothers. One loved to play. Another one loved to sleep. And the youngest one loved to eat. One day, the youngest cat ate his brothers' food when they weren't looking. Do you know what his brothers did next?

【No.2】

あなたは海外の学校を訪問しています。その学校の先生に、あなたが日本でよく利用する交通手段についてクラスで発表するように頼まれました。次の英文を声に出して読んでください。

（準備時間３０秒／解答時間３０秒）

▶ **No. 2**

Do you like trains? There are many trains in my country. My family and I like to take the trains in Tokyo every weekend. We can see many beautiful parks, rivers and tall buildings from the trains.

Part B

Part B は、全部で４問あります。質問に答える問題が３問と、あなたから問いかける問題が１問あります。与えられた情報をもとに、英語で話してください。準備時間は１０秒です。録音開始の音が鳴ってから解答を始めてください。解答時間は１０秒です。

No. 1 と No. 2 では、与えられた情報をもとに英語で適切に答えてください。

【No.1】

あなたはカナダに留学中です。あなたは今、学校の図書館で動物に関する新着の本を紹介するポスターを見ながら友だちと話しています。友だちからの質問に対して、与えられたポスターの情報をもとに、英語で答えてください。

（準備時間１０秒／解答時間１０秒）

Question: What will be the new book in July?

【No.2】

あなたはアメリカでホームステイ中です。ホームステイ先の高校生と、一緒にホームステイ先に飾る絵を買おうとしていて、あなたはカタログで絵を探しています。ホームステイ先の高校生からの質問に対して、与えられたカタログの情報をもとに、英語で答えてください。

（準備時間１０秒／解答時間１０秒）

Question: We have 12 dollars. Which picture can we buy?

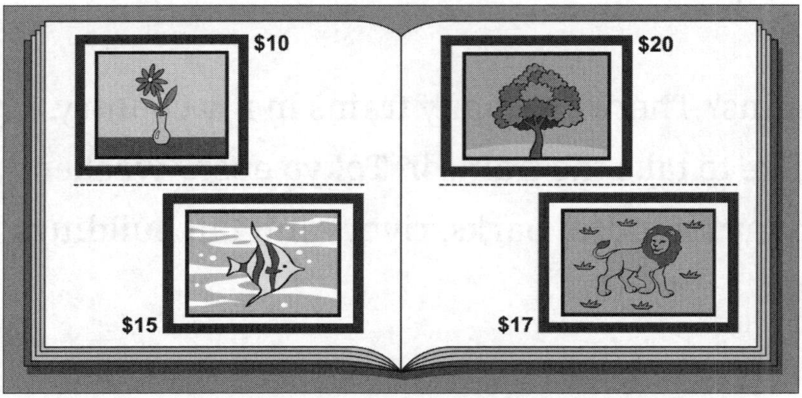

No. 3とNo. 4は、同じ場面での問題です。

No. 3では、質問に対するあなた自身の答えを英語で述べてください。No. 4では、あなたから相手に英語で問いかけてください。

【No.3】

アメリカに留学中のあなたは、スポーツセンターの受付で、スポーツ教室を紹介するポスターを見ながら、スタッフと話しています。スタッフからの質問に対して、与えられたポスターの情報をもとに、あなた自身の回答を英語で述べてください。

（準備時間１０秒／解答時間１０秒）

Question: Which class do you want to take this weekend?

【No.4】

どの教室に参加するか決めたあなたは、スタッフから無料のウェルカムパーティーの案内を受け取りました。あなたはパーティーに参加するために、案内に書かれていないことで、さらに知りたいことがあります。知りたいことをスタッフに英語で尋ねてください。

（準備時間１０秒／解答時間１０秒）

We’re going to have a welcome party!

Part C

Part C は、4コマイラストの問題です。これから画面に表示される1コマめから4コマめのすべてのイラストについて、ストーリーを英語で話してください。はじめに準備時間が30秒あります。録音開始の音が鳴ってから解答を始めてください。解答時間は40秒です。この Part には例題はありません。

あなたは、昨日あなたに起こった出来事を留学生の友だちに話すことになりました。イラストに登場する人物になったつもりで、相手に伝わるように英語で話してください。
（準備時間30秒／解答時間40秒）

Part D

Part D は、英語で話される音声を聞いたうえで、質問に対する自分の考えとそう考える理由を英語で述べる問題です。英語の音声は2回流れます。そのあと準備時間が1分あります。録音開始の音が鳴ってから解答を始めてください。解答時間は40秒です。この Part には例題はありません。

海外姉妹校の生徒であるマイクから、ビデオレターで質問が届きました。そこで、あなたは、英語で回答を録音して送ることにしました。ビデオレターの音声を聞き、あなたの**意見**を述べ、そう考える**理由**を詳しく話してください。日本のことを知らない人にも伝わるように説明してください。
（準備時間1分／解答時間40秒）

【英語音声のみ・画面表示なし】

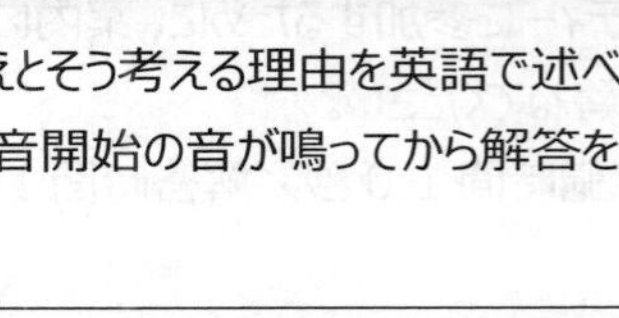

At my school, we can choose to learn from many foreign languages. For example, I'm learning Chinese, and one of my friends is learning French. But I heard that in Japan, students usually learn English as a foreign language. In your opinion, which is better for students: learning the same foreign language or choosing a different foreign language? Tell me why you think so, too. I’m waiting to hear from you!

2022年度　中学校英語スピーキングテスト(ESAT-J)(予備日テスト)　(12月18日実施)　解答例

○　本テストでは、「コミュニケーションの達成度」、「言語使用」、「音声」の各観点により話すことの力を総合的に判定します。なお、各パートで評価する観点を設定しています。

○　各パートにおける評価の観点の表記
- ・コミュニケーションの達成度…【コミュニケーション】
- ・言語使用…【言語】
- ・音声…【音声】

Part A【音声】

No.1（省略）

No.2（省略）

Part B【コミュニケーション】

No.1（例）(The new book in July will be) about dogs. / A dog book.

No.2（例）(We can buy) the picture with the flower. / The flower picture.

No.3（例）The [running / baseball / badminton / basketball] class.

I want to take the [running / baseball / badminton / basketball] class.

No.4（例）What will we do at the party? / Do I have to bring something to the party?

Part C【コミュニケーション】【言語】【音声】

I went to see a movie. A man sat down in front of me. I couldn’t see the movie because he was tall. So, I sat on my bag. Then, I could see the movie.

Part D【コミュニケーション】【言語】【音声】

○生徒は同じ言語を学ぶべきという意見の例

I think learning the same language is better for students. They can help each other when they have problems. Then, they can learn the language well.

○生徒は違う言語を学ぶべきという意見の例

I think choosing a language is better for students because it's good for them to learn about their favorite things. Then, they can learn a lot of things about them.

Memo

●2024年度

都立立川高等学校

独自問題

【英語・数学・国語】

2024年度 都立立川高等学校

【英　語】（50分）〈満点：100点〉

■リスニングテストの音声は，当社ホームページで聴くことができます。（当社による録音です。）
再生に必要なアクセスコードは「合格のための入試レーダー」（巻頭の黄色の紙）の１ページに掲載しています。

1　リスニングテスト（**放送による指示に従って答えなさい。**）

〔問題Ａ〕　次のア～エの中から適するものをそれぞれ**一つずつ**選びなさい。

＜対話文１＞

ア　One dog.　　　イ　Two dogs.
ウ　Three dogs.　　エ　Four dogs.

＜対話文２＞

ア　Tomatoes.　　イ　Onions.
ウ　Cheese.　　　エ　Juice.

＜対話文３＞

ア　At two.　　　イ　At one thirty.
ウ　At twelve.　　エ　At one.

〔問題Ｂ〕　＜Question 1＞では，下のア～エの中から適するものを**一つ**選びなさい。
＜Question 2＞では，質問に対する答えを英語で書きなさい。

＜Question 1＞

ア　Two months old.　　イ　One week old.
ウ　Eleven months old.　エ　One year old.

＜Question 2＞

（15秒程度，答えを書く時間があります。）

※（編集部注）＜**英語学力検査リスニングテスト台本**＞を英語の問題の終わりに掲載しています。

2 次の対話の文章を読んで，あとの各問に答えなさい。
（＊印の付いている単語・語句には，本文のあとに〔注〕がある。）

Kakeru, Aiko and Brian are first-year students at Nishiki High School. Brian is a student from New Zealand. They are classmates and are walking to school in the morning.

Kakeru: Good morning, Aiko. Hey, what are you holding in your hand?

Aiko: Good morning, Kakeru. This is a stone. I picked it up in my garden yesterday, but something strange happened this morning.

Brian: Oh, what is strange?

Aiko: Most parts of this stone look black, but there are a few red parts in it. When I saw it yesterday, the red parts were seen more clearly. I'm wondering why the color looks different today.

Kakeru: That's really strange. What is different between "yesterday" and "today"?

Aiko: Um…. I remember it was raining yesterday, but the sun is shining today.

Brian: Let me think. Did the weather work to change the color?

Kakeru: I don't know for sure. (1)Why don't you ask Ms. Iida, our science teacher, about this strange stone?

Aiko: Yes, I think it's a good idea. Let's show it to her!

After arriving at school, they are talking with Ms. Iida in the science room before classes.

Ms. Iida: So, you have come here to ask about this stone and want to know what it is and why the color looked [(2)-a] , right?

Aiko: Yes, Ms. Iida, we really want to know that.

Ms. Iida: Let me see. It's very difficult for even a science teacher to tell exactly what this stone is. But I think it may be a kind of *mudstone. It was not hard in the seas or lakes. After it appeared on the ground, it slowly turned into a hard rock.

Aiko: I understand. I'm glad to know that. Thank you very much. I remember we learned about stones and rocks in your class. I have been interested in them since I took your class.

Kakeru: Your class is my favorite, too. It's very interesting and you encouraged us to learn more about stones and rocks. Do you keep studying about them, Ms. Iida?

Ms. Iida: Of course! So, I became a science teacher.

Brian: You really love stones and rocks.

Ms. Iida: Yes, I really do! By the way, do you know how many kinds of stones and rocks are in the world?

Kakeru: (3)-a

Ms. Iida: People say that there are about 5,000 kinds of them.

Brian: Oh, so many!

Ms. Iida: Several *jewels change their colors in the rain, but in this case the red parts in this stone looked brighter because it was wet.

Aiko: I see. Actually, the color of this stone didn't change. I just saw the red color inside it more clearly when it got wet, right?

Ms. Iida: That's (2)-b , Aiko. In fact, this is not a *chemical change.

Kakeru: Thank you for teaching us, but why are you so interested in stones and rocks, Ms. Iida?

Ms. Iida: Because they tell the history of the earth.

Brian: What? I don't understand. Do you mean they can tell us about it?

Ms. Iida: Yes, that's right. They were created deep inside the earth. When we watch them carefully, we can see how the earth was *formed and how it is now changing.

Aiko: I see. Stones and rocks give us a chance to know about it.

Ms. Iida: You're right. So, we can say (4) they are like "presents" from the earth. And it also gives us a surprise gift! Shall we go to the *riverside next Sunday? I'm sure there are many kinds of stones and rocks and we can find another gift there, too.

Next Sunday, Ms. Iida and the three students are by the riverside. Kakeru and Aiko are picking up stones and rocks there, but Brian is watching something alone.

Ms. Iida: You can see a lot of presents from the earth here!

Aiko: Yes. There are many kinds of them! Hey, Brian, what are you looking at? You look (2)-c .

Brian: Well, I'm watching a narrow space between rocks. Look here. Hot *steam is *blowing from the ground.

Kakeru: Ms. Iida, what is this? Why is it blowing out of the ground?

Ms. Iida: (3)-b What is this place famous for?

Kakeru: I'm not sure. Famous for what…, anybody?

Brian: I know the answer! It's a hot spring! This area is known for its hot springs.

Ms. Iida: Exactly. I want to show you this one. Do you remember I told you there is another gift from the earth on the riverside? That's it!

Brian: (3)-c Another gift from the earth is geothermal energy!

Ms. Iida: Perfect. This energy is another gift from the earth.

Kakeru: Wait. What is geothermal energy like? Why is it a gift? I have never heard of such difficult words.

Brian: Let me explain a little. My country has been using geothermal energy. "Geo" means earth and "thermal" means *heat, so geothermal energy is heat held deep inside the earth, and it is *generated from the *magma.

Aiko: I see. So, do you mean (5)【 ① the ground ② out of ③ by ④ coming ⑤ the heat ⑥ the steam ⑦ generated ⑧ of ⑨ is 】 the magma?

Brian: That's right, Aiko.

Ms. Iida: All of you know that we, humans, don't have enough energy, so geothermal energy can help us.

Brian: And Japan is very (2)-d because it has a large amount of geothermal energy under the ground.

Kakeru: I see. Now I understand Japan has more geothermal energy than other countries.

Ms. Iida: (6)-a

Kakeru: (6)-b

Brian: (6)-c

Aiko: (6)-d

Brian: Yes! In the future, I want to do something useful for my country through many experiences in Japan.

Aiko: I see, so you know many things about geothermal energy.

Brian: If we had more *natural resources in New Zealand, we could use more geothermal energy and find a key to solve energy *shortage problems.

Ms. Iida: Geothermal energy is a gift from our planet to produce electricity in the future. This is one of the biggest *advantages. All of you know about that.

Brian: I have also studied about another advantage.

Kakeru: What is it?

Brian: Geothermal energy is *sustainable because the heat is *continuously produced in the earth.

Aiko: Oh, it's quite different from *solar energy. It depends on the weather or the time. For example, electricity from solar energy is not generated during the night.

Ms. Iida: That's right. Can you show us other advantages, Brian?

Brian: Yes. You can say that geothermal energy is also eco-friendly for keeping the amount of CO_2 small. Geothermal energy produces less air pollution than *fossil fuels' energy.

Aiko: (3)-d If people use more geothermal energy instead of fossil fuels' energy, they may be able to solve such an environmental problem in the future.

Ms. Iida: I hope so, but there are also some *disadvantages.

Kakeru: Oh, disadvantages, too?

Ms. Iida: Let's see. A lot of time and money will be needed to build one geothermal energy power *plant. We need to *dig holes until we can find something generated from the magma like hot water or steam.

Brian: I know that. I hear building one plant may take about 10 years. It is also very difficult to find a right spot.

Aiko: Oh. It will probably be a hard work, but [(7)].

Kakeru: You're right. All of us can now learn more about geothermal energy.

Ms. Iida: Geothermal energy has both advantages and disadvantages, but we need to think about the energy shortage problems and try to solve them for the future.

Kakeru: Yes, I will study more.

Aiko: Thank you for teaching us, Ms. Iida.

Kakeru: Thank you very much, Ms. Iida. By the way, Brian said hot springs are famous around here. Let's go there next time!

〔注〕 mudstone　泥岩《でいがん》
chemical change　化学変化
riverside　川岸
blow　（風などが）吹く
generate　発生させる
natural resources　天然資源
advantage　有利な点
continuously　継続的に
fossil fuel　化石燃料
plant　工場
jewel　宝石
form　形成する
steam　蒸気
heat　熱
magma　マグマ
shortage　不足
sustainable　持続可能な
solar energy　太陽エネルギー
disadvantage　不利な点
dig　掘る

〔問１〕 (1)Why don't you ask Ms. Iida, our science teacher, about this strange stone? とあるが，このようにKakeruが言った理由を最もよく表しているものは，次の中ではどれか。

ア　Kakeru wants to ask Ms. Iida what the weather will be like.

イ　Kakeru wants to ask Ms. Iida why this stone has changed its color.

ウ　Kakeru wants to know when the color of this stone changed from red to black.

エ　Kakeru wants to know about the stone Ms. Iida was talking about in her class.

〔問２〕 (2)-a ～ (2)-d の中に，それぞれ次のＡ～Ｈのどれを入れるのがよいか。その組み合わせとして最も適切なものは，下のア～カの中ではどれか。

Ａ special　　Ｂ wrong　　Ｃ true　　Ｄ boring
Ｅ lucky　　Ｆ strange　　Ｇ different　　Ｈ serious

	(2)-a	(2)-b	(2)-c	(2)-d
ア	Ａ	Ｂ	Ｄ	Ｈ
イ	Ａ	Ｂ	Ｈ	Ｆ
ウ	Ｆ	Ｇ	Ｂ	Ｅ
エ	Ｆ	Ｇ	Ｅ	Ｄ
オ	Ｇ	Ｃ	Ａ	Ｄ
カ	Ｇ	Ｃ	Ｈ	Ｅ

〔問３〕 (3)-a ～ (3)-d の中に，それぞれ次のＡ～Ｄのどれを入れるのがよいか。その組み合わせとして最も適切なものは，下のア～カの中ではどれか。

Ａ I can see what you mean.
Ｂ I have no idea.
Ｃ Sounds great.
Ｄ You know where we are.

	(3)-a	(3)-b	(3)-c	(3)-d
ア	Ａ	Ｂ	Ｄ	Ｃ
イ	Ａ	Ｄ	Ｃ	Ｂ
ウ	Ｂ	Ａ	Ｃ	Ｄ
エ	Ｂ	Ｄ	Ａ	Ｃ
オ	Ｄ	Ａ	Ｃ	Ｂ
カ	Ｄ	Ｃ	Ｂ	Ａ

〔問４〕 (4)they are like "presents" from the earth とあるが，その内容を次のように書き表すとすれば，□の中にどのような英語を入れるのがよいか。本文中の**連続する５語**で答えなさい。

Stones and rocks have important information. They show when the earth was created or what it was like. You may be able to even see how it is now changing. That means □ is written inside of them.

〔問５〕 (5)【 ① the ground ② out of ③ by ④ coming ⑤ the heat ⑥ the steam ⑦ generated ⑧ of ⑨ is 】について，本文の流れに合うように，【　　　】内の単語・語句を正しく並べかえるとき【　　　】内で**１番目**と**４番目**と**７番目**にくるものの組み合わせとして最も適切なものは，次の**ア〜カ**の中ではどれか。

	１番目	４番目	７番目
ア	①	③	②
イ	①	⑤	③
ウ	⑤	①	②
エ	⑤	⑥	③
オ	⑥	①	③
カ	⑥	⑤	②

〔問６〕 (6)-a 〜 (6)-d の中に，それぞれ次の**Ａ〜Ｄ**のどれを入れるのがよいか。その組み合わせとして最も適切なものは，下の**ア〜カ**の中ではどれか。

Ａ Are there any other countries like that?
Ｂ I hear you have been studying about hot springs and geothermal energy.
Ｃ You know, hot springs in New Zealand are also famous like Japan.
Ｄ You're right. Many hot springs in Japan show we can use it in Japan.

	(6)-a	(6)-b	(6)-c	(6)-d
ア	Ａ	Ｃ	Ｂ	Ｄ
イ	Ａ	Ｃ	Ｄ	Ｂ
ウ	Ｂ	Ａ	Ｃ	Ｄ
エ	Ｃ	Ｄ	Ｂ	Ａ
オ	Ｄ	Ａ	Ｃ	Ｂ
カ	Ｄ	Ｂ	Ｃ	Ａ

〔問７〕 本文の流れに合うように，[(7)]に英語を入れるとき，最も適切なものは，次の中ではどれか。

ア we have to solve energy shortage problems without geothermal energy
イ we need to spend 10 years finding natural resources from the ground
ウ we should study about geothermal energy and find better ways to use it
エ we must improve geothermal energy plants by using solar energy

〔問８〕 本文の内容に合う英文の組み合わせとして最も適切なものは，下のア～シの中ではどれか。

① Brian knew the stone looked different because of the temperature.
② According to Ms. Iida, it was very easy for science teachers to answer what the stone was.
③ The color of the stone didn't actually turn red when it got wet.
④ When Kakeru saw the hot steam between rocks, he didn't understand it right away.
⑤ The gifts Ms. Iida wanted to show most were stones and rocks.
⑥ Brian hoped to help New Zealand through the experiences he had in Japan.
⑦ According to Aiko, solar energy could generate electricity all day.
⑧ Ms. Iida explained geothermal energy power plants would be built immediately.

ア	① ⑦	イ	② ⑥	ウ	③ ⑤
エ	④ ⑧	オ	① ② ⑧	カ	② ④ ⑤
キ	③ ④ ⑥	ク	④ ⑦ ⑧	ケ	① ② ⑤ ⑦
コ	① ③ ④ ⑧	サ	② ③ ⑥ ⑦	シ	④ ⑤ ⑥ ⑧

〔問９〕 次の質問に対する答えを，理由を含めて**40語以上50語以内の英語**で述べなさい。ただし，geothermal energy, solar energy に関するものを答えに使用しないこと。「,」「.」「!」「?」などは，語数に含めない。これらの符号は，解答用紙の下線部と下線部の間に入れなさい。

What kind of eco-friendly product do you recommend to people and why?

3 次の文章を読んで，あとの各問に答えなさい。
（＊印の付いている単語・語句には，本文のあとに〔**注**〕がある。）

Hello, this is *Nishiki High School News*. Every month, we interview some students in our high school and tell their stories to you. Today, it is a nice day in April. I'm here in the classroom of the first-year students. This is Takashi. He has just come back from an island called Tachijima this March. This time, I want to ask him to talk about his experience, how he spent a year on Tachijima. Let's listen to his story.

Hi, my name is Takashi Yamano. I'm fifteen years old. My family of four − my parents, my little sister Koharu, and I − lived on Tachijima for a year from April 2022 to March 2023. About a year and a half ago, my parents told Koharu and me that we were moving to a new place. At first, I couldn't believe that, but soon I found out they were serious. Our family had to move to an island, Tachijima, because of my father's business. It was hard for me to tell my friends that I was leaving. I wanted to graduate from my junior high school with my friends. I told my mother that Koharu also had good friends in her elementary school, so we were not very positive about moving to Tachijima. My mother understood my feelings but she said, "Tachijima is said to be a good place to live on and there is a lot of nature. Your father and I were born in a small village which had a lot of nature. We had a good time there and a lot of wonderful memories when we were children. I want you and Koharu to grow up in such a place and enjoy your life." (1) While I was feeling lonely about living away from my hometown, our life on Tachijima started.

On Tachijima, there is only one junior high school and it has about sixty students. Every September a big local event is held at the school and it is well known to local people. It is (2) a traditional local dancing event which has a long history on Tachijima. On the event day, all the junior high school students perform the traditional local dancing to wish for people's health and happiness. They have a strong *passion for it. In April, a meeting was held at school to choose a captain. My homeroom teacher recommended me to be the captain of our performance. The teacher wanted me to make new friends and *get used to school life on the island. Before I came to Tachijima, I was the type of person who hid behind others. When I was asked to be the captain, I didn't want to accept it. However, after talking with my classmates, I decided to become the captain.

In May, the junior high school students began gathering at a local community center three days a week after school to practice their dancing. *To my surprise, no one *complained that they needed to take part in the dancing practices instead of their club activities.

(3)

I usually came home feeling lonely. One day, I was given some advice by Mr. Okada, a performance *instructor. He has been teaching Tachijima's traditional local dancing for more than twenty years. He explained a little about the history and the people of Tachijima. The number of people who come to live on Tachijima has been increasing recently. On the other hand, some of them *are not familiar with its culture and traditions. He looked straight at me and said to me, "Takashi, you are the captain this year. I know you are (4)-a to this place and there are a lot of things you are not familiar with, but I hope you will be able to bring new ideas to us. We will put your new ideas together with ours and create something wonderful." These words always pushed me forward when I was in trouble. After that day, I could be positive about everything. I visited the local history museum and learned about the history of this area to know more about the traditional local performances. On a hill with a view of the ocean, just outside the school, I was taught the meaning of the steps and movements of our dancing by my classmates. During the summer vacation, we practiced until night and walked home while we were talking about our performance along the *starlit road. We discussed what we needed and checked it with Mr. Okada again and again. Before going to Tachijima, I didn't realize the sky was so beautiful, especially at night. I would never forget the beautiful night sky with so many stars. On this island without the (5) of the city, I felt the *warmth of nature and the people around me.

One night when I came home, Koharu showed me a small *shellfish. She said, "Today's dinner is *tokobushi* and local fish dishes. *Tokobushi* is a kind of shellfish and it looks like a small *abalone. Come here, come to the kitchen!" In the kitchen, my father was cooking. He explained, "*Islanders often eat *tokobushi*, but it is not common for us. I received them from our neighbors." While he was talking to me, he *fried the local fish. The smell made me hungry. He continued, "When you go to the sea, there are many kinds of fish and shellfish that you cannot see in your hometown. Our neighbors would like to go fishing with you if you want. " It was my first time to eat them and they were very delicious. I never went fishing before, but I became interested in it. Then I realized that (6)【 ① for ② which ③ are ④ for local people ⑤ are common ⑥ things ⑦ not common 】 us. Like *tokobushi*, the dance was well known to the local people, but I wondered, "Are its meanings known to everyone?" Days were passing. I spent every day practicing for our performances with friends. I could have a good time because I was able to find a lot of special things on the island. This *moved on to Koharu, and she began practicing the dance with me at home.

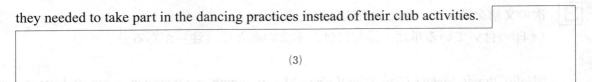

The big day arrived. It was a beautiful sunny day and the sea was very bright. Many people visited our junior high school. Families, young children and elderly people from all over the island gathered and waited for the event to begin. The lights in the gym were turned off and it made the audience silent. When the *spotlight was on me, I got nervous. In the opening speech of the event, I said, "Through my practices, I have not only touched on the importance of this traditional local event, but also felt the people's passion for dancing. We added two [(4)-b] steps and movements to the first part of the performance. Look at the poster near the stage. That was my idea. It shows what these steps and movements mean. When we learned more about the dancing, we could understand more about this island. I think it is better for more people to experience our dancing together. Please try to move your body with us." When Koharu was trying to learn my dancing, I realized that (7) this traditional dancing would bring many people together. At the same time, I felt it should be known to more people. When I shared my idea with Mr. Okada, he *gladly accepted it. My friends also agreed with me and suggested the simple dancing movements. I was happy to see some people who were dancing with us. The performance event on that day ended with many [(4)-c] *cheers.

Before moving to Tachijima, I was only thinking of myself, but on the island, many people tried to help me. I was trusted as the captain of our performance. I was able to learn about its culture and traditions. I made more friends there. I enjoyed fishing in the sea and it became one of my hobbies. I will do something for the people on the island and make them happy. (8) Tachijima has become a second home to me and a place I want to return to someday. During my stay on Tachijima, I learned it is necessary for us to keep an [(4)-d] mind. We have to welcome new experiences as they are. I have become more *confident through these experiences on Tachijima.

〔注〕 passion　熱意
to one's surprise　驚いたことには
instructor　師匠
starlit　星明かりの
shellfish　貝
islander　島民
move on to ～　～へ移る
gladly　快く
confident　自信に満ちた
get used to ～　～に慣れる
complain　不満を言う
be familiar with ～　～をよく知っている
warmth　暖かさ
abalone　アワビ
fry ～　～を揚げる
spotlight　スポットライト
cheers　声援

〔問１〕 (1)While I was feeling lonely about living away from my hometown, とあるが，このように Takashi が感じた理由の一つとして最もよく表しているものは，次の中ではどれか。

ア　Takashi couldn't spend his school life with friends in his hometown.
イ　Takashi didn't think that moving to Tachijima was true.
ウ　Takashi didn't get any information about Tachijima from anybody.
エ　Takashi was shocked to find out Koharu wanted to move to Tachijima.

〔問２〕 (2)a traditional local dancing event とあるが，本文の内容と一致しないものは，次の中ではどれか。

ア　It is held once a year and its dancing is for people's health and happiness.
イ　The local people on Tachijima know it well and it has a long history.
ウ　All the junior high school students on Tachijima practice dancing for it after school.
エ　Only the junior high school students on Tachijima are able to take part in it.

〔問３〕 ［(3)］ の中には次のＡ～Ｄが入る。本文の流れに合うように正しく並べかえたとき，その組み合わせとして最も適切なものは，下のア～エの中ではどれか。

A　However, I could not change my mind soon, even after I realized their feelings.
B　I was also surprised everyone was excited to make the event successful.
C　My classmates practiced hard and their passion for it encouraged me a lot.
D　Though I was the captain, I had no idea what to do for it first.

ア　B→A→C→D
イ　B→D→C→A
ウ　D→A→B→C
エ　D→A→C→B

〔問４〕 ［(4)-a］～［(4)-d］ の中に，それぞれ次のＡ～Ｇのどれを入れるのがよいか。その組み合わせとして最も適切なものは，次のページのア～カの中ではどれか。

A　strange　　B　simple　　C　easy　　D　open
E　new　　F　warm　　G　attractive

	(4)-a	(4)-b	(4)-c	(4)-d
ア	A	C	E	G
イ	A	E	G	C
ウ	E	B	F	D
エ	E	C	B	G
オ	G	B	E	D
カ	G	E	F	C

〔問５〕　本文の流れに合うように，(5) に本文中で使われている**英語１語**を補いなさい。

〔問６〕　(6)【 ① for　② which　③ are　④ for local people　⑤ are common　⑥ things　⑦ not common 】について，本文の流れに合うように，【　　　】内の単語・語句を正しく並べかえるとき，【　　　】内で**２番目と４番目と６番目にくるものの組み合わせとして最も適切なものは**，次のア～カの中ではどれか。

	２番目	４番目	６番目
ア	②	④	⑦
イ	③	④	⑤
ウ	③	⑦	⑤
エ	④	⑤	⑦
オ	⑤	②	⑦
カ	⑥	②	⑤

〔問７〕　(7) this traditional dancing would bring many people together とあるが，Takashi が伝えたいこととして最も適切なものは，次の中ではどれか。

ア　When we learned the meanings of the dancing, many people also got interested in its traditions.

イ　When we practiced its dancing more and more, it became easier for more people to dance.

ウ　If we performed its dancing with many people, it would help them to feel closer to each other.

エ　If we told the tradition of the dancing to Koharu, a lot of local people would be happier.

〔問８〕 (8)Tachijima has become a second home to me とあるが，このように Takashi が感じた理由を最もよく表しているものは，次の中ではどれか。

ア Takashi felt sorry for the local people because he had to leave Tachijima.

イ Takashi would like to go back to Tachijima soon to help the local people.

ウ Takashi was satisfied with his experiences he had three years ago.

エ Takashi was looking forward to doing something for the local people.

〔問９〕 本文の内容に合う英文の組み合わせとして最も適切なものは，下のア〜シの中ではどれか。

① Takashi was told to move to Tachijima at the beginning of the second year of his junior high school.

② Takashi's parents were born and grew up in a small village on Tachijima and they enjoyed nature.

③ Takashi was recommended to be the captain of the performance, but he didn't want to do it at first.

④ After Takashi talked with Mr. Okada, Mr. Okada's words gave him courage and he became positive.

⑤ Takashi had a few experiences to eat tokobushi before he lived on Tachijima.

⑥ Takashi decided to make the poster of the dancing because he wanted many people to dance together.

⑦ When Takashi talked about his idea to Mr. Okada, Mr. Okada welcomed it without any worry.

⑧ Many islanders helped Takashi during his stay on Tachijima, but he was always thinking of himself.

ア	① ③	イ	② ④	ウ	③ ⑧
エ	⑦ ⑧	オ	① ③ ⑥	カ	② ④ ⑦
キ	③ ⑤ ⑥	ク	④ ⑥ ⑧	ケ	① ② ④ ⑥
コ	② ④ ⑥ ⑦	サ	③ ④ ⑥ ⑦	シ	④ ⑤ ⑦ ⑧

〔問 10〕 次の英文は，Takashi が，Tachijima に住む Mr. Okada に宛てたＥメールの一部である。（　①　）～（　④　）の中に英語を入れるとき，最も適切なものを下の**ア～ク**の中からそれぞれ**一つずつ**選びなさい。ただし，同じものは二度使えません。

> Dear Mr. Okada,
> How have you been? I hope you are doing well. It has been only a few months since I left Tachijima and I miss you all. I became a high school student and I'm fine. At my high school, everyone has to do research for something and give a presentation. I decided to study about the local（　①　）I joined last year. I chose this topic because I had a good experience there. I became the captain and it made me（　②　）. I realized it was important for more people to know its culture and（　③　）. Now I am making a poster again for my presentation on the research day. Though it was not a long stay on Tachijima, the experiences I got there were（　④　）to me. I would like to visit the island again. I'm looking forward to the day!

ア practice	イ similar	ウ convenient	エ precious
オ food	カ confident	キ traditions	ク performance

2024 年度　英語学力検査リスニングテスト台本

開始時の説明

これから，リスニングテストを行います。

問題用紙の１ページを見なさい。リスニングテストは，全て放送による指示で行います。リスニングテストの問題には，問題Ａと問題Ｂの二つがあります。問題Ａと，問題Ｂの ＜Question 1＞ では，質問に対する答えを選んで，その記号を答えなさい。問題Ｂの ＜Question 2＞ では，質問に対する答えを英語で書きなさい。

英文とそのあとに出題される質問が，それぞれ全体を通して二回ずつ読まれます。問題用紙の余白にメモをとってもかまいません。答えは全て解答用紙に書きなさい。

（２秒の間）

〔問題Ａ〕

問題Ａは，英語による対話文を聞いて，英語の質問に答えるものです。ここで話される対話文は全部で三つあり，それぞれ質問が一つずつ出題されます。質問に対する答えを選んで，その記号を答えなさい。

では，＜対話文１＞を始めます。

（３秒の間）

Tom: Satomi, I heard you love dogs.

Satomi: Yes, Tom. I have one dog. How about you?

Tom: I have two dogs. They make me happy every day.

Satomi: My dog makes me happy, too. Our friend, Rina also has dogs. I think she has three.

Tom: Oh, really?

Satomi: Yes. I have an idea. Let's take a walk with our dogs this Sunday. How about at four p.m.?

Tom: OK. Let's ask Rina, too. I can't wait for next Sunday.

（３秒の間）

Question： How many dogs does Tom have?

（５秒の間）

繰り返します。

（２秒の間）

（対話文１の繰り返し）

（３秒の間）

Question： How many dogs does Tom have?

（10秒の間）

＜対話文２＞を始めます。

（３秒の間）

John: Our grandfather will be here soon. How about cooking spaghetti for him, Mary?

Mary: That's a nice idea, John.

John: Good. We can use these tomatoes and onions. Do we need to buy anything?

Mary: We have a lot of vegetables. Oh, we don't have cheese.

John: OK. Let's buy some cheese at the supermarket.

Mary: Yes, let's.

John: Should we buy something to drink, too?

Mary: I bought some juice yesterday. So, we don't have to buy anything to drink.

（３秒の間）

Question： What will John and Mary buy at the supermarket?

（５秒の間）

繰り返します。

（２秒の間）

（対話文２の繰り返し）

（３秒の間）

Question： What will John and Mary buy at the supermarket?

（10秒の間）

＜対話文３＞を始めます。

（３秒の間）

Jane: Hi, Bob, what are you going to do this weekend?

Bob: Hi, Jane. I'm going to go to the stadium to watch our school's baseball game on Sunday afternoon.

Jane: Oh, really? I'm going to go to watch it with friends, too. Can we go to the stadium together?

Bob: Sure. Let's meet at Momiji Station. When should we meet?

Jane: The game will start at two p.m. Let's meet at one thirty at the station.

Bob: Well, why don't we eat lunch near the station before then?

Jane: That's good. How about at twelve?

Bob: That's too early.

Jane: OK. Let's meet at the station at one.

Bob: Yes, let's do that.

（３秒の間）

Question： When will Jane and Bob meet at Momiji Station?

（５秒の間）

繰り返します。

（２秒の間）

（対話文３の繰り返し）

（３秒の間）

Question： When will Jane and Bob meet at Momiji Station?

（10秒の間）

これで問題Ａを終わり，問題Ｂに入ります。

〔問題B〕

（３秒の間）

これから聞く英語は，ある動物園の来園者に向けた説明です。内容に注意して聞きなさい。

あとから，英語による質問が二つ出題されます。＜Question 1＞ では，質問に対する答えを選んで，その記号を答えなさい。＜Question 2＞ では，質問に対する答えを英語で書きなさい。

なお，＜Question 2＞ のあとに，15秒程度，答えを書く時間があります。

では，始めます。（２秒の間）

Good morning everyone. Welcome to Tokyo Chuo Zoo. We have special news for you. We have a new rabbit. It's two months old. It was in a different room before. But one week ago, we moved it. Now you can see it with other rabbits in "Rabbit House." You can see the rabbit from eleven a.m. Some rabbits are over one year old. They eat vegetables, but the new rabbit doesn't.

In our zoo, all the older rabbits have names. But the new one doesn't. We want you to give it a name. If you think of a good one, get some paper at the information center and write the name on it. Then put the paper into the post box there. Thank you.

（３秒の間）

＜Question 1＞ How old is the new rabbit?

（５秒の間）

＜Question 2＞ What does the zoo want people to do for the new rabbit?

（15秒の間）

繰り返します。

（２秒の間）

（問題Bの英文の繰り返し）

（３秒の間）

＜Question 1＞ How old is the new rabbit?

（５秒の間）

＜Question 2＞ What does the zoo want people to do for the new rabbit?

（15秒の間）

以上で，リスニングテストを終わります。２ページ以降の問題に答えなさい。

【数　学】（50分）〈満点：100点〉

1 次の各問に答えよ。

〔問1〕　$x=\dfrac{\sqrt{3}+\sqrt{7}}{\sqrt{2}}$，$y=\dfrac{\sqrt{3}-\sqrt{7}}{\sqrt{2}}$ のとき，x^2+y^2-3xy の値を求めよ。

〔問2〕　連立方程式 $\begin{cases} 1-x=\dfrac{2}{3}y \\ \dfrac{2}{5}x=1-y \end{cases}$ を解け。

〔問3〕　1から6までの目が出る大小1つずつのさいころを同時に1回投げる。
大きいさいころの出た目の数を十の位の数，小さいさいころの出た目の数を一の位の数とする2桁の整数をつくる。つくった整数を4で割った余りが，3である確率を求めよ。
ただし，大小2つのさいころはともに，1から6までのどの目が出ることも同様に確からしいものとする。

〔問4〕　図のように，線分ABと線分CDがあり，互いに交わっている。
解答欄に示した図をもとにして，線分CD上にあり∠APB = 45°となる点Pを，定規とコンパスを用いて作図し，点Pの位置を示す文字Pも書け。
ただし，作図に用いた線は消さないでおくこと。

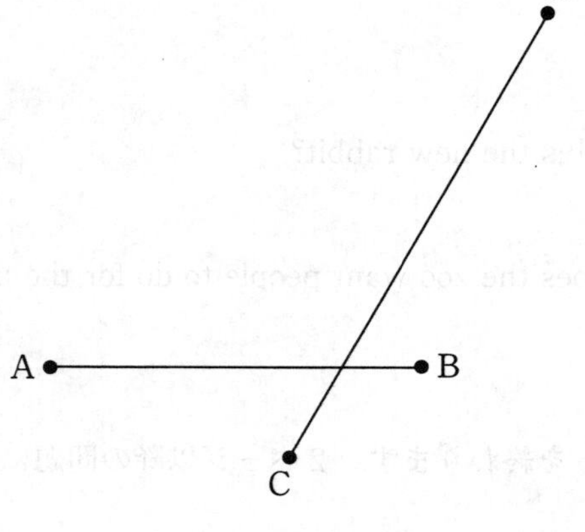

2 右の**図1**で，点Oは原点，曲線ℓは$y = ax^2$ $(a > 0)$ のグラフ，点Aは曲線ℓ上にあり，x座標が2の点，直線mは点Aを通る$y = bx + c$ $(b \neq 0)$ のグラフを表している。

直線mとx軸との交点をBとする。

原点から点 (1, 0) までの距離，および原点から点 (0, 1) までの距離をそれぞれ1cmとして，次の各問に答えよ。

図1

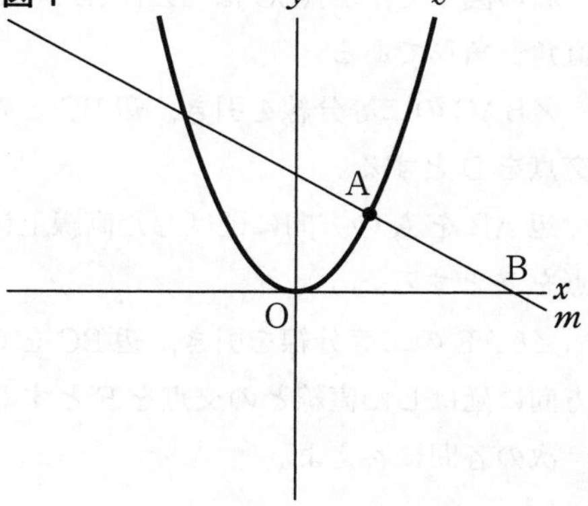

〔問1〕 $b = -\dfrac{1}{4}$，$c = 9$のとき，aの値を求めよ。

〔問2〕 右の**図2**は，**図1**において，x軸上にあり点Aとx座標が等しい点をCとし，点Aと点C，点Aと点Oをそれぞれ結んだ場合を表している。

点Bのx座標が負の数，3AC = BC，△OABの面積が28 cm^{2}のとき，a，b，cの値をそれぞれ求めよ。

ただし，答えだけでなく，答えを求める過程が分かるように，途中の式や計算なども書け。

図2

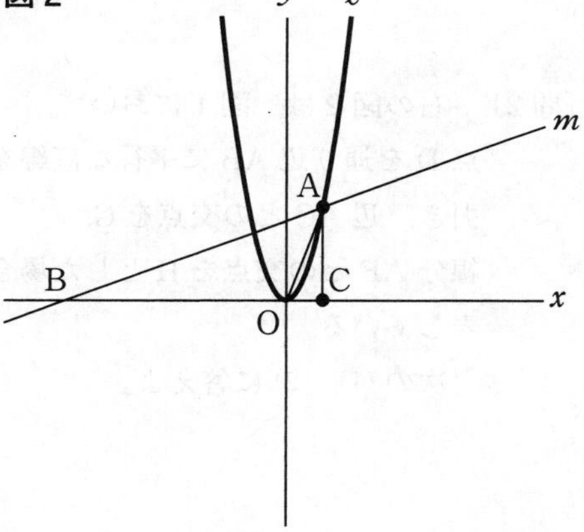

〔問3〕 右の**図3**は，**図2**において，点Bのx座標が点Cのx座標より大きいとき，直線mとy軸との交点をDとした場合を表している。

$a = \dfrac{3}{2}$，△OABの面積と△OADの面積の比が4 : 1のとき，△OABをy軸の周りに1回転させてできる立体の体積をS cm^3，△OADをy軸の周りに1回転させてできる立体の体積をT cm^{3}とする。

SとTの比を最も簡単な整数の比で表せ。

図3

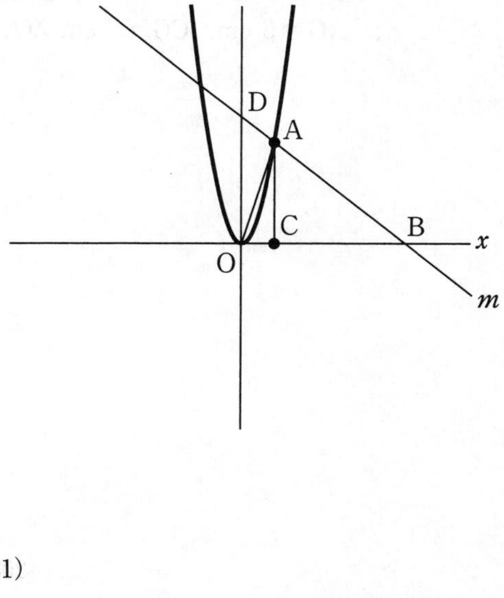

3　右の**図1**で，△ABC は，∠ACB = 90° の直角三角形である。

∠BAC の二等分線を引き，辺 BC との交点を D とする。

辺 AB を A の方向に延ばした直線上にある点を E とする。

∠CAE の二等分線を引き，辺 BC を C の方向に延ばした直線との交点を F とする。

次の各問に答えよ。

図1

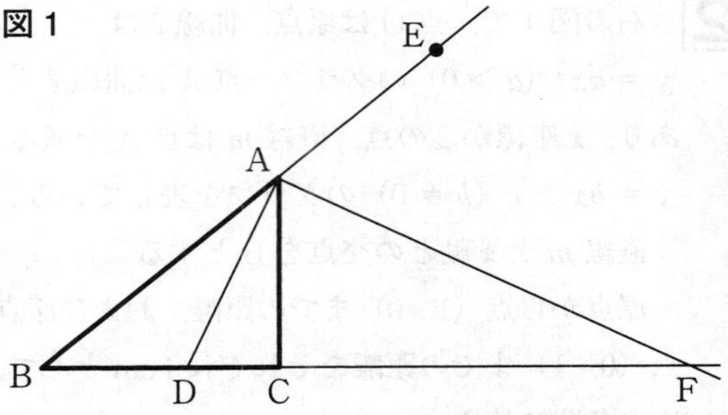

〔問 1〕　頂点 C と点 E を結んだ場合を考える。

AB = 5 cm，AE = 3 cm，AD // EC のとき，線分 CD の長さは何 cm か。

〔問 2〕　右の**図2**は，**図1**において，点 D を通り辺 AB に平行な直線を引き，辺 AC との交点を G，線分 AF との交点を H とした場合を表している。

次の (1)，(2) に答えよ。

図2

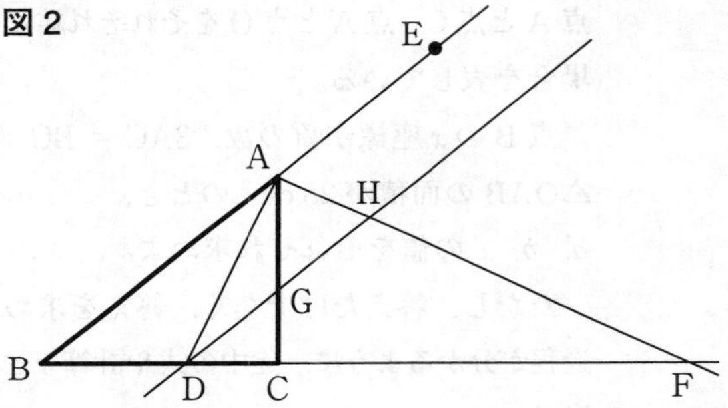

(1)　△ADH ∽ △AFD であることを証明せよ。

(2)　頂点 B と点 H を結んだ場合を考える。

AG = 3 cm，CG = 2 cm のとき，△BDH の面積は何 cm^2 か。

4 右の**図1**で，立体 ABCD − EFGH は1辺の長さが 6 cm の立方体である。

四角形 ABCD を含む平面に関して頂点Eと反対側にあり，OA = OB = OC = OD = 6 cm となる点をOとし，頂点Aと点O，頂点Bと点O，頂点Cと点O，頂点Dと点Oをそれぞれ結ぶ。

次の各問に答えよ。

図1

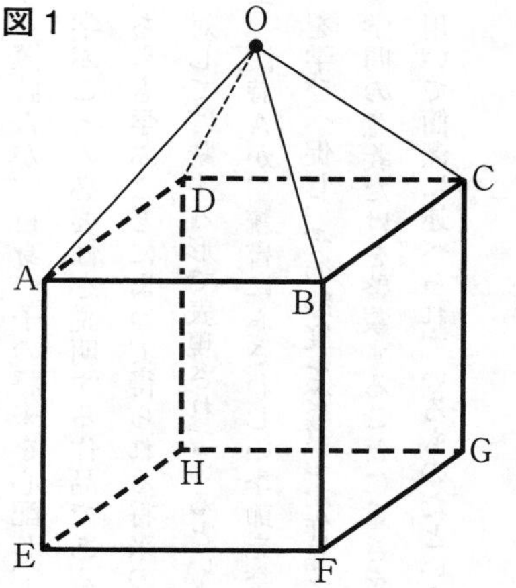

〔問1〕 立体 O − ABCD の体積は何 cm^3 か。

〔問2〕 右の**図2**は，**図1**において，辺 AB 上にある点をP，線分 OB 上にある点をQ，線分 OC 上にある点をRとし，頂点Dと点R，頂点Eと点P，点Pと点Q，点Qと点Rをそれぞれ結んだ場合を表している。

EP + PQ + QR + RD = ℓ cm とする。

ℓ の値が最も小さくなるとき，線分 AP の長さと線分 BP の長さの比を求めよ。

図2

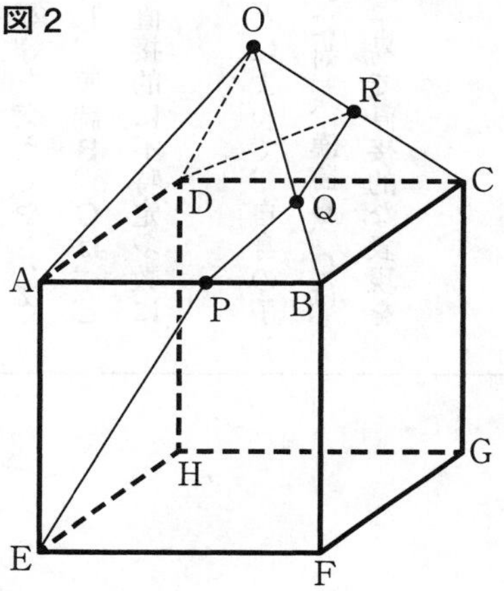

〔問3〕 右の**図3**は，**図1**において，辺 AB 上にある点をS，辺 CD 上にある点をT，線分 OA 上にある点をUとした場合を表している。

頂点Dと頂点E，頂点Dと点U，頂点Eと点S，頂点Eと点T，点Sと点T，点Sと点U，点Tと点Uをそれぞれ結んだ場合を考える。

BS = x cm とする。

CT = 2BS，AU = $\sqrt{2}$BS，立体 U − ASTD の体積と立体 E − ASTD の体積の和が立体 ABCD − EFGH の体積の $\frac{2}{9}$ 倍のとき，x の値を求めよ。

ただし，答えだけでなく，答えを求める過程が分かるように，途中の式や計算なども書け。

図3

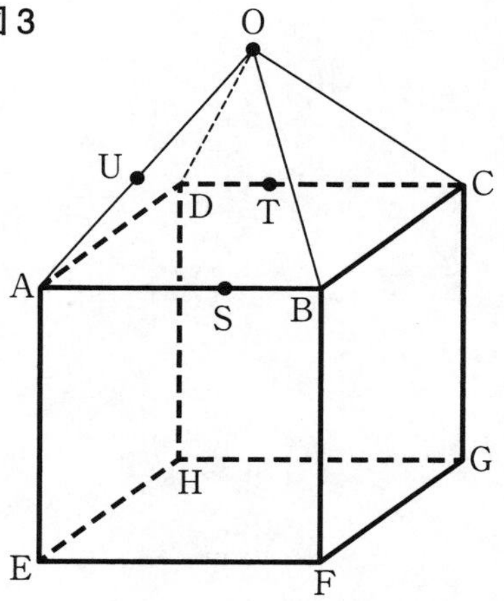

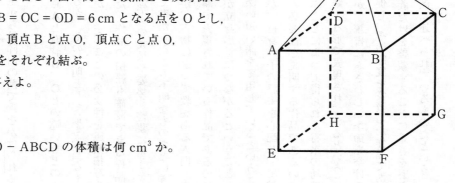

〔問4〕 論じられとあるが、この「られ」と同じ意味で使われているものを、次の各文の——を付けたもののうちから一つ選べ。

ア 校長先生と私たち生徒の力で看板が立てられた。
イ 校長先生が卒業式で生徒への祝辞を述べられる。
ウ 校長先生のお話には生徒への期待が感じられる。
エ 校長先生から昇降口の前で声をかけられる。

〔問5〕 漢詩Aと漢詩B、Cとの違いをどのようなものだと筆者は考えているか。その説明として最も適当なものは、次のうちではどれか。

ア 漢詩Aが、学ぶことの必要性を風景描写や心情表現を交えてえん曲的に述べた、作品の由緒も確認できる作品であるのに対し、漢詩B、Cは、「勧学」の成果や姿勢を啓蒙に重きをおいて述べた、権威ある諸家によって書かれたかも不明なものだということ。
イ 漢詩Aが、書物によって教養ある人間となることの重要性を家族相手に口語調で表現されている作品であるのに対し、漢詩B、Cは、知識の獲得が立身出世につながるということを、国民全体へ啓蒙するために印象深い短い語を多用しているということ。
ウ 漢詩Aが、自身の子の将来を心配し、風景描写等を交えてやさしく学ぶことの必要性を説明する作品であるのに対し、漢詩B、Cは、どちらも学ぶことによって得られる将来の功績を直接的に不特定多数に対して啓蒙する形で表現されているということ。
エ 漢詩Aが、読書にふさわしい季節を挙げることによって、自身の子を学びへ促し、その態度を賞賛した作品であるのに対し、漢詩B、Cは、学問の意義だけを啓蒙することに重きをおき、平易で直接的な表現を用いて簡潔に述べられているということ。

五山版——鎌倉末期から室町末期に京都・鎌倉の五山の僧を中心に作られた木版本の総称。
和刻本——中国や朝鮮の書物を日本で再製作したもの。
真宗《しんそう》および仁宗《じんそう》——どちらも中国の北宋の時代の皇帝。
司馬光《しばこう》——中国の北宋時代の政治家、学者。
柳永《りゅうえい》——中国の北宋時代の詩人。
王安石《おうあんせき》——中国の北宋時代の詩人。
白居易《はくきょい》——中国の唐の時代の詩人。
朱熹《しゅき》——中国の南宋時代の儒学者《じゅがくしゃ》。
「符読書城南」——韓愈の詩。本文冒頭の「時秋積雨霽」はこの詩の一節。
古活字——江戸時代に木活字または銅活字を使って印刷、刊行された書物。
鍾《しょう》——中国の春秋戦国時代の容量の単位。
粟《ぞく》——アワなどの穀物。
良媒《りょうばい》——結婚を取り持つのにすぐれた人。
陽貨《ようか》——中国の春秋戦国時代の政治家。
仕官——役人になること。
季氏《きし》——中国の春秋戦国時代の政治家。
是誰之過歟——「これは誰の過《あやま》ちですか」という意味。これは『論語』季氏篇第十六にある漢文の一節。
顰《ひそ》みに倣《なら》えば——ここでは、他人にみならえばという意味。

〔問1〕(1)両立しがたいところとあるが、この語句に対応する語句を、**A**の漢詩の中からそのまま抜き出して書け。

〔問2〕(2)「読書の秋」というフレーズから受ける印象とはだいぶ異なる。とあるが、筆者がこのように考えるのはなぜか。その理由として最も適当なものは、次のうちではどれか。

ア 韓愈の詩の「燈火稍可親」をもとにして、人々が秋の夜に読書をするようになったことから「読書の秋」という言葉が広がったという考えは、「読書」のもつ意義の一面しか反映していないから。

イ 「読書の秋」は、韓愈の詩ではなく、日常で義務として必要に迫られて読む書を再度心ゆくまで味わうことで自身を成長させるという佐々木の「読書」に関する考えをもとにしたものであるから。

ウ 「読書の秋」の「読書」は、佐々木が「読書の秋来たる」で述べた、生活を変化させ拡張させるという近代読書論に立脚したものであり、韓愈の詩で述べられている内容とは大きなずれがあるから。

エ 「読書の秋」とは、「図書館週間」が秋に実施されることによって使われ始めた表現であり、「読書」とは自分の好きな本を好きなように読むものであるという考えと大きな隔たりがあるから。

〔問3〕(3)たしかに「燈火稍可親」は、それはそれとして日本ではなじみの句であった。とあるが、筆者が「なじみの句」と考えるのはなぜか。その理由として最も適当なものは、次のうちではどれか。

ア 中国の元時代に刊行された由緒正しい漢詩文の入門書の冒頭に掲載されており、明治時代まで日本でも広く使用されたから。

イ 中国で広く読まれていた漢詩文の入門書を模して刊行された漢詩集の冒頭に掲載され、室町時代以後、多くの人の目に触れたから。

ウ 漢詩の基本的技能を学ぶための入門書の冒頭に暗誦教材として掲載され、日本人にとって近代以前からなじみがあったから。

エ 室町時代に日本に伝来して、明治に至るまでの長い間、漢詩文の入門書として広く用いられた本の冒頭に掲載されていたから。

ないのだが、朱熹の「勧学文」はいささか身につまされるところがある。

C　勿謂今日不学而有来日　勿謂今年不学而有来年
日月逝矣　歳不我延
嗚呼老矣　是誰之愆

謂《い》う勿《なか》れ 今日 学ばずとも而《しか》も来日有りと、謂う勿れ 今年 学ばずとも而も来年有りと。日月逝《ゆ》けり、歳《とし》我と延びず。嗚呼《ああ》 老いたり、是《こ》れ誰《た》が愆《あやま》ちぞや。

「日月逝矣、歳不我延」は、『論語』*陽貨《ようか》篇冒頭で陽貨が孔子に*仕官を勧めて「日月逝矣、歳不我与（日月逝けり、歳 我と与《とも》にせず）」と言ったことを用いている。「延」としたのは「年」「愆」と韻にするため。ちなみに「是誰之愆」も『論語』*季氏《きし》篇に「*是誰之過歟」の句があるのを思わせる。それにしても、こんな文章が壁に貼ってあったりするとかえって気が滅《め》入《い》りそうだ。

こうした「勧学文」に比べれば、「符読書城南」は格調をそなえた古詩で、「時秋積雨霽」からの結びも見事だ。というよりも、真宗以下の「勧学文」が、いかに啓蒙《けいもう》とはいえ、諸家の名にふさわしいものとは思えないのである。また、白居易にしても王安石にしても朱熹にしても、古くからそれぞれの詩文集が編まれているのに、これらの作は録されていない。

真宗の「勧学」については大《おお》木《き》康《やすし》氏がくわしく論じられていて、「おそらく、もともとどこかの誰かが作った作が、南宋の終わりごろ、真宗皇帝の作とされたということだったのではなかろうか」とし、さらに「「宋真宗」と「勧学文」との結びつきには、あるいはこの『古文真宝』が深く関わっているのではないか」とも推測されている。*顰《ひそ》みに倣《なら》えば、真宗以外の「勧学文」もまた「どこかの誰か」が作ったもので、権威づけのために諸家の名が用いられたとしてよいのかもしれない。一方で、韓愈の「符読書城南」は、まぎれもなく韓愈がその子のために作った詩で、他の「勧学文」とは一線を画している。どういう経緯でこれが「勧学文」に置かれることになったのか、あるいはこの八篇がどのようにしてひとまとまりのものとなったのか、事は『古文真宝』の成り立ちにもかかわって探索を試みたいところだが、いかんせん材料に乏しい。

ともあれ、「勧学文」とともに流布したことで、「符読書城南」は広く読まれた。その詩の最後に添えられた秋の季節感は、ちょうど「勧学文」全体の結びとしても機能し、人々の心に印象づけられた。やがて世は移り、読書が立身出世とは別に多くの人に享受される時代を迎える。

（齋藤希史「漢文ノート──文学のありかを探る」（一部改変）による）

〔注〕城南──中国の唐の時代の都、長安の南の意。
『詩』邶風《はいふう》「柏舟《はくしゅう》」──中国最古の詩集「詩経」の邶風篇にある「汎《はん》たる彼《か》の柏舟」で始まる漢詩のこと。
韓愈《かんゆ》──中国の唐の時代の文章家、詩人。韓昌黎《かんしょうれい》とも呼ばれた。
耽読《たんどく》──夢中になって本を読みふけること。
疲《つか》らす──疲れさせる。
感ぜしめる──感じさせる。
訓導──旧制小学校の教員の呼び名。
人口に膾炙《かいしゃ》する──広く世間の人々の話題となる。
『古文真宝』──中国の先秦時代から宋《そう》の時代までの詩文の選集。
南宋《なんそう》──中国の王朝の一つ。
黄堅《こうけん》──中国の北宋《ほくそう》時代の書家、詩人、文学者。
明《みん》──中国の王朝の一つ。
将来──ここでは、持ってくるという意味。

著者は「蒼髯《そうぜん》」というペンネームを名乗っているが、じつは当時東京高等師範学校附属小学校訓導*だった佐々木秀一《ささきひでいち》。のちに鶴見俊輔《つるみしゅんすけ》が『思い出袋』で小学校時代の校長先生としてなつかしく回想しているその人なのだった。書き出しから思わずうなずきながら読んでしまう「読書の秋来たる」は、時節の随想でも立身のための学問のすすめでもなく、堂々たる近代読書論である。韓愈の詩が出てこないのも、「読書は生活を拡張して、之《これ》を広くし之を長くする。読書は生活を変化して之を多方面にし之を多趣味にする」という著者の主張からすれば、当然のことかもしれない。佐々木の唱える「読書」は韓愈の「読書」とはすでに異なっている。

この文章のタイトルが「読書の秋来たる」となったのは（ちなみに雑誌の表紙では「読書の秋」となっている）、おそらくそれほど強い意図があったわけではなく、反対に、用例としてはまた別に求めることができるかもしれない。ただ、人口に膾炙《かいしゃ》*するということになると、やはり大正から昭和にかけてと考えられる。秋の読書週間の宣伝とも無縁とは言えまい。制度としての裏付けを得られれば、ことばの流通は飛躍的に加速する。そのとき、近代以前からの「燈火親しむべし」また「秋燈」という秋の読書のイメージが重なって用いられたのであろう。(3)たしかに「燈火稍可親」は、それはそれとして日本ではなじみの句であった。

なぜ「燈火稍可親」がなじみの句だったのかについては、明確な理由がある。『古文真宝』*の前集巻頭に並べられている「勧学文」に収められているからだ。『古文真宝』は南宋《なんそう》*末ごろに編纂《へんさん》された古詩古文のアンソロジー（前集が詩、後集が文）で、いまに伝わるものでは元《げん》の刊本が古い。編者は黄堅《こうけん》*とされているが、詳しいことはわからない。つまりそれほど由緒《ゆいしょ》正しい本というわけではないのだが、元《げん》から明《みん》*にいたる時代に流布《るふ》し、日本にも室町期に将来*され、五山版*をはじめとして多くの和刻本*が明治に及ぶまで出版された。漢詩文の入門書としてよく用いられたのである。朝鮮半島でも版本が多い。

「勧学文」は、その巻頭に掲げられた特別なまとまりである。宋の真《しん》宗《そう》*および仁宗《じんそう》、司馬光《しばこう》*、柳永《りゅうえい》*、王安石《おうあんせき》*、白居易《はくきょい》*、朱熹《しゅき》*の「勧学文」（「勧学」「勧学歌」と称する篇《へん》もある）および韓愈の「符読書城南」*の八篇から構成されるが、「文」という題がついていても、その多くは韻を踏む。つまり暗誦《あんしょう》のための標語に近いもので、この八篇が独立して扱われることもあり、古くは慶長《けいちょう》二年（一五九七）に後陽成《ごようぜい》天皇の命によって、最新の試みであった古活字*で印行されてもいる。

たとえば真宗の「勧学」。

B

富家不用買良田　書中自有千鍾粟
安居不用架高堂　書中自有黄金屋
出門莫恨無人随　書中車馬多如簇
娶妻莫恨無良媒　書中有女顔如玉
男児欲遂平生志　六経勤向窓前読

家を富ますに良田を買うを用いず、書中 自《おのずか》ら千鍾《しょう》*の粟《ぞく》*有り。居を安《あ》んずるに高堂を架するを用いず。書中 自ら黄金の屋有り。門を出《い》ずるに人の随《したが》う無きを恨む莫《な》かれ、書中 車馬多きこと簇《むらが》るが如《ごと》し。妻を娶《めと》るに良媒《りょうばい》*無きを恨む莫れ、書中 女有り 顔 玉の如し。男児 平生の志を遂げんと欲《ほっ》せば、六経《りくきょう》 勤めて窓前に向いて読め。

訓読だけでも意味はとれるほど、語彙も内容も形式も平俗である。勉強さえすれば何でも手に入る。そういうことだ。

その後に続く諸家の「勧学文」も、多少の工夫はあるにせよ、勉強しなさいというトーンが変わるわけではなく、さして興を覚えるものでも

五 次の文章を読んで、あとの各問に答えよ。（*印の付いている言葉には、本文のあとに〔注〕がある。）

A 時秋積雨霽　新涼入郊墟
燈火稍可親　簡編可巻舒
豈不旦夕念　為爾惜居諸
恩義有相奪　作詩勧躊躇

時《とき》　秋にして積雨霽《は》れ、新涼　郊墟《こうきょ》に入《い》る。燈火《とうか》　稍《やや》親しむ可《べ》く、簡編　巻舒《かんじょ》す可《べ》し。豈《あ》に旦夕念《おも》わざらんや、爾《なんじ》が為《ため》に居諸《きょしょ》を惜しむ。恩義相《あ》い奪うこと有り、詩を作りて躊躇《ちゅうちょ》を勧《はげ》ます。

時節は秋となり長雨も晴れ、新しい涼気が郊外の村にやってきた。夜のともしびとともに過ごす時間も増え、書物を繙《ひもと》くのにもふさわしい。学問のことは朝晩思わないはずはあるまいが、月日はすぐに経《た》ってしまうことをおまえのために惜しむのだ。情愛と道義は(1)両立しがたいところがあるから、ぐずぐずしがちなおまえを詩によって励ますことにしよう。「郊墟」は郊外の村、つまりこの「*城南」の地を指す。「居諸」は日月のこと、『*詩』邶風《はいふう》「柏舟《はくしゅう》」にもとづく。「恩義有相奪」の句からは、厳しくしなければいけないのについつい甘やかしてしまう親の情が浮かび上がるようで、なかば脅すような例を連ねてきたのも、息子の行く末を心配してのことと察せられる。この八句なら、こちらも心穏やかに読める。

*韓愈《かんゆ》の詩は、大きく言えば学問のすすめであり、身近に引きつけて言えば、ちゃんと勉強しないと立派な大人になれませんよ、ということであった。(2)「読書の秋」というフレーズから受ける印象とはだいぶ異なる。それは「読書」という語のもつ意味合いが違っていることともかかわるはずなのだけれども、その話より前に、そもそも「読書の秋」が韓愈の詩に由来するのかどうか、ちょっと気になる。

調べてみると、国会図書館の「レファレンス協同データベース」に、「「読書の秋」とよく言われるが、その由来について知りたい」という恰好《かっこう》の事例が掲載されていた。読めばやはり韓愈の詩が挙げられているが、「ここから秋が読書にふさわしい季節として、「秋燈」や「燈火親しむ」といった表現が使われるようになった。これが「読書の秋」の由来のひとつと思われる」ということで、「燈火稍可親」→秋は読書にふさわしい季節→「読書の秋」のように、間に一つはさまっている感じだ。用例からみても、「読書の秋」が近代以降に登場した言い回しであることは、ほぼ疑いない。「由来」という語をどのような意味で使うかにもよるが、韓愈の詩に由来すると簡単に言えないことはたしかである。

さらに、「読書週間が秋に実施されるため、「読書の秋」が定着したのではないか」という調査もなされていて、それによれば読書週間が「図書館週間」として始まったのが一九二三年十一月、ただしなぜこの時期になったかは不明、また「読書の秋」というフレーズはこれより先、一九一八年の新聞記事に見えるとのこと。

人任せですませては韓昌黎《かんしょうれい》先生に怒られそうなので、自分でも明治大正期の文献を少し当たってみたところ、東京高等師範学校附属小学校内に設置された初等教育研究会の編集にかかる雑誌に「読書の秋来たる」という文章が二回にわたって掲載されていた。一九一一年十月および十一月発行の号である。書き出しはこんなふうだ。

読書の好時季が来た。何か心ゆくまで*耽読《たんどく》し得る書が欲しいものである。平生《へいぜい》義務と思ひ必要に迫られて読む書は、人を*疲《つか》らすのみである。読まなければ務《つとめ》が務まらない様に*感ぜしめる書は、実に心を束縛するものである。

生徒ウ：そうだったね。二重傍線部の「現実の物理現象」と「法則」が、それぞれAの文章の「記号」と「記号機能」のどちらに当たるのかが分かれば、関係性も見えてくるね。

生徒ア：二重傍線部の「法則を導きだす」は、表にある X について観察や分析の結果として分かるものを指すことになるから、この場合の関係性は…。何とか書けそうだね。ちょっと書いてみよう。

（しばらくして）

生徒ア：できた。「現実のいろいろな物理現象を観察や実験を通して、理論や法則を生みだすのと同じように、社会言語学は、 Y ということ」って書いたけど、どうかな。

生徒イ：なるほど、これなら「似ています」というのも納得だね。先生にも聞いてみよう。先生、お願いします。

先　生：はい。非常によく書けています。「現実の物理現象」「法則」がAの文章の「記号」と「記号機能」のどちらに当たるかに着目して書いたところが特にすばらしいと思います。

〔問6〕 文章A、Bについて述べたものとして最も適切なものを、次のうちから選べ。

ア　文章Aは最初と最後の段落で筆者の意見を繰り返すことで主張を強調しているが、文章Bは最後の段落で全体を簡単にまとめている。

イ　文章Bは、文章Aで説明されている事項を前提として話を進めることで、自身の主張が伝わりやすいように工夫して構成されている。

ウ　文章A、Bともに、専門用語の機能や筆者自身の主張などを分かりやすく示すために、対比関係を用いて文章を構成して説明している。

エ　文章A、Bともに、具体例を最初に提示したところから抽象的な内容を提示することで、一般の読者が理解しやすいようにしている。

（下書き用）

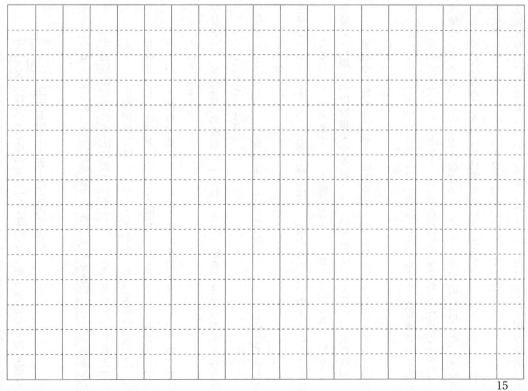

〔問4〕 (4)現実の言語の多様性はひとまずカッコに入れておき、言葉の種類がない理想的な状態のなかで言葉の研究を進めるわけです。とあるが、Bの筆者が「理論言語学」は「理想的な状態のなかで言語の研究を進める」と述べるのはなぜか。その説明として最も適切なものを、次のうちから選べ。

ア 言語の運用の仕方や差違によってではなく、自ら知識や構造を普遍化して正しい文を作る人間の言語能力を分析の対象とするから。

イ 言語の運用の仕方や差違によってではなく、共通する構造や規則に従って適切な文を作る人間の言語能力を分析の対象とするから。

ウ 言語間の差違を排除し、発話された個別な文を状況に応じて適切に理解していくという人間の言語能力を分析の対象とするから。

エ 言語間の差違を排除し、頭のなかの知識や構造を変化させながら適切な文を生みだす人間の言語能力を分析の対象とするから。

〔問5〕 次の会話は、文章A、Bを読んだ後の国語の授業の様子である。先生と生徒の会話の中の X 、 Y にそれぞれ当てはまる表現を、 X は文章B中の表のア～エのうちから適切なものを選び、 Y は**三十五字以上五十字以内**で書け。

先　生：Bの文章の二重傍線部現実の物理現象を考察して法則を導きだす実験物理学の手法に似ていますについて、グループで考えてみます。二重傍線部とはどういうことかを、Aの文章の「記号」「記号機能」という言葉を使って説明してみましょう。各グループで答えができたら、私に声をかけて答えを聞かせてください。では始めましょう。

生徒**ア**：二重傍線部の直前に「これ」とあるから、まずは指示内容を明らかにしてみよう。

生徒**イ**：ええっと、一つ前の文の「社会言語学」のことを指しているんじゃないかな。

生徒**ウ**：そうすると、二重傍線部は一つ前の文の言い換えということになるね。じゃあまず、二重傍線部中の言葉を丁寧にみていこう。

生徒**ア**：「現実の物理現象を考察」っていうのは、「実際の現象の観察や実験や分析を通して、法則を生みだしたり変更したりするということ」かな。

生徒**イ**：「法則」という言葉には「理論」と同じような意味合いがあるから、すごくいいと思う。二重傍線部の順番通りに言えてるね。

生徒**ウ**：じゃあ、この二重傍線部のところを言語学的に言うと、文章Bの表にある X に注目するということか。

生徒**ア**：そうだね。説明に必要な要素が分かってきたよ。

生徒**イ**：次に文章Aについて考えてみよう。「記号」と「記号機能」の関係性のパターンを二つ挙げていたね。

〔注〕モールス信号――「トン(・)」と「ツー(ー)」という符号の組み合わせで文字を表す信号。

アイデンティティ――ここでは、ある共同体に所属しているという意識のこと。

内省――自分の考えや行動を深くかえりみえること。

〔問1〕(1)このように、「記号表現」と「記号内容」が論理的に相互依存の関係にあるということは十分明らかであろう。とあるが、「論理的に相互依存の関係にある」とはどのような意味であるとAの筆者は考えているか。その説明として最も適切なものを、次のうちから選べ。

ア　記号の意味と記号表現が対になって初めて、多くの人に共有されて機能するようになることが担保されると考えられるということ。

イ　記号は記号表現に応じて具体的な意味を与えられることによって機能が確立し、主体的な判断が担保されると考えられるということ。

ウ　記号の持つ意味と記号表現を結びつけることによって、主体的な解釈の対象として機能するようになると考えられるということ。

エ　記号は記号表現に先立って意味を与えられることで初めて、その記号全体の代表として機能するようになると考えられるということ。

〔問2〕(2)例えば英語のsenseが〈感覚〉と〈意味〉という二つの語義を併せ持っているのは、たいへん示唆的である。とあるが、なぜ「示唆的である」とAの筆者は考えているか。その説明として最も適切なものを、次のうちから選べ。

ア　知覚の対象である記号表現は、記号の意味という記号内容によって認知され得るという考えを暗に示しているから。

イ　知覚できる記号表現と、記号の意味を示す記号内容との間に明確な対応関係があるという考えを暗に示しているから。

ウ　記号表現を知覚することができてはじめて、記号の意味という記号内容が認知されるという考えを暗に示しているから。

エ　対象を知覚できるという記号表現の側面が、記号内容の意味との対応関係を作るという考えを暗に示しているから。

〔問3〕(3)「記号表現」と「記号内容」のいずれかが不確定である場合には、事情は異なってくる。とあるが、どのように異なるとAの筆者は考えているか。それを、次の［　　］のように説明するとき、［　　］に当てはまる表現を、**四十五字以上六十字以内**で書け。

> Aの筆者は、「記号表現」と「記号内容」のどちらかが不確定の場合、通常の「記号」によるやり取りとは異なり、［　　］と考えている。

じつは、言語学がすべてバリエーションに関心があるわけではありません。むしろ、関心のない分野のほうが多いくらいです。

たとえば、理論言語学（theoretical linguistics）の第一人者チョムスキーは、均質な言語共同体（homogeneous speech community）を仮定します。(4)現実の言語の多様性はひとまずカッコに入れておき、言葉の種類がない理想的な状態のなかで言葉の研究を進めるわけです。

なぜそうした方法を採るかというと、チョムスキーは、頭のなかにある知識や構造を使って適切な文を生みだす人間の言語能力（linguistic competence）に関心があったからです。素朴に言うと、チョムスキーにとっては、なぜ人間は、言葉の違いを超えて正しい文を作れるのか、という問いが重要なのです。

そうした立場に立つと、運用上の誤りや個人差は、考察を進めるうえで雑音になってしまいます。だから、そうしたことが起こらない理想状態を仮定するわけです。

チョムスキーのこうした姿勢は、理論物理学者が理想気体や摩擦《まさつ》のない平面を仮想するのと似ています。ですから、理論言語学者は、理想状態のなかで立てたモデルが現実にどのくらい当てはまるかという演繹的《えんえきてき》な手法を採ることになります。

一方、社会言語学は、頭のなかにある理想の文を生みだす言語能力ではなく、誤りや個人差も含む実際の発話を生みだす言語運用（linguistic performance）に関心があります。社会言語学者が言語能力に関心を持つ場合もありますが、それは状況を超えて普遍的に発揮される言語能力ではなく、あくまで特定の社会的状況に合わせて個別的に発揮されるコミュニケーション能力（communicative competence）です。

ですから、社会言語学では、社会のなかで、話し手と聞き手とのあいだで実際に使われた発話をまず問題にします。これは、現実の物理現象を考察して法則を導きだす実験物理学の手法に似ています。研究者が頭のなかで作った文を内省*で検討する理論言語学とはその点で対照的です。

こうした立場の違いは、どちらがよい、どちらが悪いと言えるものではありません。どちらの立場も、言葉の性質の一面を的確にとらえているからです。

大切なことは、理論言語学が頭のなかの言葉を問題にし、言語に共通する構造や規則など、言語の普遍的な側面を重視するのにたいし、社会言語学は社会のなかの言葉を問題にし、発話として表れた言葉の差違という、言語の個別的な側面に注目するということです。

その違いがわかるように表に整理すると、つぎのようになります。

	理論言語学	社会言語学
関心の所在	言葉の普遍性・共通性	言葉の個別性・差異性
言葉の在処《ありか》	ア　頭のなかにある	イ　社会のなかにある
分析の対象	ウ　言葉の能力	エ　言葉の使用
分析の観点	構造と規則	種類と選択
分析の方法	演繹的・内省的	帰納的・記述的

なお、バリエーションと似た使われ方をされるものにコード（code）があります。記号や暗号として訳される、あのコードです。社会言語学を理解するうえでは、バリエーションもコードもほぼ同じと考えて問題ないでしょう。ただ、バリエーションは言葉の種類を問題にするのにたいし、コードは記号の一貫性を問題にします。バリエーションでは個々の表現の違いに注意が向き、コードでは言語体系そのものの違いに光が当たるわけです。

（石黒圭「日本語は「空気」が決める　社会言語学入門」（一部改変）による）

二つの項の間の相互依存の関係に基づいて成り立っているということになる。

このいずれの項を欠いていても「記号」ないし「記号機能」は成り立たない。例えば、人間のことばを真似《まね》てオウムが「オハヨウ」と言った場合、一見、人間の使うのと同じ記号が発せられたようではあるが、オウムにとっては少なくとも人間のものと同じ記号内容によって裏づけられているわけではなかろうから、オウムにとっては人間にとってと同じ「記号」であるとか、「記号表現」であるとは言えまい。逆に、内容はあっても表現を与えられていなければ、それも「記号」でも「記号内容」でもない。また、人間の主体的な解釈によって「モノ」が「記号」化するという過程の場合でも、ある意味（「記号内容」）が読みとられて初めて、そのものは「記号表現」に化しているわけである。

(1)このように、「記号表現」と「記号内容」が論理的に相互依存の関係にあるということは十分明らかであろう。しかし、同時に注意しておかなくてはならないのは、両者の相互依存の関係は心理的には必ずしも常に対称的なものではないということである。日常のことば遣いでは、しばしば「記号」ということばが事実上「記号表現」のことを指して用いられることがある。（例えば、「この記号（＝「記号表現」）は〈止まれ〉を意味する」などと言う場合である。）この場合、「記号表現」が「記号」全体を代表しているわけである。逆に「記号内容」でもって「記号」全体を代表させるというのは困難であろう。

このことは、記号の二つの側面のうち、「記号表現」の方がわれわれにとって何らかの形で知覚できる対象であるのに対して、「記号内容」の方は必ずしもそうではないということによるのであろう。記号表現の方はすぐ「目につく」記号の側面であるから、それは容易に「記号」そのものの存在と結びつき、「目につかない」記号内容の存在を暗示する。（(2)例えば英語の sense が〈感覚〉と〈意味〉という二つの語義を併せ持っているのは、たいへん示唆的である。〈感覚〉されるものは〈意味〉を持つのである。）記号の二つの側面の間の関係がこのように非対称的になりうるということは、いくつかの重要な意味合いを持っている。

「記号表現」と「記号内容」の間の相互依存の関係が対称的に働くのは、「理想的」なコードによって両者が想定されている場合であろう。つまり、それぞれの記号について、その「記号表現」と「記号内容」が十分に明確に規定されており、両者の間に排他的な一対一の対応関係がある場合である。例えば、モールス信号の場合を考えてみればよい。このような場合、「記号表現」と「記号内容」のいずれもがそれ自体自立的な体系をなしており、コードは要するに二つの体系内の要素が相互にどのように対応するかを規定しているだけである。

(3)「記号表現」と「記号内容」のいずれかが不確定である場合には、事情は異なってくる。例えば壁か何かに×印がつけてある（あるいはつけてあるように思える）場合、われわれは多分「記号」だと思うであろう。現実にそれが「記号」であるのかどうかということは、この場合問題でない。仮《か》りに「記号」であるとして、われわれに提示されているのは「記号表現」だけで「記号内容」の方は分からないのであるが、それでもそれを「記号」として受けとることに大きな抵抗はない。逆に、「記号内容」らしいものだけがあって「記号表現」を伴わない場合、それを「記号」として受けとるなどということは想像し難《がた》い。

（池上嘉彦「記号論への招待」（一部改変）による）

B

＊アイデンティティによって支えられた言語共同体というグループでは、共通した特徴を持つ言葉が使われています。そうした言葉の種類は、言語バリエーション（linguistic variation）と呼ばれます。

社会言語学の大きな目的の一つは、バリエーションを正確に記述することです。

〔問4〕 朋子さんとあるが、この文章から読み取れる朋子の人物像の説明として最も適切なものを、次のうちから選べ。

ア 楽器制作へのこだわりが強く、努力を惜しまないが、自身の領域に入ってこられるのを絶対に許さない人物。

イ 楽器制作ではなく彫刻作りに集中したいが、本音を言い出せず、楽器作りに対して不信感を抱いている人物。

ウ 無愛想で、淡々と仕事をしているように見えるものの、実はひたむきに楽器づくりに取り組んでいる人物。

エ 自分の信じた方法で楽器を完成させたいのに、芦原さんのオルガンづくりに振り回され、困惑している人物。

〔問5〕 この本文中に使用されている表現の説明として**適切でないもの**を、次のうちから選べ。

ア 「私」と芦原さんの関係性を分かりやすく示すために、「私」と話をする芦原さんの言葉遣いに「お待たせしました。」「これが、オルガンの木管です。」のような丁寧な言葉を多用している。

イ 音色に対して鋭敏な感覚をもつ「私」の人物像を深めるために、「ただ、シャコシャコという音が、さっきまでよりも微妙に鈍くなっている」などかすかな音の差に反応する描写を加えている。

ウ 登場人物の困惑や期待といった感情を視覚的にも描き出すために、「えと……グラナディラ、ですよね。」「どんな音がするのか……楽しみです。」など、「……」という記号を用いている。

エ 芦原さんのオルガン職人としての誇りやこだわり、神経質な一面を丁寧に表現するために、「高さ五メートル程度の、小さいオルガンです。」というような具体的な数字を各所で用いている。

四

次のA、Bの文章を読んで、あとの各問に答えよ。（*印の付いている言葉には、本文のあとに〔注〕がある。）

A

あるものが別のあるものの代わりとしてそれを表《あら》わしている時、その働きは「記号機能」、そしてその働きを担《にな》っているものは「記号」と呼ばれる。コードに基づくコミュニケーションの場合は、メッセージを構成するのに用いられる「記号」はもとからコードに定められているわけであるから、このような場合には何が「記号」であり、何が「記号」でないかはきわめて明瞭である。このような場合は、「記号」の概念が「記号機能」の概念に優先しているように思える。*モールス信号の「トン・ツー」はコードに記載されているから「記号」であり、コードの規定に従って日本語なら〈イ〉、英語なら〈a〉を表わすといった「記号機能」を果《は》たす。

これに対し、「推論」型のコミュニケーションでは、必ずしも「記号」がもともと存在しているのではなくて、当事者が自らの主体的な判断に基づいて、あるものが別のあるものを表わしている（つまり、そこに「記号機能」が存在している）と認定する。その瞬間にそのものは「記号」となる。ここでは、「記号」の概念よりも「記号機能」の概念の方が先行することになる。このやり方で、人間は事実上すべてのものを「記号」にすることができる。人間はすべてのものにことばを与えることのできる創造主なのである。

「記号」という形で捉えるにせよ、また「記号機能」という形で捉えるにせよ、そこに見られるのは「あるものが別のあるものを表わす」という規定に含まれている二つの「あるもの」の間に相互依存の関係が存在しているということである。この二つの項をそれぞれ「記号表現（シニフィアン）」と「記号内容（シニフィエ）」と呼ぶことにする。そうすると、「記号」ないし「記号機能」は「記号表現」と「記号内容」というンです。」嬉《うれ》しそうに、説明をはじめる。

（逸木裕「風を彩る怪物」による）

〔注〕木管――ここではオルガンの音を出すために必要な木製の部品を指す。
響板《きょうばん》――楽器の音を大きくする共鳴板。
トップ板――ギターの表面の板。
トラヴェルソ――フルートの前身である横笛。
バロックオケ――十七世紀初頭から十八世紀半ばまでにヨーロッパを中心に栄えたバロック音楽を演奏するオーケストラ。
和琴《わごん》――日本の弦楽器。
恍惚《こうこつ》――物事に心を奪われて、うっとりすること。

〔問1〕(1)彼女の周囲だけ、空気が冷たい感じがした。とあるが、「私」がそのように感じたのはなぜか。その理由として最も適切なものを、次のうちから選べ。

ア　一心不乱にカンナをすべらせる朋子の姿に、他者を寄せ付けないような威圧感を感じ、尊大だと思ったから。

イ　ひとり集中してカンナがけをする朋子の姿に、長期間の鍛錬による洗練されたものを感じ、圧倒されたから。

ウ　黙々とカンナをすべらせる朋子の姿が、フルートの練習を続ける自分自身と重なり、身が引き締まったから。

エ　孤独にカンナがけをする朋子の姿が、一階のにぎやかさとの対比で浮き彫りになり、さびしく見えたから。

〔問2〕(2)気まずい空気が攪拌《かくはん》されたことに、私はほっと息をつく。とあるが、「私」はなぜ「ほっと息をつ」いたのか。その理由として最も適切なものを、次のうちから選べ。

ア　芦原さんが声をかけたことによって、「私」を一方的に無視し続ける朋子と二人きりで向き合う必要がなくなったから。

イ　芦原さんが声をかけたことによって、朋子が望む距離感をうまく作り出せず反発し合っている状況が止められたから。

ウ　芦原さんが来たことによって、朋子を非難する「私」の発言でぎくしゃくしてしまった場がうやむやになったから。

エ　芦原さんが来たことによって、「私」を拒絶するかのような態度をとる朋子との間に漂った窮屈な雰囲気が和らいだから。

〔問3〕(3)面白い。とあるが、このように「私」が思ったのはなぜか。その理由として最も適切なものを、次のうちから選べ。

ア　現在の楽器は、長い年月を重ねて作られた完成形だと思っていたが、今後もまだ発展の余地があることが分かり、自分の固定観念が取り払われ、楽器のさらなる可能性を感じることができたから。

イ　現在の楽器は、アフリカで育つ素材で作られる改良の余地のないものだと分かったが、安全性と商業上の要請を満たすことができれば、日本における楽器作りの青写真を描けると気づいたから。

ウ　現在の楽器は、様々な素材を試し改良を重ねられた完成形だと思っていたが、原産地特有の気候に深く関係してできあがったことを知り、日本でも新しい取り組みや改良ができると気づいたから。

エ　現在の楽器は、プロの奏者の意見を取り入れ完成したと思っていたが、制作者が奏者の意見を尊重していないため音色が安定しないことを知り、改良によって音色が一律になると分かったから。

ファゴットにはグラナディラが使われないのか。そもそも、オーボエやクラリネットでも、グラナディラが使われだしたのはごく最近で、バロック時代は梨《なし》や楓などを使っていました。オーボエは黒い楽器が多いですが、*バロックオケを観《み》に行くと、赤や焦《こ》げ茶の楽器で吹いてますよね。」

「より優秀な木材が出てきて、古いものは駆逐された——わけではないんですか。」

「と、言われますけど、僕はそれは、怪しいと思ってます。」

芦原さんの目が、一瞬、鋭く光った。

「グラナディラは、アフリカの熱帯に生えている木です。これが西欧の楽器に使われるようになったのは、十九世紀から二十世紀の植民地政策に大きく影響を受けています。アフリカから木材を調達できるようになったので、グラナディラが幅広く使われるようになったのです。」

「でも、楽器に向いてる木だったんですよね。」

「比重が大きく硬いので、向いているとは言われます。ただ、それがどこまできちんと研究されたものなのかは怪しいと思ってます。というのも、楽器は綺麗に鳴りきるまでには時間がかかります。オルガンでも、ポテンシャルをすべて解放するまで数年は鳴らし続けなければいけない。一方、プロの奏者は日々の仕事をこなさなければなりませんから、新しい素材の楽器を渡して、毎日仕事に使ってもらうことなんてできません。当然、広く使われているグラナディラが選ばれるようになる。結果的に市場には、同じ素材の楽器が出回るのです。」

「なるほど。」

「楽器に何の素材が使われるのかは、慣習と、安全策と、商業上の要請から決まります。我々人類は、あらゆる木材の検証を充分にできているわけではない。本当に優れた木管の材料を、まだ発見できていないかもしれません。」

(3)——面白い。

いままでなんとなく、楽器は改良に改良を重ねられていまの最終形になったのだと思っていた。でも芦原さんの話を聞いていると、まだ楽器は発展途上で、様々な可能性を切り落としてしまっているように思える。

「オルガンなら、できます。」

芦原さんは、不敵な笑みを浮かべた。

「オルガンはどの楽器も、必ず受注生産の一点ものです。木管楽器と違い、同じモデルを大量生産するタイプのビジネスではないので、創造できる余地が広い。新しい素材を研究開発していくのも、オルガンビルダーの役割だと思っています。例えばあれは——桐《きり》です。」

カンナをかけている朋子を指差して、言う。

「*和琴《わごん》などに使われる、とても軽い木です。桐を木管パイプに使うことは、まずありません。材木屋に相談したら、奥瀬見でいい桐材が取れるのだと教えてくれました。どんな音がするのか……楽しみです。」

芦原さんは、どこか*恍惚《こうこつ》とした様子で言う。その音を聴いてみたいと、私も思った。

「朋子。一本、作ってみよう。」

朋子がぴたりと手を止め、芦原さんを軽く睨《にら》むように見た。

「まだ、削ってる途中だけど。」

「それはあとでいい。桐材の板が何枚かあるから、一本組み立てて音を見てみよう。陽菜さんにも、その過程を知ってもらいたい。」

「やりかけの作業を、中断したくない。」

「申し訳ないね。さあ、早く。」

こういうことには慣れているのか、朋子はため息をつき、こちらを見ようともせずに一階に下りていった。苛立《いらだ》った様子に肝《きも》が冷えたが、芦原さんは何も動じていない。私たちが微妙な緊張関係にあることにも、気づいていないようだ。

「いま作っているオルガンは、高さ五メートル程度の、小さいオルガただ、シャコシャコという音が、さっきまでよりも微妙に鈍《にぶ》くなっている。その音程の変化に、私は彼女の心の揺れを感じた。

「朋子さん。私のこと、知ってたんですね。」

　彼女は、私の言葉を待っている。

「コンクール、見にきてくれたんですよね。姉から聞きました。フルート、お好きなんですか？」

「いや、まあ……。」

「カフェにある彫刻、朋子さんが作ったんですね。可愛《かわい》くて好きです。私、ああいうの作れないんで、憧れます。朋子さんは。」

「朋子でいいよ。」

　朋子さんは、困ったように頭をかいた。

「私たち、タメだから。亜季さんから聞いてない？　敬語、やめて。なんか、痒《かゆ》い。」

「あ、うん……判った。」

「コンクールは、たまたま都心のほうに用事があって、ついでに寄っただけだから。フルートのことは、よく判らない。ごめん。」

　朋子さんは突き放すように言って、再びカンナをかけはじめる。棘《とげ》のある口調に、私は驚くよりも不思議な気持ちになった。

　私が何か、しただろうか？　会ってからふたりで話すのは、初めてだ。彼女の怒りを買うようなことを言ってしまったとは思えない。なぜこんな態度を、取られなければいけないのか。

「お待たせしました。」

　芦原さんが階段を上ってくる。(2)気まずい空気が攪拌《かくはん》されたことに、私はほっと息をつく。

　彼の手には、細長い箱が握られていた。

「これが、パイプオルガンの木管です。」

　六十センチほどの長さの、直方体の箱だった。空気を吹き込む部分と、空気が出ていく歌口が開いていて、中は空洞のようだ。素材が違うだけで、構造は金属のパイプと同じに見える。

「奥瀬見は江戸時代から炭産業が盛んで、色々な木があります。森の中を歩くと、かつてあった炭焼き窯《がま》の跡がたくさんあるのです。」

　芦原さんが木管を吹くと、素朴で可愛らしい音が鳴った。リコーダーの音に似ているが、オルガンの木管は重心が低く、どっしりとした安定感がある。

「ナラの木管です。オルガンは大量に木材を使うので、制作する場所の近くで採れる木材を使います。イタリアでは糸杉がよく使われますし、スプルースというマツ科の植物を使うことも多いです。スプルースは、ピアノの*響板《きょうばん》とか、ギターの*トップ板などにも使われますね。」

「朋子さ……朋子、が削っているのも、ナラですか。」

「ナラだと思いますか。」

　その質問を待っていたというように、芦原さんは不敵に微笑《ほほえ》んだ。

「木製フルートは、なんで作られているのか、ご存じですか。」

「ええと……グラナディラ、ですよね。」

「正解。クラリネットやオーボエなどでも、グラナディラを使います。ではなぜグラナディラを使うか、判りますか。」

「音がいいんじゃないですか。」

「音がいい、とは？」

　ぼんやりしたことを言ってしまったのを、芦原さんはすぐに聞き咎《とが》めてくる。

「この前お渡しした*トラヴェルソは、楓《かえで》でできています。いまはフルートに楓はあまり使われませんが……これは、音が悪いからでしょうか？」

「判りません。楽器職人が長年試行錯誤してみて、グラナディラのほうがいいということを発見したんじゃないんですか。」

「でも、ファゴットは、いまでもほとんどが楓で作られています。なぜ

二〇二四年度　都立川高等学校

【国　語】（五〇分）〈満点：一〇〇点〉

一　次の各文の――を付けた漢字の読みがなを書け。

(1)　情報源を秘匿する。
(2)　満月が霧に潤む。
(3)　才媛と呼ばれた先輩に憧れる。
(4)　曖昧な表現をする。
(5)　多岐亡羊の感があって目標が定まらない。

二　次の各文の――を付けたかたかなの部分に当たる漢字を楷書で書け。

(1)　フクワジュツを習い始めた。
(2)　思考のメイキュウから抜け出す。
(3)　ニガい経験から学びを得た。
(4)　調理の仕上げにバイニクを用いる。
(5)　選挙結果はゲバヒョウの通りだった。

三　次の文章を読んで、あとの各問に答えよ。（＊印の付いている言葉には、本文のあとに〔注〕がある。）

プロのフルート奏者を目指す陽菜《はるな》は、東京郊外の奥瀬見《おくせみ》町でカフェを営む姉の亜季《あき》の家に、夏の間滞在している。姉の家の近くには、世界的オルガン作家の芦原《あしはら》と、彼の娘の朋子《ともこ》が営むオルガン工房がある。工房では、町の人々の力を借りて、新しいオルガンを作るというプロジェクトが始まっていた。

二階に上ると、シャコ、シャコという擦過《さっか》音が聞こえてきた。

ひとり、朋子さんがいた。作業机に向かい、材木をカンナで削っている。(1)彼女の周囲だけ、空気が冷たい感じがした。

一階でワイワイと作業している人たちとは、明らかに温度が違う。体幹がぶれずに、カンナが均一の力と速度で木材の上を走っている。薄く削られた木屑《きくず》が、心地よい音とともに空中に舞う。一切の無駄が削《そ》ぎ落とされた、機能美すら感じさせる所作。

綺麗《きれい》だ、と思った。十二年間、毎日フルートの練習を続けていた私には判《わか》る。朋子さんはこの作業を、数え切れないほど繰り返しやってきている。

「少しここで待っていてください。倉庫から、＊木管を持ってきます。」

「え、あ、ちょっと……。」

芦原さんは聞かずに、一階へ下りていってしまう。

擦過音が、止《や》んだ。

朋子さんが手を止めて、私のほうを見ていた。

「こんにちは。」

私は仕方なく笑顔を作って、手を振った。

「……うん。」

朋子さんはそれだけを言って、再び木材にカンナをかけはじめた。

2024年度／都立立川高等学校

英語解答

1 A ＜対話文１＞ イ
＜対話文２＞ ウ
＜対話文３＞ エ
B Q１ ア
Q２ To give it a name.

2 〔問１〕 イ 〔問２〕 カ
〔問３〕 エ
〔問４〕 the history of the earth
〔問５〕 オ 〔問６〕 オ
〔問７〕 ウ 〔問８〕 キ
〔問９〕 (例) I recommend more people to use bicycles. Bicycles are good for the environment because they do not produce CO_2. If we ride bicycles instead of driving cars to go somewhere, the amount of CO_2 can be decreased. Using bicycles can keep the air clean and reduce air pollution. (48語)

3 〔問１〕 ア 〔問２〕 エ
〔問３〕 イ 〔問４〕 ウ
〔問５〕 lights
〔問６〕 ア 〔問７〕 ウ
〔問８〕 エ 〔問９〕 サ
〔問10〕 ①…ク ②…カ ③…キ ④…エ

1〔放送問題〕

〔問題A〕＜対話文１＞≪全訳≫トム(T)：サトミ，君は犬が大好きなんだってね。／サトミ(S)：ええ，トム。犬を１匹飼ってるの。あなたは？／T：僕は犬を２匹飼ってるよ。その子たちのおかげで僕は毎日幸せなんだ。／S：私も，うちの犬のおかげで幸せよ。私たちの友達のリナも犬を飼ってるのよ。３匹飼ってると思う。／T：へえ，そうなの？／S：ええ。いいことを思いついたわ。今度の日曜日に一緒に犬を散歩させましょう。午後４時はどうかしら？／T：いいよ。リナにもきいてみよう。次の日曜日が待ちきれないよ。

Q：「トムは何匹の犬を飼っているか」―イ．「２匹の犬」

＜対話文２＞≪全訳≫ジョン(J)：もうすぐおじいちゃんがうちに来るね。彼のためにスパゲッティをつくるのはどうかな，メアリー？／メアリー(M)：それはいい考えね，ジョン。／J：よかった。このトマトと玉ねぎが使えるよ。何か買う必要はあるかな？／M：野菜はたくさんあるわ。あっ，チーズがないんだった。／J：わかった。スーパーでチーズを買おう。／M：ええ，そうしましょう。／J：飲み物も買った方がいいかな？／M：ジュースは昨日買ったわ。だから，飲み物は買わなくていいわよ。

Q：「ジョンとメアリーはスーパーで何を買うつもりか」―ウ．「チーズ」

＜対話文３＞≪全訳≫ジェーン(J)：こんにちは，ボブ，今週末は何をする予定？／ボブ(B)：やあ，ジェーン。僕は日曜の午後に学校の野球の試合を見に球場へ行く予定なんだ。／J：まあ，ほんとに？ 私も友達と一緒にそれを見に行くつもりなの。一緒に球場に行かない？／B：もちろんいいよ。モミジ駅で待ち合わせよう。いつ集まったらいいかな？／J：その試合は午後２時に始まるのよね。１時半に駅に集合しましょう。／B：じゃあ，その前に駅の近くでお昼ご飯を食べない？／J：いいわね。12時でどう？／B：それは早すぎるな。／J：わかったわ。１時に駅に集まりましょう。／B：うん，そうしよう。

Q.「ジェーンとボブはいつモミジ駅で待ち合わせるか」―エ.「１時」

〔問題Ｂ〕≪全訳≫皆様，おはようございます。東京中央動物園にようこそ。皆様に特別なお知らせがございます。新しいウサギが生まれました。生後２か月になります。このウサギは，以前は別の部屋にいました。しかし１週間前，ウサギを移しました。現在，「ウサギのおうち」で，このウサギを他のウサギたちと一緒にご覧いただけます。このウサギは午前11時よりご覧になれます。１歳を過ぎたウサギもいます。このウサギたちは野菜を食べますが，新しいウサギは食べません。／当園では，年長のウサギにはみんな名前がついています。ですが，この新しいウサギには名前がありません。私たちは，皆様にこのウサギに名前をつけていただきたいと考えております。よい名前を思いつきましたら，インフォメーションセンターにて用紙を受け取り，その名前をお書きください。そして，その用紙をそこにあるポストにお入れください。ありがとうございました。

Q１：「新しいウサギは何歳か」―ア.「生後２か月」

Q２：「動物園は新しいウサギのために人々に何をしてほしいのか」―「それに名前をつけること」

２〔長文読解総合―会話文〕

≪全訳≫❶カケル，アイコ，ブライアンはニシキ高校の１年生である。ブライアンはニュージーランド出身の生徒だ。彼らはクラスメートで，朝，学校へと歩いている。❷カケル(Ｋ)：おはよう，アイコ。ねえ，手に何を持っているの？❸アイコ(Ａ)：おはよう，カケル。これは石。昨日庭で拾ったんだけど，今朝不思議なことがあったの。❹ブライアン(Ｂ)：へえ，何が不思議なの？❺Ａ：この石はほとんどの部分が黒く見えるけど，少し赤い部分もあるの。昨日見たときは赤い部分がもっとはっきり見えていたのよ。どうして今日は色が違うんだろうって思って。❻Ｋ：それは本当に不思議だね。「昨日」と「今日」の違いは何だろう？❼Ａ：うーん…。昨日は雨が降っていたのを覚えているけど，今日は晴れているわ。❽Ｂ：ちょっと考えさせて。色が変わるのに天気の影響があったのかな？❾Ｋ：よくわからないな。この不思議な石について理科のイイダ先生にきいてみない？❿Ａ：ええ，それはいい考えだと思う。先生に見せてみましょう！⓫彼らは学校に到着して，授業前に理科室でイイダ先生と話している。⓬イイダ先生(Ｉ)：つまり，あなたたちはこの石についてきくためにここに来て，それが何なのか，なぜ色が違って見えるのか知りたいのね？⓭Ａ：はい，イイダ先生，私たちはそれをぜひ知りたいんです。⓮Ｉ：ちょっと見せて。理科の先生でもこの石が何かを正確に見分けるのはとても難しいわ。でも，これは一種の泥岩だと思うな。泥岩は海や湖では硬くなかったの。地上に出た後，ゆっくりと硬い岩石に変わったのよ。⓯Ａ：わかりました。わかってよかったです。どうもありがとうございます。先生の授業で岩石について習ったことを覚えています。先生の授業を受けてから，私はずっと岩石に興味があるんです。⓰Ｋ：先生の授業は僕も大好きです。とても興味深い内容で，先生は岩石についてもっと学ぶよう僕たちに勧めてくれました。イイダ先生は岩石について研究し続けているのですか？⓱Ｉ：もちろんよ！　だから，私は理科の教師になったんだもの。⓲Ｂ：先生は本当に岩石が大好きなんですね。⓳Ｉ：ええ，そうよ！　ところで，世界には何種類の岩石があるか知ってる？⓴Ｋ：(3)-a全然わかりません。㉑Ｉ：約5000種類あるといわれているの。㉒Ｂ：へえ，そんなにたくさん！㉓Ｉ：雨にぬれると色が変わる宝石もいくつかあるけど，今回の場合は，石がぬれていたから赤い部分がより明るく見えたのよ。㉔Ａ：なるほど。実はこの石の色は変わっていなかった。石がぬれたときに，その中の赤い色がよりはっきり見えただけ，ということですね？㉕Ｉ：そのとおりよ，アイコ。実際は，これは化学変化ではないの。㉖Ｋ：教えてくれてありがとうございます，でも，イイダ先生はなぜそんなに岩石に興味があるのですか？㉗Ｉ：岩石は地球の歴史を物語っているからよ。㉘Ｂ：えっ？　理解できません。岩石が地球の歴史について私たちに教えてくれるってことですか？㉙Ｉ：ええ，そのとおりよ。岩石は地球の奥深くでつくられた。それらを注意深く観察すると，地球がどのように形成され，今どのように変化しているかがわかるのよ。30 A：なるほど。岩石は地球について知る機会を与えてくれるのですね。31 I：そのとおり。だから，岩石は地球からの「贈り物」のようなものだといえるの。それに，地球は私たちに思いがけない贈り物もくれるわ！　次の日曜日に川岸に行かない？　そこにはきっとたくさんの種類の岩石があるから，そこでもう１つの贈り物も見つけられるわ。32 次の日曜日，イイダ先生と３人の生徒は川岸にいる。そこでカケルとアイコは岩石を拾っているが，ブライアンは１人で何かを見ている。33 I：ここで地球からの贈り物をたくさん見つけられるわよ！34 A：はい。たくさんの種類がありますね！　ねえ，ブライアン，何を見ているの？　真剣な顔して。35 B：ああ，岩の間の狭い隙間を見ているんだ。ここを見て。地面から熱い蒸気が吹き出しているんだ。36 K：イイダ先生，これは何ですか？　なぜ地面から吹き出しているんですか？37 I：(3)-b 私たちがどこにいるかわかるでしょ。この場所は何で有名？38 K：よくわかりません。何で有名か…，誰かわかる？39 B：僕は答えを知ってるよ！温泉だよ！　この地域は温泉で知られています。40 I：そのとおり。私はみんなにこれを見せたいの。川岸には地球からのもう１つの贈り物があると私が言ったのを覚えてる？　これがそうよ！41 B：(3)-c 先生の言いたいことがわかります。地球からのもう１つの贈り物は地熱エネルギーですね！42 I：大正解。このエネルギーが地球からのもう１つの贈り物よ。43 K：待ってください。地熱エネルギーとはどのようなものですか？　どうしてそれが贈り物なんですか？　そんな難しい言葉，僕は聞いたことがありません。44 B：僕に少し説明させて。僕の国は地熱エネルギーを利用してきたんだ。geoは地球を意味し，thermalは熱を意味する，つまり，地熱エネルギーは地球深部に保持されている熱で，マグマから生まれるんだ。45 A：なるほど。つまり，(5) 地面から出てくる蒸気はマグマの熱によって生成されているということ？46 B：そうだよ，アイコ。47 I：私たち人間にはエネルギーが足りないことはみんな知ってるわね，だから地熱エネルギーは私たちを助けてくれるのよ。48 B：そして，日本は地下に地熱エネルギーが大量にあるからすごくラッキーなんだ。49 K：なるほど。日本は他の国に比べて地熱エネルギーが多いことがわかったよ。50 I：(6)-a ／→D．そのとおりよ。日本の多くの温泉は，日本でそれが利用できることを示しているの。51 K：(6)-b ／→A．他にもそのような国はありますか？52 B：(6)-c ／→C．あのね，ニュージーランドの温泉も日本と同じように有名なんだよ。53 A：(6)-d ／→B．あなたは温泉や地熱エネルギーについて勉強しているそうね。54 B：そうなんだ！　将来は日本でのいろんな経験を通じて，母国に役立つことをしたいと考えているんだ。55 A：なるほど，だから地熱エネルギーについていろいろ知っているのね。56 B：ニュージーランドにもっと天然資源があれば，もっと地熱エネルギーを利用できて，エネルギー不足の問題を解決する鍵を見つけることができるのに。57 I：地熱エネルギーは，将来電気を生み出すための地球からの贈り物よ。これは最大の利点の１つなの。それについてはみんな知ってるわね。58 B：僕は別の利点についても勉強しました。59 K：それは何？60 B：地熱エネルギーは，地球の中で熱が絶え間なく生み出されるから持続可能なんだ。61 A：へえ，太陽エネルギーとは全然違うのね。太陽エネルギーは天候や時間に左右される。例えば，太陽エネルギーによる電気は夜間にはつくられない。62 I：そのとおりね。他の利点を教えてくれる，ブライアン？63 B：はい。地熱エネルギーはCO_2の量を少なく抑えられて，環境に優しいエネルギーだともいえます。地熱エネルギーは，化石燃料のエネルギーよりも大気汚染が少ないです。64 A：(3)-d すばらしいわね。化石燃料のエネルギーの代わりに地熱エネルギーをもっと利用すれば，将来はこのような環境問題も解決できるかもしれない。65 I：そうなればいいんだけど，デメリットもあるの。66 K：えっ，デメリットも？67 I：あのね。地熱発電所を１つ建てるには，多くの時間と費用が必要なの。マグマからできる熱水や蒸気などが見つかるまで，穴を掘る必要があるのよ。68 B：それは知っています。１つの発電所を建てるのに10年くらいかかるそうです。ぴったりの場所を見つけるのもとても難しい。69 A：ああ。それは大変かもしれないけれど，(7)私たちは地熱エネルギーについて勉強して，そのより良い利用方法を見つけるべきだわ。70 K：そのとおりだ。僕たち全員が今，地熱エネルギーについてもっと学ぶことができる。71 I：地熱エネルギーにはメリットもあればデメリットもあるけど，私たちはエネルギー不足の問題について考え，将来に向けてそれを解決しようとする必要があるわ。72 K：はい，もっと勉強します。73 A：イイダ先生，教えてくれてありがとうございました。74 K：イイダ先生，ありがとうございました。ところで，ブライアンはこの辺では温泉が有名だと言っていたね。次はそこに行こうよ！

〔問1〕＜文脈把握＞ここまでで3人は，アイコが庭で拾った石の色が昨日から今日にかけて変化したことを不思議がっているので，適切なのは，イ.「カケルはイイダ先生に，なぜこの石の色が変わったのかききたい」。

〔問2〕＜適語選択＞(2)-a. ‘look＋形容詞’で「～ように見える」。3人がききたいのは石の色が「違って」見えた理由である。 (2)-b. 直後で「化学変化ではない」と言っていることから，「石がぬれたときに，その中の赤い色がよりはっきり見えただけ」というアイコの発言を肯定したとわかる。 (2)-c. ここも‘look＋形容詞’の形。1人離れて何かをじっと見ているブライアンにアイコがかけた言葉である。 serious「深刻な，真面目な」 (2)-d. 日本は地熱エネルギーが豊かだから「幸運だ」といえる。

〔問3〕＜適文選択＞(3)-a. 直前でイイダ先生が出した問いへの返答が入る。空所後で，イイダ先生自らが答えを教えていることから判断できる。 (3)-b. 熱い蒸気が地面から吹き出している理由をきかれたイイダ先生の返答。今いる場所がそのヒントであることを示したのである。 (3)-c. 直前でイイダ先生が，もう1つの贈り物について「これがそうよ」と言った直後のブライアンの発言。直後でその贈り物の内容を具体的に答えていることから，ブライアンは先生の言いたいことがすでにわかっていたのである。what you mean で「あなたが言いたいこと」。 (3)-d. 地熱エネルギーは環境にも良いと聞いた後の言葉である。

〔問4〕＜英文解釈＞与えられた文章は「岩石には重要な情報がある。岩石は，いつ地球がつくられたかや，それがどのようなものだったかを教えてくれる。さらに地球が現在どのように変化しているかもわかるかもしれない。それはつまり，(　　)が岩石の内部に書かれているということだ」という意味。この文章の第2，3文は，下線部の前(第29段落)のイイダ先生の発言に対応し，これは，さらにその前(第27段落)で述べた they tell the history of the earth の意味を説明したものである。「岩石が地球の歴史を物語っている」のは，「地球の歴史がそこに書かれているから」といえる。

〔問5〕＜整序結合＞mean の目的語に当たる that節を組み立てる。まず，steam「蒸気」は地面から出ているので(第35段落)，the steam coming out of the ground「地面から出てくる蒸気」というまとまりをつくり，これを主語に置く。これに続く動詞を is generated とすると，残りは by the heat of (the magma)「(マグマ)の熱によって」とまとまる。 So, do you mean the steam coming out of the ground is generated by the heat of the magma？

〔問6〕＜文整序＞日本の地熱エネルギーという話題から始まる一連のやりとり。Dの it は空所の前のカケルの発言にある more geothermal energy を指すと考えられるので，これを先頭に置く。残りは，CがAに対する応答となり，空所の後ろのブライアンの発言はBへの応答になると考えられる。

〔問7〕＜適文選択＞直前の but に着目し，「地熱発電所の建設は大変かもしれない」という文前半の内容と相反する内容になるものを選ぶ。直後に続くカケルの発言もヒントになる。

〔問８〕＜内容真偽＞①「ブライアンは，温度のせいで石が違って見えることを知っていた」…×　第８段落参照。ブライアンは天気のせいだと推測しており，石が違って見える理由をわかっていない。また，第23段落より，違って見えたのは温度のせいではなくぬれたせい。　②「イイダ先生によると，理科の先生にとってその石が何なのかを答えるのはとても簡単だった」…×　第14段落第２文参照。理科の先生でも難しい。　③「水にぬれたとき，実際にその石の色が赤くなったわけではなかった」…○　第23～25段落の内容に一致する。　④「カケルは，岩の間の熱い蒸気を見たとき，すぐにはそれを理解できなかった」…○　第36段落参照。蒸気を見て，これは何かと尋ねている。　⑤「イイダ先生が一番見せたかったプレゼントは岩石だった」…×　第40～42段落参照。見せたかったのは地中から出る蒸気で，それは地熱エネルギーを表す。　⑥「ブライアンは，日本での経験を通じてニュージーランドに役立ちたいと考えていた」…○　第54段落の内容に一致する。　⑦「アイコによると，太陽エネルギーは一日中発電できる」…×　第61段落参照。気候や時間に左右される。　⑧「イイダ先生は，地熱発電所がすぐに建設されると説明した」…×　第67段落参照。多くの時間がかかる。

〔問９〕＜テーマ作文＞質問は，「あなたは人にどのような環境に優しい製品を勧めますか，またそれはなぜですか」。環境に優しいと考えられる製品を１つ挙げ，それを勧める理由として，その製品がどのように環境に良いのかなどを説明する。解答例の訳は，「私はもっと多くの人に自転車を利用するよう勧めます。自転車はCO_2をつくらないので環境に優しいです。車を運転する代わりに自転車に乗ってどこかに行けば，CO_2の排出量を減らすことができます。自転車を利用することで空気をきれいに保ち，大気汚染を減らすことができます」。

3〔長文読解総合―スピーチ〕

≪全訳≫❶こんにちは，ニシキ高校ニュースです。私たちは毎月，我が校の生徒数名にインタビューし，彼らの話を皆さんにお伝えします。今日は４月のいい天気ですね。私はここ，１年生の教室にいます。こちらはタカシです。彼は今年の３月にタチ島という島から帰ってきたばかりです。今回は，彼がタチ島で１年間をどのように過ごしたのか，体験談を語ってもらいたいと思います。彼の話を聞いてみましょう。❷こんにちは，ヤマノタカシです。15歳です。両親と妹のコハル，それに僕の家族４人は，2022年４月から2023年３月までの１年間，タチ島で暮らしました。約１年半前，両親はコハルと僕に，僕たち家族が新しい場所に引っ越すということを告げました。最初は信じられませんでしたが，すぐに彼らが本気であることがわかりました。僕たち家族は父の仕事の都合でタチ島という島に引っ越さなければならなかったのです。友達に引っ越すことを伝えるのはつらかったです。僕は友達と一緒に中学校を卒業したかった。僕は母に，コハルにも小学校で仲のいい友達がいるから，僕たちはタチ島への引っ越しにはあまり乗り気ではない，と話しました。母は僕の気持ちを理解してくれましたが，「タチ島は自然が多くて住みやすいところだそうよ。お父さんも私も自然の多い小さな村で生まれたの。子どもの頃，そこで楽しく過ごして，すばらしい思い出がたくさんあるわ。あなたとコハルにはそういう場所で成長して，人生を楽しんでほしいの」　故郷を離れて暮らすことを寂しく思う中，僕たちのタチ島での生活は始まりました。❸タチ島には中学校が１つしかなく，生徒数は約60人です。毎年９月に地元の大きな行事が学校で開催され，地元の人々にはよく知られています。それは，タチ島で長い歴史を持つ伝統的な郷土舞踊の行事です。その行事の日には，人々の健康と幸福を願い，中学生全員が伝統の郷土舞踊を披露します。彼らはそれに強い情熱を持っています。４月に学校でキャプテンを選ぶ集会が開かれました。担任の先生が僕に公演のキャプテンになるように勧めました。先生は僕に，新しい友達をつくって島の学校生活に慣れてほしいと考えていたのです。タチ島に来る前は，僕は他の人の後ろに隠れてしまうタイプでした。キャプテンになるように言われたとき，僕は引き受けたくありませんでした。でも，クラスメートと話し合った後で，僕はキャプテンになることに決めました。❹5月になると中学生たちは，放課後週に3日，踊りの練習のために地元の公民館に集まるようになりました。驚いたことに，部活動の代わりに踊りの練習に参加しなければならないことに，誰も文句を言いませんでした。／→B．また，誰もがイベントを成功させるのに張り切っていることにも驚きました。／→D．僕はキャプテンになったものの，最初はそのために何をすればいいのか全くわかりませんでした。／→C．クラスメートは熱心に練習していて，その情熱が僕を大いに勇気づけました。／→A．しかし，彼らの気持ちを実感した後も，僕はすぐに自分の気持ちを変えることはできませんでした。／いつも孤独を感じながら家に帰ってきました。ある日，僕は舞踊の指導者のオカダ先生からアドバイスをもらいました。先生はタチ島の伝統的郷土舞踊を20年以上指導し続けています。先生は，タチ島の歴史や人々について少し説明してくれました。最近，タチ島に移住する人の数は増え続けています。一方で，その中には島の文化や伝統をよく知らない人もいます。彼はまっすぐに僕を見てこう言いました。「タカシ，君は今年のキャプテンだ。君がこの場所に来たばかりで，不慣れなことがたくさんあることはわかっているが，君が僕たちに新しいアイデアをもたらしてくれることを望んでいる。君の新しいアイデアと僕たちのアイデアを合わせて，すばらしいものをつくろう」　この言葉は，困ったときにいつも僕の背中を押してくれました。その日以来，僕は何事に対しても前向きになれました。伝統的な郷土の芸能についてもっと知るために郷土資料館を訪れ，この地域の歴史を学びました。学校のすぐ外の，海の見える丘の上で，僕はクラスメートたちに踊りのステップや動きの意味を教えてもらいました。夏休みには，僕たちは夜まで練習して，星明かりの道を公演の話をしながら歩いて家に帰りました。何が必要なのかをオカダ先生と一緒に何度も話し合い，確認しました。タチ島に行く前は，空が，特に夜の空がそれほど美しいとは知りませんでした。僕はたくさんの星が輝く美しい夜空を決して忘れないでしょう。都会の明かりのないこの島で，僕は自然と周囲の人々の温かさを感じました。❺ある夜，家に帰ると，コハルが小さな貝を見せてくれました。彼女は「今日の夕食はトコブシと地魚料理よ。トコブシは貝の一種で小さなアワビみたいだよ。こっちに来て，台所に！」と言いました。台所では父が料理をしていました。父は「島民はトコブシをよく食べるけど，僕たちには珍しい。ご近所さんからもらったんだ」と説明してくれました。僕と話している間に，父は地元の魚を揚げました。そのにおいでおなかがすいてきました。父はこう続けました。「海に行くと，故郷では見られない魚や貝がたくさんいるよ。もしよければ，近所の人が一緒に釣りに行きたがっているよ」　それらの魚や貝を僕は初めて食べましたが，とてもおいしかったです。僕は釣りに行ったことがなかったのですが興味を持ちました。そのとき僕は，(6)地元の人にとっては普通のことが僕たちにとっては普通でないことを知りました。トコブシのように，その踊りは地元の人々にはよく知られていますが，「その意味はみんなに知られているのかな？」と僕は思いました。日々が過ぎていきました。僕は毎日，友達と公演の練習をして過ごしました。島では特別なものをたくさん見つけることができたので，楽しく過ごせました。それがコハルにも伝わり，彼女は家で僕と一緒に踊りの練習を始めました。❻大事な日がやってきました。この日はとてもよく晴れていて，海はとても輝いていました。多くの人々が僕たちの中学校を訪れました。家族連れ，小さな子どもたちやお年寄りまで島中の人々が集まり，行事が始まるのを待っていました。体育館の照明が消え，聴衆は静まり返りました。僕にスポットライトが当たると，僕は緊張しました。行事の開会スピーチで僕はこう言いました。「僕は練習を通じて，この地域の伝統行事の重要性にふれただけでなく，踊りに対する人々の情熱も感じました。僕たちは2つの簡単なステップと動きをパフォーマンスの最初の部分に追加しました。ステージのそばのポスターをご覧ください。それは僕のアイデアでした。ポスターは，これらのステップと動きが何を意味するかを示しています。踊りについて学べば学ぶほど，僕たちはこの島についてより理解することができました。僕はもっと多くの人に僕たちの踊りを一緒に体験してもらえるといいなと思います。ぜひ僕たちと一緒に体を動かしてみてください」　コハルが僕の踊りを習おうとしていたとき，僕はこの伝統的な踊りが多くの人を結びつけるだろうということに気づきました。同時に，この踊りをもっと多くの人に知ってもらう必要があると感じました。このアイデアをオカダ先生に話すと，先生は快く受け入れてくれました。友達も僕に賛成して，簡単な踊りの動きを提案してくれました。僕たちと一緒に踊ってくれた人もいてうれしかったです。その日の公演は多くの温かい声援のうちに終わりました。❼タチ島に引っ越す前は，僕は自分のことしか考えていませんでしたが，島ではたくさんの人が僕を助けようとしてくれました。僕は公演のキャプテンとして信頼されていました。島の文化や伝統について学ぶことができました。島で友達が増えました。海で釣りを楽しんで，それが僕の趣味の1つになりました。僕は島の人たちのために何かをして喜んでもらいたいです。タチ島は僕にとって第二の故郷，そしていつか戻りたい場所になりました。タチ島に滞在中に，僕は開かれた心を保つ必要があることを学びました。僕たちは新しい経験をありのままに喜んで受け入れなければなりません。タチ島でのこれらの経験を通して，僕はさらに自信を持ちました。

〔問1〕<文脈把握>これより前でタカシは，「友達に引っ越すことを伝えるのは難しかった」，「友達と一緒に中学校を卒業したかった」と述べている。よって，引っ越しを寂しく思った理由として適切なのは，ア.「タカシは故郷で友達と一緒に学校生活を送ることができなかった」。

〔問2〕<要旨把握>下線部(2)「伝統的な郷土舞踊の行事」については，主に同じ第3段落で説明されている。第2文に a big local event「地元の大きな行事」とあり，これは下線部と同じ行事のこと。「地元の行事」なので，エ.「タチ島の中学生のみが参加できる」は一致しない。他の選択肢は，ア.「年に一度行われ，その踊りは人々の健康と幸福を願っている」，イ.「タチ島の地元の人にはよく知られており，長い歴史がある」，ウ.「タチ島の中学生全員が放課後に踊りの練習をする」。

〔問3〕<文整序>空所の前の文の To my surprise「驚いたことに」に続けて，「～にも驚いた」というBを最初に置く。Dの「最初は何をすればいいのか全くわからなかった」が驚いた直後のタカシの反応と考えられるので，これをBの後に続ける。残りはAの However に着目し，CとAが相反する内容になるのでC→Aの順に並べると，空所の後の「いつも孤独を感じながら家に帰った」につながる。

〔問4〕<適語選択>(4)-a.　空所前の you はタカシ，空所後の this place はタチ島を指す。be new to ～ で「～に不慣れな，なじみのない」。　(4)-b.　観客に一緒に踊ってもらうためのステップと動きなので，simple または easy が当てはまる。　(4)-c.　公演が終わったときの声援の様子を表す語が入る。warm cheers で「温かい声援」となる。　(4)-d.　open mind は「開かれた心，偏見のない心」という意味。新しい経験を受け入れるときの態度を述べている。

〔問5〕<適語補充>前の2文で島の夜空の美しさについて述べていることに着目。島で星空がきれいに見えるのは「照明，明かり」がないからである。lights は第6段落第5文にある。

〔問6〕<整序結合>realized の目的語に当たる that節を組み立てる。語群と文脈から，「地元の人々には普通のことが僕たちにとっては普通ではない」という文意になると推測できる。主語となる「地元の人々には普通のこと」は things の後ろに which で始まる関係代名詞節を置いて表せる。
… things which are common for local people are not common for us.

〔問7〕<英文解釈>bring ～ together で「～を結びつける，まとめる」。下線部は「この伝統舞踊は多くの人を結びつけるだろう」という意味。ウ.「伝統的舞踊を多くの人と一緒に踊れば，互いの距離がもっと縮まるだろう」は，同様の内容を表している。これは，タカシが公演で観客に一緒に踊ってもらうことを提案した理由である。

〔問８〕＜文脈把握＞下線部は「タチ島が僕にとって第二の故郷になった」という意味。タカシがタチ島に対してこのような思いを抱くようになった根拠は，第７段落の下線部より前の部分で書かれている。エ.「タカシは地元の人々に何かしてあげるのを楽しみにしていた」は下線部の１つ前の文の内容に一致する。なお，他の選択肢については，アは「島の人々に申し訳なく思った」，イは「島にすぐに戻りたい」，ウは「３年前」がそれぞれ誤り。

〔問９〕＜内容真偽＞①「タカシは中学２年の初めにタチ島に引っ越すと告げられた」…×　第１段落第３，４文および第２段落第４文参照。高１の４月から１年半前なので，引っ越しを告げられたのは中２の秋頃。　②「タカシの両親はタチ島の小さな村で生まれ育ち，自然を満喫していた」…×　第２段落後半の母親のセリフ参照。タチ島で生まれ育ったとは言っていない。　③「タカシは公演のキャプテンになるよう勧められたが，最初はやりたくなかった」…○　第３段落終わりから２文目に一致する。　④「タカシはオカダ先生と話した後，オカダ先生の言葉に勇気をもらって前向きになった」…○　第４段落中ほどの内容に一致する。　⑤「タカシはタチ島に住む前にトコブシを食べた経験が数回あった」…×　第５段落の中ほど参照。It was my first time to eat them の them はトコブシと地魚を指す。　⑥「タカシは，たくさんの人に一緒に踊ってもらいたくて，踊りのポスターをつくることにした」…○　第６段落中ほどの内容に一致する。　⑦「タカシが自分のアイデアをオカダ先生に話すと，先生は何も心配せずに受け入れてくれた」…○　第６段落終わりから４文目に一致する。　⑧「タチ島に滞在中，多くの島民がタカシを助けてくれたが，彼はいつも自分のことばかり考えていた」…×　第７段落第１文参照。自分のことしか考えていなかったのは島に行く前。

〔問10〕＜内容一致—適語選択＞≪全訳≫オカダ先生／お元気ですか？　お元気のことと思います。僕がタチ島を離れてから数か月しかたっていませんが，皆さんにとても会いたいです。僕は高校生になり，元気にしています。僕の高校では，全員が何かについて調べて発表しなければなりません。僕は去年参加した地元の①公演について研究することにしました。僕がこのトピックを選んだのは，そこで良い経験をしたからです。僕はキャプテンになり，それは僕に②自信をつけてくれました。僕はその公演の文化と③伝統をより多くの人に知ってもらうことが重要だと気づきました。今，研究の日の発表に向けてポスターを再び作成しています。タチ島での滞在は長くはありませんでしたが，そこで得た経験は僕にとって④貴重でした。また島を訪問したいです。その日を楽しみにしています！

＜解説＞①後ろの I joined last year「去年(僕が)参加した」が修飾する名詞が入る。　②'make＋目的語＋形容詞'「～を…(の状態)にする」の形。本文最終段落最終文に I have become more confident … とある。　③culture と並列される名詞が入る。第４段落中ほどに … its culture and traditions とある。　④タチ島で得た経験について述べる形容詞として適切なのは precious「貴重な」。

数学解答

1 〔問1〕 16　〔問2〕 $x=\frac{5}{11}$，$y=\frac{9}{11}$

〔問3〕 $\frac{1}{4}$

〔問4〕 (例)

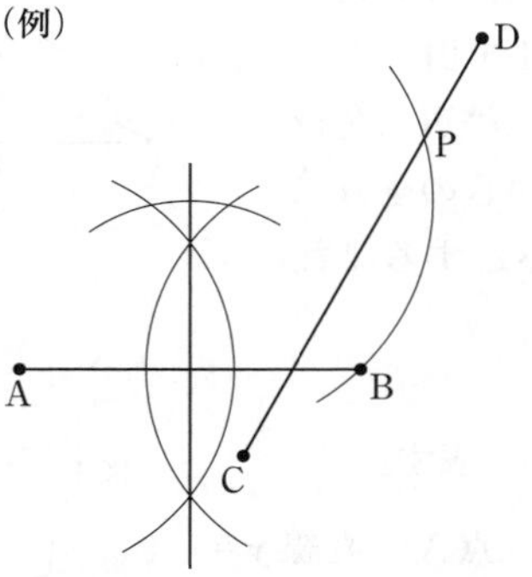

2 〔問1〕 $\frac{17}{8}$

〔問2〕 $a=\frac{7}{6}$，$b=\frac{1}{3}$，$c=4$

〔問3〕 24：1

3 〔問1〕 $\frac{3}{2}$cm

〔問2〕

(1) (例)△ADHと△AFDにおいて，共通な角より，∠DAH＝∠FAD……①　∠BAD＝∠CAD＝a，∠CAF＝∠EAF＝bとおくと，∠BAC＋∠CAE＝180°より，$2a+2b=180°$　よって，$a+b=90°$……②　AB∥HDより，平行線の錯角は等しいから，∠ADH＝∠BAD＝a……③　∠ACF＝90°だから，∠AFD＝90°－∠CAF＝90°－b　②より，$90°-b=a$だから，∠AFD＝a……④　よって，③，④より，∠ADH＝∠AFD……⑤　したがって，①，⑤より，2組の角がそれぞれ等しいから，△ADH∽△AFD

(2) $3\sqrt{5}$cm²

4 〔問1〕 $36\sqrt{2}$cm³　〔問2〕 $1:\sqrt{3}$

〔問3〕 2

1 〔独立小問集合題〕

〔問1〕＜数の計算＞与式$=\left(\frac{\sqrt{3}+\sqrt{7}}{\sqrt{2}}\right)^2+\left(\frac{\sqrt{3}-\sqrt{7}}{\sqrt{2}}\right)^2-3\times\frac{\sqrt{3}+\sqrt{7}}{\sqrt{2}}\times\frac{\sqrt{3}-\sqrt{7}}{\sqrt{2}}=\frac{3+2\sqrt{21}+7}{2}+\frac{3-2\sqrt{21}+7}{2}-3\times\frac{3-7}{2}=\frac{10+2\sqrt{21}}{2}+\frac{10-2\sqrt{21}}{2}-3\times\frac{-4}{2}=(5+\sqrt{21})+(5-\sqrt{21})-(-6)=5+\sqrt{21}+5-\sqrt{21}+6=16$

≪別解≫与式$=x^2-2xy+y^2-xy=(x-y)^2-xy$と変形する。$x-y=\frac{\sqrt{3}+\sqrt{7}}{\sqrt{2}}-\frac{\sqrt{3}-\sqrt{7}}{\sqrt{2}}=\frac{(\sqrt{3}+\sqrt{7})-(\sqrt{3}-\sqrt{7})}{\sqrt{2}}=\frac{\sqrt{3}+\sqrt{7}-\sqrt{3}+\sqrt{7}}{\sqrt{2}}=\frac{2\sqrt{7}}{\sqrt{2}}$，$xy=\frac{\sqrt{3}+\sqrt{7}}{\sqrt{2}}\times\frac{\sqrt{3}-\sqrt{7}}{\sqrt{2}}=\frac{3-7}{2}=\frac{-4}{2}=-2$だから，与式$=\left(\frac{2\sqrt{7}}{\sqrt{2}}\right)^2-(-2)=\frac{4\times7}{2}+2=14+2=16$となる。

〔問2〕＜連立方程式＞$1-x=\frac{2}{3}y$……①，$\frac{2}{5}x=1-y$……②とする。①より，$3-3x=2y$，$-3x-2y=-3$，$3x+2y=3$……①′　②より，$2x=5-5y$，$2x+5y=5$……②′　①′×2－②′×3より，$4y-15y=6-15$，$-11y=-9$　$\therefore y=\frac{9}{11}$　これを①′に代入して，$3x+2\times\frac{9}{11}=3$，$3x+\frac{18}{11}=3$，$3x=\frac{15}{11}$　$\therefore x=\frac{5}{11}$

〔問3〕＜確率―さいころ＞大小1つずつのさいころを同時に1回投げるとき，それぞれ6通りの目の出方があるから，目の出方は全部で6×6＝36(通り)あり，2けたの整数も36通りある。このうち，4でわった余りが3となるのは，11，15，23，31，35，43，51，55，63となる9通りだから，求め

る確率は $\frac{9}{36}=\frac{1}{4}$ である。

〔問4〕**＜平面図形―作図＞**右図で，3点A，B，Pを通る円を考え，この円の中心をOとして，点Oと2点A，Bを結ぶ。$\angle APB=45°$ となるとき，$\overset{\frown}{AB}$ に対する円周角と中心角の関係より，$\angle AOB=2\angle APB=2\times 45°=90°$ となる。OA＝OBだから，△OABは直角二等辺三角形である。よって，点OからABに垂線OHを引くと，$\angle OAH=\angle OBH=45°$ より，△OAH，△OBHも直角二等辺三角形となるから，OH＝AH＝BHである。以上より，線分ABの垂直二等分線上にOH＝AHとなる点Oをとり，点Oを中心とする半径OBの円と線分CDの交点がPとなる。解答参照。

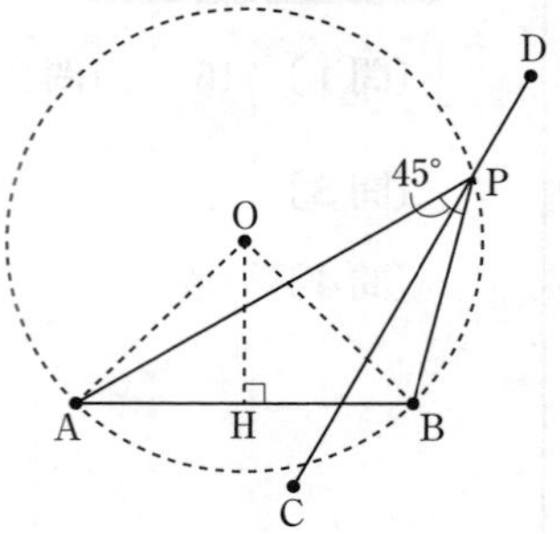

2 **〔関数―関数 $y=ax^2$ と一次関数のグラフ〕**

≪基本方針の決定≫〔問2〕　△OABの面積を a を用いて表す。

〔問1〕**＜比例定数＞**右図1で，$b=-\frac{1}{4}$，$c=9$ のとき，点Aは直線 $y=-\frac{1}{4}x+9$ 上にある。x 座標は2だから，$y=-\frac{1}{4}\times 2+9=\frac{17}{2}$ となり，$A\left(2,\ \frac{17}{2}\right)$ である。点Aは関数 $y=ax^2$ のグラフ上の点でもあるから，$\frac{17}{2}=a\times 2^2$ より，$a=\frac{17}{8}$ となる。

図1

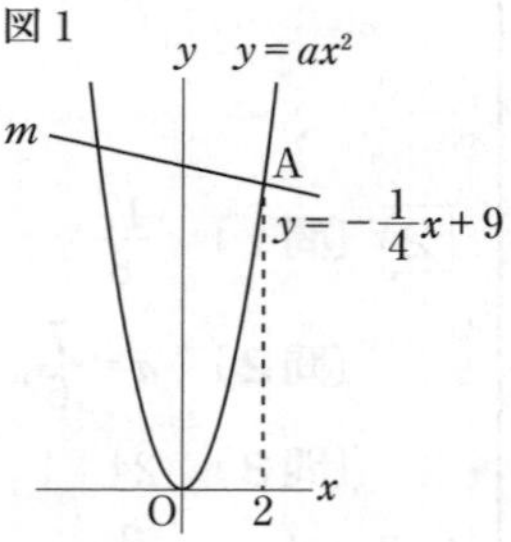

〔問2〕**＜比例定数，傾き，切片＞**右図2で，点Aは関数 $y=ax^2$ のグラフ上にあり x 座標が2だから，$y=a\times 2^2=4a$ より，$A(2,\ 4a)$ と表せる。2点A，Cの x 座標は等しいので，線分ACは y 軸に平行であり，OC＝2，AC＝$4a$ となる。これより，$BC=3AC=3\times 4a=12a$，$BO=BC-OC=12a-2$ となる。△OAB＝28より，$\frac{1}{2}\times BO\times AC=28$ だから，

図2

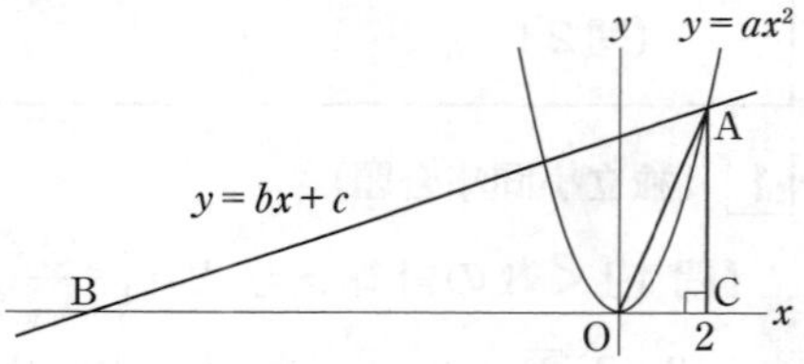

$\frac{1}{2}\times(12a-2)\times 4a=28$ が成り立ち，$24a^2-4a-28=0$，$6a^2-a-7=0$ となる。解の公式より，$a=\frac{-(-1)\pm\sqrt{(-1)^2-4\times 6\times(-7)}}{2\times 6}=\frac{1\pm\sqrt{169}}{12}=\frac{1\pm 13}{12}$ となるから，$a=\frac{1-13}{12}=-1$，$a=\frac{1+13}{12}=\frac{7}{6}$ であり，$a>0$ より，$a=\frac{7}{6}$ である。次に，直線 $y=bx+c$ の傾き b は，$b=\frac{AC}{BC}=\frac{AC}{3AC}=\frac{1}{3}$ となる。また，$4a=4\times\frac{7}{6}=\frac{14}{3}$ より，$A\left(2,\ \frac{14}{3}\right)$ である。直線 $y=\frac{1}{3}x+c$ が点Aを通るので，$\frac{14}{3}=\frac{1}{3}\times 2+c$ より，$c=4$ となる。

〔問3〕**＜体積比＞**右図3で，△OABを y 軸の周りに1回転させてできる立体の体積は，△DOBを y 軸の周りに1回転させてできる円錐の体積から△OADを y 軸の周りに1回転させてできる立体の体積をひいて求められる。点Aから y 軸に垂線AHを引く。$a=\frac{3}{2}$ より，点Aは関数 $y=\frac{3}{2}x^2$ のグラフ上にあり x 座標が2なので，$y=\frac{3}{2}\times 2^2=6$ より，$A(2,\ 6)$ である。これより，CO＝AH＝2，AC＝6である。また，△OAB，△OADの底辺をそれぞれ辺AB，辺ADと見ると，高さが

図3

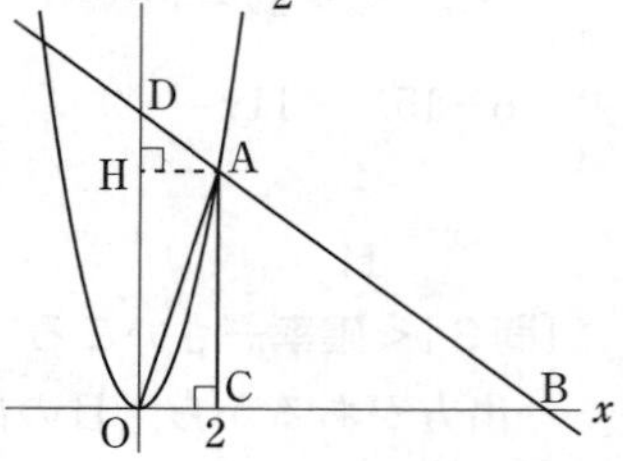

等しいので，面積の比は底辺の比と等しくなり，$\triangle OAB : \triangle OAD = 4 : 1$ だから，$AB : AD = 4 : 1$ である。よって，$AC /\!/ DO$ より，$CB : CO = AB : AD = 4 : 1$ となり，$CB = 4CO = 4 \times 2 = 8$，$OB = CO + CB = 2 + 8 = 10$ となる。さらに，$\triangle ABC \backsim \triangle DBO$ となるので，$AC : DO = AB : DB = 4 : (4+1) = 4 : 5$ となり，$DO = \frac{5}{4}AC = \frac{5}{4} \times 6 = \frac{15}{2}$ である。以上より，△DOB を1回転させてできる円錐の体積は，$\frac{1}{3} \times \pi \times OB^2 \times DO = \frac{1}{3} \times \pi \times 10^2 \times \frac{15}{2} = 250\pi$ である。△OAD を1回転させてできる立体の体積は，△DAH と△OAH を1回転させてできる2つの円錐の体積の和だから，$T = \frac{1}{3} \times \pi \times AH^2 \times DH + \frac{1}{3} \times \pi \times AH^2 \times OH = \frac{1}{3} \times \pi \times AH^2 \times (DH + OH) = \frac{1}{3} \times \pi \times AH^2 \times DO = \frac{1}{3} \times \pi \times 2^2 \times \frac{15}{2} = 10\pi$ となる。△OAB を1回転させてできる立体の体積は，$S = 250\pi - 10\pi = 240\pi$ となるから，$S : T = 240\pi : 10\pi = 24 : 1$ である。

3〔平面図形―直角三角形〕

≪基本方針の決定≫〔問1〕 △ACE が二等辺三角形であることに気づきたい。 〔問2〕(2) $\triangle BDH = \triangle ADH$ であることに気づきたい。

〔問1〕＜長さ＞右図1で，$AD /\!/ EC$ より，$BD : CD = AB : AE = 5 : 3$ だから，$CD = \frac{3}{5+3}BC = \frac{3}{8}BC$ である。また，平行線の錯角，同位角が等しいことより，$\angle ACE = \angle CAD$，$\angle AEC = \angle BAD$ である。$\angle BAD = \angle CAD$ だから，$\angle ACE = \angle AEC$ となる。よって，△ACE は二等辺三角形なので，$AC = AE = 3$ である。$\angle ACB = 90^\circ$ だから，△ABC で三平方の定理より，$BC = \sqrt{AB^2 - AC^2} = \sqrt{5^2 - 3^2} = \sqrt{16} = 4$ となり，$CD = \frac{3}{8} \times 4 = \frac{3}{2}$(cm)となる。

図1

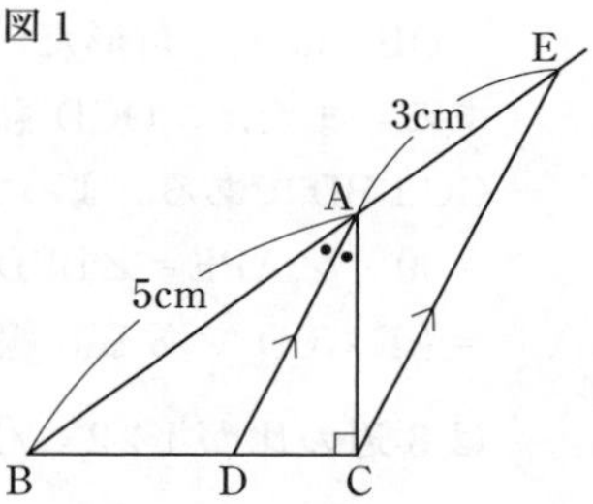

〔問2〕＜証明，面積＞(1)右図2の△ADH と△AFD において，$\angle DAH = \angle FAD$ だから，あと1組の角が等しいことがいえれば，$\triangle ADH \backsim \triangle AFD$ となる。$\angle BAD = \angle CAD = a$ とおくと，$AB /\!/ HD$ より，$\angle ADH = \angle BAD = a$ となる。$\angle AFD = a$ を導く。解答参照。 (2)図2で，$EB /\!/ HD$ より，△BDH と△ADH は，底辺を辺 DH と見ると高さが等しい。よって，$\triangle BDH = \triangle ADH$ である。また，$\angle DAH = \angle CAD + \angle CAF = \frac{1}{2}\angle BAC + \frac{1}{2}\angle CAE = \frac{1}{2}(\angle BAC + \angle CAE) = \frac{1}{2} \times 180^\circ = 90^\circ$ だから，$\triangle ADH = \frac{1}{2} \times AD \times AH$ である。$\angle BAD = \angle CAD$ であり，$EB /\!/ HD$ より，$\angle BAD = \angle ADH$ だから，$\angle CAD = \angle ADH$ である。これより，△ADG は二等辺三角形であり，$DG = AG = 3$ となる。△GDC で三平方の定理より，$DC^2 = DG^2 - CG^2 = 3^2 - 2^2 = 5$ となり，$AC = AG + CG = 3 + 2 = 5$ だから，△ADC で三平方の定理より，$AD = \sqrt{DC^2 + AC^2} = \sqrt{5 + 5^2} = \sqrt{30}$ となる。さらに，$\angle CAF = \angle EAF$，$\angle AHG = \angle EAF$ だから，$\angle CAF = \angle AHG$ であり，△AGH は二等辺三角形となるから，$GH = AG = 3$，$DH = DG + GH = 3 + 3 = 6$ となる。△ADH で三平方の定理より，$AH = \sqrt{DH^2 - AD^2} = \sqrt{6^2 - (\sqrt{30})^2} = \sqrt{6}$ となるから，$\triangle ADH = \frac{1}{2} \times \sqrt{30} \times \sqrt{6} = 3\sqrt{5}$ であり，$\triangle BDH = 3\sqrt{5}$ (cm²)となる。

図2

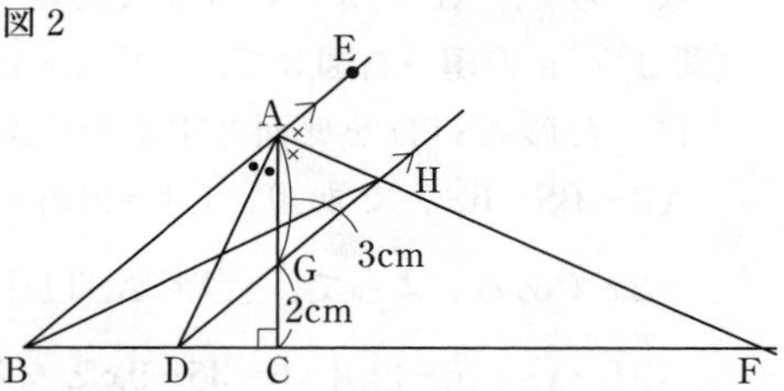

4〔空間図形―立方体と四角錐〕

〔問1〕＜体積＞右図1で，四角形ABCDは1辺の長さが6cmの正方形であり，OA＝OB＝OC＝OD＝6だから，立体O-ABCDは正四角錐である。これより，点Oから面ABCDに垂線OIを引くと，点Iは正方形ABCDの対角線AC，BDの交点と一致する。∠OIA＝∠BIA＝90°，OA＝BA＝6，AI＝AIより，△OAI≡△BAIである。また，△ABCは直角二等辺三角形だから，∠OAI＝∠BAI＝45°となり，△OAIは直角二等辺三角形となる。よって，$OI=\frac{1}{\sqrt{2}}OA=\frac{1}{\sqrt{2}}\times6=3\sqrt{2}$となるので，立体O-ABCDの体積は，$\frac{1}{3}\times$〔正方形ABCD〕$\times OI=\frac{1}{3}\times6\times6\times3\sqrt{2}=36\sqrt{2}$ (cm^3)である。

図1

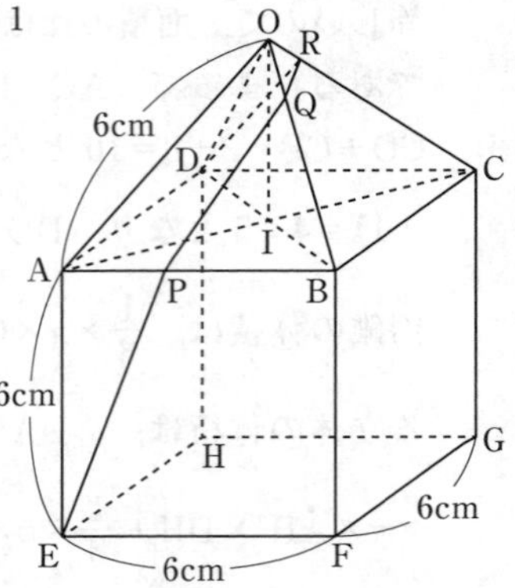

〔問2〕＜長さの比＞右上図1で，4つの線分EP，PQ，QR，RDを含む面AEFB，面OAB，面OBC，面OCDを右図2のように展開する。l＝EP＋PQ＋QR＋RDの値が最も小さくなるとき，5点E，P，Q，R，Dは一直線上に並ぶ。OA＝OB＝OC＝AB＝BC＝6より，△AOB，△OBCは正三角形だから，∠OBA＝∠BOC＝60°となり，AB∥OCである。また，△OCDも正三角形だから，四角形OBCDはひし形となり，OC⊥BDである。よって，AB⊥BDとなる。これより，∠EAP＝∠DBP＝90°，∠APE＝∠BPDとなり，△AEP∽△BDPとなるから，AP：BP＝AE：BDである。線分OCと線分BDの交点をJとすると，△OBJは3辺の比が$1:2:\sqrt{3}$の直角三角形となるので，$BJ=\frac{\sqrt{3}}{2}OB=\frac{\sqrt{3}}{2}\times6=3\sqrt{3}$となり，$BD=2BJ=2\times3\sqrt{3}=6\sqrt{3}$である。したがって，$AE:BD=6:6\sqrt{3}=1:\sqrt{3}$となるので，$AP:BP=1:\sqrt{3}$である。

図2

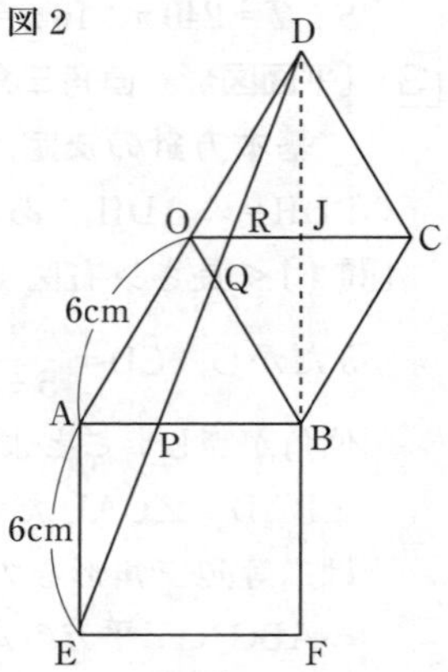

〔問3〕＜xの値＞右図3で，立体U-ASTD，立体E-ASTDはともに，台形ASTDを底面とする四角錐である。BS＝xより，AS＝AB－BS＝6－xであり，CT＝2BS＝2xより，DT＝CD－CT＝6－2xである。よって，〔台形ASTD〕$=\frac{1}{2}\times(AS+DT)\times AD=\frac{1}{2}\times\{(6-x)+(6-2x)\}\times6=36-9x$となる。次に，点Uから面ABCDに垂線UKを引く。このとき，点Kは線分AC上の点となる。〔問1〕より，∠UAK＝45°だから，△UAKは直角二等辺三角形であり，$AU=\sqrt{2}BS=\sqrt{2}x$より，$UK=\frac{1}{\sqrt{2}}AU=\frac{1}{\sqrt{2}}\times\sqrt{2}x=x$となる。したがって，〔立体U-ASTD〕$=\frac{1}{3}\times$〔台形ASTD〕$\times UK=\frac{1}{3}\times(36-9x)\times x=12x-3x^2$，〔立体E-ASTD〕$=\frac{1}{3}\times$〔台形ASTD〕$\times AE=\frac{1}{3}\times(36-9x)\times6=72-18x$となり，その和は，〔立体U-ASTD〕＋〔立体E-ASTD〕$=(12x-3x^2)+(72-18x)=-3x^2-6x+72$と表せる。これが立体ABCD-EFGHの体積の$\frac{2}{9}$であるとき，$-3x^2-6x+72=6^3\times\frac{2}{9}$が成り立つ。これを解くと，$-3x^2-6x+72=48$，$-3x^2-6x+24=0$，$x^2+2x-8=0$，$(x-2)(x+4)=0$より，$x=2$，$-4$となる。CT＜CDより，$0<2x<6$だから，$x=2$(cm)である。

図3

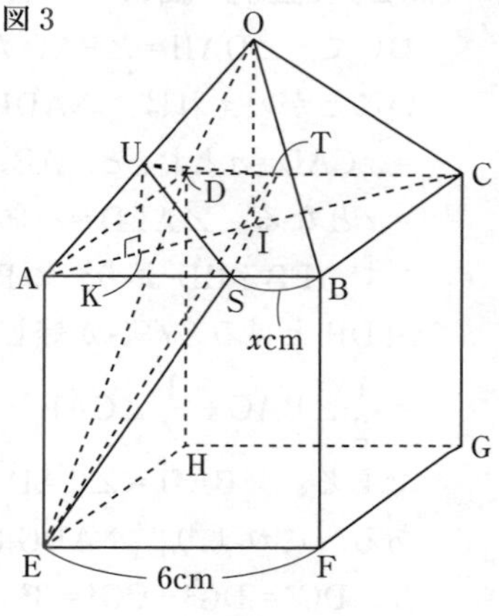

国語解答

一　(1) ひとく　(2) うる
(3) さいえん　(4) あいまい
(5) たきぼうよう

二　(1) 腹話術　(2) 迷宮
(3) 苦　(4) 梅肉
(5) 下馬評

三　〔問1〕 イ　〔問2〕 エ
〔問3〕 ア　〔問4〕 ウ
〔問5〕 エ

四　〔問1〕 ア　〔問2〕 ウ
〔問3〕「記号」を受け取った側が発信者の意図を理解することができなかったり，そもそも「記号」として認識できなかったりする(56字)
〔問4〕 イ
〔問5〕 X…エ
Y　現実の社会で使われている記号機能を分析し，記号の意味の個別性や差異性といった法則を明らかにする学問(49字)
〔問6〕 ウ

五　〔問1〕 相奪　〔問2〕 ウ
〔問3〕 エ　〔問4〕 イ
〔問5〕 ア

一〔漢字〕
(1)「秘匿」は，秘密にして隠しておくこと。　(2)「潤む」は，湿りけを帯びて物の輪郭がぼやける，という意味。音読みは「潤沢」などの「ジュン」。　(3)「才媛」は，教養の高い女性のこと。　(4)「曖昧」は，物事がはっきりしないこと。　(5)「多岐亡羊」は，枝道が多すぎて逃げた羊を見失ってしまうという故事から，方針があまりに多いためどれを選んだらよいのか迷うこと。

二〔漢字〕
(1)「腹話術」は，口を動かさずに話す術のこと。　(2)「迷宮」は，複雑に入り組んでいてなかなか解決できない物事や状況のこと。　(3)音読みは「苦労」などの「ク」。　(4)「梅肉」は，梅干しから種子を取り除いた果肉のこと。　(5)「下馬評」は，馬の乗り入れを禁止した立札(下馬札)の所で主人を待っている間に，供の者がし合う批評やうわさという意味から転じて，関係のない者が興味本位でする批評やうわさのこと。

三〔小説の読解〕出典：逸木裕『風を彩る怪物』。
〔問1〕＜文章内容＞カンナがけの作業を「数え切れないほど繰り返しやってきている」ことで「一切の無駄が削ぎ落とされた」朋子の動作は，「私」に「機能美すら感じさせる」ものであった。
〔問2〕＜文章内容＞話しかけたり問いかけたりしても素っけない返事しかせず「棘のある口調」の朋子に対し，「私」は，「なぜこんな態度を，取られなければいけないのか」と不審に思った。しかし，居心地の悪い雰囲気になりかけていたところに，芦原さんが声をかけたことで雰囲気が変わり，「私」の緊張もほぐれた。
〔問3〕＜文章内容＞「私」は，「本当に優れた木管の材料を，まだ発見できていない」かもしれないという芦原さんの話を聞き，「楽器は改良に改良を重ねられていまの最終形になった」と思い込んでいたと気づいた。そして，楽器は発展していく途中の過程にあって，さらに改良される可能性があるという新たな気づきを得て，おもしろいと感じた。
〔問4〕＜文章内容＞朋子は，「私」が話しかけても社交的な対応をせず目の前の作業に没頭して，感情を表に出さないように見えた。一方で，芦原さんに桐の木管をつくってみようと声をかけられたとき，「やりかけの作業を，中断したくない」と言い，楽器づくりには妥協せず情熱を持って取り組んでいる。

〔問5〕＜表現＞「高さ五メートル程度の，小さいオルガン」や「十九世紀から二十世紀」といった数字は，オルガンの大きさを客観的に描写したり，歴史的事象を端的に述べたりしているだけである。芦原さんのオルガン職人としての誇りやこだわりは，「新しい素材を研究開発」していこうとする姿勢から出た，「オルガンなら，できます」や「オルガンビルダーの役割だと思っています」などの発言に表れている（エ…×）。

四〔論説文の読解―芸術・文学・言語的分野―言語〕出典：池上嘉彦『記号論への招待』／石黒圭『日本語は「空気」が決める　社会言語学入門』。

≪本文の概要≫Ａ．あるものが別のあるものを表すというはたらきは「記号機能」，はたらきを担っているものは「記号」と呼ばれ，コードに基づくコミュニケーションと推論型のコミュニケーションとで，記号と記号機能のいずれが先行するかという違いはあるが，いずれにせよ，「記号」あるいは「記号機能」は，「記号表現」と「記号内容」という二項の間の相互依存の関係により成立している。両者は論理的に相互依存の関係にあるが，心理的には常に対称的なものではない。「記号表現」が「記号」全体を代表していることがあるが，これは，「記号表現」の方が知覚できる対象なので「記号」と結びつきやすいからである。「記号表現」と「記号内容」の相互依存関係が対称的にはたらくのは，両者がコードによって明確に規定され，排他的な一対一の対応関係がある場合である。「記号表現」だけが規定されている場合は「記号」として認識できるが，「記号内容」だけが規定されている場合は，「記号」として認識はできない。

Ｂ．理論言語学は，言語に共通する構造・規則など言葉の普遍性・共通性に関心があり，頭の中にある言葉の能力を分析対象にするため，言葉の違い，運用上の誤り，個人差を超えた，理想状態の中で，モデルが現実にどのくらい当てはまるかという演繹的な手法を用いて研究を行う。一方，社会言語学は，言葉の種類など言葉の個別性・差異性に関心があり，社会の中で，誤りや個人差を含む実際の発話を生み出す言語運用を分析対象にするため，帰納的・記述的方法を用いて研究を行う。

〔問1〕**＜文章内容＞**オウムの言う「オハヨウ」には，記号や記号表現のようなものがあっても，人間が「オハヨウ」という言葉に込める「記号内容」がないので「記号」とはいえない。また，「記号内容」があっても「記号表現」になっていなければ知覚できず，「記号」とはいえない。「記号表現」と「記号内容」の両方が存在することで初めて，「記号」や「記号機能」が成り立つのである。

〔問2〕**＜文章内容＞**「知覚できる対象」である「記号表現」の方がまず「記号」の存在と結びつき，それにより必ずしも知覚できない「記号内容」が認識されるという「記号表現」と「記号内容」の関係がある。「sense」という語においては，「感覚」と「意味」という二つの語義を併せ持つことにより，「感覚」されて初めて「意味」を持つという関係が示されているのである。

〔問3〕**＜文章内容＞**壁に×印がつけてあるように，「記号表現」だけがあって「記号内容」が不確定な場合，我々は×印を「記号」として受け取ることはできても，×印が何を意味しているのかは理解できない。また，「記号内容」だけはあるが「記号表現」を伴わない場合は，そもそも「記号」として認識することはできない。

〔問4〕**＜文章内容＞**理論言語学は，「言葉の違いを超えて」構造や規則を使い「適切な文を生みだす人間の言語能力」を分析対象にしている。「運用上の誤りや個人差」などの無関係な要素が混入すると，正確な言語能力が明らかにできなくなるため，理想状態を仮定する必要があるのである。

〔問５〕＜文章内容＞Ｘ．実験物理学が「現実の物理現象」を分析の対象にしているように，社会言語学においては，社会の中での実際の「言葉の使用」が分析の対象とされる。　Ｙ．社会言語学は，現実の社会における「言葉の使用」や「実際に使われた発話」を分析することにより，言葉の個別性・差異性を明らかにすることに関心がある。社会言語学における分析は，記号論においては，ある言葉がどういうものを表しているのかという「記号機能」を分析するということであり，それによって明らかにされるのは，個別的な「記号」がどのような法則を持って使用されているのかということである。

〔問６〕＜表現＞文章Ａでは，「記号」と「記号機能」，「コードに基づくコミュニケーション」と「『推論』型のコミュニケーション」，「記号表現」と「記号内容」などの専門用語を対比させて説明することにより，記号論においてそれぞれの用語が担うはたらきが明確に伝わる工夫がなされている。文章Ｂも，「理論言語学」と「社会言語学」を「関心の所在」「言葉の在処」などの観点に照らして対比させることにより，「社会言語学」の立場がわかりやすくなっている。

五〔説明文の読解─芸術・文学・言語学的分野─文学〕出典：齋藤希史『漢文ノート─文学のありかを探る』。

〔問１〕＜文章内容＞「恩義相い奪うこと有り」は，「厳しくしなければいけないのについつい甘やかしてしまう親の情」のように，情愛と道義は互いに奪い合うことがあり，共存させることができない，という意味である。

〔問２〕＜文章内容＞佐々木秀一が「読書の秋来たる」という文章の中で使ったのは，生活に変化をもたらし多趣味にするという近代的読書論における「読書」であった。韓愈の詩の中で「学問のすすめ」として表された読書とは意味合いが異なるため，韓愈の詩と「読書の秋」というフレーズとでは，受ける印象も異なる。

〔問３〕＜文章内容＞「燈火稍可親」は，『古文真宝』の冒頭に並べられている「勧学文」の一部であった。『古文真宝』は，南宋末頃に編さんされた古語古文集で，「それほど由緒正しい本というわけではない」が，日本では室町時代に伝来して以来，明治時代までの長い間，「漢詩文の入門書としてよく用いられた」のである。そのため，「燈火稍可親」も，日本で長い間読まれ，日本人にはなじみ深い句だったのである。

〔問４〕＜品詞＞「大木康氏がくわしく論じられていて」の「られ」は，尊敬の意を示す助動詞「られる」の連用形。「校長先生が〜述べられる」の「られ」は，尊敬の意を示す助動詞「られる」の終止形の一部。「看板が立てられた」の「られ」は，受け身の意を示す助動詞「られる」の連用形。「期待が感じられる」の「られ」は，自発を示す助動詞「られる」の終止形の一部。「声をかけられる」の「られ」は，受け身の意を示す助動詞「られる」の終止形の一部。

〔問５〕＜文章内容＞漢詩Ａは，「まぎれもなく韓愈がその子のために作った」由緒正しい詩であり，「秋となり長雨も晴れ，新しい涼気が郊外の村にやってきた」という風景描写や，「月日はすぐに経ってしまうことをおまえのために惜しむ」「情愛と道義は両立しがたい」と親としての心情を交えて，学問の大切さを述べている。一方，漢詩Ｂは「語彙も内容も形式も平俗」で，「勉強さえすれば何でも手に入る」という内容であり，漢詩Ｃは，勉強を先延ばししていると年を取ってから後悔すると述べたものである。ＢとＣは真宗と朱熹の作ではなく，「権威づけのために諸家の名が用いられた」可能性すらあると筆者は考えている。

Memo

●2024年度

東京都立高等学校

共通問題

【社会・理科】

2024年度 東京都立高等学校（共通問題）

【社　会】（50分）〈満点：100点〉

1 　次の各問に答えよ。

〔問１〕　次の地形図は，2017年の「国土地理院発行２万５千分の１地形図（取手《とりで》）」の一部を拡大して作成した地形図上に●で示した**A**点から，**B**～**E**点の順に，**F**点まで移動した経路を太線（━━━）で示したものである。次のページの**ア**～**エ**の写真と文は，地形図上の**B**～**E**点の**い**

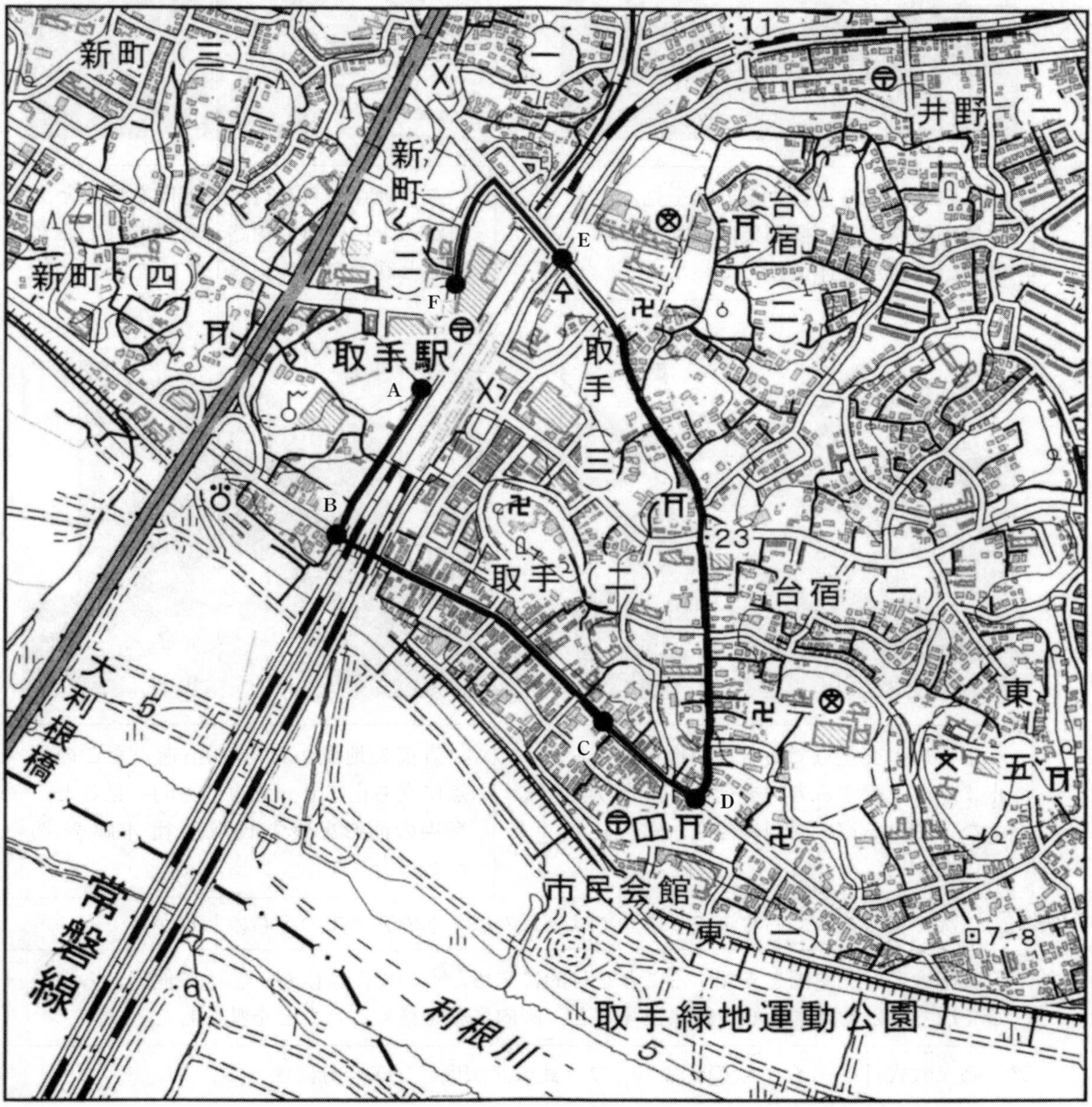

ずれかの地点の様子を示したものである。地形図上の**B**～**E**点のそれぞれに当てはまるのは，次の**ア**～**エ**のうちではどれか。

ア

この地点から進行する方向を見ると，鉄道の線路の上に橋が架けられており，道路と鉄道が立体交差していた。

イ

この地点から進行する方向を見ると，道路の上に鉄道の線路が敷設《ふせつ》されており，道路と鉄道が立体交差していた。

ウ

丁字形《ていじけい》の交差点であるこの地点に立ち止まり，進行する方向を見ると，登り坂となっている道の両側に住宅が建ち並んでいた。

エ

直前の地点から約470m進んだこの地点に立ち止まり，北東の方向を見ると，宿場の面影を残す旧《きゅう》取手《とりで》宿《しゅく》本陣《ほんじん》表門《おもてもん》があった。

〔問２〕　次の文で述べている決まりに当てはまるのは，下の**ア**～**エ**のうちのどれか。

戦国大名が，領国を支配することを目的に定めたもので，家臣が，勝手に他国から嫁や婿を取ることや他国へ娘を嫁に出すこと，国内に城を築くことなどを禁止した。

ア　御成敗式目《ごせいばいしきもく》　**イ**　大宝律令《たいほうりつりょう》　**ウ**　武家諸法度《ぶけしょはっと》　**エ**　分国法《ぶんこくほう》

〔問３〕 次の文章で述べているものに当てはまるのは，下の**ア**～**エ**のうちのどれか。

衆議院の解散による衆議院議員の総選挙後に召集され，召集とともに内閣が総辞職するため，両議院において内閣総理大臣の指名が行われる。会期は，その都度，国会が決定し，２回まで延長することができる。

ア 常会　**イ** 臨時会　**ウ** 特別会　**エ** 参議院の緊急集会

2 次の略地図を見て，あとの各問に答えよ。

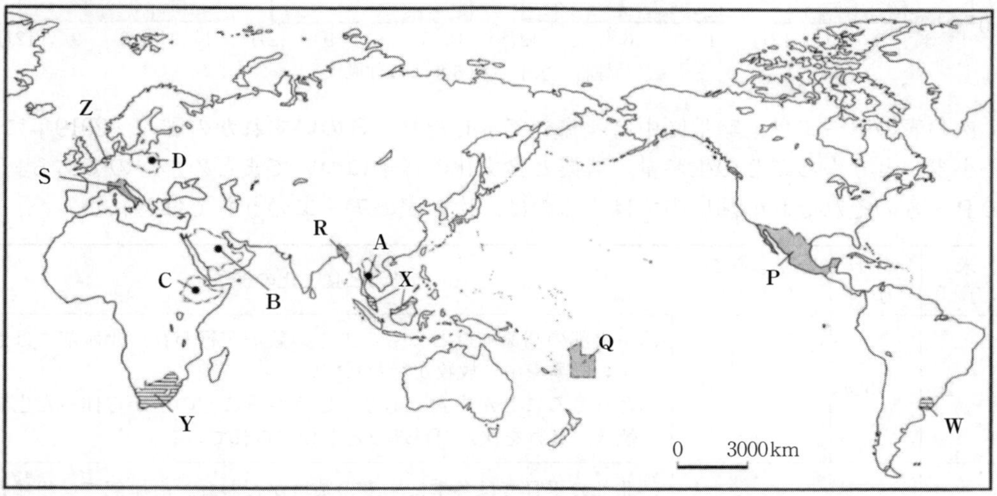

〔問１〕 略地図中の**A**～**D**は，それぞれの国の首都の位置を示したものである。次のⅠの文章は，略地図中の**A**～**D**の**いずれか**の首都を含む国の自然環境と農業についてまとめたものである。Ⅱの**ア**～**エ**のグラフは，略地図中の**A**～**D**の**いずれか**の首都の，年平均気温と年降水量及び各月の平均気温と降水量を示したものである。Ⅰの文章で述べている国の首都に当てはまるのは，略地図中の**A**～**D**のうちのどれか，また，その首都のグラフに当てはまるのは，Ⅱの**ア**～**エ**のうちのどれか。

Ⅰ

首都は標高約2350mに位置し，各月の平均気温の変化は年間を通して小さい。コーヒー豆の原産地とされており，2019年におけるコーヒー豆の生産量は世界第５位であり，輸出額に占める割合が高く，主要な収入源となっている。

Ⅱ

	ア	イ	ウ	エ
年平均気温	9.0℃	17.0℃	27.0℃	29.1℃
年降水量	552.2mm	1146.9mm	127.3mm	1717.7mm

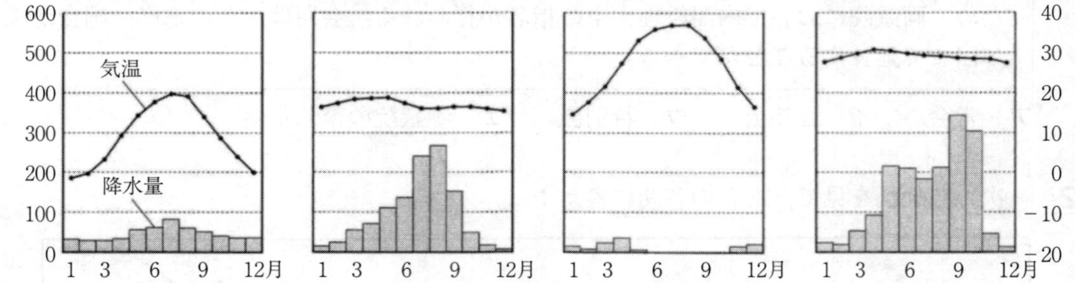

（「理科年表」令和５年より作成）

〔問２〕 次の表の**ア**～**エ**は，略地図中に ▓ で示した**P**～**S**の**いずれか**の国の，2019年における米，小麦，とうもろこしの生産量，農業と食文化の様子についてまとめたものである。略地図中の**P**～**S**のそれぞれの国に当てはまるのは，次の表の**ア**～**エ**のうちではどれか。

	米（万ｔ）	小麦（万ｔ）	とうもろこし（万ｔ）	農業と食文化の様子
ア	25	324	2723	○中央部の高原ではとうもろこしの栽培が行われ，北西部ではかんがい農業や牛の放牧が行われている。 ○とうもろこしが主食であり，とうもろこしの粉から作った生地を焼き，具材を挟んだ料理などが食べられている。
イ	149	674	628	○北部の平野では冬季に小麦の栽培が行われ，沿岸部では柑橘《かんきつ》類やオリーブなどの栽培が行われている。 ○小麦が主食であり，小麦粉から作った麺に様々なソースをあわせた料理などが食べられている。
ウ	0.6	―	0.1	○畑ではタロいもなどの栽培が行われ，海岸沿いの平野ではさとうきびなどの栽培が行われている。 ○タロいもが主食であり，バナナの葉に様々な食材と共にタロいもを包んで蒸した料理などが食べられている。
エ	5459	102	357	○河川が形成した低地では雨季の降水などを利用した稲作が行われ，北東部では茶の栽培が行われている。 ○米が主食であり，鶏やヤギの肉と共に牛乳から採れる油を使って米を炊き込んだ料理などが食べられている。

（注） ―は，生産量が不明であることを示す。

（「データブック オブ・ザ・ワールド」2022年版などより作成）

〔問３〕 次のⅠとⅡの表の**ア**～**エ**は，略地図中に ▤ で示した**W**～**Z**の**いずれか**の国に当てはまる。Ⅰの表は，2001年と2019年における日本の輸入額，農産物の日本の主な輸入品目と輸入額を示したものである。Ⅱの表は，2001年と2019年における輸出額，輸出額が多い上位３位までの貿易相手国を示したものである。Ⅲの文章は，略地図中の**W**～**Z**の**いずれか**の国について述べたものである。Ⅲの文章で述べている国に当てはまるのは，略地図中の**W**～**Z**のうちのどれか，また，ⅠとⅡの表の**ア**～**エ**のうちのどれか。

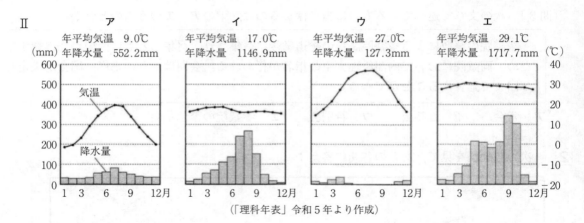

Ⅰ

		日本の輸入額（百万円）	農産物の日本の主な輸入品目と輸入額（百万円）					
ア	2001年	226492	植物性原材料	18245	ココア	4019	野菜	3722
	2019年	343195	豚肉	17734	チーズ等	12517	植物性原材料	6841
イ	2001年	5538	羊毛	210	米	192	チーズ等	31
	2019年	3017	牛肉	1365	羊毛	400	果実	39
ウ	2001年	338374	とうもろこし	12069	果実	9960	砂糖	5680
	2019年	559098	果実	7904	植物性原材料	2205	野菜	2118
エ	2001年	1561324	パーム油	14952	植物性原材料	2110	天然ゴム	2055
	2019年	1926305	パーム油	36040	植物性原材料	15534	ココア	15390

（財務省「貿易統計」より作成）

Ⅱ

		輸出額（百万ドル）	輸出額が多い上位３位までの貿易相手国		
			１位	２位	３位
ア	2001年	169480	ドイツ	イギリス	ベルギー
	2019年	576785	ドイツ	ベルギー	フランス
イ	2001年	2058	ブラジル	アルゼンチン	アメリカ合衆国
	2019年	7680	中華人民共和国	ブラジル	アメリカ合衆国
ウ	2001年	27928	アメリカ合衆国	イギリス	ドイツ
	2019年	89396	中華人民共和国	ドイツ	アメリカ合衆国
エ	2001年	88005	アメリカ合衆国	シンガポール	日本
	2019年	240212	中華人民共和国	シンガポール	アメリカ合衆国

（国際連合「貿易統計年鑑」2020などより作成）

Ⅲ

この国では農業の機械化が進んでおり，沿岸部の砂丘では花や野菜が栽培され，ポルダーと呼ばれる干拓地では酪農が行われている。

2001年と比べて2019年では，日本の輸入額は２倍に届いてはいないが増加し，輸出額は３倍以上となっている。2019年の輸出額は日本に次ぎ世界第５位となっており，輸出額が多い上位３位までの貿易相手国は全て同じ地域の政治・経済統合体の加盟国となっている。

3　次の略地図を見て，あとの各問に答えよ。

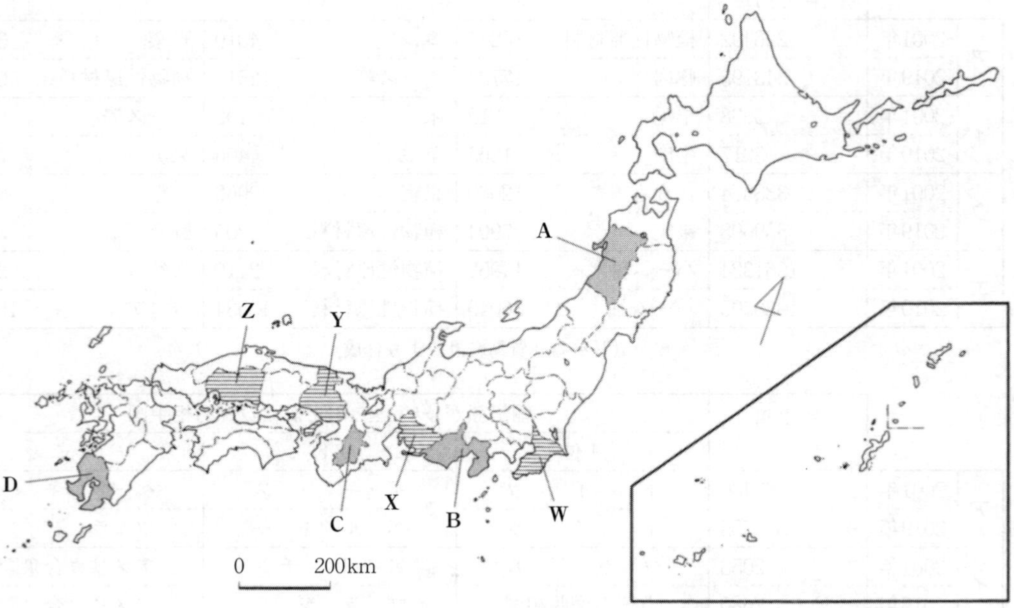

〔問１〕　次の表の**ア**～**エ**の文章は，略地図中に　　　で示した，**A**～**D**の**いずれか**の県の，自然環境と第一次産業の様子についてまとめたものである。**A**～**D**のそれぞれの県に当てはまるのは，次の表の**ア**～**エ**のうちではどれか。

	自然環境と第一次産業の様子
ア	○南東側の県境付近に位置する山を水源とする河川は，上流部では渓谷を蛇行しながら北西方向に流れた後，流路を大きく変えて西流し，隣接する県を貫流して海に注いでいる。 ○南東部は，季節風の影響などにより国内有数の多雨地域であり，木材の生育に適していることから，古くから林業が営まれ，高品質な杉などが生産されていることが知られている。
イ	○北側の3000m級の山々が連なる山脈は，南北方向に走っており，東部の半島は，複数の火山が見られる山がちな地域であり，入り組んだ海岸線が見られる。 ○中西部にある台地は，明治時代以降に開拓され，日当たりと水はけがよいことから，国内有数の茶の生産量を誇っており，ブランド茶が生産されていることが知られている。
ウ	○南側の県境付近に位置する山を水源とする河川は，上流部や中流部では，南北方向に連なる山脈と山地の間に位置する盆地を貫流し，下流部では平野を形成して海に注いでいる。 ○南東部にある盆地は，夏に吹く北東の冷涼な風による冷害の影響を受けにくい地形の特徴などがあることから，稲作に適しており，銘柄米が生産されていることが知られている。
エ	○二つの半島に挟まれた湾の中に位置する島や北東側の県境に位置する火山などは，現在でも活動中であり，複数の離島があり，海岸線の距離は約2600kmとなっている。 ○水を通しやすい火山灰などが積もってできた台地が広範囲に分布していることから，牧畜が盛んであり，肉牛などの飼育頭数は国内有数であることが知られている。

〔問２〕　次のⅠの表の**ア～エ**は，略地図中に　で示した**W～Z**の**いずれか**の県の，2020年における人口，県庁所在地の人口，他の都道府県への従業・通学者数，製造品出荷額等，製造品出荷額等に占める上位３位の品目と製造品出荷額等に占める割合を示したものである。次のⅡの文章は，Ⅰの表の**ア～エ**の**いずれか**の県の工業や人口の様子について述べたものである。Ⅱの文章で述べている県に当てはまるのは，Ⅰの**ア～エ**のうちのどれか，また，略地図中の**W～Z**のうちのどれか。

Ⅰ

	人口（万人）	県庁所在地の人口（万人）	他の都道府県への従業・通学者数（人）	製造品出荷額等（億円）	製造品出荷額等に占める上位３位の品目と製造品出荷額等に占める割合（%）
ア	628	97	797943	119770	石油・石炭製品（23.1），化学（17.2），食料品（13.3）
イ	280	120	26013	89103	輸送用機械（32.8），鉄鋼（11.2），生産用機械（9.7）
ウ	547	153	348388	153303	化学（13.6），鉄鋼（11.0），食料品（10.8）
エ	754	233	88668	441162	輸送用機械（53.0），電気機械（7.7），鉄鋼（4.9）

（2021年経済センサスなどより作成）

Ⅱ

○湾に面した沿岸部は，1950年代から埋め立て地などに，製油所，製鉄所や火力発電所などが建設されており，国内最大規模の石油コンビナートを有する工業地域となっている。

○中央部及び北西部に人口が集中しており，2020年における人口に占める他の都道府県への従業・通学者数の割合は，１割以上となっている。

〔問３〕　次の資料は，2019年に富山市が発表した「富山市都市マスタープラン」に示された，富山市が目指すコンパクトなまちづくりの基本的な考え方の一部をまとめたものである。資料から読み取れる，将来の富山市における日常生活に必要な機能の利用について，現状と比較し，自宅からの移動方法に着目して，簡単に述べよ。

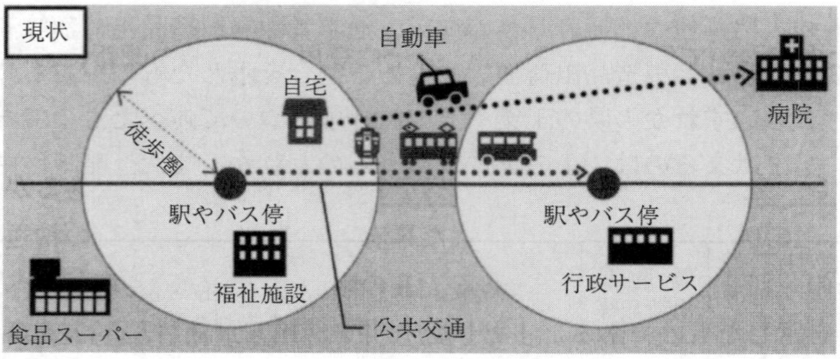

・公共交通のサービス水準が不十分で利用しにくい。
・駅やバス停を中心とした徒歩圏に日常生活に必要な機能がそろっていない。
・自動車を利用しないと生活しづらい。

こう変えたい

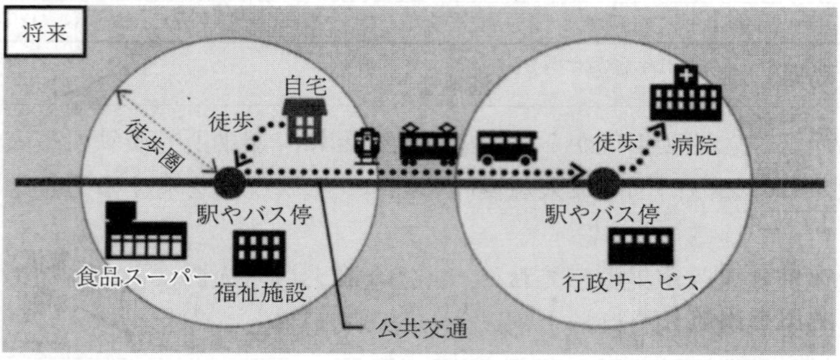

・公共交通のサービス水準が向上して利用しやすい。
・駅やバス停を中心とした徒歩圏に日常生活に必要な機能がそろっている。

（注）
・日常生活に必要な機能とは，行政サービス，福祉施設，病院，食品スーパーである。
・公共交通のサービス水準とは，鉄道・路面電車・バスの運行頻度などである。

（「富山市都市マスタープラン」より作成）

4 次の文章を読み，あとの各問に答えよ。

海上交通は，一度に大量の人や物を輸送することができることから，社会の発展のために重要な役割を果たしてきた。

古代から，各時代の権力者は，(1)周辺の国々へ使節を派遣し，政治制度や文化を取り入れたり，貿易により利益を得たりすることなどを通して，権力の基盤を固めてきた。時代が進むと，商人により，貨幣や多様な物資がもたらされ，堺《さかい》や博多《はかた》などの港が繁栄した。

江戸時代に入り，幕府は海外との貿易を制限するとともに，(2)国内の海上交通を整備し，全国的な規模で物資の輸送を行うようになった。開国後は，(3)諸外国との関わりの中で，産業が発展し，港湾の開発が進められた。

第二次世界大戦後，政府は，経済の復興を掲げ，海上交通の再建を目的に，造船業を支援した。(4)現在でも，外国との貿易の大部分は海上交通が担《にな》い，私たちの生活や産業の発展を支えている。

〔問1〕 (1)周辺の国々へ使節を派遣し，政治制度や文化を取り入れたり，貿易により利益を得たりすることなどを通して，権力の基盤を固めてきた。とあるが，次の**ア**～**エ**は，飛鳥《あすか》時代から室町時代にかけて，権力者による海外との交流の様子などについて述べたものである。時期の古いものから順に記号を並べよ。

ア 混乱した政治を立て直すことを目的に，都を京都に移し，学問僧として唐《とう》へ派遣された最《さい》澄《ちょう》が帰国後に開いた密教を許可した。

イ 将軍を補佐する第五代執権《しっけん》として，有力な御家人を退けるとともに，国家が栄えることを願い，宋《そう》より来日した禅僧の蘭渓道隆《らんけいどうりゅう》を開山と定め，建長寺《けんちょうじ》を建立《こんりゅう》した。

ウ 明《みん》へ使者を派遣し，明の皇帝から「日本国王」に任命され，勘合《かんごう》を用いて朝貢《ちょうこう》の形式で行う貿易を開始した。

エ 隋《ずい》に派遣され，政治制度などについて学んだ留学生を国博士《くにはかせ》に登用し，大化の改新における政治制度の改革に取り組ませた。

〔問2〕 (2)国内の海上交通を整備し，全国的な規模で物資の輸送を行うようになった。とあるが，次のⅠの文章は，河村瑞賢《かわむらずいけん》が，1670年代に幕府に命じられた幕府の領地からの年貢《ねんぐ》米の輸送について，幕府に提案した内容の一部をまとめたものである。Ⅱの略地図は，Ⅰの文章で述べられている寄港地などの所在地を示したものである。ⅠとⅡの資料を活用し，河村瑞賢が幕府に提案した，幕府の領地からの年貢米の輸送について，輸送経路，寄港地の役割に着目して，簡単に述べよ。

Ⅰ

○陸奥《むつ》国信夫《しのぶ》郡(現在の福島県)などの幕府の領地の年貢米を積んだ船は，荒浜《あらはま》を出航したあと，平潟《ひらかた》，那珂湊《なかみなと》，銚子《ちょうし》，小湊《こみなと》を寄港地とし，江戸に向かう。

○出羽《でわ》国(現在の山形県)の幕府の領地の年貢米を積んだ船は，酒《さか》田《た》を出航したあと，小木《おぎ》，福浦《ふくら》，柴山《しばやま》，温泉津《ゆのつ》，下関《しものせき》，大阪，大島《おおしま》，方座《ほうざ》，安乗《あのり》，下田《しもだ》を寄港地とし，江戸に向かう。

○寄港地には役人を置き，船の発着の日時や積荷の点検などを行う。

Ⅱ

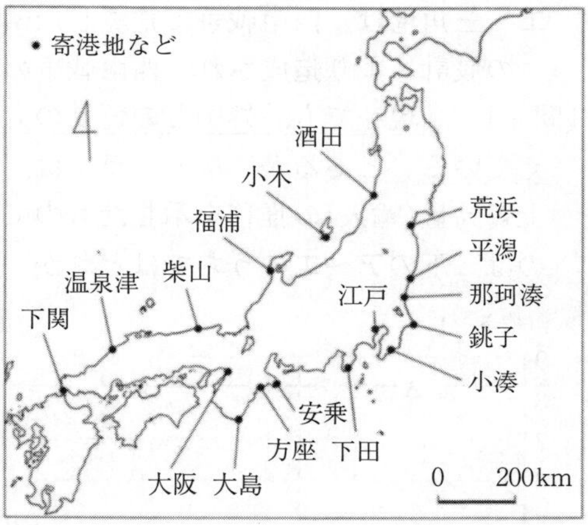

〔問３〕 (3)諸外国との関わりの中で，産業が発展し，港湾の開発が進められた。とあるが，右の略年表は，江戸時代から昭和時代にかけての，外交に関する主な出来事についてまとめたものである。略年表中の**A**～**D**のそれぞれの時期に当てはまるのは，次の**ア**～**エ**のうちではどれか。

西暦	外交に関する主な出来事	
1842	●幕府が天保《てんぽう》の薪水給与令を出し，異国船打ち払い令を緩和した。	
		A
1871	●政府が不平等条約改正の交渉などのために，岩倉使節団を欧米に派遣した。	
		B
1889	●大日本帝国憲法が制定され，近代的な政治制度が整えられた。	
		C
1911	●日米新通商航海条約の調印により，関税自主権の回復に成功した。	
		D
1928	●15か国が参加し，パリ不戦条約が調印された。	

ア　四日市《よっかいち》港は，日英通商航海条約の調印により，治外法権が撤廃され，関税率の一部引き上げが可能になる中で，外国との貿易港として開港場に指定された。

イ　東京港は，関東大震災の復旧工事の一環として，関東大震災の２年後に日《ひ》の出《で》ふ頭が完成したことにより，大型船の接岸が可能となった。

ウ　函館《はこだて》港は，アメリカ合衆国との間に締結した和親条約により，捕鯨船への薪《まき》と水，食糧を補給する港として開港された。

エ　三角《みすみ》港は，西南戦争で荒廃した県内の産業を発展させることを目的に，オランダ人技術者の設計により造成され，西南戦争の10年後に開港された。

〔問４〕 (4)現在でも，外国との貿易の大部分は海上交通が担《にな》い，私たちの生活や産業の発展を支えている。とあるが，次のグラフは，1950年から2000年までの，日本の海上貿易量(輸出)と海上貿易量(輸入)の推移を示したものである。グラフ中の**A**～**D**のそれぞれの時期に当てはまるのは，下の**ア**～**エ**のうちではどれか。

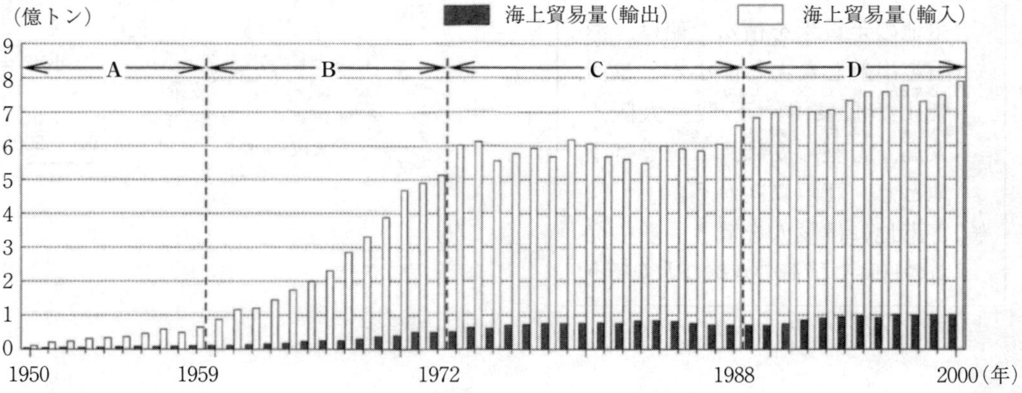

(日本長期統計総覧などより作成)

ア　サンフランシスコ平和条約(講和条約)を結び，国際社会に復帰する中で，海上貿易量は輸出・輸入ともに増加し，特に石油及び鉄鋼原料の需要の増加に伴い，海上貿易量(輸入)の増加が見られた。

イ　エネルギーの供給量において石油が石炭を上回り，海上輸送においてタンカーの大型化が進展する中で，日本初のコンテナ船が就航した他，この時期の最初の年と比較して最後の年では，海上貿易量(輸出)は約４倍に，海上貿易量(輸入)は約６倍に増加した。

ウ　冷たい戦争(冷戦)が終結するとともに，アジアにおいて経済発展を背景にした巨大な海運市場が形成される中で，海上貿易量は輸出・輸入ともに増加傾向にあったが，国内景気の後退や海外生産の増加を要因として，一時的に海上貿易量は輸出・輸入ともに減少が見られた。

エ　この時期の前半は二度にわたる石油価格の急激な上昇が，後半はアメリカ合衆国などとの貿易摩擦の問題がそれぞれ見られる中で，前半は海上貿易量(輸出)が増加し，後半は急速な円高により海上貿易量(輸入)は減少から増加傾向に転じた。

5　次の文章を読み，あとの各問に答えよ。

> 私たちは，家族，学校など様々な集団を形成しながら生活している。(1)一人一人が集団の中で個人として尊重されることが重要であり，日本国憲法においては，基本的人権が保障されている。
>
> 集団の中では，考え方の違いなどにより対立が生じた場合，多様な価値観をもつ人々が互いに受け入れられるよう，合意に至る努力をしている。例えば，国権の最高機関である(2)国会では，国の予算の使途や財源について合意を図るため，予算案が審議され，議決されている。
>
> 国際社会においても，(3)世界の国々が共存していくために条約を結ぶなど，合意に基づく国際協調を推進することが大切である。
>
> 今後も，よりよい社会の実現のために，(4)私たち一人一人が社会の課題に対して自らの考えをもち，他の人たちと協議するなど，社会に参画し，積極的に合意形成に努めることが求められている。

〔問１〕　(1)一人一人が集団の中で個人として尊重されることが重要であり，日本国憲法においては，基本的人権が保障されている。とあるが，基本的人権のうち，平等権を保障する日本国憲法の条文は，次の**ア**～**エ**のうちではどれか。

ア　すべて国民は，健康で文化的な最低限度の生活を営む権利を有する。

イ　すべて国民は，法の下に平等であつて，人種，信条，性別，社会的身分又は門地により，政治的，経済的又は社会的関係において，差別されない。

ウ　何人も，自己に不利益な供述を強要されない。

エ　何人も，裁判所において裁判を受ける権利を奪はれない。

〔問２〕　(2)国会では，国の予算の使途や財源について合意を図るため，予算案が審議され，議決されている。とあるが，次のⅠのグラフは，1989年度と2021年度における我が国の一般会計歳入額及び歳入項目別の割合を示したものである。Ⅰのグラフ中の**A**～**D**は，法人税，公債金，所得税，消費税の**いずれか**に当てはまる。Ⅱの文章は，Ⅰのグラフ中の**A**～**D**の**いずれか**について述べたものである。Ⅱの文章で述べている歳入項目に当てはまるのは，Ⅰの**A**～**D**のうちのどれか，また，その歳入項目について述べているのは，下の**ア**～**エ**のうちではどれか。

Ⅰ

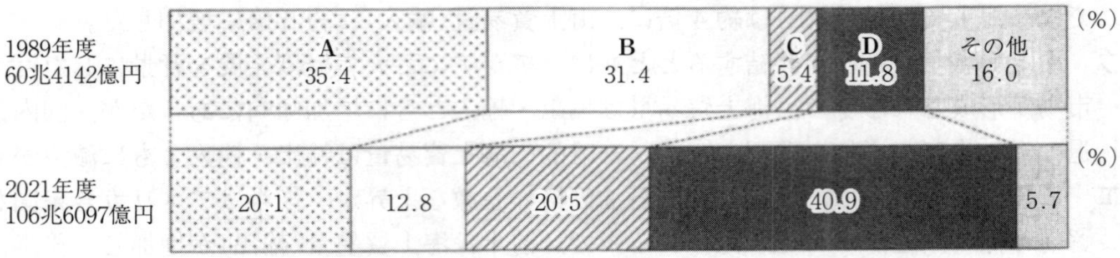

(財務省の資料より作成)

Ⅱ

> 間接税の一つであり，1989年に国民福祉の充実などに必要な歳入構造の安定化を図るために導入され，その後，段階的に税率が引き上げられた。2021年度の歳入額は20兆円を超え，1989年度に比べて6倍以上となっている。

ア 歳入の不足分を賄うため，借金により調達される収入で，元本の返済や利子の支払いなどにより負担が将来の世代に先送りされる。

イ 給料や商売の利益などに対して課され，主に勤労世代が負担し，税収が景気や人口構成の変化に左右されやすく，負担額は負担者の収入に応じて変化する。

ウ 商品の販売やサービスの提供に対して課され，勤労世代など特定の世代に負担が集中せず，税収が景気や人口構成の変化に左右されにくい。

エ 法人の企業活動により得られる所得に対して課され，税率は他の税とのバランスを図りながら，財政事情や経済情勢等を反映して決定される。

〔問3〕 (3)世界の国々が共存していくために条約を結ぶなど，合意に基づく国際協調を推進することが大切である。とあるが，次のⅠの文章は，ある国際的な合意について述べたものである。Ⅱの略年表は，1948年から2019年までの，国際社会における合意に関する主な出来事についてまとめたものである。Ⅰの国際的な合意が結ばれた時期に当てはまるのは，Ⅱの略年表中の**ア**～**エ**のうちではどれか。

Ⅰ

> 地球上の「誰一人取り残さない」ことをスローガンに掲げ，「質の高い教育をみんなに」などの17のゴールと169のターゲットで構成されている。持続可能でよりよい世界を目指し全ての国が取り組むべき国際目標として，国際連合において加盟国の全会一致で採択された。

Ⅱ

西暦	国際社会における合意に関する主な出来事	
1948	●世界人権宣言が採択された。	
		ア
1976	●国際連合において，児童権利宣言の20周年を記念して，1979年を国際児童年とすることが採択された。	
		イ
1990	●「気候変動に関する政府間パネル」により第一次評価報告書が発表された。	
		ウ
2001	●「極度の貧困と飢餓の撲滅」などを掲げたミレニアム開発目標が設定された。	
		エ
2019	●国際連合において，科学者グループによって起草された「持続可能な開発に関するグローバル・レポート2019」が発行された。	

〔問４〕 (4)私たち一人一人が社会の課題に対して自らの考えをもち，他の人たちと協議するなど，社会に参画し，積極的に合意形成に努めることが求められている。とあるが，次のⅠの文章は，2009年に法務省の法制審議会において取りまとめられた「民法の成年年齢の引下げについての最終報告書」の一部を分かりやすく書き改めたものである。Ⅱの表は，2014年から2018年までに改正された18歳，19歳に関する法律の成立年と主な改正点を示したものである。ⅠとⅡの資料を活用し，Ⅱの表で示された一連の法改正における，国の若年者に対する期待について，主な改正点に着目して，簡単に述べよ。

Ⅰ

○民法の成年年齢を20歳から18歳に引き下げることは，18歳，19歳の者を大人として扱い，社会への参加時期を早めることを意味する。

○18歳以上の者を，大人として処遇することは，若年者が将来の国づくりの中心であるという国としての強い決意を示すことにつながる。

Ⅱ

	成立年	主な改正点
憲法改正国民投票法の一部を改正する法律	2014	投票権年齢を満18歳以上とする。
公職選挙法等の一部を改正する法律	2015	選挙権年齢を満18歳以上とする。
民法の一部を改正する法律	2018	一人で有効な契約をすることができ，父母の親権に服さず自分の住む場所や，進学や就職などの進路について，自分の意思で決めることができるようになる成年年齢を満18歳以上とする。

6　次の文章を読み，あとの各問に答えよ。

国際社会では，人，物，お金や情報が，国境を越えて地球規模で移動するグローバル化が進んでいる。例えば，科学や文化などの面では，(1)これまでも多くの日本人が，研究などを目的に海外に移動し，滞在した国や地域，日本の発展に貢献してきた。また，経済の面では，(2)多くの企業が，世界規模で事業を展開するようになり，一企業の活動が世界的に影響を与えるようになってきた。

地球規模の課題は一層複雑になっており，課題解決のためには，(3)国際連合などにおける国際協調の推進が一層求められている。

〔問１〕 (1)これまでも多くの日本人が，研究などを目的に海外に移動し，滞在した国や地域，日本の発展に貢献してきた。とあるが，下の表の**ア**～**エ**は，略地図中に ▒ で示した**A**～**D**の**いずれか**の国に滞在した日本人の活動などについて述べたものである。略地図中の**A**～**D**のそれぞれの国に当てはまるのは，下の表の**ア**～**エ**のうちではどれか。

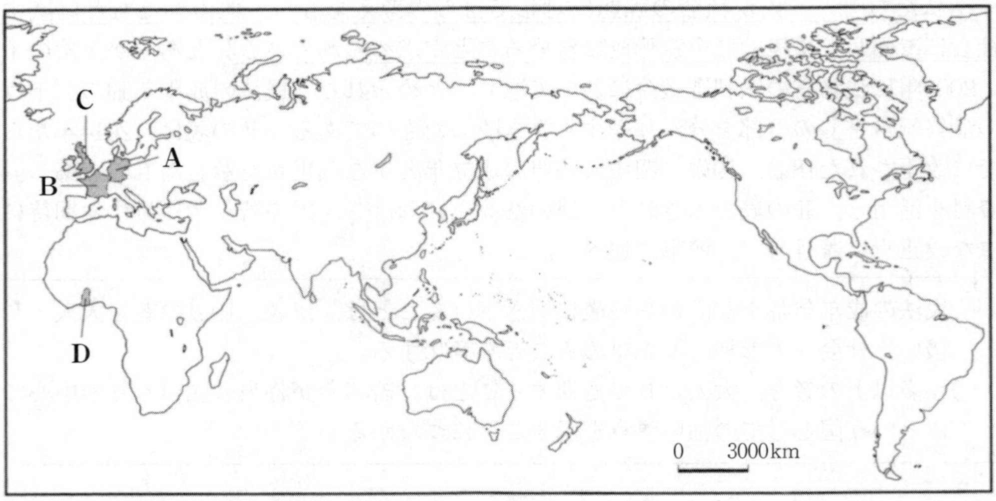

	日本人の活動など
ア	1789年に市民革命が起こったこの国に，1884年から1893年まで留学した黒田清輝《くろだせいき》は，途中から留学目的を洋画研究に変更し，ルーブル美術館で模写をするなどして，絵画の技法を学んだ。帰国後は，展覧会に作品を発表するとともに，後進の育成にも貢献した。
イ	1871年に統一されたこの国に，1884年から1888年まで留学した森鷗外《もりおうがい》は，コレラ菌などを発見したことで知られるコッホ博士などから細菌学を学んだ。帰国後は，この国を舞台とした小説を執筆するなど，文学者としても活躍した。
ウ	1902年に日本と同盟を結んだこの国に，1900年から1903年まで留学した夏目漱石《なつめそうせき》は，シェイクスピアの作品を観劇したり，研究者から英文学の個人指導を受けたりした。帰国後は，作家として多くの作品を発表し，文学者として活躍した。
エ	ギニア湾岸にあるこの国に，1927年から1928年まで滞在した野口英世《のぐちひでよ》は，この国を含めて熱帯地方などに広まっていた黄熱病《おうねつびょう》の原因を調査し，予防法や治療法の研究を行った。功績を記念し，1979年にこの国に野口記念医学研究所が設立された。

〔問２〕 (2)多くの企業が，世界規模で事業を展開するようになり，一企業の活動が世界的に影響を与えるようになってきた。とあるが，次のⅠの略年表は，1976年から2016年までの，国際会議に関する主な出来事についてまとめたものである。Ⅱの文は，Ⅰの略年表中の**ア**～**エ**の**いずれか**の国際会議について述べたものである。Ⅱの文で述べている国際会議に当てはまるのは，Ⅰの略年表中の**ア**～**エ**のうちのどれか。

Ⅰ

西暦	国際会議に関する主な出来事
1976	●東南アジア諸国連合(ASEAN《アセアン》)首脳会議がインドネシアで開催された。……………………… **ア**
1993	●アジア太平洋経済協力(APEC《エイペック》)首脳会議がアメリカ合衆国で開催された。……………………… **イ**
1996	●世界貿易機関(WTO)閣僚会議がシンガポールで開催された。
2008	●金融・世界経済に関する首脳会合(G20サミット)がアメリカ合衆国で開催された。………… **ウ**
2016	●主要国首脳会議(G７サミット)が日本で開催された。……………………………………………… **エ**

Ⅱ

アメリカ合衆国に本社がある証券会社の経営破綻などを契機に発生した世界金融危機(世界同時不況，世界同時金融危機)と呼ばれる状況に対処するために，初めて参加国の首脳が集まる会議として開催された。

〔問３〕 (3)国際連合などにおける国際協調の推進が一層求められている。とあるが，次のⅠのグラフ中の**ア**～**エ**は，1945年から2020年までのアジア州，アフリカ州，ヨーロッパ州，南北アメリカ州の**いずれか**の州の国際連合加盟国数の推移を示したものである。Ⅱの文章は，Ⅰのグラフ中の**ア**～**エ**の**いずれか**の州について述べたものである。Ⅱの文章で述べている州に当てはまるのは，Ⅰの**ア**～**エ**のうちのどれか。

Ⅰ

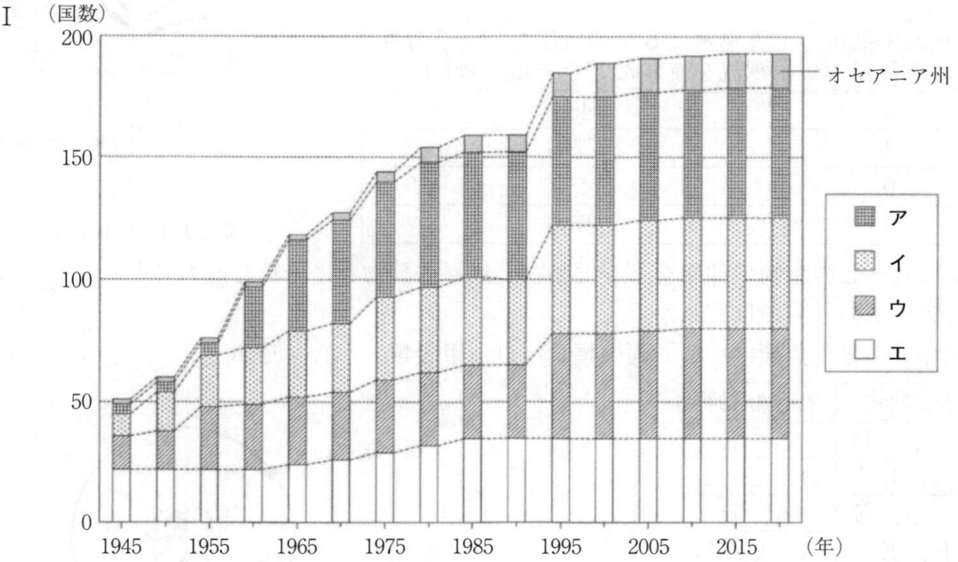

(国際連合広報センターのホームページより作成)

Ⅱ

○国際連合が設立された1945年において，一部の国を除き他国の植民地とされており，民族の分布を考慮しない直線的な境界線が引かれていた。
○国際連合総会で「植民地と人民に独立を付与する宣言」が採択された1960年に，多くの国が独立し，2020年では，50か国を超える国が国際連合に加盟している。

【理　科】（50分）〈満点：100点〉

1　次の各問に答えよ。

〔問１〕　水素と酸素が結び付いて水ができるときの化学変化を表したモデルとして適切なのは，下の**ア**～**エ**のうちではどれか。

ただし，矢印の左側は化学変化前の水素と酸素のモデルを表し，矢印の右側は化学変化後の水のモデルをそれぞれ表すものとする。また，●は水素原子１個を，○は酸素原子１個を表すものとする。

ア　●●　＋　○　→　●○●

イ　●　●　＋　○　→　●○●

ウ　●　●　●　●　＋　○○　→　●○●　●○●

エ　●●　●●　＋　○○　→　●○●　●○●

〔問２〕　図１のように，発泡ポリスチレンのコップの中の水に電熱線を入れた。電熱線に６Ｖの電圧を加えたところ，1.5Aの電流が流れた。このときの電熱線の抵抗の大きさと，電熱線に６Ｖの電圧を加え５分間電流を流したときの電力量とを組み合わせたものとして適切なのは，次の表の**ア**～**エ**のうちではどれか。

図１

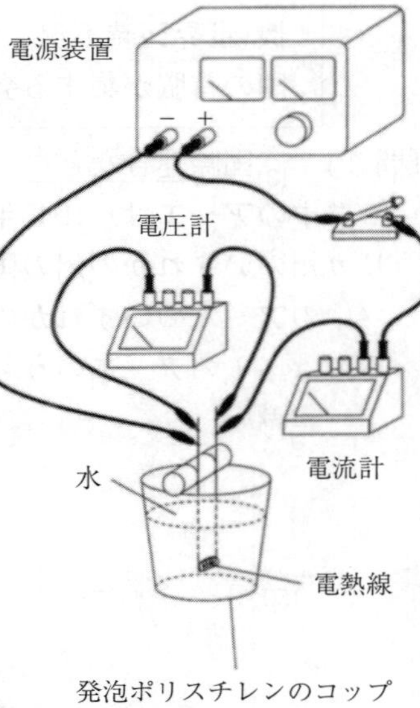

	電熱線の抵抗の大きさ〔Ω〕	電熱線に６Ｖの電圧を加え５分間電流を流したときの電力量〔J〕
ア	4	450
イ	4	2700
ウ	9	450
エ	9	2700

〔問３〕　次のＡ～Ｅの生物の仲間を，脊椎《せきつい》動物と無脊椎動物とに分類したものとして適切なのは，下の表の**ア**～**エ**のうちではどれか。

Ａ　昆虫類　　Ｂ　魚類　　Ｃ　両生類　　Ｄ　甲殻類　　Ｅ　鳥類

	脊椎動物	無脊椎動物
ア	Ａ，Ｃ，Ｄ	Ｂ，Ｅ
イ	Ａ，Ｄ	Ｂ，Ｃ，Ｅ
ウ	Ｂ，Ｃ，Ｅ	Ａ，Ｄ
エ	Ｂ，Ｅ	Ａ，Ｃ，Ｄ

図２

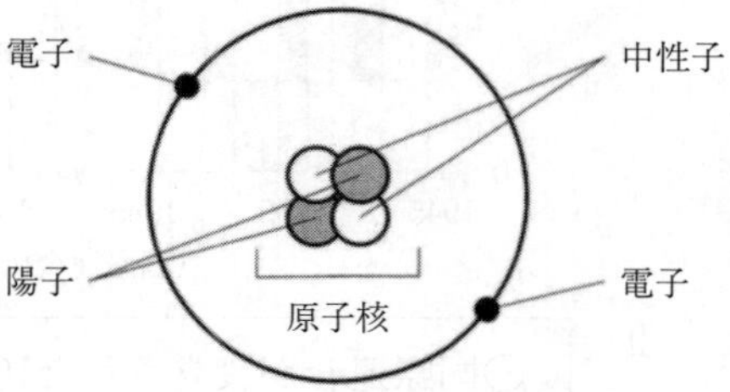

〔問４〕　図２は，ヘリウム原子の構造を模式的に表したものである。原子核の性質と電子の性質について述べたものとして適切なのは，次の**ア**～**エ**のうちではどれか。

ア　原子核は，プラスの電気をもち，電子は，マイナスの電気をもつ。

イ　原子核は，マイナスの電気をもち，電子は，プラスの電気をもつ。

ウ　原子核と電子は，共にプラスの電気をもつ。

エ　原子核と電子は，共にマイナスの電気をもつ。

〔問5〕 表1は，ある日の午前9時の東京の気象観測の結果を記録したものである。また，表2は，風力と風速の関係を示した表の一部である。表1と表2から，表1の気象観測の結果を天気，風向，風力の記号で表したものとして適切なのは，下の**ア**～**エ**のうちではどれか。

表1

天気	風向	風速〔m/s〕
くもり	北東	3.0

表2

風力	風速〔m/s〕
0	0.3未満
1	0.3以上1.6未満
2	1.6以上3.4未満
3	3.4以上5.5未満
4	5.5以上8.0未満

ア

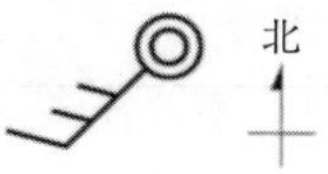

イ

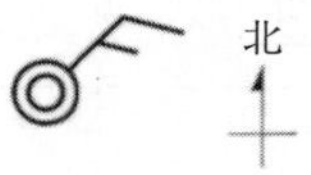

ウ

エ

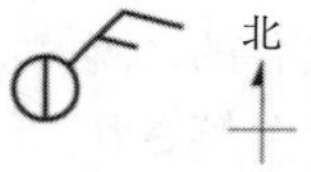

〔問6〕 ヒトのヘモグロビンの性質の説明として適切なのは，次のうちではどれか。

ア ヒトのヘモグロビンは，血液中の白血球に含まれ，酸素の少ないところでは酸素と結び付き，酸素の多いところでは酸素をはなす性質がある。

イ ヒトのヘモグロビンは，血液中の白血球に含まれ，酸素の多いところでは酸素と結び付き，酸素の少ないところでは酸素をはなす性質がある。

ウ ヒトのヘモグロビンは，血液中の赤血球に含まれ，酸素の少ないところでは酸素と結び付き，酸素の多いところでは酸素をはなす性質がある。

エ ヒトのヘモグロビンは，血液中の赤血球に含まれ，酸素の多いところでは酸素と結び付き，酸素の少ないところでは酸素をはなす性質がある。

2 生徒が，岩石に興味をもち，調べたことについて科学的に探究しようと考え，自由研究に取り組んだ。生徒が書いたレポートの一部を読み，次の各問に答えよ。

＜レポート1＞　身近な岩石に含まれる化石について

河原を歩いているときに様々な色や形の岩石があることに気付き，河原の岩石を観察したところ，貝の化石を見付けた。

身近な化石について興味をもち，調べたところ，建物に使われている石材に化石が含まれるものもあることを知った。そこで，化石が含まれているいくつかの石材を調べ，表1のようにまとめた。

表1

石材	含まれる化石
建物Aの壁に使われている石材a	フズリナ
建物Bの壁に使われている石材b	アンモナイト
建物Bの床に使われている石材c	サンゴ

〔問1〕 ＜**レポート1**＞から，化石について述べた次の文章の［①］と［②］にそれぞれ当てはまるものを組み合わせたものとして適切なのは，下の表の**ア**～**エ**のうちではどれか。

表1において，石材aに含まれるフズリナの化石と石材bに含まれるアンモナイトの化石のうち，地質年代の古いものは［　①　］である。また，石材cに含まれるサンゴの化石のように，その化石を含む地層が堆積した当時の環境を示す化石を［　②　］という。

	①	②
ア	石材ａに含まれるフズリナの化石	示相化石
イ	石材ａに含まれるフズリナの化石	示準化石
ウ	石材ｂに含まれるアンモナイトの化石	示相化石
エ	石材ｂに含まれるアンモナイトの化石	示準化石

＜レポート２＞　金属を取り出せる岩石について

山を歩いているときに見付けた緑色の岩石について調べたところ，クジャク石というもので，この石から銅を得られることを知った。不純物を含まないクジャク石から銅を得る方法に興味をもち，具体的に調べたところ，クジャク石を加熱すると，酸化銅と二酸化炭素と水に分解され，得られた酸化銅に炭素の粉をよく混ぜ，加熱すると銅が得られることが分かった。

クジャク石に含まれる銅の割合を，実験と資料により確認することにした。

図１

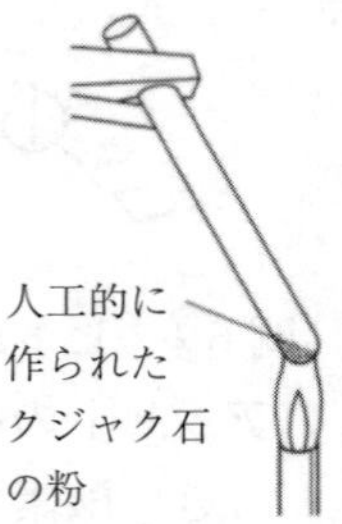

まず，不純物を含まない人工的に作られたクジャク石の粉0.20ｇを理科室で図１のように加熱し，完全に反応させ，0.13ｇの黒色の固体を得た。次に，銅の質量とその銅を加熱して得られる酸化銅の質量の関係を調べ，表２のような資料にまとめた。

表２

銅の質量〔ｇ〕	0.08	0.12	0.16	0.20	0.24	0.28
加熱して得られる酸化銅の質量〔ｇ〕	0.10	0.15	0.20	0.25	0.30	0.35

〔問２〕　**＜レポート２＞**から，人工的に作られたクジャク石の粉0.20ｇに含まれる銅の割合として適切なのは，次のうちではどれか。

ア　20％　　**イ**　52％　　**ウ**　65％　　**エ**　80％

＜レポート３＞　石英について

山を歩いているときに見付けた無色透明な部分を含む岩石について調べたところ，無色透明な部分が石英であり，ガラスの原料として広く使われていることを知った。

ガラスを通る光の性質に興味をもち，調べるために，空気中で図２のように方眼紙の上に置いた直方体のガラスに光源装置から光を当てる実験を行った。光は，物質の境界面Ｑ及び境界面Ｒで折れ曲がり，方眼紙に引いた直線Ｌを通り過ぎた。光の道筋と直線Ｌとの交点を点Ｐとした。なお，図２は真上から見た図であり，光源装置から出ている矢印(──▶──)は光の道筋と進む向きを示したものである。

図２

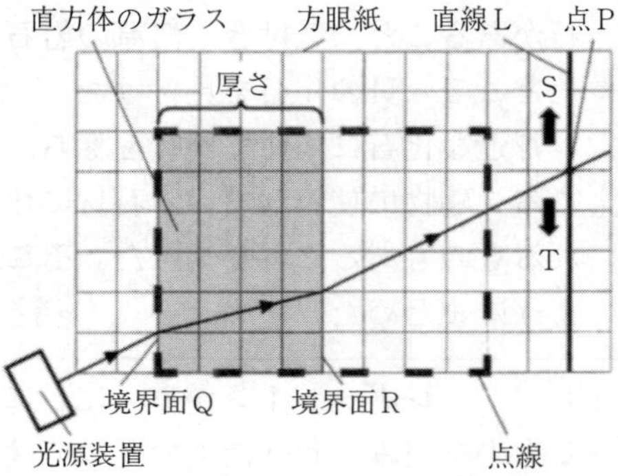

〔問３〕　**＜レポート３＞**から，図２の境界面Ｑと境界面Ｒのうち光源装置から出た光が通過するとき入射角より屈折角が大きくなる境界面と，厚さを２倍にした直方体のガラスに入れ替えて

同じ実験をしたときの直線L上の点Pの位置の変化について述べたものとを組み合わせたものとして適切なのは，下の表の**ア**～**エ**のうちではどれか。

ただし，入れ替えた直方体のガラスは，＜**レポート3**＞の直方体のガラスの厚さのみを変え，点線(▬ ▬)の枠に合わせて設置するものとする。

	光源装置から出た光が通過するとき入射角より屈折角が大きくなる境界面	厚さを2倍にした直方体のガラスに入れ替えて同じ実験をしたときの直線L上の点Pの位置の変化について述べたもの
ア	境界面Q	点Pの位置は，Sの方向にずれる。
イ	境界面R	点Pの位置は，Sの方向にずれる。
ウ	境界面Q	点Pの位置は，Tの方向にずれる。
エ	境界面R	点Pの位置は，Tの方向にずれる。

＜**レポート4**＞　**生物由来の岩石について**

河原を歩いているときに見付けた岩石について調べたところ，その岩石は，海中の生物の死がいなどが堆積してできたチャートであることを知った。海中の生物について興味をもち，調べたところ，海中の生態系を構成する生物どうしは，食べたり食べられたりする関係でつながっていることが分かった。また，ある生態系を構成する生物どうしの数量的な関係は，図3のように，ピラミッドのような形で表すことができ，食べられる側の生物の数のほうが，食べる側の生物の数よりも多くなることも分かった。

図3

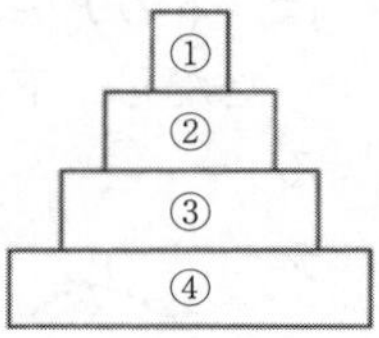

〔問4〕　生物どうしの数量的な関係を図3のように表すことができるモデル化した生態系Vについて，＜**資料**＞のことが分かっているとき，＜**レポート4**＞と＜**資料**＞から，生態系Vにおいて，図3の③に当てはまるものとして適切なのは，下の**ア**～**エ**のうちではどれか。

ただし，生態系Vにおいて，図3の①，②，③，④には，生物w，生物x，生物y，生物zのいずれかが，それぞれ別々に当てはまるものとする。

＜**資料**＞

生態系Vには，生物w，生物x，生物y，生物zがいる。生態系Vにおいて，生物wは生物xを食べ，生物xは生物yを食べ，生物yは生物zを食べる。

ア　生物w　　**イ**　生物x　　**ウ**　生物y　　**エ**　生物z

3　太陽と地球の動きに関する観察について，次の各問に答えよ。

東京のX地点(北緯35.6°)で，ある年の6月のある日に＜**観察1**＞を行ったところ，＜**結果1**＞のようになった。

図1

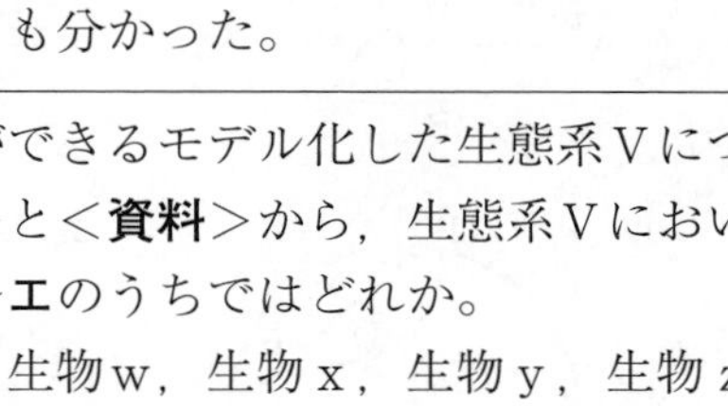

＜**観察1**＞

(1)　図1のように，白い紙に，透明半球の縁と同じ大きさの円と，円の中心Oで垂直に交わる線分ACと線分BDをかいた。かいた円に合わせて透明半球をセロハンテープで白い紙に固定した。

(2)　N極が黒く塗られた方位磁針を用いて点Cが北の方角に一致するよう線分ACを南北方向

に合わせ，透明半球を日当たりのよい水平な場所に固定した。

(3)　8時から16時までの間，2時間ごとに，油性ペンの先の影が円の中心Oと一致する透明半球上の位置に●印と観察した時刻を記録した。

(4)　(3)で記録した●印を滑らかな線で結び，その線を透明半球の縁まで延ばして，東側で交わる点をE，西側で交わる点をFとした。

(5)　(3)で2時間ごとに記録した透明半球上の●印の間隔をそれぞれ測定した。

＜**結果1**＞

(1)　＜**観察1**＞の(3)と(4)の透明半球上の記録は図2のようになった。

(2)　＜**観察1**＞の(5)では，2時間ごとに記録した透明半球上の●印の間隔はどれも5.2cmであった。

図2

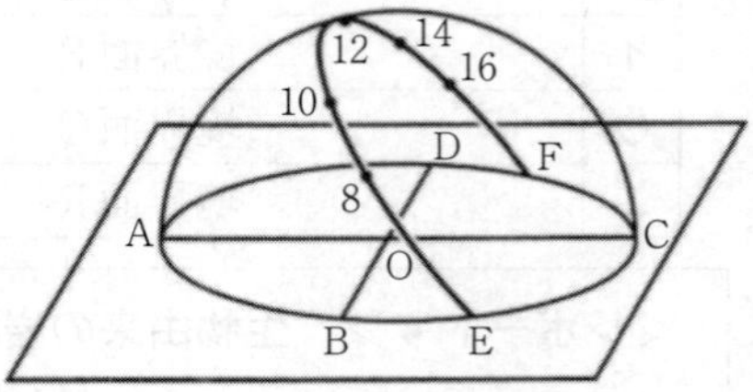

〔問1〕　＜**結果1**＞の(1)から，＜**観察1**＞の観測日の南中高度をRとしたとき，Rを示した模式図として適切なのは，下の**ア**～**エ**のうちではどれか。

ただし，下の**ア**～**エ**の図中の点Pは太陽が南中した時の透明半球上の太陽の位置を示している。

ア

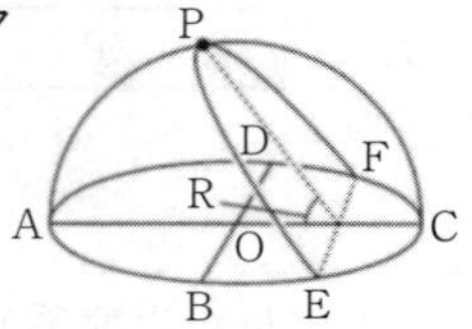

イ

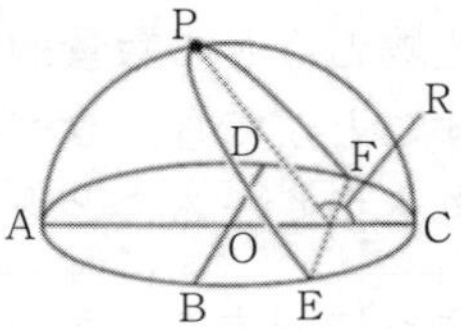

ウ

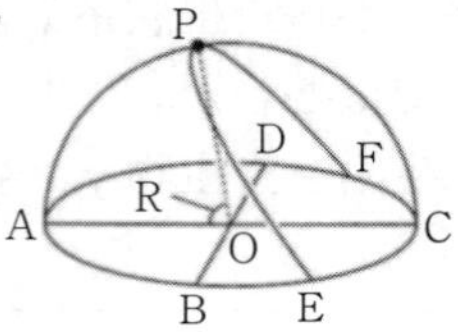

エ

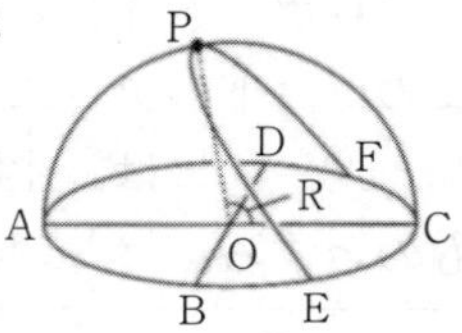

〔問2〕　＜**結果1**＞の(2)から，地球上での太陽の見かけ上の動く速さについてどのようなことが分かるか。「2時間ごとに記録した透明半球上の●印のそれぞれの間隔は，」に続く形で，理由も含めて簡単に書け。

〔問3〕　図3は，北極点の真上から見た地球を模式的に表したものである。点J，点K，点L，点Mは，それぞれ東京のX地点（北緯35.6°）の6時間ごとの位置を示しており，点Jは南中した太陽が見える位置である。地球の自転の向きについて述べた次の文章の［①］～［④］に，それぞれ当てはまるものを組み合わせたものとして適切なのは，下の表の**ア**～**エ**のうちではどれか。

図3

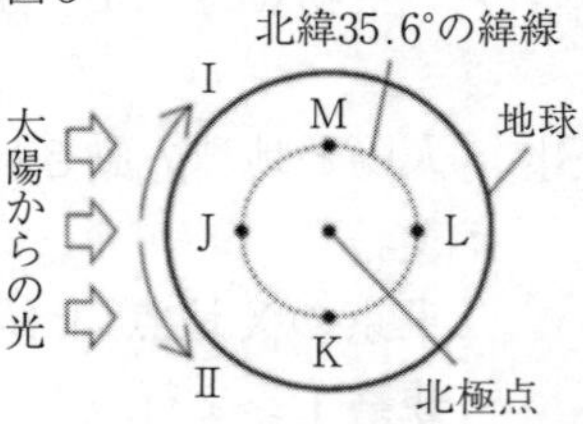

＜**結果1**＞の(1)から，地球上では太陽は見かけ上，［①］に移動して見えることが分かる。また，図3において，東の空に太陽が見えるのは点［②］の位置であり，西の空に太陽が見えるのは点［③］の位置である。そのため地球は，［④］の方向に自転していると考えられる。

	①	②	③	④
ア	西の空から東の空	K	M	Ⅰ
イ	東の空から西の空	K	M	Ⅱ
ウ	西の空から東の空	M	K	Ⅰ
エ	東の空から西の空	M	K	Ⅱ

次に，東京のX地点（北緯35.6°）で，＜**観察1**＞を行った日と同じ年の９月のある日に＜**観察2**＞を行ったところ，＜**結果2**＞のようになった。

＜**観察2**＞

(1)　＜**観察1**＞の(3)と(4)の結果を記録した図２のセロハンテープで白い紙に固定した透明半球を準備した。

(2)　N極が黒く塗られた方位磁針を用いて点Cが北の方角に一致するよう線分ACを南北方向に合わせ，透明半球を日当たりのよい水平な場所に固定した。

(3)　８時から16時までの間，２時間ごとに，油性ペンの先の影が円の中心Oと一致する透明半球上の位置に▲印と観察した時刻を記録した。

(4)　(3)で記録した▲印を滑らかな線で結び，その線を透明半球の縁まで延ばした。

(5)　＜**観察1**＞と＜**観察2**＞で透明半球上にかいた曲線の長さをそれぞれ測定した。

図４

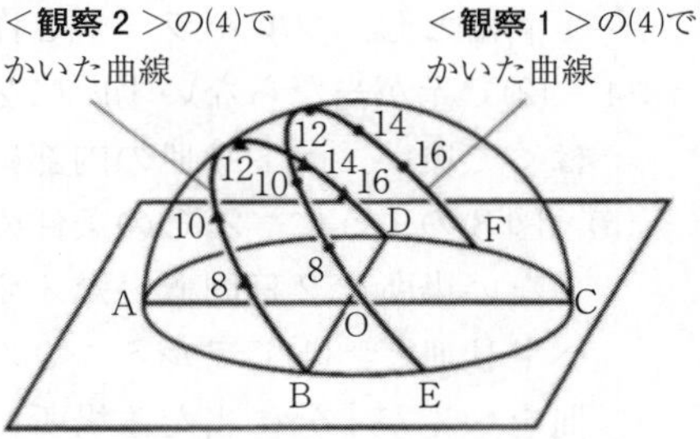

＜**結果2**＞

(1)　＜**観察2**＞の(3)と(4)の透明半球上の記録は図４のようになった。

(2)　＜**観察2**＞の(5)では，＜**観察1**＞の(4)でかいた曲線の長さは約37.7cmで，＜**観察2**＞の(4)でかいた曲線の長さは約33.8cmであった。

〔問４〕　図５は，＜**観察1**＞を行った日の地球を模式的に表したものである。図５のX地点は＜**観察1**＞を行った地点を示し，図５のY地点は北半球にあり，X地点より高緯度の地点を示している。＜**結果2**＞から分かることを次の①，②から一つ，図５のX地点とY地点における夜の長さを比較したとき夜の長さが長い地点を下の③，④から一つ，それぞれ選び，組み合わせたものとして適切なのは，下の**ア**〜**エ**のうちではどれか。

図５

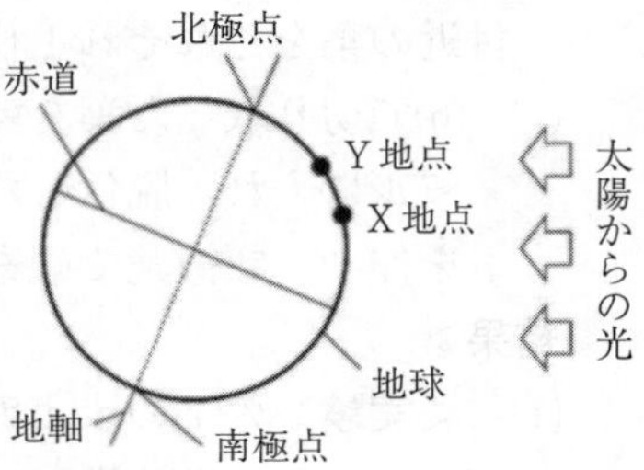

①　日の入りの位置は，＜**観察1**＞を行った日の方が＜**観察2**＞を行った日よりも北寄りで，昼の長さは＜**観察1**＞を行った日の方が＜**観察2**＞を行った日よりも長い。

②　日の入りの位置は，＜**観察1**＞を行った日の方が＜**観察2**＞を行った日よりも南寄りで，昼の長さは＜**観察2**＞を行った日の方が＜**観察1**＞を行った日よりも長い。

③　X地点

④　Y地点

ア　①，③　　**イ**　①，④　　**ウ**　②，③　　**エ**　②，④

4　植物の働きに関する実験について，次の各問に答えよ。
＜**実験**＞を行ったところ，＜**結果**＞のようになった。

＜**実験**＞

(1)　図1のように，2枚のペトリ皿に，同じ量の水と，同じ長さに切ったオオカナダモA，オオカナダモBを用意した。
　オオカナダモA，オオカナダモBの先端付近の葉をそれぞれ1枚切り取り，プレパラートを作り，顕微鏡で観察し，細胞内の様子を記録した。

図1

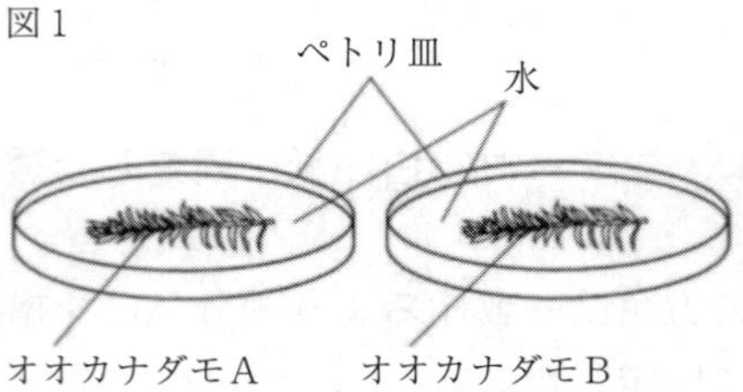

図2

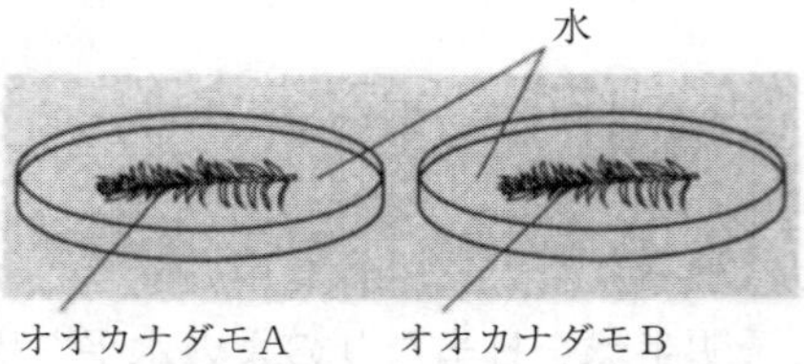

(2)　図2のように，オオカナダモA，オオカナダモBを，20℃の条件の下で，光が当たらない場所に2日間置いた。

(3)　2日後，オオカナダモA，オオカナダモBの先端付近の葉をそれぞれ1枚切り取り，熱湯に浸した後，温めたエタノールに入れ，脱色した。脱色した葉を水で洗った後，ヨウ素液を1滴落とし，プレパラートを作り，顕微鏡で観察し，細胞内の様子を記録した。

(4)　(2)で光が当たらない場所に2日間置いたオオカナダモBの入ったペトリ皿をアルミニウムはくで覆い，ペトリ皿の内部に光が入らないようにした。

(5)　図3のように，20℃の条件の下で，(2)で光が当たらない場所に2日間置いたオオカナダモAが入ったペトリ皿と，(4)でアルミニウムはくで覆ったペトリ皿を，光が十分に当たる場所に3日間置いた。

図3

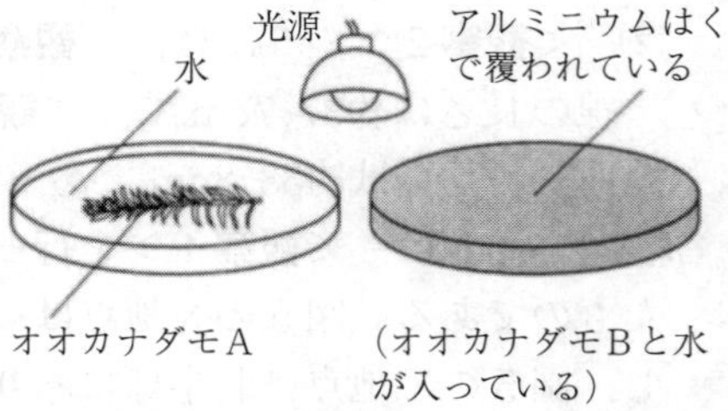

(6)　3日後，オオカナダモAとオオカナダモBの先端付近の葉をそれぞれ1枚切り取った。

(7)　(6)で切り取った葉を熱湯に浸した後，温めたエタノールに入れ，脱色した。脱色した葉を水で洗った後，ヨウ素液を1滴落とし，プレパラートを作り，顕微鏡で観察し，細胞内の様子を記録した。

＜**結果**＞

(1)　＜**実験**＞の(1)のオオカナダモAとオオカナダモBの先端付近の葉の細胞内には，緑色の粒がそれぞれ多数観察された。

(2)　＜**実験**＞の(3)のオオカナダモの先端付近の葉の細胞内の様子の記録は，表1のようになった。

表1

オオカナダモAの先端付近の葉の細胞内の様子	オオカナダモBの先端付近の葉の細胞内の様子
＜**実験**＞の(1)で観察された緑色の粒と同じ形の粒は，透明であった。	＜**実験**＞の(1)で観察された緑色の粒と同じ形の粒は，透明であった。

(3)　＜**実験**＞の(7)のオオカナダモの先端付近の葉の細胞内の様子の記録は，表2のようになった。

表２

オオカナダモＡの先端付近の葉の細胞内の様子	オオカナダモＢの先端付近の葉の細胞内の様子
<**実験**>の(1)で観察された緑色の粒と同じ形の粒は，青紫色に染色されていた。	<**実験**>の(1)で観察された緑色の粒と同じ形の粒は，透明であった。

〔問１〕　<**実験**>の(1)でプレパラートを作り，顕微鏡で観察をする準備を行う際に，プレパラートと対物レンズを，最初に，できるだけ近づけるときの手順について述べたものと，対物レンズが20倍で接眼レンズが10倍である顕微鏡の倍率とを組み合わせたものとして適切なのは，次の表の**ア**～**エ**のうちではどれか。

	顕微鏡で観察をする準備を行う際に，プレパラートと対物レンズを，最初に，できるだけ近づけるときの手順	対物レンズが20倍で接眼レンズが10倍である顕微鏡の倍率
ア	接眼レンズをのぞきながら，調節ねじを回してプレパラートと対物レンズをできるだけ近づける。	200倍
イ	顕微鏡を横から見ながら，調節ねじを回してプレパラートと対物レンズをできるだけ近づける。	200倍
ウ	接眼レンズをのぞきながら，調節ねじを回してプレパラートと対物レンズをできるだけ近づける。	30倍
エ	顕微鏡を横から見ながら，調節ねじを回してプレパラートと対物レンズをできるだけ近づける。	30倍

〔問２〕　<**実験**>の(6)で葉を切り取ろうとした際に，オオカナダモＡに気泡が付着していることに気付いた。このことに興味をもち，植物の働きによる気体の出入りについて調べ，<**資料**>にまとめた。

<**資料**>

【光が十分に当たるとき】と【光が当たらないとき】の植物の光合成や呼吸による，酸素と二酸化炭素の出入りは，図４の模式図のように表すことができる。図４から，植物の［　⑤　］による［　③　］の吸収と［　④　］の放出は，【光が［　①　］とき】には見られるが，【光が［　②　］とき】には見られない。

図４

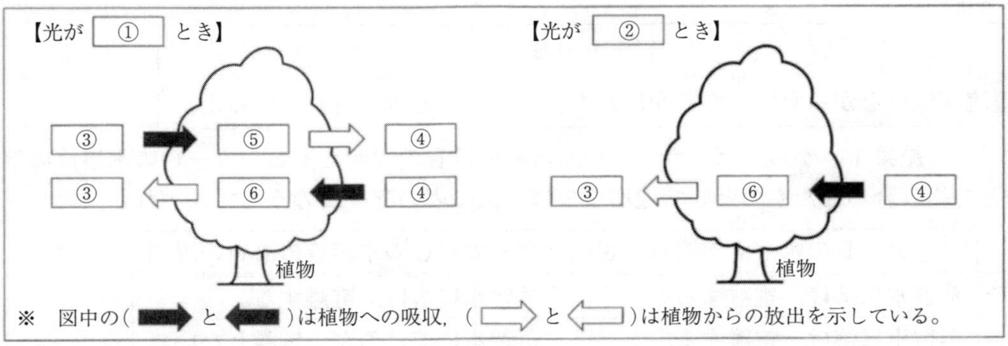

＜**資料**＞の ① ～ ⑥ にそれぞれ当てはまるものを組み合わせたものとして適切なのは，次の表の**ア**～**エ**のうちではどれか。

	①	②	③	④	⑤	⑥
ア	十分に当たる	当たらない	二酸化炭素	酸素	光合成	呼吸
イ	十分に当たる	当たらない	酸素	二酸化炭素	呼吸	光合成
ウ	当たらない	十分に当たる	二酸化炭素	酸素	光合成	呼吸
エ	当たらない	十分に当たる	酸素	二酸化炭素	呼吸	光合成

〔問３〕　＜**結果**＞の(1)～(3)から分かることとして適切なのは，次のうちではどれか。

ア　光が十分に当たる場所では，オオカナダモの葉の核でデンプンが作られることが分かる。

イ　光が十分に当たる場所では，オオカナダモの葉の核でアミノ酸が作られることが分かる。

ウ　光が十分に当たる場所では，オオカナダモの葉の葉緑体でデンプンが作られることが分かる。

エ　光が十分に当たる場所では，オオカナダモの葉の葉緑体でアミノ酸が作られることが分かる。

５　水溶液に関する実験について，次の各問に答えよ。

＜**実験１**＞を行ったところ，＜**結果１**＞のようになった。

＜**実験１**＞

(1)　ビーカーＡ，ビーカーＢ，ビーカーＣにそれぞれ蒸留水(精製水)を入れた。

(2)　ビーカーＢに塩化ナトリウムを加えて溶かし，５％の塩化ナトリウム水溶液を作成した。ビーカーＣに砂糖を加えて溶かし，５％の砂糖水を作成した。

(3)　図１のように実験装置を組み，ビーカーＡの蒸留水，ビーカーＢの水溶液，ビーカーＣの水溶液に，それぞれ約３Ｖの電圧を加え，電流が流れるか調べた。

図１

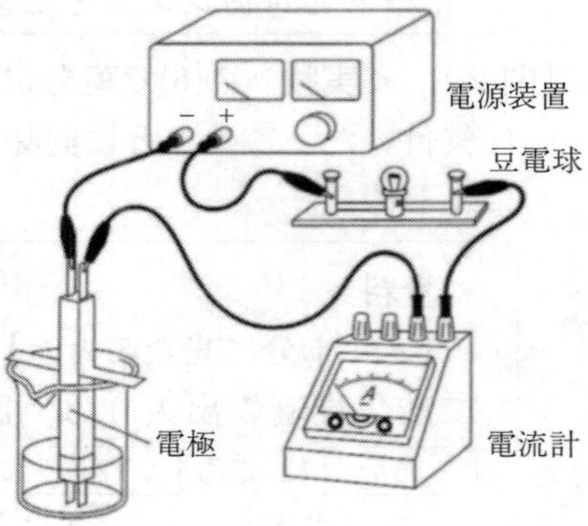

＜**結果１**＞

ビーカーＡ	ビーカーＢ	ビーカーＣ
電流が流れなかった。	電流が流れた。	電流が流れなかった。

〔問１〕　＜**結果１**＞から，ビーカーＢの水溶液の溶質の説明と，ビーカーＣの水溶液の溶質の説明とを組み合わせたものとして適切なのは，次の表の**ア**～**エ**のうちではどれか。

	ビーカーＢの水溶液の溶質の説明	ビーカーＣの水溶液の溶質の説明
ア	蒸留水に溶け，電離する。	蒸留水に溶け，電離する。
イ	蒸留水に溶け，電離する。	蒸留水に溶けるが，電離しない。
ウ	蒸留水に溶けるが，電離しない。	蒸留水に溶け，電離する。
エ	蒸留水に溶けるが，電離しない。	蒸留水に溶けるが，電離しない。

次に，＜**実験２**＞を行ったところ，＜**結果２**＞のようになった。

＜**実験２**＞

図２

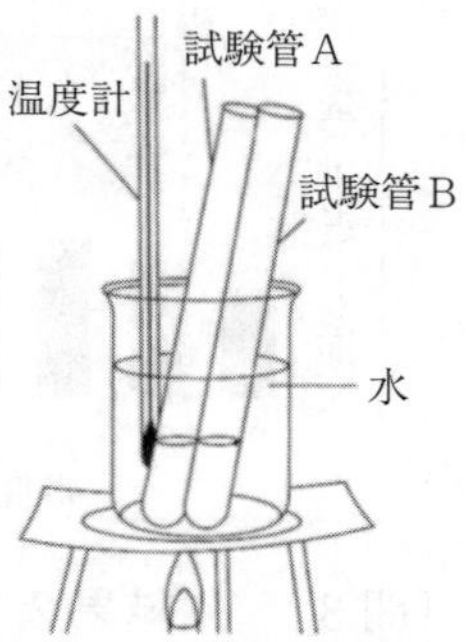

(1)　試験管Ａ，試験管Ｂに，室温と同じ27℃の蒸留水(精製水)をそれぞれ５ｇ($5\,\mathrm{cm}^3$)入れた。次に，試験管Ａに硝酸カリウム，試験管Ｂに塩化ナトリウムをそれぞれ３ｇ加え，試験管をよくふり混ぜた。試験管Ａ，試験管Ｂの中の様子をそれぞれ観察した。

(2)　図２のように，試験管Ａ，試験管Ｂの中の様子をそれぞれ観察しながら，ときどき試験管を取り出し，ふり混ぜて，温度計が27℃から60℃を示すまで水溶液をゆっくり温めた。

(3)　加熱を止め，試験管Ａ，試験管Ｂの中の様子をそれぞれ観察しながら，温度計が27℃を示すまで水溶液をゆっくり冷やした。

(4)　試験管Ａ，試験管Ｂの中の様子をそれぞれ観察しながら，さらに温度計が20℃を示すまで水溶液をゆっくり冷やした。

(5)　(4)の試験管Ｂの水溶液を１滴とり，スライドガラスの上で蒸発させた。

＜**結果２**＞

(1)　＜**実験２**＞の(1)から＜**実験２**＞の(4)までの結果は以下の表のようになった。

	試験管Ａの中の様子	試験管Ｂの中の様子
＜**実験２**＞の(1)	溶け残った。	溶け残った。
＜**実験２**＞の(2)	温度計が約38℃を示したときに全て溶けた。	＜**実験２**＞の(1)の試験管Ｂの中の様子に比べ変化がなかった。
＜**実験２**＞の(3)	温度計が約38℃を示したときに結晶が現れ始めた。	＜**実験２**＞の(2)の試験管Ｂの中の様子に比べ変化がなかった。
＜**実験２**＞の(4)	結晶の量は，＜**実験２**＞の(3)の結果に比べ増加した。	＜**実験２**＞の(3)の試験管Ｂの中の様子に比べ変化がなかった。

(2)　＜**実験２**＞の(5)では，スライドガラスの上に白い固体が現れた。

さらに，硝酸カリウム，塩化ナトリウムの水に対する溶解度を図書館で調べ，＜**資料**＞を得た。

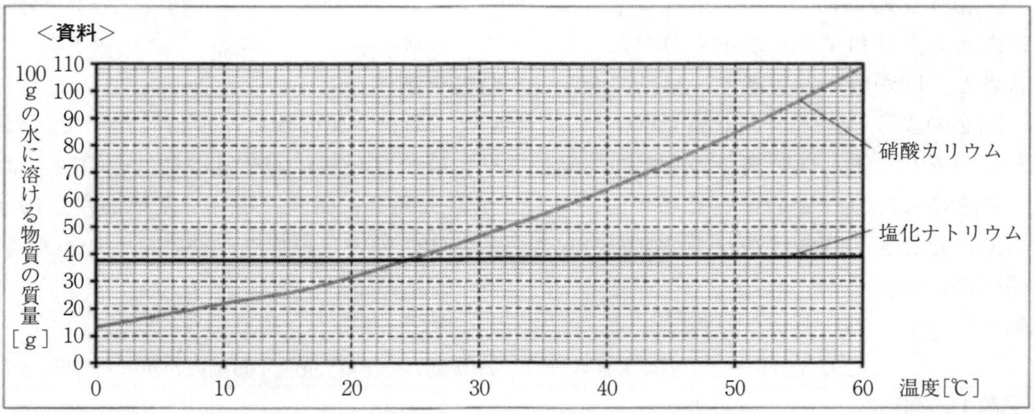

〔問２〕　＜**結果２**＞の(1)と＜**資料**＞から，温度計が60℃を示すまで温めたときの試験管Ａの水溶液の温度と試験管Ａの水溶液の質量パーセント濃度の変化との関係を模式的に示した図として適切なのは，次のうちではどれか。

ア

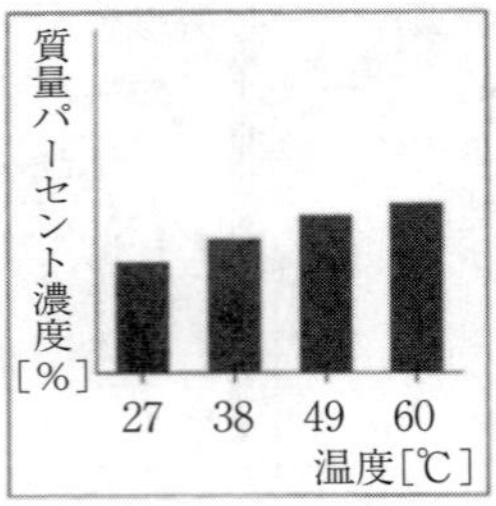

イ

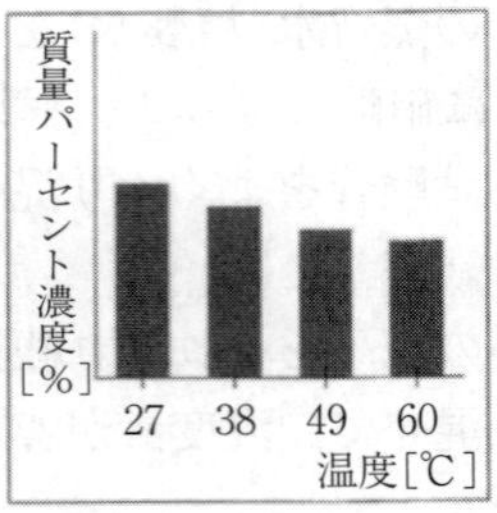

ウ

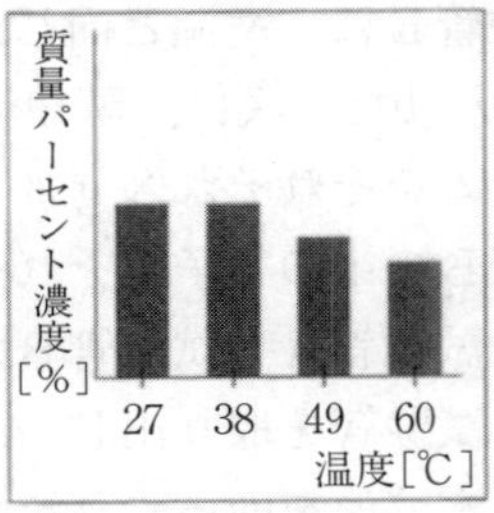

エ

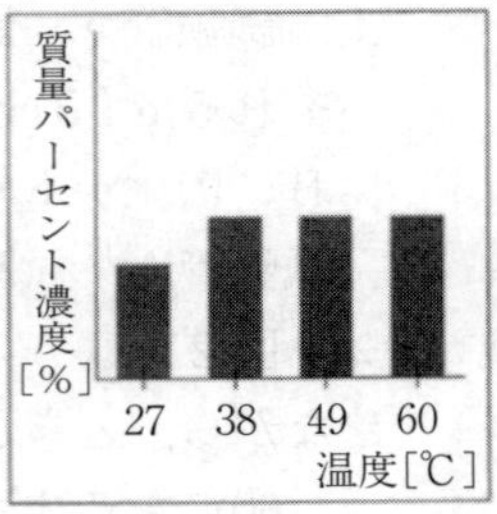

〔問３〕　＜**結果２**＞の(1)から，試験管Ｂの中の様子に変化がなかった理由を，温度の変化と溶解度の変化の関係に着目して，「＜**資料**＞から，」に続く形で，簡単に書け。

〔問４〕　＜**結果２**＞の(2)から，水溶液の溶媒を蒸発させると溶質が得られることが分かった。試験管Ｂの水溶液の温度が20℃のときと同じ濃度の塩化ナトリウム水溶液が0.35ｇあった場合，＜**資料**＞を用いて考えると，溶質を全て固体として取り出すために蒸発させる溶媒の質量として適切なのは，次のうちではどれか。

ア　約0.13ｇ　　**イ**　約0.21ｇ　　**ウ**　約0.25ｇ　　**エ**　約0.35ｇ

6　力学的エネルギーに関する実験について，次の各問に答えよ。
ただし，質量100ｇの物体に働く重力の大きさを１Ｎとする。
＜**実験１**＞を行ったところ，＜**結果１**＞のようになった。

＜**実験１**＞

(1)　図１のように，力学台車と滑車を合わせた質量600ｇの物体を糸でばねばかりにつるし，基準面で静止させ，ばねばかりに印を付けた。その後，ばねばかりをゆっくり一定の速さで水平面に対して垂直上向きに引き，物体を基準面から10cm 持ち上げたとき，ばねばかりが示す力の大きさと，印が動いた距離と，移動にかかった時間を調べた。

図１

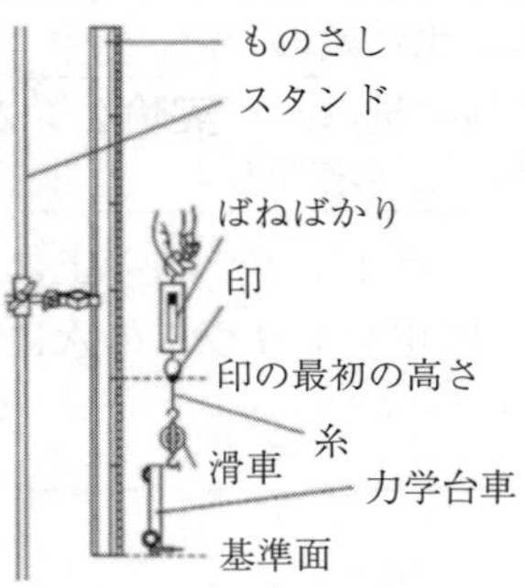

図２

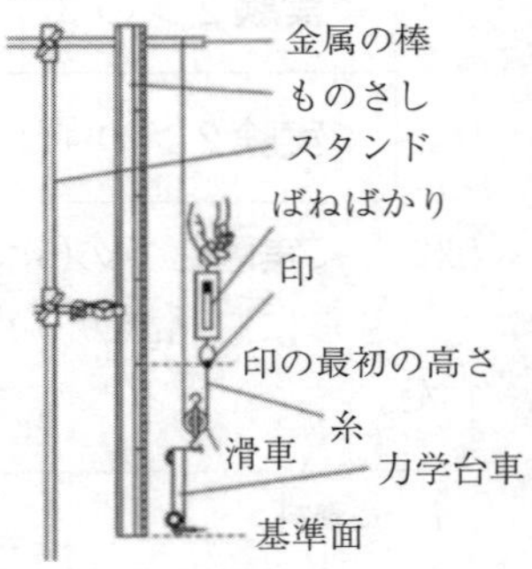

(2)　図２のように，(1)と同じ質量600ｇの物体を，一端を金属の棒に結び付けた糸でばねばかりにつるし，(1)と同じ高さの基準面で静止させ，ばねばかりに印を付けた。その後，ばねばかりをゆっくり一定の速さで水平面に対して垂直上向きに引き，物体を基準面から10cm 持ち上げたとき，ばねばかりが示す力の大きさと，印が動いた距離と，移動にかかった時間を調べた。

＜**結果１**＞

	ばねばかりが示す力の大きさ〔Ｎ〕	印が動いた距離〔cm〕	移動にかかった時間〔ｓ〕
＜**実験１**＞の(1)	6	10	25
＜**実験１**＞の(2)	3	20	45

〔問１〕　＜**結果１**＞から，＜**実験１**＞の(1)で物体を基準面から10cm 持ち上げたときに「ばねばかりが糸を引く力」がした仕事の大きさと，＜**実験１**＞の(2)で「ばねばかりが糸を引く力」を

作用としたときの反作用とを組み合わせたものとして適切なのは，次の表の**ア**～**エ**のうちではどれか。

	「ばねばかりが糸を引く力」がした仕事の大きさ〔J〕	＜**実験１**＞の(2)で「ばねばかりが糸を引く力」を作用としたときの反作用
ア	0.6	力学台車と滑車を合わせた質量600 gの物体に働く重力
イ	6	力学台車と滑車を合わせた質量600 gの物体に働く重力
ウ	0.6	糸がばねばかりを引く力
エ	6	糸がばねばかりを引く力

次に，＜**実験２**＞を行ったところ，＜**結果２**＞のようになった。

＜**実験２**＞

(1)　図３のように，斜面の傾きを10°にし，記録テープを手で支え，力学台車の先端を点Aの位置にくるように静止させた。

図３

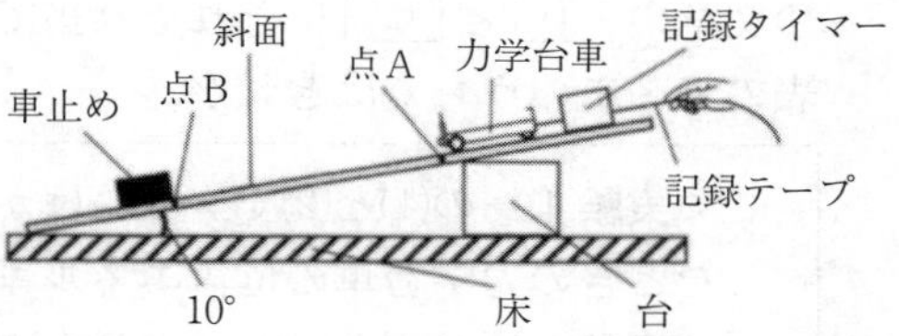

(2)　記録テープから静かに手をはなし，力学台車が動き始めてから，点Bの位置にある車止めに当たる直前までの運動を，１秒間に一定間隔で50回打点する記録タイマーで記録テープに記録した。

(3)　(2)で得た記録テープの，重なっている打点を用いずに，はっきり区別できる最初の打点を基準点とし，基準点から５打点間隔ごとに長さを測った。

(4)　(1)と同じ場所で，同じ実験器具を使い，斜面の傾きを20°に変えて同じ実験を行った。

＜**結果２**＞

図４　斜面の傾きが10°のときの記録テープ

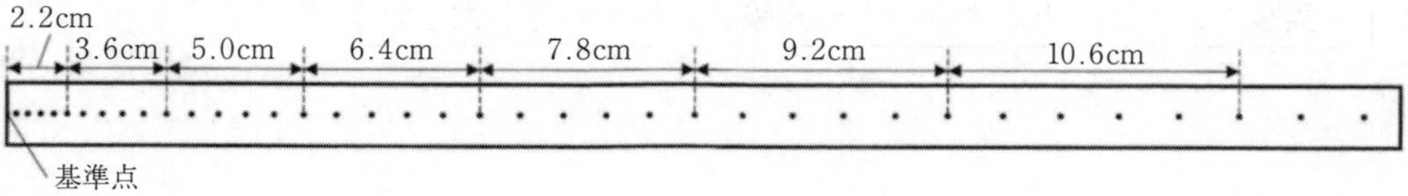

図５　斜面の傾きが20°のときの記録テープ

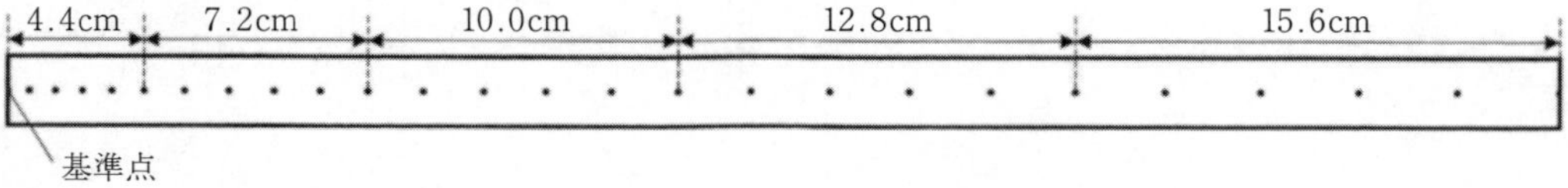

〔問２〕　＜**結果２**＞から，力学台車の平均の速さについて述べた次の文章の ① と ② にそれぞれ当てはまるものとして適切なのは，下の**ア**～**エ**のうちではどれか。

> ＜**実験２**＞の(2)で，斜面の傾きが10°のときの記録テープの基準点が打点されてから0.4秒経過するまでの力学台車の平均の速さをCとすると，Cは ① である。また，＜**実験２**＞の(4)で，斜面の傾きが20°のときの記録テープの基準点が打点されてから0.4秒経過するまでの力学台車の平均の速さをDとしたとき，CとDの比を最も簡単な整数の比で表すとC：D＝ ② となる。

① ア 16cm/s　イ 32cm/s　ウ 43cm/s　エ 64cm/s

② ア 1：1　イ 1：2　ウ 2：1　エ 14：15

〔問３〕 ＜**結果２**＞から，＜**実験２**＞で斜面の傾きを10°から20°にしたとき，点Ａから点Ｂの直前まで斜面を下る力学台車に働く重力の大きさと，力学台車に働く重力を斜面に平行な（沿った）方向と斜面に垂直な方向の二つの力に分解したときの斜面に平行な方向に分解した力の大きさとを述べたものとして適切なのは，次のうちではどれか。

ア 力学台車に働く重力の大きさは変わらず，斜面に平行な分力は大きくなる。

イ 力学台車に働く重力の大きさは大きくなり，斜面に平行な分力も大きくなる。

ウ 力学台車に働く重力の大きさは大きくなるが，斜面に平行な分力は変わらない。

エ 力学台車に働く重力の大きさは変わらず，斜面に平行な分力も変わらない。

〔問４〕 ＜**実験１**＞の位置エネルギーと＜**実験２**＞の運動エネルギーの大きさについて述べた次の文章の ① と ② にそれぞれ当てはまるものを組み合わせたものとして適切なのは，下の表の**ア**～**エ**のうちではどれか。

＜**実験１**＞の(1)と(2)で，ばねばかりをゆっくり一定の速さで引きはじめてから25秒経過したときの力学台車の位置エネルギーの大きさを比較すると ① 。
＜**実験２**＞の(2)と(4)で，力学台車が点Ａから点Ｂの位置にある車止めに当たる直前まで下ったとき，力学台車のもつ運動エネルギーの大きさを比較すると ② 。

	①	②
ア	＜**実験１**＞の(1)と(2)で等しい	＜**実験２**＞の(2)と(4)で等しい
イ	＜**実験１**＞の(1)と(2)で等しい	＜**実験２**＞の(4)の方が大きい
ウ	＜**実験１**＞の(1)の方が大きい	＜**実験２**＞の(2)と(4)で等しい
エ	＜**実験１**＞の(1)の方が大きい	＜**実験２**＞の(4)の方が大きい

社会解答

1 〔問１〕 Ｂ…イ　Ｃ…エ　Ｄ…ウ
Ｅ…ア
〔問２〕 エ　〔問３〕 ウ

2 〔問１〕 略地図中のＡ～Ｄ…Ｃ
Ⅱのア～エ…イ
〔問２〕 Ｐ…ア　Ｑ…ウ　Ｒ…エ
Ｓ…イ
〔問３〕 略地図中のＷ～Ｚ…Ｚ
ⅠとⅡのア～エ…ア

3 〔問１〕 Ａ…ウ　Ｂ…イ　Ｃ…ア
Ｄ…エ
〔問２〕 Ⅰのア～エ…ア
略地図中のＷ～Ｚ…Ｗ
〔問３〕 (例)自動車を利用しなくても，公共交通を利用することで，日常生活に必要な機能が利用できる。

4 〔問１〕 エ→ア→イ→ウ
〔問２〕 (例)太平洋のみを通る経路と，日本海と太平洋を通る経路で，寄港地では積荷の点検などを行い，江戸に輸送すること。
〔問３〕 Ａ…ウ　Ｂ…エ　Ｃ…ア
Ｄ…イ
〔問４〕 Ａ…ア　Ｂ…イ　Ｃ…エ
Ｄ…ウ

5 〔問１〕 イ
〔問２〕 ⅠのＡ～Ｄ…Ｃ　ア～エ…ウ
〔問３〕 エ
〔問４〕 (例)投票権年齢，選挙権年齢，成年年齢を満18歳以上とし，社会への参加時期を早め，若年者が将来の国づくりの中心として積極的な役割を果たすこと。

6 〔問１〕 Ａ…イ　Ｂ…ア　Ｃ…ウ
Ｄ…エ
〔問２〕 ウ　〔問３〕 ア

1 〔三分野総合―小問集合問題〕

〔問１〕＜地形図と写真の読み取り＞地形図上のＢ～Ｅ点のうち，Ｂ点とＥ点は進行方向の前方で鉄道の線路と交差していることから，アとイのいずれかが当てはまる。このうち，Ｅ点の前方には橋・高架を表す(⼆)が見られ，道路が線路の上を通っていることがわかる。したがって，Ｅ点がア，Ｂ点がイとなる。次にＤ点は，北西から南東にかけて延びる道路と，Ｄ点から北へ向かって延びる道路が交わる丁字形の交差点に位置することから，ウが当てはまる。最後にＣ点は，地形図の右下のスケールバー(距離を表す目盛り)をもとにすると，直前の地点であるＢ点からの距離が500ｍよりもやや短い距離であることから，エが当てはまる。

〔問２〕＜分国法＞分国法は，戦国大名が家臣や民衆を統制し，領国を支配するために定めた独自の法である。分国法の規定には，勝手な婚姻や城の建築を禁止するもの，争いの当事者の双方を罰する「けんか両成敗」を定めたものなどが見られる(エ…○)。なお，御成敗式目〔貞永式目〕は1232年に鎌倉幕府の第３代執権である北条泰時が定めた法(ア…×)，大宝律令は701年に唐の律令にならってつくられた法(イ…×)，武家諸法度は江戸幕府が大名を統制するために定めた法である(ウ…×)。

〔問３〕＜特別会＞特別会〔特別国会〕は，衆議院解散後の総選挙の日から30日以内に召集される国会である。特別会が召集されると，それまでの内閣は総辞職し，新しい内閣総理大臣の指名が行われる(ウ…○)。なお，常会〔通常国会〕は，毎年１回１月中に召集され，予算の審議を主に行う国会である(ア…×)。臨時会〔臨時国会〕は，内閣が必要と認めたとき，またはいずれかの議院の総議員の４分の１以上の要求があった場合に召集される国会である(イ…×)。参議院の緊急集会は，衆議院の解散中に緊急の必要がある場合に，内閣の求めによって開かれる集会である。

2 〔世界地理―世界の諸地域〕

〔問１〕＜世界の国と気候＞略地図中のＡ～Ｄ．略地図中のＡはタイの首都バンコク，Ｂはサウジアラビアの首都リヤド，Ｃはエチオピアの首都アディスアベバ，Ｄはポーランドの首都ワルシャワである。Ⅰの文章は，首都が標高約2350ｍの高地にあること，コーヒー豆の生産量が多く輸出額に占める割合が高いことなどから，国土にエチオピア高原が広がり，輸出額に占めるコーヒー豆の割合が高いモノカルチャー経済の国であるエチオピアについて述べたものである。　**Ⅱのア～エ**．エチオピアの首都アディスアベバは高山気候に属していることから，一年を通して冷涼で，年間の気温差が小さいイが当てはまる。なお，アは冬の寒さが厳しい亜寒帯〔冷帯〕気候でDのワルシャワ，ウは一年を通して降水量が非常に少ない乾燥帯の砂漠気候でBのリヤド，エは一年中高温で雨季と乾季がある熱帯のサバナ気候でAのバンコクのグラフである。

〔問２〕＜世界の国々の特徴＞略地図中のPはメキシコ，Qはフィジー，Rはバングラデシュ，Sはイタリアである。アは，とうもろこしが主食であることなどからメキシコであり，「中央部の高原」とはメキシコ高原である。イは，柑橘《かんきつ》類やオリーブの栽培が盛んであることや，小麦が主食であることなどから，地中海沿岸に位置するイタリアである。ウは，タロいもが主食で，さとうきびやバナナなどの熱帯の植物が見られることから，南太平洋に位置するフィジーである。エは，稲作や茶の栽培が盛んで，米が主食であることなどからバングラデシュである。

〔問３〕＜オランダの特徴と資料の読み取り＞略地図中のW～Z．略地図中のWはウルグアイ，Xはマレーシア，Yは南アフリカ共和国，Zはオランダである。Ⅲの文章は，ポルダーと呼ばれる干拓地があること，花や野菜の栽培や酪農が盛んであることなどから，オランダについて述べたものである。　**ⅠとⅡのア～エ**．Ⅲの文章の２段落目の記述内容と，Ⅰ，Ⅱの表を照らし合わせて考える。まず，Ⅲの文中の「2001年と比べて2019年では，日本の輸入額は２倍に届いてはいないが増加し」という記述から，Ⅰの表中ではア，ウ，エが該当し，「輸出額は３倍以上となっている」という記述から，Ⅱの表中ではア，イ，ウが該当する。したがって，ア，ウのいずれかがオランダとなる。次に，（2019年の）「輸出額が多い上位３位までの貿易相手国は全て同じ地域の政治・経済統合体の加盟国」という記述から，この政治・経済統合体はオランダが加盟しているEU〔ヨーロッパ連合〕と判断でき，Ⅱの表中で2019年における輸出額が多い上位３位までの貿易相手国が全てEU加盟国となっているアがオランダとなる。なお，イは，表Ⅰで日本の輸入額が４か国中で最も少ないこと，表Ⅱで主な輸出相手国に南アメリカ州の国が多いことからウルグアイである。ウは，表Ⅰで2001年の日本の主な輸入品目にとうもろこしが含まれていること，表Ⅱで2001年の主な輸出相手国にイギリスが含まれることから，かつてイギリスの植民地であった南アフリカ共和国である。エは，表Ⅰで日本の輸入額が４か国中で最も多く，日本の最大の輸入品がパーム油であること，表Ⅱで主な輸出相手国にシンガポールが見られることからマレーシアである。

３〔日本地理―日本の諸地域〕

〔問１〕＜都道府県の自然と第一次産業＞略地図中のAは秋田県，Bは静岡県，Cは奈良県，Dは鹿児島県である。　　ア．Cの奈良県に当てはまる。１段落目の「河川」は紀の川（奈良県では吉野川）であり，県の南東部にある大台ヶ原付近を水源とする。大台ヶ原付近は国内有数の多雨地域で，林業が盛んで，吉野杉と呼ばれる国産材の産地として知られる。　　イ．Bの静岡県に当てはまる。北部には3000m級の赤石山脈が南北に走り，東部には山がちな伊豆半島が位置する。中西部にある牧ノ原などの台地では茶の栽培が盛んで，静岡県の茶の生産量は全国第１位（2021年）である。

ウ．Aの秋田県に当てはまる。１段落目の「河川」は，秋田平野から日本海に注ぐ雄物川である。南東部の横手盆地は，奥羽山脈の西側に位置し，夏に北東から吹く冷涼なやませによる冷害の影響を受けにくく，稲作が盛んである。　　エ．Dの鹿児島県に当てはまる。薩摩半島と大隅半島に囲まれた鹿児島湾には桜島，北東側の宮崎県との県境には霧島山があり，いずれも活動が活発な火山である。火山灰などが積もってできたシラス台地では，肉牛や豚などを飼育する牧畜が盛んである。

〔問２〕＜千葉県の特徴と資料の読み取り＞略地図中のW～Z．略地図中のWは千葉県，Xは愛知県，Yは兵庫県，Zは広島県である。Ⅱの文章は，沿岸部に製鉄や石油化学などの重化学工業を中心とする工業地域があること，中央部から北西部に人口が集中していることなどから，千葉県について述べたものである。千葉県の東京湾岸には京葉工業地域が広がり，東京都に近い中央部から北西部の地域には，千葉市や船橋市などの大都市が集まっている。　　**Ⅰのア～エ**．Ⅱの文章中に「2020

年における人口に占める他の都道府県への従業・通学者数の割合は，１割以上」とあることから，Ⅰの表中のア～エについて，他の都道府県への従業・通学者数を，人口の１割(人口÷10)と比較したとき，１割を超えるのはアのみであるので，アが千葉県とわかる。また，製造品出荷額等に占める上位３位の品目に石油・石炭製品などの重化学工業製品が多いことから，アが千葉県と判断することもできる。なお，県庁所在地の人口と製造品出荷額等が最も大きく，製造品出荷額等に占める輸送用機械の割合が特に大きいエは，県庁所在地が名古屋市であり，自動車工業が盛んな中京工業地帯に属する愛知県である。残るイとウのうち，他の都道府県への従業・通学者数が多いウは大阪府に隣接する兵庫県であり，人口が最も少ないイは広島県である。

〔問３〕＜コンパクトなまちづくり＞現状の図より，日常生活に必要な４つの機能のうち，福祉施設や行政サービスは駅やバス停を中心とした徒歩圏にあり，自宅から徒歩と公共交通のみで利用することができるが，病院と食品スーパーを利用するには，自動車を利用しなければならないことがわかる。一方，将来の図より，病院と食品スーパーが駅やバス停を中心とした徒歩圏に変わり，駅やバス停から徒歩で利用できるようになっている。つまり，公共交通へのアクセスがよい場所に日常生活に必要な機能を集め，自動車を利用しなくても生活できるまちづくりが目指されていることがわかる。

4 〔歴史―古代～現代の日本と世界〕

〔問１〕＜年代整序＞年代の古い順に，エ(大化の改新―飛鳥時代)，ア(平安京と最澄―平安時代)，イ(執権政治と禅宗の保護―鎌倉時代)，ウ(勘合貿易―室町時代)となる。なお，アは桓武天皇，イは北条時頼，ウは足利義満，エは中大兄皇子(後の天智天皇)について述べている。

〔問２〕＜江戸時代の海上輸送＞まず，ⅠとⅡの資料をもとに輸送経路について確認すると，東北地方の荒浜から太平洋を南下して江戸に至る経路と，東北地方の酒田を出航し，日本海沿岸から下関を回って瀬戸内海を通り，大阪を経由して太平洋から江戸に至る航路があり，どちらの経路でも江戸までの輸送を行う。次に，Ⅰの資料をもとに寄港地の役割について確認すると，役人が船の発着の日時や積荷の点検などを行っていることがわかる。河村瑞賢が整備したこれらの航路は，それぞれ東廻り航路，西廻り航路と呼ばれる。

〔問３〕＜近代の出来事とその時期＞アの治外法権〔領事裁判権〕の撤廃などを定めた日英通商航海条約が調印されたのは1894年(Ｃ)，イの関東大震災が起こったのは1923年(Ｄ)，ウの日米和親条約が締結されたのは1854年(Ａ)，エの西南戦争が起こったのは1877年(Ｂ)のことである。

〔問４〕＜現代の出来事とその時期＞ア．サンフランシスコ平和条約が締結されたのは1951年である。Ａの時期には，特に海上貿易量(輸入)の増加が見られる。　　イ．エネルギーの供給量において石油が石炭を上回るエネルギー革命が起こったのは1960年代である。Ｂの時期の最初の年である1960年と最後の年である1972年のグラフを見比べると，「海上貿易量(輸出)は約４倍に，海上貿易量(輸入)は約６倍に増加」という記述に合致する。　　ウ．冷たい戦争〔冷戦〕の終結が宣言されたのは1989年である。Ｄの時期の海上貿易量は輸出・輸入ともに増加傾向にはあるが，1990年代初めのバブル経済崩壊などいくつかの要因から，一時的に輸出や輸入が減少している時期が見られる。
エ．石油価格の急激な上昇をもたらした石油危機が起こったのは，1973年(第１次石油危機)と1979年(第２次石油危機)である。Ｃの時期の前半には海上貿易量(輸出)が増加しており，後半には海上貿易量(輸入)が減少から増加傾向に転じている。

5 〔公民―総合〕

〔問１〕＜平等権＞平等権は，平等な扱いを受ける権利である。日本国憲法第14条では，人種，信条(信仰や思想など)，性別，社会的身分，門地(生まれや家柄)により，政治的，経済的，社会的に差別されないことを定め，「法の下の平等」を保障している。「法の下の平等」は，第13条に定められた「個人の尊重」とともに，人権保障の根幹となる考え方である(イ…○)。なお，アは社会権のうちの生存権(第25条)，ウは自由権のうちの身体の自由(第38条)，エは請求権のうちの裁判を受ける権利(第32条)について定めた条文である。

〔問２〕＜消費税＞Ⅰ のＡ～Ｄ．Ⅱの文章は，間接税のうち，1989年に導入されたという記述などから，消費税について述べたものである。まず，Ⅰのグラフ中の2021年度の歳入額に占める割合が40％を超えているDは，公債金に当てはまる。次に，残るＡ～Ｃについて，Ⅱの文章中に「2021年度の歳入額は20兆円を超え，1989年度に比べて６倍以上」とあることから，Ⅰのグラフ中の2021年度と1989年度におけるＡ～Ｃの歳入額を，（一般会計歳入額）×（歳入項目別の割合）÷100でそれぞれ計算すると，2021年度に20兆円を超えているのはＡ，Ｃであり，2021年度の歳入額が1989年度の歳入額の６倍以上となっているのはＣのみである。したがって，Ｃが消費税に当てはまる。なお，Ａは所得税，Ｂは法人税である。　　ア～エ．消費税は，ものやサービスを購入したときに課される間接税である。そのため，所得税のように勤労世代に負担が集中したり人口構成の変化の影響を受けたりすることが少なく，所得税や法人税のように景気変動の影響を大きく受けることもない。また，全ての国民に所得〔収入〕に関係なく課税されるため，所得の低い人ほど所得に占める税金の割合が高くなる逆進性を持つ（ウ…○）。なお，アは公債金，イは所得税，エは法人税についての説明である。

〔問３〕＜SDGsが採択された時期＞Ⅰの文章は，SDGs〔持続可能な開発目標〕について述べたものである。SDGsは，国際社会が2030年までに達成することを目指した目標で，17のゴールと169のターゲットから構成されており，2015年の国連サミットにおいて加盟国の全会一致で採択された。したがって，Ⅱの年表中のエの時期に当てはまる。

〔問４〕＜成年年齢引き下げなどに関する資料の読み取り＞まず，Ⅱの表で，法律の「主な改正点」について確認すると，憲法改正に関する国民投票権を持つ年齢，選挙権を持つ年齢，成年となる年齢が，いずれも満20歳から満18歳へと引き下げられている。次に，Ⅰの文章で，成年年齢を引き下げることによる「国の若年者に対する期待」について確認すると，18歳，19歳の者を大人として扱うことにより，若年者の社会への参加時期を早め，若年者が将来の国づくりの中心となることを期待していることが読み取れる。Ⅰの文章は成年年齢の引き下げに関する文書であるが，国民投票権年齢と選挙権年齢についても，同様の期待のもとに引き下げが行われたと推測できる。

6〔三分野総合―国際社会とグローバル化をテーマとする問題〕

〔問１〕＜世界の国々と歴史＞ア．Ｂのフランスに当てはまる。1789年に起こった市民革命とは，フランス革命である。明治時代には黒田清輝がフランスに留学し，印象派の画風を日本に紹介した。また，ルーブル美術館は，首都パリにある美術館である。　　イ．Ａのドイツに当てはまる。1871年には，ビスマルクの指導のもとでドイツが統一され，ドイツ帝国が誕生した。明治時代には森鷗外が留学し，帰国後にはドイツを舞台とする小説『舞姫』などを執筆した。　　ウ．Ｃのイギリスに当てはまる。1902年に結ばれた同盟とは，日英同盟である。明治時代には英語教師であった夏目漱石がイギリスに留学した。また，シェイクスピアは16世紀～17世紀初めに多くの戯曲や詩を残した作家である。　　エ．Ｄのガーナに当てはまる。アフリカのギニア湾に面している。昭和時代初期には野口英世がガーナに滞在し，黄熱病の研究を行った。

〔問２〕＜G20サミット＞Ⅱの文章中にある世界金融危機は，2008年にアメリカ合衆国の大手証券会社が経営破綻したことなどをきっかけに，さまざまな国で株価の急落や為替相場の混乱などが連鎖的に起こり，世界的に急速な不景気となった出来事である。これに対処するため，Ⅰの年表中のウの金融・世界経済に関する首脳会合〔G20サミット〕がアメリカ合衆国で開催された。G20とは主要20か国・地域のことで，Ｇ７と呼ばれる主要７か国（日本，アメリカ合衆国，イギリス，フランス，ドイツ，イタリア，カナダ）に新興国などを加えたグループである。

〔問３〕＜国際連合の加盟国数の推移＞Ⅱの文章は，1945年時点で一部の国を除き他国の植民地であったこと，1960年に多くの国が独立したことなどから，アフリカ州について述べたものである。1960年は，アフリカ州の17か国が独立を果たしたことから「アフリカの年」と呼ばれた。したがって，Ⅰのグラフ中では，1955年までは加盟国数が少なく，1960年に加盟国数が大幅に増えているアがアフリカ州となる。なお，1990年から1995年にかけて加盟国が大きく増えているウは，1991年のソ連解体に伴って独立国が増えたヨーロッパ州である。残るイとエのうち，1945年から2020年までの間に加盟国数が大きく増えているイがアジア州，変動が少ないエが南北アメリカ州である。

理科解答

1 〔問１〕 エ　〔問２〕 イ
〔問３〕 ウ　〔問４〕 ア
〔問５〕 イ　〔問６〕 エ

2 〔問１〕 ア　〔問２〕 イ
〔問３〕 エ　〔問４〕 ウ

3 〔問１〕 ウ
〔問２〕 (例)どれも等しいため，地球上での太陽の見かけ上の動く速さは一定であることがわかる。
〔問３〕 エ　〔問４〕 ア

4 〔問１〕 イ　〔問２〕 ア
〔問３〕 ウ

5 〔問１〕 イ　〔問２〕 エ
〔問３〕 (例)塩化ナトリウムの溶解度は，温度によってほとんど変化しないため。
〔問４〕 ウ

6 〔問１〕 ウ　〔問２〕 ①…ウ　②…イ
〔問３〕 ア　〔問４〕 エ

1 〔小問集合〕

〔問１〕＜化学変化のモデル＞水素は水素原子(H)が２個結びついた水素分子(H_2)の形で存在し，酸素も酸素原子(O)が２個結びついた酸素分子(O_2)の形で存在する。また，水素原子２個と酸素原子１個が結びついて水分子(H_2O)をつくっている。化学変化の前後では，原子の種類と数は変わらないから，求めるモデルはエのようになる。

〔問２〕＜抵抗，電力量＞電熱線に６Ｖの電圧を加えたところ，1.5Aの電流が流れたことから，オームの法則〔抵抗〕＝〔電圧〕÷〔電流〕より，電熱線の抵抗の大きさは，6÷1.5＝4(Ω)である。また，電力量は，〔電力量(J)〕＝〔電力(W)〕×〔時間(s)〕で求められ，電力は，〔電力(W)〕＝〔電圧(V)〕×〔電流(A)〕で求められる。よって，このとき，電熱線が消費した電力が，6×1.5＝9.0(W)で，５分は，5×60＝300(s)なので，求める電力量は，9.0×300＝2700(J)となる。

〔問３〕＜動物の分類＞Ａ～Ｅの生物のうち，背骨を持つ脊椎動物は魚類と両生類，鳥類で，背骨を持たない無脊椎動物は昆虫類と甲殻類である。なお，昆虫類や甲殻類は節足動物のなかまであり，無脊椎動物には軟体動物も含まれる。

〔問４〕＜原子の構造＞原子核は＋(プラス)の電気を持ち，電子は－(マイナス)の電気を持つ。なお，原子核は陽子と中性子からなり，陽子は＋の電気を持ち，中性子は電気を持っていない。陽子１個と電子１個が持つ電気の量は同じで，原子に含まれる陽子の数と電子の数は等しいので，原子全体としては電気を帯びていない。

〔問５〕＜天気図記号＞くもりの天気記号は◎であり，風向は風が吹いてくる方向で，矢の向きで表すから，天気記号から北東の向きに矢をつける。また，表２より風速3.0m/sは風力２で，風力は矢羽根の数で表すので２本つける。なお，⦶は晴れを表す天気記号である。

〔問６〕＜ヘモグロビン＞ヘモグロビンは赤血球に含まれる赤色の物質である。また，ヘモグロビンには，酸素の多い所では酸素と結びつき，酸素の少ない所では酸素をはなすという性質があるため，赤血球は肺で酸素を取り込み，全身に酸素を運ぶことができる。

2 〔小問集合〕

〔問１〕＜化石＞フズリナの化石は古生代の示準化石で，アンモナイトの化石は中生代の示準化石である。地質年代は古い方から順に，古生代，中生代，新生代だから，石材ａに含まれるフズリナの化石の方が古い。また，サンゴの化石のように，その化石を含む地層が堆積した当時の環境を示す化石を示相化石という。サンゴはあたたかくて浅い海に生息するので，サンゴの化石を含む地層は，あたたかくて浅い海で堆積したと考えられる。

〔問２〕＜**反応する物質の質量**＞クジャク石を加熱すると酸化銅と二酸化炭素と水に分解されることから，人工的につくられたクジャク石の粉0.20gを加熱して得られた0.13gの黒色の固体は酸化銅である。表２より，銅の質量と加熱して得られる酸化銅の質量は比例していて，その比は，銅：酸化銅＝0.08：0.10＝４：５となる。これより，0.13gの酸化銅から得られる銅の質量をxgとすると，x：0.13＝４：５が成り立つ。これを解くと，x×5＝0.13×4より，x＝0.104(g)となる。よって，人工的につくられたクジャク石の粉0.20gに含まれる銅の質量は0.104gなので，その割合は，0.104÷0.20×100＝52(％)である。

〔問３〕＜**光の屈折**＞入射角や屈折角は，境界面に垂直な線と入射光や屈折光がつくる角度である。右図で，境界面Ｑでは，入射角＞屈折角であり，境界面Ｒでは，入射角＜屈折角であることがわかる。また，直方体のガラスを厚さを２倍にした直方体のガラスに入れ替えると，光がガラス中を通って空気中へ出る位置が，右図のようにＴの方向にずれるので，点Ｐの位置もＴの方向にずれる。

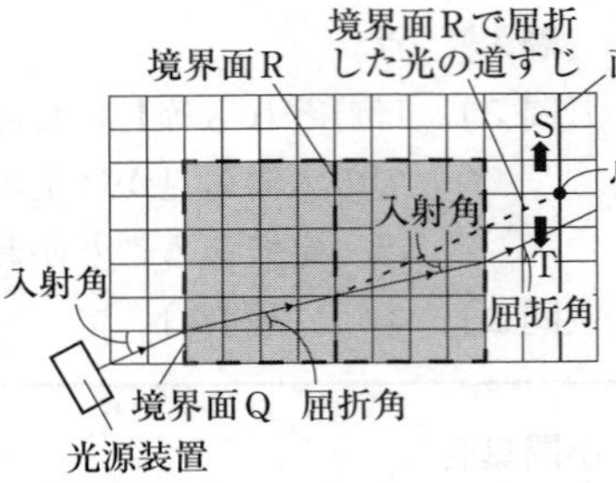

〔問４〕＜**生物どうしの数量的な関係**＞一般に，食べられる側の生物の数は，食べる側の生物の数よりも多くなる。資料より，生物ｗ～ｚの数量の関係を，不等号を用いて表すと，ｗ＜ｘ，ｘ＜ｙ，ｙ＜ｚとなるから，ｗ＜ｘ＜ｙ＜ｚである。よって，図３の①は生物ｗ，②は生物ｘ，③は生物ｙ，④は生物ｚである。

3〔地球と宇宙〕

〔問１〕＜**南中高度**＞南中高度は，太陽が南中したときの高度である。また，図２で，点Ｏは観測者の位置を示し，点Ａは南の方位，点Ｐは南中した太陽の位置を示す。よって，南中高度Ｒは，南を向いた観測者から見た太陽の高さだから，∠POAで表される。

〔問２〕＜**太陽の動き**＞結果１の(2)より，２時間ごとの・印の間隔がどれも5.2cmで等しいので，地球上での太陽の見かけ上の動く速さは一定であることがわかる。なお，太陽の動きは地球の自転による見かけの動きであり，太陽の動く速さが一定であることから，地球の自転の速さが一定であることがわかる。

〔問３〕＜**太陽の動き**＞問題の図２で，点Ｃが北より，点Ｂは東，点Ｄは西になり，地球上では太陽は見かけ上，東から西に移動して見えることがわかる。また，北極点の方向が北だから，Ｘ地点の６時間ごとの位置での方位は右図１のようになる。よって，東の空に太陽が見えるのは点Ｍの位置，西の空に太陽が見えるのは点Ｋの位置で，太陽は東の空から南の空を通り西の空へと移動するから，地球の自転の方向は問題の図３のⅡの方向である。

図１

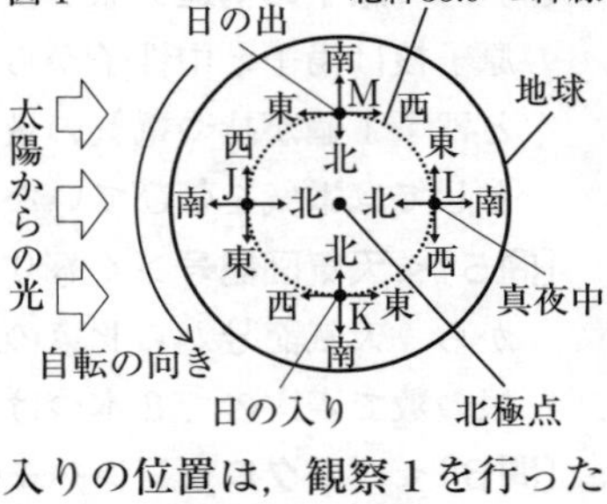

〔問４〕＜**太陽の動き**＞太陽は西の空に沈むので，問題の図４で，日の入りの位置は，観察１を行った日が点Ｆ，観察２を行った日が点Ｄである。よって，観察１を行った日の日の入りの位置は，観察２を行った日の日の入りよりも北寄りである。そして，透明半球上にかいた曲線は観察１を行った日の方が観察２を行った日より長いので，観察１を行った日の方が昼の長さは長くなる。また，観察１を行った日の地球を表した右図２では，太陽からの光が当たっている部分が昼，当たっていない影をつけた部分が夜になる。図２のように，Ｘ地点とＹ地点での１日の夜の長さの割合を比較すると，夜の長さの割合は，明らかにＸ地点の方がＹ地点より大きい。したが

図２

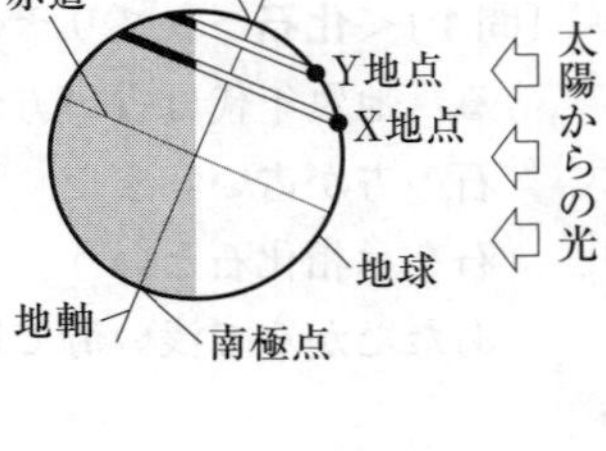

って，観察1を行った日の夜の長さは，X地点の方が長い。

4〔生物のからだのつくりとはたらき〕

〔問1〕＜顕微鏡＞顕微鏡でプレパラートと対物レンズをできるだけ近づけるときは，プレパラートと対物レンズがぶつからないように，横から見ながら調節ねじを回す。また，〔顕微鏡の倍率〕=〔対物レンズの倍率〕×〔接眼レンズの倍率〕より，対物レンズが20倍で接眼レンズが10倍である顕微鏡の倍率は，20×10=200(倍)である。

〔問2〕＜植物のはたらき＞植物は常に呼吸を行うが，光合成は光が当たるときだけ行われる。よって，図4で，呼吸と光合成を行っている①が「十分に当たる」，呼吸しか行っていない②が「当たらない」である。光が十分に当たるときにだけ見られる⑤が「光合成」だから，吸収する③は「二酸化炭素」，放出する④は「酸素」である。また，光が十分に当たるときも当たらないときも行われる⑥は「呼吸」で，吸収する④は「酸素」，放出する③は「二酸化炭素」である。

〔問3〕＜光合成＞細胞内に観察された緑色の粒は葉緑体である。光が十分に当たると，葉緑体で光合成によってデンプンがつくられる。そして，葉緑体にデンプンがあるとヨウ素液によって青紫色に染色される。結果の(3)より，光が当たらないオオカナダモBの葉緑体にデンプンはできていないが，光を当てたオオカナダモAの葉緑体にデンプンができていたことから，光が十分に当たる場所では，葉緑体でデンプンがつくられることがわかる。なお，核は，普通細胞内に1つ存在する。

5〔物質のすがた，化学変化とイオン〕

〔問1〕＜電解質と非電解質＞水(蒸留水)に溶かしたときに，水溶液に電流が流れる物質を電解質，流れない物質を非電解質という。電解質の水溶液に電流が流れるのは，電解質が水溶液中で，陽イオンと陰イオンに電離するためであり，非電解質の水溶液に電流が流れないのは，非電解質は電離しないためである。塩化ナトリウムは電解質で，水溶液中で電離するため，塩化ナトリウム水溶液には電流が流れるが，砂糖は非電解質で電離しないため，砂糖水には電流が流れない。

〔問2〕＜溶解度と質量パーセント濃度＞結果2の(1)より，実験2の(2)では，試験管Aに加えた硝酸カリウム3gは温度計が約38℃を示したとき，つまり，水溶液の温度が約38℃になったときに全て溶けている。資料より，硝酸カリウムの溶解度は温度が高くなるほど大きくなるので，約38℃以上では硝酸カリウム3gは全て溶けていることがわかる。よって，溶けた硝酸カリウムの質量は，水溶液の温度が27℃のときは溶け残りがあったことから3g未満で，38℃以上では3gで一定である。したがって，$〔質量パーセント濃度(\%)〕=\dfrac{〔溶質の質量(g)〕}{〔溶媒の質量(g)〕+〔溶質の質量(g)〕}\times 100$ より，硝酸カリウム水溶液の質量パーセント濃度は，溶質の質量が多いほど大きくなるから，38℃のときは，27℃のときよりも大きく，38℃以上では一定になる。以上より，適切なのはエである。

〔問3〕＜溶解度＞資料より，塩化ナトリウムの溶解度は，温度が変化してもほとんど変化しないことがわかる。これより，溶け残った塩化ナトリウムの質量はほとんど変化しないと考えられる。そのため，結果2の(1)のように，実験2の(1)～(4)では，試験管Bの中の様子に変化がなかったのである。

〔問4〕＜再結晶＞水溶液中から溶質を全て固体として取り出すためには，溶媒である水を全て蒸発させればいいので，塩化ナトリウム水溶液0.35g中の水の質量を求める。結果2の(1)より，27℃の蒸留水5gに塩化ナトリウム3gを加えると溶け残りがあり，20℃でも様子に変化がない，つまり，溶け残りがあるので，20℃での試験管Bの塩化ナトリウム水溶液は塩化ナトリウムが溶解度まで溶けた飽和水溶液である。資料より，20℃での塩化ナトリウムの溶解度は38gだから，水の質量が100gのときの飽和水溶液の質量は100+38=138(g)となる。よって，この飽和水溶液と同じ濃度である塩化ナトリウム水溶液0.35g中の水の質量をxgとすると，0.35：x=138：100が成り立つ。これを解くと，$x\times 138=0.35\times 100$ より，$x=0.253\cdots$となるから，求める溶媒の質量は約0.25gである。

6〔運動とエネルギー〕

〔問１〕＜仕事，作用と反作用＞仕事は，〔仕事(J)〕＝〔力の大きさ(N)〕×〔力の向きに動いた距離(m)〕で求められる。実験１の⑴で，ばねばかりが糸を引く力の大きさは，結果１のばねばかりが示す力の大きさより６Nであり，物体は10cm，つまり，10÷100＝0.1(m)持ち上げられたから，仕事の大きさは，6×0.1＝0.6(J)となる。また，作用・反作用は，２つの物体の間で対になってはたらくので，「ばねばかりが糸を引く力」を作用としたときの反作用は「糸がばねばかりを引く力」である。

〔問２〕＜速さ＞１秒間に50回打点する記録タイマーを使っているので，５打点にかかる時間は，$\frac{1}{50}\times 5=\frac{1}{10}=0.1$(秒)である。結果２の図４より，斜面の傾きが10°のとき，力学台車が0.4秒間で進んだ距離は，2.2＋3.6＋5.0＋6.4＝17.2(cm)なので，平均の速さＣは，Ｃ＝17.2÷0.4＝43(cm/s)となる。また，結果２の図５より，斜面の傾きが20°のとき，力学台車が0.4秒間で進んだ距離は，4.4＋7.2＋10.0＋12.8＝34.4(cm)なので，平均の速さＤは，Ｄ＝34.4÷0.4＝86(cm/s)となる。よって，Ｃ：Ｄ＝43：86＝１：２である。

〔問３〕＜分力＞重力は，地球が地球の中心に向かって物体を引く力だから，斜面の傾きが変わっても重力の大きさは変わらない。また，斜面の傾きが大きくなると，斜面に平行な分力は大きくなり，斜面に垂直な分力は小さくなる。なお，斜面に平行な分力が大きくなると，力学台車の速さの変化の割合が大きくなる。

〔問４〕＜エネルギー＞同じ物体では，物体が持つ位置エネルギーの大きさは，高さが高いほど大きくなる。結果１より，物体を基準面から10cm持ち上げるのに，実験１の⑴では25秒かかり，実験１の⑵では45秒かかる。これより，実験１の⑵で，25秒かけて力学台車を持ち上げた距離は10cmより小さい。つまり，25秒経過したときの力学台車の高さは，実験１の⑵より，実験１の⑴の方が高いので，⑴の方が位置エネルギーは大きい。また，実験２では，点Ａで力学台車が持つ位置エネルギーが，点Ｂでは全て運動エネルギーに移り変わる。斜面の傾きを10°から20°にすると，点Ａの高さが高くなるため，力学台車がはじめに持つ位置エネルギーの大きさは，実験２の⑵より，実験２の⑷の方が大きい。よって，車止めに当たる直前の運動エネルギーの大きさは，実験２の⑷の方が大きい。

●2023年度

都立立川高等学校

独自問題

【英語・数学・国語】

2023年度 都立立川高等学校

【英　語】（50分）〈満点：100点〉

1 リスニングテスト（放送による指示に従って答えなさい。）

〔問題A〕 次のア～エの中から適するものをそれぞれ一つずつ選びなさい。

＜対話文１＞

ア To have a birthday party.
イ To write a birthday card for her.
ウ To make some tea.
エ To bring a cake.

＜対話文２＞

ア He was giving water to flowers.
イ He was doing his homework.
ウ He was eating lunch.
エ He was reading some history books.

＜対話文３＞

ア He got there by train.
イ He took a bus to get there.
ウ He got there by bike.
エ He walked there.

〔問題B〕 ＜Question 1＞ では，下のア～エの中から適するものを一つ選びなさい。
＜Question 2＞ では，質問に対する答えを英語で書きなさい。

＜Question 1＞

ア Studying English.
イ Students' smiles.
ウ Sports festivals.
エ Students' songs.

＜Question 2＞

（15 秒程度，答えを書く時間があります。）

※（編集部注）＜**英語学力検査リスニングテスト台本**＞を英語の問題の終わりに掲載しています。

2 次の対話の文章を読んで，あとの各問に答えなさい。
（＊印の付いている単語・語句には，本文のあとに〔注〕がある。）

Emi and Julia are high school students. Julia is a student from Brazil. They are going to give a presentation in English about vegan food they are interested in. They like talking with Mr. Gray, their English teacher. They come to him to talk about the topic.

Emi: Julia and I went to a supermarket yesterday. We found a display of colorful *donuts for vegans. We know vegans are a kind of *vegetarians, but we cannot tell the difference between vegans and vegetarians.

Julia: (1)<u>We need some help from you because we are not sure what to talk about with vegan food in our presentation.</u>

Emi: We hear you know a lot about vegetarians, Mr. Gray. Could you tell us about vegans?

Mr. Gray: Sure. Vegetarians only stop eating meat, but vegans never eat any animal products, including eggs and milk.

Emi: Really? I think eggs and milk are necessary for us to make donuts.

Mr. Gray: Vegan donuts have *plant-based *ingredients such as *soybeans instead. How did you like the donuts?

Julia: They were delicious, but they are about four *times more expensive than the ones we usually buy. I wonder how many people want to buy such expensive food.

Mr. Gray: The price may be higher, but these days more and more people want to have vegan food.

Emi: Why do vegans choose to eat plant-based food?

Mr. Gray: That's a good question. Some put animals' life first. Others want to protect the environment. So, I usually have plant-based meals.

Emi: Great.

Julia: You don't eat meat anymore, right?

Mr. Gray: Well, not exactly. I try to stop eating meat as often as possible, but I can't.

Julia: Why not?

Mr. Gray: Just because I am sometimes invited to dinner or parties. I'm afraid people around me may feel bad if I don't eat food served there.

Julia: You don't want to hurt others' feelings.

Emi: I think you are kind to your friends, Mr. Gray.

Julia: You don't want to hurt animals either, right?

Mr. Gray: That's right.

Emi: I love animals too.

Mr. Gray: I feel the same way, but I think [(2)] Do you know raising cows needs a lot of land?

Julia: Right. I was shocked that in my country they cut down the largest number of trees in their *tropical rainforests during the month of January in 2022.

Emi: They were planning to build large farms for cows, right?

Julia: Yes, a study with *satellite data showed that about 430 km^2 of the forests disappeared in just one month.

Emi: [(3)-a] Can you guess how large it was, Mr. Gray?

Mr. Gray: It was bigger than 10,000 baseball stadiums.

Emi: Really?

Julia: If we used the land for growing vegetables instead, we could produce more food.

Mr. Gray: You can also explain like this. You need 10 kg of soybeans to produce 1 kg of beef. If you stopped raising cows, you could get more soybeans for people.

Emi: It reminds me of "virtual water" we learned about during social studies class in junior high school. Julia, do you know how much water is necessary to produce 1 kg of beef from abroad?

Julia: Hmm… 2,000 *liters.

Emi: Ten times larger than the amount.

Mr. Gray: You can take a bath for about 100 days with clean water every day.

Julia: That's surprising because we can never see the real water hidden in the product.

Emi: (4)So, that is called virtual water.

Julia: I see. We should try to save *natural resources by doing small things in our daily lives.

Mr. Gray: [(3)-b]

Emi: Thank you for giving us useful hints for our presentation, Mr. Gray.

One Sunday, Julia visits Emi's house. Emi and Julia talk about vegan food to Emi's father Koji and her brother Jiro.

Koji: Now I'll prepare lunch for you.

Emi: I want to have some vegan dish, Dad.

Jiro: Are you really happy with only vegetables? We need *protein for our health. I don't understand how we can get enough protein without eating meat.

Emi: However, eating too much meat is not so good for our health.

Jiro: Come on, Emi. Everyone knows that, but I'm afraid you don't know much about good points of meat.

Emi: 　(3)-c 　We can get enough *nourishment from vegetables.

Jiro: 　No, you cannot get *vitamin B_{12} from them.

Emi: 　What will happen without it?

Jiro: 　You'll get tired faster and won't feel very well.

Julia: 　Vegetables don't have any vitamin B_{12} in them, right?

Jiro: 　Only a little bit. So, you need to make a special menu to get enough vitamin B_{12}. Do you want to spend your precious time planning what to eat every day?

Julia: 　You may be right, and it sounds like waste of time.

Emi: 　You can take *supplements.

Jiro: 　(5)-a

Julia: 　(5)-b

Emi: 　(5)-c

Jiro: 　(5)-d

Julia: 　Is that so?

Jiro: 　Your favorite *marshmallows, too, Emi. Can you give them up?

Koji enters the room with lunch.

Koji: 　It's time for lunch.

Jiro: 　Hmm.... The smell makes me hungry.

Julia: 　It looks good. Is this spaghetti with meat *sauce?

Jiro: 　Yes, it is one of his favorite dishes to cook.

Koji: 　Please enjoy it while it is hot.

After they enjoy lunch, they start to talk about food again.

Julia: 　I really like this sauce.

Koji: 　Thanks, I'm glad you like it.

Emi: 　Thank you for making the healthy dish, Dad. I realized it was a vegan food.

Julia: 　Really? Why do you call this dish "meat sauce"?

Emi: 　Guess what ingredient he used for meat, Julia.

Julia: 　Well, *tofu*?

Emi: 　It's close.

Julia: 　Actually, it was not as soft as *tofu*.

Koji: 　Why don't you give her a hint, Jiro?

Jiro:	OK, Dad, I hear some fast-food restaurants in the U.S. have been selling hamburgers made from this plant instead of meat since 2021.
Koji:	An article in the newspaper says they are designed to taste like real meat.
Julia:	Are they popular in my country?
Jiro:	Yeah, your country produces them a lot, but our country gets most of them from overseas. Japanese people began to eat them a long time ago.
Julia:	Soybeans, right?
Jiro:	Yes. Dad's meat sauce has not only the taste but also the *texture like real meat.
Koji:	Hey, everybody, (6)【 ① a secret ingredient ② as ③ added to ④ don't ⑤ I ⑥ the meat sauce ⑦ from ⑧ made ⑨ one more thing ⑩ forget 】 soybeans.
Jiro:	I know what it is. I like pork cooked with it. Julia, do you know what is a key ingredient in Japanese cooking?
Emi:	It's often used in traditional Japanese soup.
Julia:	I understand. I learned about *miso* in home economics class. It is made from *fermented soybeans. I am a big fan of Japanese food such as *natto*, *miso* soup, soy sauce, and so on. [(7)]
Jiro:	Thanks to you, I realized again our food culture is unique.
Julia:	I'm glad to hear that. Anyway, why are there so many fermented foods in Japan?
Jiro:	Japan is so hot and *humid in summer that we have developed a wide variety of fermented foods.
Julia:	I see.
Emi:	We can keep them for a long time.
Jiro:	Julia, people living in some temples in the Kamakura period didn't eat any meat. They developed some vegetarian dishes that tasted like it. You can still have them now.
Julia:	That's good news. I was able to learn a lot about traditional Japanese food culture from you.
Emi:	We also tried modern Western vegan dishes such as the donuts this week.
Julia:	I've got so curious about Japanese fermented food made from soybeans. I've finally found the topic we really want to talk about.
Jiro:	Remember to solve the problem of Vitamin B_{12} for the presentation. I hope you can answer any question there.
Emi:	Why don't we go to the city library to get more information about food now?
Julia:	It sounds like a good idea, but I want to have some dessert first.
Emi:	Really?
Julia:	Let's go there after having some sweets.
Emi:	[(3)-d]

〔注〕 donut　ドーナッツ　vegetarian　菜食者　plant-based　植物由来の
ingredient　食材　soybean　大豆　～ times　～倍
tropical rainforest　熱帯雨林　satellite　人工衛星　liter　リットル
natural resources　天然資源　protein　タンパク質　nourishment　栄養
vitamin　ビタミン　supplement　サプリメント
marshmallow　マシュマロ　sauce　ソース　texture　食感
ferment　発酵させる　humid　湿気のある

〔問１〕 (1)<u>We need some help from you because we are not sure what to talk about with vegan food in our presentation.</u> とあるが，その内容を次のように書き表すとすれば，［　　］の中にどのような英語を入れるのがよいか。本文中の**連続する８語**で答えなさい。

We'd like you to give us some advice.　We hope to tell our audience ［　　］ in our presentation about vegan food.

〔問２〕 本文の流れに合うように，［ (2) ］に英語を入れるとき，最も適切なものは，次の中ではどれか。

ア　it is necessary to find out someday how land is used.
イ　it is important to protect the environment for cows.
ウ　we should think the environment is the most important.
エ　we need to solve environmental problems only for forests.

〔問３〕 (3)-a ～ (3)-d の中に，それぞれ次のＡ～Ｄのどれを入れるのがよいか。その組み合わせとして，最も適切なものは，下のア～カの中ではどれか。

Ａ You can say that again.
Ｂ Sounds nice.
Ｃ It's hard to imagine.
Ｄ Don't worry.

	(3)-a	(3)-b	(3)-c	(3)-d
ア	Ａ	Ｃ	Ｂ	Ｄ
イ	Ａ	Ｃ	Ｄ	Ｂ
ウ	Ａ	Ｄ	Ｂ	Ｃ
エ	Ｃ	Ａ	Ｄ	Ｂ
オ	Ｃ	Ｂ	Ａ	Ｄ
カ	Ｃ	Ｄ	Ａ	Ｂ

〔問４〕 (4)So, that is called virtual water. とあるが，このとき Emi が説明している内容として，最も適切なものは，次の中ではどれか。

ア You don't know how much energy you need to produce water.
イ You cannot find how much water is used in making products.
ウ The amount of water in products isn't well known to some people.
エ The amount of water products need isn't so large that it cannot be seen.

〔問５〕 (5)-a ～ (5)-d の中に，それぞれ次のＡ～Ｄのどれを入れるのがよいか。その組み合わせとして，最も適切なものは，下のア～カの中ではどれか。

Ａ Then I'll put them in my bag with some sweets.
Ｂ Some candies have some animal protein in them.
Ｃ You always need to take them with you anywhere.
Ｄ Maybe, you sometimes forget them when you go out.

	(5)-a	(5)-b	(5)-c	(5)-d
ア	Ｂ	Ａ	Ｃ	Ｄ
イ	Ｂ	Ｃ	Ｄ	Ａ
ウ	Ｃ	Ｂ	Ａ	Ｄ
エ	Ｃ	Ｄ	Ａ	Ｂ
オ	Ｄ	Ａ	Ｃ	Ｂ
カ	Ｄ	Ｃ	Ｂ	Ａ

〔問６〕 (6)【① a secret ingredient ② as ③ added to ④ don't ⑤ I ⑥ the meat sauce ⑦ from ⑧ made ⑨ one more thing ⑩ forget】について，本文の流れに合うように，【　　】内の単語・語句を正しく並べかえるとき，【　　】内で２番目と６番目と９番目にくるものの組み合わせとして，最も適切なものは，次のア～カの中ではどれか。

	２番目	６番目	９番目
ア	③	①	④
イ	③	⑩	⑧
ウ	④	①	⑥
エ	④	⑦	②
オ	⑩	②	⑨
カ	⑩	⑥	⑧

〔問７〕 本文の流れに合うように， (7) に英語を入れるとき，最も適切なものは，次の中ではどれか。

ア You should be proud of the Japanese vegan food.
イ You can use soybeans grown in Japan all the time.
ウ You can enjoy eating soybeans produced in Brazil.
エ You can easily get them because they are so cheap.

〔問８〕 本文の内容に合う英文の組み合わせとして，最も適切なものは，下のア～シの中ではどれか。

① Emi and Julia become so interested in vegan food that they come to Mr. Gray to talk about them.

② According to Mr. Gray, people who eat only green vegetables are called vegans, not vegetarians.

③ Mr. Gray says it is difficult to have vegan food all the time, especially when he eats with others.

④ Julia agrees with Jiro about vitamin B_{12} before she hears the conversation between Jiro and Emi.

⑤ Emi’s father Koji cooks healthy dish for lunch, though Emi doesn’t ask him to make vegan food.

⑥ Emi and Jiro don’t know what the meat sauce is made from until Koji tells them about the ingredients.

⑦ Jiro says the climate of Japan with hot and humid summer is good for making fermented food.

⑧ Julia gets so interested in fermented Japanese food that she decides to go to the library alone.

ア	①　④	イ	②　⑤	ウ	③　⑦
エ	⑥　⑧	オ	①　②　④	カ	①　③　⑤
キ	①　③　⑦	ク	④　⑤　⑥	ケ	⑤　⑦　⑧
コ	①　④　⑥　⑦	サ	②　③　⑦　⑧	シ	⑤　⑥　⑦　⑧

〔問９〕 下の質問に対する答えを，理由を含めて**40語以上50語以内の英語**で述べなさい。ただし，本文で挙げられたsoybeansを答えに使用しないこと。「,」「.」「!」「?」などは，語数に含めない。これらの符号は，解答用紙の下線部と下線部の間に入れなさい。

What plant would you grow for people if you were a farmer and why?

3 次の文章を読んで，あとの各問に答えなさい。
（＊印の付いている単語・語句には，本文のあとに〔**注**〕がある。）

Let me introduce myself. My name is Miku. When it is written in *kanji*, it means "the beautiful sky." My grandfather gave me this name. He often says to me, "Everyone has their special *scenery in their memory." He continues, "Still now, I can clearly see a large rice field in my mind. Green rice *seedlings were just planted out there. Then I suddenly found that beautiful scenery. The clear blue sky and white Tateyama Mountains were *reflected on the water in the rice field. It was so beautiful that I always remember the scenery when May comes, the *rice-planting season. So I named you Miku when you were born in May." I love my name and of course I love Grandfather. He was the oldest son of a *farming family in Toyama. He was thought to *take over his father's farm, but he left his hometown when he entered a university in Tokyo and then he got a job at a *trading company. While he was working for the trading company, he visited various foreign countries. His younger brother, Uncle Kenji and his son *are engaged in farming now. I hear there were a lot of discussions about Grandfather's decision among his family when he told them he would work for the trading company, but he doesn't talk much about it. I sometimes imagine the scenery Grandfather saw when he was a child and I want to find my own special scenery someday. "Grandpa, I am looking for it now. (1)Please remember my promise," I always talk to Grandfather in my mind.

I am a first-year student in a university in Sendai learning about farming. After graduating from university, I want to go to a foreign country as a member of an *overseas volunteer organization and help people there with farming. I would like to tell you why I am learning about farming and want to work overseas as a volunteer in the future.

I had my first farming (2) when I was a third-year student in junior high school. I went on a school trip to Iwate with my classmates in May. It was not a school trip you can imagine. We were going to stay on a farm for two days and help with rice planting there. Two of my classmates and I stayed at Mr. and Mrs. Takagi's house. They had a large rice field and grew many kinds of vegetables. On the second day, we went out to their rice field. Mr. Takagi had a rice-planting machine, but he told us to plant rice seedlings by hand. "This will be a wonderful experience to you, I think," he said. We went into the rice field *timidly. The water in the rice field was a little cold, but the *mud in the rice field felt very soft and (3)-a . We started to plant rice seedlings one by one. Mr. Takagi kindly gave us advice and Mrs. Takagi continued saying, "That's it!" or "Oh, you're very (3)-b at it!" When we finished planting all the seedlings, we felt really [(3)-c]. The rice field looked very beautiful with green rice seedlings and the blue sky was reflected on the water in it. I thought growing something to eat with our own hands was really [(3)-d] and I started to get interested in farming at that time.

Just after I entered high school, I joined two club activities − the *biology club and the English club because biology and English were my favorite subjects. Our high school gave us a lot of interesting science programs and I often joined them. One day, we had another special program for the first-year students. Some people who graduated from our school visited us to give a special lesson and talk about their jobs. There, I met Ms. Miyake, one of the members of an overseas volunteer organization. She worked as a *public health nurse in *Senegal, a country in West Africa and took a short trip home from the country at that time. She was a cheerful young woman and talked to us about her days in the country. She usually visited several small villages, checked the people's *physical conditions and taught young mothers how to take care of their babies. After the lesson, she asked us, "Are there any questions?" I was encouraged by her smile and asked her, "How do you communicate with the local people? Can you speak the language spoken in that country perfectly?" She smiled at me and answered, "(4)<u>Not really.</u> I sometimes have difficulty communicating with the local people in their language. But I can use gestures and even draw some pictures on the ground if necessary. We can communicate with each other in such ways. I really enjoy working with them and I'm very proud of my job." I thought she gave me a chance to think seriously about my own future. At that time I was able to see my future goal clearly. I thought, "I have been interested in visiting various foreign countries since I was a little girl, because Grandpa often tells me about his experiences in foreign countries. I will go to a foreign country and share with local people my *knowledge of farming I will *gain at university. (5)<u>This is my goal in the future.</u>"

When I was in the second year of high school, I told my family about my decision − to learn about farming at university and work as a member of an overseas volunteer organization helping people with farming. In November, the students in the second year had to decide what subjects they would study in the third year. At the dinner table, I told my family − my parents, Grandparents, and my younger sister − about my plan. They looked a little surprised to hear that and said nothing for a while. Then Grandfather finally said, "In your life, you are the *leading role. You can do anything you like, Miku." The other family members agreed with him. After dinner, I said to Grandfather, "Thank you for pushing me *toward my dream, Grandpa." Then he said something strange, "Thank you, too! [(6)]" I didn't know why he said so at that time.

Before entering the university, I was really busy preparing for my new life in Sendai. Grandfather also often went out, so we didn't see each other at home. A day before I moved there, I finally found time to talk with him. He said to me, "I have something to tell you, Miku. Grandma and I will move to Toyama in April and start farming there. Uncle Kenji will let us use part of his rice fields and vegetable fields." I was really surprised to hear that. He continued, "I have been thinking about this since I left the trading company. My father wanted me to take over his farm, but I really wanted to see the world with my own eyes. I visited various foreign countries on business and saw a lot of beautiful scenery there. But (7)【① my ② beautiful ③ no ④ was ⑤ the scenery ⑥ in ⑦ more ⑧ other scenery ⑨ memory ⑩ than】－ the clear blue sky and white Tateyama Mountains reflected on the water in the rice field. I always remember the scenery and my good old days in the small town. I couldn't decide to start something new at my age. But when you clearly told us about your goal in the future, I felt I was encouraged to realize my own dream. I won't give up if I fail － I thought so while I was listening to your decision. Your grandmother agreed with my idea immediately, because she has loved taking care of flowers and plants since she was a little girl." He said so and laughed happily. I said to him, "Grandpa, in your life, you are the leading role. You can do anything you like!" He laughed and said, "Miku, they were the words I told you before!"

When I left for Sendai, in the morning, I said to Grandfather, "I will find my own special scenery someday, Grandpa. I promise I will tell you about it. Wait for the day, right?" Grandfather just *nodded at me. We looked at each other smiling.

I have not found my own special scenery yet, but I believe that I will be able to find it someday. For that day, I will live an active life at university.

〔注〕 scenery 風景
reflect 映す
farming family 農家
trading company 商社
overseas volunteer organization 海外ボランティア団体
timidly おずおずと
biology 生物学
Senegal セネガル
knowledge 知識
leading role 主役
nod うなずく
seedling 苗
rice-planting 田植え
take over ～ ～を継ぐ
be engaged in ～ ～に従事している
mud 泥
public health nurse 保健師
physical condition 体調
gain 得る
toward ～ ～の方へ

〔問１〕 (1)Please remember my promise, とあるが，この発言の意味として，最も適切なものは，次の中ではどれか。

ア If I find the thing I want to learn about in the future, I will write to you about it.
イ If I go to a foreign country and live there in the future, I will invite you to the place.
ウ If I find another country I want to visit in the future, I will let you know its name.
エ If I find my own special scenery like yours in the future, I will tell you about it.

〔問２〕 本文の流れに合うように，(2) に本文中で使われている**英語１語**を補いなさい。

〔問３〕 (3)-a ～ (3)-d の中に，それぞれ次の**A**～**G**のどれを入れるのがよいか。その組み合わせとして，最も適切なものは，下の**ア**～**カ**の中ではどれか。

A boring　**B** comfortable　**C** disappointed　**D** good
E important　**F** nice　**G** satisfied

	(3)-a	(3)-b	(3)-c	(3)-d
ア	B	D	G	E
イ	B	F	D	A
ウ	D	B	A	G
エ	D	B	F	G
オ	F	C	G	B
カ	F	D	B	C

〔問４〕 (4)Not really. とあるが，この発言の意味として，最も適切なものは，次の中ではどれか。

ア You don’t have to learn or speak the language the local people use.
イ You don’t have to understand what the local people are talking about.
ウ You don’t have to speak the local people’s language very well.
エ You don’t have to talk with the local people about anything.

〔問５〕 (5)This is my goal in the future. とあるが，その内容を説明した次の文の（ ① ），（ ② ）に，本文中で使われている**英語を１語ずつ**補いなさい。

In the future I will go（ ① ）and work with the local people as a volunteer worker of（ ② ）.

〔問６〕 本文の流れに合うように，［ (6) ］に英語を入れるとき，最も適切なものは，次の中ではどれか。

ア You have also encouraged me to go to various foreign countries, Miku.
イ You have also reminded me of my dream I've had for a long time, Miku.
ウ You have also told us clearly what you really want to do in the future, Miku.
エ You have also kindly thought of your family members' feelings, Miku.

〔問７〕 (7)【 ① my ② beautiful ③ no ④ was ⑤ the scenery ⑥ in ⑦ more ⑧ other scenery ⑨ memory ⑩ than 】について，本文の流れに合うように，【　　　】内の単語・語句を正しく並べかえるとき，【　　　】内で**２番目と５番目と９番目**にくるものの組み合わせとして，最も適切なものは，次の**ア**～**カ**の中ではどれか。

	２番目	５番目	９番目
ア	①	③	⑩
イ	①	④	⑩
ウ	④	②	⑥
エ	⑥	④	③
オ	⑧	②	①
カ	⑨	⑧	⑩

〔問８〕 本文の内容に合う英文の組み合わせとして，最も適切なものは，次のページの**ア**～**シ**の中ではどれか。

① Grandfather really liked the beautiful white mountains reflected on the water in the rice field, so he chose the name "Miku."
② Grandfather wanted to take over his father's farm, but his father wanted him to see the world with his own eyes.

③　After many discussions among his family in Toyama, Grandfather finally left his hometown for Tokyo.

④　Mr. Takagi taught Miku and her two classmates how to use his rice-planting machine during their stay in Iwate.

⑤　Miku got interested in going to foreign countries as a volunteer worker after she listened to Ms. Miyake's special lesson.

⑥　Ms. Miyake worked at Miku's high school as a school nurse before she went to an African country as a volunteer worker.

⑦　After Miku told her family members about her future goal, no one agreed with her plan and finally she gave it up.

⑧　Grandfather took courage from Miku's decision and he also decided to start something new with his wife in his hometown.

ア	①　③	イ	②　⑤	ウ	③　⑧
エ	⑥　⑦	オ	①　②　⑥	カ	③　⑤　⑧
キ	④　⑤　⑦	ク	⑤　⑥　⑧	ケ	①　②　⑤　⑥
コ	①　③　⑤　⑦	サ	③　④　⑤　⑥	シ	④　⑤　⑥　⑧

〔問９〕　以下の英文は，Mikuの祖父が，仙台に住むMikuに書いたＥメールである。（　①　）～（　④　）に入る最も適切な**英語１語をそれぞれ本文中から抜き出して答えなさい。**

> Dear Miku,
> How have you been?　Grandma and I are doing very well here in Toyama.　We have just started growing some vegetables, and we have already（　①　）rice seedlings.　At the end of this September, I will send you the rice we are growing now.　Please（　②　）eating it.　Now the rice field looks really beautiful, especially on a sunny day － the blue sky and white Tateyama Mountains reflected on the water in the rice field.　That's my own special scenery.　By the way, have you found your special scenery yet?　If not, don't worry!　I am sure you'll find it someday.　In the future, when you go to a foreign country as a volunteer worker with enough（　③　）you've learned about farming, you will have a wonderful time in the country.　I believe that you will feel very（　④　）of your work there.　Look forward to the day and study hard now!
> Take care,

2023 年度　英語学力検査リスニングテスト台本

開始時の説明

これから，リスニングテストを行います。

問題用紙の１ページを見なさい。リスニングテストは，全て放送による指示で行います。リスニングテストの問題には，問題Ａと問題Ｂの二つがあります。問題Ａと，問題Ｂの ＜Question 1＞ では，質問に対する答えを選んで，その記号を答えなさい。問題Ｂの ＜Question 2＞ では，質問に対する答えを英語で書きなさい。

英文とそのあとに出題される質問が，それぞれ全体を通して二回ずつ読まれます。問題用紙の余白にメモをとってもかまいません。答えは全て解答用紙に書きなさい。

（２秒の間）

〔問題Ａ〕

問題Ａは，英語による対話文を聞いて，英語の質問に答えるものです。ここで話される対話文は全部で三つあり，それぞれ質問が一つずつ出題されます。質問に対する答えを選んで，その記号を答えなさい。

では，＜対話文１＞を始めます。

（３秒の間）

Meg: Hi, Taro. What did you do last Sunday?

Taro: Hi, Meg. I went to my grandmother's house to have a birthday party.

Meg: That's nice.

Taro: In the morning, I wrote a birthday card for her at home. Then I visited her and gave her the card. She looked happy. After that, she made some tea for me.

Meg: That sounds good.

Taro: In the evening, my sisters, mother, and father brought a cake for her.

Meg: Did you enjoy the party?

Taro: Yes, very much.

（３秒の間）

Question : Why did Taro go to his grandmother's house?

（５秒の間）

繰り返します。

（２秒の間）

（対話文１の繰り返し）

（３秒の間）

Question： Why did Taro go to his grandmother's house?

（10秒の間）

＜対話文２＞を始めます。

（３秒の間）

Satomi: Hi, John. I've been looking for you. Where were you?

John: I'm sorry, Satomi. I was very busy.

Satomi: I went to your classroom in the morning and during lunch time. What were you doing then?

John: Early in the morning, I gave water to flowers in the school garden. After that, I did my homework in my classroom.

Satomi: Oh, you did. How about during lunch time? I went to your room at one o'clock.

John: After I ate lunch, I went to the library. That was at about twelve fifty. I read some history books there for twenty minutes and came back to my room at one fifteen.

（３秒の間）

Question： What was John doing at one o'clock?

（５秒の間）

繰り返します。

（２秒の間）

（対話文２の繰り返し）

（３秒の間）

Question： What was John doing at one o'clock?

（10秒の間）

＜対話文３＞を始めます。

（３秒の間）

Jane: Hi, Bob. I'm happy that I can come to the concert today.
Bob: Hi, Jane. Yes. Me, too.
Jane: How did you get here today?
Bob: Why? I came by bike from home.
Jane: This morning, I watched the weather news. I think it'll be rainy this afternoon.
Bob: Oh, really? I'll have to go home by train and bus. What should I do with my bike?
Jane: After the concert, I will keep it at my house. We can walk to my house.
Bob: Thank you.
Jane: You're welcome. And you can use my umbrella when you go back home from my house.

（３秒の間）

Question： How did Bob get to the concert from home today?

（５秒の間）

繰り返します。

（２秒の間）

（対話文３の繰り返し）

（３秒の間）

Question： How did Bob get to the concert from home today?

（10秒の間）

これで問題Ａを終わり，問題Ｂに入ります。

〔問題Ｂ〕

（3秒の間）

これから聞く英語は，外国人の Emily 先生が，離任式で中学生に向けて行ったスピーチです。内容に注意して聞きなさい。

あとから，英語による質問が二つ出題されます。＜Question 1＞ では，質問に対する答えを選んで，その記号を答えなさい。＜Question 2＞ では，質問に対する答えを英語で書きなさい。

なお，＜Question 2＞ のあとに，15秒程度，答えを書く時間があります。

では，始めます。（2秒の間）

Hello, everyone. This will be my last day of work at this school. First, I want to say thank you very much for studying English with me. You often came to me and taught me Japanese just after I came here. Your smiles always made me happy. I hope you keep smiling when you study English.

I had many good experiences here. I ran with you in sports festivals, and I sang songs with your teachers in school festivals. I was especially moved when I listened to your songs.

After I go back to my country, I'll keep studying Japanese hard. I want you to visit other countries in the future. I think English will help you have good experiences there. Goodbye, everyone.

（3秒の間）

＜Question 1＞ What made Emily happy?

（5秒の間）

＜Question 2＞ What does Emily want the students to do in the future?

（15秒の間）

繰り返します。

（2秒の間）

（問題Ｂの英文の繰り返し）

（3秒の間）

＜Question 1＞ What made Emily happy?

（5秒の間）

＜Question 2＞ What does Emily want the students to do in the future?

（15秒の間）

以上で，リスニングテストを終わります。2ページ以降の問題に答えなさい。

【数　学】 (50分) 〈満点：100点〉

1　次の各問に答えよ。

〔問1〕　$\dfrac{(\sqrt{11}-\sqrt{3})(\sqrt{6}+\sqrt{22})}{2\sqrt{2}}+\dfrac{(\sqrt{6}-3\sqrt{2})^2}{3}$　の値を求めよ。

〔問2〕　連立方程式 $\begin{cases} 14x+3y=17.5 \\ 3x+2y=\dfrac{69}{7} \end{cases}$ を解け。

〔問3〕　xについての2次方程式　$(x-2)^2=7(x-2)+30$　を解け。

〔問4〕　1，3，5，7，8の数字を1つずつ書いた5枚のカード[1]，[3]，[5]，[7]，[8]が袋の中に入っている。
この袋の中からカードを1枚取り出してそのカードに書いてある数字を十の位の数とし，この袋の中に残った4枚のカードから1枚取り出してそのカードに書いてある数字を一の位の数として，2桁の整数をつくるとき，つくった2桁の整数が3の倍数になる確率を求めよ。
ただし，どのカードが取り出されることも同様に確からしいものとする。

〔問5〕　下の図は，円と円周上にある点Aを表している。
解答欄に示した図をもとにして，点Aにおける円の接線を，定規とコンパスを用いて作図せよ。
ただし，作図に用いた線は消さないでおくこと。

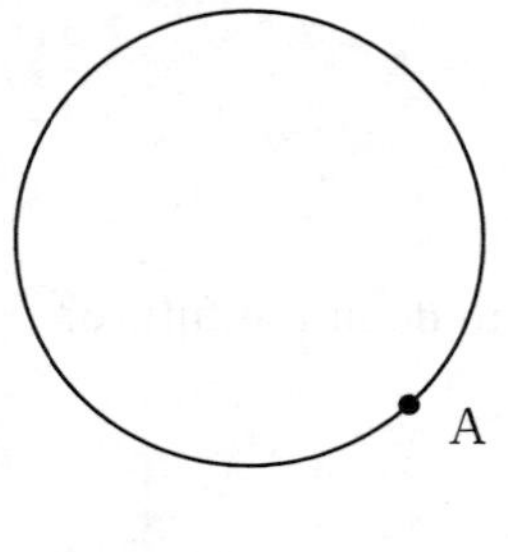

2　右の**図1**で，点Oは原点，曲線ℓは$y = ax^2$ $(a > 0)$，曲線mは$y = bx^2$ $(b < 0)$のグラフを表している。

曲線ℓ上にある点をA，曲線m上にある点をBとする。

原点から点(1, 0)までの距離，および原点から点(0, 1)までの距離をそれぞれ1cmとして，次の各問に答えよ。

図1

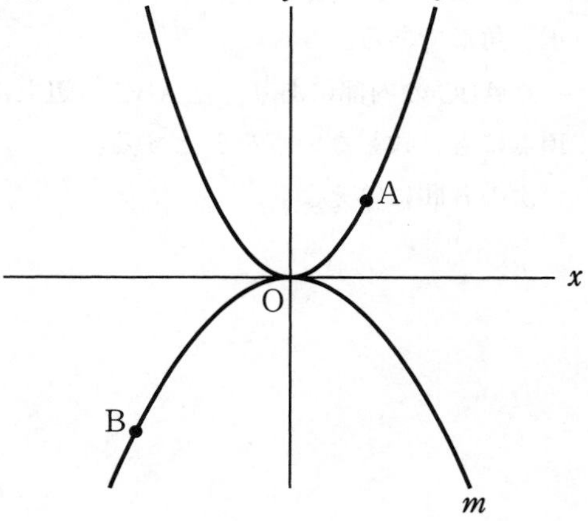

〔問1〕　**図1**において，$a = 2$，$b = -\dfrac{3}{2}$，点Aのx座標を2，点Bのx座標を-1としたとき，2点A，Bを通る直線の式を求めよ。

〔問2〕　**図1**において，$a = \dfrac{1}{4}$，点Aのx座標を4，点Bのx座標を1とし，点Oと点A，点Oと点B，点Aと点Bをそれぞれ結んだ場合を考える。

△OABが二等辺三角形となるとき，bの値を求めよ。

ただし，OB = ABの場合は除く。

また，答えだけでなく，答えを求める過程が分かるように，途中の式や計算なども書け。

〔問3〕　右の**図2**は，**図1**において，$a = 2$，$b = -3$で，点A，点Bのx座標がともに2のとき，点Aと点Bを結んだ場合を表している。

線分ABを点Oを中心として反時計回りに360°回転移動させたとき，線分ABが通ってできる図形の面積は何cm^2か。

図2

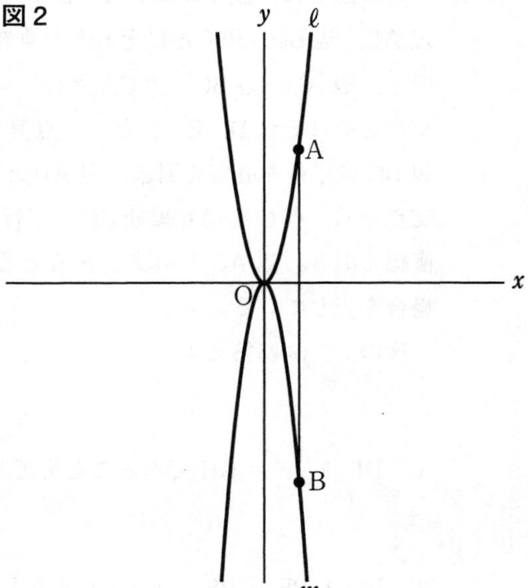

3 右の**図1**で，△ABC は，1辺の長さが $2a$ cm の正三角形である。

△ABC の内部にあり，△ABC の辺上になく，頂点にも一致しない点を P とする。

次の各問に答えよ。

図1

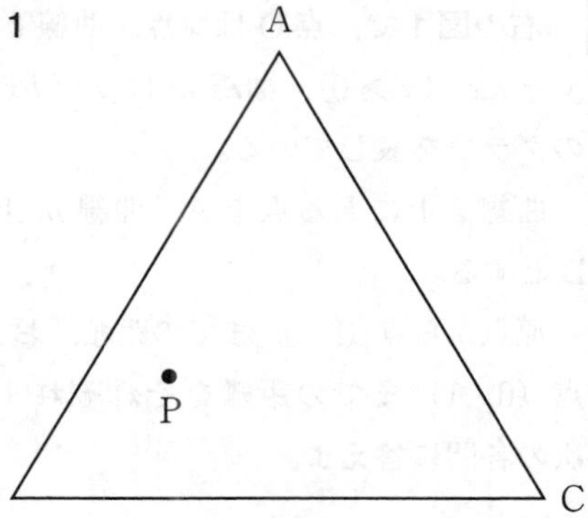

〔問1〕 右の**図2**は，**図1**において，点 P を中心とする円が△ABC の3つの辺に接する場合を表している。

このとき，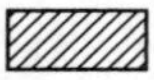 で示された図形の面積は何 cm^2 か。a を用いて表せ。

図2

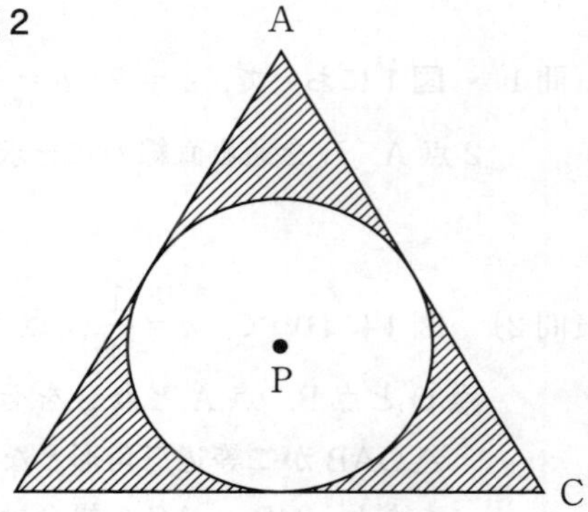

〔問2〕 右の**図3**は，**図1**において，点 P から辺 AB，辺 BC，辺 CA にそれぞれ垂線を引き，辺 AB，辺 BC，辺 CA との交点をそれぞれ D，E，F とし，点 P を通り辺 BC に平行な直線を引き，辺 AB との交点を G，点 G を通り線分 PF に平行な直線を引き，辺 AC との交点を H とした場合を表している。

次の(1)，(2)に答えよ。

図3

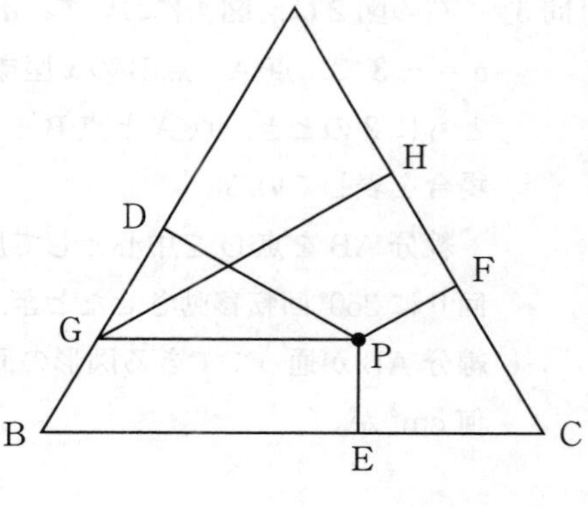

(1) DP + PF = GH であることを証明せよ。

(2) PD + PE + PF = ℓ cm とするとき，ℓ を a を用いて表せ。

4 右の**図1**に示した立体 O - ABCD は，
底面 ABCD が 1 辺の長さ a cm の正方形で，
OA = OB = OC = OD，高さが b cm の
正四角すいである。
　次の各問に答えよ。

図1

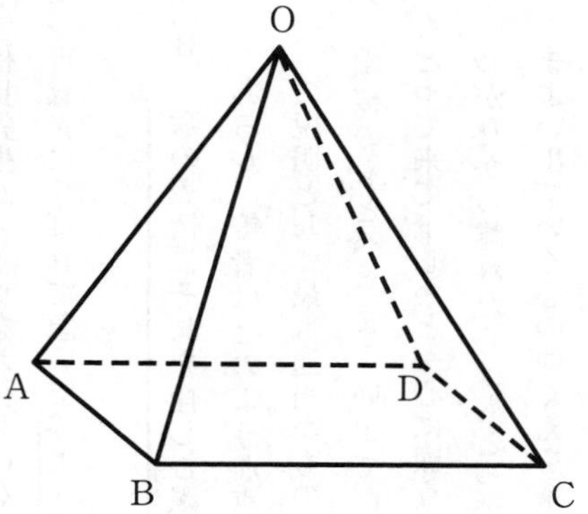

〔問 1〕　**図1**において，$a = 4$，$b = 3$ のとき，
辺 OC の長さは何 cm か。

〔問 2〕　右の**図2**は，**図1**において，$a = 6\sqrt{2}$，
$b = 3\sqrt{6}$ のとき，頂点 B と頂点 D を結び，
線分 BD 上にあり，BP : PD = 2 : 1 となる
点を P とし，点 P から面 OAB へ垂線を引き，
その交点を H とした場合を表している。
　頂点 O と点 P，頂点 A と点 P をそれぞれ
結んだ場合を考える。
　線分 PH の長さは $2\sqrt{6}$ cm である。
　次の(1)，(2)に答えよ。

図2

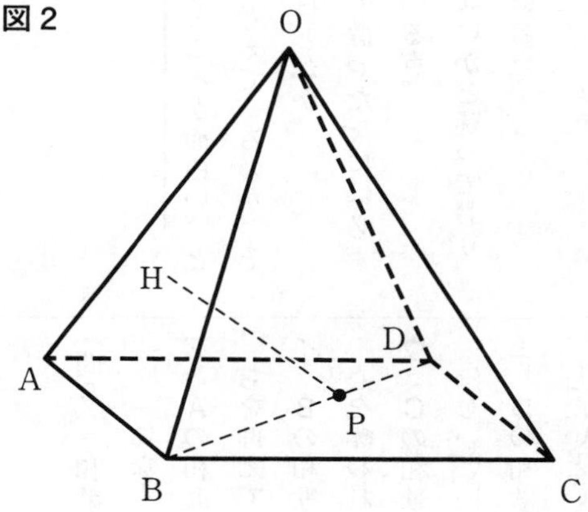

(1)　**図2**において，線分 PH の長さが $2\sqrt{6}$ cm となることを説明せよ。
ただし，説明の過程が分かるように，途中の式や計算なども書け。

(2)　**図2**において，頂点 O と点 H を結んでできる線分 OH の長さは何 cm か。

〔問1〕(1)高野山に結庵《けつあん》して以降の西行は間違いなく、そういう願望をふくらませていたのである。とあるが、「願望をふくらませていた」ことについての説明として最も適当なものは、次のうちではどれか。

ア 西行は、吉野山の桜の樹の下に未練がましい気持ちを残してきたので、今年からは定住していつまでも見ていたいということ。

イ 西行は、再び吉野山に逗留することで、自身の来訪を待っている桜の樹の期待に応えたいという思いに満ちあふれているということ。

ウ 西行は、樹の下に残してきた桜花への思いに駆られ、再び吉野山で花にふけりたいという気持ちが強くなっているということ。

エ 西行は、吉野山の桜に長年執着しており、今年も開花の瞬間を誰よりも早く見たいという感情を抑えることができないということ。

〔問2〕献上している。とあるが、これと**同じ働きをしていないもの**を、次の各文の――を付けたもののうちから一つ選べ。

ア 社長が取引先にお電話する。

イ 受付係がお客さんの注文を承る。

ウ 校長先生がスーツをお召しになる。

エ 得意先に呼ばれて急いで参上する。

〔問3〕(2)歌の表情にそれを怪しむ飄逸《ひょういつ》さまでみえるところが面白い。とあるが、筆者はどのような点を「面白い」と考えているのか。その説明として最も適当なものは、次のうちではどれか。

ア 山桜のもとへさまよい出ていった心が、花の散った後には必ずもどって来てほしいと一心に願う気持ちを詠んでいる点。

イ わが身から離れた心はもどって来ないのではないかと疑っており、さまよい出ていく心のゆくえを案じる様を詠んでいる点。

ウ 桜が散っても心がさまよい出ていくのは、どこかに散らない桜が待っているのではないかと期待する心を詠んでいる点。

エ 桜が散るとともに肉体から離れた心はもどって来るべきだとしながらも、止めどなくさまよい出ていく状態を詠んでいる点。

〔問4〕(3)俊成の加判にうなずかされる。とあるが、筆者が「うなずかされる」と述べたのはなぜか。その理由として最も適当なものは、次のうちではどれか。

ア 花の美しさだけを表現するのは難しいが、西行は自らの主観を交えず見たままの満開の桜を印象的に詠みあげているから。

イ 日本人の気質そのものとみなされる桜を、西行は独自の表現や評価を加えて満開の桜を象徴的に詠みあげているから。

ウ 花にあこがれている精神状態であるにも関わらず、西行は満開の桜の情景を雲に見立てて技巧的に詠みあげているから。

エ 花の美しさだけを表現するために、西行は歌に用いる言葉を吟味して満開の桜の情景を比喩的に詠みあげているから。

〔問5〕和歌A～Dについて、筆者の考えを説明したものとして最も適切なものは、次のうちではどれか。

ア Aの和歌は、雲を満開の桜に見立てることで、開花前のはやる気持ちを抑えている様子を表現したものである。

イ Bの和歌は、魂が身から離れていく様子を受けて、徐々に桜の花に心を奪われていく状態を表現したものである。

ウ Cの和歌は、吉野山の奥深くで咲いているはずの桜の下へ案内してほしいという心情を表現したものである。

エ Dの和歌は、毎年異なる道を進むことで、吉野山のまだ見ぬ桜を探したいという強い意志を表現したものである。

構はわずか二畳台目《にじょうだいめ》の茶室程度。茅葺《かやぶ》きの粗末な草屋だが、*芭蕉《ばしょう》が『野ざらし紀行』の旅で立ち寄り『笈《おい》の小文《こぶみ》』でもふれているので、修復保存されてきたのであろう。後年にわたって吉野山には幾つかの草屋を営んだかもしれない西行だが、最初に寝起きをしたのはここではなかっただろうか。

D　吉野山こぞの枝折《しお》りの道かへてまだ見ぬかたの花をたづねむ

芭蕉は『笈の小文』の旅で吉野山中に三日間の逗留をしたといい、そのとき脳裡《のうり》にうかべているのがこの歌である。西行自身にも愛着のふかい一首であったとみえて、『御裳濯河歌合《みもすそがわうたあわせ》』に採っている。「枝折り」は、道しるべ。昨年《こぞ》の枝折りを、「すがたこころともにをかし」と*俊成は加判した。

往日の奥千本のあたりは、雑木の枝を折って目じるしを作っておかないことには道を見失う、深い茂みであったのだろう。——昨年、目じるしを残して分け入った道を変えて、今年もまた、未だ見ていない方面の花を尋ねよう——。「道かへてまた」「まだ見ぬかたの」と、重ね読みに節をもとめて意趣のふかさを味わいたい。

空に出でていづくともなく尋ぬれば雲とは花の見ゆるなりけり

花にあくがれている精神状態は他のことにたいしてうわの空。西行はそんな意趣で草屋をあとに山中をあてどなく歩きまわった。遠目に雲と見えるのが、すべて桜の花であった。

おしなべて花のさかりになりにけり山の端《は》ごとにかかる白雲

この歌も『御裳濯河歌合』に採られており、俊成は「うるはしく長《たけ》たかくみゆ」と加判した。「たけ」とは品位・格調であり、和歌にいう「長たかし」は、当時の最大級の誉《ほ》めことばであった。

前首同様、歌詞のなかに場所を特定する句が見当らないが、*家集における配列の位置からみて、吉野山であるのは明らかである。桜は日本人の心馳《こころば》せそのものの花とみなされるほどだから、もろもろの感情をおさえて、花の美しさをのみ修辞するのはむずかしい。そのような意味で、悠揚として迫らず、これほど捨象的に、満目の花をみずみずしく詠みあげた歌は、他に類をみないといえようか。(3)俊成の加判にうなずかされる。

谷の間も峰のつづきも吉野やま花ゆゑ踏まぬいはねあらじを

桜の花があるゆえに、西行はこの二年間で、吉野の全山に足跡をしたのであろう。

（松本章男「西行　その歌その生涯」による）

〔注〕「百首歌」——百首の和歌を集めたもの。
吉野山——奈良県中部に位置し、古来より桜の名所とされる山。
西行《さいぎょう》——平安時代後期に活躍した歌人。僧。
証左——証拠。あかし。
落慶——神社・仏殿などの新築または修繕の工事が落成した喜び。
往日——過ぎ去った日。昔。
和泉式部《いずみしきぶ》——平安時代中期の歌人。
草屋《そうおく》——草葺《ぶ》きの粗末な家。
指顧《しこ》——距離が近いこと。
芭蕉《ばしょう》——松尾芭蕉のこと。
俊成——藤原俊成のこと。平安時代後期から鎌倉時代初期の歌人。
家集——西行の歌集、『山家集』のこと。

なにとなく春になりぬと聞く日より心にかかるみ吉野の山

「なにとなく」の語が掛かっているのは下句。——今日は節気の立春だが、吉野山の桜はいつ咲きはじめることであろうか——。来る年ごと、立春だよと聞いた日から、なにとなく、つまり、はっきり意識するわけではないが、そのことが気にかかってきたと、この歌は言っている。

A 吉野やま雲をはかりに尋ね入りて心にかけし花を見るかな

*往日の歌人は峰の花霞《はながすみ》を麓から遠望して消えぬ雪かと見あやまった。そんなふうにのんびり構えてはいられない。「雲をはかりに」は、雲を目当てに。この歌の趣意は、花は未《ま》だしであっても、峰にかかる白雲を花と見立てようというところにある。山に分け入って開花を待とう。そう言っていると思える。西行は今年こそという機会をつかんで、逸《はや》る感情を抑えることができなかったのであろう。

B 吉野山こずゑの花を見し日より心は身にも添はずなりにき

ついに吉野山に登って山中に宿をとった。待つほどに花は咲いてくれた。しかし、満目《まんもく》の梢《こずえ》の花を見たその日から、西行は花に心を奪われて、このように、われを忘れた精神状態に陥ってしまった。

心に意識が生じる。わたしたちは心の作用で意識の内容を把握することはできるが、色も形もない意識そのものを把握することはできない。そのような意味合いから、西行はつねに「心」の語をひろくもちいて、「魂」という語の使用を避けているきらいがある。

たとえば、*和泉式部《いずみしきぶ》に、《もの思へば沢の蛍もわが身よりあくがれ出《い》づる魂《たま》かとぞ見る》という作が知られている。「あくがれ出づる」の意は、さまよい出てゆく。西行歌の「心は身にも添はずなりにき」は、桜の花に魅了された魂がこの身を離れて花の林のなかへさまよい出てしまった、と言っているに等しい。

あくがるる心はさてもやまざくら散りなんのちや身にかへるべき

この歌は「心はさても止《や》まず、山桜」と、折返して読ませるところが趣向。——心はわが肉体からさまよい出るのを依然として止めない。山ざくらが散ったあとは、この身にもどって来てくれるであろうか。もどって来るべきである——。次々と魂がわが身から遊離してゆく感覚があったのだと思う。心というものにはいったいどれほどの容量があるのか。(2)歌の表情にそれを怪しむ飄逸《ひょういつ》さまでみえるところが面白い。

ときはなる花もやあると吉野山おくなく入りてなほ尋ねみむ

外山の花はあらかた散ってしまった。「おくなく」に、臆なく、奥なく、両意を汲《く》む。気後れすることなく山の奥まで花をたずねよう。これより奥に花はないというところまで辿《たど》ってみたい。——奥山には散ることを知らない花が待っていてくれるのではないか——。山中に長逗留をして花の精のとりことなっている西行は、ふと思ったのであろうか。

＊

翌年も春が来て、西行はふたたび吉野山をめざした。前年は夜の身を行者《ぎょうじゃ》宿などに寄せたのではなかったか。このたびは自分用の*草屋《そうおく》をあらかじめ作らせておいたのではないかと思う。

C 山人よ吉野の奥のしるべせよ花もたづねむまた思ひあり

通説はこの歌の「しるべ」の意を道案内とする。さらに「思ひ」が遁《とん》世《せい》の欲求とみなされている。その解釈ではしかし、花に心を奪われてきた経過といささか乖離《かいり》を生ずるといえはしまいか。私はむしろ「しるべ」に拠《よ》りどころといった意を汲みたい。またまた魂があくがれ出てゆく思いがあるので、山人に草屋の用意を頼んでいるのではないかと、この歌にそういう感触を味わってきた。

吉野の最奥《さいおう》、青根《あおね》ヶ峰《みね》を*指顧《しこ》にする「奥千本」に金峰《きんぷ》神社がしずまる。この神社の境内を出て山腹を回りつめたところに西行庵《あん》が現存する。結

〔問5〕下書き用

15

五

次の文章を読んで、あとの各問に答えよ。（*印の付いている言葉には、本文のあとに〔注〕がある。）

　　吉野やま花の散りにし木《こ》のもとにとめし心はわれを待つらん

初期の習作「*百首歌」中にこの一首がみえる。肉体から魂《たま》なるものが離れ出て、愛する相手・執着する対象などのもとに止《とど》まることがあると考える思想があった。それを肯定する発想でこの一首は詠《よ》まれている。――*吉野山の桜樹《おうじゅ》の下に心を分け残してきた。春になった今、その心が来てほしいとわたしを待っているのではないだろうか――。若き*西行《さいぎょう》が思っている。

桜の花の季節だけは吉野山に移って逗留《とうりゅう》したい。(1)高野山に結庵《けつあん》して以降の西行は間違いなく、そういう願望をふくらませていたのである。

仁平《にんぺい》二年（一一五二）十月、高野山では兼海《けんかい》が八角二層の仏堂を建立《こんりゅう》、大日如来像《だいにちにょらいぞう》を安置して鳥羽法皇《とばほうおう》に献上している。旧来の金剛峯《こんごうぶ》寺《じ》方・大伝法院《だいでんぼういん》方、双方の確執がいちおうは決着した、これは*証左ともみなせる。西行もこの仏堂の*落慶に法皇の覚えをえたことであったろう。

仁平二年といえば西行三十五歳。高野山でもっとも平穏な日々を西行がおくることができたのは、おそらくこの年の前後であった。吉野桜詠《おうえい》を通観して私がうける心証だが、西行には二年つづけて春の吉野山にこもりきり、桜の花に心を尽くした日々がある。仁平二年前後の春が、その時期ではなかったろうか。本章は、その二年間に詠まれたであろうと私がみなしてきた数首を味わっていただく。

＊

まずこの一首は「春立つ日詠みける」と詞書《ことばがき》にいう。

生徒イ：ひとまず書いてみようか。

（しばらくして）

生徒ウ：できたよ。［X］と書いたけど、どうかな。

生徒ア：とてもよいと思う。「イメージ」とか「想像力」が、やはりポイントになりそうだね。

生徒イ：次は文章Bについて考えてみようか。

生徒ウ：二重傍線部は、文章Bの筆者の考え方が端的に示されているね。

生徒ア：さっき出てきた「イメージ」や「想像力」と、「主観」や「経験」というのは何か共通点がありそうだね。

生徒イ：そうすると、Bの文章の筆者はAの文章で述べる「ことばは思考の衣装である」に近いのかな。「主観」っていうのは他の人にどのように思われたいか考えることって感じがするし。

生徒ア：いやいや、違うよ。Bの文章の筆者の述べる「主観」や「経験」は、レポートを書こうとした根本の理由みたいなことだよ。だから、「ことばは思考の肉体である」の方が近いよ。

生徒イ：なるほど、言われてみればそうだね。

生徒ウ：今までの話で、何とかできそうだね。Bの文章の筆者の考えはAの文章で述べる「ことばは思考の肉体である」の方が近い理由を書いてみよう。

（しばらくして）

生徒ウ：できた。「［Y］」って書いたけど、どうかな。

生徒ア：なるほど、それが理由か。先生にも聞いてみよう。先生、ちょっといいですか。

先　生：はい。非常によく書けています。Bの文章で述べられている「文章の書き方」に着目して書いたところが特にすばらしいと思います。

〔問6〕　文章A、Bについて述べたものとして最も適切なものを、次のうちから選べ。

ア　文章A、Bとも比喩表現を多用することで、抽象的でつかみどころのない考えを、哲学用語になじみのない一般の読者にも想像しやすくする効果をあげている。

イ　文章A、Bともに、特定の部分に傍点を付けることで、筆者がその言葉を本来の意味とは違う意味で使っていることを読者に分かりやすく伝える工夫をしている。

ウ　文章Aでは筆者以外の哲学者の主張をもとに、具体例をあげてその主張を補強して筆者の主張へと展開しているが、文章Bは筆者の疑問から考察が展開されている。

エ　文章Aは、「日常のことば」を説明するために「神話」と「科学」を対比させているが、文章Bは対比関係を用いず、同一話題で「書き方」について説明している。

ア　論理的言語による思考では、論理的厳密さを求めるがゆえにかえって感覚が鈍くなることがあるということ。

イ　論理的言語においては、イメージと想像力が排除されており、考えの糸口をつかめないことがあるということ。

ウ　論理的言語を使用した時点でイメージや想像力は排除され、かえって飛躍した思考となり伝わらないということ。

エ　論理的言語は、イメージや想像力を排除するために、日常のことばを使用しないようにしているということ。

〔問3〕(3)しかし、その場合実は、私たちは科学そのものの思考の枠組あるいは価値観から神話を見、その価値観を逆に神話に投影したにすぎないのである。とあるが、Aの筆者が「逆に神話に投影したにすぎないのである」と述べたのはなぜか。その理由として最も適切なものを、次のうちから選べ。

ア　イメージよりも概念を、想像力よりも論理を働かせるほうが、あらゆる物事を正しく捉えられるから。

イ　世の中の物事を学問的に思考しようとすると、神話に関してもイメージや想像力を排除すべきだから。

ウ　神話は日常生活とは別に扱うべきであり、概念や論理優位の学問的思考を用いた方がよいと考えられるから。

エ　イメージや想像力を排除し、概念や論理を優先させて考えることこそが進歩だと考えてきたから。

〔問4〕(4)すると、よく勉強している学生ほど、そういうことを書いていいんですか、と驚く。とあるが、Bの筆者がこのように述べたのはなぜか。その理由として最も適切なものを、次のうちから選べ。

ア　勉強熱心な学生ほど、様々な情報を自分で得て、レポートや論文は客観的に記述するべきだという書き方を学んでいるから。

イ　勉強熱心な学生ほど、学問的に考察するためには、自身の経験を一般化して書くべきだということを理解しているから。

ウ　勉強熱心な学生ほど、論理的・客観的に考えようとする傾向があり、主観的な経験を記述することにためらいがあるから。

エ　勉強熱心な学生ほど、高校までの学習に忠実であり、レポートや論文は客観的に記述するという書き方を教わっているから。

〔問5〕次の会話は、文章A、Bを読んだ後の国語の授業の様子である。先生と生徒の会話の中の[X]、[Y]にはそれぞれあてはまる表現を、[X]は文章Aの語句を用いて**六十字以上七十五字以内**で書け。[Y]は**百字以上百五十字以内**で書け。なお、[Y]は二文以上になっても構わない。

先生：Bの文章の筆者はAの文章で述べる「ことばは思考の肉体である」と「ことばは思考の衣装である」という二つの考え方のうち、どちらの考え方に近いかを考え、理由を書くという課題を行います。グループで話し合って考えた上で、各自、解答を仕上げてみましょう。まず、「ことばは思考の肉体である」「ことばは思考の衣装である」という部分を解釈しましょう。次に文章Bの筆者が主張しようとしていることを解釈しましょう。その上で課題に取り組むと論理的な答えが導き出せますよ。では始めましょう。

生徒ア：私たちのグループではまず、「ことばは思考の肉体である」「ことばは思考の衣装である」という部分の解釈からやってみようか。「ことばは思考の肉体である」とはどういうことかな。

ですか、と驚く。なぜ書いてはいけないと思うのかと聞き返すと、いわゆる「論文・レポートの書き方」本やネット上のアドバイスによくそう書いてあるのだという。レポートは高校までの作文や読書感想文とは違いますから、個人的な経験に基づいて議論してはいけません。はじめからおわりまで、客観性ないし一般性のある論述を心掛けましょう、と。

確かに、たとえば物理学や数学の論文であれば、個人的な経験から議論を起こしていくことはありえないだろう。しかし繰り返すように、すべての論文がそうあるべきと決まっているわけではない。分野やテーマによっては、具体的な事例を起点としたり、具体的な事例を積み重ねたりするかたちで、一般的な結論へと向かっていく、という論述はいくらでもありうる。あらゆるケースで個人的な経験や動機の記述は不要であるとか不適切であるなどということはないのだ。

これは、個々人がそれぞれ完全に自由なスタイルで、自分の印象や好みを書き散らかせばよい、と言っているのではない。段落の行頭は一字下げる、「です・ます」調ではなく「である」調で書く、引用文献の出典情報を統一的な仕方で明確に記す、一定のアウトラインに沿った論述を行う、最終的には一般的な論点を提示するかたちにもっていく、等々、一定の型に嵌《は》まった文章を書く訓練を積むことはとても大事だ。これは言うまでもない。

しかし、短いレポートはともかくとして、卒業論文の執筆などは単なる練習ではなく、同時に本番でもある。本来なら、最後まで型通りのお約束や借り物の表現に振り回されるのではなく、自分自身で書いたと言えるもの――自分自身の言葉や思考だと言えるもの――を目指して試行錯誤されるべきものだ。（そして、その試行錯誤には、吟味の結果として型通りの表現を意識的に選び取るということも含まれる。）

規格化された形式や表現を押しつける杓子定規《しゃくしじょうぎ》な「作法」は、ときに害悪となる。何も考えずにかたちだけそれっぽい文章をこしらえることよりも、自分で納得のいく、しっくりくる言葉を吟味することの方がよほど大事だ。少なくとも私は、学生たちの主観にも経験にも、そして表現にも、大いに関心がある。

（古田徹也「いつもの言葉を哲学する」による）

〔注〕ヴィトゲンシュタイン――オーストリアの哲学者。
躯《からだ》――からだ。身体。
誤謬《ごびゅう》――あやまり。まちがい。
趨勢《すうせい》――物事の進み向かう様子。動向。なりゆき。

〔問1〕(1)この考え方は、ことばは思考の衣装であるとする考え方に明らかにかかわりつつ、対立している。とあるが、「ことばは思考の衣装である」とはどのような意味であるとAの筆者は考えているか。その説明として最も適切なものを、次のうちから選べ。

ア 日常的に使用していることばは、論理よりも感情を優先しているため、論理的思考を行う上で問題が多いという意味。

イ イメージを重視する日常のことばは、論理的な思考をする上では必要ないものであり、使用するべきではないという意味。

ウ 日常のことばは、論理的厳密さを欠いたものであり、論理的思考そのものを見えにくくしてしまうものだという意味。

エ 日常のことばは、論理的思考を根底で支えている言語と衝突する関係にあり、考え方を曲解する原因になるという意味。

〔問2〕(2)私たちはなめらかな氷の上に迷いこんでいる。とあるが、この部分においてAの筆者が述べようとしていることの説明として最も適切なものを、次のうちから選べ。

事がこない。遠く離れていても電話がかけられないわけではないが、わざわざ電話をするのもおおげさだし、また返事をくれないのは相手になにかそれなりの事情があるのではないか、いいたくないことがあるのではないか、などと考えて電話をかける気にもなれず、宙ぶらりんの落ちつかない気持《きもち》で返信がくるのを待ち、相手のことや家族のことについて、私たちはいろいろと推理し、想像する。このまえ会ったときにはあんなに元気だったし、仕事も家庭も順調にいっていたようだから、ただ忙しくて返事をくれないのかも知れない。忙しさにとりまぎれているだけかも知れない。いや、それならいいのだが、もしかするとなにか自分のことを怒っているのではなかろうか。なにも恨まれることはないつもりだが、あの男はひがみっぽいところがあるし……、それともひょっとすると日本にいないのかな、等々といった具合にである。

　このように、日常生活のなかでは、思い考えるとは、ああでもないこうでもないと推理し、想像することである。ところがひとたび理論的で学問的な思考をする段になると、私たちは一般に、少なくとも多くの場合に、イメージや想像力をできるだけ排除しようとしてきた。それというのも、イメージや想像力が感覚に根ざし、私たちを欺くもの、*誤謬《ごびゅう》へと導くものと考えられてきたからである。概念や論理の厳密さをそこなうものともっぱら思われてきたからである。イメージよりも概念を、想像力よりも論理を強化していくこの方向は、端的には神話（あるいは空想）から科学へ、というかたちで示される。そして、このような移り行きは、一般に科学の立場からは、なんの疑いもなしに進歩と考えられてきた。たしかに科学の立場に立って或る限られた範囲内で考えるならば、それは進歩としてとらえることもできるだろう。(3)しかし、その場合実は、私たちは科学そのものの思考の枠組あるいは価値観から神話を見、その価値観を逆に神話に投影したにすぎないのである。

　神話から科学への移り行きは、むしろ、ことばのうちで結びついていたイメージと概念、想像力と論理のバランスがイメージの優位から概念の優位へ、想像力の優位から論理の優位へと移っていったこととしてこそとらえられるべきであろう。一般的な知の*趨勢《すうせい》として神話的思考から科学的思考というかたちでとらえられる移行は、哲学の知のなかでは、イメージからイメージ＝概念へ、そしてさらに概念へというかたちでとらえなおされる。

（中村雄二郎「哲学の現在」による）

B

　学部生の書く哲学・倫理学の論文は、まず何らかの問いを立て、それに対する答え（および、その答えの根拠）を探究する、という手順を踏むのが一般的だ。このとき、読む側からすると、なぜそれを問うのかという大本のポイントが摑《つか》めない場合がある。その問いに客観的な重要性があるかどうかが明確でなかったり、逆に、あまりにメジャーな問いであるがゆえに、それをなぜ今こうしたかたちで問うのかが分からない、といった具合だ。

　そうした場合、論文指導の最初にまずこの点を学生に尋ねると、学生本人のこれまでの経験が問いの基層にあるケースが多い。たとえば、高校時代にかくかくのことに悩んだとか、アルバイト中にしかじかの場面に遭遇したといった経験だ。それを聞いて腑《ふ》に落ち、論述の内容に入り込めるようになったとき、私は学生に対して、論文の冒頭において当該の経験に――書ける範囲で、あるいは、より一般化したかたちで――触れつつ、問いを自然に導くかたちにしてはどうか、と提案することもある。（さらに、そこからその問いの客観的な重要性を示す論述が必要な場合もあれば、問いが明確に示されれば、それだけで十分に重要性が分かる場合もある。それもケースバイケースだ。）

　(4)すると、よく勉強している学生ほど、そういうことを書いていいん

四

次のA、Bの文章を読んで、あとの各問に答えよ。（*印の付いている言葉には、本文のあとに〔注〕がある。）

A

ことばは哲学の知を現前化させ現在化させるために不可欠のものであり、思考の肉体である。(1)この考え方は、ことばは思考の衣装であるとする考え方に明らかにかかわりつつ、対立している。ことばは思考の衣装である、とは、精緻《せいち》で厳密な論理によって普遍的に思考することをめざす論理分析の立場から、一人の代表者（*ヴィトゲンシュタイン）によってうち出された主張である。この論理分析の立場というのは、専門用語や学問用語を生み出したのと同じく知の精緻化や厳密化という土壌の上に、論理的な言語批判としてあらわれてきたものだ。言語についてのつよい関心と鋭い洞察力をもつこの現代のすぐれた哲学者は、はじめには、急進的な論理分析の立場に立って、「すべての哲学は〈言語批判〉である」と断定した。この断定は「およそ語られうるものは、明らかに語られるものである。そして、論じえぬものについては沈黙しなくてはならない」という決然とした覚悟をもった考え方を背景とし、日常のことばを私たちの思考を欺くものとみなす考え方の前提の上に立っている。そして、このようなものとしてとらえられたことばによる思考に対しての批判と、ことば（日常言語）からの解放にもとづく思考の明晰化《めいせきか》を以《もっ》て、哲学の役割とみなしている。「哲学の目的は、思考を論理的に明晰化することである」といわれるゆえんである。

さて、この見地から、思考（思想）とは意味をもった命題にほかならないが、ことばは思考をありのままで示すものではない、といわれるのである。すなわち、ことばは思考を変装させる。それゆえ、着物の外形から着物をきせられた思考の形を推定することはできない。それというのも、着物の外形は*躯《からだ》の形を他人《ひと》に知らせるという目的ではなく、別のことを目的としてつくられているからである、と。このように、論理分析の立場では、ことばは、躯である思考の単なる衣装であると考えている。たしかにことばは、躯の形を他人《ひと》に知らせる目的でつくられてはいない。しかし、それは、ことばが単なる衣装であるためではなく、実はことばが思考を受肉させ、それに具体的なかたちを与える肉体だからである。思考を現前化させるものだからである。もっとも彼も、「日常言語は人間という有機体の一部であって、それに劣らず複雑である」といっている。

彼が日常のことばを厳密さを欠いたものとして退けたのは、それに対して無感覚であったからではなく、むしろ鋭い感覚と意識とをもっていたからである。だからこそ、後年になって彼は、「論理学の透明な純粋性といったものは、私にとっては現実のことばの考察から生じたものではなく、一つの要求だった」とみずから述懐し、論理的言語への要求と現実のことばとの衝突に耐えられなくなって、日常のことばに立ちかえることにもなる。こういっている。(2)私たちはなめらかな氷の上に迷いこんでいる。そこには摩擦がないから、すべての条件が或《あ》る意味では理想的なのだが、まさにそのために私たちは滑って先へ進むことができない。私たちは歩くことを欲《ほっ》している。だからそのために摩擦が必要なのだ。ざらざらした大地へ立ち帰れ、と。ここに摩擦といわれ、ざらざらした大地といわれていることが、思考の肉体としてのことばに大きくつながっていることは明らかであろう。つまり、思考の肉体としての日常のことばへの着地を自分に命じたものだったのである。

ことばが思考の着物ではなくて、思考の肉体であるとは、私たちが思い、考える場合に概念と論理だけによるのではなく、イメージと想像力にもよるのだ、ということである。思考ということを日常生活の場面に引きもどしてかえりみるならば、これはあたりまえのことと見なされよう。たとえば、久しく会っていない友人に手紙を出したが、さっぱり返

〔問3〕 (2)男二人の呆然《ぼうぜん》とした声が、またそろう。とあるが、この表現から読み取れる二人の様子として最も適切なものは、次のうちではどれか。

ア 和彦も航太も、卒業記念の歳時記を全く活用していないことにばつの悪さを感じながらも、見事な修辞に二人同時に感嘆の声が出た。

イ 河野女史の俳句の説明に少しでも反論しようと食い下がっていた和彦と航太だったが、完璧な論理を示され納得し、歓声をあげた。

ウ 和彦の指摘への河野女史の返答は和彦と航太には理解しかねたが、その理由を聞くうちに高度な修辞に同時に気付き、驚嘆の声をあげた。

エ 河野女史の説明に納得しきれない二人であったが、他の例を用いながら説明されることで句が理解できることに気付き、感動の声が出た。

〔問4〕 (3)航太は感心する。とあるが、「航太」が「感心」したのはなぜか。その理由として最も適切なものは、次のうちではどれか。

ア 俳句甲子園参加のメンバーから離脱しようとする部員たちの気持ちを、河野女史自身の俳句でつなぎとめて鼓舞することができたから。

イ 河野女史が、詠み直した自身の俳句で、意図的に距離を取ろうとしていた来島京の心をほぐし、メンバーに引き入れることができたから。

ウ 他の部員が俳句甲子園参加のためのメンバー集めで四苦八苦している中、河野女史自身の俳句の力だけで半ば強引に説得できたから。

エ 実力者で周囲に配慮ができないと思っていた河野女史が、他者への配慮を込めた俳句で、そこにいる人たちの気持ちをまとめ上げたから。

〔問5〕 航太という人物がこの文章にもたらしている効果の説明として最も適切なものは、次のうちではどれか。

ア 航太の俳句に関する的確な質問を足掛かりにして、Bの句の説明に関する発言を、押し付けがましくなく読者に伝えられる効果。

イ 周りに目を配る航太の気付きによって、来島京の感情を細やかに描き出し、彼女の気持ちが正確に読者に伝わるようにする効果。

ウ 意図的に会話の流れや雰囲気にそぐわない発言をする航太がこの場面にいることで、一人の登場人物が話し続けることを防ぐ効果。

エ 航太の素朴な発言、感想や想像によって、Bの句の技巧的工夫や世界観を、俳句になじみのない読者にも自然な形で提示する効果。

〔問6〕 この本文中に使用されている表現の説明として最も適切なものは、次のうちではどれか。

ア 会話文中における「……」は、発言と発言の間に時間的な間隔があることだけを表現している。

イ 登場人物の心の内を表現している部分については全て「——」を用いて、会話文と区別している。

ウ 会話文中に「、」を効果的に使用して発言の言い回しを明確にすることで、心情を表現しようとしている。

エ 会話文中に「!」や「?」を使うことによって、登場人物の発言に直接表れない心情を表現している。

赤い目のままで、来島京がうなずいた。即座に、河野女史がその肩をぽんとたたく。

「じゃ、あとで俳句甲子園の説明プリント、持ってくるからね。」

「はい。」

顔を上げた来島京は、表情がやわらかくなっている気がした。

――ふうん。

(3)航太は感心する。

――河野女史、結構リーダーシップがあるのかもしれない。

ヤマアラシみたいに警戒心むき出しだった女の子を*懐柔《かいじゅう》できたのだから。

そして、俳句甲子園のメンバーを一人確保できたわけだ。

（森谷明子「南風《みなみ》吹く」による）

〔注〕女史――学問や地位のある女性を敬って使う敬称。

恵一《けいいち》――航太の友人。

懐柔《かいじゅう》――巧みに味方に引き入れること。

〔問1〕(1)河野女史は、もう一枚の紙に手をかけると、大きく一呼吸して、それからさっと表向きにした。とあるが、「河野女史」が「大きく一呼吸し」たのはなぜか。その理由として最も適切なものは、次のうちではどれか。

ア　来島京が作った短歌を俳句に書き換えることで、京自身が気付いていなかった本心に気付かせることができるか不安を感じたため。

イ　来島京が作った短歌を書き換えた自分の俳句で、俳句のもつ力や可能性を京に納得させるための説明をする覚悟を決めたため。

ウ　来島京が作った短歌を書き換えた自分の俳句が、京自身が表現しきれなかった世界観を膨らませられた喜びを落ち着かせたため。

エ　来島京が作った短歌を書き換えた俳句のできばえに興奮して言葉数が多くなったことを京に指摘され、気をもんだため。

〔問2〕Bの俳句を作る際に、「河野女史」が「また日記買ふ」に込めた思いはどのようなものか。その説明として**適当でないもの**を、次のうちから一つ選べ。

ア　Aの短歌で表現された良いことと悪いことが混在する気持ちを、「また」という並列性を含む言葉で表現しようとする思い。

イ　Aの短歌で表現された世界観を維持しつつ俳句として成り立たせるために、年末を表す「日記買ふ」を用いようとする思い。

ウ　Aの短歌で使われた「愛しき」という言葉を、次の年も継続していこうという前向きな行為で表現しようとする思い。

エ　Aの短歌で三度使われた「日々」という言葉に含まれる葛藤した時間を大切に思う気持ちと反復性を表現しようとする思い。

来島京の反応を窺《うかが》った航太は、あわてた。彼女の目が赤いのだ。

「だ、大丈夫？」

来島京は顔をそむける。航太は彼女が目をこするのを見ないようにした。一方、のほほんとした姿勢をくずさない男が一人いる。

「あのう、ちょっと質問いいですか？　河野先輩。」

「はい、斎君、何？」

「河野先輩の説明、すごく面白かったんだけど、ちょっと気になったんです。俳句って、基本、季語を入れなければいけないんですよね？」

航太は内心あっと叫んだ。そうだ、すっかり忘れていたが、そのとおりだ。昨日＊恵一《けいいち》も言っていたじゃないか。

「それと来島さんの歌は、最後の『年終はる』で、一年を振り返っての感慨だということを表してますよね？　そこんとこも触れられてない気がするんだけど、いいんですか？」

斎和彦の質問に、河野女史は落ち着いて答える。

「そうよね。そこもちょっと苦心した。実は、歳時記を結構ひっくり返して調べたんだ。」

「歳時記なんて持ってるんだ、河野女史。」

航太が口を挟むと、たしなめられた。

「当たり前。昨日もこの部室を出たあと、すぐにお世話になった。」

「ああ、昨日見ていた辞書みたいなの、あれ、歳時記なんだ。」

「小市と話していると脱力するよ。私たち、五木《いつき》中学校卒業の時に、全員卒業記念品として学校からもらったでしょ。斎君たちもそうだったんじゃない？」

河野女史がそう言って二年生二人の顔を交互に見ると、斎和彦が穏やかに答えた。

「そうでしたかね……。ところで河野先輩、さっきのぼくの質問ですけど。」

三人の目がまた自分に集まったのを見て、河野女史は改めて説明を再開した。

「実は、『日記買ふ』が季語。」

「へ？」

叫んだのは、たぶん男二人だ。

「季語って草や花の名前とか、自然のものじゃないのか？」

「いや、入学式とかクリスマスとかも季語だったはずですよ。」

言い合う横で、河野女史が、我が意を得たりという顔でにっこりする。

「そう。それで、日記を買うのは、普通……。」

(2)男二人の呆然《ぼうぜん》とした声が、またそろう。

「年末か！」

すごい。航太は今度こそ感心した。

また日記買ふ。

たったその七音に、自分の過去、これからの未来、どっちも受け入れる思いと、年の瀬の空気や新しい年への期待、それをみんな盛り込むのか。

さっきの、日記を買い込んだ河野女史の姿が、今度は首にマフラーを巻きつけている。去年見た、ピンクのチェック。あ、コートも着ている。ベージュのダッフルコート。弾んだ足取りで店を出た河野女史のやわらかい髪が、そのフードの上で揺れている。傾いた冬の日、風は冷たそうだ。来年はどんなことがあるだろう……。

そこで航太は我に返った。

――やばい、ここまで勝手に想像をふくらませたら、完全に妄想じゃないか。

航太に自分の姿をありありと映像化されていたのも知らず、河野女史は来島京しか見ていない。

「どう？　来島さん。俳句をやってみてくれないかな？」

「来島さん、この歌で間違いない？」

来島京は、またうなずいた。

「昨日も言ったけど、この歌を選ばせてもらったのは、私が、すごく好きだから。迷うことも泣くことも立ちすくんで動けなくなることも、みんな無駄じゃない、そういう日々ばっかりだったけど、それでもその一年がいとおしい。なんだか、この歌を読んで涙が出そうになったよ。それで……。」

「早くしてもらっていいですか。」

河野女史の熱弁を、来島京は表情のない声でそうさえぎった。

「あ、ごめん。この期《ご》に及んで、くどくど言ってちゃいけなかった。」

(1)河野女史は、もう一枚の紙に手をかけると、大きく一呼吸して、それからさっと表向きにした。

真っ白な紙に、たった一行。

意味をわかろうと意識するまでもなく、すべての文字が航太の目に飛び込んでくる。

B　迷ふ泣く立ちすくむまた日記買ふ

その文字が耳の中で響く。二回三回、こだまする。

「来島さん。私、短歌と同じ心を俳句で詠《よ》むことができると昨日言った。でもそれは、ただ言葉を削ることじゃない。来島さんの歌、自分が悩んでもがいていた時間を本当に大事に思っている。その思いを噛《か》みしめていることが、『日々』という言葉を繰り返すことで伝わってくる。でも、そういうリフレインは、俳句ではあんまり使えない。何と言っても、俳句は短いから。」

「だったら……。」

思わずというふうに来島京が言いかけて、それからやめた。河野女史があとを引き取った。

「だったら、やっぱり俳句は短歌の代わりにはなれないんじゃないかって？」

「そ、そうです。」

河野女史は大きくうなずいた。

「そう。厳密に言ったら、そうかもしれない。だからね、この言葉を使った。」

「あ！『日記』？」

航太はそこで思わず叫んでしまい、ほかの三人の視線を浴びて体を縮めた。

「悪い、つい……。」

「ううん、そういうことなんだ、小市。」

河野女史の声が熱を帯びてきた。

「それから、『愛しき』という言葉。悩んだ日々も動けない日々も、愛しい。その気持ちはよくわかるけど、でも俳句では、『愛しい』とか、そういう感情を直接出す言葉はあまり使わない。だからと言ってそういう思いを詠めないわけではない。日々がいとおしい、そう歌う代わりに、その思いは日記を書くという行為に込めることができると考える。」

航太の脳裏に、買い込んだばかりのかわいらしい日記帳を抱きしめて毅然《きぜん》と歩く河野女史の姿が、浮かんだ。

「日記を書くのは、自分の過去を大切にするから。愛しく思うから。たとえそれが楽しいだけの毎日じゃなくても、つらいと泣いた日々でも。きっとこれからだってそういう日々は続く、でもそれも全部自分のものだと受け止めよう。そのために、私はまた日記を買う。私が一番工夫したのは『また』の二音。この言葉で、過去の行動を肯定しているからこそ未来にも繰り返す、それを表現したつもり。これが俳句の表し方。来島さん、俳句の技法は短歌とは違う。でも、俳句で自分の感情や思いを表せないということは、絶対に、ない。」

二〇二三年度 都立立川高等学校

【国語】（五〇分）〈満点：一〇〇点〉

一

次の各文の――を付けた漢字の読みがなを書け。

(1) 博物館で動物の剥製を見る。

(2) 討論会は苛烈を極めた。

(3) 文集の装丁に趣向を凝らす。

(4) 季節では春が殊に好きだ。

(5) 行事の成功のために東奔西走した。

二

次の各文の――を付けたかたかなの部分に当たる漢字を楷書で書け。

(1) 国内クッシの観光地を訪れる。

(2) リンリツする都心のビルに圧倒された。

(3) 実験でキハッセイの高い液体を扱う。

(4) 生徒会長の演説を、生徒たちはナリを潜めて聞き入った。

(5) 物事は即決せず、サンシコウコウした方がいい場合もある。

三

次の文章を読んで、あとの各問に答えよ。（＊印の付いている言葉には、本文のあとに〔注〕がある。）

小市航太《こいちこうた》は高校三年生である。偶然、同学年の河野《こうの》が、創作俳句を競う「俳句甲子園《こうしえん》」出場を目指していることを知る。航太は河野にメンバー集めの手伝いをさせられるが、難航していた。二年生の斎和彦《いつきかずひこ》の紹介で、短歌をたしなむ、二年生の来島京《くるしまみやこ》を勧誘するが、京は俳句を「不完全なもの」と言い、誘いを断っていた。

翌日の放課後。文芸部の部室には四人が集まった。

航太と河野女史*。机を挟んで来島京、その横には斎和彦もいた。

「すみません、ぼくも、結末まで見せてもらってもいいですか。面白そうなんで。」

「どうぞどうぞ。おれもやじうまだから。」

航太は気軽に答えてから、あわててつけ足した。「あ、来島さんがそれでいいんなら。」

来島京は、硬い顔のまま無言でうなずく。

河野女史が二枚の紙を取り出して、裏向きのまま机に並べた。

「本当は手書きのほうがいいのかもしれないけど、私、字が下手なので。悪筆を見せたらかえって来島さんの歌のよさが損なわれそうなので、ワープロ打ちしてプリントアウトしてきた。」

河野女史はそう言うと、まず一枚を表に返して、来島京の前に滑らせた。

A　迷ふ日々涙して立ちすくむ日々
　　すべて愛《いと》しき日々年終はる

英語解答

1 A　＜対話文１＞　ア

＜対話文２＞　エ

＜対話文３＞　ウ

B　Q１　イ

Q２　To visit other countries.

2 〔問１〕 the topic we really want to talk about

〔問２〕 ウ　〔問３〕 エ

〔問４〕 イ　〔問５〕 エ

〔問６〕 カ　〔問７〕 ア

〔問８〕 キ

〔問９〕 (例) I'd like to grow tea trees for people. First, having green tea is very popular among many Japanese people because it tastes and smells good. Second, it is good for their health. Finally, if I could ferment my tea leaves, I could produce and enjoy my original black tea. (49語)

3 〔問１〕 エ　〔問２〕 experience

〔問３〕 ア　〔問４〕 ウ

〔問５〕 ① overseas　② farming

〔問６〕 イ　〔問７〕 オ

〔問８〕 カ

〔問９〕 ① planted　② enjoy

③ knowledge　④ proud

1 〔放送問題〕

〔問題A〕＜対話文１＞≪全訳≫メグ(M)：こんにちは，タロウ。先週の日曜日は何をしてたの？／タロウ(T)：やあ，メグ。祖母の家に行って，誕生日パーティーをしたんだ。／M：それはいいわね。／T：朝，自宅で祖母のために誕生日カードを書いたんだ。それから祖母を訪問して，そのカードを渡したよ。うれしそうだったな。その後，祖母が僕のためにお茶をいれてくれたんだ。／M：よかったじゃない。／T：夕方，僕の姉〔妹〕と，母と，父が，祖母のためにケーキを買ってきたんだよ。／M：パーティーは楽しかった？／T：うん，とても。

Q：「タロウはなぜ祖母の家に行ったのか」―ア．「誕生日パーティーをするため」

＜対話文２＞≪全訳≫サトミ(S)：こんにちは，ジョン。あなたを捜してたのよ。どこにいたの？／ジョン(J)：ごめんよ，サトミ。すごく忙しかったんだ。／S：朝と昼休みにあなたの教室へ行ったの。そのときは何をしてたの？／J：早朝は，学校の庭で花に水やりをしてたんだ。その後は教室で宿題をしたよ。／S：まあ，そうだったの。昼休みは？　１時にあなたの教室に行ったのよ。／J：お昼を食べた後，図書館へ行ったよ。それが12時50分頃だったな。そこで20分間，歴史の本を何冊か読んで，１時15分に自分の教室に戻ってきたんだ。

Q：「ジョンは１時に何をしていたか」―エ．「歴史の本を何冊か読んでいた」

＜対話文３＞≪全訳≫ジェーン(J)：こんにちは，ボブ。今日のコンサートに来られてうれしいわ。／ボブ(B)：やあ，ジェーン。そうだね。僕もだよ。／J：今日はここまでどうやって来たの？／B：どうして？　家から自転車で来たよ。／J：今朝，天気予報を見たの。今日の午後は雨になるみたいよ。／B：ええ，本当？　電車とバスで家に帰らないといけないね。自転車はどうしたらいいんだろう？／J：コンサートの後，私の家に置いておいてあげる。私の家までは歩いていけるわ。／B：ありがとう。／J：どういたしまして。あと，私の家から帰るときは，私の傘を使っていいからね。

Q：「今日ボブはどうやって家からコンサートに行ったか」―ウ.「彼は自転車でそこに行った」

〔問題B〕≪全訳≫こんにちは，皆さん。私がこの学校で仕事をするのは，今日が最後になります。まず，私と一緒に英語を学んでくれたことに対して，皆さんに心から感謝したいと思います。私がここに来たばかりのとき，皆さんはよく私のところに来て日本語を教えてくれましたね。皆さんの笑顔はいつも私を幸せにしてくれました。皆さんが笑顔を絶やさずに英語を勉強してくれることを願っています。／私はこちらでたくさんのいい経験をさせてもらいました。体育祭では皆さんと一緒に走り，文化祭では先生方と一緒に歌を歌いました。皆さんの歌を聴いたときには，特に感動しました。／帰国後は，がんばって日本語の勉強を続けようと思います。皆さんには将来，外国を訪れてほしいです。皆さんがそこでいい経験をするのに英語が役立つと思います。／皆さん，さようなら。

Q１：「エミリーを喜ばせたことは何か」―イ.「生徒たちの笑顔」

Q２：「エミリーは生徒たちに将来何をしてほしいと思っているか」―「他の国を訪れること」

2 〔長文読解総合―会話文〕

≪全訳≫❶エミとジュリアは高校生だ。ジュリアはブラジル出身の生徒である。彼女たちは自分たちが関心を持つヴィーガン食について英語で発表することになっている。彼女たちは英語のグレイ先生と話すのが好きだ。彼女たちはこの話題について話すために彼のところに来る。❷エミ(E)：昨日，ジュリアと私はスーパーに行きました。ヴィーガン向けのカラフルなドーナツが並んでいるのを見つけました。私たちは，ヴィーガンがベジタリアンの一種だということは知っていますが，ヴィーガンとベジタリアンの区別がつきません。❸ジュリア(Ju)：私たちの発表の中で，ヴィーガン食について何を話したらいいかよくわからないので，先生の助けが必要なんです。❹E：先生はベジタリアンについてよくご存じだそうですね，グレイ先生。ヴィーガンについて教えていただけますか？❺グレイ先生(G)：もちろん。ベジタリアンは肉を食べるのをやめるだけなんだけど，ヴィーガンは卵や牛乳なども含めていっさいの畜産物を食べないんだ。❻E：本当に？　卵と牛乳は私たちがドーナツをつくるのに必要だと思いますが。❼G：ヴィーガンのドーナツは，代わりに大豆のような植物由来の材料でできているんだ。ドーナツはおいしかった？❽Ju：おいしかったですが，私たちがふだん買うものの４倍くらいの値段でした。どれだけの人がこんなに高価な食品を買いたがるのだろうかと思います。❾G：値段は高いかもしれないけど，最近，ヴィーガン食を食べたい人はますます増えているよ。❿E：どうしてヴィーガンは植物由来の食品を食べる選択をするんですか？⓫G：いい質問だ。動物の命を最優先にする人々もいる。環境を保護したい人々もいる。だから，私はふだん植物由来の食事をしているんだ。⓬E：すごいですね。⓭Ju：先生はもう肉を食べないんですね？⓮G：ええと，正確にはそうじゃないんだ。できるだけ肉を食べるのをやめるようにはしているけど，できないんだ。⓯Ju：どうしてできないんですか？⓰G：夕食やパーティーに招待されることがあるからね。そこで出された食べ物を食べないと，周りの人が気を悪くするかもしれないと思うんだ。⓱Ju：他の人の感情を傷つけたくないんですね。⓲E：先生はお友達に優しいと思います，グレイ先生。⓳Ju：先生は動物も傷つけたくないんですよね？⓴G：そうだよ。㉑E：私も動物が大好きです。㉒G：私も同感だよ，でも私が思うに，(2)私たちは環境を最も大切だと考えるべきだ。牛を育てるには広い土地が必要なことは知っているかな？㉓Ju：そうですね。私の国では2022年の１月中に最も多くの熱帯雨林の樹木を伐採したと知って，私はショックでした。㉔E：大規模な牛の牧場をつくろうとしていたのよね？㉕Ju：ええ，人工衛星のデータを使った調査によると，430平方キロメートルの森林がたった１か月の間に消えてしまったの。㉖E：(3)-a想像するのが難しいわ。それがどのくらいの広さかわかりますか，グレイ先生？㉗G：野球場１万個分より大きいね。㉘E：本当ですか？㉙Ju：もしその土地を代わりに野菜栽培に使えば，もっと多くの食料が生産できるのに。30G：こんなふうにも説明できるよ。1キロの牛肉をつくるのに10キロの大豆が必要だ。もし牛の飼育をやめれば，人々のためにもっと多くの大豆が得られる。31E：その話で，中学校の社会科で習った「仮想水」を思い出しました。ジュリア，外国産の1キロの牛肉を生産するのにどのくらいの水が必要か知ってる？32Ju：うーん…　2000リットル。33E：その量の10倍よ。34G：毎日きれいな水でおよそ100日間お風呂に入れるね。35Ju：それはびっくりです，私たちは製品に隠された本当の水を見ることはできないから。36E：だから，それは仮想水と呼ばれるのよ。37Ju：なるほど。私たちは毎日の生活の小さな行動で天然資源を節約するようにするべきね。38G：(3)-bまさにそのとおりだね。39E：私たちの発表のために役立つヒントをくださってありがとうございます，グレイ先生。40ある日曜日，ジュリアはエミの家を訪問する。エミとジュリアは，エミの父のコウジと兄のジロウにヴィーガン食の話をする。41コウジ(K)：じゃあ，私が君たちに昼食をつくってあげるよ。42E：何かヴィーガン料理が食べたいわ，お父さん。43ジロウ(Ji)：野菜だけで本当に満足なの？　健康のためにはタンパク質が必要だ。肉を食べないでどうやって十分なタンパク質がとれるのか，僕にはわからないよ。44E：でも，肉を食べすぎるのはあまり健康に良くないわ。45Ji：あのさ，エミ。みんなそれは知っているけど，君は肉の良い点がよくわかっていないんじゃないかな。46E：(3)-cご心配なく。野菜から十分な栄養がとれるわ。47Ji：いや，野菜からビタミンB12はとれないよ。48E：それがないとどうなるの？49Ji：疲れやすくなって具合が悪くなるよ。50Ju：野菜にはビタミンB12が全然含まれていないんですね？51Ji：ほんの少しだけ。だから十分なビタミンB12をとるためには特別なメニューをつくる必要がある。毎日何を食べるか計画するのに貴重な時間を使いたい？52Ju：お兄さんが正しいかもしれないですね，そして，それは時間の無駄みたい。53E：サプリメントを飲めばいいわ。54Ji：(5)-aいつもどこにでもサプリメントを持っていかなきゃならないよ。55Ju：(5)-bたぶん，出かけるときに忘れちゃうこともあるわよ。56E：(5)-cそれなら，お菓子と一緒にかばんに入れておくわ。57Ji：(5)-dキャンディーの中には動物性のタンパク質が含まれているものもあるよ。58Ju：そうなんですか？59Ji：君の好きなマシュマロもだよ，エミ。マシュマロをやめられる？60コウジが昼食を持って部屋に入ってくる。61K：お昼の時間だよ。62Ji：うーん…。そのにおいでおなかがすくよ。63Ju：おいしそうですね。スパゲティー・ミートソースですか？64Ji：うん，これは父さんの得意料理の1つなんだ。65K：熱いうちにどうぞ。66昼食を食べた後，彼らはまた食について話し始める。67Ju：このソースが本当に好きです。68K：ありがとう，気に入ってくれてうれしいよ。69E：ヘルシーな料理をつくってくれてありがとう，お父さん。ヴィーガン食だということを実感したわ。70Ju：本当？　どうしてこの料理を「ミートソース」と言うの？71E：肉の代わりに何の材料を使ったか当ててみて，ジュリア。72Ju：えっと，豆腐？73E：おしい。74Ju：実際，豆腐ほど柔らかくなかったわ。75K：ヒントをあげたらどうだ，ジロウ？76Ji：わかった，父さん。アメリカの一部のファーストフード店では，2021年から，肉の代わりにこの植物からつくったハンバーガーを販売しているそうだよ。77K：ある新聞記事によると，それは本物の肉のような味がするようにつくられているそうだ。78Ju：それは私の国でもよく知られているものですか？79Ji：うん，君の国ではそれをたくさんつくっているよ，でも僕たちの国ではほとんどを海外から買っている。日本人はずっと昔にそれを食べ始めた。80Ju：大豆，合ってますか？81Ji：うん。父さんのミートソースは味だけじゃなくて食感も本物の肉みたいなんだ。82K：ねえみんな，大豆(6)からつくられた隠し味として私がミートソースに加えたもう1つのものも忘れないように。83Ji：僕はそれが何かわかるよ。それと一緒に料理した豚肉が好きなんだ。ジュリア，日本料理で鍵となる材料は何かわかる？84E：それは伝統的な日本のスープによく使われるわよ。85Ju：わかりました。家庭科の授業でみそについて習ったので。それは発酵させた大豆からつくられる。

私は納豆やみそ汁やしょうゆなどの日本食の大ファンなんです。(7)皆さんは日本のヴィーガン食を自慢に思うべきですよ。86Ji：君のおかげで，僕たちの食文化がユニークだと再認識したよ。87Ju：それは良かったです。それはともかく，日本にはどうしてそんなに発酵食品が多いんですか？88Ji：日本は夏がとても暑くて湿度が高いから，さまざまな種類の発酵食品が発達したんだ。89Ju：なるほど。90E：発酵食品は長持ちするのよ。91Ji：ジュリア，鎌倉時代の一部の寺で暮らしていた人々は肉を全く食べなかったんだ。彼らは肉のような味がする野菜料理を開発した。今でもそれを食べることができるよ。92Ju：それは朗報です。皆さんから日本の伝統的な食文化についてたくさん学ぶことができました。93E：今週は，ドーナツなど現代の西洋のヴィーガン料理も試せたしね。94Ju：私は大豆からできた日本の発酵食品についてもっと知りたくなったわ。とうとう，私たちが本当に話したい話題を見つけたのよ。95Ji：発表のためにはビタミンB12の問題を解決するのも忘れないようにね。そこでどんな質問にも答えられるといいね。96E：食についての情報をもっと手に入れるために，今から市立図書館に行かない？97Ju：いい考えね，でも，私はまずデザートを食べたいわ。98E：そう？99Ju：甘いものを食べてから図書館に行きましょう。100E：(3)-dそれがいいわね。

〔問1〕＜書き換え―適語句補充＞書き換え文は「私たちはあなたに助言をしてほしい。私たちは，ヴィーガン食に関する発表の中で，聴衆に(　　)を伝えたい」という意味。下線部(1)「私たちの発表の中で，ヴィーガン食について何を話したらいいかよくわからないので，先生の助けが必要なのです」と照らし合わせると，空所に入るのは what to talk about「何を話したらいいか」に対応する内容だと考えられる。会話の終わり近くの第94段落で，ジュリアは the topic we really want to talk about「私たちが本当に話したい話題」を見つけたと言っており，これが答えになる。

〔問2〕＜適文選択＞なぜヴィーガンが植物由来の食品を選ぶのかについて話している場面。この後グレイ先生は，牛の飼育のために熱帯雨林が失われることについて批判的に話している。グレイ先生は植物由来の食品を選ぶ理由について，動物愛護の意味もあるが，環境を第一に考えるべきだと述べているのである。

〔問3〕＜適文選択＞(3)-a. 伐採された熱帯雨林の面積が430平方キロメートルだと聞いた後のエミの発言。この後，その広さについて尋ねている。　(3)-b. You can say that again. は，「全くそのとおり」と相手の発言に強い同意を示すときに使われる口語表現。　(3)-c. 野菜からは十分なタンパク質がとれないことを懸念するジロウに対し，空所後でエミは，野菜で十分栄養が補えると主張していることから，「その心配は不要だ」と反発していることがわかる。　(3)-d. まずデザートを食べてから図書館に行こうというジュリアの提案に賛成したのである。

〔問4〕＜英文解釈＞下線部(4)は「だから，それは仮想水と呼ばれる」という意味。「それ」とは，直前のジュリアの発言中の the real water hidden in the product「製品に隠された本当の水」を指す。これは，牛肉1キロの生産に必要な水のように，製品が完成するまでに使われた(製品そのものからは想像できない)水のこと。イ.「あなたは製品をつくる間にどれだけの水が使われたか知ることができない」はこの内容を表している。

〔問5〕＜文整序＞野菜に不足するビタミンB12をとる方法として，エミがサプリメントを飲めばいい，と言った後に続く部分。まず，ジロウの発言として，them(＝supplements)を常に持ち歩くのは手間だという内容のCで始める。空所前のやり取りからジュリアはジロウに同意するものと考えられるので，サプリメントのマイナス面となるDが続く。この後は，2人に反論するエミの発言としてA，Aの some sweets を some candies と言い換え，その反論を封じる内容となるBの順につながる。

〔**問6**〕＜**整序結合**＞この後でみそが話題になっていることから，コウジが昼食につくったスパゲティーに a secret ingredient「秘密の材料」として one more thing(＝みそ)を加えたことを伝える文だと考えられる。語群からは，don’t forget，made from，as a secret ingredient，added to the meat sauce というまとまりができる。否定命令文 don’t forget で始め，目的語に one more thing を置く。この後は one more thing を修飾する関係詞節として I added to the meat sauce as a secret ingredient「私が隠し味としてミートソースに加えた」と続け，最後に a secret ingredient を修飾する語句として made from（soybeans)「(大豆)からつくられた」を置く。
…, don’t forget one more thing I added to the meat sauce as a secret ingredient made from soybeans.

〔**問7**〕＜**適文選択**＞直前の「私は納豆やみそ汁やしょうゆなどの日本食の大ファン」に続くジュリアの発言として，最も自然なものを選ぶ。 be proud of ～「～を誇り〔自慢〕に思う」

〔**問8**〕＜**内容真偽**＞①「エミとジュリアはヴィーガン食に大変興味を持ったので，それについて話すためにグレイ先生のところに来ている」…○ 第1段落の内容に一致する。 ②「グレイ先生によると，緑の野菜のみを食べる人はベジタリアンではなくヴィーガンと呼ばれる」…× 第5段落参照。ヴィーガンとは動物由来の食品をいっさいとらない人を指す。 ③「グレイ先生は，常にヴィーガン食をとることは難しい，特に他の人と一緒に食べるときはそうだと言っている」…○ 第14，16段落の内容に一致する。 ④「ジロウとエミの会話を聞く前に，ジュリアはビタミンB12に関してジロウに同意している」…× ジュリアがジロウに同意するのは第52段落で，ジロウとエミがビタミンB12についてやり取りした後。 ⑤「エミの父コウジは昼食に健康的な料理をつくるが，エミが彼にヴィーガン食をつくってほしいと頼んだわけではない」…× 第42段落参照。 ⑥「エミとジロウは，コウジが材料について教えるまで，ミートソースが何からできているか知らない」…× 第69～76段落参照。これらの一連のやり取りから，ジュリア以外は材料を知っていることがわかる。 ⑦「ジロウは，夏に暑くて湿度が高い日本の気候は発酵食品をつくるのに向いていると言っている」…○ 第88段落の内容に一致する。 ⑧「ジュリアは発酵した日本の食品にとても興味を引かれたので，1人で図書館に行くことに決めている」…× 第96，97段落参照。エミと2人で行くつもりである。

〔**問9**〕＜**テーマ作文**＞質問の訳は，「もしあなたが農家なら，人々のためにどんな植物を栽培しますか，またそれはなぜですか」。農家として育てたい植物を1つ選び，栽培したい理由について，その植物の良い点を挙げるなどして説明すればよい。

3 〔**長文読解総合─スピーチ**〕

《**全訳**》❶自己紹介をさせてください。私の名前はミクです。漢字で書くと「美しい空」という意味です。祖父がこの名前をつけてくれました。祖父はよく私にこう言います，「誰にでも，記憶の中に特別な景色がある」と。彼はこう続けます。「今でも，私の頭の中には広い田んぼがはっきり見える。そこには緑の稲の苗が植えられたばかりだった。そして不意に，私はあの美しい風景を見つけた。澄んだ青空と白い立山連峰が田んぼの水に映っていた。それはあまりに美しかったので，5月の田植えの季節になると，いつもその景色を思い出すんだ。だから，お前が5月に生まれたとき，ミクという名前をつけたんだよ」 私は自分の名前が大好きで，もちろん祖父も大好きです。彼は富山の農家の長男でした。父の農場を継ぐと思われていましたが，東京の大学に進学して故郷を離れ，商社に就職しました。商社で働く間に，彼はさまざまな外国を訪れました。現在，彼の弟であるケンジおじさんとその息子さんが農業に従事しています。祖父が商社に就職すると言ったとき，家族の間では祖父の決断についていろいろな議論があったと聞いていますが，祖父はそれについてあまり語りません。私はときどき，祖父が子どもの頃に見た景色を想像して，私もいつか自分だけの特別な景色を見つけたいと思っています。「おじいちゃん，私は今，それを探しているのよ。私の約束を覚えていてね」と，私はいつも心の中で祖父に語りかけます。❷私は仙台の大学１年生で，農業について学んでいます。大学を卒業したら海外ボランティア団体の一員として外国に行き，現地の人たちの農業を手伝いたいと思っています。なぜ私が農業を学び，将来は海外でボランティアとして働きたいと考えているのか，その理由をお話ししたいと思います。❸私が初めての農業体験をしたのは，中学３年生のときでした。５月に同級生と岩手へ修学旅行に行きました。それは皆さんが想像されるような修学旅行ではありませんでした。私たちは２日間農家に滞在し，そこで田植えを手伝うことになっていました。同級生２人と私は，タカギさんご夫妻の家に滞在しました。彼らは広い田んぼを持ち，いろいろな野菜を育てていました。２日目，私たちは田んぼに出かけました。タカギさんは田植え機を持っていましたが，私たちには手で苗を植えるように言いました。「これは君たちにとってすばらしい経験になると思うよ」と彼は言いました。私たちはおそるおそる田んぼに入りました。田んぼの水は少し冷たかったですが，田んぼの泥はとても柔らかくて気持ちよかったです。私たちは苗を１本ずつ植え始めました。タカギさんが親切にアドバイスしてくれ，タカギさんの奥さんが「そうよ！」とか「まあ，とても上手ね！」と言い続けてくれました。全ての苗を植え終わったとき，私たちはとても満足感がありました。田んぼは緑の苗でとても美しく，青空が田んぼの水に映っていました。自分たちの手で食べ物を育てるのは本当に大切だと思い，私はそのときから農業に興味を持ち始めたのです。❹高校に入学してすぐ，生物と英語が好きな科目だったので，生物部と英語部の２つの部活に入りました。高校には科学に関する興味深いプログラムがたくさんあり，私もよく参加しました。ある日，１年生向けの別の特別プログラムがありました。私たちの学校の卒業生たちが来て特別授業を行い，彼らの仕事について話してくれたのです。そこで，海外ボランティア団体のメンバーであるミヤケさんに出会いました。彼女は西アフリカの国セネガルで保健師として働いていて，そのときはセネガルから短期帰国中でした。彼女は若くて明るい女性で，現地での日々について私たちに話してくれました。彼女はふだん，いくつかの小さな村を訪れ，人々の体調をチェックし，若いお母さんたちに赤ちゃんの世話の仕方を教えていました。授業の後，彼女は私たちに尋ねました。「何か質問はありますか？」　私はその笑顔に勇気づけられ，こう尋ねました。「現地の人たちとどのようにコミュニケーションをとっているのですか？　その国で話されている言葉を完璧に話せますか？」　彼女は私にほほ笑みかけて答えました。「そうでもないんです。現地の人々と彼らの言葉でコミュニケーションをとるのは難しいことがあります。でも，ジェスチャーを使ったり，必要なら地面に絵を描いたりすることもできます。そのような方法で，私たちはお互いにコミュニケーションをとることができます。私は彼らと一緒に仕事をするのがとても楽しいし，この仕事に誇りを持っています」　私は，自分の将来について真剣に考えるきっかけを彼女が与えてくれたと思いました。そのとき，自分の将来の目標がはっきり見えたのです。私はこう思いました。「おじいちゃんがよく外国での体験談を話してくれるから，私は小さい頃からいろんな外国に行くことに興味があった。外国に行って，大学で得る農業の知識を現地の人たちと共有する。これが私の将来の目標だわ」❺高校２年生のとき，私は自分の決意──大学で農業を学び，現地の人々の農業を手伝う海外のボランティア団体の一員として働きたいということを家族に話しました。11月に，２年生は３年生で学ぶ科目を決めなくてはなりませんでした。夕食の席で，私は家族，つまり，両親と祖父母と妹に自分の計画を話しました。彼らはそれを聞くと少し驚いた様子で，しばらくは何も言いませんでした。そして祖父がようやく言いました，「お前の人生は，お前が主役だ。好きなことを何でもやっていいんだよ，ミク」と。他の家族もそれに同意しました。夕食後，私は祖父に,「おじいちゃん，私を夢に向かわせてくれてありがとう」と言いました。すると，祖父はおかしなことを言いました。「こちらこそありがとう！ (6)お前も私に，ずっと前から抱いていた夢を思い出させてくれたよ，ミク」 そのときは，なぜ彼がそう言ったのかわかりませんでした。❻大学に入る前は，仙台での新生活の準備でとても忙しくしていました。祖父も外出することが多く，家ではお互いに顔を合わせませんでした。仙台に引っ越す前日，ようやく祖父と話す時間がとれました。彼は私に言いました。「ミク，お前に話すことがある。私とおばあちゃんは，4月に富山に引っ越して，そこで農業を始めるよ。ケンジおじさんが，私たちに田んぼと畑の一部を使わせてくれるんだ」 それを聞いて，私は本当に驚きました。祖父は続けました。「商社を辞めてからずっとそれを考えていたんだ。父は私に農業を継がせたがっていたが，私はどうしても自分の目で世界を見たかった。仕事でいろいろな外国を訪れ，そこでたくさんの美しい景色を見た。しかし，(7)私の記憶の中の景色，田んぼの水に映る澄んだ青空と白い立山連峰ほど美しい景色はなかった。私はいつもその景色と，小さな町で過ごした懐かしい日々を思い出すんだ。この年齢で新しいことを始める決断はできなかった。でも，お前が将来の目標を私たちにはっきりと伝えてくれたとき，私も自分の夢を実現するよう勇気づけられた気がしたんだよ。失敗しても諦めない──お前の決意を聞きながら，そう思ったんだ。おばあちゃんも，小さい頃から花や植物の世話をするのが好きだったから，私の考えにすぐに賛成してくれたよ」 彼はそう言って，うれしそうに笑いました。私は，「おじいちゃん，あなたの人生の主役はあなたよ。好きなことを何でもやってもいいのよ！」と言いました。彼は笑って，「ミク，それは前に私がお前に言った言葉だよ！」と言いました。❼仙台に出発する朝，私は祖父に言いました。「おじいちゃん，私もいつか，自分だけの特別な景色を見つけるよ。そうしたらおじいちゃんに教えると約束する。その日を待っててよ，いい？」 祖父は，ただうなずいてくれました。私たちはほほ笑みながら見つめ合いました。❽私はまだ自分だけの特別な景色を見つけていませんが，いつかきっと見つかると信じています。その日のために，活動的な大学生活を送りたいと思います。

〔問1〕＜英文解釈＞この「約束」の内容は，第7段落で明らかになる。ミクは仙台に出発する前に，I will find my own special scenery someday, Grandpa. I promise I will tell you about it. と，祖父に約束している。これを表すのはエ.「もし将来，私があなたのような自分だけの特別な景色を見つけたら，あなたにそれを教えます」。

〔問2〕＜適語補充＞「私の初めての農業(　)」に当てはまる語として適切なものを探す。同じ段落第9文のタカギさんの発言に experience「経験」という語が見つかる。

〔問3〕＜適語選択＞(3)-a. 田んぼの泥の感触を表している。前の very soft「とても柔らかくて」に続く語として自然なのは，comfortable「気持ちよい」。 (3)-b. 田植えが初めてのミクたちを励ます言葉。be good at ～ で「～が上手だ」という意味。 (3)-c. 直後に続く描写から，田植えを終えた後の感情として，satisfied「満足した」様子が読み取れる。 (3)-d. 農業への興味に結びつく考えとなる部分。ミクは「自分たちの手で食べ物を育てるのは本当に大切だ」と思ったのである。

〔問4〕＜語句解釈＞下線部は，その前のミクの質問に対する応答で，省略されている語句を補うと，I cannot really speak the language spoken in that country perfectly.「その国で話されている言語を完璧に話せるというわけではない」となる。この後に，ジェスチャーや絵を使ってコミュニケーションをとるという内容が続くことから，この発言の意味として考えられるのはウ.「現地の人たちの言葉を上手に話す必要はない」。

〔問5〕＜英文解釈―適語補充＞my goal「私の目標」の具体的な内容は直前の文で述べられている。

a foreign country「外国で」という内容に当たる①は1語ずつという指定から，overseas(第4段落第5文参照)で表す。 「将来，私は①海外に行き，②農業のボランティアワーカーとして現地の人々と働く」

〔問6〕＜適文選択＞空所は，祖父がミクに「ありがとう」と言う理由を表している。次の段落後半で，ミクの決意がきっかけになって，祖父が昔からの夢を実現するために故郷に帰って農業を始める決意をしたことが述べられている。 ‘remind＋人＋of ～’「〈人〉に～を思い出させる」

〔問7〕＜整序結合＞‘No (other)＋単数名詞＋be動詞＋比較級＋than ～’「～ほど…な―は他にない」の形に組み立てる。 But no other scenery was more beautiful than the scenery in my memory …

〔問8〕＜内容真偽＞①「祖父は田んぼの水に映った美しい白い山々が本当に好きだったので，ミクという名前を選んだ」…× 第1段落第2～4文参照。「美しい空」からとった。 ②「祖父は彼の父の農場を継ぎたかったが，父は彼が自分の目で世界を見ることを望んだ」…× 第1段落中盤，および第6段落中盤参照。逆である。 ③「富山の家族の間での多くの議論の後，祖父は最終的に故郷を出て東京に向かった」…○ 第1段落後半の内容に一致する。 ④「岩手に滞在中に，ミクと2人の同級生はタカギさんから田植え機の使い方を教わった」…× 第3段落第8文参照。手で苗を植えるように言っている。 ⑤「ミヤケさんの特別授業を受けてから，ミクはボランティアワーカーとして外国に行くことに興味を持った」…○ 第4段落の内容に一致する。 ⑥「ミヤケさんは，ボランティアワーカーとしてアフリカの国に行く前に，ミクの高校で学校の保健室の先生をしていた」…× 第4段落参照。ミクの高校の卒業生で，アフリカで保健師をしていた。 ⑦「ミクが家族に自分の将来の目標を話したとき，誰も彼女の計画に賛成してくれず，結局彼女はそれを諦めた」…× 第5段落第3～7文参照。祖父をはじめ，全員が賛成してくれた。 ⑧「祖父はミクの決意から勇気をもらい，故郷で妻と一緒に新しいことを始めることに決めた」…○ 第6段落中盤の内容に一致する。

〔問9〕＜内容一致―適語補充＞≪全訳≫ミクへ／元気にしていますか？ おばあちゃんと私はここ富山でとても元気にしています。野菜をいくらかつくり始め，そしてもう稲の苗も①植えました。今度の9月の終わりには，今つくっている米を送ります。食べるのを②楽しんでくださいね。今，田んぼは，特に晴れた日には，青空と白い立山連峰が田んぼの水に映ってとても美しく見えます。それは私だけの特別な景色です。ところで，ミクはもう自分の特別な景色を見つけましたか？ もしまだでも，心配はいりません！ いつかきっと見つかると思います。将来，農業について学んだ十分な③知識を携えて，ボランティアワーカーとして外国に行くとき，その国ですばらしいときを過ごせるでしょう。そこでの自分の仕事をとても④誇りに思うと信じています。その日を楽しみにして，今は勉学に励んでください！ 体に気をつけて。

＜解説＞①直後に rice seedlings「稲の苗」が続くことから推測できる。直前の have already につながるのは過去分詞 planted(第1段落第7文参照)。 ②文脈から，「おいしく食べてほしい」という意味になると考え，enjoy eating とする(第4段落終わりから6文目参照)。 ③「農業について学んだ十分な(　)」に当てはまる語として，適切なのは knowledge(第4段落終わりから2文目参照)。 ④「自分の仕事を誇りに思う」という意味になると考えられる。第4段落終わりから6文目に I'm very proud of … という表現が見つかる。本文中の言葉を使って答える問題は，本文を読み終えてから探すのではなく，先に設問に目を通し，本文を読み進める過程で見当をつけていくのが望ましい。

数学解答

1 〔問1〕 $12-4\sqrt{3}$

〔問2〕 $x=\frac{2}{7}$, $y=\frac{9}{2}$

〔問3〕 $x=-1$, 12 〔問4〕 $\frac{2}{5}$

〔問5〕 (例)

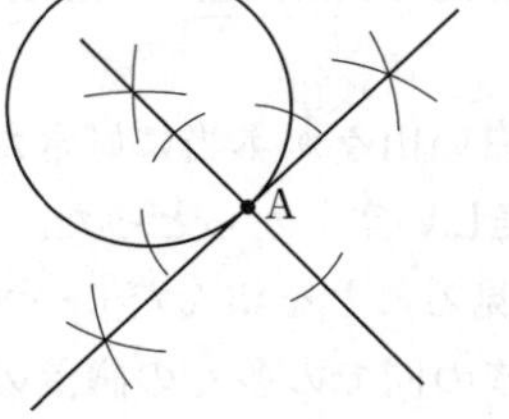

2 〔問1〕 $y=\frac{19}{6}x+\frac{5}{3}$

〔問2〕 $-\sqrt{31}$, $4-\sqrt{23}$

〔問3〕 $144\pi\,\mathrm{cm}^2$

3 〔問1〕 $\sqrt{3}a^2-\frac{1}{3}\pi a^2\mathrm{cm}^2$

〔問2〕

(1) (例)点Pを通り線分GHに垂直な直線を引き，線分GHとの交点をI，辺BCとの交点をJとする。△DGPと△IPGにおいて，GP∥BCより，平行線の同位角は等しいので，∠DGP＝∠ABC＝60°……①，∠IPG＝∠IJB……② GH∥PF，∠PFC＝90°より，∠GHC＝90° また，∠GIP＝90°だから，同位角が等しくなり，IJ∥ACである。平行線の同位角は等しいから，∠ACB＝∠IJB……③ ②，③から，∠IPG＝∠ACB＝60°……④ ①，④より，∠DGP＝∠IPG……⑤ ∠GDP＝∠PIG＝90°……⑥ GP＝PG……⑦ ⑤，⑥，⑦より，直角三角形の斜辺と1つの鋭角がそれぞれ等しいから，△DGP≡△IPG よって，DP＝IG……⑧ また，四角形IPFHは4つの角が等しいから，長方形である。よって，PF＝IH……⑨ ⑧，⑨より，DP＋PF＝IG＋IH＝GHである。

(2) $l=\sqrt{3}a$

4 〔問1〕 $\sqrt{17}\,\mathrm{cm}$

〔問2〕

(1) (例)△ABP：△APD＝BP：PD＝2：1より，△ABPの面積は△ABDの面積の$\frac{2}{3}$倍だから，$\triangle ABP=\frac{1}{2}\times6\sqrt{2}\times6\sqrt{2}\times\frac{2}{3}=24$ よって，三角錐O-ABPの体積は，$\frac{1}{3}\times24\times3\sqrt{6}=24\sqrt{6}$ 次に，△OABの面積を求める。辺ABの中点をMとすると，$BM=\frac{1}{2}\times6\sqrt{2}=3\sqrt{2}$ 頂点Oから正方形ABCDに垂線を引き，その交点をEとすると，四角形ABCDが正方形だから，$ME=BM=3\sqrt{2}$である。△OMEで三平方の定理より，$OM=\sqrt{ME^2+OE^2}=\sqrt{(3\sqrt{2})^2+(3\sqrt{6})^2}=\sqrt{72}=6\sqrt{2}$だから，$\triangle OAB=\frac{1}{2}\times6\sqrt{2}\times6\sqrt{2}=36$

三角錐O-ABPの体積は，$\frac{1}{3}\times\triangle OAB\times PH$なので，$\frac{1}{3}\times36\times PH=24\sqrt{6}$ よって，$PH=2\sqrt{6}$(cm)

(2) $\sqrt{34}\,\mathrm{cm}$

1 〔独立小問集合題〕

〔問1〕＜数の計算＞$(\sqrt{11}-\sqrt{3})(\sqrt{6}+\sqrt{22})=(\sqrt{11}-\sqrt{3})\times\sqrt{2}(\sqrt{3}+\sqrt{11})=\sqrt{2}(\sqrt{11}-\sqrt{3})(\sqrt{11}+\sqrt{3})=\sqrt{2}(11-3)=\sqrt{2}\times8=8\sqrt{2}$，$(\sqrt{6}-3\sqrt{2})^2=\{\sqrt{2}(\sqrt{3}-3)\}^2=(\sqrt{2})^2(\sqrt{3}-3)^2=2(3-6\sqrt{3}+9)=2(12$

$-6\sqrt{3})=24-12\sqrt{3}$ だから，与式$=\dfrac{8\sqrt{2}}{2\sqrt{2}}+\dfrac{24-12\sqrt{3}}{3}=4+8-4\sqrt{3}=12-4\sqrt{3}$ である。

〔問２〕＜連立方程式＞$14x+3y=17.5$……①，$3x+2y=\dfrac{69}{7}$……②とする。①×２より，$28x+6y=35$……①′　②×７より，$21x+14y=69$……②′　①′×３－②′×４より，$18y-56y=105-276$，$-38y=-171$　$\therefore y=\dfrac{9}{2}$　これを①′に代入して，$28x+27=35$，$28x=8$　$\therefore x=\dfrac{2}{7}$

〔問３〕＜二次方程式＞$x^2-4x+4=7x-14+30$，$x^2-11x-12=0$，$(x+1)(x-12)=0$　$\therefore x=-1,\ 12$

〔問４〕＜確率―カード＞５枚のカードから続けて２枚のカードを取り出すとき，１枚目は５枚のカードの中から取り出すので５通り，２枚目は残った４枚のカードの中から取り出すので４通りあり，取り出し方は全部で$5\times4=20$(通り)ある。これより，２けたの整数は20通りできる。このうち３の倍数は15，18，51，57，75，78，81，87の８通りだから，求める確率は$\dfrac{8}{20}=\dfrac{2}{5}$である。

〔問５〕＜平面図形―作図＞右図で，点Ａにおける円の接線をlとし，円の中心と点Ａを通る直線をmとする。このとき，$l\perp m$となるから，接線lは，点Ａを通り直線mに垂直な直線である。円の周上にAB＝ACとなる２点Ｂ，Ｃをとると，直線mは線分BCの垂直二等分線となる。AB＝ACだから，２点Ｂ，Ｃから等距離にある点(図の点Ｐ)をとると，２点Ａ，Ｐを通る直線が直線mである。解答参照。

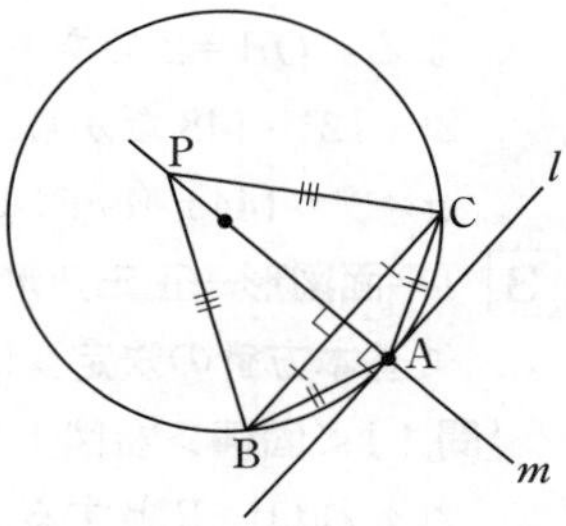

２〔関数―関数$y=ax^2$と一次関数のグラフ〕

≪基本方針の決定≫〔問２〕　三平方の定理を利用する。　〔問３〕　線分AB上の点で，点Ｏから最も近い点と最も遠い点を考える。

〔問１〕＜直線の式＞右図１で，点Ａは放物線$y=2x^2$上にあってx座標が２だから，$y=2\times2^2=8$より，A(2，8)である。点Ｂは放物線$y=-\dfrac{3}{2}x^2$上にあってx座標が-1だから，$y=-\dfrac{3}{2}\times(-1)^2=-\dfrac{3}{2}$より，$B\left(-1,\ -\dfrac{3}{2}\right)$である。よって，直線ABの傾きは$\left\{8-\left(-\dfrac{3}{2}\right)\right\}\div\{2-(-1)\}=\dfrac{19}{6}$だから，その式は$y=\dfrac{19}{6}x+p$とおける。点Ａを通ることより，$8=\dfrac{19}{6}\times2+p$，$p=\dfrac{5}{3}$となるから，直線ABの式は$y=\dfrac{19}{6}x+\dfrac{5}{3}$である。

図１

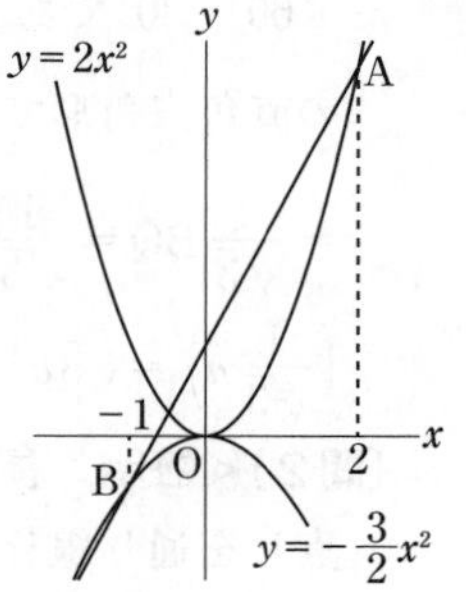

〔問２〕＜比例定数＞右図２で，点Ａは放物線$y=\dfrac{1}{4}x^2$上にあってx座標が４だから，$y=\dfrac{1}{4}\times4^2=4$より，A(4，4)である。点Ｂは放物線$y=bx^2$上にあって$x$座標が１だから，$y=b\times1^2=b$より，B(1，$b$)である。△OABが二等辺三角形となるのは，OB＝ABの場合を除くと，OA＝OBの場合とOA＝ABの場合である。OA＝OBのとき，$OA^2=OB^2$である。２点Ａ，Ｂからx軸に垂線AC，BDを引くと，△OAC，△OBDで三平方の定理より，$OA^2=OC^2+CA^2=4^2+4^2=32$，$OB^2=OD^2+DB^2=1^2+(0-b)^2=1+b^2$となる。よって，$32=1+b^2$が成り立ち，$b^2=31$，$b=\pm\sqrt{31}$となる。$b<0$だから，$b=-\sqrt{31}$である。OA＝ABのとき，$OA^2=AB^2$である。点Ｂを通り$x$軸に平行な直線と点Ａを通り$y$軸に平行な直線の交

図２

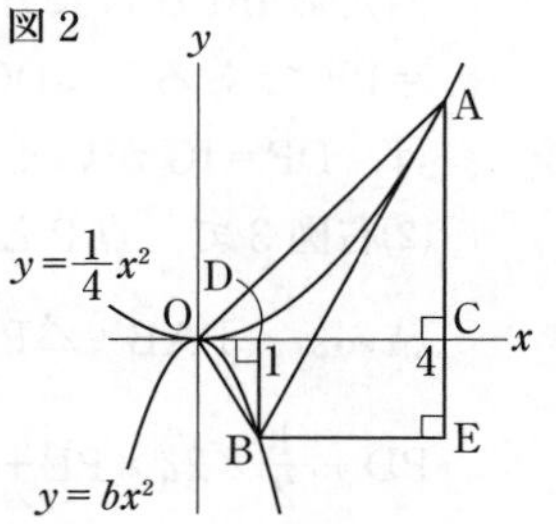

点をEとすると，BE＝4－1＝3，AE＝4－bだから，△ABE で三平方の定理より，$AB^2＝BE^2＋AE^2＝3^2＋(4－b)^2＝9＋16－8b＋b^2＝b^2－8b＋25$となる。よって，$32＝b^2－8b＋25$が成り立ち，$b^2－8b－7＝0$より，$b＝\dfrac{－(－8)±\sqrt{(－8)^2－4×1×(－7)}}{2×1}＝\dfrac{8±\sqrt{92}}{2}＝\dfrac{8±2\sqrt{23}}{2}＝4±\sqrt{23}$となる。$b<0$だから，$b＝4－\sqrt{23}$である。

〔問3〕＜面積＞右図3で，2点A，Bはそれぞれ放物線$y＝2x^2$，$y＝－3x^2$上にあって，x座標がともに2だから，$y＝2×2^2＝8$，$y＝－3×2^2＝－12$より，A(2，8)，B(2，－12)である。線分 AB とx軸の交点をHとする。OH⊥AB であり，AH＜BH より，OA＜OB だから，線分 AB 上の点で点Oに最も近い点は点H，最も遠い点は点Bである。よって，線分 AB を点Oを中心として反時計回りに360°回転させると，線分 AB が通ってできる図形は，点Bが通ってできる円から点Hが通ってできる円を除いた図形となる。OH＝2であり，△OHB で三平方の定理より，$OB^2＝OH^2＋HB^2＝2^2＋12^2＝148$だから，求める図形の面積は，$π×OB^2－π×OH^2＝π×148－π×2^2＝144π$(cm²)である。

図3

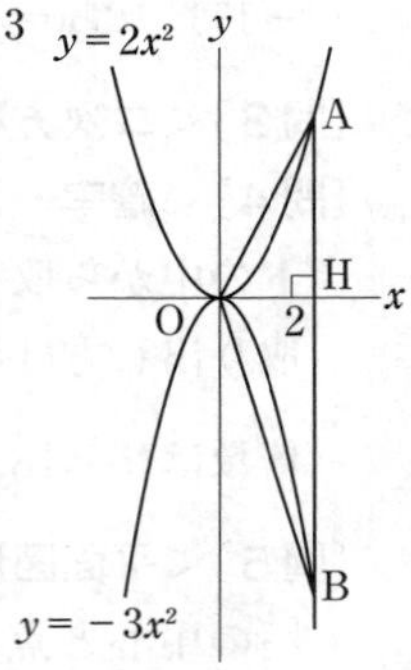

3 〔平面図形—正三角形〕

≪基本方針の決定≫〔問2〕(2)　△ABC の面積に着目する。

〔問1〕＜面積＞右図1のように，円Pと辺 BC，辺 CA との接点をそれぞれQ，Rとする。△ABC は正三角形で，円Pは△ABC の3つの辺に接しているから，点Pは線分 AQ，線分 BR 上にある。よって，∠AQB＝90°，∠ABQ＝60°，$∠PBQ＝∠PBA＝\dfrac{1}{2}∠ABQ＝\dfrac{1}{2}×60°＝30°$であり，△ABQ，△BPQ はともに3辺の比が$1:2:\sqrt{3}$の直角三角形である。よって，$AQ＝\dfrac{\sqrt{3}}{2}AB＝\dfrac{\sqrt{3}}{2}×2a＝\sqrt{3}a$，$PQ＝\dfrac{1}{\sqrt{3}}BQ＝\dfrac{1}{\sqrt{3}}×\dfrac{1}{2}BC＝\dfrac{1}{\sqrt{3}}×\dfrac{1}{2}×2a＝\dfrac{1}{\sqrt{3}}a$であり，斜線部分の面積は$\dfrac{1}{2}×2a×\sqrt{3}a－π×\left(\dfrac{1}{\sqrt{3}}a\right)^2＝\sqrt{3}a^2－\dfrac{1}{3}πa^2$(cm²)となる。

図1

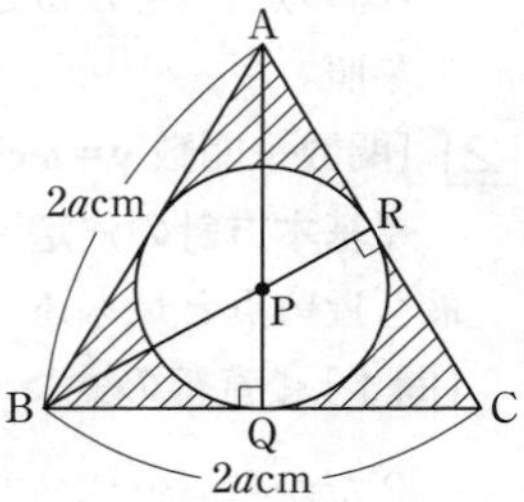

〔問2〕＜証明，長さ＞(1)右図2のように，点Pを通り線分 GH に垂直な直線を引き，線分 GH との交点をIとすると，四角形 IPFH は長方形となるから，IH＝PF である。△DGP≡△IPG を示せば，DP＝IG がいえる。解答参照。

(2)右図3で，点Pと3点A，B，Cを結ぶ。△PAB＋△PBC＋△PCA＝△ABC であり，〔問1〕より，$△ABC＝\sqrt{3}a^2$だから，$\dfrac{1}{2}×2a×PD＋\dfrac{1}{2}×2a×PE＋\dfrac{1}{2}×2a×PF＝\sqrt{3}a^2$が成り立つ。これより，$\dfrac{1}{2}×2a×(PD＋PE＋PF)＝\sqrt{3}a^2$，$PD＋PE＋PF＝\sqrt{3}a$となるから，$l＝\sqrt{3}a$である。

図2

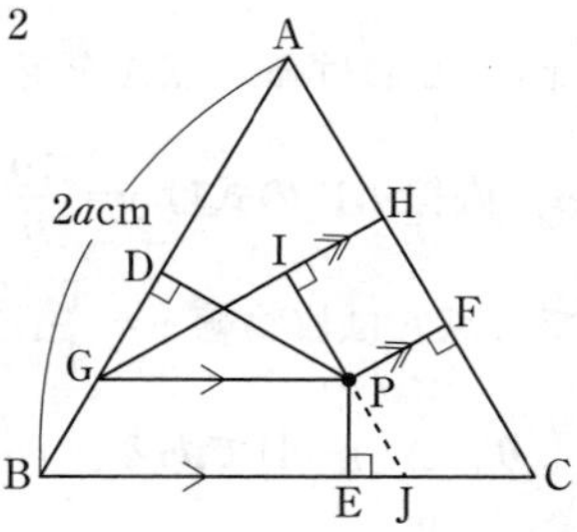

図3

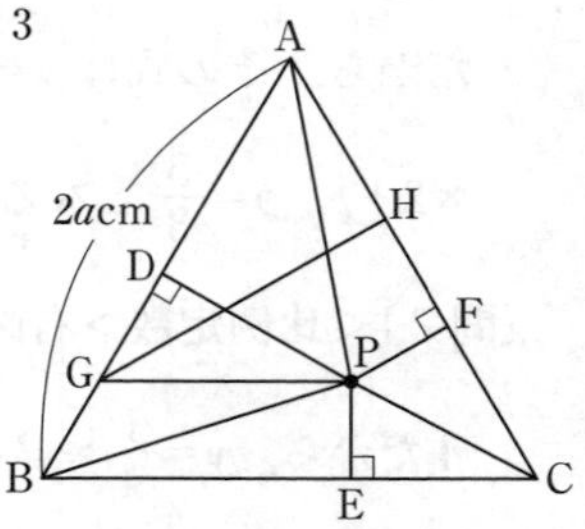

4 〔空間図形—正四角錐〕

≪基本方針の決定≫〔問2〕(1)　三角錐 O-ABP の体積に着目する。　(2)　△OPH に着目する。

〔問１〕**＜長さ—三平方の定理＞**右図１で，立体 O-ABCD は正四角錐だから，点Oから面 ABCD に垂線 OE を引くと，点Eは正方形 ABCD の対角線 AC，BD の交点と一致する。△EBC は直角二等辺三角形となるから，$EC=\frac{1}{\sqrt{2}}BC=\frac{1}{\sqrt{2}}\times4=2\sqrt{2}$ である。よって，△OEC で三平方の定理より，$OC=\sqrt{OE^2+EC^2}=\sqrt{3^2+(2\sqrt{2})^2}=\sqrt{17}$(cm)となる。

図１

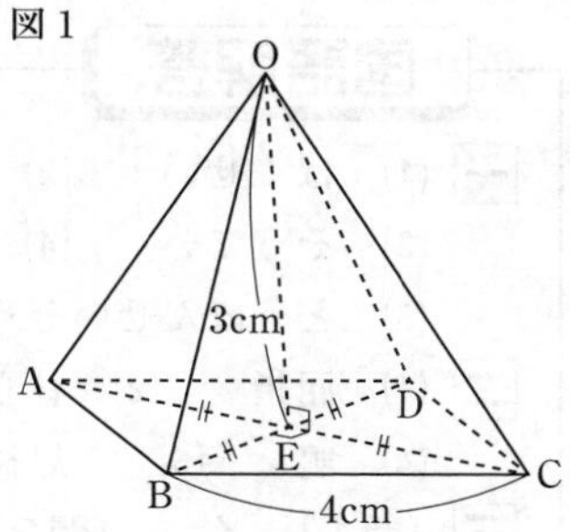

〔問２〕**＜説明，長さ＞**⑴右下図２で，線分 PH は，三角錐 O-ABP の底面を△OAB と見たときの高さとなる。△OAB の面積と三角錐 O-ABP の体積を求め，体積についての関係式をつくる。解答参照。　⑵図２で，PH⊥〔面 OAB〕だから，∠PHO＝90°である。よって，△OPH で三平方の定理より，$OH=\sqrt{OP^2-PH^2}$ である。$BP=\frac{2}{2+1}BD=\frac{2}{3}BD$ であり，△BCD が直角二等辺三角形より，$BD=\sqrt{2}BC=\sqrt{2}\times6\sqrt{2}=12$ だから，$BP=\frac{2}{3}\times12=8$ である。$BE=\frac{1}{2}BD=\frac{1}{2}\times12=6$ なので，$EP=BP-BE=8-6=2$ である。△OEP で三平方の定理より，$OP^2=OE^2+EP^2=(3\sqrt{6})^2+2^2=58$ となる。⑴より，$PH=2\sqrt{6}$ だから，$OH=\sqrt{OP^2-PH^2}=\sqrt{58-(2\sqrt{6})^2}=\sqrt{34}$(cm)となる。

図２

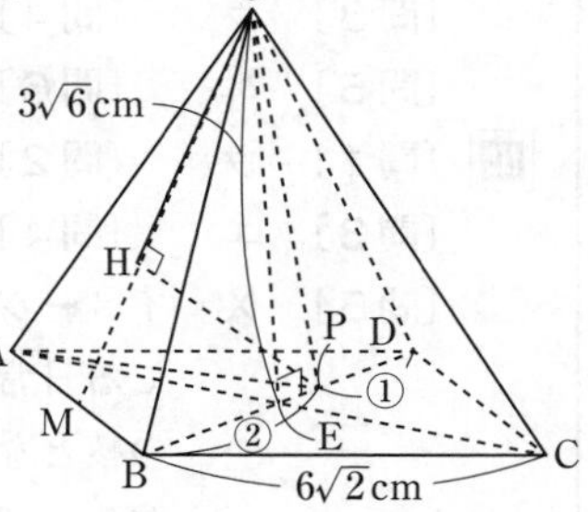

＝読者へのメッセージ＝

[2]，[4]では三平方の定理を利用して問題を解きました。江戸時代の人々も三平方の定理を利用して解く問題に挑戦して楽しんでいたことが，神社に奉納された算額(江戸時代に数学の問題やその解法を書いて神社などに奉納した額)からわかります。

国語解答

一 ⑴ はくせい　⑵ かれつ
⑶ そうてい　⑷ こと
⑸ とうほんせいそう

二 ⑴ 屈指　⑵ 林立　⑶ 揮発性
⑷ 鳴　⑸ 三思後行

三 〔問１〕 イ　〔問２〕 ア
〔問３〕 ウ　〔問４〕 イ
〔問５〕 エ　〔問６〕 ウ

四 〔問１〕 ウ　〔問２〕 イ
〔問３〕 エ　〔問４〕 ア
〔問５〕 X イメージや想像力をかき立てる日常的な言葉は，思考の核となり思考を集約・現前化・認識させるという意味で，私たちの思考そのものであるということ。（70字）
Y 文章Bでは，レポートや論文などを書く際に，文章の形式や表現に束縛されすぎてしまうと文章執筆者自身の思考や言葉をうまく表現できないことがあると考えられている。つまり，言葉は思考そのものを表すべきだと考えているともいえ，文章Aの言葉が思考そのものを表す「ことばは思考の肉体である」に近いといえるから。（148字）
〔問６〕 ウ

五 〔問１〕 ウ　〔問２〕 ウ
〔問３〕 エ　〔問４〕 ア
〔問５〕 エ

一〔漢字〕
⑴「剝製」は，生きていたときの外形を保ってつくられた動物の標本のこと。　⑵「苛烈」は，非常に厳しく激しいこと。　⑶「装丁」は，書物の表紙などの外観的な部分の体裁を整えること。また，そのデザイン。　⑷「殊に」は，とりわけ，という意味。音読みは「殊勝」などの「シュ」。　⑸「東奔西走」は，あちこち忙しく走り回ること。

二〔漢字〕
⑴「屈指」は，指を折って数え上げる価値があるほど優れていること。　⑵「林立」は，林のようにたくさんの物が並んで立つこと。　⑶「揮発性」は，常温・常圧で空気中に蒸発しやすい性質のこと。　⑷「鳴りを潜める」は，物音をたてないで静かにしていること。　⑸「三思後行」は，行動を起こす前に熟慮すること。

三〔小説の読解〕出典；森谷明子『南風吹く』。

〔問１〕＜文章内容＞河野女史は，京のつくった短歌を俳句に直したものを見せて，「短歌と同じ心を俳句で詠むことができる」ことを京にわかってもらおうとしていた。河野女史は，その前に，一呼吸だけ間を取って心の準備をしたのである。

〔問２〕＜文章内容＞河野女史は，京の「悩んでもがいていた時間」を大事に「愛しく」思っているという感情について，俳句ではリフレインや直接的な感情表現は「あまり使わない」ため，「また」という言葉で「過去の行動を肯定しているからこそ未来にも繰り返す」ことを表した(ア…×)。

〔問３〕＜文章内容＞河野女史の俳句の季語が「日記買ふ」だと聞いた航太と和彦は，よく理解できず「へ？」と言った。しかし，「日記買ふ」が季語であるだけでなく，「自分の過去，これからの未来，どっちも受け入れる思いと，年の瀬の空気や新しい年への期待」を全て取り入れる巧みな表現技法であることに気づき，二人は，驚くとともに大いに感心して声をあげた。

〔問４〕＜文章内容＞河野女史は，京の短歌を俳句としてよみ直したが，「ただ言葉を削る」だけではなく，京の「感情や思い」を大切に表現した。航太は，警戒心を見せていた京が俳句甲子園への参加を決めるとともに「表情がやわらかく」なっているのを見て，河野女史のリーダーシップに感心した。

〔問５〕＜文章内容＞航太の「あー『日記』？」という発言は，俳句では「感情を直接出す言葉はあまり使わない」が，思いを「行為に込めることができる」ことを，河野女史が説明するきっかけになっている。また，日記帳を抱きしめて歩く河野女史についての想像は，Ｂの俳句の解釈を自然な形で読者に示している。

〔問６〕＜表現＞「だったら……。」という京の会話の「……」は，言葉を言いかけてやめたことを示している（ア…×）。「そうだ，すっかり忘れていた」「すごい」など，「――」を用いずに登場人物の心の内を表現している部分がある（イ…×）。「ううん，そういうことなんだ，小市」「それで，日記を買うのは，普通……」など，会話文中の「，」により実際の会話における間が表現され，臨場感が高まり，読者が発言者の気持ちを把握しやすくなっている（ウ…○）。会話文中の「！」や「？」は，文字どおりの驚きや疑問を示している（エ…×）。

四〔論説文の読解―哲学的分野―哲学／論説文の読解―芸術・文学・言語学的分野―文章〕出典；中村雄二郎『哲学の現在　生きること考えること』「哲学の現在」／古田徹也『いつもの言葉を哲学する』。

≪本文の概要≫Ａ．ヴィトゲンシュタインは，厳密な論理による普遍的な思考を目指す論理分析の立場から，論理的厳密さに欠け論理的思考を見えにくくしてしまう日常言語について「ことばは思考の衣装である」ととらえたが，後年，イメージと想像力を伴う「思考の肉体としての日常のことば」に立ちかえることになる。「ことばは思考の肉体である」という考え方によれば，日常的な言葉は，思考を現前化させ具体的な形を与えるという点で，思考そのものと考えられ，日常生活で思考するとは，概念と論理だけでなくイメージと想像力にもよることを意味する。しかし，理論的・学問的な思考においては，イメージと想像力を排除することが多く，概念と論理の厳密さの方を優先させる方向性は，神話から科学へという形で示されてきた。神話から科学への移行は，進歩というよりは，イメージと想像力の優位から概念と論理の優位への移行としてとらえられるべきだろう。／Ｂ．学生が哲学・倫理学の論文を書くとき，個人的な経験は書かず客観的・一般的な論述をせよという「論文・レポートの書き方」本やネット上のアドバイスに基づき，問いの基層にある自分の経験にふれないことがある。一定の型にはまった文章を書く訓練を積むことは大事だが，卒業論文などでは型どおりの文章や作法に即した文章ではなく，自分で納得のいく言葉を吟味し，自分自身の言葉や思考を目指して試行錯誤すべきである。

〔問１〕＜文章内容＞「精緻で厳密な論理によって普遍的に思考することをめざす論理分析の立場」は，「日常のことばを私たちの思考を欺くものとみなす考え方」を前提にしている。「ことばは思考をありのままで示すものではない」ため，論理分析の立場では，「ことばは，軀である思考の単なる衣装」だと考えるのである。

〔問２〕＜表現＞「なめらかな氷」は，「透明な純粋性」を持った論理的言語の世界のことで，「摩擦」は「日常のことば」が持つ「イメージと想像力」を表している。論理的言語では，「摩擦」として引っかかりとなるイメージと想像力を「概念や論理の厳密さをそこなうもの」と見なし排除しているため，かえって思考したくても思考を展開させるきっかけがつかめないのである。

〔問３〕＜文章内容＞科学の立場から見ると，「イメージや想像力をできるだけ排除」し，概念と論理が「強化」されている状態が進歩であると考えられるが，イメージや想像力の方が優位にある「神話」から科学への移行を進歩であるととらえる価値観が「科学そのものの思考の枠組」なのである。

〔問４〕＜文章内容＞勉強熱心な学生は，本を読んだり，ネット上で情報を調べたりして，レポートは「個人的な経験に基づいて」議論せず「客観性ないし一般性のある論述」にすべきだという知識を得ている。そのため，学生は「当該の経験」から問いを導いてはどうかと言われて驚いたのである。

〔問５〕＜文章内容＞Ｘ．概念と論理だけでなく「イメージや想像力」を含んでいる「日常のことば」は，思考するために「不可欠のもの」であり，「日常のことば」によって思考は「具体的なかたち」を持ち，外から見える存在になる。「日常のことば」とは「思考をありのままで示すもの」，つまり思考そのものといえる。　Ｙ．Ｂでは，「文章の書き方」という観点から，「規格化された形式や表現」に振り回されると，「自分自身の言葉や思考」が表現できない場合があると指摘されている。個人の主観や個人的な経験は，概念と論理だけでなくイメージや想像力を含んでいるから，「私たちが思い，考える場合」に「イメージと想像力にもよる」ととらえる「思考の肉体としてのことば」と一致している。また，Ｂでの主観，経験，思考を表現すべきという考えは，「ことばは思考そのものである」ととらえる，Ａの「ことばは思考の肉体である」という考えに通じる。

〔問６〕＜表現＞Ａでは，「ことばは思考の衣装である」から「思考の肉体としてのことば」へと転じるヴィトゲンシュタインの考えが示され，さらに日常場面での思考の例を挙げて，筆者自身の考えにつなげている。Ｂでは，学生の論文で問いのポイントがつかめない場合があるのはなぜかという疑問を出発点にして，筆者が考えたことが述べられている。

五〔説明文の読解―芸術・文学・言語学的分野―文学〕出典；松本章男『西行　その歌その生涯』。

〔問１〕＜文章内容＞西行は，吉野山を去るとき，「桜樹の下に心を分け残して」くるほど吉野山の桜花に心を奪われていた。高野山に住むようになってからも，再び吉野山に逗留し，「桜の花に心を」尽くす日々を送りたいという思いが強くなっていたのである。

〔問２〕＜敬語＞「献上する」は，「与える」の謙譲語。「お電話する」は「電話する」，「承る」は「聞く」「受ける」，「参上する」は「行く」のそれぞれ謙譲語。「お召しになる」は，「着る」の尊敬語。

〔問３〕＜文章内容＞さまよい出る心は「もどって来るべきである」としているにもかかわらず，「やまざくら」と「止まず」を掛けることで，次々と心が「さまよい出るのを依然として止めない」と，「身にかへる」ことを疑ってもいる点が，「私」にはおもしろく感じられたのである。「飄逸」は，世俗のわずらわしさを気にせず明るくのびのびしていること。

〔問４〕＜文章内容＞いろいろな感情を交えずに桜の美しさを表現するのは難しいのに，「おしなべて～」の歌は，雲のように山を覆う一面満開の桜が美しいことを「悠揚として迫らず，これほど捨象的に，満目の花をみずみずしく」，よんでいるので，「私」は，俊成がこの歌に最大の賛辞を送っていたのも納得できるのである。

〔問５〕＜文章内容＞Ａでは，西行は「逸る感情を抑え」きれずに「山に分け入って開花を待とう」としている(…×)。Ｂでは，「満目の梢の花を見たその日から」桜の花に心を奪われ，「われを忘れた」西行の精神状態が表現されている(…×)。Ｃの「しるべ」を「私」は，西行が桜を見に訪れるときの「拠りどころ」の意ととらえている(…×)。Ｄでは，「道かへてまた」「まだ見ぬかたの」という「重ね読み」によって，「未だ見ていない方面の花」を見たい西行の意志の強さが表現されている(…○)。

●2023年度

東京都立高等学校

共通問題

【社会・理科】

2023年度 東京都立高等学校（共通問題）

【社　会】（50分）〈満点：100点〉

1　次の各問に答えよ。

〔問1〕　次の発表用資料は，地域調査を行った神奈川県鎌倉《かまくら》市の亀《かめ》ヶ《が》谷坂《やつざか》切通《きりどおし》周辺の様子をまとめたものである。発表用資料中の＜地形図を基に作成した**A**点→**B**点→**C**点の順に進んだ道の傾斜を模式的に示した図＞に当てはまるのは，次のページの**ア**～**エ**のうちではどれか。

発表用資料

鎌倉の切通《きりどおし》を調査する（亀ヶ谷坂切通班）

○調査日　令和4年9月3日（土）　天候　晴れ

○集合場所・時間　北鎌倉《きたかまくら》駅・午前9時

○調査ルート　＜亀ヶ谷坂切通周辺の地形図＞に示した**A**点→**B**点→**C**点の順に進んだ。

＜亀ヶ谷坂切通の位置＞

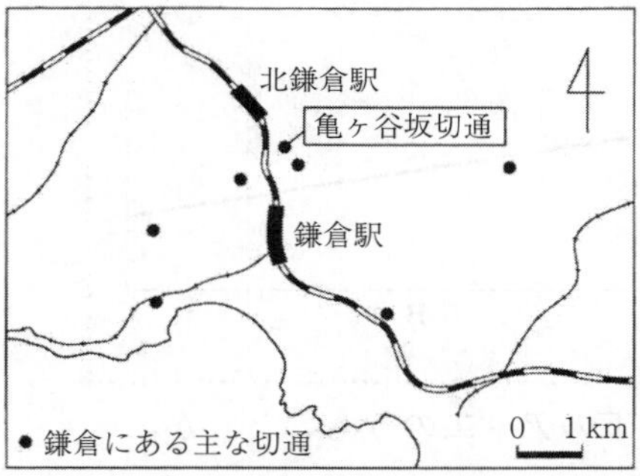

＜亀ヶ谷坂切通周辺の地形図＞

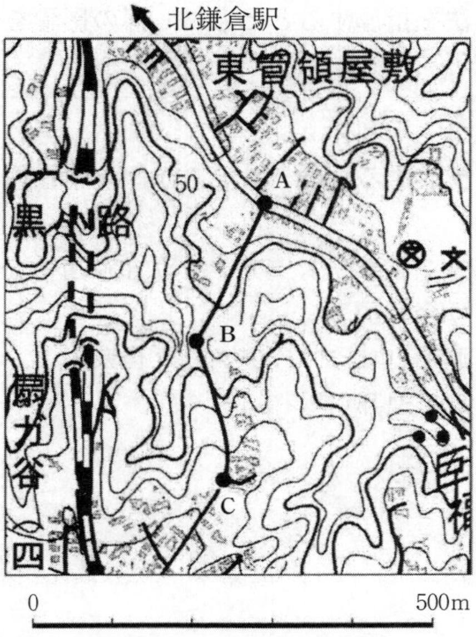

（2016年の「国土地理院発行2万5千分の1地形図（鎌倉）」の一部を拡大して作成）

＜**A**点，**B**点，**C**点　それぞれの付近の様子＞

A点　亀ヶ谷坂切通の方向を示した案内板が設置されていた。

B点　切通と呼ばれる山を削って作られた道なので，地層を見ることができた。

C点　道の両側に住居が建ち並んでいた。

＜**B**点付近で撮影した写真＞

＜地形図を基に作成した**A**点→**B**点→**C**点の順に進んだ道の傾斜を模式的に示した図＞

＜調査を終えて＞
○切通は，谷を利用して作られた道で，削る部分を少なくする工夫をしていると感じた。
○道幅が狭かったり，坂道が急であったりしていて，守りが堅い鎌倉を実感することができた。
○徒歩や自転車で通る人が多く，現在でも生活道路として利用されていることが分かった。

ア

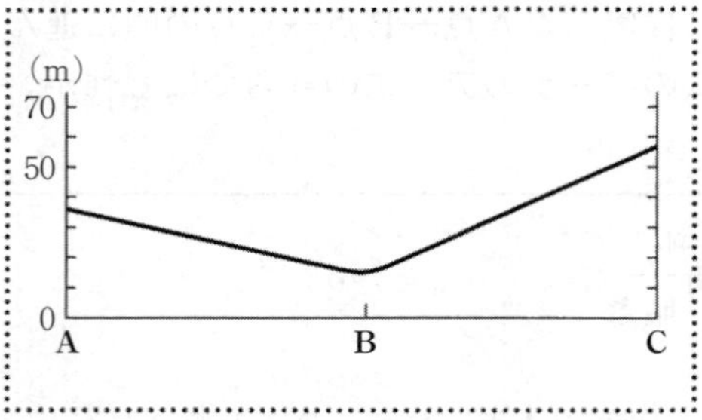

イ

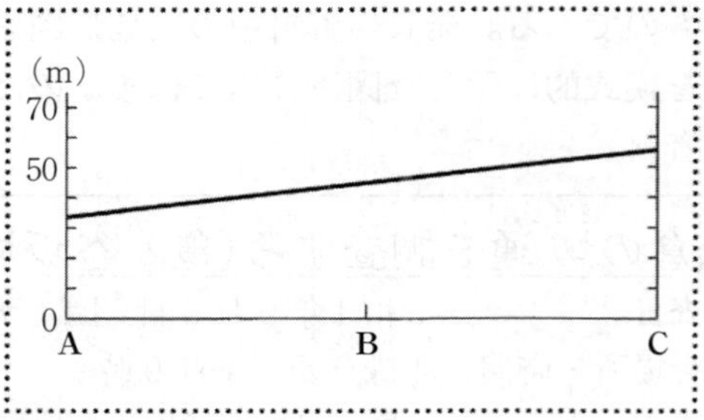

ウ

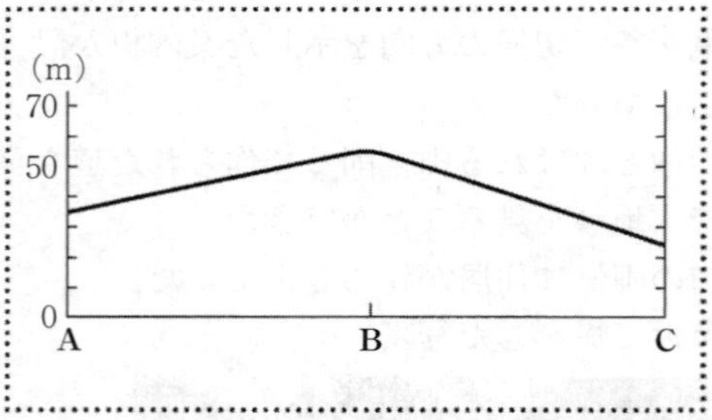

エ

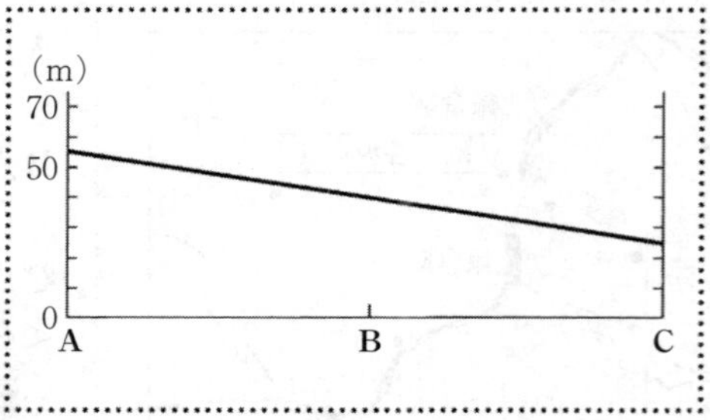

〔問２〕　次の文で述べている人物に当てはまるのは，下の**ア**～**エ**のうちのどれか。

大名や都市の豪商の気風を反映した壮大で豪華な文化が生み出される中で，堺《さかい》出身のこの人物は，全国統一を果たした武将に茶の湯の作法を指導するとともに，禅の影響を受けたわび茶を完成させた。

ア　喜多川歌麿《きたがわうたまろ》　**イ**　栄西《えいさい》《ようさい》　**ウ**　尾形光琳《おがたこうりん》　**エ**　千利休《せんのりきゅう》

〔問３〕　2022年における国際連合の安全保障理事会を構成する国のうち，５か国の常任理事国を全て示しているのは，次の**ア**～**エ**のうちのどれか。

ア　中華人民共和国，フランス，ロシア連邦(ロシア)，イギリス，アメリカ合衆国
イ　インド，フランス，ケニア，イギリス，アメリカ合衆国
ウ　中華人民共和国，ケニア，ノルウェー，ロシア連邦(ロシア)，アメリカ合衆国
エ　ブラジル，インド，フランス，ノルウェー，ロシア連邦(ロシア)

2　次の略地図を見て，あとの各問に答えよ。

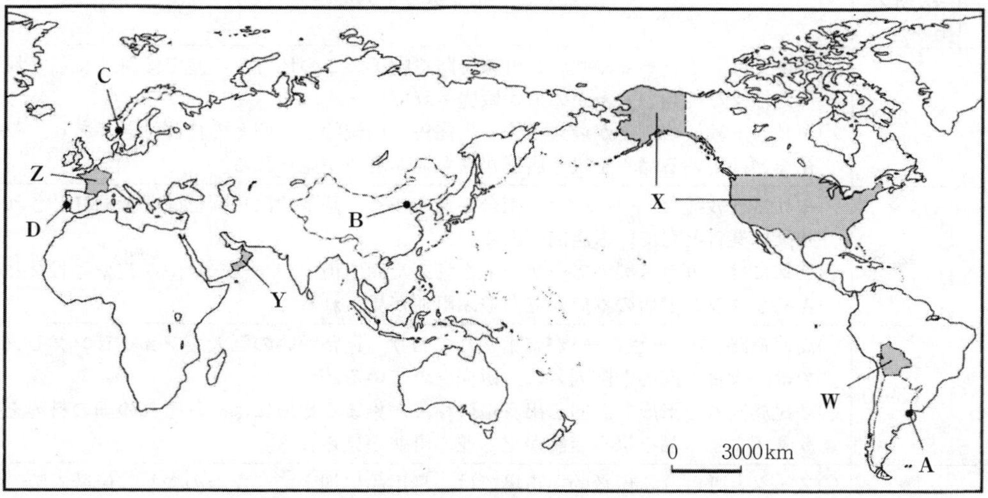

〔問１〕　次のⅠの文章は，略地図中に**A**～**D**で示した**いずれか**の都市の商業などの様子についてまとめたものである。Ⅱの**ア**～**エ**のグラフは，略地図中の**A**～**D**の**いずれか**の都市の，年平均気温と年降水量及び各月の平均気温と降水量を示したものである。Ⅰの文章で述べている都市に当てはまるのは，略地図中の**A**～**D**のうちのどれか，また，その都市のグラフに当てはまるのは，Ⅱの**ア**～**エ**のうちのどれか。

Ⅰ

夏季は高温で乾燥し，冬季は温暖で湿潤となる気候を生かして，ぶどうやオリーブが栽培されている。国産のぶどうやオリーブは加工品として販売され，飲食店では塩漬けにされたタラをオリーブ油で調理した料理などが提供されている。

Ⅱ

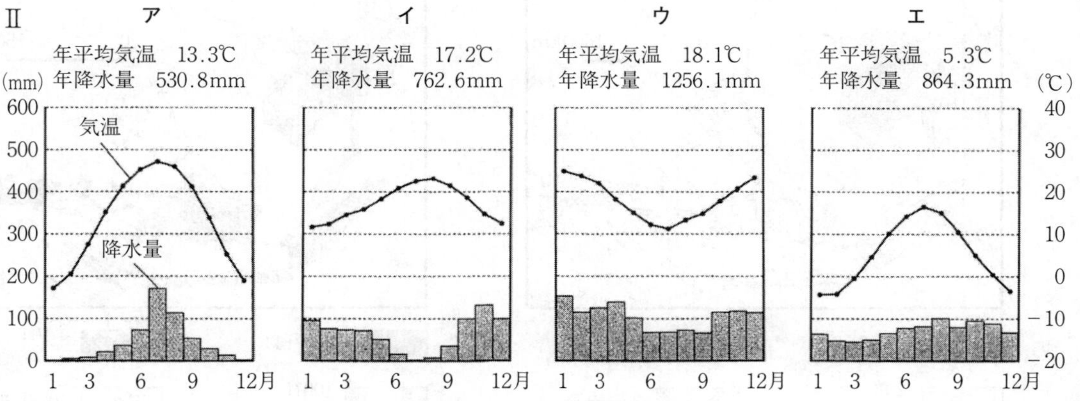

(「理科年表」令和４年より作成)

〔問２〕　次のページの表の**ア**～**エ**は，略地図中に　　で示した**W**～**Z**の**いずれか**の国の，2019年における一人当たりの国民総所得，小売業などの様子についてまとめたものである。略地図中の**W**～**Z**のそれぞれの国に当てはまるのは，次のページの表の**ア**～**エ**のうちではどれか。

	一人当たりの国民総所得（ドル）	小売業などの様子
ア	3520	○市場では，ポンチョや強い紫外線を防ぐ帽子，この地方が原産で傾斜地などで栽培された様々な種類のじゃがいもが販売されている。 ○キリスト教徒の割合が最も多く，先住民の伝統的な信仰との結び付きがあり，農耕儀礼などに用いる品々を扱う店舗が立ち並ぶ町並が見られる。
イ	42290	○キリスト教徒（カトリック）の割合が最も多く，基本的に日曜日は非労働日とされており，休業日としている店舗がある。 ○首都には，ガラス製のアーケードを備えた商店街（パサージュ）や，鞄《かばん》や洋服などの世界的なブランド店の本店が立ち並ぶ町並が見られる。
ウ	65910	○高速道路（フリーウエー）が整備されており，道路沿いの巨大なショッピングセンターでは，大量の商品が陳列され，販売されている。 ○多民族国家を形成し，同じ出身地の移民が集まる地域にはそれぞれの国の料理を扱う飲食店や物産品を扱う店舗が立ち並ぶ町並が見られる。
エ	14150	○スークと呼ばれる伝統的な市場では，日用品に加えて，なつめやし，伝統衣装，香料などが販売されている。 ○イスラム教徒の割合が最も多く，断食《だんじき》が行われる期間は，日没後に営業を始める飲食店が立ち並ぶ町並が見られる。

（注）　一人当たりの国民総所得とは，一つの国において新たに生み出された価値の総額を人口で割った数値のこと。

（「データブック オブ・ザ・ワールド」2022年版より作成）

〔問３〕　次のⅠの略地図は，2021年における東南アジア諸国連合（ASEAN《アセアン》）加盟国の2001年と比較した日本からの輸出額の増加の様子を数値で示したものである。Ⅱの略地図は，2021年における東南アジア諸国連合（ASEAN）加盟国の2001年と比較した進出日本企業の増加数を示したものである。Ⅲの文章で述べている国に当てはまるのは，下の**ア**～**エ**のうちのどれか。

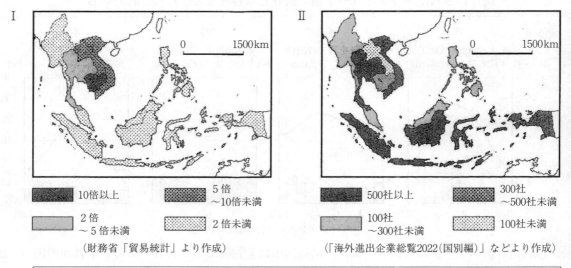

Ⅰ

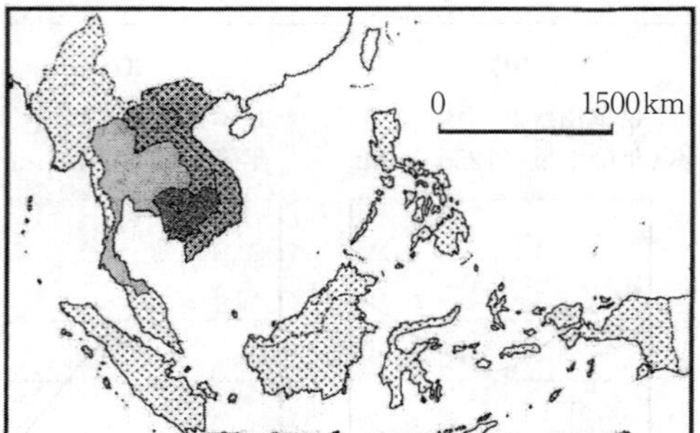

（財務省「貿易統計」より作成）

Ⅱ

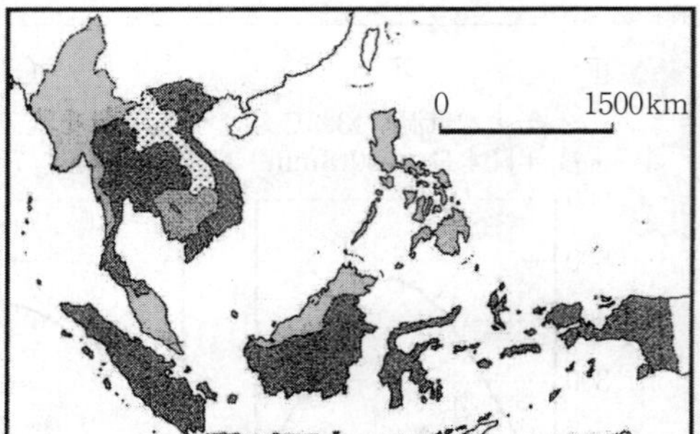

（「海外進出企業総覧2022（国別編）」などより作成）

Ⅲ

1945年の独立宣言後，国が南北に分離した時代を経て，1976年に統一された。国営企業中心の経済からの転換が図られ，現在では外国企業の進出や民間企業の設立が進んでいる。

2001年に約2164億円であった日本からの輸出額は，2021年には約２兆968億円となり，2001年に179社であった進出日本企業数は，2021年には1143社へと増加しており，日本との結び付きを強めている。首都の近郊には日系の自動車工場が見られ，最大の人口を有する南部の都市には，日系のコンビニエンスストアの出店が増加している。

ア　インドネシア　　**イ**　ベトナム　　**ウ**　ラオス　　**エ**　タイ

3　次の略地図を見て，あとの各問に答えよ。

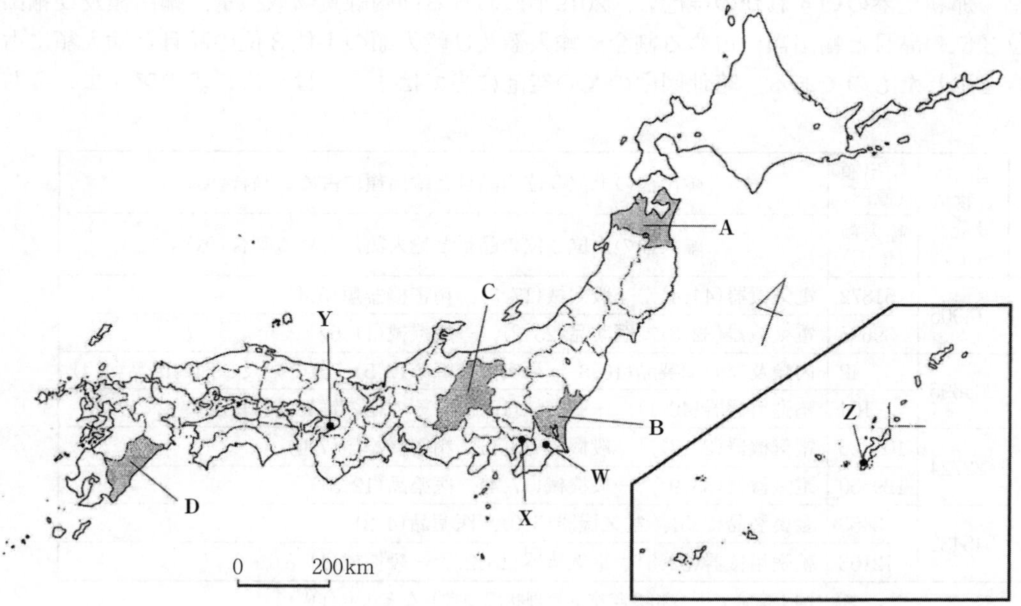

〔問１〕　次の表の**ア**～**エ**の文章は，略地図中に　で示した，**A**～**D**の**いずれか**の県の，自然環境と農産物の東京への出荷の様子についてまとめたものである。**A**～**D**のそれぞれの県に当てはまるのは，次の表の**ア**～**エ**のうちではどれか。

	自然環境と農産物の東京への出荷の様子
ア	○平均標高は1132mで，山脈が南北方向に連なり，フォッサマグナなどの影響によって形成された盆地が複数見られる。 ○東部の高原で他県と比べ時期を遅らせて栽培されるレタスは，明け方に収穫後，その日の正午頃に出荷され，東京まで約５時間かけて主に保冷トラックで輸送されている。
イ	○平均標高は100mで，北西部には山地が位置し，中央部から南西部にかけては河川により形成された平野が見られ，砂丘が広がる南東部には，水はけのよい土壌が分布している。 ○南東部で施設栽培により年間を通して栽培されるピーマンは，明け方に収穫後，その日の午後に出荷され，東京まで約３時間かけてトラックで輸送されている。
ウ	○平均標高は402mで，北西部に山地が位置し，中央部から南部にかけて海岸線に沿って平野が広がっている。 ○平野で施設栽培により年間を通して栽培されるきゅうりは，明け方に収穫後，翌日に出荷され，東京まで１日以上かけてフェリーなどで輸送されている。

エ	○平均標高は226mで，西部には平野が広がり，中央部に位置する火山の南側には水深が深い湖が見られ，東部の平坦な地域は夏季に吹く北東の風の影響で冷涼となることがある。 ○病害虫の影響が少ない東部で栽培されるごぼうは，収穫され冷蔵庫で保管後，発送日の午前中に出荷され，東京まで約10時間かけてトラックで輸送されている。

（国土地理院の資料より作成）

〔問２〕 次の表の**ア**～**エ**は，略地図中に**W**～**Z**で示した成田国際空港，東京国際空港，関西国際空港，那覇空港の**いずれか**の空港の，2019年における国内線貨物取扱量，輸出額及び輸出額の上位３位の品目と輸出額に占める割合，輸入額及び輸入額の上位３位の品目と輸入額に占める割合を示したものである。略地図中の**X**の空港に当てはまるのは，次の表の**ア**～**エ**のうちのどれか。

	国内線貨物取扱量（t）	輸出額（億円） 輸入額（億円）	輸出額の上位３位の品目と輸出額に占める割合（％） 輸入額の上位３位の品目と輸入額に占める割合（％）
ア	14905	51872	電気機器(44.4)，一般機械(17.8)，精密機器類(6.4)
		39695	電気機器(32.3)，医薬品(23.2)，一般機械(11.6)
イ	204695	42	肉類及び同調製品(16.8)，果実及び野菜(7.5)，魚介類及び同調製品(4.4)
		104	輸送用機器(40.1)，一般機械(15.9)，その他の雑製品(11.3)
ウ	22724	105256	電気機器(23.7)，一般機械(15.1)，精密機器類(7.0)
		129560	電気機器(33.9)，一般機械(17.4)，医薬品(12.3)
エ	645432	3453	金属製品(7.5)，電気機器(5.0)，医薬品(4.2)
		12163	輸送用機器(32.3)，電気機器(18.2)，一般機械(11.8)

（国土交通省「令和２年空港管理状況調書」などより作成）

〔問３〕 次のⅠの資料は，国土交通省が推進しているモーダルシフトについて分かりやすくまとめたものである。Ⅱのグラフは，2020年度における，重量１ｔの貨物を１km輸送する際に，営業用貨物自動車及び鉄道から排出される二酸化炭素の排出量を示したものである。Ⅲの略地図は，2020年における貨物鉄道の路線，主な貨物ターミナル駅，七地方区分の境界を示したものである。Ⅰ～Ⅲの資料から読み取れる，(1)「国がモーダルシフトを推進する目的」と(2)「国がモーダルシフトを推進する上で前提となる，七地方区分に着目した貨物鉄道の路線の敷設《ふせつ》状況及び貨物ターミナル駅の設置状況」の二点について，それぞれ簡単に述べよ。

Ⅰ

○モーダルシフトとは，トラックなどの営業用貨物自動車で行われている貨物輸送を，貨物鉄道などの利用へと転換することをいう。転換拠点は，貨物ターミナル駅などである。

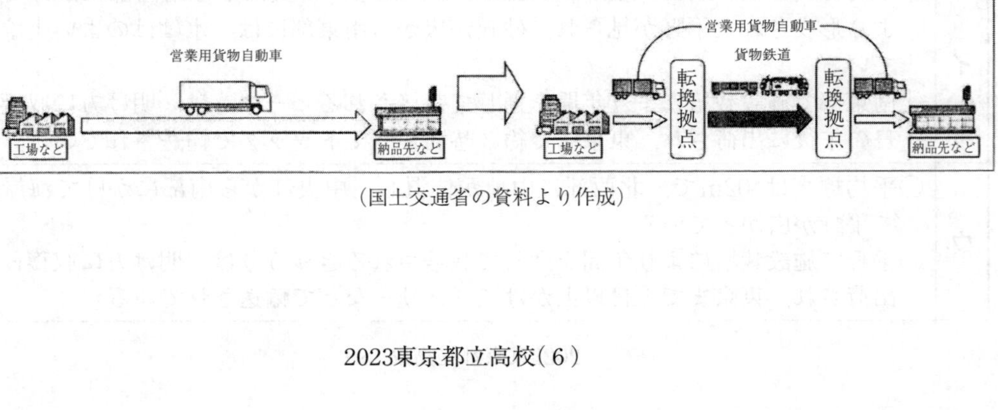

（国土交通省の資料より作成）

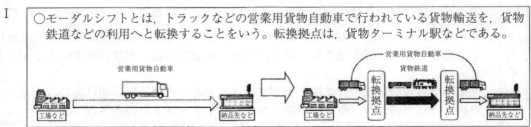

Ⅱ

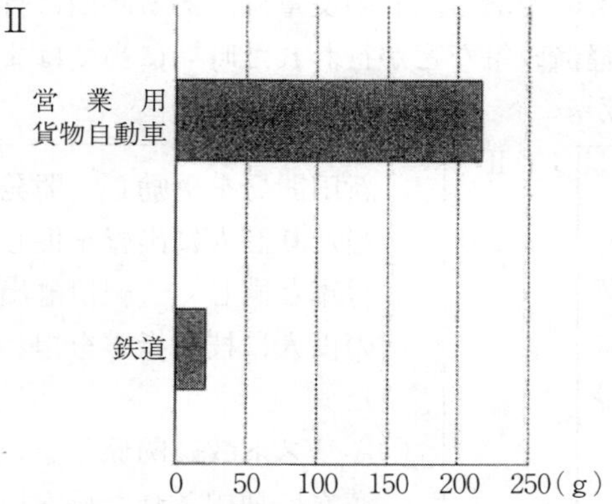

(国土交通省の資料より作成)

Ⅲ

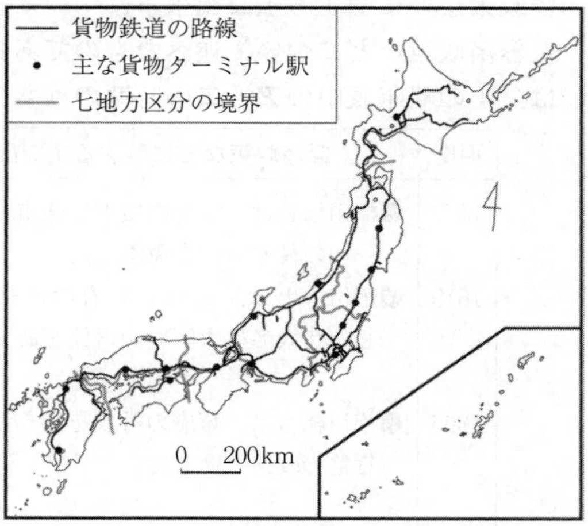

(国土交通省の資料などより作成)

4 次の文章を読み，あとの各問に答えよ。

> 私たちは，いつの時代も最新の知識に基づいて生産技術を向上させ，新たな技術を生み出すことで，社会を発展させてきた。
>
> 古代から，各時代の権力者は，(1)統治を継続することなどを目的に，高度な技術を有する人材に組織の中で役割を与え，寺院などを築いてきた。
>
> 中世から近世にかけて，農業においても新しい技術が導入されることで生産力が向上し，各地で特産物が生産されるようになった。また，(2)財政再建を行う目的で，これまで培《つちか》ってきた技術を生かし，新田開発などの経済政策を実施してきた。
>
> 近代以降は，政府により，(3)欧米諸国に対抗するため，外国から技術を学んで工業化が進められた。昭和時代以降は，(4)飛躍的に進歩した技術を活用し，社会の変化に対応した新たな製品を作り出す企業が現れ，私たちの生活をより豊かにしてきた。

〔問1〕 (1)統治を継続することなどを目的に，高度な技術を有する人材に組織の中で役割を与え，寺院などを築いてきた。とあるが，次の**ア**～**エ**は，飛鳥《あすか》時代から室町時代にかけて，各時代の権力者が築いた寺院などについて述べたものである。時期の古いものから順に記号を並べよ。

ア 公家《くげ》の山荘を譲り受け，寝殿造《しんでんづくり》や禅宗様《ぜんしゅうよう》の様式を用いた三層からなる金閣《きんかく》を京都の北山《きたやま》に築いた。

イ 仏教の力により，社会の不安を取り除き，国家の安泰を目指して，3か年8回にわたる鋳造の末，銅製の大仏を奈良の東大寺《とうだいじ》に造立《ぞうりゅう》した。

ウ 仏教や儒教の考え方を取り入れ，役人の心構えを示すとともに，金堂《こんどう》などからなる法隆寺《ほうりゅうじ》を斑鳩《いかるが》に建立《こんりゅう》した。

エ 産出された金や交易によって得た財を利用し，金ぱく，象牙や宝石で装飾し，極楽浄土を表現した中尊寺《ちゅうそんじ》金色堂《こんじきどう》を平泉《ひらいずみ》に建立した。

〔問2〕 (2)財政再建を行う目的で，これまで培《つちか》ってきた技術を生かし，新田開発などの経済政策を実施してきた。とあるが，次のⅠの略年表は，安土《あづち》・桃山《ももやま》時代から江戸時代にかけての，経済政策などに関する主な出来事についてまとめたものである。Ⅱの文章は，ある時期に行われた経済政策などについて述べたものである。Ⅱの経済政策などが行われた時期に当てはまるのは，Ⅰの略年表中の**ア**～**エ**の時期のうちではどれか。

Ⅰ

西暦	経済政策などに関する主な出来事	
1577	●織田信長《お だ のぶなが》は，安土の城下を楽市とし，一切の役や負担を免除した。	
		ア
1619	●徳川秀忠《とくがわひでただ》は，大阪を幕府の直轄地とし，諸大名に大阪城の再建を命じた。	
		イ
1695	●徳川綱吉《とくがわつなよし》は，幕府の財政を補うため，貨幣の改鋳を命じた。	
		ウ
1778	●田沼意次《た ぬまおきつぐ》は，長崎貿易の輸出品である俵物《たわらもの》の生産を奨励した。	
		エ
1841	●水野忠邦《みず の ただくに》は，物価の上昇を抑えるため，株仲間《かぶなか ま》の解散を命じた。	

Ⅱ

○新田開発を奨励し，開発に当たり商人に出資を促し，将軍と同じく，紀伊《きい》藩出身の役人に技術指導を担《にな》わせた。

○キリスト教に関係しない，漢文に翻訳された科学技術に関係する洋書の輸入制限を緩和した。

〔問３〕 (3)欧米諸国に対抗するため，外国から技術を学んで工業化が進められた。とあるが，次の**ア**～**ウ**は，明治時代に操業を開始した工場について述べたものである。略地図中の**A**～**C**は，**ア**～**ウのいずれか**の工場の所在地を示したものである。**ア**～**ウ**について，操業を開始した時期の古いものから順に記号を並べよ。また，略地図中の**B**に当てはまるのは，次の**ア**～**ウ**のうちではどれか。

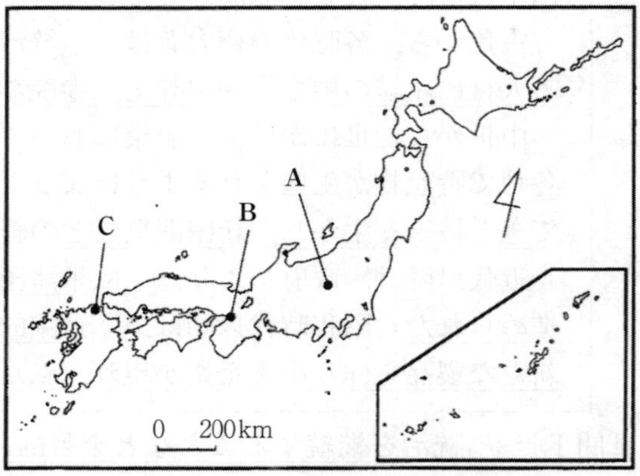

ア　実業家が発起人となり，イギリスの技術を導入し設立され，我が国における産業革命の契機となった民間の紡績会社で，綿糸の生産が開始された。

イ　国産生糸の増産や品質の向上を図ることを目的に設立された官営模範製糸場で，フランスの技術を導入し生糸の生産が開始された。

ウ　鉄鋼の増産を図ることを目的に設立された官営の製鉄所で，国内産の石炭と輸入された鉄鉱石を原材料に，外国人技術者の援助を受けて鉄鋼の生産が開始された。

〔問４〕 (4)飛躍的に進歩した技術を活用し，社会の変化に対応した新たな製品を作り出す企業が現れ，私たちの生活をより豊かにしてきた。とあるが，次の略年表は，昭和時代から平成時代にかけて，東京に本社を置く企業の技術開発に関する主な出来事についてまとめたものである。略年表中の**A**～**D**のそれぞれの時期に当てはまるのは，下の**ア**～**エ**のうちではどれか。

西暦	東京に本社を置く企業の技術開発に関する主な出来事	
1945	●造船会社により製造されたジェットエンジンを搭載した飛行機が，初飛行に成功した。	
1952	●顕微鏡・カメラ製造会社が，医師からの依頼を受け，日本初の胃カメラの実用化に成功した。	A
1955	●通信機器会社が，小型軽量で持ち運び可能なトランジスタラジオを販売した。	
		B
1972	●計算機会社が，大規模集積回路を利用した電子式卓上計算機を開発した。	
		C
1989	●フィルム製造会社が，家電製造会社と共同開発したデジタルカメラを世界で初めて販売した。	
		D
2003	●建築会社が，独立行政法人と共同して，不整地歩行などを実現するロボットを開発した。	

ア　地価や株価が上がり続けるバブル経済が終わり，構造改革を迫られ，インターネットの普及が急速に進み，撮影した写真を送信できるカメラ付き携帯電話が初めて販売された。

イ　連合国軍最高司令官総司令部(GHQ)の指令に基づき日本政府による民主化政策が実施され，素材，機器，測定器に至る全てを国産化した移動無線機が初めて製作された。

ウ　石油危機により，省エネルギー化が進められ，運動用品等に利用されていた我が国の炭素素材が，航空機の部材として初めて使用された。

エ　政府により国民所得倍増計画が掲げられ，社会資本の拡充の一環として，速度を自動的に調整するシステムを導入した東海道新幹線が開業した。

5　次の文章を読み，あとの各問に答えよ。

　企業は，私たちが消費している財(もの)やサービスを提供している。企業には，国や地方公共団体が経営する公企業と民間が経営する私企業がある。(1)私企業は，株式の発行や銀行からの融資などにより調達した資金で，生産に必要な土地，設備，労働力などを用意し，利潤を得ることを目的に生産活動を行っている。こうして得た財やサービスの価格は，需要量と供給量との関係で変動するものや，(2)政府や地方公共団体により料金の決定や改定が行われるものなどがある。

　私企業は，自社の利潤を追求するだけでなく，(3)国や地方公共団体に税を納めることで，社会を支えている。また，社会貢献活動を行い，社会的責任を果たすことが求められている。

　(4)日本経済が発展するためには，私企業の経済活動は欠かすことができず，今後，国内外からの信頼を一層高めていく必要がある。

〔問1〕　(1)私企業は，株式の発行や銀行からの融資などにより調達した資金で，生産に必要な土地，設備，労働力などを用意し，利潤を得ることを目的に生産活動を行っている。とあるが，経済活動の自由を保障する日本国憲法の条文は，次の**ア**～**エ**のうちではどれか。

ア　すべて国民は，法の下に平等であつて，人種，信条，性別，社会的身分又は門地により，政治的，経済的又は社会的関係において，差別されない。

イ　何人も，法律の定める手続によらなければ，その生命若《も》しくは自由を奪はれ，又はその他の刑罰を科せられない。

ウ　すべて国民は，法律の定めるところにより，その能力に応じて，ひとしく教育を受ける権利を有する。

エ　何人も，公共の福祉に反しない限り，居住，移転及び職業選択の自由を有する。

〔問２〕　(2)政府や地方公共団体により料金の決定や改定が行われるものなどがある。とあるが，次の文章は，令和２年から令和３年にかけて，ある公共料金が改定されるまでの経過について示したものである。この文章で示している公共料金に当てはまるのは，下の**ア**～**エ**のうちではどれか。

○所管省庁の審議会分科会が公共料金の改定に関する審議を開始した。（令和２年３月16日）
○所管省庁の審議会分科会が審議会に公共料金の改定に関する審議の報告を行った。（令和２年12月23日）
○所管省庁の大臣が審議会に公共料金の改定に関する諮問を行った。（令和３年１月18日）
○所管省庁の審議会が公共料金の改定に関する答申を公表した。（令和３年１月18日）
○所管省庁の大臣が公共料金の改定に関する基準を告示した。（令和３年３月15日）

ア　鉄道運賃　　**イ**　介護報酬　　**ウ**　公営水道料金　　**エ**　郵便料金（手紙・はがきなど）

〔問３〕　(3)国や地方公共団体に税を納めることで，社会を支えている。とあるが，次の表は，企業の経済活動において，課税する主体が，国であるか，地方公共団体であるかを，国である場合は「国」，地方公共団体である場合は「地」で示そうとしたものである。表の**A**と**B**に入る記号を正しく組み合わせているのは，次の**ア**～**エ**のうちのどれか。

	課税する主体
企業が提供した財やサービスの売上金から経費を引いた利潤にかかる法人税	**A**
土地や建物にかかる固定資産税	**B**

	ア	イ	ウ	エ
A	地	地	国	国
B	国	地	地	国

〔問４〕　(4)日本経済が発展するためには，私企業の経済活動は欠かすことができず，今後，国内外からの信頼を一層高めていく必要がある。とあるが，次のⅠの文章は，2010年に開催された法制審議会会社法制部会第１回会議における資料の一部を分かりやすく書き改めたものである。Ⅱの文は，2014年に改正された会社法の一部を分かりやすく書き改めたものである。Ⅲのグラフは，2010年から2020年までの東京証券取引所に上場する会社における，具体的な経営方針等を決定する取締役会《とりしまりやくかい》に占める，会社と利害関係を有しない独立性を備えた社外取締役の人数別の会社数の割合を示したものである。Ⅰ～Ⅲの資料を活用し，2014年に改正された会社法によりもたらされた取締役会の変化について，社外取締役の役割及び取締役会における社外取締役の人数に着目して，簡単に述べよ。

Ⅰ

○現行の会社法では，外部の意見を取り入れる仕組を備える適正な企業統治を実現するシステムが担保されていない。
○我が国の上場会社等の企業統治については，内外の投資者等から強い懸念《けねん》が示されている。

Ⅱ

> これまでの会社法では，社外取締役の要件は，自社又は子会社の出身者等でないことであったが，親会社の全ての取締役等，兄弟会社の業務執行取締役等，自社の取締役等及びその配偶者の近親者等でないことを追加する。

Ⅲ

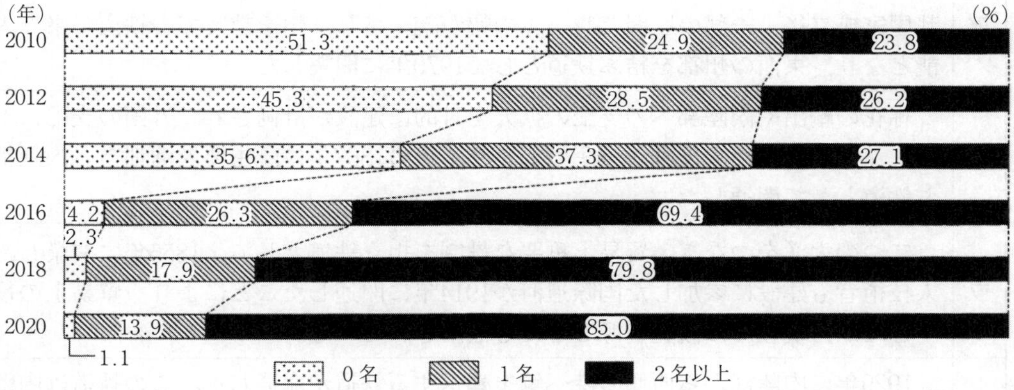

（注）　四捨五入をしているため，社外取締役の人数別の会社数の割合を合計したものは，100%にならない場合がある。

（東京証券取引所の資料より作成）

6 次の文章を読み，下の略地図を見て，あとの各問に答えよ。

> (1)1851年に開催された世界初の万国博覧会は，蒸気機関車などの最新技術が展示され，鉄道の発展のきっかけとなった。1928年には，国際博覧会条約が35か国により締結され，(2)テーマを明確にした国際博覧会が開催されるようになった。
>
> 2025年に大阪において「いのち輝く未来社会のデザイン」をテーマとした万国博覧会の開催が予定されており，(3)我が国で最初の万国博覧会が大阪で開催された時代と比べ，社会の様子も大きく変化してきた。

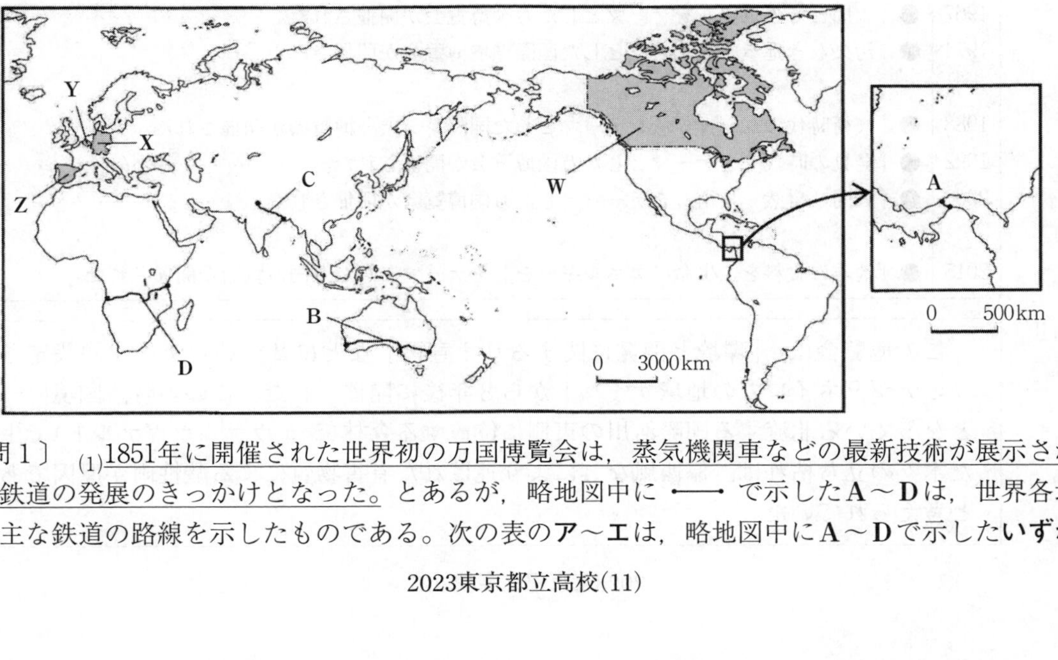

〔問１〕　(1)1851年に開催された世界初の万国博覧会は，蒸気機関車などの最新技術が展示され，鉄道の発展のきっかけとなった。とあるが，略地図中に ●━● で示した**A**～**D**は，世界各地の主な鉄道の路線を示したものである。次の表の**ア**～**エ**は，略地図中に**A**～**D**で示した**いずれか**

の鉄道の路線の様子についてまとめたものである。略地図中の**A**～**D**のそれぞれの鉄道の路線に当てはまるのは，次の表の**ア**～**エ**のうちではどれか。

	鉄道の路線の様子
ア	植民地時代に建設された鉄道は，地域ごとにレールの幅が異なっていた。1901年の連邦国家成立後，一部の区間でレールの幅が統一され，州を越えての鉄道の乗り入れが可能となり，東西の州都を結ぶ鉄道として1970年に開業した。
イ	綿花の輸出や内陸部への支配の拡大を目的に建設が計画され，外国の支配に不満をもつ人々が起こした大反乱が鎮圧された９年後の1867年に，主要港湾都市と内陸都市を結ぶ鉄道として開通した。
ウ	二つの大洋をつなぎ，貿易上重要な役割を担《にな》う鉄道として，1855年に開業した。日本人技術者も建設に参加した国際運河が1914年に開通したことにより，貿易上の役割は低下したが，現在では観光資源としても活用されている。
エ	1929年に内陸部から西側の港へ銅を輸送する鉄道が開通した。この鉄道は内戦により使用できなくなり，1976年からは内陸部と東側の港とを結ぶ新たに作られた鉄道がこの地域の主要な銅の輸送路となった。2019年にこの二本の鉄道が結ばれ，大陸横断鉄道となった。

〔問２〕 (2)テーマを明確にした国際博覧会が開催されるようになった。とあるが，次のⅠの略年表は，1958年から2015年までの，国際博覧会に関する主な出来事についてまとめたものである。Ⅱの文章は，Ⅰの略年表中の**A**～**D**の**いずれか**の国際博覧会とその開催国の環境問題について述べたものである。Ⅱの文章で述べている国際博覧会に当てはまるのは，Ⅰの略年表中の**A**～**D**のうちのどれか，また，その開催国に当てはまるのは，略地図中に　　で示した**W**～**Z**のうちのどれか。

Ⅰ

西暦	国際博覧会に関する主な出来事
1958	●「科学文明とヒューマニズム」をテーマとした万国博覧会が開催された。…………**A**
1967	●「人間とその世界」をテーマとした万国博覧会が開催された。…………**B**
1974	●「汚染なき進歩」をテーマとした国際環境博覧会が開催された。
1988	●「技術時代のレジャー」をテーマとした国際レジャー博覧会が開催された。
1992	●「発見の時代」をテーマとした万国博覧会が開催された。…………**C**
2000	●「人間・自然・技術」をテーマとした万国博覧会が開催された。…………**D**
2015	●「地球に食料を，生命にエネルギーを」をテーマとした万国博覧会が開催された。

Ⅱ

この博覧会は，「環境と開発に関するリオ宣言」などに基づいたテーマが設定され，リオデジャネイロでの地球サミットから８年後に開催された。この当時，国境の一部となっている北流する国際河川の東側に位置する森林（シュヴァルツヴァルト）で生じた木々の立ち枯れは，偏西風などにより運ばれた有害物質による酸性雨が原因であると考えられていた。

〔問３〕 (3)我が国で最初の万国博覧会が大阪で開催された時代と比べ，社会の様子も大きく変化してきた。とあるが，次のⅠの**ア**～**エ**のグラフは，1950年，1970年，2000年，2020年の**いずれか**の我が国における人口ピラミッドを示したものである。Ⅱの文章で述べている年の人口ピラミッドに当てはまるのは，Ⅰの**ア**～**エ**のうちのどれか。

Ⅰ

ア

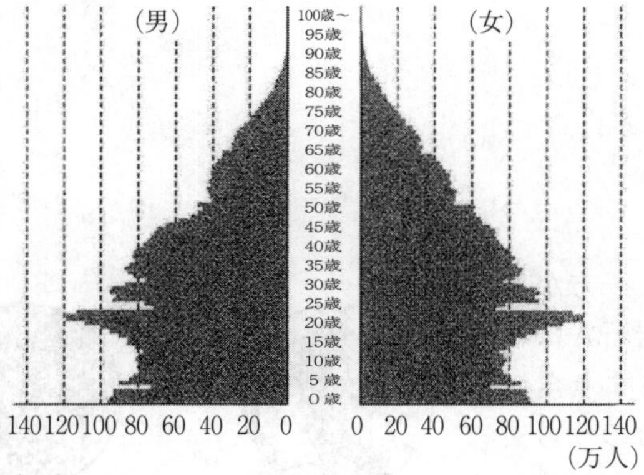

イ

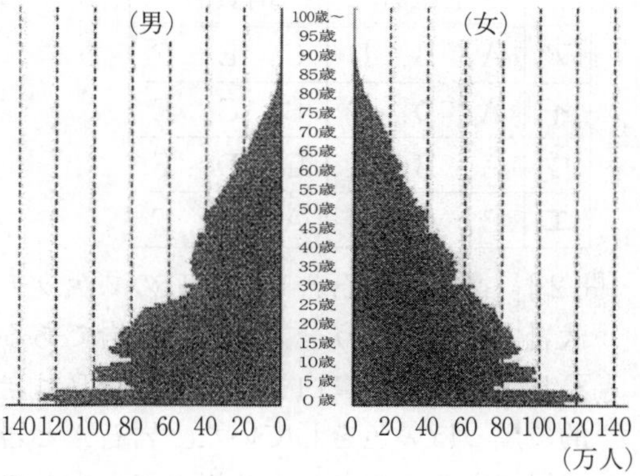

ウ

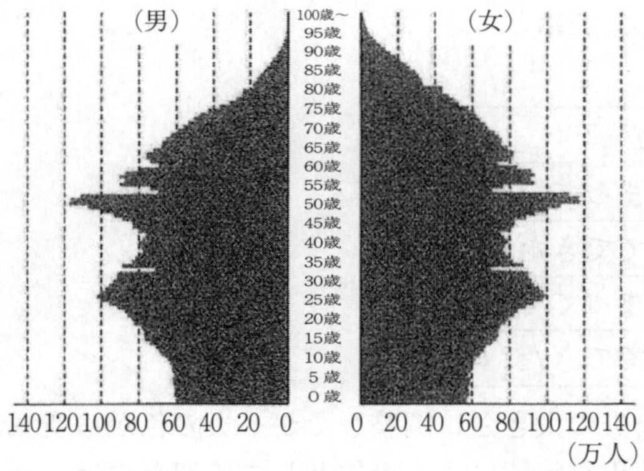

エ

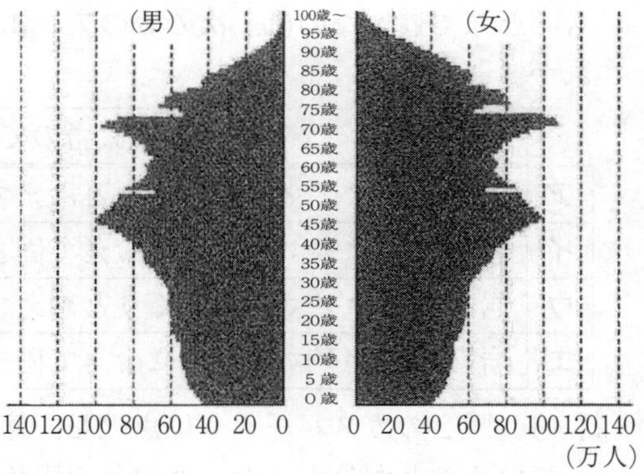

(2020年国勢調査などより作成)

Ⅱ

○我が国の人口が１億人を突破して３年後のこの年は，65歳以上の割合は７％を超え，高齢化社会の段階に入っている。
○地方から都市への人口移動が見られ，郊外にニュータウンが建設され，大阪では「人類の進歩と調和」をテーマに万国博覧会が開催された。

【理　科】（50分）〈満点：100点〉

1　次の各問に答えよ。

〔問１〕　次のＡ～Ｆの生物を生産者と消費者とに分類したものとして適切なのは，下の表の**ア**～**エ**のうちではどれか。

Ａ　エンドウ　　Ｂ　サツマイモ　　Ｃ　タカ　　Ｄ　ツツジ　　Ｅ　バッタ　　Ｆ　ミミズ

	生産者	消費者
ア	Ａ，Ｂ，Ｄ	Ｃ，Ｅ，Ｆ
イ	Ａ，Ｄ，Ｆ	Ｂ，Ｃ，Ｅ
ウ	Ａ，Ｂ，Ｅ	Ｃ，Ｄ，Ｆ
エ	Ｂ，Ｃ，Ｄ	Ａ，Ｅ，Ｆ

〔問２〕　図１の岩石Ａと岩石Ｂのスケッチは，一方が玄武岩であり，もう一方が花こう岩である。岩石Ａは岩石Ｂより全体的に白っぽく，岩石Ｂは岩石Ａより全体的に黒っぽい色をしていた。岩石Ａと岩石Ｂのうち玄武岩であるものと，玄武岩のでき方とを組み合わせたものとして適切なのは，次の表の**ア**～**エ**のうちではどれか。

図１

岩石Ａ　　岩石Ｂ

	玄武岩	玄武岩のでき方
ア	岩石Ａ	マグマがゆっくりと冷えて固まってできた。
イ	岩石Ａ	マグマが急激に冷えて固まってできた。
ウ	岩石Ｂ	マグマがゆっくりと冷えて固まってできた。
エ	岩石Ｂ	マグマが急激に冷えて固まってできた。

〔問３〕　図２のガスバーナーに点火し，適正な炎の大きさに調整したが，炎の色から空気が不足していることが分かった。炎の色を青色の適正な状態にする操作として適切なのは，下の**ア**～**エ**のうちではどれか。

図２

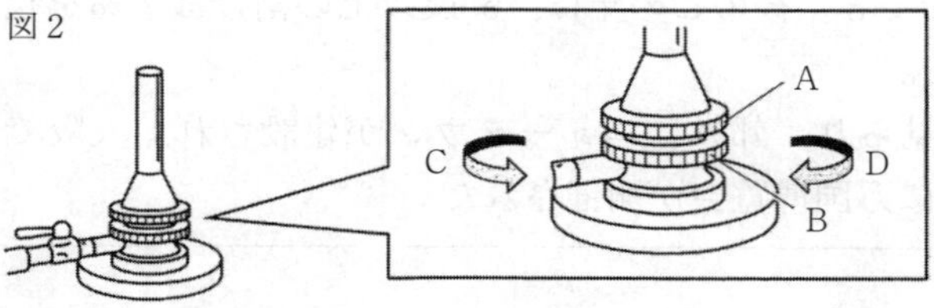

ア　Ａのねじを押さえながら，Ｂのねじをの向きに回す。

イ　Ａのねじを押さえながら，ＢのねじをＤの向きに回す。

ウ　Ｂのねじを押さえながら，ＡのねじをＣの向きに回す。

エ　Ｂのねじを押さえながら，ＡのねじをＤの向きに回す。

〔問４〕 図３のように，凸レンズの二つの焦点を通る一直線上に，物体(光源付き)，凸レンズ，スクリーンを置いた。

凸レンズの二つの焦点を通る一直線上で，スクリーンを矢印の向きに動かし，凸レンズに達する前にはっきりと像が映る位置に調整した。図３のＡ点，Ｂ点のうちはっきりと像が映るときのスクリーンの位置と，このときスクリーンに映った像の大きさについて述べたものとを組み合わせたものとして適切なのは，下の表の**ア**～**エ**のうちではどれか。

図３

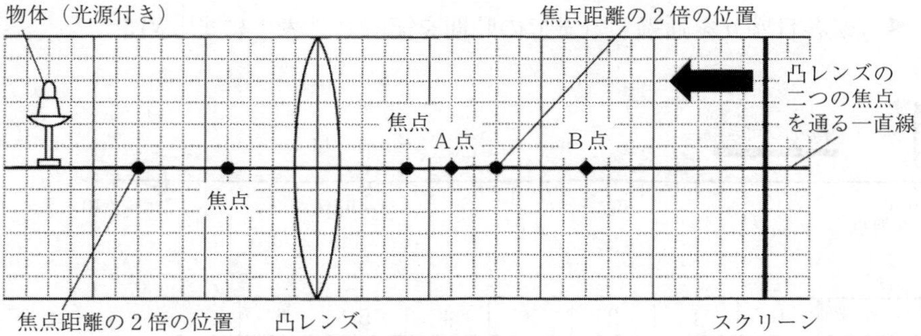

	スクリーンの位置	スクリーンに映った像の大きさについて述べたもの
ア	Ａ点	物体の大きさと比べて，スクリーンに映った像の方が大きい。
イ	Ａ点	物体の大きさと比べて，スクリーンに映った像の方が小さい。
ウ	Ｂ点	物体の大きさと比べて，スクリーンに映った像の方が大きい。
エ	Ｂ点	物体の大きさと比べて，スクリーンに映った像の方が小さい。

〔問５〕 次のＡ～Ｄの物質を化合物と単体とに分類したものとして適切なのは，下の表の**ア**～**エ**のうちではどれか。

Ａ　二酸化炭素　　Ｂ　水　　Ｃ　アンモニア　　Ｄ　酸素

	化合物	単体
ア	Ａ，Ｂ，Ｃ	Ｄ
イ	Ａ，Ｂ	Ｃ，Ｄ
ウ	Ｃ，Ｄ	Ａ，Ｂ
エ	Ｄ	Ａ，Ｂ，Ｃ

〔問６〕 図４はアブラナの花の各部分を外側にあるものからピンセットではがし，スケッチしたものである。図４のＡ～Ｄの名称を組み合わせたものとして適切なのは，次の表の**ア**～**エ**のうちではどれか。

図４

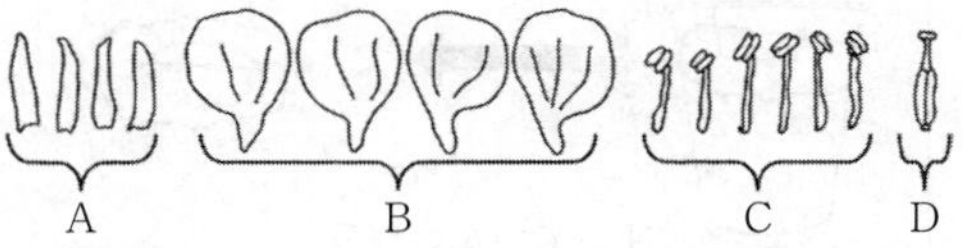

	Ａ	Ｂ	Ｃ	Ｄ
ア	がく	花弁	めしべ	おしべ
イ	がく	花弁	おしべ	めしべ
ウ	花弁	がく	おしべ	めしべ
エ	花弁	がく	めしべ	おしべ

2　生徒が，南極や北極に関して科学的に探究しようと考え，自由研究に取り組んだ。生徒が書いたレポートの一部を読み，次の各問に答えよ。

＜レポート１＞　雪上車について

雪上での移動手段について調べたところ，南極用に設計され，－60℃でも使用できる雪上車があることが分かった。その雪上車に興味をもち，大きさが約40分の１の模型を作った。

図１のように，速さを調べるために模型に旗（◀）を付け，１ｍごとに目盛りを付けた７ｍの直線コースを走らせた。旗（◀）をスタート地点に合わせ，模型がスタート地点を出発してから旗（◀）が各目盛りを通過するまでの時間を記録し，表１にまとめた。

図１

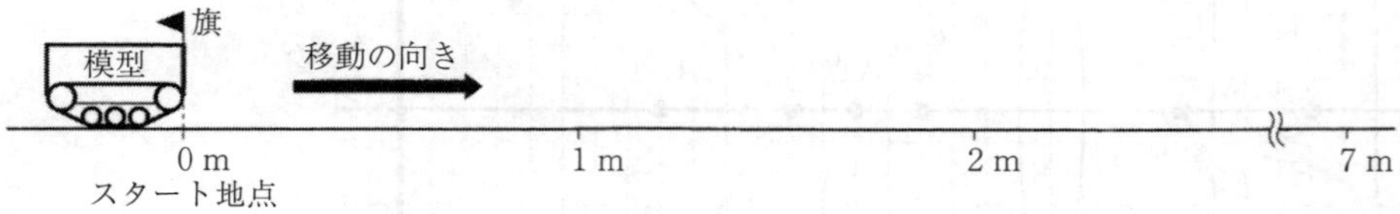

表１

移動した距離〔ｍ〕	0	1	2	3	4	5	6	7
通過するまでの時間〔秒〕	0	19.8	40.4	61.0	81.6	101.7	122.2	143.0

〔問１〕　**＜レポート１＞**から，模型の旗（◀）が２ｍ地点を通過してから６ｍ地点を通過するまでの平均の速さを計算し，小数第三位を四捨五入したものとして適切なのは，次のうちではどれか。

ア　0.02m/s　　**イ**　0.05m/s　　**ウ**　0.17m/s　　**エ**　0.29m/s

＜レポート２＞　海氷について

北極圏の海氷について調べたところ，海水が凍ることで生じる海氷は，海面に浮いた状態で存在していることや，海水よりも塩分の濃度が低いことが分かった。海氷ができる過程に興味をもち，食塩水を用いて次のようなモデル実験を行った。

図２のように，３％の食塩水をコップに入れ，液面上部から冷却し凍らせた。凍った部分を取り出し，その表面を取り除き残った部分を二つに分けた。その一つを溶かし食塩の濃度を測定したところ，0.84％であった。また，もう一つを３％の食塩水に入れたところ浮いた。

図２

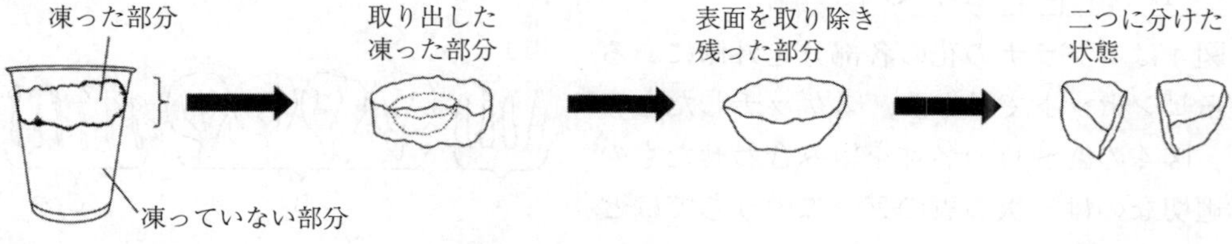

〔問２〕　**＜レポート２＞**から，「３％の食塩水100ｇに含まれる食塩の量」に対する「凍った部分の表面を取り除き残った部分100ｇに含まれる食塩の量」の割合として適切なのは，下の ① の**ア**と**イ**のうちではどれか。また，「３％の食塩水の密度」と「凍った部分の表面を取り除き残った部分の密度」を比べたときに，密度が大きいものとして適切なのは，下の ② の**ア**と**イ**のうちではどれか。ただし，凍った部分の表面を取り除き残った部分の食塩の濃度は均一で

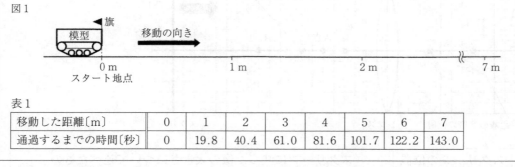

あるものとする。

① ア 約13%　　イ 約28%

② ア ３%の食塩水　　イ 凍った部分の表面を取り除き残った部分

＜レポート３＞　生物の発生について

水族館で，南極海に生息している図３のようなナンキョクオキアミの発生に関する展示を見て，生物の発生に興味をもった。発生の観察に適した生物を探していると，近所の池で図４の模式図のようなカエル(ニホンアマガエル)の受精卵を見付けたので持ち帰り，発生の様子をルーペで継続して観察したところ，図５や図６の模式図のように，細胞分裂により細胞数が増えていく様子を観察することができた。なお，図５は細胞数が２個になった直後の胚《はい》を示しており，図６は細胞数が４個になった直後の胚を示している。

図３

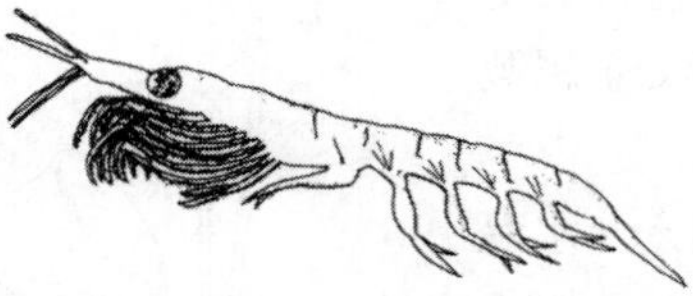

図４

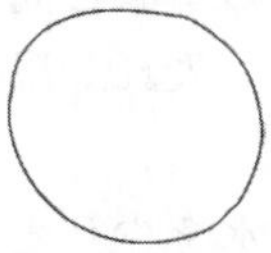

図５

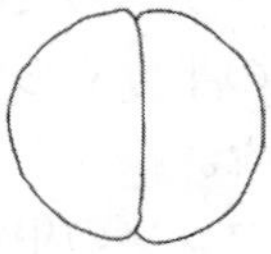

図６

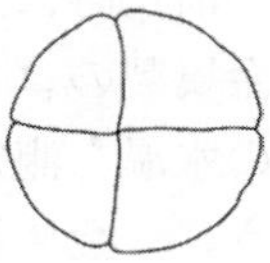

〔問３〕　**＜レポート３＞**の図４の受精卵の染色体の数を24本とした場合，図５及び図６の胚に含まれる合計の染色体の数として適切なのは，次の表の**ア**～**エ**のうちではどれか。

	図５の胚に含まれる合計の染色体の数	図６の胚に含まれる合計の染色体の数
ア	12本	６本
イ	12本	12本
ウ	48本	48本
エ	48本	96本

＜レポート４＞　北極付近での太陽の動きについて

北極付近での天体に関する現象について調べたところ，１日中太陽が沈まない現象が起きることが分かった。１日中太陽が沈まない日に北の空を撮影した連続写真には，図７のような様子が記録されていた。

地球の公転軌道を図８のように模式的に表した場合，図７のように記録された連続写真は，図８のＡの位置に地球があるときに撮影されたことが分かった。

図７

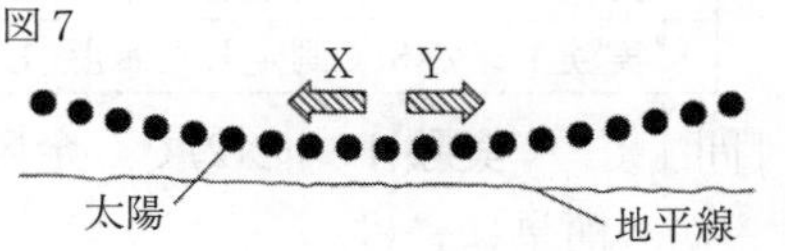

図８

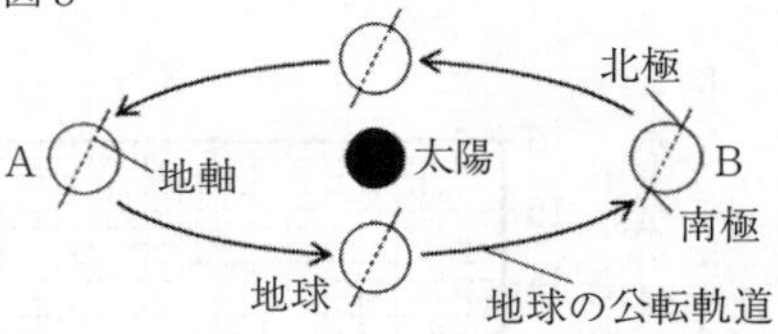

〔問４〕　**＜レポート４＞**から，図７のＸとＹのうち太陽が見かけ上動いた向きと，図８のＡとＢのうち日本で夏至となる地球の位置とを組み合わせたものとして適切なのは，次の表の**ア**～**エ**のうちではどれか。

	図７のXとYのうち太陽が見かけ上動いた向き	図８のAとBのうち日本で夏至となる地球の位置
ア	X	A
イ	X	B
ウ	Y	A
エ	Y	B

3　露点及び雲の発生に関する実験について，次の各問に答えよ。

＜**実験１**＞を行ったところ，＜**結果１**＞のようになった。

＜**実験１**＞

図１

(1)　ある日の午前10時に，あらかじめ実験室の室温と同じ水温にしておいた水を金属製のコップの半分くらいまで入れ，温度計で金属製のコップ内の水温を測定した。

(2)　図１のように，金属製のコップの中に氷水を少しずつ加え，水温が一様になるようにガラス棒でかき混ぜながら，金属製のコップの表面の温度が少しずつ下がるようにした。

(3)　金属製のコップの表面に水滴が付き始めたときの金属製のコップ内の水温を測定した。

(4)　＜**実験１**＞の(1)〜(3)の操作を同じ日の午後６時にも行った。

なお，この実験において，金属製のコップ内の水温とコップの表面付近の空気の温度は等しいものとし，同じ時刻における実験室内の湿度は均一であるものとする。

＜**結果１**＞

	午前10時	午後６時
＜**実験１**＞の(1)で測定した水温〔℃〕	17.0	17.0
＜**実験１**＞の(3)で測定した水温〔℃〕	16.2	12.8

〔問１〕　＜**実験１**＞の(2)で，金属製のコップの表面の温度が少しずつ下がるようにしたのはなぜか。簡単に書け。

〔問２〕　図２は，気温と飽和水蒸気量の関係をグラフに表したものである。

図２

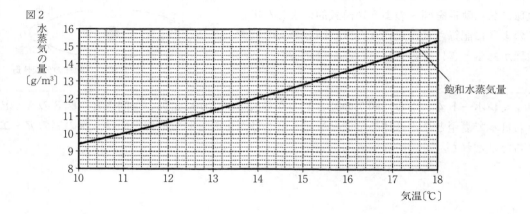

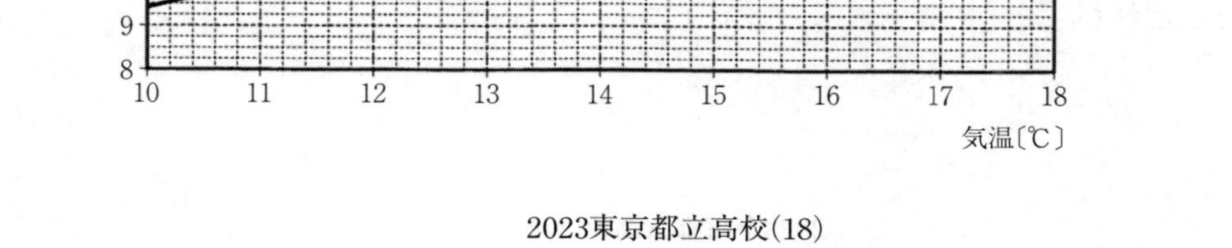

＜**結果１**＞から，午前10時の湿度として適切なのは，下の ① の**ア**と**イ**のうちではどれか。また，午前10時と午後６時の実験室内の空気のうち，１m^3に含まれる水蒸気の量が多い空気として適切なのは，下の ② の**ア**と**イ**のうちではどれか。

① **ア**　約76%　　**イ**　約95%

② **ア**　午前10時の実験室内の空気　　**イ**　午後６時の実験室内の空気

次に＜**実験２**＞を行ったところ，＜**結果２**＞のようになった。

＜**実験２**＞

(1)　丸底フラスコの内部をぬるま湯でぬらし，線香のけむりを少量入れた。

(2)　図３のように，ピストンを押し込んだ状態の大型注射器とデジタル温度計を丸底フラスコに空気がもれないようにつなぎ，装置を組み立てた。

(3)　大型注射器のピストンをすばやく引き，すぐに丸底フラスコ内の様子と丸底フラスコ内の温度の変化を調べた。

(4)　＜**実験２**＞の(3)の直後，大型注射器のピストンを元の位置まですばやく押し込み，すぐに丸底フラスコ内の様子と丸底フラスコ内の温度の変化を調べた。

図３

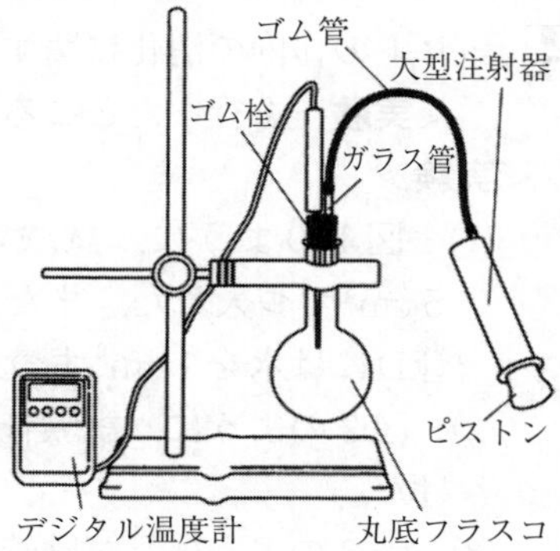

＜**結果２**＞

	＜**実験２**＞の(3)の結果	＜**実験２**＞の(4)の結果
丸底フラスコ内の様子	くもった。	くもりは消えた。
丸底フラスコ内の温度	26.9℃から26.7℃に変化した。	26.7℃から26.9℃に変化した。

〔問３〕　＜**結果２**＞から分かることをまとめた次の文章の ① ～ ④ にそれぞれ当てはまるものとして適切なのは，下の**ア**と**イ**のうちではどれか。

> ピストンをすばやく引くと，丸底フラスコ内の空気は ① し丸底フラスコ内の気圧は ② 。その結果，丸底フラスコ内の空気の温度が ③ ，丸底フラスコ内の ④ に変化した。

① **ア**　膨張　　**イ**　収縮

② **ア**　上がる　　**イ**　下がる

③ **ア**　上がり　　**イ**　下がり

④ **ア**　水蒸気が水滴　　**イ**　水滴が水蒸気

さらに，自然界で雲が生じる要因の一つである前線について調べ，＜**資料**＞を得た。

＜**資料**＞

次の文章は，日本のある場所で寒冷前線が通過したときの気象観測の記録について述べたものである。

> 午前６時から午前９時までの間に，雨が降り始めるとともに気温が急激に下がった。この間，風向は南寄りから北寄りに変わった。

〔問４〕　＜**資料**＞から，通過した前線の説明と，前線付近で発達した雲の説明とを組み合わせたものとして適切なのは，次の表の**ア**～**エ**のうちではどれか。

	通過した前線の説明	前線付近で発達した雲の説明
ア	暖気が寒気の上をはい上がる。	広い範囲に長く雨を降らせる雲
イ	暖気が寒気の上をはい上がる。	短時間に強い雨を降らせる雲
ウ	寒気が暖気を押し上げる。	広い範囲に長く雨を降らせる雲
エ	寒気が暖気を押し上げる。	短時間に強い雨を降らせる雲

4 ヒトの体内の消化に関する実験について，次の各問に答えよ。

＜**実験**＞を行ったところ，＜**結果**＞のようになった。

＜**実験**＞

(1) 図1のように，試験管A，試験管B，試験管C，試験管Dに0.5％のデンプン溶液を5cm^3ずつ入れた。また，試験管A，試験管Cには唾液を1cm^3ずつ入れ，試験管B，試験管Dには水を1cm^3ずつ入れた。

(2) 図2のように，試験管A，試験管B，試験管C，試験管Dを約40℃に保った水に10分間つけた。

(3) 図3のように，試験管A，試験管Bにヨウ素液を入れ，10分後，溶液の色の変化を観察した。

(4) 図4のように，試験管C，試験管Dにベネジクト液と沸騰石を入れ，その後，加熱し，1分後，溶液の色の変化を観察した。

図1

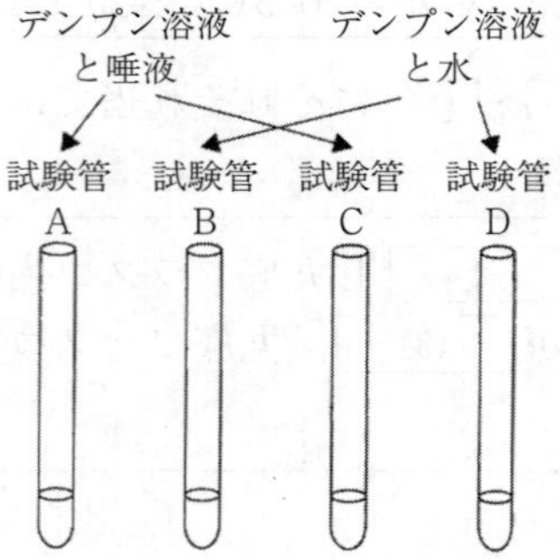

図2

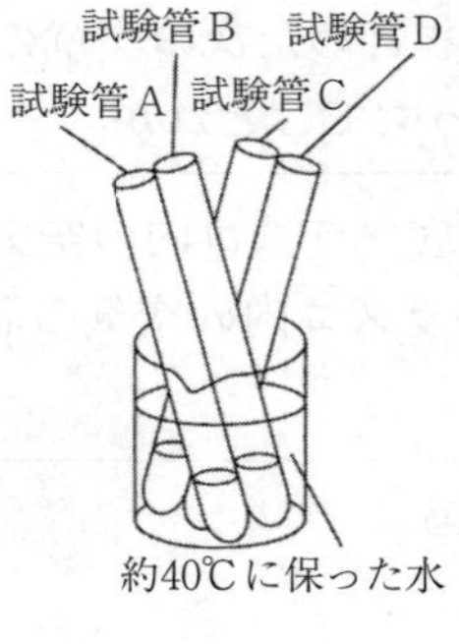

図3

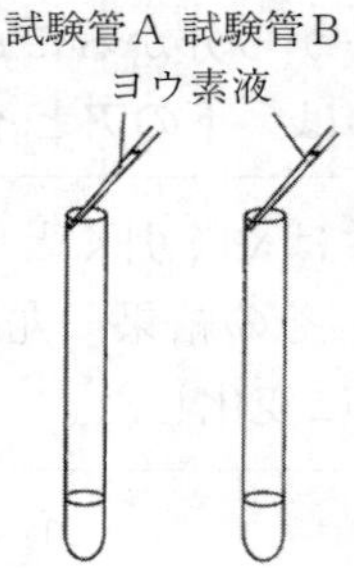

図4

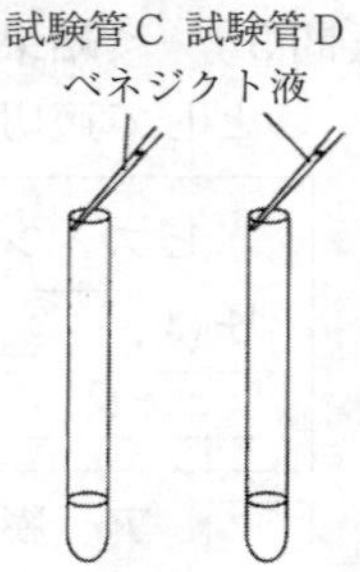

＜**結果**＞

	試験管A	試験管B	試験管C	試験管D
色の変化	変化しなかった。	青紫色になった。	赤褐色になった。	変化しなかった。

〔問1〕 ＜**結果**＞から分かる唾液のはたらきについて述べたものとして適切なのは，次のうちではどれか。

ア 試験管Aと試験管Bの比較から，唾液にはデンプンをデンプンではないものにするはたらきがあることが分かり，試験管Cと試験管Dの比較から，唾液にはデンプンをアミノ酸にするはたらきがあることが分かる。

イ 試験管Aと試験管Dの比較から，唾液にはデンプンをデンプンではないものにするはたらきがあることが分かり，試験管Bと試験管Cの比較から，唾液にはデンプンをアミノ酸にするはたらきがあることが分かる。

ウ　試験管Aと試験管Bの比較から，唾液にはデンプンをデンプンではないものにするはたらきがあることが分かり，試験管Cと試験管Dの比較から，唾液にはデンプンをブドウ糖がいくつか結合した糖にするはたらきがあることが分かる。

エ　試験管Aと試験管Dの比較から，唾液にはデンプンをデンプンではないものにするはたらきがあることが分かり，試験管Bと試験管Cの比較から，唾液にはデンプンをブドウ糖がいくつか結合した糖にするはたらきがあることが分かる。

〔問2〕　消化酵素により分解されることで作られた，ブドウ糖，アミノ酸，脂肪酸，モノグリセリドが，ヒトの小腸の柔毛で吸収される様子について述べたものとして適切なのは，次のうちではどれか。

ア　アミノ酸とモノグリセリドはヒトの小腸の柔毛で吸収されて毛細血管に入り，ブドウ糖と脂肪酸はヒトの小腸の柔毛で吸収された後に結合してリンパ管に入る。

イ　ブドウ糖と脂肪酸はヒトの小腸の柔毛で吸収されて毛細血管に入り，アミノ酸とモノグリセリドはヒトの小腸の柔毛で吸収された後に結合してリンパ管に入る。

ウ　脂肪酸とモノグリセリドはヒトの小腸の柔毛で吸収されて毛細血管に入り，ブドウ糖とアミノ酸はヒトの小腸の柔毛で吸収された後に結合してリンパ管に入る。

エ　ブドウ糖とアミノ酸はヒトの小腸の柔毛で吸収されて毛細血管に入り，脂肪酸とモノグリセリドはヒトの小腸の柔毛で吸収された後に結合してリンパ管に入る。

〔問3〕　図5は，ヒトの体内における血液の循環の経路を模式的に表したものである。図5のAとBの場所のうち，ヒトの小腸の毛細血管から吸収された栄養分の濃度が高い場所と，細胞に取り込まれた栄養分からエネルギーを取り出す際に使う物質とを組み合わせたものとして適切なのは，次の表の**ア**～**エ**のうちではどれか。

図5

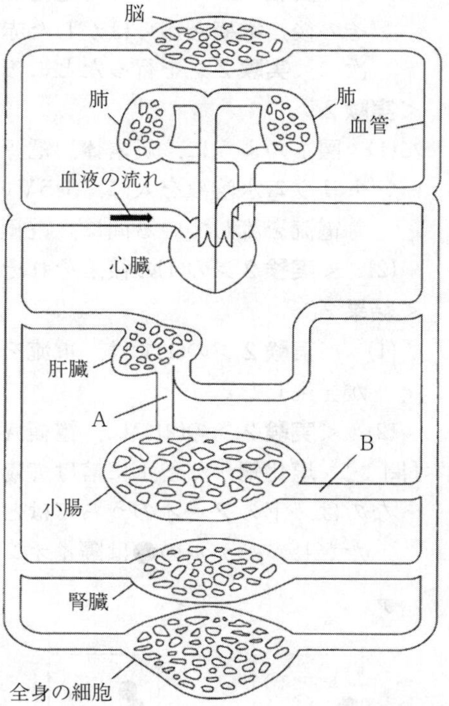

	栄養分の濃度が高い場所	栄養分からエネルギーを取り出す際に使う物質
ア	A	酸素
イ	A	二酸化炭素
ウ	B	酸素
エ	B	二酸化炭素

5 水溶液の実験について，次の各問に答えよ。

＜**実験１**＞を行ったところ，＜**結果１**＞のようになった。

＜**実験１**＞

(1) 図１のように，炭素棒，電源装置をつないで装置を作り，ビーカーの中に５％の塩化銅水溶液を入れ，3.5Vの電圧を加えて，３分間電流を流した。

電流を流している間に，電極Ａ，電極Ｂ付近の様子などを観察した。

(2) ＜**実験１**＞の(1)の後に，それぞれの電極を蒸留水(精製水)で洗い，電極の様子を観察した。

電極Ａに付着した物質をはがし，その物質を薬さじでこすった。

図１

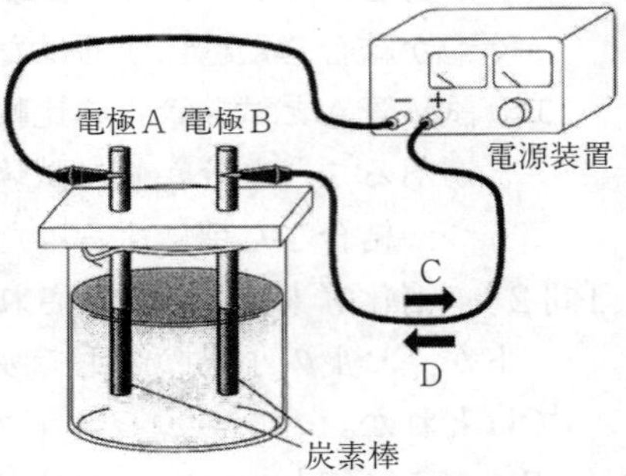

＜**結果１**＞

(1) ＜**実験１**＞の(1)では，電極Ａに物質が付着し，電極Ｂ付近から気体が発生し，刺激臭がした。

(2) ＜**実験１**＞の(2)では，電極Ａに赤い物質の付着が見られ，電極Ｂに変化は見られなかった。その後，電極Ａからはがした赤い物質を薬さじでこすると，金属光沢が見られた。

次に＜**実験２**＞を行ったところ，＜**結果２**＞のようになった。

＜**実験２**＞

(1) 図１のように，炭素棒，電源装置をつないで装置を作り，ビーカーの中に５％の水酸化ナトリウム水溶液を入れ，3.5Vの電圧を加えて，３分間電流を流した。

電流を流している間に，電極Ａとその付近，電極Ｂとその付近の様子を観察した。

(2) ＜**実験２**＞の(1)の後，それぞれの電極を蒸留水で洗い，電極の様子を観察した。

＜**結果２**＞

(1) ＜**実験２**＞の(1)では，電流を流している間に，電極Ａ付近，電極Ｂ付近からそれぞれ気体が発生した。

(2) ＜**実験２**＞の(2)では，電極Ａ，電極Ｂ共に変化は見られなかった。

〔問１〕 塩化銅が蒸留水に溶けて陽イオンと陰イオンに分かれた様子を表したモデルとして適切なのは，下の**ア**～**オ**のうちではどれか。

ただし，モデルの●は陽イオン１個，○は陰イオン１個とする。

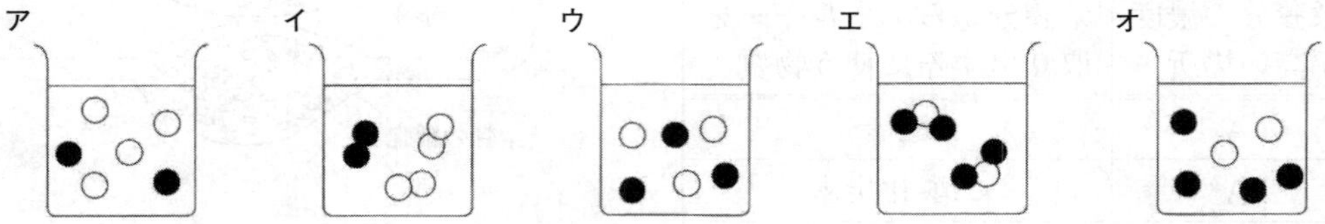

〔問２〕 ＜**結果１**＞から，電極Ａは陽極と陰極のどちらか，また，回路に流れる電流の向きはＣとＤのどちらかを組み合わせたものとして適切なのは，次の表の**ア**～**エ**のうちではどれか。

	電極Ａ	回路に流れる電流の向き
ア	陽極	C
イ	陽極	D
ウ	陰極	C
エ	陰極	D

〔問３〕 <**結果１**>の(1)から，電極Ｂ付近で生成された物質が発生する仕組みを述べた次の文の ① と ② にそれぞれ当てはまるものを組み合わせたものとして適切なのは，下の表の**ア**～**エ**のうちではどれか。

> 塩化物イオンが電子を ① ，塩素原子になり，塩素原子が ② ，気体として発生した。

	①	②
ア	放出し(失い)	原子１個で
イ	放出し(失い)	２個結び付き，分子になり
ウ	受け取り	原子１個で
エ	受け取り	２個結び付き，分子になり

〔問４〕 <**結果１**>から，電流を流した時間と水溶液中の銅イオンの数の変化の関係を模式的に示した図として適切なのは，下の ① の**ア**～**ウ**のうちではどれか。また，<**結果２**>から，電流を流した時間と水溶液中のナトリウムイオンの数の変化の関係を模式的に示した図として適切なのは，下の ② の**ア**～**ウ**のうちではどれか。

①

ア　イ　ウ

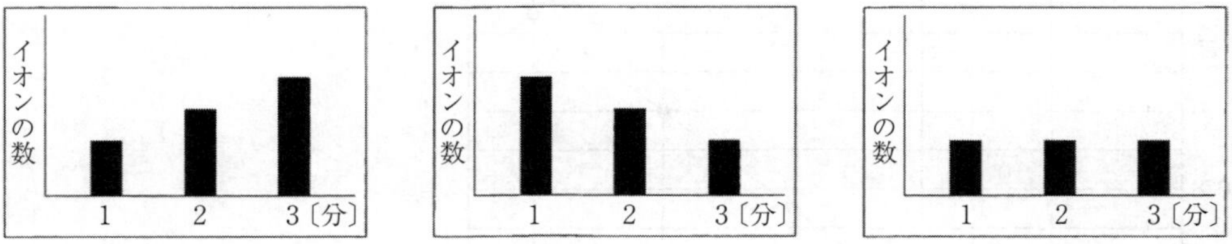

②

ア　イ　ウ

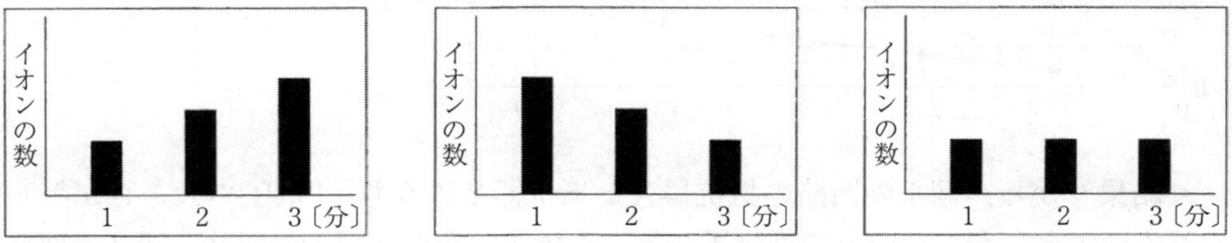

6　電流の実験について，次の各問に答えよ。

＜**実験**＞を行ったところ，＜**結果**＞のようになった。

＜**実験**＞

(1)　電気抵抗の大きさが5Ωの抵抗器Xと20Ωの抵抗器Y，電源装置，導線，スイッチ，端子，電流計，電圧計を用意した。

(2)　図1のように回路を作った。電圧計で測った電圧の大きさが1.0V，2.0V，3.0V，4.0V，5.0Vになるように電源装置の電圧を変え，回路を流れる電流の大きさを電流計で測定した。

(3)　図2のように回路を作った。電圧計で測った電圧の大きさが1.0V，2.0V，3.0V，4.0V，5.0Vになるように電源装置の電圧を変え，回路を流れる電流の大きさを電流計で測定した。

図1

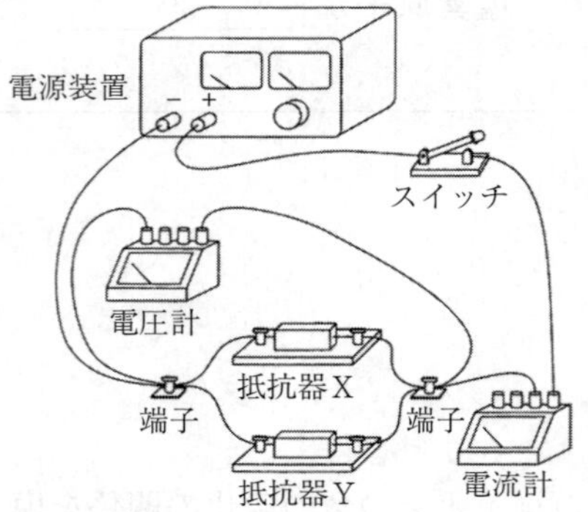

図2

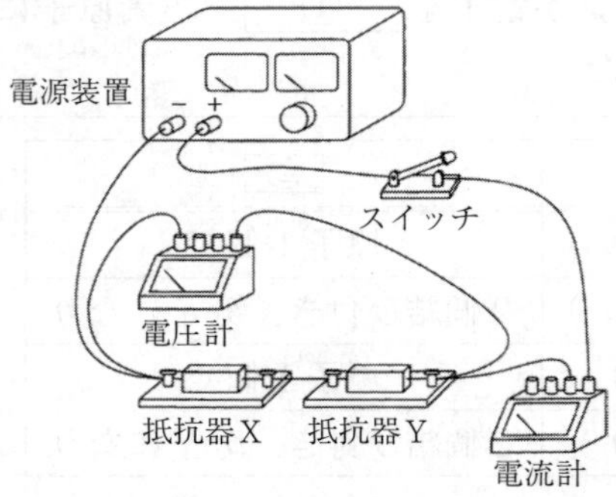

＜**結果**＞

＜**実験**＞の(2)と＜**実験**＞の(3)で測定した電圧と電流の関係をグラフに表したところ，図3のようになった。

図3

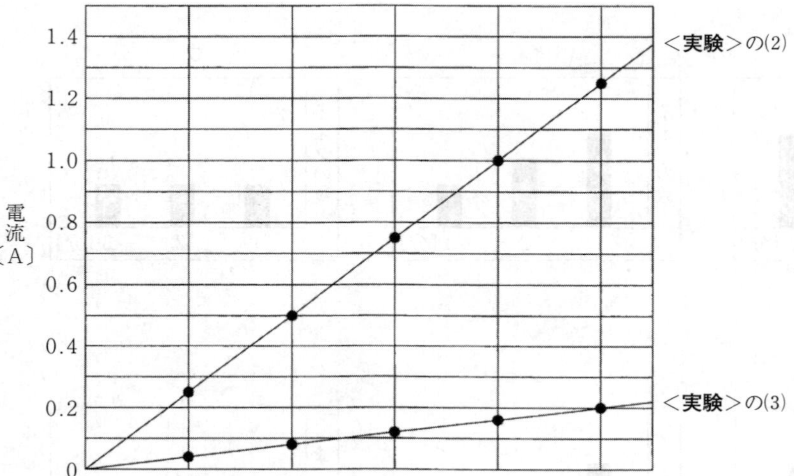

〔問1〕　＜**結果**＞から，図1の回路の抵抗器Xと抵抗器Yのうち，「電圧の大きさが等しいとき，流れる電流の大きさが大きい方の抵抗器」と，＜**結果**＞から，図1の回路と図2の回路のうち，「電圧の大きさが等しいとき，流れる電流の大きさが大きい方の回路」とを組み合わせたものとして適切なのは，次の表の**ア**～**エ**のうちではどれか。

	電圧の大きさが等しいとき，流れる電流の大きさが大きい方の抵抗器	電圧の大きさが等しいとき，流れる電流の大きさが大きい方の回路
ア	抵抗器X	図1の回路
イ	抵抗器X	図2の回路
ウ	抵抗器Y	図1の回路
エ	抵抗器Y	図2の回路

〔問2〕 ＜**結果**＞から，次のA，B，Cの抵抗の値の関係を表したものとして適切なのは，下の**ア**～**カ**のうちではどれか。

A　抵抗器Xの抵抗の値

B　抵抗器Xと抵抗器Yを並列につないだ回路全体の抵抗の値

C　抵抗器Xと抵抗器Yを直列につないだ回路全体の抵抗の値

ア　A＜B＜C　　**イ**　A＜C＜B　　**ウ**　B＜A＜C

エ　B＜C＜A　　**オ**　C＜A＜B　　**カ**　C＜B＜A

〔問3〕 ＜**結果**＞から，＜**実験**＞の(2)において抵抗器Xと抵抗器Yで消費される電力と，＜**実験**＞の(3)において抵抗器Xと抵抗器Yで消費される電力が等しいときの，図1の回路の抵抗器Xに加わる電圧の大きさをS，図2の回路の抵抗器Xに加わる電圧の大きさをTとしたときに，最も簡単な整数の比で$S:T$を表したものとして適切なのは，次の**ア**～**オ**のうちではどれか。

ア　1:1　**イ**　1:2　**ウ**　2:1　**エ**　2:5　**オ**　4:1

〔問4〕 図2の回路の電力と電力量の関係について述べた次の文の□に当てはまるものとして適切なのは，下の**ア**～**エ**のうちではどれか。

> 回路全体の電力を9Wとし，電圧を加え電流を2分間流したときの電力量と，回路全体の電力を4Wとし，電圧を加え電流を□間流したときの電力量は等しい。

ア　2分　**イ**　4分30秒　**ウ**　4分50秒　**エ**　7分

2023年度／東京都立高等学校

社会解答

1 〔問１〕 ウ　〔問２〕 エ
〔問３〕 ア

2 〔問１〕 略地図中のＡ～Ｄ…Ｄ
Ⅱのア～エ…イ
〔問２〕 Ｗ…ア　Ｘ…ウ　Ｙ…エ
Ｚ…イ
〔問３〕 イ

3 〔問１〕 Ａ…エ　Ｂ…イ　Ｃ…ア
Ｄ…ウ
〔問２〕 エ
〔問３〕 ⑴　(例)貨物輸送で生じる二酸化炭素の排出量を減少させるため。
⑵　(例)全ての地方に貨物鉄道の路線と貨物ターミナル駅がある。

4 〔問１〕 ウ→イ→エ→ア　〔問２〕 ウ
〔問３〕 時期…イ→ア→ウ　略地図…ア
〔問４〕 Ａ…イ　Ｂ…エ　Ｃ…ウ
Ｄ…ア

5 〔問１〕 エ　〔問２〕 イ
〔問３〕 ウ
〔問４〕 (例)適正な企業統治を実現する役割をになう社外取締役の要件が追加され，取締役会に外部の意見がより反映されるよう，社外取締役を２名以上置く会社数の割合が増加した。

6 〔問１〕 Ａ…ウ　Ｂ…ア　Ｃ…イ
Ｄ…エ
〔問２〕 Ⅰの略年表中のＡ～Ｄ…Ｄ
略地図中のＷ～Ｚ…Ｘ
〔問３〕 ア

1 〔三分野総合―小問集合問題〕

〔問１〕＜地形図の読み取り＞付近の様子についての文からはＢ点付近が山になっていることが，写真からはＢ点付近の道の両側が道よりも標高が高くなっていることがそれぞれわかる。これをふまえて地形図を見ると，この地形図の縮尺は２万５千分の１であり，等高線(主曲線)が10mごとに引かれていることから，Ｂ点の標高は50mと60mの間であると読み取れる。また，Ａ点の標高は40mよりもやや低く，Ｃ点の標高は20mと30mの間となる。

〔問２〕＜千利休＞「大名や都市の豪商の気風を反映した壮大で豪華な文化」とは，安土桃山時代に栄えた桃山文化である。堺の商人であった千利休は，この時代に全国統一を果たした豊臣秀吉に茶の湯の作法を指導するなど重く用いられ，禅の影響を受けた質素なわび茶の作法を完成させた。なお，喜多川歌麿は江戸時代の化政文化が栄えた頃に美人画などを描いた浮世絵画家，栄西は鎌倉時代に宋(中国)で学び日本に臨済宗を伝えた僧，尾形光琳は江戸時代の元禄文化が栄えた頃に華やかな装飾画を完成させた画家である。

〔問３〕＜安全保障理事会の常任理事国＞国際連合の主要機関の１つである安全保障理事会は，国際社会の平和と安全を維持する役割を持ち，常任理事国５か国と，任期が２年の非常任理事国10か国で構成されている。2022年現在の常任理事国は，アメリカ合衆国〔アメリカ〕，ロシア連邦〔ロシア〕，イギリス，フランス，中華人民共和国〔中国〕の５か国である。常任理事国は拒否権を持ち，重要な問題については常任理事国のうち１か国でも反対すると決議できない。

2 〔世界地理―世界の諸地域〕

〔問１〕＜世界の気候と暮らし＞略地図中のＡ～Ｄ．Ⅰの文章中の「夏季は高温で乾燥し，冬季は温暖で湿潤となる気候」「ぶどうやオリーブが栽培されている」などの記述から，これは温帯の地中海性気候に属する地域について述べたものであり，当てはまる都市はＤであるとわかる。　Ⅱのア～エ．Ｄの都市の気候を示したグラフは，夏の降水量が少なく，冬は降水量が多く比較的温暖なイとなる。なお，Ａは温帯の温暖湿潤気候に属する都市でウのグラフ(南半球に位置するため，北半球とは季節が逆になっている)，Ｂは乾燥帯のステップ気候に属する都市でアのグラフ，Ｃは冷帯〔亜寒帯〕気候に属する都市でエのグラフとなる。

〔問２〕＜世界の国々の特徴＞略地図中のWはボリビア，Ｘはアメリカ，Ｙはオマーン，Ｚはフランスである。アは，「ポンチョや強い紫外線を防ぐ帽子」が見られることや，じゃがいもの栽培が盛んであることなどから，国土の西部にアンデス山脈が分布しているボリビアである。イは，一人当たりの国民総所得がウに次いで大きいこと，キリスト教のカトリックを信仰する人が多いこと，「鞄《かばん》や洋服などの世界的なブランド店の本店が立ち並ぶ」ことなどから，ヨーロッパに位置しファッション関連産業が盛んなフランスである。ウは，一人当たりの国民総所得が最も大きいこと，高速道路(フリーウエー)や巨大なショッピングセンターが発達していること，多民族国家であることなどから，アメリカである。エは，乾燥地域で生産されるなつめやしが見られること，イスラム教徒の割合が最も多いことなどから，西アジアに位置するオマーンである。

〔問３〕＜ベトナムの特徴と資料の読み取り＞Ⅲの文章中の「2001年に約2164億円であった日本からの輸出額は，2021年には約２兆968億円となり」という記述から，2021年の日本からの輸出額は2001年の約9.7倍であることがわかる。これは，Ⅰの略地図中では「５倍～10倍未満」に該当し，ベトナムとラオスが当てはまる。また，Ⅲの文章中の「2001年に179社であった進出日本企業数は，2021年には1143社へと増加」という記述から，2021年の進出日本企業数は2001年よりも964社増加していることがわかる。これは，Ⅱの略地図中では「500社以上」に該当し，ベトナム，タイ，インドネシアが当てはまる。以上から，Ⅲの文章で述べている国はベトナムとなる。これらのほか，Ⅲの文章の１段落目にある「国が南北に分離した時代を経て，1976年に統一された」こと，「国営企業中心の経済」であったことなどの記述からベトナムと判断することもできる。ベトナムは，冷戦下で北ベトナムと南ベトナムに分断され，ベトナム戦争を経て1976年に社会主義国として統一された。

３〔日本地理―日本の諸地域〕

〔問１〕＜都道府県の自然と農産物の東京への出荷＞ア．Ｃの長野県である。日本アルプスなどの険しい山脈・山地が多く分布するため平均標高が高く，また，日本列島を東西に分ける溝状の地形であるフォッサマグナなどの影響によって形成された松本盆地や諏訪盆地などの盆地が見られる。東部の八ケ岳や浅間山のふもとの高原では，夏でも冷涼な気候を生かしてレタスなどを栽培し，高原野菜として出荷している。　　イ．Ｂの茨城県である。利根川などの河川によって形成された平野が広がり，平均標高は４県中で最も低い。大消費地である東京までトラックで約３時間と近いことから，都市向けに野菜などを出荷する近郊農業が盛んである。　　ウ．Ｄの宮崎県である。北西部には九州山地が分布し，中央部から南部にかけての海岸沿いには宮崎平野が広がる。宮崎平野では，温暖な気候を生かし，ビニールハウスなどの施設を利用して野菜の促成栽培を行っている。東京までは長距離となるため，フェリーなどを利用して農産物を輸送している。　　エ．Ａの青森県である。西部には津軽平野が広がり，中央部に位置する八甲田山の南側には，カルデラ湖で水深が深い十和田湖がある。東部の太平洋側は，北東から吹くやませの影響を受けて夏季に冷涼となることがある。東京へ出荷する農産物は，トラックによる長距離輸送を行っている。

〔問２〕＜空港の特徴＞略地図中のWは成田国際空港，Ｘは東京国際空港〔羽田空港〕，Ｙは関西国際空港，Ｚは那覇空港である。４つの空港のうち，成田国際空港と関西国際空港は，外国との間を結ぶ航空機が主に発着する国際空港であることから，他の２つの空港に比べて輸出額・輸入額が大きいと考えられる。したがって，輸出額・輸入額が最も大きいウがWの成田国際空港，２番目に大きいアがＹの関西国際空港と判断できる。成田国際空港は，日本の貿易港(港や空港)の中で貿易額が最大となっている(2020年)。次に，イとエを比べると，エの方が国内線貨物取扱量や輸出額・輸入額が大きく，またイの主な輸出品が農畜産物や水産物であるのに対し，エの主な輸出品は工業製品であることから，エがＸの東京国際空港，イがＺの那覇空港と判断できる。

〔問３〕＜モーダルシフト＞(1)Ⅰに示されているように，モーダルシフトとは，貨物輸送の手段を営業用貨物自動車(トラックなど)から貨物鉄道などへ転換することである。Ⅱを見ると，貨物を輸送する際に排出される二酸化炭素の排出量は，鉄道に比べて営業用貨物自動車が非常に多いことがわかる。したがって，国がモーダルシフトを推進する目的は，貨物輸送で生じる二酸化炭素の排出量を減少させるためであると考えられる。　(2)モーダルシフトを推進するためには，貨物鉄道の路線が敷設されていることと，営業用貨物自動車から貨物鉄道に積みかえる転換拠点となる貨物ターミナル駅が整備されていることが必要となる。Ⅲを見ると，七地方区分（北海道，東北，関東，中部，近畿，中国・四国，九州）の全てに貨物鉄道の路線と貨物ターミナル駅があり，全国的にモーダルシフトを推進するための前提条件が整っていることがわかる。

4〔歴史―古代～現代の日本と世界〕

〔問1〕＜年代整序＞年代の古い順に，ウ（十七条の憲法の制定，法隆寺の建立―飛鳥時代），イ（東大寺の大仏の造立―奈良時代），エ（中尊寺金色堂の建立―平安時代），ア（金閣の建立―室町時代）となる。

〔問2〕＜享保の改革＞Ⅱは，江戸幕府の第８代将軍徳川吉宗が行った享保の改革について述べたものである。吉宗が政治を行ったのは，Ⅰの年表中のウの時期にあたる18世紀前半である。

〔問3〕＜年代整序，明治時代の工業＞年代の古い順に，イ（富岡製糸場―1872年），ア（大阪紡績会社―1883年），ウ（八幡製鉄所―1901年）となる。富岡製糸場は群馬県のＡ，大阪紡績会社は大阪府のＢ，八幡製鉄所は福岡県のＣに位置する。

〔問4〕＜昭和～平成時代の出来事＞アのバブル経済が終わったのは1990年代初め（Ｄ），イの連合国軍最高司令官総司令部〔GHQ〕の指令に基づく民主化政策が行われたのは太平洋戦争が終結した1945年以降（Ａ），ウの石油危機が起こったのは1973年（Ｃ），エの東海道新幹線が開業したのは1964年（Ｂ）のことである。

5〔公民―総合〕

〔問1〕＜経済活動の自由＞日本国憲法は，自由権として精神の自由，身体の自由，経済活動の自由を保障している。このうち経済活動の自由には，エの居住・移転・職業選択の自由（第22条）と財産権の保障（第29条）が含まれる。なお，アは平等権，イは身体の自由，ウは社会権に含まれる。

〔問2〕＜公共料金＞公共料金には，国が決定するもの（介護報酬，社会保険診療報酬など），国が認可や上限認可するもの（電気料金，都市ガス料金，鉄道運賃など），国に届け出るもの（手紙・はがきなどの郵便料金，固定電話の通話料金など），地方公共団体が決定するもの（公営水道料金，公立学校授業料など）がある。問題中の文章を見ると，所管省庁の審議分科会・審議会・大臣の間で料金の改定に関する審議から決定までが行われており，国が決定する公共料金であると考えられる。ア～エの中でこれに該当するのは，イの介護報酬である。文章中の「所管省庁」とは厚生労働省である。

〔問3〕＜国税と地方税＞課税する主体が国である税（国に納める税）を国税，課税する主体が地方公共団体である税（地方公共団体に納める税）を地方税という。国税には，法人税のほか，所得税や相続税，消費税や酒税などがある。地方税には，固定資産税のほか，事業税や住民税（道府県民税や市町村民税），自動車税や地方消費税などがある。

〔問4〕＜資料の読み取り＞「2014年に改正された会社法によりもたらされた取締役会の変化」について，①「社外取締役の役割」と②「取締役会における社外取締役の人数」に着目して述べる問題である。まず，2010年に出されたⅠでは，当時の会社法には「外部の意見を取り入れる仕組を備える適正な企業統治を実現するシステム」が欠けていることの問題点が指摘されている。その後2014年に改正された会社法の内容であるⅡでは，社外取締役の要件が追加され，会社と利害関係がない独立性の高い人物を社外取締役とすることが定められている。これらから，①「社外取締役の役割」について，社外取締役の役割は，会社に外部の意見を反映させ，適正な企業統治を実現することである。次に，②「取締役会における社外取締役の人数」について，Ⅲを見ると，会社法が改正された2014年以降，社外取締役を２名以上置く会社数の割合が大きく増加していることがわかる。

6〔三分野総合―万国博覧会を題材とする問題〕

〔問1〕＜世界の諸地域と歴史＞ア．「1901年の連邦国家成立」「東西の州都を結ぶ鉄道」などの記述から，路線全体が１つの国に位置していると考えられ，Ｂの路線が当てはまる。　イ.「外国の支配に不満をもつ人々が起こした大反乱」とは，インド大反乱(1857〜58年)と考えられる。また，「綿花」の産地に近い地域であることや，「港湾都市と内陸都市を結ぶ鉄道」という記述から，Ｃの路線が当てはまる。インドでは，内陸部のデカン高原などで綿花の生産が盛んである。　ウ.「二つの大洋をつなぎ」という記述にはＡとＤのどちらも当てはまるが，「国際運河が1914年に開通した」とあることから，パナマ運河に近い場所にあるＡの路線となる。　エ.「銅」の産地に近い地域であることや，内陸部と西側，東側それぞれの港を結ぶ「大陸横断鉄道となった」という記述から，Ｄの路線が当てはまる。アフリカ大陸の中南部のコンゴ民主共和国やザンビアでは，銅の産出が盛んである。

〔問２〕<地球サミットとドイツの環境問題>Ⅰの略年表中のＡ〜Ｄ． Ⅱの文章で述べている国際博覧会は，1992年のリオデジャネイロでの地球サミット〔国連環境開発会議〕から８年後に開催されたとあることから，略年表中のＤが当てはまる。　**略地図中のＷ〜Ｚ．** Ⅱの文中のシュヴァルツヴァルトはドイツ(Ｘ)に位置する森林山地であり，「国境の一部となっている北流する国際河川」とはライン川を指す。ドイツでは，偏西風などによって運ばれた有害物質による酸性雨により，森林の立ち枯れなどの被害が早くから発生しており，環境問題への取り組みが盛んとなっている。なお，Ｗはカナダで1967年(Ｂ)に，Ｙはベルギーで1958年(Ａ)に，Ｚはスペインで1992年(Ｃ)にそれぞれ万国博覧会が開催された。

〔問３〕<人口ピラミッドと1970年の日本> 人口ピラミッドには，年齢が低いほど割合が高い「富士山型」，子どもと高齢者の割合の差が富士山型よりも小さい「つりがね型」，高齢者の割合が高く子どもの割合が低い「つぼ型」などがある。一般に国の人口ピラミッドは，経済が発展するにつれて「富士山型」から「つりがね型」へと推移し，さらに少子高齢化が進むと「つぼ型」へと推移する。日本の人口ピラミッドもこのような推移をたどってきている。したがって，Ⅰのア〜エの人口ピラミッドは，イ(1950年)→ア(1970年)→ウ(2000年)→エ(2020年)の順に推移している。次にⅡを見ると，大阪で万国博覧会が開催されたとあることから，これは1970年について述べた文章であることがわかる。高度経済成長期であったこの頃には，日本の人口が１億人を突破し，地方からの人口移動によって過密となった都市の周辺ではニュータウンの建設が進められた。

理科解答

1　〔問１〕　ア　〔問２〕　エ
〔問３〕　ウ　〔問４〕　イ
〔問５〕　ア　〔問６〕　イ

2　〔問１〕　イ　〔問２〕　①…イ　②…ア
〔問３〕　エ　〔問４〕　ウ

3　〔問１〕　(例)水滴がつき始める瞬間の温度を正確に読み取るため。
〔問２〕　①…イ　②…ア
〔問３〕　①…ア　②…イ　③…イ　④…ア
〔問４〕　エ

4　〔問１〕　ウ　〔問２〕　エ
〔問３〕　ア

5　〔問１〕　ア　〔問２〕　エ
〔問３〕　イ　〔問４〕　①…イ　②…ウ

6　〔問１〕　ア　〔問２〕　ウ
〔問３〕　ウ　〔問４〕　イ

1　〔小問集合〕

〔問１〕＜生産者と消費者＞Ａ～Ｆのうち，生産者は光合成を行う生物だから，エンドウ，サツマイモ，ツツジの植物が生産者である。また，消費者は他の生物から有機物を得る生物だから，タカ，バッタ，ミミズの動物が消費者である。

〔問２〕＜火山岩＞図１で，玄武岩は黒っぽい色をしていて，花こう岩は白っぽい色をしているので，玄武岩は岩石Ｂ，花こう岩は岩石Ａである。また，玄武岩は火山岩で，マグマが地表や地表近くで急激に冷えて固まってできるため，そのつくりは斑状組織であり，花こう岩は深成岩で，マグマが地下深くでゆっくりと冷えて固まってできるため，そのつくりは等粒状組織である。

〔問３〕＜ガスバーナー＞空気の量が不足している炎のときは，図２のＢのガス調節ねじを押さえながら，Ａの空気調節ねじをＣの向きに回して開き，空気の量を増やして青色の適正な炎にする。

〔問４〕＜凸レンズの像＞右図のように，物体の先端から出る光のうち，凸レンズの２つの焦点を通る一直線(光軸)に平行な光は凸レンズで反対側の焦点を通るように屈折し，凸レンズの中心を通る光は直進する。この２つの光が集まる位置に実像はできる。よって，上図より，スクリーンにはっきりした像が映るのは，２つの光が１点で集まるように，スクリーンをＡ点に動かしたときで，このときスクリーンに映った像(実像)の大きさは，物体の大きさよりも小さい。

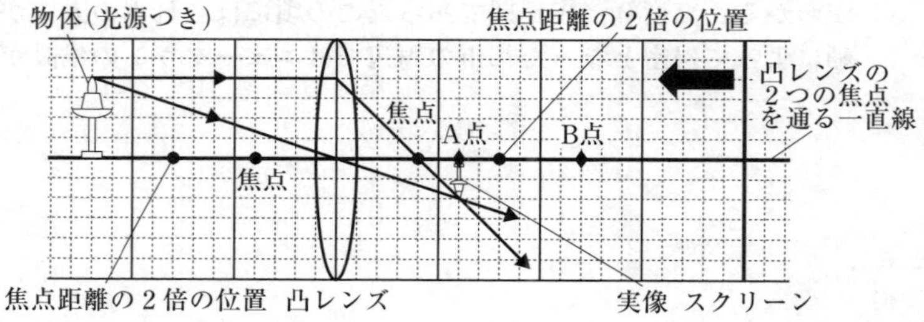

〔問５〕＜化合物と単体＞Ａ～Ｄのうち，化合物は２種類以上の元素からできている物質だから，二酸化炭素(CO_2)，水(H_2O)，アンモニア(NH_3)であり，単体は１種類の元素でできている物質だから，酸素(O_2)である。

〔問６〕＜花のつくり＞アブラナの花のつくりは外側から，がく(Ａ)，花弁(Ｂ)，おしべ(Ｃ)，めしべ(Ｄ)の順である。

2　〔小問集合〕

〔問１〕＜速さ＞模型の旗が２m地点を通過してから６m地点を通過するまでに，移動した距離は，６－２＝４(m)，移動にかかった時間は，表１より，122.2－40.4＝81.8(秒)である。よって，平均の速さは，４÷81.8＝0.048…より，約0.05m/sとなる。

〔問２〕＜濃度，密度＞①〔質量パーセント濃度(％)〕＝$\dfrac{\text{〔溶質の質量(g)〕}}{\text{〔水溶液の質量(g)〕}}$×100より，〔溶質の質量(g)〕＝〔水溶液の質量(g)〕×$\dfrac{\text{〔質量パーセント濃度(％)〕}}{100}$となる。これより，３％の食塩水100gに含まれる食塩の量は，100×$\dfrac{3}{100}$＝3(g)である。また，凍った部分の表面を取り除き残った部分を溶かして得た食塩水の食塩の濃度を測定すると0.84％だったから，その食塩水100gに含まれる食塩の量は，100×(0.84÷100)＝0.84(g)である。よって，求める食塩３gに対する食塩0.84gの割合は，0.84÷3×100＝28(％)となる。　②固体が液体に浮くのは，固体の密度より液体の密度の方が大きい場合である。凍った部分の表面を取り除き残った部分を３％の食塩水に入れると浮いたことから，密度が大きいのは３％の食塩水である。

〔問３〕＜細胞分裂＞受精卵は体細胞分裂により細胞数を増やし，体細胞分裂では細胞の染色体の数は変わらない。そのため，受精卵の染色体の数が24本の場合，分裂後の胚の細胞の染色体の数は全て24本である。よって，図５の細胞数が２個の胚に含まれる合計の染色体の数は，24×2＝48(本)で，図６の細胞数が４個の胚に含まれる合計の染色体の数は，24×4＝96(本)である。

〔問４〕＜太陽の動き＞図７は北の空を撮影しているので，正面が北で，右側が東，左側が西，後側が南になる。北極付近(北半球)では，太陽は東の空から南の空に向かって高くなるように動くから，太陽が動いた向きはＹである。また，図８で，日本で夏至となるのは，地軸の北極側が太陽の方に傾いているときだから，地球の位置はＡである。

3 〔気象と天気の変化〕

〔問１〕＜実験操作＞コップの表面の温度が少しずつ下がるようにしたのは，水滴がつき始める瞬間の温度(露点)を正確に読み取るためである。急激に温度を下げると，水滴がつき始める瞬間の温度の読み取りが露点以下になるおそれがある。

〔問２〕＜湿度＞①(1)で測定した水温が実験室の室温で，(3)で測定した水温が実験室内の空気の露点である。結果１より，午前10時の気温は17.0℃，露点は16.2℃で，露点における飽和水蒸気量はその空気が含む水蒸気の量に等しい。よって，図２より，気温17.0℃での飽和水蒸気量は14.5g/m^{3}であり，このときの空気が含む水蒸気の量は，気温16.2℃での飽和水蒸気量で13.8g/m^{3}である。したがって，〔湿度(％)〕＝$\dfrac{\text{〔空気1 m}^3\text{中に含まれる水蒸気の量(g/m}^3\text{)〕}}{\text{〔その気温での飽和水蒸気量(g/m}^3\text{)〕}}$×100より，13.8÷14.5×100＝95.1…となるから，約95％である。　②午後６時の露点は，結果１より，12.8℃である。露点における飽和水蒸気量がその空気が含む水蒸気の量に等しく，図２より，飽和水蒸気量は気温が高いほど大きいから，１m^{3}に含まれる水蒸気の量が多いのは，露点が高い午前10時の実験室内の空気である。

〔問３〕＜雲のでき方＞結果２で，ピストンを引くとフラスコ内がくもって温度が下がっている。これは，ピストンをすばやく引くと，丸底フラスコ内の空気が膨張して気圧が下がり，その結果，温度が下がって露点以下になり，空気中に含みきれなくなった水蒸気の一部が水滴に変化するためである。なお，ピストンを押すと，丸底フラスコ内の空気が圧縮されて気圧が上がり，温度が上がるので，水滴が再び水蒸気になってくもりは消える。

〔問４〕＜寒冷前線＞寒冷前線は寒気が暖気の下にもぐり込み，暖気を押し上げながら進む前線である。寒冷前線付近では暖気が急激に押し上げられるので積乱雲などのように垂直方向に発達した雲ができ，狭い範囲に強い雨が短時間降る。なお，温暖前線では，暖気が寒気の上をはい上がり，前線付近では乱層雲や高層雲などの層状の雲ができて広い範囲に弱い雨が長時間降る。

4 〔生物の体のつくりとはたらき〕

〔問１〕＜唾液のはたらき＞結果からわかる唾液のはたらきについての考察なので，唾液のあるものとないもので，それ以外の条件が同じ試験管の結果を比較する(対照実験)。まず，ヨウ素液を入れた試験管Aと試験管Bの結果を比較する。ヨウ素液をデンプンのある溶液に入れると青紫色になるので，唾液を入れた試験管Aの溶液にはデンプンがないが，水を入れた試験管Bの溶液にはデンプンがある。これより，唾液にはデンプンをデンプンでないものにするはたらきがあることがわかる。次に，ベネジクト液を入れた試験管Cと試験管Dの結果を比較する。ベネジクト液をブドウ糖がいくつか結合した糖を含む溶液に入れて加熱すると赤褐色になる。よって，ブドウ糖がいくつか結合した糖は，唾液を入れた試験管Cの溶液にはあるが，水を入れた試験管Dの溶液にはないので，唾液にはデンプンをブドウ糖がいくつか結合した糖にするはたらきがあることがわかる。なお，アミノ酸の存在については，この実験からはわからない。

〔問２〕＜吸収＞ブドウ糖はデンプンが分解されたもの，アミノ酸はタンパク質が分解されたもの，脂肪酸とモノグリセリドは脂肪が分解されたものである。このうち，ブドウ糖とアミノ酸は柔毛で吸収されて毛細血管に入り，脂肪酸とモノグリセリドは柔毛で吸収された後に再び脂肪になってリンパ管に入る。

〔問３〕＜血液循環＞栄養分は小腸で吸収され，血液によって肝臓に運ばれるから，図５で，小腸の毛細血管から吸収された栄養分の濃度が高い場所は，小腸から肝臓に向かう血液が流れるAである。また，細胞では，栄養分と酸素を反応させることで，活動するためのエネルギーを取り出している(細胞の呼吸)。なお，このとき二酸化炭素ができる。

5 **〔化学変化とイオン〕**

〔問１〕＜塩化銅の電離＞塩化銅($CuCl_2$)が電離すると，陽イオンである銅イオン(Cu^{2+})と陰イオンである塩化物イオン(Cl^-)が１：２の個数の比で生じる。よって，塩化銅水溶液中に存在する陽イオンと陰イオンの数の比は，１：２となる。

〔問２〕＜電気分解＞陽極には陰イオンが引きつけられ，陰極には陽イオンが引きつけられる。よって，結果１より，電極Aに付着した赤い物質は銅で，陽イオン(Cu^{2+})が引きつけられたので，電極Aは陰極であり，電極B付近から発生した刺激臭がある気体は塩素で，陰イオン(Cl^-)が引きつけられたので，電極Bは陽極である。また，電流は＋極から－極に向かって流れるから，図１で，回路に流れる電流の向きはDである。なお，電源装置の＋極につながった電極が陽極，－極につながった電極が陰極である。

〔問３〕＜塩化銅の電気分解＞塩化銅を電気分解したときに，陽極付近で生成された刺激臭のある気体は塩素である。塩化物イオン(Cl^-)は１価の陰イオンなので，電子を１個放出し(失い)，塩素原子(Cl)になる。塩素原子は２個結びついて塩素分子(Cl_2)となり，気体として発生する。

〔問４〕＜電気分解＞①塩化銅水溶液を電気分解したときに，陰極に付着した赤い物質は銅である。これは，塩化銅水溶液中の銅イオン(Cu^{2+})が，陰極から電子を受け取って銅原子(Cu)になって陰極に付着したものである。つまり，水溶液中の銅イオンの数は，時間とともに減少していく。　②水酸化ナトリウム水溶液を電気分解すると，陽極から酸素，陰極から水素が発生する。このとき，ナトリウムイオン(Na^+)はイオンのまま水溶液中に存在するので，数は変化しない。

6 **〔電流とその利用〕**

〔問１〕＜回路＞図１のように，抵抗器Xと抵抗器Yを並列につないだ回路では，それぞれの抵抗器には電源と等しい大きさの電圧が加わる。電気抵抗が大きいほど，電流は流れにくいから，電気抵抗の大きさが５Ωの抵抗器Xと20Ωの抵抗器Yでは，加えた電圧の大きさが等しいとき，流れる電流の大きさが大きいのは，電気抵抗の小さい抵抗器Xの方である。また，図３より，加えた電圧の大きさが等しいとき，流れる電流の大きさが大きいのは，実験の(2)の図１の回路である。

〔問２〕＜抵抗＞Aの抵抗器Xの抵抗の値は５Ωである。Bは図１の回路全体の抵抗の値，Cは図２の回路全体の抵抗の値だから，図３より，Bは2.0÷0.5＝4(Ω)，Cは5.0÷0.2＝25(Ω)となる。よって，B＜A＜Cである。

≪別解≫並列回路では回路全体の電気抵抗の大きさは，各抵抗の電気抵抗より小さくなり，直列回路では回路全体の電気抵抗の大きさは各抵抗の和になる。そのため，図１の並列回路全体の抵抗の値は，抵抗器Xの抵抗の値より小さく，図２の直列回路全体の抵抗の値は，抵抗器Xの抵抗の値より大きい。よって，B＜A＜Cとなる。

〔問３〕＜電力＞電力は，〔電力(W)〕＝〔電圧(V)〕×〔電流(A)〕で求められるから，図３より，実験の⑵と⑶で，電力が等しくなるときを求める。実験の⑵では電圧が2.0V，電流が0.5Aのときの電力が，2.0×0.5＝1.0(W)であり，実験の⑶では電圧が5.0V，電流が0.2Aのときの電力が，5.0×0.2＝1.0(W)となり等しくなる。実験の⑵は図１の並列回路だから，抵抗器Xに加わる電圧の大きさSは電源の電圧2.0Vである。一方，実験の⑶は図２の直列回路で，抵抗器Xに流れる電流は0.2Aだから，５Ωの抵抗器Xに加わる電圧の大きさTは，5×0.2＝1.0(V)である。よって，S：T＝２：１となる。

〔問４〕＜電力量＞電力量は，〔電力量(J)〕＝〔電力(W)〕×〔時間(s)〕で求められる。回路全体の電力が９Wで，電流を２分間流したときの電力量は，9×(60×2)＝1080(J)である。一方，回路全体の電力が４Wで，電流をx秒間流したときの電力量は，$4\times x=4x$(J)と表せる。よって，これらの電力量が等しいとき，$4x=1080$が成り立ち，これを解くと，$x=270$(s)となる。したがって，270÷60＝4.5より，求める時間は４分30秒である。

Memo

Memo

Memo

●2022年度

都立立川高等学校

独自問題

【英語・数学・国語】

2022年度 都立立川高等学校

【英　語】（50分）〈満点：100点〉

1 リスニングテスト（**放送**による**指示**に従って答えなさい。）

〔問題A〕 次のア～エの中から適するものをそれぞれ**一つずつ**選びなさい。

＜対話文1＞

ア　This afternoon.　　イ　This morning.

ウ　Tomorrow morning.　　エ　This evening.

＜対話文2＞

ア　To the teacher's room.　　イ　To the music room.

ウ　To the library.　　エ　To the art room.

＜対話文3＞

ア　One hundred years old.　　イ　Ninety-nine years old.

ウ　Seventy-two years old.　　エ　Sixty years old.

〔問題B〕 ＜Question 1＞ では，下のア～エの中から適するものを**一つ**選びなさい。
＜Question 2＞ では，質問に対する答えを英語で書きなさい。

＜Question 1＞

ア　Walking.　　イ　Swimming.

ウ　Basketball.　　エ　Skiing.

＜Question 2＞

（15秒程度，答えを書く時間があります。）

※（編集部注）＜**英語学力検査リスニングテスト台本**＞を英語の問題の終わりに掲載しています。

2 次の対話の文章を読んで，あとの各問に答えなさい。
（＊印の付いている単語・語句には，本文のあとに〔注〕がある。）

*One hot summer day Zack, Ryuji, and Nami are talking in Nami's home. Ryuji and Nami are Japanese high school students. Zack is a student from Canada. They begin to talk about the green *leaves that cover the windows in her living room.*

Zack: I like the view from the windows. Those leaves are beautiful.
Ryuji: That's good, right?
Nami: Thanks. Did you find another good point about them?
Ryuji: Thanks to them, this room doesn't get a lot of light from the sun. It's not too hot here.
Zack: Do you know how the leaves keep the room cool?
Nami: Yes, I want to show you how. Let's open the windows and touch the leaves.
Ryuji: [(1)-a]
Zack: They are not hot. Why not?
Ryuji: Maybe water *evaporates from the leaves.
Zack: We don't find water anywhere. How do you know?
Nami: OK, I will show you. Cover the leaves with a plastic bag.

15 minutes later, they look at the bag which covers a few leaves.

Ryuji: There is some water inside.
Nami: [(2)]
Ryuji: The water goes out of the holes into the air.
Zack: How many holes are there in one leaf?
Nami: There are about 10,000 holes in 1cm^2 of it.
Zack: That's a lot. There are probably many things I don't know. I'd like to know more about the plant. Is this bitter melon?
Nami: That's right. It is called *goya* in Japanese.
Zack: Tell me more about bitter melons called *goya*.
Ryuji: OK, look at the flowers. They have two kinds of flowers. What's the difference between them?
Zack: I'm not sure.
Nami: Look at the thick part just under this flower. What does it look like?
Zack: A baby bitter melon.

Nami: Yes, the ones with little bitter melons are *female flowers.

Zack: Good to know. Thanks, but I have a question. You know, many plants have only one kind of flower. Why does the _goya_ plant have two kinds of flowers?

Ryuji: It needs to have more types of its *offspring.

Nami: Right, a _goya_ flower needs *pollen from different _goya_ plants. If living things bring the pollen to the flowers, it will have different kinds of offspring.

Zack: Why does it need to have different kinds of offspring?

Nami: If a disease spreads, some will get sick, but others won't.

Zack: It will have more chances to survive in difficult environments, right?

Nami: Yes, plants are trying to prepare to survive in the natural world.

Ryuji: Look at the flowers more carefully. Which do you find more, the *male flowers or the female, Zack?

Zack: More male flowers.

Nami: Yes, and that shows this _goya_ plant is still young. It is growing its leaves. We see the opening of the female flowers later. They need to wait until it can grow [(3)-a] to produce more vegetables.

Zack: Hey, take a look at the one behind this _goya_ plant. That one has bigger flowers, different shape of leaves, and a small vegetable like a ball. What is that?

Ryuji: It looks like a *pumpkin to me. Why has it grown among these _goya_ plants?

Nami: [(1)-b] I'll ask my dad to explain the reason. He knows a lot about plants.

The three students are in Nami's garden. They see some plastic cards on the ground. The plants' names are written on them. A small pumpkin is growing among the goya plants. Nami's father, Takeo, has come out and begun to talk to them about plants.

Nami: Dad, did you know there was a pumpkin growing among the _goyas_?

Takeo: Yes. May I ask you a few questions about it?

Ryuji: Sure.

Takeo: OK, do you think Japanese farmers grow tomatoes from seeds?

Ryuji: No, they don't do that anymore.

Takeo: What do they use instead?

Ryuji: *Seedlings.

Takeo: Why did they stop growing tomatoes from their seeds?

Zack: It took a long time to grow them.

Takeo: Yes, that's true.

Nami: Dad, I remember we bought seedlings of _goya_, not seeds.

Takeo: Right, but you didn't know they were made of not only *goya* plants but also pumpkins. The pumpkins were added to the lower part of these *goya* plants. They were *grafted seedlings.

Nami: All the grafted seedlings are made in the same way, right? Why was there a pumpkin among the *goya* plants?

Takeo: Actually, when a grafted seedling of *goya* is sold, its pumpkin's *buds are usually taken away. I guess this time they were still left there. These things sometimes happen.

Nami: (4)<u>I finally understand.</u>

Zack: Just a minute. I'm not sure how the two plants can become one.

Ryuji: That's a good question. It is possible to join two plants into one if they are in the same *family.

Zack: Now I understand. It is fun to learn something new.

Takeo: I'm glad to hear that. One more question. Why is it necessary to add the pumpkin plant to the *goya* plant?

Zack: It grows faster, right?

Takeo: Yes. Anything else?

Ryuji: I hear the *roots of *goya* are not good for growing in the same place every year, but the pumpkins' roots are different.

Takeo: How different?

Ryuji: Growing *goya* plants in the same place every year increases chances of *damage from *pests. [(5)]

Takeo: Well done. The pumpkins' roots are stronger. Humans have used grafted seedlings like this for over 2,000 years.

Zack: 2,000 years?

Takeo: I'm sure it will be useful for a lot of people in the future.

Nami: Dad, our science teacher said the number of people would be about 10 billion around the world in 2050.

Ryuji: We should find more ways to produce a lot of food for these people, before it's too late.

Zack: If we need [(3)-b] plants, how about introducing *GM crops?

Nami: I have never heard of them before. What are those?

Zack: Scientists have changed the plants with new technology. There are many good points about GM crops.

Nami: Tell us about them.

Zack: GM potatoes keep pests away.

Nami: Sounds good, but how can they do that?

Zack: They have something bad to pests.

Nami: What is it?

Zack: Scientists have discovered something *toxic to pests in the *soil and have used it to change the type of potatoes.

Nami: Oh, I don't think that's a good way. It never happens in the natural world.

Zack: Of course not, but they always taste better, grow [(3)-c], and are kept fresh for a longer period of time.

Takeo: People say about 270 million people in developing countries can be saved by GM crops.

Ryuji: They are so strong that farmers can grow them in difficult environments such as dry land and poor soil.

Zack: GM crops are not influenced at all by *herbicides farmers have used in their fields.

Nami: I'm afraid they can change the natural environment.

Zack: You have a point. I think (6)【 ① the food problem ② solve ③ is ④ best ⑤ producing ⑥ ways ⑦ the ⑧ to ⑨ GM crops ⑩ of ⑪ one 】, but we should decide how to use them under good rules.

Takeo: I understand what you said, but at the same time, we have another problem to solve. What will happen if one of them has a new disease?

Ryuji: Something dangerous will happen if we grow only one GM crop.

Zack: We should grow more kinds of GM crops, right?

Nami: [(7)-a]

Zack: [(7)-b]

Ryuji: [(7)-c]

Nami: [(7)-d]

Takeo: Nami, don't give up. We still have some hope for our future. I just found surprising news on the Internet yesterday.

Nami: What was the news about?

Takeo: Japanese scientists created a grafted seedling with different families for the first time.

Zack: Sounds great. What kind of grafted seedlings?

Takeo: They have joined a tomato, a *tobacco-plant, and a *chrysanthemum into one grafted seedling.

Zack: Three kinds of plants become one, right?

Takeo: Yes, the chrysanthemum and the tomato are from different families, but the tobacco-plant can work like a bridge between them. The chrysanthemum can be used in the [(3)-d] part.

Ryuji: Wow! That's new to me. Chrysanthemum's roots are so strong that farmers can grow them in more places.

Zack: [(1)-c]

Takeo: Yes, but we have more things to do. That grafted seedling hasn't produced many tomatoes yet.

Ryuji: [(1)-d]

Takeo: However, the scientists have created more than 30 grafted seedlings with seven kinds of tobacco-plants.

Zack: Hmm…. Each of the technologies has its own good and bad points.

Ryuji: We need to take one step at a time.

Nami: Well, let's study after lunch. Those green *goyas* look so delicious that I want to cook them together with tofu, eggs, pork and other vegetables.

Zack: That makes me hungry, too.

Takeo: Why don't you try to eat them, Zack?

Zack: Sure, I'd love to.

Nami: OK. Let's pick some.

〔注〕 leaf 葉
female flower 雌花
pollen 花粉
pumpkin かぼちゃ
grafted seedling 接《つ》ぎ木《き》苗《なえ》
family 科
damage 害
GM (Genetically Modified) crop 遺伝子組み換え作物
toxic 毒性のある
herbicide 除草剤
tobacco-plant ナス科タバコ属の植物
evaporate 蒸発する
offspring 子孫
male flower 雄花
seedling 苗
bud 芽
root 根
pest 害虫
soil 土壌
chrysanthemum 菊

〔問１〕 [(1)-a] ～ [(1)-d] の中に，それぞれ次の**A**～**D**のどれを入れるのがよいか。その組み合わせとして最も適切なものは，次のページの**ア**～**カ**の中ではどれか。

A That's too bad.

B I have no idea.

C That's great.

D How do they feel?

	(1)-a	(1)-b	(1)-c	(1)-d
ア	B	A	C	D
イ	B	C	D	A
ウ	C	A	D	B
エ	C	B	A	D
オ	D	B	C	A
カ	D	C	A	B

〔問２〕 本文の流れに合うように，(2) に英語を入れるとき，最も適切なものは，次の中ではどれか。

ア A few small holes are like open windows for the water to evaporate to the sky.
イ The water runs so fast in many small holes in the leaves that people can't see it.
ウ There are many small holes in the leaves people can't see with their own eyes.
エ The leaves have few small holes to keep cool with the water evaporating from them.

〔問３〕 (3)-a ～ (3)-d の中に，それぞれ次のＡ～Ｄのどれを入れるのがよいか。その組み合わせとして最も適切なものは，下のア～カの中ではどれか。

Ａ bigger　　Ｂ stronger　　Ｃ faster　　Ｄ lower

	(3)-a	(3)-b	(3)-c	(3)-d
ア	A	B	C	D
イ	A	C	D	B
ウ	B	A	D	C
エ	B	D	C	A
オ	C	A	B	D
カ	C	D	B	A

〔問４〕 (4)I finally understand. とあるが，このとき Nami が理解している内容として最も適切なものは，次の中ではどれか。

ア Grafted seedlings of *goya* have their own ways to produce their seeds.
イ Grafted seedlings of *goya* are not sold in the same condition in some cases.
ウ Grafted seedlings of *goya* need more than two kinds of plants when they grow.
エ Grafted seedlings of *goya* are not grown at all in the different conditions.

〔問５〕 本文の流れに合うように，[(5)]に英語を入れるとき，最も適切なものは，次の中ではどれか。

ア They can discover which *goya* plants are produced.
イ They can easily guess why *goya* plants grow.
ウ They count how many *goya* plants are produced.
エ They remember where *goya* plants grow.

〔問６〕 (6)【 ① the food problem ② solve ③ is ④ best ⑤ producing ⑥ ways ⑦ the ⑧ to ⑨ GM crops ⑩ of ⑪ one 】について，本文の流れに合うように，【　　　】内の単語・語句を正しく並べかえるとき，【　　　】内で**１番目と５番目と９番目**にくるものの組み合わせとして最も適切なものは，次の**ア～カ**の中ではどれか。

	１番目	５番目	９番目
ア	①	⑩	⑧
イ	⑤	⑥	⑪
ウ	⑤	⑩	③
エ	⑨	⑩	⑧
オ	⑪	③	①
カ	⑪	⑥	③

〔問７〕 [(7)-a] ～ [(7)-d] の中に，それぞれ次の**Ａ～Ｄ**のどれを入れるのがよいか。その組み合わせとして最も適切なものは，下の**ア～カ**の中ではどれか。

A Then we can grow more vegetables with grafted seedlings instead.
B I don't know what to do with the food problem anymore.
C Well, I'm afraid the natural environment will be more damaged.
D Well, you have brought us back to the same problem.

	(7)-a	(7)-b	(7)-c	(7)-d
ア	B	C	A	D
イ	B	D	A	C
ウ	C	A	D	B
エ	C	D	B	A
オ	D	A	C	B
カ	D	C	B	A

〔問8〕 本文の内容に合う英文の組み合わせとして最も適切なものは，下のア～シの中ではどれか。

① There is only one strong point about the green leaves covering the windows in Nami's house.

② If there are fewer male flowers, some plants like *goya* can survive in difficult environments.

③ The female flowers of the *goya* plant bloom earlier than the male ones to produce more offspring.

④ Nami understands why the pumpkin is growing among the *goya* plants before Takeo tells her about it.

⑤ Zack says that it is easy to grow GM crops but it is hard for them to survive in any place.

⑥ Nami is worried that there will be some environmental problems because of GM crops.

⑦ Ryuji has never heard about the new grafted seedling before Takeo tells him about it.

⑧ Zack has realized that both grafted seedlings and GM crops have some problems to solve.

ア	①　②	イ	③　⑦	ウ	④　⑧
エ	⑥　⑧	オ	①　⑦　⑧	カ	②　⑤　⑥
キ	④　⑤　⑥	ク	⑥　⑦　⑧	ケ	①　⑤　⑦　⑧
コ	②　⑤　⑦　⑧	サ	③　④　⑤　⑥	シ	④　⑥　⑦　⑧

〔問9〕 次の質問に対する答えを，理由を含めて**40語以上50語以内の英語**で述べなさい。ただし，本文で挙げられたgrafted seedlings, GM cropsを答えに使用しないこと。「,」「.」「!」「?」などは，語数に含めない。これらの符号は，解答用紙の下線部と下線部の間に入れなさい。

How do you solve the food problem for people in need?

3 次の文章を読んで，あとの各問に答えなさい。
（＊印の付いている単語・語句には，本文のあとに〔**注**〕がある。）

My name is Rei, and I am a high school student at Nishiki High School. I would like to tell you a little about myself. I like Math and Science. I am at this school because I can study many different science subjects. I like thinking about every small thing carefully. I decided to choose a topic for *Themed Research. (1)I had the confidence to do it all by myself.

In Themed Research, all the students choose one topic they are interested in and spend one year for their study. I began studying *solar power generation efficiency. Nishiki High School has produced solar power since 2000 and has collected *solar radiation efficiency data, so I became interested in collecting new data and *looking into it. I planned to take the data every day during lunch time. Right after the fourth period finished, I went up to the *rooftop, checked the number the solar power *machine showed, and wrote it down. I also checked the weather and the temperature of the day. I enjoyed this lunch time activity very much because I could do it by myself.

I continued going up and collecting data for a year, and finally I wrote a Themed Research report and made a presentation in class. I thought my study was a success, and I was very glad about it. However, one of the science teachers said, "I am very *impressed that you have done this great study all by yourself, but you don't have enough data because there are *missing data on holidays." I asked myself, "Holidays?" The teacher added, "(2)You need one more step, and you can jump over the fence." I didn't know what she was talking about. She continued, "You'll have to find ways of getting the perfect data." I was shocked to find that my study was not perfect. I felt [(3)-a] and I could not think of anything. That was my first year at high school.

When I became a second year student at high school, I chose the same topic for my Themed Research. I had to find the ways to solve the problem [(3)-b] from the last year, but I had no idea how to solve it. Days were just passing. One day in our science class, the teacher said to us, "There will be a summer program held in the U.S. You can visit several universities and *laboratories. You can see the world's top studies there." At first I was not at all interested in going to the U.S. But suddenly I became interested in it because I learned we could visit *California Institute of Technology (Caltech) and *Jet Propulsion Laboratory (JPL). I read a comic book which showed students of Caltech and studies done at the university. In Caltech, students can study the latest *space engineering, and I always *dreamed of going there someday. I also knew the latest rocket would be built at JPL. I read a story in a magazine a few days ago. (4)【 ① what ② the ③ like ④ was ⑤ space engineering

⑥ I ⑦ to ⑧ latest ⑨ really wanted ⑩ see 】 and how the rocket would be built, so I decided to join the program.

I was [(3)-c] to take the first step in the university I dreamed of. The first thing I saw was blackboards put outside. Why were there blackboards outside? You may wonder what I am talking about. Actually, there were a lot of blackboards all around Caltech. While we were walking together around the university, we saw many people who were talking in front of the blackboards. Some of them were writing numbers or drawing pictures on them. I was wondering what these people were doing with the blackboards.

After we visited Caltech, we *moved on to JPL. We took a tour to look around the laboratory, and we were surprised to find out that our tour guide graduated from Nishiki High School. He came to the U.S. after he graduated from a Japanese university, and studied for a *doctoral course in Caltech. He was now working at JPL as a researcher. During the tour, I was surprised to see the [(3)-d] scene I saw in Caltech. People were talking in front of blackboards. A lot of blackboards were in the laboratory, too!

One of the Nishiki students asked him, "Why are there a lot of blackboards in the university and in the laboratory?" [(5)] He answered that those blackboards were there to share their ideas and opinions. If they came up with new ideas, they could write or draw them on the blackboards. Then other people could see them and add their opinions to them. Sometimes they started talking in front of the blackboards. I was shocked that they were sharing their ideas and talking about them with others. I was not going to talk about my idea with other people. He continued to say that sharing was the biggest step for science study. I was more shocked at the answer because I did not understand why sharing was needed for science study. I was sure that I could do it alone. I did everything by myself for my Themed Research. He said, "If you share your idea with someone, you can get more ideas, and then your idea will become a better one. Great ideas in the past became real plans or projects which have changed the world." He said at the end that you could not do any study all by yourself. After the tour, we went to the cafeteria to have lunch. At the cafeteria, many people were eating lunch and talking in front of the blackboards. Some numbers or designs were on them. I remembered that I always spent the lunch time by myself on the rooftop collecting data. I realized my lunch time at high school was really different from theirs.

After I came back from the U.S., I often remembered those blackboards and the people talking about their opinions and sharing them in front of the blackboards. One day I decided to write my idea about the Themed Research and (6)the problem I had to solve on one of the blackboards in the classroom. I did it, after everybody left the classroom. I did not know *whether my classmates would get interested in my study, add some ideas to mine, or even give some advice. The next day when I came into the classroom, two classmates were talking about my idea in front of the blackboard. Soon after they saw me, they asked me about my plan and the problem I had. They listened to me *much more carefully and said that they wanted to help me. One of them said that he could make a computer program which can collect data by itself, and he also said that we could solve the problem. The other student said she could build a hard case to protect the new machine we would make. We started to write a lot of new ideas on my old plan and had much time to talk about them. Until then, I did not know it was really exciting to talk about the ideas or plans with other people. This is how my second year Themed Research started, and this time three of us worked together. After two classmates joined in the study, it became a great success. (7)And now I understand what the words of the researcher really mean.

〔注〕 Themed Research　課題研究
solar power generation efficiency　太陽光発電の効率
solar radiation efficiency data　太陽放射効率のデータ
look into ～　～を調査する　　rooftop　屋上
machine　機械　　impress　感動させる
missing　足りない　　laboratory　研究所
California Institute of Technology (Caltech)　カリフォルニア工科大学
Jet Propulsion Laboratory (JPL)　ジェット推進研究所
space engineering　宇宙工学　　dream of ～　～を夢見る
move on to ～　～へ移動する　　doctoral course　博士課程
whether ～　～かどうか　　much　はるかに

〔問１〕 (1)I had the confidence to do it all by myself. とあるが，その内容を次のように書き表すとすれば，[　　　　] の中にどのような英語を入れるのがよいか。下線部(1)を除く本文中で使われている**連続する３語**で答えなさい。

I [　　　　] I could do all the research without any help.

〔問２〕 (2)You need one more step, and you can jump over the fence. とあるが，この発言の意味として，最も適切なものは，次の中ではどれか。

ア If you find out what a missing part is in your study, you can make a better presentation.

イ If you have enough courage to jump over the fence, you can collect much more data.

ウ With a little more effort, you will be able to make your Themed Research greater than now.

エ With one step at a time, you can keep collecting data to finish your Themed Research.

〔問３〕 (3)-a ～ (3)-d にそれぞれ以下の語を入れるとき，最も適切な組み合わせは，下のア～カの中ではどれか。

A excited　B enough　C lost　D same
E wrong　F new　G left

	(3)-a	(3)-b	(3)-c	(3)-d
ア	A	B	C	D
イ	A	E	G	F
ウ	C	E	A	F
エ	C	G	A	D
オ	E	F	D	B
カ	E	G	C	B

〔問４〕 (4)【 ① what ② the ③ like ④ was ⑤ space engineering ⑥ I ⑦ to ⑧ latest ⑨ really wanted ⑩ see 】について，本文の流れに合うように，【　　　】内の単語・語句を正しく並べかえるとき，【　　　】内で**３番目**と**５番目**と**10番目**にくるものの組み合わせとして最も適切なものは，次のア～クの中ではどれか。なお，文頭にくる語も小文字で示してある。

	３番目	５番目	10番目
ア	②	⑦	③
イ	②	⑩	⑧
ウ	③	①	⑨
エ	③	⑧	⑩
オ	⑤	⑨	①
カ	⑦	①	③
キ	⑦	④	⑤
ク	⑨	②	①

〔問５〕 本文の流れに合うように，[(5)] に英語を入れるとき，最も適切なものは，次の中ではどれか。

ア　I was glad because I also wanted to know the answer.

イ　I was excited to find there were so many blackboards.

ウ　I was disappointed because I already knew the answer.

エ　I was sad I didn't understand the words on the boards.

〔問６〕 (6)<u>the problem</u> とあるが，その内容を説明した次の文の（　）に，本文中で使われている**連続する２語**を補いなさい。

She could not find a way of getting information (　　)(　　).

〔問７〕 (7)<u>And now I understand what the words of the researcher really mean.</u> とあるが，このように Rei が理解した理由として最も適切なものは，次の中ではどれか。

ア　After she collected the data for her first Themed Research, her study became a big success.

イ　After her classmates found something wrong in her research report, she got a positive result.

ウ　After her classmates joined her, she realized working together meant a lot for science study.

エ　After she visited Caltech and JPL that summer, she got the confidence to work all by herself.

〔問８〕 本文の内容に合う英文の組み合わせとして最も適切なものは，次のページの**ア～シ**の中ではどれか。

①　Rei decided to collect solar radiation efficiency data because there was no information about it.

②　Rei checked both the amount of solar power generation and the weather conditions of the day, before the fifth class.

③　Rei was so shocked with her teacher's comment that she decided to change the topic for the second year research.

④　Rei decided to join the summer program in the U.S. because she wanted to find the solution to collect the perfect data.

⑤　Rei was very surprised to find that the tour guide came to the U.S. to work at JPL after his doctoral course in a Japanese university.

⑥　Rei was not happy about the researcher's answer, but she quickly understood the true meaning of his words.

⑦　Rei remembered her lunch time on the rooftop at high school when she saw people's activity at JPL cafeteria.

⑧　Rei had no idea whether her classmates would be interested in her research, but actually, a few were.

ア	①　②	イ	③　⑥	ウ	④　⑦
エ	⑤　⑧	オ	②　⑤　⑦	カ	②　⑦　⑧
キ	③　④　⑧	ク	④　⑤　⑥	ケ	①　③　④　⑦
コ	②　③　⑤　⑥	サ	②　⑤　⑦　⑧	シ	③　④　⑦　⑧

〔問9〕　以下の英文は，Reiが高校卒業後，恩師に宛てた手紙の一部である。（　①　）～（　④　）に入る最も適切な**英語1語をそれぞれ本文中から抜き出して答えなさい。**

Dear Ms. Kato,

It has been two years since I came to the U.S.　I have been studying space engineering here at Caltech with a lot of classmates who came from many different countries.　We sometimes have difficulties in understanding each other because we all have different cultures and different（　①　）of thinking. We often talk about our ideas using numbers or pictures on（　②　）after school just as I saw in Caltech and JPL that summer.　Our original ideas have become much（　③　）plans after we talk to each other.　I still remember when I went up to the rooftop and collected data by myself.　I also remember what I did with my classmates when we were in the（　④　）grade of high school.　Those days taught me it is very exciting to work with other people. Now I know doing things and thinking deeply by myself is one important step for science, but at the same time, sharing things with others brings us a bigger progress.

2022 年度　英語学力検査リスニングテスト台本

開始時の説明

これから，リスニングテストを行います。

問題用紙の１ページを見なさい。リスニングテストは，全て放送による指示で行います。リスニングテストの問題には，問題Ａと問題Ｂの二つがあります。問題Ａと，問題Ｂの ＜Question 1＞ では，質問に対する答えを選んで，その記号を答えなさい。問題Ｂの ＜Question 2＞ では，質問に対する答えを英語で書きなさい。

英文とそのあとに出題される質問が，それぞれ全体を通して二回ずつ読まれます。問題用紙の余白にメモをとってもかまいません。答えは全て解答用紙に書きなさい。

（２秒の間）

〔問題Ａ〕

問題Ａは，英語による対話文を聞いて，英語の質問に答えるものです。ここで話される対話文は全部で三つあり，それぞれ質問が一つずつ出題されます。質問に対する答えを選んで，その記号を答えなさい。

では，＜対話文１＞を始めます。

（３秒の間）

Sakura:　Hi, Tom, do you think it's going to rain this afternoon?

Tom:　Hi, Sakura. I don't think so.

Sakura:　Really? It was sunny this morning, but it's cloudy now. If it rains, we will have to change our plan to practice tennis this afternoon.

Tom:　Don't worry. We won't have to do that. The weather news says it will rain tomorrow morning, but not today.

Sakura:　I'm glad to hear that.

Tom:　Let's talk about today's practice on the phone this evening.

Sakura:　Sure.

（３秒の間）

Question：　When will Sakura and Tom practice tennis?

（５秒の間）

繰り返します。

（２秒の間）

（対話文１の繰り返し）

（３秒の間）

Question：　When will Sakura and Tom practice tennis?

（10 秒の間）

＜対話文２＞を始めます。

（３秒の間）

Jane: Excuse me. I'm Jane. I'm a new student. Can you help me?

Bob: Hi, Jane. I'm Bob. What's the problem?

Jane: I want to see Ms. Brown. Can you tell me the way to the teacher's room?

Bob: Well, she is usually in the music room.

Jane: I see. So, where is the music room?

Bob: Can you see the library? Turn right at the library and you'll see the music room next to the art room. Also, she sometimes reads some books in the library.

Jane: Thanks. I will go to the library first.

Bob: I hope you find her.

（３秒の間）

Question : Where will Jane go first?

（５秒の間）

繰り返します。

（２秒の間）

（対話文２の繰り返し）

（３秒の間）

Question : Where will Jane go first?

（10秒の間）

＜対話文３＞を始めます。

（３秒の間）

Girl: My school looks new, but it has a long history.

Boy: What do you mean?

Girl: The building is new, but my school will be one hundred years old next year.

Boy: Really?

Girl: Yes. My grandfather was a student of the same school sixty years ago.

Boy: Oh, how old is your grandfather?

Girl: He will be seventy-two years old this year.

Boy: Oh, is that right?

Girl: Yes. We sometimes sing our school song together.

Boy: Sounds nice!

（３秒の間）

Question : How old is the school now?

（５秒の間）

繰り返します。

（２秒の間）

（対話文３の繰り返し）

（３秒の間）

Question： How old is the school now?

（10秒の間）

これで問題Ａを終わり，問題Ｂに入ります。

〔問題Ｂ〕

（３秒の間）

これから聞く英語は，カナダの中学生の Cathy が，日本の中学生とのオンライン交流で行ったスピーチです。内容に注意して聞きなさい。

あとから，英語による質問が二つ出題されます。＜Question １＞ では，質問に対する答えを選んで，その記号を答えなさい。＜Question ２＞ では，質問に対する答えを英語で書きなさい。

なお，＜Question ２＞ のあとに，15秒程度，答えを書く時間があります。

では，始めます。（２秒の間）

Hello, everyone! My name is Cathy. I'm fifteen years old. I'm happy to meet you on the Internet today.

First, I will talk about my country. In summer, many people enjoy walking and bird watching in the mountains. I often go to a swimming pool during summer vacation. In winter, many people enjoy watching basketball games. They are very exciting, and I like to watch them, too. Also, people enjoy skiing. The mountains are beautiful with snow. I go skiing with my family every year. I like skiing the best of all sports. I have learned that there are a lot of places for skiing in Japan. Do you like winter sports?

Next, I will tell you about things I want to know about Japan. I'm very interested in Japanese movies. I think the stories are interesting. I want you to tell me about some popular Japanese movies. I'm looking for a new one to enjoy watching. Let's have fun on the Internet today.

（３秒の間）

＜Question １＞ What sport does Cathy like the best?

（５秒の間）

＜Question ２＞ What does Cathy think about the stories in Japanese movies?

（15秒の間）

繰り返します。

（２秒の間）

(問題Bの英文の繰り返し)

(3 秒の間)

＜Question 1＞　What sport does Cathy like the best?

(5 秒の間)

＜Question 2＞　What does Cathy think about the stories in Japanese movies?

(15秒の間)

以上で，リスニングテストを終わります。2ページ以降の問題に答えなさい。

【数　学】（50分）〈満点：100点〉

1 次の各問に答えよ。

〔問1〕 $x = \dfrac{1}{\sqrt{2}}$，$y = \dfrac{1+\sqrt{2}}{4}$ のとき，$x^2 - 4xy + 4y^2 - 4y + 1$ の値を求めよ。

〔問2〕 連立方程式 $\begin{cases} 5x + 3y = 12 \\ \dfrac{11}{2}x + \dfrac{3}{4}y = 4.7 \end{cases}$ を解け。

〔問3〕 xについての２次方程式 $x^2 + 5ax + 84 = 0$ の２つの解がともに整数となるような整数aの値は何個あるか。

〔問4〕 １から６までの目が出るさいころを２回投げる。

　１回目に出た目の数をa，２回目に出た目の数をbとするとき，$337(a+b)$ が2022の約数となる確率を求めよ。

　ただし，さいころは，１から６までのどの目が出ることも同様に確からしいものとする。

〔問5〕 右の図で，△ABCは∠A ＝ 56°，∠C ＝ 70°の鋭角三角形である。

　解答欄に示した図をもとにして，辺AC上にあり，∠BDC ＝ 80°となる点Dを，定規とコンパスを用いて作図によって求め，点Dの位置を示す文字Dも書け。

　ただし，作図に用いた線は消さないでおくこと。

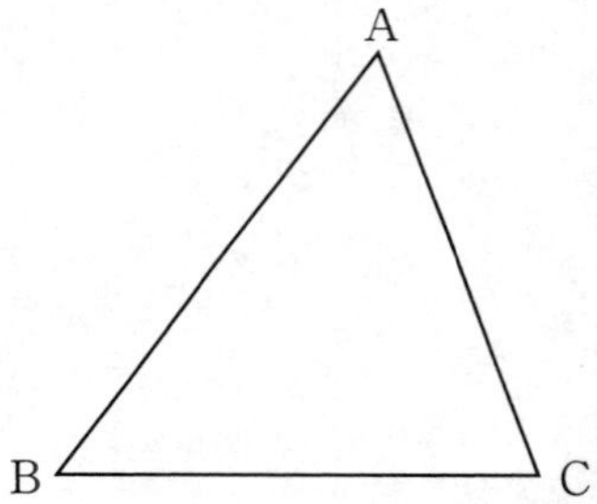

2 右の**図1**で，点Oは原点，曲線 f は $y=ax^2$（$a>0$）のグラフを表している。

2点A，Bはともに曲線 f 上にあり，x 座標はそれぞれ2，s（$s<0$）である。

原点から点（1，0）までの距離，および原点から点（0，1）までの距離をそれぞれ1 cmとして，次の各問に答えよ。

図1

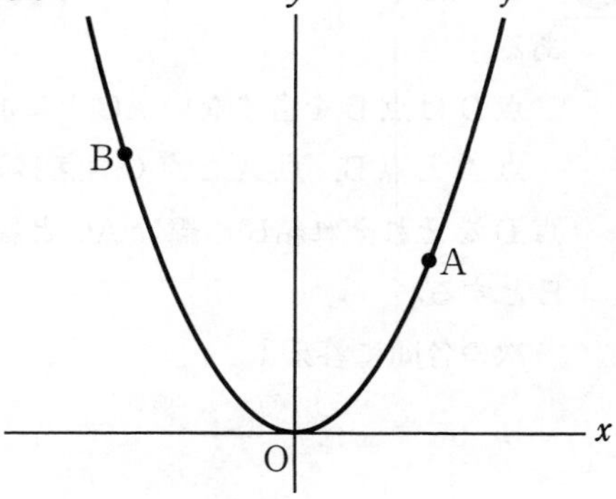

〔問1〕 **図1**において，$a=\dfrac{1}{2}$，$s=-3$ のとき，2点A，Bを通る直線の式を求めよ。

〔問2〕 右の**図2**は，**図1**において，$a=\dfrac{1}{4}$，$s=-\dfrac{8}{3}$ のとき，点Cを $\left(1,\ \dfrac{1}{2}\right)$，曲線 f 上にあり，x 座標が t（$t>2$）である点をDとし，点Aと点B，点Aと点C，点Aと点D，点Bと点C，点Cと点Dをそれぞれ結んだ場合を表している。

△ABCの面積と△ADCの面積が等しくなるとき，t の値を求めよ。

ただし，答えだけでなく，答えを求める過程が分かるように，途中の式や計算なども書け。

図2

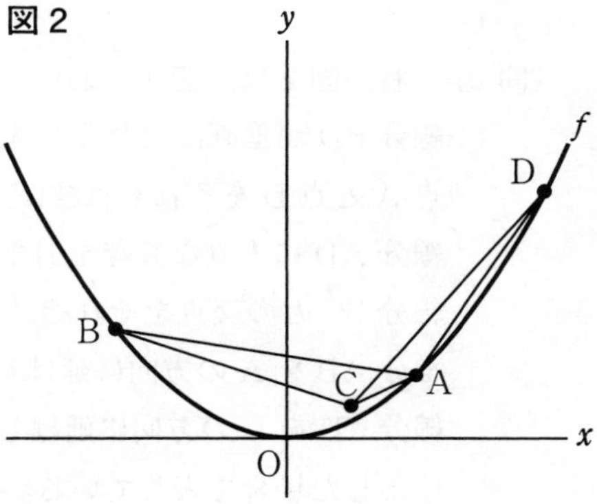

〔問3〕 **図1**において，$s=-1$ のとき，点Oと点A，点Oと点B，点Aと点Bをそれぞれ結んだ場合を考える。

∠AOB = 90°となるときの a の値を p，∠OBA = 90°となるときの a の値を q とし，a の値が p から q まで増加するとき，点Aが動く距離は何cmか。

3 右の**図1**で，異なる3点A，B，Cは同一円周上にある。

点Dは点Bを含まない$\overset{\frown}{AC}$上にある。

点Aと点B，点Aと点C，点Bと点D，点Cと点Dをそれぞれ結び，線分ACと線分BDとの交点をEとする。

次の各問に答えよ。

図1

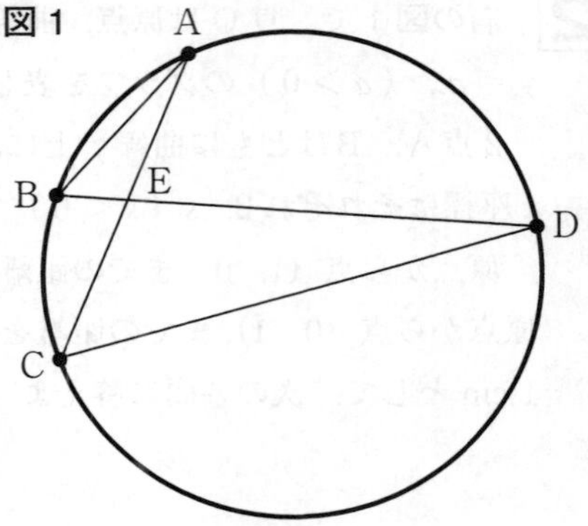

〔問1〕 **図1**において，AB = 3 cm，BE = 1 cm，CD = 7 cm，AE = ECのとき，線分DEの長さは何cmか。

〔問2〕 右の**図2**は，**図1**において，線分ACと線分BDが垂直に交わるとき，点Bと点C，点Aと点Dをそれぞれ結び，点Eを通り線分ADに垂直な直線を引き，線分AD，線分BCとの交点をそれぞれF，Gとし，線分ABをAの方向に延ばした直線と線分CDをDの方向に延ばした直線との交点をHとした場合を表している。

ただし，∠ABC，∠BCDはともに鋭角であるものとする。

次の(1)，(2)に答えよ。

図2

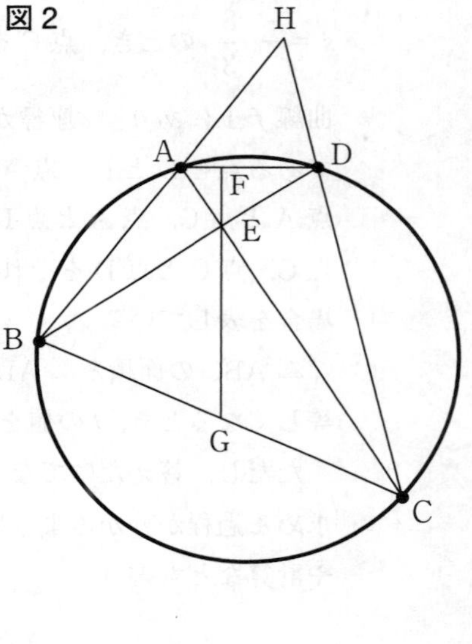

(1) 点Gは線分BCの中点であることを証明せよ。

(2) ∠EGC = 120°，AD：BC = 1：3のとき，△BCEの面積は△ADEの面積の何倍か。また，△ADHの面積は△ADEの面積の何倍か。

4 右の**図1**に示した立体 ABCD − EFGH は，
AB = AE = 4 cm，AD = $6\sqrt{2}$ cm の
直方体である。
　辺 FG 上の点を P とする。
　頂点 A と点 P を結ぶ。
　線分 AP の中点を O とし，点 O と頂点 B，
点 O と頂点 E，点 O と頂点 F をそれぞれ結ぶ。
　次の各問に答えよ。

図1

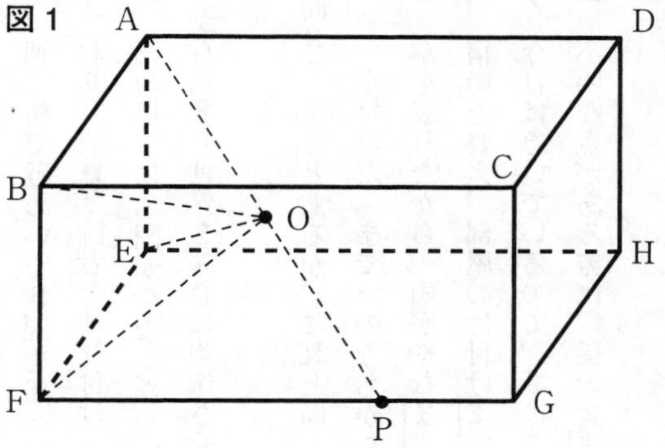

〔問1〕　**図1**において，点 O と頂点 G を結んだ場合を考える。
FP = $4\sqrt{2}$ cm のとき，線分 OG の長さは何 cm か。

〔問2〕　右の**図2**は，**図1**において，点 P が頂点 G に一致するとき，辺 AE，辺 BF，辺 CG，辺 DH 上にあり，
AI = BJ = CK = DL = x cm（$0 < x < 2$）
となる点をそれぞれ I，J，K，L，この 4 点を含む平面と線分 OA，線分 OB との交点をそれぞれ Q，R とし，点 I と点 Q，点 J と点 R，点 Q と点 R をそれぞれ結んだ場合を表している。
　線分 QR を Q の方向に延ばした直線と，線分 IL との交点を S とした場合を考える。
　次の(1)，(2)に答えよ。

図2

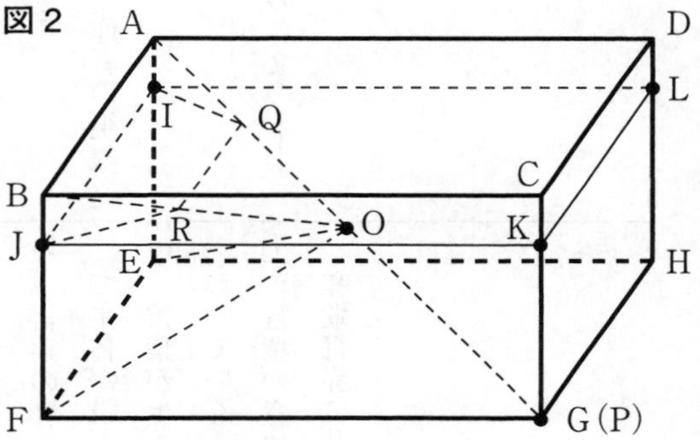

(1)　線分 IS の長さは何 cm か，x を用いて表せ。

(2)　$x = 1$ のとき，立体 AIQ − BJR の体積は何 cm^3 か。
ただし，答えだけでなく，答えを求める過程が分かるように，途中の式や計算なども書け。

〔問1〕 (1)歌はことわるものにあらず、しらぶるものなりとあるが、ここでいう「歌はことわるものにあらず」の説明として最も適切なのは、次のうちではどれか。

ア 歌は抽象的に解釈したり創作したりするものではないということ。
イ 歌は論理的に理解したり表現したりするものではないということ。
ウ 歌は読者の介入を拒否したり固辞したりするものではないということ。
エ 歌は作者の存在をぼかしたり消したりするものではないということ。

〔問2〕 (2)のちに景樹はこれをこう改作した。とあるが、改作後のⅠの歌について筆者が本文中で説明したものとして最も適切なのは、次のうちではどれか。

ア 三句以下にゆとりをもたせることで余情を生み出し、読者が作者の体験した風景をなぞるように経験できるものとなっている。
イ 初二句で白い霙を提示したうえで三句以下に松の葉の緑を登場させることで、読者の視点の誘導に成功した表現となっている。
ウ 初二句で謎めいた状況を述べて読者の興味を引きつける構造となっており、情景と読者を結び付けようとするものとなっている。
エ 三句以下に名詞が少なくなっており、松に焦点を絞った作者の視線から和歌の世界を読者に想像させるものとなっている。

〔問3〕 までとあるが、これと同じ意味・用法のものを、次の各文の――を付けた「まで」のうちから一つ選べ。

ア 傘を忘れたから、雨がやむまで待った。
イ 宿題を終え、部屋の片付けまでやった。
ウ 今日は急いでいるので、話はここまでだ。
エ 不明な点がある方は、係の者までお伝えください。

〔問4〕 (3)まして「実景実情」を説いたとされる景樹にふさわしくないようにも思われる。とあるが、Ⅱの歌に対する筆者の評価を説明したものとして最も適切なのは、次のうちではどれか。

ア 主体の所在を言葉の緊密な連携に内包させることによって、実感を排除した作者の理想を描き得ている。
イ 悲しみとは関連の薄い言葉を連携させることによって、来るべき新年への喜びを無自覚的に想起させ得ている。
ウ 年末の風景描写を中心に据えながらも巧みに言葉を連携させることによって、風景と心情を融合し得ている。
エ 霰の降る情景に年末の悲しさを技巧的に集約させることによって、風景そのものをより鮮明に表現し得ている。

〔問5〕 本文中の「しらべ」の説明として**適当でないもの**を次のうちから一つ選べ。

ア 余韻のある表現に触れることによって、読者自身が和歌の創り出す世界に居合わせるような感覚。
イ 言葉の響き合いにより、言葉そのもののもつ意味を越える領域にまで主体が没入するような感覚。
ウ 言葉が生み出す景色の内部に主体が包みこまれ、実感として歌を味わっていくような感覚。
エ 言葉の意味だけを味わうのではなく、音韻やリズムを通して主体が和歌世界に共鳴するような感覚。

の白波よ）

と同様の歌境を求めたのだろうと想像される。

彼はこのように言葉を練り上げ、多層的に連携するような工夫を行い、しかもそれを自負するところがあった。

Ⅱ　歳暮

年《とし》の*緒《を》も限りなればや*白玉《しらたま》の霰《あられ》乱れて物ぞ悲しき

（桂園一枝・四三九）

（一年という緒も限界を迎えようとしているからか、白玉のごとき霰が乱れ降り、心乱れて悲しい）

「大人自得の歌」（先生が満足している歌）だったという証言が残されている。「緒」が貫くのが「白玉」であり、その緒が絶えれば、「霰」の降るように散り「乱れ」、心「乱れ」て悲しい。普通にいっても、かなりうるさいくらいの*縁語仕立《じた》てである。(3)まして「実景実情」を説いたとされる景樹にふさわしくないようにも思われる。*窪田空穂《くぼたうつぼ》は「この歌には、彼としては第一になくてはならない実物実情の見るべきものがない」と手厳しく評している。だがむしろ、こういう縁語を駆使するような表現に彼の本領の一端があったと考えるべきだろう。霰の乱れ降る情景が核心にあることが見逃せない。歳末に悲しみを催されているだけではなく、歳暮と悲しみの間に、霰乱れる風景が抜き差しならない結節点となっていて、そこへと事柄と心情が集約される構造となっている。心情表現にすべてが*収斂《しゅうれん》するのではないのである。言葉の連動が無意識の領域を作り上げ、そこに理想が託される。ここでも、主体は言葉の表す景に溶け込んでいくといってよいだろう。言葉の緊密なつながりに、作者が連動していくのである。主体が景に溶け込んでいくよう言葉を構えていくという点で、実感・実情の歌も、雅調の歌も、けっして別物ではないのである。

（渡部泰明「和歌史　なぜ千年を越えて続いたか」による）

〔注〕景樹《かげき》――江戸時代の歌人である香川景樹《かがわかげき》のこと。

桂園一枝《けいえんいっし》――江戸時代に成立した、香川景樹自選による歌集。

上下句――五、七、五、七、七の五句で構成される和歌の五、七、五を上句といい、後半の七、七を下句という。ここでは上句と下句を合わせて上下句と表現している。

「うづみ火の」――うづみ火の外に心はなけれども向かへば見ゆる白鳥《しらとり》の山（桂園一枝・四三〇）
（埋み火（囲炉裏《いろり》の灰に埋めた炭火）に心奪われていたが、ふと見ると、白鳥の山に向かい合っていた）

『講義』――『桂園一枝講義』のこと。『桂園一枝』について香川景樹自身が行った講釈を聞き書きした書物。

根白高萱《ねじろたかがや》――水によって根元が白くなった背の高い草。

凡河内躬恒《おおしこうちのみつね》――平安時代の歌人。

緒《を》――糸や紐《ひも》などの細長いもの。また、長く続くもの。

白玉《しらたま》――白色の美しい玉。真珠の古名。

縁語――意味の上で関連のある語を二つ以上用いて表現効果を高める和歌の技法。

窪田空穂《くぼたうつぼ》――歌人。国文学者。

収斂《しゅうれん》――ひろがっているものを一点に集結すること。

は名詞が連続していて、少し窮屈である。原因を駆け足で解き明かした、という説明感が出てしまう。謎めいた状況を発見し、やがてその訳に気づく、という言葉の運びは、実際の意識の流れに即しているわけだから、むしろ実感・実景を表現せよという景樹の主張に適合しているともいえそうである。しかし、事はそう単純ではない。窮屈な言葉の配置が、かえって人間の思考回路をなぞっている印象をもたらしかねない。意識的な人の仕業を浮き出させてしまうのである。

一方「しぐるるは」と改訂してどうなったか。まず初二句で判断の結果が語られる。そうして三句以下で、その判断を導いた状況が描写される。原作の上下を転倒させたわけだが、たんに強調するためだけの倒置法ではない。第三句以下がずいぶんゆったりしてきていて、霙だと思った理由を示しただけではなくなる。もっと膨らみが出てくる。夕闇の中、白さを浮かび上がらせる松の木の前にたたずむ作者を感じさせるのである。のみならず、松は天候を含めその場の時空を焦点化した存在に他ならないから、作者の前に広がる風景をもじわりと想像させていく。つまり読み手は、まず初二句の謎めいた推定におやと思い、その疑問に促されて松の木の存在へと導かれるが、それが知的な了解で終わらずに、眼前の広がりのある風景に出会って受け止められ、風景が広がるとともにそこに溶け込んでいく感覚を味わうことになる。

この溶け込むような感覚が、「しらべ」の核心にあるのだと思う。溶け込むとは、対象と主体が密接に連動することと言い換えることができる。言語芸術である和歌に即していえば、我と言葉とが同調し連動する感覚といえるだろう。「しらべ」とは本来音楽の調子のことである。音楽を聴いていて、あるいは演奏したり唄《うた》ったりしていて、音調が身体と同調し連動してくる、あの感覚を比喩《ひゆ》的に転用しているのだろう。

言葉と主体が連動し、溶け込むような感覚を示す和歌は、景樹の和歌に数多く見られる。「*うづみ火の」（四三〇）などはその典型である。埋《うず》み火のぬくもりを感じ取っているからこそ、雪景色の白鳥《しらとり》の山の冴《さ》えた白さが際立《きわだ》つのだが、洗われたような気分とともにやがてその距離は消えゆき、白鳥の山に吸い込まれていく。景樹の代表作などとされるのも、理由のないことではない。このような「しらべ」につながる連動の感覚を、景樹自身が自負していたと思われる『*講義』でも取り上げられた歌で確かめてみよう。

風前夏草

川岸の*根白高萱《ねじろたかがや》風吹けば波さへ寄せて涼しきものを　（桂園一枝・一八三）

（川岸の根の白い高萱に風が吹くと、波までが寄せて涼しいというのだからなあ）

『万葉集』の三四九七番歌に見える「根白高萱」という語句を導入している。『講義』によれば、当初第五句は「涼しかりけり」であったという。それでもよいのだが、「ものを」と言葉を残した、つまり余韻を持たせたと述べている。根白高萱を吹く風の音だけでも涼しいのに、風が立てた波までが寄せてきていっそう涼しい、ということらしい。聴覚・視覚・皮膚感覚を動員しつつ、夏の中に見いだされた秋へと主体を浸透させていく、そのために「ものを」と余韻のある終え方をしているということなのだろう。川岸の根白高萱という特異な素材に刺激された主体が、やがて季節の奥へと溶け込んでいくのである。おそらく景樹が高く評価していた*凡河内躬恒《おおしこうちのみつね》の歌、

住《すみ》の江《え》の松を秋風吹くからに声うちそふる沖つ白波　（古今集・賀・三六〇）

（住の江の松を秋風が吹くやいなや、声を揃《そろ》えて寄せてくる沖

〔問6〕文章A、Bについて述べたものとして最も適切なものを、次のア～オから選べ。

ア　文章Aでは「ベルグソン」、文章Bでは「山岸俊男」というように、他者の意見や論考、文章を参考にしたり引用したりして、自身の論の土台や補強としている。

イ　文章Bは文章Aの考えを論の基軸に据えながら、「安心」「信頼」という二項対立を提示した上で、他者との付き合い方や評価の仕方を提案している。

ウ　文章Bにおける「山岸俊男」の引用は、文章Aにおける「シェクスピア」の例のように、筆者の意見の反証として論を構成する役割を果たしている。

エ　文章Aでは、空白の行を作ることで意味段落が変わったことを明確に示しているが、文章Bも同様に空白の行によって意味段落を明示しようとしている。

オ　文章Aでは、はじめに筆者の結論を述べた上で本文を展開し、末尾でもう一度結論を言い直す形式で論を進めているが、文章Bも同様の文構造を用いている。

五

次の文章を読んで、あとの各問に答えよ。（＊印の付いている言葉には、本文のあとに〔注〕がある。）

＊景樹《かげき》は「しらべ」を重んじた。「(1)歌はことわるものにあらず、しらぶるものなり」という発言をしきりと繰り返している。「しらべ」には、「祈り」「境界」「演技」「連動する言葉」という要素がすべて含まれている。

たえだえに松の葉白くなりにけりこの夕時雨《ゆふしぐれ》みぞれなるらし

霙《みぞれ》の題で詠《よ》んだ歌である。とぎれとぎれに松の葉が白くなった。ああそれはこの夕方の時雨が、霙だったからなのだなあ、と気づいたというのである。(2)のちに景樹はこれをこう改作した。

Ｉ　しぐるるはみぞれなるらしこの夕べ松の葉白くなりにけるかな　（＊桂園一枝《けいえんいっし》・四〇三）

（時雨かと思ったが、霙だったらしい。この夕暮れの中、松の葉が白くなったよ）

そしてこちらを『桂園一枝』に収めている。そして自ら一首を「雅調」だと自負している。＊上下句をひっくり返して少し手を入れたくらいにも見えるが、二首はどう違うだろうか。

最初に詠んだ「たえだえに」は、まず上句で風景が描写される。おや、という発見が語られる。読者にとっては謎が示されるといってもよい。下句では、その理由が示される。たんなる冬の初めの時雨かと思っていたが、雪まじりの霙だったのだなあ、と。「夕」の語からは、ほの暗い中で浮かび上がった白さであったことも察せられる。ただし、この下句

〔問5〕　次の会話は、文章A、Bを読んだ後の国語の授業の様子である。先生と生徒の会話の中の［X］、［Y］にはそれぞれあてはまる表現を文章Aの語句を用いて、［X］は**十字以上、十五字以内**で、［Y］は**十字以上、二十字以内**で書け。また［Z］には生徒を示すア、イ、ウのいずれかを書け。

先　生：Aの文章で、筆者が考える「可能性」という言葉をBの文章で使われている「不確実性」という言葉を使って説明してみましょう。なお、文章Aの二重傍線部の部分はそれを考える上でヒントになります。よく考えてみてください。話し合って文章A、Bを整理した上で、各班で解答を書いてみましょう。時間になったら発表してもらいます。

生徒ア：まず、二重傍線部の意味について考えてみようよ。

生徒イ：そうだね。「消極的な意味での可能」というのはどう説明できるかな。

生徒ウ：「［X］という程度の意味しか持たない『可能』」というのはどうかな。

生徒エ：いいね。じゃあ「積極的な意味」は「消極的な意味での可能」と対比させればよいから…。

生徒ア：「［Y］といった意味を無意識に付加している『可能』」といえるかな。

生徒エ：なるほど。そうすると二重傍線部は「世間一般の人は、本来は［X］という程度の意味しか持たない『可能』という言葉に、［Y］といった意味を無意識に付加しているということ。」といえるね。

生徒ア：文章Aの筆者はどちらを重視しているか、注意しないといけないね。

生徒イ：「不確実性」という言葉で説明するとどうなるかな。「不確実性」という言葉をちゃんと理解するところからはじめた方がよさそうだね。

生徒ウ：文章Bには「『不確実性』に開かれているか、閉じているか」とあるよ。これって、さっきの「可能性」の対比の構造に似ている気がするな。

生徒ア：そろそろ時間だから、それぞれで答えを書いてみようよ。

生徒ウ：それぞれが書いたものを発表してみよう。

（しばらくして）

生徒ア：私は「可能性とは、自分の想定外のことが起こるかも知れないという『不確実性』を否定した上で、将来の考えられる姿を指し示す言葉である。」と書いたよ。

生徒イ：私は「可能性とは、常に自分の想定外のことが起こるかも知れないという『不確実性』を受け入れて、未来において多くの選択肢や状態があり得ることを指し示す言葉である。」と書いたよ。

生徒ウ：私は「可能性とは、想定外のことが起こりうるかも知れないという『不確実性』をふまえて、これから起こるべき出来事をできるだけたくさん想定した上でその中から未来について言及しようとする言葉である。」と書いたよ。

生徒エ：みんなすごいな。私はまだ書けていないよ。でも最も適切に、Aの筆者が考える「可能性」という言葉をBの文章で使われている「不確実性」という言葉を使って説明できているのは［Z］さんだと思う。先生にも聞いてみよう。

先　生：どれどれ。みんなよく話し合って考えましたね。中でも［Z］さんの答えがいいですね。

のも、赤ん坊の力を信じられていなかったからです。
　もちろん、安心の追求は重要です。問題は、安心の追求には終わりがないことです。一〇〇％の安心はありえない。
　信頼はリスクを意識しているのに大丈夫だと思う点で、不合理な感情だと思われるかもしれません。しかし、この安心の終わりのなさを考えるならば、むしろ、(4)「ここから先は人を信じよう」という判断をしたほうが、合理的であるということができます。

（伊藤亜紗「「うつわ」的利他――ケアの現場から」による）

〔注〕炯眼《けいがん》――ものごとの本質を見抜いたり将来を見通したりする力が優れている様。
前大戦――ここでは、第一次世界大戦をさしている。
ベルグソン――フランスの哲学者。
シェクスピア――イギリスの劇作家、詩人。
ハムレット――シェクスピアの戯曲。
ベクトル――物事の向かう方向と勢いのこと。
数字――ここでは、筆者が出産直後に産院から示された授乳量の目安の数値をさしている。

〔問1〕(1)現代人が現代芸術を、正しく批評したり評価したりする事は、実に難《むず》かしい、殆《ほとん》ど不可能な業《わざ》である。とあるが、**A**の筆者が「殆《ほとん》ど不可能な業《わざ》である」と述べたのはなぜか。その理由として最も適切なものを、次のうちから選べ。

ア　芸術というものが広く一般的に普及されるようになったことにより、その形を特定することが困難だと考えているから。

イ　現代芸術というものは日々変化し続けるものであり、総論的に捉えることのできるものではないと考えているから。

ウ　現代の芸術は膨大な過去の蓄積を踏まえて評価されるものだが、その全てを把握することはできないと考えているから。

エ　様々に形を変えて多様に存在している現代芸術を、小さな差異に注目して評価するのは難しいと考えているから。

〔問2〕(2)鏡の前に立った人が、鏡の中の自分の姿を見て、鏡の後《うしろ》に行けば、あの姿に触《さ》われると考えている様なものである。とあるが、この部分において**A**の筆者が述べようとしていることの説明として最も適切なものを、次のうちから選べ。

ア　予測不可能な未来とは違い過去は固定されたものだということ。

イ　未来予測は現在を過去に投影した上で行うのがよいということ。

ウ　物質的に閉ざされた現実から解放されることはないということ。

エ　明日の姿を現在や過去から推測することはできないということ。

〔問3〕(3)社会心理学が専門の山岸俊男《やまぎしとしお》は、信頼と安心はまったく別のものだと論じています。とあるが、ここでの「信頼」を具体的に示した例として最も適切なものを、次のうちから選べ。

ア　必要なものだけを買ってくるように、買い物リストを渡す。

イ　友達との約束に遅れないように、十分前に集合場所に着いた。

ウ　チーム力向上のために、監督が練習メニューを選手自身に考えさせる。

エ　旅行に行く前に、インターネット等を使い綿密な下調べと計画をする。

〔問4〕(4)「ここから先は人を信じよう」という判断をしたほうが、合理的であるということができますとあるが、**B**の筆者がこのように述べたのはなぜか。**八十字以上、百字以内**で説明しなさい。

姿は、はっきりと摑《つか》み難いにせよ、既に含まれている、などと暢気《のんき》な事を言っている。(2)鏡の前に立った人が、鏡の中の自分の姿を見て、鏡の後《うしろ》に行けば、あの姿に触《さ》われると考えている様なものである。物質界の閉ざされたシステムのうちでは、予見は可能だ。という事は、可能性という言葉の濫用が不可能だという事と同じ意味だ。併し、人生に於《おい》ては、先《ま》ず新しい事態が生じたからこそ、事態は可能であったであろうと考えられる。事態が、可能であったものになり始めるまさにその瞬間に、事態はいつも可能であったのだ。可能性は決して現実に先行出来ぬ。一《い》ったん現実が現れれば、現実に恐らく先行したであろうと言えるだけのものに過ぎぬ。ひと昔前には、明日の文学はどうなるかという議論が盛んだった。今日では、文学という言葉が文化という言葉に変ったが、可能性という言葉の濫用には、一向変りはない様である。論者は、知らず識らずのうちに易しい道を選ぶ。ベルグソン流に考えれば、可能性となる現実の文化を感ぜず、現実の文化となる可能性を知性の眼で追うのである。そして、論者は、いろいろと論じた揚句《あげく》、日本の新しい独自の文化の誕生が望ましいと言う立派な結論に達したりしているが、実は、そういうものこそ、論者の一番考えない、殆ど恐れているものではないかとさえ思われる。何故《なぜ》かというと、新しく生れて来る文化は、生れて来る人間の様に、独自な性質のものであるより他はないし、独自な文化は、人間の様に生れて来るより他はないのであるが、論者の好むところは、文化の誕生より、寧《むし》ろ文化的プログラムの実現、文化的予定計画の達成と呼ぶべきものであろうし、新しい独自な文化というものも言葉の綾《あや》に過ぎず、実は、文化の新旧も、独自な文化も、模倣の文化も、一般に文化というものを構成している要素の組合《くみあわ》せ如何《いかん》によって現れると考えるのが、論者の理想であろうから。

（小林秀雄「感想」による）

B

(3)社会心理学が専門の山岸俊男《やまぎしとしお》は、信頼と安心はまったく別のものだと論じています。どちらも似た言葉のように思えますが、ある一点において、ふたつはまったく逆のベクトル*を向いているのです。

その一点とは「不確実性」に開かれているか、閉じているか。山岸は『安心社会から信頼社会へ』のなかで、その違いをこんなふうに語っています。

> 信頼は、社会的不確実性が存在しているにもかかわらず、相手の（自分に対する感情までも含めた意味での）人間性のゆえに、相手が自分に対してひどい行動はとらないだろうと考えることです。これに対して安心は、そもそもそのような社会的不確実性が存在していないと感じることを意味します。

安心は、相手が想定外の行動をとる可能性を意識していない状態です。要するに、相手の行動が自分のコントロール下に置かれていると感じている。

それに対して、信頼とは、相手が想定外の行動をとるかもしれないこと、それによって自分が不利益を被るかもしれないことを前提としています。つまり「社会的不確実性」が存在する。にもかかわらず、それでもなお、相手はひどい行動をとらないだろうと信じること。これが信頼です。

つまり信頼するとき、人は相手の自律性を尊重し、支配するのではなくゆだねているのです。これがないと、ついつい自分の価値観を押しつけてしまい、結果的に相手のためにならない、というすれ違いが起こる。

相手の力を信じることは、利他にとって絶対的に必要なことです。

私が出産直後に数字*ばかり気にしてしまい、うまく授乳できなかった

四 次のA、Bの文章を読んで、あとの各問に答えよ。（＊印の付いている言葉には、本文のあとに〔注〕がある。）

A

文化を談ずる声は、ジャアナリズムに充満しているが、文化というものは、もう過去のものとなり、歴史の裡《うち》に編入されないと、その形がはっきりしないのだから不思議である。私達《たち》は、文化の抜け殻しか、はっきり意識出来ない。これは、文化という言葉が流行しようとしまいと変《かわ》りのない事実らしい。現代文化という言葉は、直《す》ぐ捕《とら》えられるが、刻々に変り育ち、歴史の上に深くその痕跡《こんせき》を刻するに至らない現代文化の実態の方は、*炯眼《けいがん》な批評家にも、深く隠れたものであろう。芸術という定義し難《がた》いものも亦《また》同じである。(1)現代人が現代芸術を、正しく批評したり評価したりする事は、実に難《むず》かしい、殆《ほとん》ど不可能な業《わざ》である。仕方がないから、私達は、めいめいに言いきかせている、――例えば、私が自らを批評し、評価し、そして、もし誤らなければ、私に何が創り出せよう、と。

*前大戦の頃、フランスの文化が非常に混乱して、新聞や雑誌で、将来の文化とか芸術とかが、どうなるかという問題が、盛んに論じられた時、或《あ》る雑誌記者が、*ベルグソンを訪ねて、これからの文学はどうなるか、について意見を求めた。自分には皆目《かいもく》わからない、とベルグソンは言った。記者は、重ねて、少《すく》なくとも、可能な或る方向というものは考えられるだろう、貴君も考え事では専門家である、細部の予見は不可能でも、全体的な見通しぐらいは、持っているだろう、例えば、明日の優れた演劇として、どういう演劇を考えているか、と訊《たず》ねると、ベルグソンは、それがわかっていれば、自分で書くだろう、と答えた。この話は、ベルグソン自身が、後年のエッセイの中に書いている話で、そう答えた時の、記者のあきれ返った様な顔附《つ》きが未《いま》だ忘れられないと書いている。ベルグソンの考えによれば、世人は可能という事について根本から誤った考えを持っていて、それが為《ため》に、可能性という言葉を濫用《らんよう》する事になると言う。戸を閉めていれば、誰も這入《はい》って来られない。だからと言って、戸を開ければ、誰が這入って来るか予言出来るとは言えまい。併《しか》し、世人は可能性について、そんなでたらめばかり言っているのである。或る物が実現する為に、越え難い障碍《しょうがい》はなかった、という意味なら、その或る物は、実現する以前に、実現可能だったと言える。わかり切った事だ。実現の不可能ではないものは実現可能と呼ぶべきではないか。つまり、実現が不可能ではないという事が、実現の為の条件なのだから、この場合、可能という言葉は、空《むな》しい言葉ではない。ところが、世人は、そういうはっきりした消極的な意味での可能という言葉に、知らず識《し》らずのうちに、積極的な意味を持たせて了《しま》うのである。障碍の欠除を意味する可能性なら、確かに、それは現実性に先立つが、例えば、*シェクスピアの*ハムレットは、書かれる前は、観念の形で、可能性としてあったと言うなら馬鹿々々しい事になるだろう。シェクスピアのハムレットが、或る精神の裡に可能性の形で自《おのずか》ら現れ、それが、現実のハムレットを創り出す、と言う事は、定義上、その精神とはシェクスピア自身に他ならぬではないか。シェクスピアの先駆者が、感ずるところを、考える処《ところ》を、ことごとく、シェクスピアは、やがて感じ考えるであろう、などと言わなくても、シェクスピアという男が生《うま》れたとだけ言って置けば、すむ事である。

可能性とは、過去に映った現在の幻影である。現実のものが次々に新しく現れて来るにつれて、その映像を、人々は任意の過去のうちに常に映し出してみる。だからこそ現実は、常に可能であったという事になる。私達は明日はやがて今日になる事を知っているし、可能性の幻影は、休みなく現れているから、明日になれば過去になる現在のうちに、明日の

〔問4〕(4)「そうかなあ。」と笑いながら首を傾《かし》げる穂高に、違うとたたみ掛けたくなる。とあるが、この表現から読み取れる岳の気持ちとして最も適切なのは、次のうちではどれか。

ア　穂高の質問に対して丁寧に答えてきたにもかかわらず、それを誤って認識されてしまったことが残念で、不快に思う気持ち。

イ　スポーツクライミングについて二の句が継げないほど穂高に一方的に語ったことを申し訳なく思い、その場を取り繕おうと必死な気持ち。

ウ　穂高の言葉を否定することで、遠ざけようとしていたスポーツクライミングへの思いがふいに露呈したことを認めたくない気持ち。

エ　穂高の言葉を否定しようとしているにもかかわらず、自分の意図が伝わらないことに失望し、どのように理解させるべきか迷う気持ち。

〔問5〕(5)いつの間にか整理され、淀《よど》みが取れ、澄んでいくとあるが、この表現から読み取れる岳の様子として最も適切なのは、次のうちではどれか。

ア　全ての音が自身と適度な距離がある山の静けさの中で山を登るという身体的な運動を行ううちに、自然と考えが整い、自分の心の奥底にある本心と向き合っている様子。

イ　自身を優しく包み込む山の静寂の中で心地よい孤独を感じながら、一定のリズムで山を登り続けるうちに、自分の無意識の部分を進んで理解しはじめようとしている様子。

ウ　他者の存在を感じられる程度の音のみが聞こえる山の静けさと、山を登るというリズムのある身体的動作を感じているうちに、自分の考えや本心を受け入れようとする様子。

エ　自分は一人ではないが誰も干渉することもないという心地よさのある山の静けさの中で黙々と山を登るうちに、心が自然と洗われていき、本当の自分を認識しようと思える様子。

〔問6〕本文に用いられている表現について説明したものとして最も適切なのは、次のうちではどれか。

ア　A穂高がべらべらと話しかけてくるのか　Cごろごろとした岩が転がる道というような、状況や情景についての詳しい描写によって、登場人物の心情が具体的に表現されている。

イ　B「杉の木、あれがモミの木、あっちは多分、アカガシ。」というように、樹木の名の一部をカタカナで表記することにより、穂高がその樹木の名前に対して自信をもてないことが表現されている。

ウ　Dなんで俺を登山部に誘うんですか。　Gうるさい、もう辞めたんだからいいだろ。など、カギ括弧を用いずに岳の心情を表した部分は、岳の視点に寄り添いながら物語が語られていることが表現されている。

エ　E体力を消費した挙げ句に手を滑らせて落下――　F「……そんなつもりはないんですけど。」というように、「――」「……」という記号の使用により、視覚的に会話の間が表現されている。

それは、腹の底から湧き水のように勝手に流れ出る筑波岳の心根と、対峙《たいじ》するということでもあった。

（額賀澪「風は山から吹いている」による）

〔注〕東屋《あずまや》――屋根と柱だけの建物。

たまたま飛んできた帽子――国方から勧誘を受けているときに飛んできた帽子を届けたことがきっかけで、岳は梓川穂高と知り合う。

ホールド――スポーツクライミングの用語で人工の壁に取り付けてある突起物。

〔問1〕(1)十分ほど歩くと、何故《なぜ》か視界が開けた。とあるが、この表現から読み取れる岳の様子として最も適切なのは、次のうちではどれか。

ア　山に登り始めて標高が高くなってきたからか、見晴らしのよい景色のすばらしさに改めて気が付いた様子。

イ　次第に穂高との会話のやりとりが生まれはじめたからか、彼の言う通りに周囲のものに目を向け始めようとする様子。

ウ　初登山への緊張がほぐれてきたのか、穂高の指摘する木や鳥の鳴き声を探そうとするゆとりが出てきた様子。

エ　身体が山を登ることに慣れてきたのか、周囲のものに意識を向けられるくらいに気持ちの余裕が生まれてきた様子。

〔問2〕(2)思いがけず質問に答えてしまうとあるが、それはなぜか。その説明として最も適切なのは、次のうちではどれか。

ア　登山部に入るまいと意地でも穂高を無視していた岳だが、以前のめり込んだスポーツクライミングについての話を穂高がしてきたことで、穂高に対する岳の関心が高まってきたから。

イ　穂高からスポーツクライミングについて聞かれたことに加え、高校のときのスポーツクライミングの感覚と登山の感覚が重なったことで、頑なになっていた岳の気持ちが不意に緩んだから。

ウ　岳は穂高に対して登山部に熱心に誘う理由を問うことができないという不満を感じていたが、登山の楽しさに気付かされたことで誠実に穂高に向き合いたいと感じるようになったから。

エ　岳は登山部の穂高がスポーツクライミングに興味をもったことに驚きを感じたが、登山をすることで徐々に思い出したスポーツクライミングの楽しさを穂高と共有したくなったから。

〔問3〕(3)にやりと、岳を煽《あお》るように微笑《ほほえ》む。とあるが、この表現から読み取れる穂高の様子として最も適切なのは、次のうちではどれか。

ア　スポーツクライミングを話題にすることで、ようやく岳の心を開かせて話をすることができそうだと手応えを感じ、岳の言葉をさらに引き出そうとする様子。

イ　岳がスポーツクライミングの話をする様子について言及することで、これまで岳に相手にしてもらえずに、つらく思っていた気持ちを発散させようとする様子。

ウ　スポーツクライミングの話を懸命にする岳を見たことで、スポーツクライミングだけではなく、登山の魅力にも早く気が付いてほしいとじれったく思っている様子。

エ　スポーツクライミングの話題から岳の話を引き出せたことで、距離が縮まったと思い、より岳の懐《ふところ》に飛び込むためにあえて岳の言葉を詰まらせようとする様子。

奥が、針で刺されたみたいに痛んでくる。

だが、不思議と息苦しくはない。森の中だからだろうか。気温もバスを降りたときよりずっと涼しく、一度に体内に取り込める空気の量が多い気がした。

「でもさ、登った高さを競うってことは、リードが三種目の中で一番危険なんじゃないの？」

「ちゃんと命綱をつけますよ。ウォールにはホールドと一緒に命綱を引っかけるポイントがついていて、登ってはロープを引っかけ、登っては引っかけを繰り返すんです。」

十メートル以上登って落ちても、ロープがきちんと確保支点と呼ばれるポイントに引っかかっているから、下まで真っ逆さまということはない。

「じゃあ、手を滑らせて落ちたら、ロープ一本で宙づり？　なかなかスリリングなスポーツだね。」

穂高が一際《ひときわ》大きな岩を慎重に跨《また》ぐ。体が上下するのに合わせて、彼の声が上擦《うわず》る。

「日常生活では絶対に生身で登ることがない高さを這《は》い上がる種目がリードです。筋力や柔軟性や持久力はもちろん大事ですけど、ホールドが作り出すルートは一種類じゃないんで、最短ルートや難易度の低いルートを選ぶ嗅覚とか視野の広さとか戦略とか、できるだけ少ないパワーで自分の体重を移動させたり持ち上げたりするテクニックとか、いろんなものが勝敗を分けるんです。」

ただ闇雲に上を目指して登るのではない。どのホールドをどちらの手で掴むか。どのホールドに足をかけるか。そこからどのホールドに手を伸ばすか。一瞬の判断が勝負を決める。

E気持ちがはやってとてつもなく難易度の高いルートに入り込んでしまい、体力を消費した挙げ句に手を滑らせて落下――なんて負け方を何度もしてきた。そのたび、クライミング部のコーチに「焦《あせ》っちゃったな。」と肩を叩《たた》かれた。

「楽しそうに話すんだね。」

やっと岩場を抜けただろうかというところで、穂高が再び振り返った。(3)にやりと、岳を煽《あお》るように微笑《ほほえ》む。

正直、面食《めんく》らった。

「気づいてなかったの？」

F「……そんなつもりはないんですけど。」

「そう？　国方の勧誘を頑《かたく》なに断ってるのが嘘《うそ》みたいに饒舌《じょうぜつ》に話すなあ、って思いながら聞いてたんだけど。」

「穂高先輩がいろいろ聞いてくるからでしょう。」

「穂高先輩じゃなくて穂高さんでいいのに。」

「穂高先輩がいろいろ聞いてくるからです。」

ムキになっているのが自分でもわかる。(4)「そうかなあ。」と笑いながら首を傾《かし》げる穂高に、違うとたたみ掛けたくなる。

けれど、言葉を重ねれば重ねるほど、きっと穂高の指摘を肯定してしまうことになるのだ。

Gうるさい、もう辞めたんだからいいだろ。胸の奥で勝手に過去を懐《なつ》かしんでしまう自分を非難しながら、岳は両足を動かした。

山の中は静かだ。前後を歩く登山客の話し声や足音、衣擦《きぬず》れの音、木々の枝葉が風に蠢《うごめ》く音や野鳥の声はもちろんするが、すべてが自分から少し離れたところにあって、岳の思考や感情を侵食してこない。穂高が話しかけてこない限り、岳は独りになれた。心地のいい、とても透明感のある孤独だった。

岩肌を足先で踏みしめ、急坂を登る。足の動きに合わせて岳の頭や胸の中が掻《か》き回される。記憶や自問自答の渦で最初こそ混沌《こんとん》としているのに、(5)いつの間にか整理され、淀《よど》みが取れ、澄んでいく。

「もうちょっとしたら楽になってペースが摑《つか》めるよ。」

彼の言う通りだった。(1)十分ほど歩くと、何故《なぜ》か視界が開けた。ずっと見えていたはずの背の高い木々の輪郭が妙にはっきりして、色が濃くなって、遠くまで見渡せる。何という名前の鳥だろうか、野鳥の鳴き声まで鮮明に聞こえた。

前を歩く穂高が振り返り、踊るような足取りで周囲の木々を指さす。

B「杉の木、あれがモミの木、あっちは多分、アカガシ。」

ゆっくり説明してくれたのに、目で追いきれない。それほど視界の中の情報量が多い。

しばらく歩くと、登山道が分岐していた。「白雲橋コース」と書かれた看板に沿って、木の根と石が折り重なった急勾配を上って行く。

「なんか見えた。」

穂高が前方を指さす。大量の石がうずたかく積まれた*東屋《あずまや》が開けた場所に建っていた。少し前を歩いている登山客のグループが写真を撮っている。「白蛇弁天《しろへびべんてん》」と看板があった。山になった石の上には小さな祠《ほこら》が二つ築かれている。

「ここで白蛇を見ると金運が上がるんだってさ。」

穂高が由緒《ゆいしょ》書きの説明を読み上げてくれた。前にいた登山客は面白半分に白蛇の姿を探していたが、後ろから別のグループが登ってきたので、岳達《たち》は先へ進むことにした。

再び森の中に入るが、白蛇弁天を境に明らかに道が険しくなった。歩きやすかった階段は、Cごろごろとした岩が転がる道に姿を変えた。足を取られまいと視線が下に集中し、息が苦しくなる。

これでは余計に疲れてしまう気がした。意識して顔を上げると、苔生《こけむ》した巨木の幹に沿って、狐色《きつねいろ》のキノコが点々と顔を出していた。その下に、まるで地中から火が噴き出したみたいな真っ赤なキノコも生えている。

息を合わせたように同じタイミングで、そのキノコを穂高も見ていた。

「これの名前はわかんないや。」

ははっと笑って、再び歩き出す。えらく楽しそうだ。普段、一人で登山するときもこうなのだろうか。もしくは、半ば無理矢理連れてきた後輩が一緒にいることが、そんなに愉快なのか。

不可解だった。*たまたま飛んできた帽子を拾っただけの新入生を、この人はどうしてこんなにも登山仲間にしたいのだろう。新入生なんてたくさんいて、その中には岳よりずっと登山に興味を持つ学生がいるはずなのに。

Dなんで俺を登山部に誘うんですか。深い呼吸の合間《あいま》に問いかけそうになる。聞いたら最後もう逃げられない気がして、慌てて飲み込んだ。

「君はさ、どうしてスポーツクライミングをやってたの。」

またもこちらの心を覗《のぞ》き見たみたいに、穂高が聞いてくる。あまりに唐突で、角張った岩に置いた右足のバランスを崩しそうになる。咄嗟《とっさ》に近くにあった巨石に手をかけた。

爪先で岩の角を摑むように踏ん張り、体を前へ前へ進める。その感覚がスポーツクライミングに似ていて、(2)思いがけず質問に答えてしまう。

「中学まではバスケをやってたんです。高校入って、物珍しくて始めました。」

「俺、あんまりスポーツに詳しくないんだけど、スポーツクライミングって、登るスピードを競うものなの？」

「ウォールっていう人工の壁を、*ホールドを手がかりに登るのがスポーツクライミングですけど、実はその中でも種目が三つに分かれてるんですよ。タイムを競うスピード。課題をいくつクリアできたかを競うボルダリング。どれだけ高く登れたかを競うリード。俺はリードが得意でしたね。」

話しながら岩の道を登ったせいか、どんどん息が上がってきた。胸の

二〇二二年度 都立立川高等学校

【国　語】（五〇分）〈満点：一〇〇点〉

一　次の各文の――を付けた漢字の読みがなを書け。

(1)　この方法ではうまくいかない虞がある。

(2)　この建物は平成二年の定礎だ。

(3)　彼は三十キログラムほどの斤量の米をかついだ。

(4)　柔和な顔の銅像を鑑賞する。

(5)　味一辺倒ではなく、見た目にもこだわった料理を提供する。

二　次の各文の――を付けたかたかなの部分に当たる漢字を楷書で書け。

(1)　長い下積みの後、ついに作家としてトウカクを現した。

(2)　面白そうな新刊が書店に並んでいるのを見てショクシが動く。

(3)　音楽の授業で童謡のリンショウをする。

(4)　校長先生のクンワを聞く。

(5)　恩師の教えを、キンカギョクジョウとして守り続けている。

三　次の文章を読んで、あとの各問に答えよ。（＊印の付いている言葉には、本文のあとに〔注〕がある。）

高校時代にスポーツクライミング全国大会に出場した筑波岳《つくばがく》は、大学入学後、三年の国方晃《くにかたあきら》からクライミング部に、三年の梓川穂高《あずさがわほだか》から登山部に入部するよう勧誘を受けていた。岳は両者の勧誘を固辞していたが、穂高は一度筑波山《つくばさん》に登ったら、登山部への勧誘を諦めるという。穂高の勧誘から逃れるため、岳は登山に行くことにした。

草木が生い茂る細い道を、他の登山客の背中を追いかける形で進む。数十メートルで鬱蒼《うっそう》とした山道に入った。頭上を木々が覆い、足下では金色の粉が飛び散ったように木漏れ日が躍っている。

初心者向けの山と言っても、登山道がアスファルトで綺麗《きれい》に整備されているわけではなかった。昔ながらの石と土の階段を、笹《ささ》に腕をくすぐられながら上った。

A穂高がべらべらと話しかけてくるのかと思ったが、意外と静かに岳を先導する形で歩いていく。それはそれで、初登山の反応を背中越しに窺《うかが》われているみたいだった。

微《かす》かに息が上がってきた。というより、体温が上がった。序盤からなかなかの急坂が続いていたから、喉を通り抜ける息が徐々に太くなる。

高校のクライミング部を引退したのは昨年の九月。半年以上、激しい運動はしてこなかった。体型は変わっていないはずなのに、意外と筋力や体力は衰えているみたいだ。

「ジョギングとかと一緒で、体が慣れてない最初の十分、十五分はちょっとしんどいんだよ。」

振り返らず、歩みも止めず、穂高が言う。息が上がっているのを見透かされ、「そうですか。」と短く返した。

英語解答

1 A ＜対話文１＞ ア
＜対話文２＞ ウ
＜対話文３＞ イ
B Q１ エ
Q２ They are interesting.

2 〔問１〕 オ 〔問２〕 ウ
〔問３〕 ア 〔問４〕 イ
〔問５〕 エ 〔問６〕 カ
〔問７〕 ウ 〔問８〕 ク
〔問９〕 (例) First, we should give the food we don't need to people in need because we throw away a lot of food that is still good. Second, we need to learn how to grow crops in our country, because it is important to eat local food grown by local people. (49語)

3 〔問１〕 was sure that 〔問２〕 ウ
〔問３〕 エ 〔問４〕 カ
〔問５〕 ア 〔問６〕 on holidays
〔問７〕 ウ 〔問８〕 カ
〔問９〕 ① ways ② blackboards
③ better ④ second

1〔放送問題〕

〔問題A〕＜対話文１＞≪全訳≫サクラ(S)：こんにちは，トム，今日の午後は雨が降ると思う？／トム(T)：やあ，サクラ。降らないと思うよ。／S：ほんと？　今朝は晴れてたのに，今は曇ってるでしょ。もし雨なら，今日の午後にテニスを練習する予定を変更しないといけないわ。／T：心配しないで。その必要はないさ。天気予報では，明日の朝は雨が降るけど，今日は降らないって。／S：それならよかった。／T：今日の練習について，今夜電話で話そうよ。／S：ええ。

Q：「サクラとトムはいつテニスの練習をするか」―ア．「今日の午後」

＜対話文２＞≪全訳≫ジェーン(J)：すみません。私はジェーンといいます。新入生です。手伝っていただけますか？／ボブ(B)：こんにちは，ジェーン。僕はボブです。何に困ってるんですか？／J：ブラウン先生にお会いしたいんです。職員室への行き方を教えてもらえますか？／B：ええっと，彼女はたいてい音楽室にいますよ。／J：そうなんですか。じゃあ，音楽室はどこですか？／B：図書室が見えますか？　図書室を右に曲がると，美術室の隣に音楽室があります。あと，先生はときどき図書室で本を読んでることもありますよ。／J：ありがとうございます。まずは図書室に行ってみます。／B：先生が見つかるといいですね。

Q：「ジェーンは最初にどこへ行くだろうか」―ウ．「図書室」

＜対話文３＞≪全訳≫女子(G)：うちの学校は新しく見えるけど，長い歴史があるのよ。／男子(B)：どういうこと？／G：建物は新しいけど，うちの学校は来年で創立100周年になるの。／B：ほんとに？／G：ええ。私のおじいちゃんは60年前にこの同じ学校の生徒だったのよ。／B：へえ，君のおじいちゃんは何歳なの？／G：今年で72歳になるわ。／B：へえ，そうなの？／G：ええ。私たちはときどき一緒に校歌を歌うの。／B：それはいいね！

Q：「この学校は現在，創立何年目か」―イ．「99年」

〔問題B〕≪全訳≫こんにちは，皆さん！　私はキャシーです。15歳です。今日はインターネット上で皆さんとお会いできてうれしいです。／まず，私の国についてお話しします。夏には，たくさんの人が山でウォーキングや野鳥観察を楽しみます。私はよく，夏休み中にプールに行きます。冬には，多くの人がバスケットボールの試合を見て楽しみます。バスケットボールの試合はとても盛り上がるので，私もそれを観戦するのが好きです。また，人々はスキーも楽しみます。雪の積もった山々は美しいです。私は毎年，家族と一緒にスキーに行きます。私は全てのスポーツの中でスキーが一番好きです。日本にはスキーができる場所がたくさんあるということを知りました。皆さんはウインタースポーツが好きですか？／次に，私が日本について知りたいと思っていることについてお話しします。私は日本の映画にとても興味があります。ストーリーがおもしろいと思います。皆さんに，人気のある日本の映画について教えてほしいです。楽しんで見られるような新しい映画を探しています。今日はインターネット上で楽しく過ごしましょう。

Q１：「キャシーが一番好きなスポーツは何か」―エ．「スキー」

Q２：「キャシーは日本の映画のストーリーについてどう考えているか」―「それらはおもしろい」

2〔長文読解総合―会話文〕

≪全訳≫❶ある暑い夏の日，ナミの家でザック，リュウジ，ナミが話している。リュウジとナミは日本の高校生だ。ザックはカナダからの留学生だ。３人は，ナミの家のリビングの窓を覆う緑の葉について話し始める。❷ザック(Z)：その窓から見えるものが気に入ったよ。あの葉はきれいだね。❸リュウジ(R)：あれはいいよね。❹ナミ(N)：ありがとう。あの葉のもう１つの利点がわかった？❺R：あの葉のおかげで，この部屋は，日光があまり入らない。ここがあまり暑くならないんだ。❻Z：葉がどうやって部屋を涼しくしているか知ってる？❼N：ええ，どうやってかを教えてあげたいわ。窓を開けて，葉を触ってみましょう。❽R：(1)-aどんな感じがする？❾Z：熱くないよ。どうしてなんだろう？❿R：葉から水分が蒸発しているのかもしれないね。⓫Z：水はどこにもないよ。どうしてわかるの？⓬N：じゃあ，見せてあげる。葉にビニール袋をかぶせて。⓭15分後，彼らは数枚の葉を覆っている袋を見る。⓮R：中に水がある。⓯N：(2)葉には人間の目に見えない小さな穴がたくさん開いているの。⓰R：穴から水分が外に出ているんだ。⓱Z：１つの葉には，穴がいくつあるの？⓲N：$1\,cm^2$に１万個くらいの穴があるの。⓳Z：それはたくさんだね。きっと僕の知らないことがたくさんあるんだろうな。植物のことをもっと知りたいよ。これはビターメロン？⓴N：そう。日本語ではゴーヤっていうの。㉑Z：ゴーヤっていうビターメロンのことをもっと教えてよ。㉒R：いいよ。花を見て。花が２種類あるんだ。その２つはどこが違う？㉓Z：よくわからないな。㉔N：この花のすぐ下にある太い所を見て。何に似てる？㉕Z：ゴーヤの赤ちゃんだ。㉖N：そう，小さなゴーヤがあるのは，雌花よ。㉗Z：なるほど。ありがとう，でも質問があるんだ。多くの植物では，花は１種類しかないよね。どうしてゴーヤには２種類の花があるの？㉘R：もっといろんな種類の子孫を残す必要があるからさ。㉙N：そうね。ゴーヤの花は，いろんなゴーヤの苗の花粉が必要なの。その花粉を生き物が花へと運んでくれれば，いろんな種類の子どもができるのよ。㉚Z：どうしていろんな種類の子孫を残さなければならないのかな？㉛N：病気が流行したとき，病気になるのとならないのがあるからよ。㉜Z：厳しい環境でも生き残れる可能性が高くなるっていうことだね？㉝N：そう，植物は自然界で生き残るための備えをしようとしているのね。㉞R：花をもっとよく見てよ。ザック，雄花と雌花はどっちが多い？㉟Z：雄花が多いね。㊱N：そう，それはこのゴーヤの苗がまだ若いということ。葉を伸ばしているのよ。いずれ雌花が開くのを見られるわ。より多くの野菜をつくるには，もっと大きくなるのを待つ必要があるの。㊲

Z：ねえ，このゴーヤの苗の後ろにある花を見てよ。それは花がもっと大きくて，葉の形も違うし，玉みたいな小さな野菜があるね。あれは何？38R：僕にはカボチャに見える。これはどうしてゴーヤの苗の間に生えているんだろう？39N：(1)-bわからないわ。お父さんに理由を教えてくれるよう頼んでみるわね。お父さんは植物に詳しいから。40３人の学生はナミの家の庭にいる。地面に数枚のプラスチックのカードが見える。その上には植物の名前が書いてある。ゴーヤの苗の間に小さなカボチャが生えている。ナミの父のタケオが出てきて，彼らに植物について話し始めた。41N：お父さん，ゴーヤの間にカボチャが生えてるのは知ってる？42タケオ（T）：ああ。そのことでいくつか質問してもいいかな？43R：はい。44T：じゃあ，日本の農家は，種からトマトを栽培していると思う？45R：いいえ，もうそうはしていません。46T：代わりに何を使っているのかな？47R：苗です。48T：なぜ種からトマトを育てるのをやめたんだろう？49Z：育てるのに時間がかかったからです。50T：そう，そのとおり。51N：お父さん，ゴーヤは種じゃなくて苗を買ったのを覚えてるわ。52T：そうだね，でも，それがゴーヤの苗だけでなく，カボチャの苗も使ってつくられていたことをお前は知らなかった。このゴーヤの苗の下の部分に，カボチャがついていた。接ぎ木苗だったんだよ。53N：接ぎ木苗って，全部同じようにつくられるのよね？　どうしてゴーヤの苗の中にカボチャがあったの？54T：実は，ゴーヤの接ぎ木苗を売るときには，カボチャの芽は取ってしまうのが普通なんだ。今回はそれがまだ残っていたんだと思う。そういうこともときどきあるよ。55N：やっとわかったわ。56Z：ちょっと待って。その２つの植物がどうやったら１つになれるのか，僕にはわからないな。57R：それはいい質問だね。同じ科の植物であれば，２つの植物を１つにできるよ。58Z：それでわかった。新しいことを知るのは楽しいね。59T：そう聞くとうれしいね。もう１つ質問だ。どうしてゴーヤの苗にカボチャの苗をたす必要があるのかな？60Z：早く育つからですか？61T：そう。他には？62R：ゴーヤの根は毎年同じ場所で育てるのに向いていないそうですが，カボチャの根は違うんですね。63T：どういうふうに違うのかな？64R：ゴーヤは毎年同じ場所で育てると，害虫の被害を受ける可能性が高くなるんです。(5)害虫はゴーヤの苗が育つ場所を覚えています。65T：よくできたね。カボチャの根の方が強いんだ。人類は2000年以上にわたって，こういうふうに接ぎ木苗を使ってきたんだよ。66Z：2000年？67T：それは将来たくさんの人の役に立つと思う。68N：お父さん，2050年には世界の人口が100億人くらいになるって理科の先生が言ってたわ。69R：手遅れになる前に，その人たちのためにたくさんの食料を生産する方法をもっと見つけないとね。70Z：もっと強い植物が必要なら，遺伝子組み換え作物を使うのはどうだろう？71N：それは聞いたことがないわ。それは何なの？72Z：科学者が新しい技術で植物を変化させたんだ。遺伝子組み換え作物にはいいところがたくさんあるよ。73N：それを教えて。74Z：遺伝子組み換えのジャガイモは害虫を寄せつけないんだ。75N：それはよさそうだけど，どうしてそんなことができるの？76Z：害虫にとって有害なものが入っているんだよ。77N：それは何？78Z：科学者が土の中に害虫に有毒なものがあるのを見つけて，それを使ってジャガイモの種類を変えているんだ。79N：まあ，それはいいやり方じゃない気がするわ。自然界では絶対に起こらない。80Z：もちろん起こらないよ。でも，常によりおいしくて，より早く成長して，より長い間新鮮さを保てる。81T：発展途上国の約２億7000万の人が遺伝子組み換え作物によって救われるんだってね。82R：乾燥地や痩せた土地みたいな厳しい環境でも農家が栽培できるほど強い作物だよ。83Z：遺伝子組み換え作物は，農家が畑で使ってきた除草剤の影響を全く受けないんだ。84N：自然環境を変えてしまう可能性があるんじゃないかしら。85Z：そのとおりだね。遺伝子組み換え作物をつくることは，食糧問題を解決するための一番いい方法の１つだと思うけれど，それをどう使うかは，きちんとしたルールのもとで決めないとね。86 T：君の言うことはわかるけれど，同時に解決しないといけない別の問題もあるよね。もし，その中の１つが新しい病気を持っていたらどうなるかな？ 87 R：１つの遺伝子組み換え作物しかつくらなかったら，何か危険なことが起こるかもしれませんね。88 Z：もっとたくさんの種類の遺伝子組み換え作物を作るべきですよね。89 N：(7)-aでも，自然環境への被害が大きくなると思うな。90 Z：(7)-bそれなら，代わりに接ぎ木苗で野菜をもっとたくさんつくればいいよ。91 R：(7)-cああ，同じ問題に戻っちゃったね。92 N：(7)-dもう食糧問題はどうしたらいいのかわからないわ。93 T：ナミ，諦めてはだめだよ。私たちにはまだ未来への希望がある。昨日，インターネットでびっくりするようなニュースを見つけたんだ。94 N：何のニュースなの？ 95 T：日本の科学者が，違う科の間の接ぎ木苗を初めてつくったんだ。96 Z：すごそうですね。どんな接ぎ木苗ですか？ 97 T：トマト，タバコ，キクを１つの接ぎ木苗にしたんだ。98 Z：３種類の植物が１つになるんですか？ 99 T：そう，キクとトマトは違う科の植物だけど，タバコはその橋渡しの役割を果たせるんだ。キクは下の部分に使える。100 R：へえ！ それは知らなかったです。キクは根が強いから，もっとたくさんの場所で農家が栽培できますね。101 Z：(1)-cそれはすごいですね。102 T：そうなんだ，でも，まだやるべきことはある。その接ぎ木苗は，まだあまりトマトを実らせていないんだ。103 R：(1)-dそれは残念ですね。104 T：でも，その科学者たちは７種類のタバコの苗を使った接ぎ木苗を30本以上つくったんだ。105 Z：うーん…。それぞれの技術に長所と短所がありますね。106 R：一歩ずつ進むしかないですね。107 N：じゃあ，お昼ごはんの後に勉強しましょう。あの緑色のゴーヤはとてもおいしそうだから，豆腐と卵，豚肉や他の野菜と一緒に料理してみたいな。108 Z：それを聞いて僕もおなかがすいたよ。109 T：ザック，それを食べてみたらどうだい？ 110 Z：もちろん，食べてみたいです。111 N：わかったわ。いくつか摘んでみましょう。

〔問１〕＜適文選択＞(1)-a．次の文の They は leaves を指すので，葉の感触を確かめるDが適切。ここでの feel は「(物事が)～の感触がする」という意味。　(1)-b．次の文で父に尋ねると言っているので，ナミにはわからなかったのだと考えられる。　(1)-c．新しい接ぎ木苗の技術が開発されたと聞いた後の言葉として，それを称賛するCが適する。　(1)-d．新しい接ぎ木苗からまだ多くの実が取れていないという残念な知らせの後なので，Aが適切。

〔問２〕＜適文選択＞葉を覆ったビニール袋の中に水がたまっていたことの理由となる内容が適する。第18段落より，極小の穴が多数あるとわかるので，ウが適切。

〔問３〕＜適語選択＞(3)-a．直後により多くの野菜を生み出すとあるので，苗が十分大きく成長した後と考えられる。　(3)-b．第82段落で，遺伝子組み換え作物はとても強いと言っている。多くの人々を養う野菜を産出するには，害虫や厳しい環境に強い品種が必要となる。　(3)-c．遺伝子組み換え作物の利点を列挙した文。A～Cのどれも考えられるが，a，bで使われていないCとなる。　(3)-d．接ぎ木苗においてキクが使われる位置を述べた部分なので，Dが適する。

〔問４〕＜文脈把握＞３人がタケオのもとにやってきたのは，なぜゴーヤの苗の間にカボチャがあるのかという疑問を持ったからだった(第41段落)。その答えが下線部(4)の直前の段落で与えられているので，その内容と一致するイ．「ゴーヤの接ぎ木苗は，同じ状態で売られていない場合がある」が適切。

〔問５〕＜適文選択＞前の文に，毎年同じ所で育つゴーヤは害虫に襲われやすいとあり，その理由としてエが適切。

〔問６〕＜整序結合＞'one of the＋最上級＋複数名詞' の形が使える。'複数名詞' に ways to 〜「〜する方法」を当てはめ，これに動詞の原形の solve，さらにその目的語の the food problem を続ける。文全体の動詞は is となるので，残りは動名詞(〜ing)を用いて producing GM crops とまとめる。　I think one of the best ways to solve the food problem is producing GM crops, …

〔問７〕＜文整序＞ナミは遺伝子組み換え作物の自然界への影響を心配しているので(第84段落)，ナミの言葉としてＣで始める。これに対する返答として，自然界への影響を考えて安全な接ぎ木苗を増やすべきだというＡが続く。ところが，これでは接ぎ木苗は遺伝子組み換え作物より害虫に弱く，多くの人々を養うには遺伝子組み換え作物の方がいいという話(第68〜70段落)に戻ってしまうので，そう述べるＤが続く。最後に，ナミの言葉として「どうしていいかわからない」というＢを置くと，「諦めるな」と言う父の言葉にうまくつながる。

〔問８〕＜内容真偽＞①「ナミの家の窓を覆っている緑の葉には，１つだけ利点がある」…×　第４段落参照。another good point「もう１つの利点」とある。　②「雄花が少なければ，ゴーヤのような一部の植物は厳しい環境でも生き残れる」…×　このような記述はない。　③「より多くの子孫を残すために，ゴーヤの雌花は雄花より早く咲く」…×　このような記述はない。　④「ナミは，タケオに教えてもらう前から，なぜゴーヤの苗の間にカボチャが生えているのか理解している」…×　第52〜55段落参照。　⑤「ザックは，遺伝子組み換え作物を育てるのは簡単だが，どんな場所であれ生き残るのは難しいと言う」…×　第82段落参照。　⑥「ナミは，遺伝子組み換え作物によって環境問題が起きることを心配している」…○　第84段落に一致する。　⑦「リュウジは，タケオが教えてくれるまで，その新しい接ぎ木苗の話を聞いたことがなかった」…○　第100段落に一致する。　⑧「ザックは，接ぎ木苗にも遺伝子組み換え作物にも，解決しなければならない問題があることに気づいている」…○　第105段落に一致する。

〔問９〕＜テーマ作文＞与えられたテーマは「あなたは貧しい人々の食糧問題をどう解決するか」。ここでの need は「貧困，窮乏」といった意味。指定の語数から考えて，２つの方法を述べてそれぞれに理由を１つずつ挙げるか，１つの方法を述べてその理由を２つ挙げるかするとよい。解答例は前者となっている。

３〔長文読解総合―エッセー〕

≪全訳≫❶私の名前はレイ，ニシキ高校の生徒です。私自身のことを少しお話ししたいと思います。私は数学と理科が好きです。この学校で学んでいるのは，いろいろな理系科目を勉強できるからです。私はどんな小さなことでもじっくり考えるのが好きです。私は課題研究のテーマを選ぶことにしました。全て自分１人でできる自信がありました。❷課題研究では，生徒全員が興味のあるテーマを１つ選び，その研究に１年を費やします。私は，太陽光発電の効率の研究を始めました。ニシキ高校では2000年から太陽光発電を行っており，太陽放射効率のデータを集めていたので，新しいデータを集めて調査することに興味を持ちました。毎日，昼休みにデータを取る計画を立てました。第４時限が終わってすぐに屋上に行き，太陽光発電の機械が示す数値を調べて書きとめました。その日の天気や気温も確認しました。この昼休みの活動は自分１人でできるので，とても楽しかったです。❸私は１年間，上に行ってデータを取り続け，最後には課題研究のレポートを書き，クラスで発表しました。私は自分の研究がうまくいったと思い，とてもうれしかったです。ところが，ある理科の先生が言いました。「あなたがこんな立派な研究を１人でやったことにはとても感心したけど，データが十分ではないのよ。休みの日のデータが抜けているから」　私は，「休みの日？」と疑問に思いました。先生はさらに言いました。「あと一歩が必要ね。そうすれば柵を飛び越えられるわよ」　私には彼女が何を言っているのかわかりませんでした。彼女は続けました。「完璧なデータを得る方法を見つけないとね」　私は，自分の研究が完璧でないことに気づき，ショックを受けました。私はどうしてよいかわからず，何も考えられませんでした。それが高校での私の１年目でした。❹高校２年生になったとき，私は課題研究に同じテーマを選びました。去年から残っている問題を解決する方法を見つけなければなりませんでしたが，どう解決すればいいのかわかりませんでした。毎日がただ過ぎていきました。ある日，理科の授業で先生が私たちに言いました。「今度，アメリカで開催される夏期プログラムがあります。いくつかの大学や研究所を見学できます。そこで世界最高の研究が見られます」　私は，最初はアメリカに行くことに全く興味はありませんでした。しかし，それに急に興味が出てきたのは，カリフォルニア工科大学(Caltech)やジェット推進研究所(JPL)を見学できると知ったからです。カリフォルニア工科大学の学生や，大学での研究内容を紹介したマンガを読みました。カリフォルニア工科大学で，学生は最新の宇宙工学を学ぶことができ，私もそこにいつか行きたいといつも夢見ていました。また，最新のロケットがJPLでつくられることも知っていました。数日前，雑誌で記事を読んだのです。最新の宇宙工学とはどのようなものか，ロケットがどのようにつくられるのか，ぜひ見てみたいと思い，そのプログラムに参加することにしました。❺夢見た大学での第一歩を踏み出すことになり，ワクワクしました。最初に目にしたのは，外に置かれた黒板でした。なぜ，外に黒板があったのでしょう？　皆さんは私が何を話しているのかと思うかもしれません。実は，カリフォルニア工科大学にはたくさんの黒板があちこちにあったのです。皆で一緒に大学内を歩いていると，黒板の前で話している人をたくさん見かけました。その中には黒板に数字を書いたり，図を描いたりしている人もいました。この人たちは黒板で何をしているのだろうと思いました。❻カリフォルニア工科大学を訪れた後，JPLに移動しました。研究所内を見学したのですが，案内役の方がニシキ高校を卒業した先輩と知って驚きました。彼は日本の大学を卒業した後に渡米し，カリフォルニア工科大学の博士課程で学びました。彼はその後，JPLで研究者として働いていたのです。見学中，カリフォルニア工科大学で見たのと同じ光景を見て驚きました。黒板の前で人々が話しているのです。研究室にもたくさんの黒板がありました！❼ニシキ高校の生徒の１人が，「どうして大学にも研究室にも黒板がたくさんあるのですか？」と尋ねました。(5)私もその答えが知りたかったので，うれしく思いました。黒板がそこにあるのは，自分たちの考えや意見を共有するためだと彼は答えました。新しいアイデアを思いついたら，それを黒板に書いたり，図にしたりできるのです。そして，それを他の人が見て，それに自分の意見を加えることができます。ときには，黒板の前で話し始めました。彼らが自分のアイデアを他の人と共有し，話していることに私はショックを受けました。私は，自分のアイデアを他の人に話すつもりはありませんでした。彼は続けて，科学の研究にとって，共有することが最も大きな一歩だ，と言いました。私はその答えにさらに大きなショックを受けました，というのも，科学研究になぜ共有することが必要なのかを理解していなかったからです。それは１人でできると私は確信していました。私は自分の課題研究を全て独力でやったのです。彼は言いました。「君たちが誰かとアイデアを共有すれば，もっと多くのアイデアを得ることができるし，君たちのアイデアがもっといいものになる。過去のすばらしいアイデアは，世界を変える現実の計画やプロジェクトになったんだよ」　最後に彼は，どんな研究も自分１人ではできないと言いました。見学の後，カフェテリアに行って昼食を取りました。カフェテリアでは，多くの人が昼食を食べながら，黒板の前で話をしていました。黒板の上には数字や図がありました。私は，昼休みはいつも１人屋上でデータ収集をしていたことを思い出しました。私の高校での昼休みは，彼らのそれとはずいぶん違っていたことに気がつきました。**8**アメリカから帰国してからも，あの黒板と，黒板の前で意見を出し合い共有していた人たちをよく思い出しました。ある日，私は教室にある黒板の１つに，課題研究についての自分の考えと解決すべき問題を書くことにしました。私がそうしたのは，みんなが教室を出てからでした。同級生が私の研究に興味を持つのか，私の研究にアイデアを加えてくれるのか，あるいはアドバイスまでしてくれるのかはわかりませんでした。次の日に教室に入ると，２人の同級生が黒板の前で私のアイデアについて話していました。私を見るとすぐに，私の計画や取り組んでいる問題について質問してきました。彼らは私の話をはるかに注意深く聞いてくれて，私に力を貸したいと言いました。そのうちの１人は，自力でデータを収集できるコンピュータープログラムをつくれると言い，僕たちはこの問題を解決できるとも言ってくれました。もう１人の生徒は，私たちがつくる新しい機械を保護する丈夫な入れ物をつくれると言ってくれました。私たちは，私の古い計画にたくさんの新しいアイデアを書き込み，それについて多くの時間をかけて話し合いました。そのときまで，私はアイデアや計画について他の人と話すことがこれほどワクワクすることだとは知りませんでした。こうして２年生の課題研究が始まり，今回は私たち３人で取り組みました。２人の同級生が加わってから，この研究は大成功を収めました。そして今の私には，あの研究者の言葉の本当の意味がわかります。

〔問１〕＜適語句補充＞have the confidence to ～ は「～する自信がある」という意味。したがって，be sure that ～「～だという確信がある」(第７段落第11文)の形を用いて「助けが全くなくても全ての研究ができると確信していた」とするのが適切。

〔問２〕＜英文解釈＞理科の先生はレイの実験には休みの日のデータが足りないことを指摘しているので(２文前)，one more step とは休みの日のデータを集めることだとわかる。また，jump over the fence「フェンスを飛び越える」はデータを増やした結果，研究の質が向上することの比喩的表現と考えられるので，ウ．「もう少し努力すれば，課題研究を今よりもっとよいものにできるだろう」が適切。

〔問３〕＜適語選択＞(3)-a. 前の文でレイは，自分の研究の不備に気づかされたことに動揺している。ここでの lost は「途方に暮れた」という意味の形容詞。　(3)-b. 直前の the problem は，１年生のときに指摘されたデータの不完全さ(第３段落後半)を指す。これを「昨年から残された」課題と考え，leave「～を残す」の過去分詞 left のつくるまとまりが the problem を後ろから修飾する形にする。　(3)-c. dream of ～ は「～を夢見る」。憧れの大学を訪れる機会なので，excited「興奮した，ワクワクした」が適切。　(3)-d. 次の文に皆が黒板の前で話していたとあり，これはカリフォルニア工科大学で見た光景(第５段落後半)と same「同じ」である。

〔問４〕＜整序結合＞直後の how the rocket would be built から，目的語が間接疑問となる文をつくると予想できる。まず，文全体の動詞を want to ～「～したい」の形で really wanted to see とまとめ，see の目的語に what を用いた間接疑問を置く。like は動詞ではなく前置詞として使い，what ～ is like「～はどのようなものか」の形で用いる。　latest「最新の」　I really wanted to see what the latest space engineering was like …

〔問５〕＜文脈把握＞黒板の存在理由を尋ねたニシキ高校の生徒の質問(前の文)に対して，レイが感じたことが当てはまる。これより前の部分で多くの黒板が使われていることにレイは強い印象を受けているので，彼女もその存在理由を知りたかったのだと考えられる。

〔問６〕＜適語句選択＞２年生になったレイは１年生のときと同じ課題の研究を選んだが(第４段落第１文)，その研究では休みの日のデータが足りないことがすでに指摘されており(第３段落第３・４文)，それをどうすればよいかが彼女にはわからなかった(第４段落第２文)。

〔問７〕＜文脈把握＞the words of the researcher とは第７段落に出てくる案内役の日本人研究者の言葉を指し，アイデアを他人と共有することの重要性が一貫して語られているので，ウ.「同級生が彼女の仲間になってから，一緒に取り組むことは科学の研究にとって大きな意味があると気がついた」が適切。

〔問８〕＜内容真偽＞①「太陽放射効率に関する情報がなかったため，レイはそのデータを収集することにした」…×　第２段落第３文参照。　②「レイは第５時限の授業の前に，太陽光発電の量とその日の気候条件の両方を確認した」…○　第２段落最後から４～２文目に一致する。　③「レイは先生のコメントにとてもショックを受けたので，２年生の研究のトピックを変えることにした」…×　第４段落第１文参照。　④「レイがアメリカでの夏期プログラムに参加することにしたのは，完璧なデータを集めるための解決策を見つけたいと思ったからだ」…×　第４段落最終文参照。　⑤「見学の案内役が日本の大学の博士課程の後にJPLで働くために渡米したと知って，レイはとても驚いた」…×　第６段落第３文参照。カリフォルニア工科大学の博士課程である。　⑥「レイはその研究者の言葉に不満があったが，その言葉の真意をすぐに理解した」…×　第７段落第10文参照。すぐに理解したわけではない。　⑦「JPLのカフェテリアの人たちの行動を見たとき，レイは高校の屋上での自分の昼休みを思い出した」…○　第７段落最後の４文に一致する。　⑧「レイには同級生が自分の研究に興味を持つかどうかがわからなかったが，実際は何人かが興味を持ってくれた」…○　第８段落第４文以降に一致する。

〔問９〕＜内容一致―適語補充＞≪全訳≫カトウ先生へ。私がアメリカに来て２年になります。私はカリフォルニア工科大学で，さまざまな国から来た多くの同級生と一緒に宇宙工学を学んでいます。皆が違う文化や考え方を持っているので，お互いを理解するのが大変なときもあります。私があの夏にカリフォルニア工科大学やJPLで見たように，放課後，黒板に書いた数字や図を使って，自分たちの考えについてよく話し合っています。互いに話をすると，当初の考えがもっとよい計画になっていきます。私は屋上に上がって１人でデータを集めたときのことを今でも覚えています。また，高校２年生のときに同級生と一緒にしたことも覚えています。その日々のおかげで，人と一緒に取り組むことの楽しさがわかるようになりました。独力で物事を行うことや深く考えることは科学にとって重要な１つの歩みですが，同時に，他の人々と物事を共有することでより大きな進歩がもたらされることが，今ではわかるようになりました。

＜解説＞①ways of ～ing で「～する方法」(第３段落最後から４文目など参照)。　②カリフォルニア工科大学やJPLでは blackboard(s)「黒板」にアイデアや図が書かれているのを見た(第５，６段落参照)。　③第７段落最後から８文目の案内役の研究者の言葉にある your idea will become better one などから読み取れる。　④同級生たちと共同で研究したのは，２年生のときである(最終段落最後から３文目参照)。

2022年度／都立立川高等学校

数学解答

1 〔問１〕 $\frac{1}{4}-\sqrt{2}$

〔問２〕 $x=\frac{2}{5}$，$y=\frac{10}{3}$

〔問３〕 ６個　〔問４〕 $\frac{2}{9}$

〔問５〕 (例)

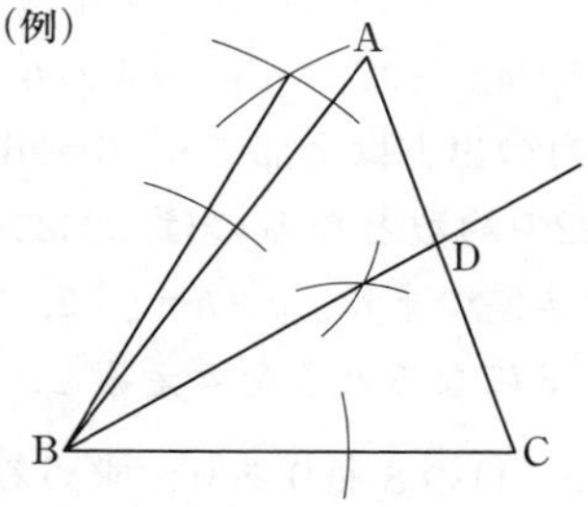

2 〔問１〕 $y=-\frac{1}{2}x+3$　〔問２〕 $\frac{14}{3}$

〔問３〕 $4-2\sqrt{2}$cm

3 〔問１〕 $\frac{49}{9}$cm

〔問２〕

(1) (例)△ADEと△EDFにおいて，仮定より，AC⊥BD，AD⊥EFだから，∠AED＝∠EFD＝90°……①　共通な角だから，∠ADE＝∠EDF……②　①，②より，２組の角がそれぞれ等しいから，△ADE∽△EDF　よって，対応する角の大きさは等しいから，∠DAE＝∠DEF……③　また，対頂角は等しいから，∠DEF＝∠GEB……④　$\overset{\frown}{CD}$に対する円周角は等しいから，∠DAE＝∠GBE……⑤　③，④，⑤より，∠GBE＝∠GEBとなるから，△GBEは二等辺三角形であり，GE＝GB……⑥　同様にして，△GCEは二等辺三角形であり，GE＝GC……⑦　⑥，⑦より，GB＝GCだから，点Gは線分BCの中点である。

(2) △BCE…９倍

△ADH…$\frac{5+2\sqrt{3}}{4}$倍

4 〔問１〕 $2\sqrt{10}$cm

〔問２〕 (1) $\frac{3\sqrt{2}}{2}x$cm

(2) $\frac{5\sqrt{2}}{2}$cm³

1 〔独立小問集合題〕

〔問１〕＜数の計算＞与式＝$(x-2y)^2-4y+1$と変形する。$x-2y=\frac{1}{\sqrt{2}}-2\times\frac{1+\sqrt{2}}{4}=\frac{1\times\sqrt{2}}{\sqrt{2}\times\sqrt{2}}-\frac{1+\sqrt{2}}{2}=\frac{\sqrt{2}}{2}-\frac{1+\sqrt{2}}{2}=\frac{\sqrt{2}-(1+\sqrt{2})}{2}=\frac{\sqrt{2}-1-\sqrt{2}}{2}=-\frac{1}{2}$，$4y=4\times\frac{1+\sqrt{2}}{4}=1+\sqrt{2}$だから，与式＝$\left(-\frac{1}{2}\right)^2-(1+\sqrt{2})+1=\frac{1}{4}-1-\sqrt{2}+1=\frac{1}{4}-\sqrt{2}$となる。

〔問２〕＜連立方程式＞$5x+3y=12$……①，$\frac{11}{2}x+\frac{3}{4}y=4.7$……②とする。②×20より，$110x+15y=94$……②′　②′－①×5より，$110x-25x=94-60$，$85x=34$　$\therefore x=\frac{2}{5}$　これを①に代入して，$5\times\frac{2}{5}+3y=12$，$3y=10$　$\therefore y=\frac{10}{3}$

〔問３〕＜二次方程式―解の利用＞二次方程式$x^2+5ax+84=0$の左辺の定数の項が84であるから，この二次方程式の２つの解がともに整数となるとき，考えられる二次方程式は，右図１の㋐～㋛の12通りある。㋐のとき，左辺を展開すると，$x^2+85x+84=0$となるから，$5a=85$より，$a=17$となり，整数だから，適する。㋑のとき，左

図１

㋐ $(x+1)(x+84)=0$	㋖ $(x-1)(x-84)=0$
㋑ $(x+2)(x+42)=0$	㋗ $(x-2)(x-42)=0$
㋒ $(x+3)(x+28)=0$	㋘ $(x-3)(x-28)=0$
㋓ $(x+4)(x+21)=0$	㋙ $(x-4)(x-21)=0$
㋔ $(x+6)(x+14)=0$	㋚ $(x-6)(x-14)=0$
㋕ $(x+7)(x+12)=0$	㋛ $(x-7)(x-12)=0$

辺を展開すると，$x^2+44x+84=0$ となるから，$5a=44$ より，$a=\frac{44}{5}$ となり，整数でないから，適さない。㋒のとき，左辺を展開すると，$x^2+31x+84=0$ となるから，$5a=31$ より，$a=\frac{31}{5}$ となり，適さない。㋓のとき，左辺を展開すると，$x^2+25x+84=0$ となるから，$5a=25$ より，$a=5$ となり，適する。以下同様にして，㋔のとき $a=4$，㋕のとき $a=\frac{19}{5}$，㋖のとき $a=-17$，㋗のとき $a=-\frac{44}{5}$，㋘のとき $a=-\frac{31}{5}$，㋙のとき $a=-5$，㋚のとき $a=-4$，㋛のとき $a=-\frac{19}{5}$ となり，㋔，㋖，㋙，㋚のとき適する。よって，整数 a の値は，$a=17$，5，4，-17，-5，-4 の6個ある。

〔問4〕<確率―さいころ>さいころを2回投げるとき，目の出方は全部で $6\times6=36$(通り)あるから，a，b の組は36通りある。このうち，$337(a+b)$ が2022の約数となるのは，$2022=337\times6$ より，$337(a+b)=337\times1$，337×2，337×3，337×6 となるとき，つまり，$a+b=1$，2，3，6 となるときである。$a+b=1$ となることはないので，$a+b=2$，3，6 になるときを考えると，$(a, b)=(1, 1)$，$(1, 2)$，$(1, 5)$，$(2, 1)$，$(2, 4)$，$(3, 3)$，$(4, 2)$，$(5, 1)$ の8通りあり，求める確率は $\frac{8}{36}=\frac{2}{9}$ となる。

図2

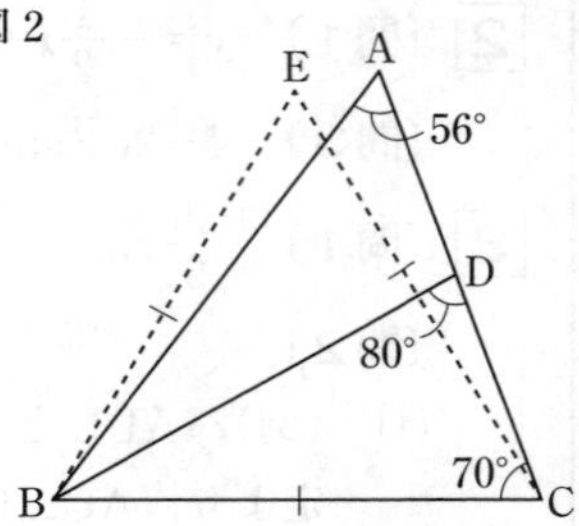

〔問5〕<平面図形―作図>右図2の△DBCで，$\angle DBC=180^\circ-\angle BDC-\angle C=180^\circ-80^\circ-70^\circ=30^\circ$ である。$30^\circ=60^\circ\times\frac{1}{2}$ だから，図2のように，△BCEが正三角形となる点Eをとると，$\angle EBC=60^\circ$ より，BDは∠EBCの二等分線となる。点Eは $BE=CE=BC$ となる点である。解答参照。

2 〔関数―関数 $y=ax^2$ と一次関数のグラフ〕

≪基本方針の決定≫〔問2〕 BD∥CA となることに気づきたい。 〔問3〕 三角形の相似を利用する。

〔問1〕<直線の式>右図1で，2点A，Bは関数 $y=\frac{1}{2}x^2$ のグラフ上にあって x 座標がそれぞれ2，-3 だから，$y=\frac{1}{2}\times2^2=2$，$y=\frac{1}{2}\times(-3)^2=\frac{9}{2}$ より，$A(2, 2)$，$B\left(-3, \frac{9}{2}\right)$ となる。これより，直線ABの傾きは $\left(2-\frac{9}{2}\right)\div\{2-(-3)\}=-\frac{1}{2}$ だから，その式は $y=-\frac{1}{2}x+b$ とおけ，点Aを通るから，$2=-\frac{1}{2}\times2+b$，$b=3$ となり，直線ABの式は $y=-\frac{1}{2}x+3$ である。

図1

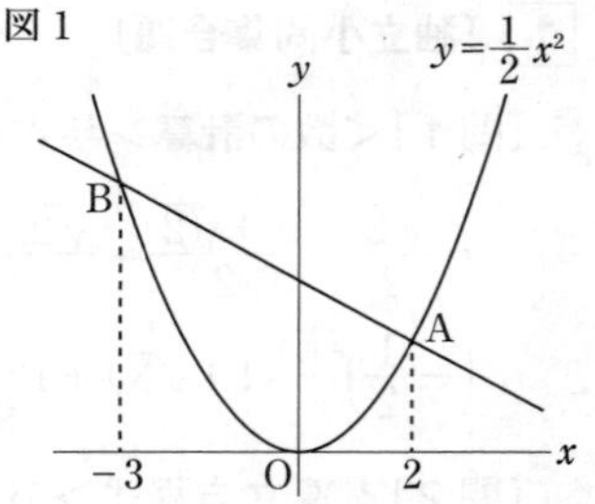

〔問2〕<x 座標>右図2で，△ABC，△ADCの底辺をCAと見ると，△ABC＝△ADCのとき，高さが等しくなるから，BD∥CA となる。点Aは関数 $y=\frac{1}{4}x^2$ のグラフ上にあって x 座標が2だから，$y=\frac{1}{4}\times2^2=1$ より，$A(2, 1)$ である。$C\left(1, \frac{1}{2}\right)$ だから，直線CAの傾きは $\left(1-\frac{1}{2}\right)\div(2-1)=\frac{1}{2}$ となり，直線BDの傾きも $\frac{1}{2}$ である。ま

図2

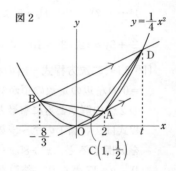

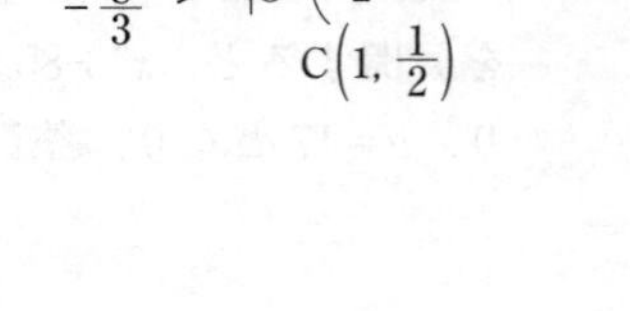

た，点Bのx座標は$-\dfrac{8}{3}$だから，$y=\dfrac{1}{4}\times\left(-\dfrac{8}{3}\right)^2=\dfrac{16}{9}$より，$\mathrm{B}\left(-\dfrac{8}{3},\ \dfrac{16}{9}\right)$である。直線BDの式を$y=\dfrac{1}{2}x+c$とおくと，点Bを通ることから，$\dfrac{16}{9}=\dfrac{1}{2}\times\left(-\dfrac{8}{3}\right)+c$，$c=\dfrac{28}{9}$となり，直線BDの式は$y=\dfrac{1}{2}x+\dfrac{28}{9}$となる。点Dは関数$y=\dfrac{1}{4}x^2$のグラフ上にあって$x$座標が$t$だから，$\mathrm{D}\left(t,\ \dfrac{1}{4}t^2\right)$と表せる。点Dは直線$y=\dfrac{1}{2}x+\dfrac{28}{9}$上にもあるので，$\dfrac{1}{4}t^2=\dfrac{1}{2}t+\dfrac{28}{9}$が成り立ち，$9t^2-18t-112=0$より，$t=\dfrac{-(-18)\pm\sqrt{(-18)^2-4\times9\times(-112)}}{2\times9}=\dfrac{18\pm\sqrt{4356}}{18}=\dfrac{18\pm66}{18}$となる。これより，$t=\dfrac{18+66}{18}=\dfrac{14}{3}$，$t=\dfrac{18-66}{18}=-\dfrac{8}{3}$となり，$t>2$だから，$t=\dfrac{14}{3}$である。

〔問３〕＜長さ—相似＞右図３で，∠AOB＝90°のとき，２点A，Bは関数$y=px^2$のグラフ上の点となる。２点A，Bのx座標はそれぞれ２，−１だから，$y=p\times2^2=4p$，$y=p\times(-1)^2=p$より，A(2，4p)，B(−1，p)である。２点A，Bからx軸に垂線AG，BHを引くと，∠AGO＝∠OHB＝90°であり，∠AOG＝180°−∠AOB−∠BOH＝180°−90°−∠BOH＝90°−∠BOH，∠OBH＝180°−∠OHB−∠BOH＝180°−90°−∠BOH＝90°−∠BOHより，∠AOG＝∠OBHだから，△AOG∽△OBHである。よって，AG：OH＝OG：BHだから，$4p$：1＝2：pが成り立つ。これより，$4p\times p=1\times2$，$p^2=\dfrac{1}{2}$，$p=\pm\dfrac{\sqrt{2}}{2}$となる。$p>0$だから，$p=\dfrac{\sqrt{2}}{2}$となり，$4p=4\times\dfrac{\sqrt{2}}{2}=2\sqrt{2}$より，A(2，$2\sqrt{2}$)となる。次に，右図４で，∠OBA＝90°のとき，２点A，Bは関数$y=qx^2$のグラフ上の点となるから，$y=q\times2^2=4q$，$y=q\times(-1)^2=q$より，A(2，4q)，B(−1，q)となる。点Bから直線AGに垂線BIを引くと，∠BIA＝∠OHB＝90°であり，∠ABI＝∠OBA−∠OBI＝90°−∠OBI，∠OBH＝∠IBH−∠OBI＝90°−∠OBIより，∠ABI＝∠OBHだから，△ABI∽△OBHである。よって，AI：OH＝BI：BHである。AI＝$4q-q=3q$，BI＝2−(−1)＝3だから，$3q$：1＝3：qが成り立ち，これを解くと，$3q\times q=1\times3$，$q^2=1$，$q=\pm1$となる。$q>0$だから，$q=1$となり，$4q=4\times1=4$より，A(2，4)である。以上より，aの値がpからqまで増加するとき，点Aは点(2，$2\sqrt{2}$)から点(2，4)まで動くから，点Aが動く距離は，$4-2\sqrt{2}$cmとなる。

図３

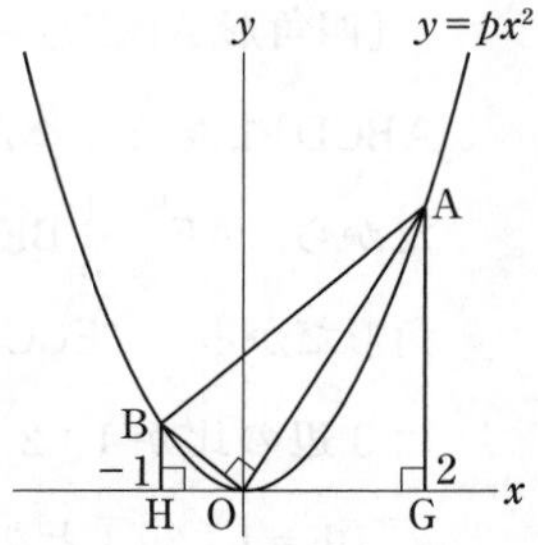

図４

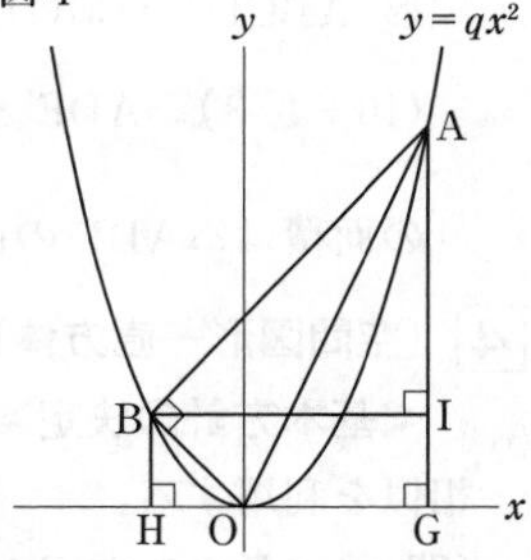

３〔平面図形—円〕

≪基本方針の決定≫〔問１〕　三角形の相似を利用する。　〔問２〕(2)　△ADHと四角形ABCDの面積比に着目する。

〔問１〕＜長さ—相似＞右図１で，∠AEB＝∠DECであり，$\overset{\frown}{\mathrm{BC}}$に対する円周角より，∠EAB＝∠EDCだから，△EAB∽△EDCとなる。相似比はAB：DC＝3：7だから，BE：CE＝3：7より，CE＝$\dfrac{7}{3}$BE＝$\dfrac{7}{3}\times1=\dfrac{7}{3}$である。これより，AE＝CE＝$\dfrac{7}{3}$となり，AE：DE＝3：7より，DE＝$\dfrac{7}{3}$AE＝$\dfrac{7}{3}\times\dfrac{7}{3}=\dfrac{49}{9}$(cm)となる。

図１

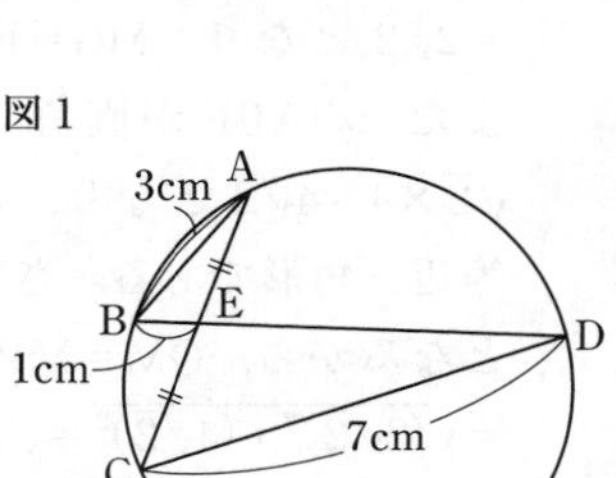

〔問２〕＜証明，面積比＞(1)次ページの図２で，△GBEがGE＝GBの二等辺三角形，△GCEがGE＝

GCの二等辺三角形であることを示す。解答参照。　(2)図２で，∠AED＝∠BECであり，$\overset{\frown}{DC}$に対する円周角より，∠EAD＝∠EBCだから，△ADE∽△BCEである。相似比はAD：BC＝1：3だから，△ADE：△BCE＝$1^2:3^2$＝1：9となり，△BCEの面積は△ADEの面積の9倍である。次に，△ABDで内角と外角の関係から，∠HAD＝∠ABD＋∠ADBである。また，$\overset{\frown}{AD}$，$\overset{\frown}{AB}$に対する円周角より，∠ACD＝∠ABD，∠ACB＝∠ADBだから，∠HCB＝∠ACD＋∠ACB＝∠ABD＋∠ADBとなる。よって，∠HAD＝∠HCBとなり，∠AHD＝∠CHBより，△ADH∽△CBHとなる。相似比はAD：CB＝1：3だから，△ADH：△CBH＝$1^2:3^2$＝1：9である。これより，△ADH：〔四角形ABCD〕＝1：(9−1)＝1：8だから，△ADH＝$\frac{1}{8}$〔四角形ABCD〕である。△ADE∽△BCEより，AE：BE＝AD：BC＝1：3だから，AE＝$\frac{1}{3}$BEである。(1)より△GCEはGE＝GCの二等辺三角形だから，∠EGC＝120°より，∠ECG＝(180°−120°)÷2＝30°となる。∠BEC＝90°なので，△BCEは3辺の比が1：2：$\sqrt{3}$の直角三角形となり，EC＝$\sqrt{3}$BEである。よって，AE：EC＝$\frac{1}{3}$BE：$\sqrt{3}$BE＝1：$3\sqrt{3}$となるから，△ADE：△EDC＝1：$3\sqrt{3}$，△EAB：△BCE＝1：$3\sqrt{3}$であり，△EDC＝$3\sqrt{3}$△ADE，△EAB＝$\frac{1}{3\sqrt{3}}$△BCE＝$\frac{1}{3\sqrt{3}}$×9△ADE＝$\sqrt{3}$△ADEとなる。したがって，〔四角形 ABCD〕＝△ADE＋△EDC＋△EAB＋△BCE＝△ADE＋$3\sqrt{3}$△ADE＋$\sqrt{3}$△ADE＋9△ADE＝$(10+4\sqrt{3})$△ADEとなるから，△ADH＝$\frac{1}{8}\times(10+4\sqrt{3})$△ADE＝$\frac{5+2\sqrt{3}}{4}$△ADEとなり，△ADHの面積は△ADEの面積の$\frac{5+2\sqrt{3}}{4}$倍である。

図２

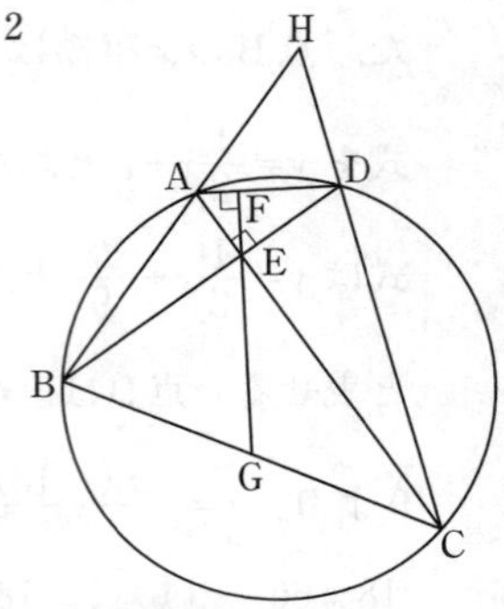

覚えておこう！

相似な図形で，
相似比が$a:b$のとき，
面積比…$a^2:b^2$

4〔空間図形―直方体〕

≪基本方針の決定≫〔問１〕　線分OGを斜辺とする直角三角形をつくる。　〔問２〕(1)　三角形の相似を利用する。

〔問１〕<長さ>右図１で，点Oから辺FGに垂線OMを引く。２点A，Fを結ぶと，∠OMG＝∠AFG＝90°より，OM∥AFであり，点Oは線分APの中点だから，点Mは線分FPの中点である。これより，FM＝MP＝$\frac{1}{2}$FP＝$\frac{1}{2}\times4\sqrt{2}$＝$2\sqrt{2}$となり，MG＝FG−FM＝$6\sqrt{2}-2\sqrt{2}=4\sqrt{2}$である。また，△ABFが直角二等辺三角形より，AF＝$\sqrt{2}$AB＝$\sqrt{2}\times4=4\sqrt{2}$となり，AF＝FPだから，△AFPも直角二等辺三角形である。さらに，△OMPも直角二等辺三角形となるから，OM＝MP＝$2\sqrt{2}$となる。よって，△OMGで三平方の定理より，OG＝$\sqrt{\mathrm{OM}^2+\mathrm{MG}^2}$＝$\sqrt{(2\sqrt{2})^2+(4\sqrt{2})^2}=\sqrt{40}=2\sqrt{10}$(cm)である。

図１

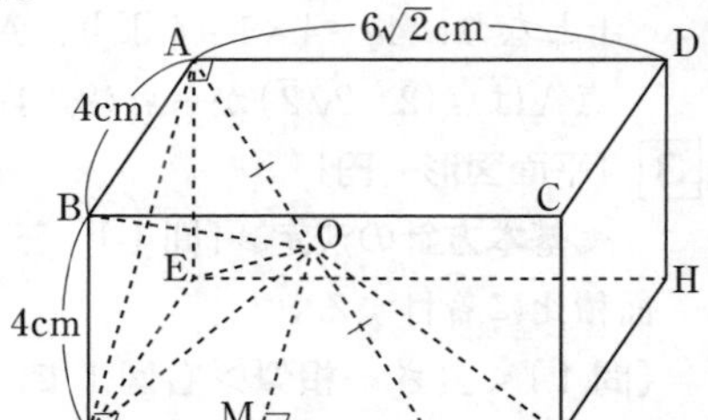

〔問２〕<長さ，体積>(1)次ページの図２で，線分QRは，面IJKL上にあり，面ABGH上にもあるから，点Sは，ILとAHの交点である。△AIS∽△AEHとなるから，IS：EH＝AI：AE＝x：4であり，IS＝$\frac{x}{4}$EH＝$\frac{x}{4}\times6\sqrt{2}=\frac{3\sqrt{2}}{2}x$(cm)となる。　(2)図２で，直線QRと線分JKの交点をT

とすると，〔立体 AIQ-BJR〕=〔三角柱 AIS-BJT〕−〔三角錐 Q-AIS〕−〔三角錐 R-BJT〕である。AI⊥IS であり，AI $=x=1$，IS $=\frac{3\sqrt{2}}{2}x=\frac{3\sqrt{2}}{2}\times 1=\frac{3\sqrt{2}}{2}$ だから，△AIS $=\frac{1}{2}\times$IS$\times$AI$=\frac{1}{2}\times\frac{3\sqrt{2}}{2}\times 1=\frac{3\sqrt{2}}{4}$ となり，〔三角柱 AIS-BJT〕$=$△AIS$\times$AB$=\frac{3\sqrt{2}}{4}\times 4=3\sqrt{2}$ である。また，△AQS∽△AGH となるから，QS：GH＝AS：AH であり，IL∥EH

図２

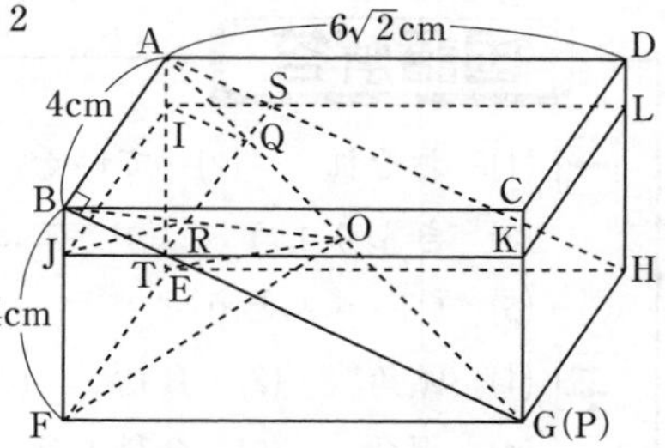

より，AS：AH＝AI：AE＝1：4 だから，QS：GH＝1：4 である。よって，QS $=\frac{1}{4}$GH$=\frac{1}{4}\times 4=1$ となり，〔三角錐 Q-AIS〕$=\frac{1}{3}\times$△AIS$\times$QS$=\frac{1}{3}\times\frac{3\sqrt{2}}{4}\times 1=\frac{\sqrt{2}}{4}$ となる。三角錐 R-BJT の体積も同様に $\frac{\sqrt{2}}{4}$cm³ となる。以上より，〔立体 AIQ-BJR〕$=3\sqrt{2}-\frac{\sqrt{2}}{4}-\frac{\sqrt{2}}{4}=\frac{5\sqrt{2}}{2}$(cm³)となる。

＝読者へのメッセージ＝

1〔問５〕は，作図の問題でした。異なる２点から等距離にある点の集まりがその２点を結ぶ線分の垂直二等分線となり，平行でない２直線から等距離にある点の集まりがその２直線がつくる角の二等分線となります。では，１つの点とこの点を通らない１つの直線から等距離にある点の集まりはどのようになると思いますか。これは放物線になります。高校で学習します。

国語解答

一 (1) おそれ　(2) ていそ

(3) きんりょう　(4) にゅうわ

(5) いっぺんとう

二 (1) 頭角　(2) 食指　(3) 輪唱

(4) 訓話　(5) 金科玉条

三 〔問1〕 エ　〔問2〕 イ

〔問3〕 ア　〔問4〕 ウ

〔問5〕 ア　〔問6〕 ウ

四 〔問1〕 イ　〔問2〕 エ

〔問3〕 ウ

〔問4〕 自身の価値観や予測を貫き通す完全な安心はそもそも存在しえないので，リスクを認知しつつも許容するという一見矛盾した感情をはらむ「信じる」という行為の方が，人間関係を構築するうえで現実的対応といえるから。(100字)

〔問5〕 X　実現ができないわけではない

Y　将来どのようなことがありうるか予見する

Z…イ

〔問6〕 ア

五 〔問1〕 イ　〔問2〕 ア

〔問3〕 イ　〔問4〕 ウ

〔問5〕 エ

一〔漢字〕

(1)「虞」は，よくないことが起こるのではないかという心配のこと。　(2)「定礎」は，礎石を据えて，建物の工事を始めること。　(3)「斤量」は，はかりで量った物の重さのこと。　(4)「柔和」は，優しく穏やかなこと。　(5)「一辺倒」は，一方だけに傾倒すること。

二〔漢字〕

(1)「頭角」は，頭の先。「頭角を現す」は，学識や才能が人より目立って優れている，という意味。

(2)「食指」は，人差し指。「食指が動く」は，あることを求めようとする心が起こる，という意味。

(3)「輪唱」は，同じ旋律をずらして追いかけるように歌うこと。　(4)「訓話」は，教え，さとす話のこと。　(5)「金科玉条」は，どんな場合でもそれを大事にして守ろうとすべき決まりのこと。

三〔小説の読解〕出典；額賀澪『風は山から吹いている』。

〔問1〕＜文章内容＞岳は，初めての登山で慣れないうえに，自分の筋力や体力の衰えを感じながら登っていたが，十分ほど歩くとペースがつかめて，体が慣れてきて余裕が生まれ，周りの木々が目に入るようになり，野鳥の声も耳に入るようになったのである。

〔問2〕＜文章内容＞穂高から，「どうしてスポーツクライミングをやってたの」と「あまりに唐突」にきかれたことに加えて，「爪先で岩の角を摑むように」進んでいく感じがスポーツクライミングの感覚に似ていたことで，岳は，身構えることなく，穂高の質問につい答えてしまったのである。

〔問3〕＜文章内容＞スポーツクライミングについて話す岳の様子を見た穂高は，ようやく岳と話せそうだと感じて，「楽しそうに話すんだね」と笑い，さらに岳の話を引き出そうとしたのである。

〔問4〕＜心情＞スポーツクライミングについて「饒舌に話す」と穂高に言われた岳は，「穂高先輩がいろいろ聞いてくるから」だと反論し，すらすらと答えてしまった自分の，クライミングを懐かしんでしまう気持ちを，押し隠そうとしたのである。

〔問５〕**＜文章内容＞**「すべてが自分から少し離れたところに」あった「とても透明感のある孤独」の中で，「混沌として」いた自分の記憶や思いが整理されていき，岳は「筑波岳の心根と，対峙」できるようになったのである。

〔問６〕**＜表現＞**「べらべらと」や「ごろごろと」という擬態語を使って，状況や情景が感覚的にわかりやすく書かれている(ア…×)。穂高が教えてくれる樹木の名前をカタカナで表記することは，穂高や岳の心理を表現しているとはいえない(イ…×)。岳の気持ちをそのまま表現することで，岳の視点で進められているということを示している(ウ…○)。Ｅの「――」には，岳の悔やまれる思いが隠されており，Ｆの「……」には，穂高の言葉を受けて，岳はとっさに返事ができなかったことが現れている(エ…×)。

四〔論説文の読解―哲学的分野―哲学〕出典；小林秀雄『感想』／伊藤亜紗「『うつわ』的利他―ケアの現場から」。

≪本文の概要≫Ａ．文化というものは，過去のものとなり歴史上のことにならないと，その形ははっきりしない。現代文化や現代芸術は，刻々と変化し，まだ歴史上に痕跡を残すには至らないので，その実態を明らかにすることは難しい。ベルグソンは，世の中の人は可能ということについて，根本的に誤った考えを持っているために，可能性という言葉を濫用しているという。実現不可能でないものは，実現可能と呼ぶことができるのだが，実現できるかどうかわからないという消極的な意味での可能という言葉に，人々は積極的な意味を持たせてしまう。可能性とは，過去に映った現在の幻影であり，現実が新しく現れてくるにつれて，現実を任意の過去のうちに常に映し出す。だから，現実は，常に可能であったということになる。可能性は現実には先行できず，ある事態が起こり始めるまさにその時に，可能だったといえるだけである。人々は，現実の文化を感じることなく，現実の文化となる可能性を知性で理解しようとするが，新しく生まれる文化は，独自な性質のものであるよりほかはない。

Ｂ．安心は，相手が想定外の行動をとる可能性を意識せず，相手の行動が自分のコントロール下に置かれていると感じることである。それに対して，信頼は，社会的不確実性が存在しているにもかかわらず，それでも相手は自分にひどい行動をとらないだろうと信じることである。信頼するときは，人は相手の自律性を尊重し，支配するのではなく，相手に委ねている。相手の力を信じることは，利他にとって絶対的に必要なことである。一〇〇パーセントの安心はありえないのだから，社会的不確実性はあっても，相手を信じようと考える方が合理的だといえる。

〔問１〕**＜文章内容＞**文化というものは，「過去のものとなり，歴史の裡に編入されないと」その形がはっきりと意識できないものである。現代文化や芸術は，「刻々に変り育ち」，まだ歴史上のものとなっていないのだから，その実態を明確にとらえるのは不可能なのである。

〔問２〕**＜文章内容＞**人々は，次々に新しく現れてくる現実の映像を，過去のどこかに映し出して「可能性」を見出そうとする。過去を思い起こすことはできるし，現在起こっていることはわかるが，「過去に映った現在の幻影」から，未来のことを予測することはできないのである。

〔問３〕**＜文章内容＞**「信頼」とは，「相手が想定外の行動をとる」かもしれないし，そのために「自分が不利益を被るかもしれない」が，相手は自分にひどい行動をとらないだろうと相手を信じることである。つまり，相手の自律性を尊重し，相手を支配するのではなく，相手に委ねることである。

〔問４〕＜文章内容＞「安心」とは，「相手の行動が自分のコントロール下に置かれている」という感覚である。しかし，社会的不確実性は必ずあるのだから，一〇〇パーセントの安心はありえない。それならば，リスクはあるけれども，相手を信頼することで相手との関係を築いていく方が，合理的なのである。

〔問５〕＜文章内容＞Ｘ．「実現の不可能ではないものは実現可能」だといえるだけで，あることが実現できるかどうかはわからないとすることが，「消極的な意味での可能」である。　Ｙ．何が起こるかわからないのに，これは実現不可能ではないのだから，実現しうると予見できるとすることが，「積極的な意味」での可能である。　　Ｚ．「可能性は決して現実に先行」できるものではなく，何かが起こりうるという「不確実性」がある以上，可能性は予見できないし，未来についても言及はできないのである(イ…○，ア・ウ…×)。

〔問６〕＜要旨＞「ベルグソン」の引用は，未来の可能性は予見できないことを，「山岸俊男」の引用は，「信頼」と「安心」は全く別のものであることを示し，それぞれの筆者の考え方の土台を示すのに大切な役割を果たしている(ア…○，ウ…×)。文章Ｂは文章Ａを土台にしたものではない(イ…×)。文章Ｂの空白の行は，「山岸俊男」の文章の引用範囲を明確に示したものである(エ…×)。文章Ｂでは，初めに山岸俊男の論考を示している(オ…×)。

五〔説明文の読解―芸術・文学・言語学的分野―文学〕出典；渡部泰明『和歌史　なぜ千年を越えて続いたか』。

〔問１〕＜文章内容＞「ことわる」は，物事の筋道をはっきりさせる，という意味。「言葉と主体が連動し，溶け込むような感覚」である歌の「しらべ」を重んじた景樹は，歌は，論理的に理解し表すものではないと言っているのである。

〔問２〕＜文章内容＞改作後の歌は，初二句で，みぞれが降ってきたという「判断の結果」が表現され，三句以下でゆったりと情景を描写する。これによって，読者に目の前に広がる風景を感じさせて，風景に「溶け込むような感覚」を抱かせるのである。

〔問３〕＜品詞＞「波までが」と「片付けまで」の「まで」は，添加を表す副助詞。「雨がやむまで」と「話はここまで」と「係の者まで」の「まで」は，さまざまな段階や範囲の到達点を表す副助詞。

〔問４〕＜文章内容＞Ⅱの歌の核心は，年末の「霰の乱れ降る情景」である。縁語を使って言葉を連動させて表現することで，作者の心情が情景に溶け込んでいくように歌われているのである。

〔問５〕＜文章内容＞和歌の言葉が生み出す風景に，主体が溶け込んでいくように感じられ，歌われる対象と主体が連動することが「しらべ」である(イ・ウ…○)。また，言葉に余韻を持たせることで，聴覚や視覚を駆使して，歌の世界に読者を引き込み浸透させていくことができるものが「しらべ」である(ア…○)。「しらべ」とは，本来は「音楽の調子」のことだが，「しらべ」という言葉で「音韻やリズム」を示しているのではない(エ…×)。

●2022年度

東京都立高等学校

共通問題

【社会・理科】

2022年度 東京都立高等学校（共通問題）

【社　会】（50分）〈満点：100点〉

1　次の各問に答えよ。

〔問１〕　次の資料は，ある地域の様子を地域調査の発表用としてまとめたものの一部である。下の**ア**～**エ**の地形図は，「国土地理院発行２万５千分の１地形図」の一部を拡大して作成した地形図上に●で示した**A**点から，**B**点を経て，**C**点まで移動した経路を太線（━━）で示したものである。資料で示された地域に当てはまるのは，下の**ア**～**エ**のうちではどれか。

漁師町の痕跡を巡る　　調査日　令和３年10月２日（土）　天候　晴れ

複数の文献等に共通した地域の特徴

○**A**点付近の様子
べカ舟がつながれていた川，漁業を営む家，町役場

○**B**点付近の様子
にぎやかな商店街，細い路地

〔べカ舟〕

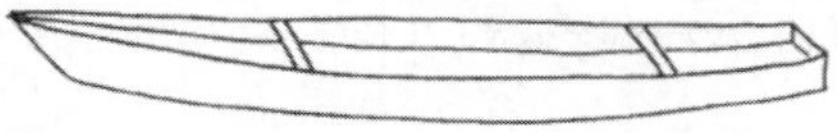

長さ約4.8m，幅約1.0m，高さ約0.6m

漁師町の痕跡を巡った様子

A点で川に架かる橋から東を見ると，漁業に使うべカ舟がつながれていた川が曲がっている様子が見えた。その橋を渡ると，水準点がある場所に旧町役場の跡の碑があった。南へ約50m歩いて南東に曲がった道路の**B**点では，明治時代初期の商家の建物や細い路地がいくつか見られた。川に並行した道路を約450m歩き，北東に曲がって川に架かる橋を渡り，少し歩いて北西に曲がって川に並行した道路を約250m直進し，曲がりくねった道を進み，東へ曲がると，学校の前の**C**点に着いた。

A点（漁業に使うべカ舟がつながれていた川）

B点（明治時代初期の商家の建物が見られる道路）

ア

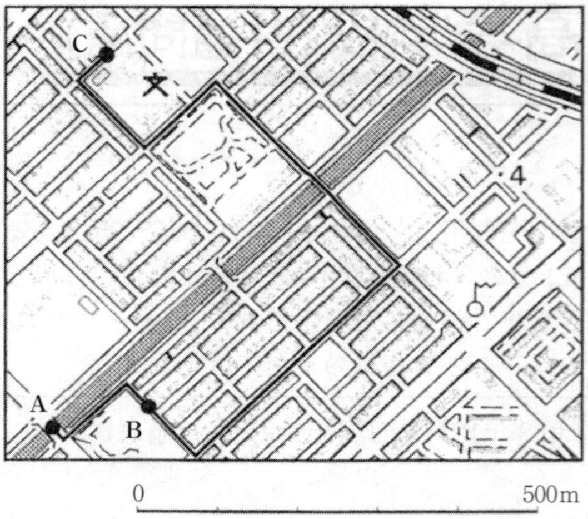

(2019年の「国土地理院発行２万５千分の１地形図(千葉西部)」の一部を拡大して作成)

イ

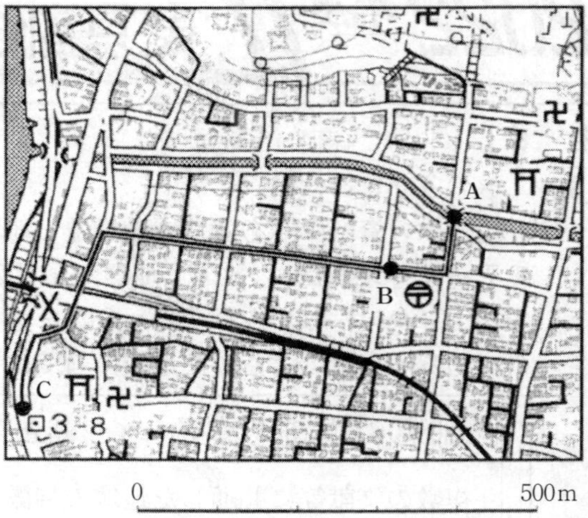

(2019年の「国土地理院発行２万５千分の１地形図(船橋《ふなばし》)」の一部を拡大して作成)

ウ

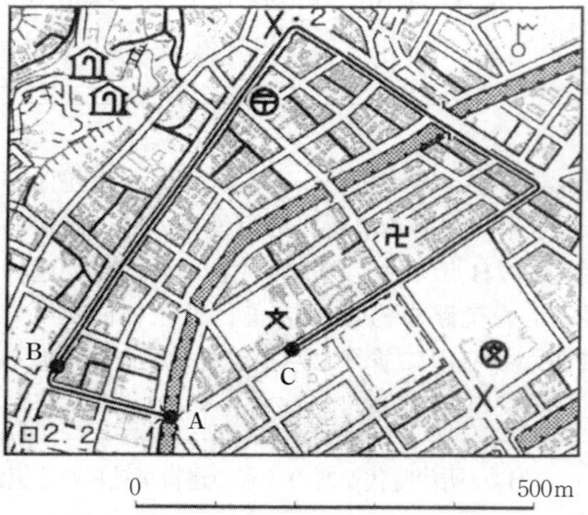

(2020年の「国土地理院発行２万５千分の１地形図(横浜西部)」の一部を拡大して作成)

エ

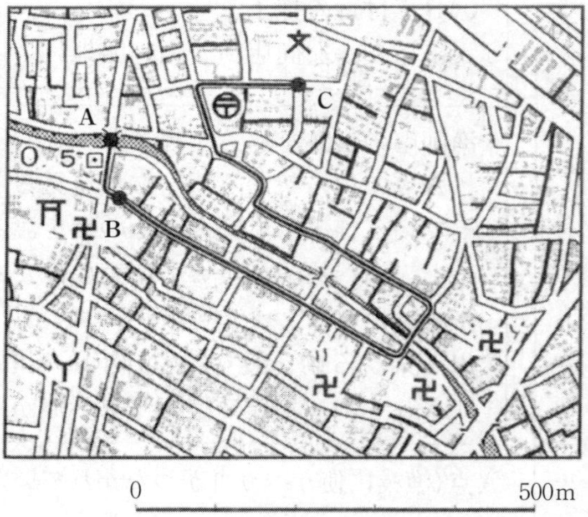

(2015年の「国土地理院発行２万５千分の１地形図(浦安《うらやす》)」の一部を拡大して作成)

〔問２〕　次のⅠの略地図中の**ア**～**エ**は，世界遺産に登録されている我が国の主な歴史的文化財の所在地を示したものである。Ⅱの文章で述べている歴史的文化財の所在地に当てはまるのは，略地図中の**ア**～**エ**のうちのどれか。

Ⅰ

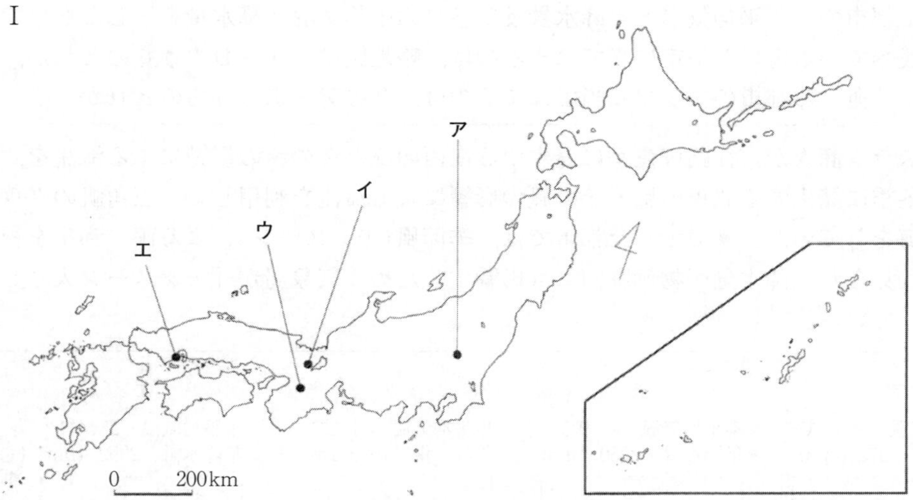

Ⅱ

鑑真《がんじん》によって伝えられた戒律を重んじる律宗《りっしゅう》の中心となる寺院は，中央に朱雀大《すざくおお》路《じ》が通り，碁盤《ごばん》の目状に整備された都に建立《こんりゅう》された。金堂《こんどう》や講堂などが立ち並び，鑑真《がんじん》和上《わじょう》坐《ざ》像《ぞう》が御《み》影堂《えいどう》に納められており，1998年に世界遺産に登録された。

〔問３〕　次の文章で述べている司法機関に当てはまるのは，下の**ア**～**エ**のうちのどれか。

都府県に各１か所，北海道に４か所の合計50か所に設置され，開かれる裁判は，原則，第一審となり，民事裁判，行政裁判，刑事裁判を扱う。重大な犯罪に関わる刑事事件の第一審では，国民から選ばれた裁判員による裁判が行われる。

ア　地方裁判所　　**イ**　家庭裁判所　　**ウ**　高等裁判所　　**エ**　簡易裁判所

2　次の略地図を見て，あとの各問に答えよ。

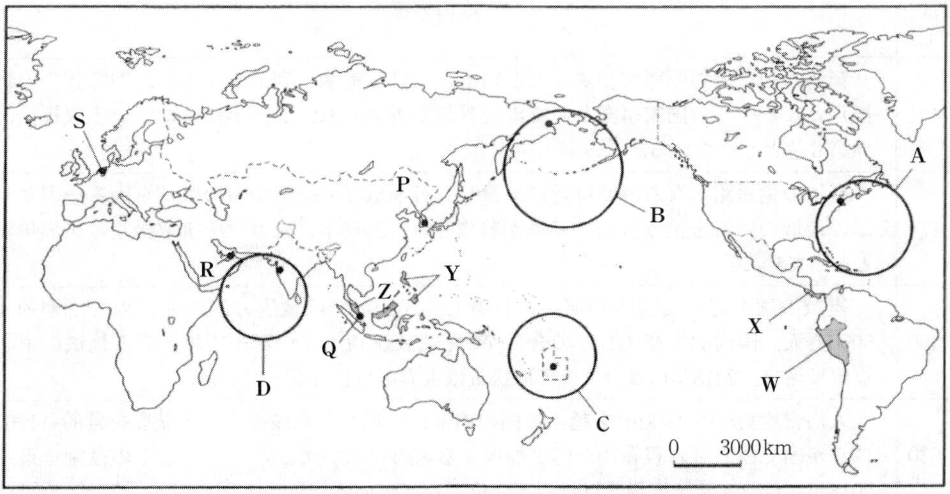

〔問１〕　次のⅠの文章は，略地図中に ◯ で示した**A**～**D**の**いずれか**の範囲の海域と都市の様子についてまとめたものである。Ⅱの**ア**～**エ**のグラフは，略地図中の**A**～**D**の**いずれか**の範囲内

に●で示した都市の，年平均気温と年降水量及び各月の平均気温と降水量を示したものである。Ⅰの文章で述べている海域と都市に当てはまるのは，略地図中の**A**～**D**のうちのどれか，また，その範囲内に位置する都市のグラフに当てはまるのは，Ⅱの**ア**～**エ**のうちのどれか。

Ⅰ

> イスラム商人が，往路は夏季に発生する南西の風とその風の影響による海流を，復路は冬季に発生する北東の風とその風の影響による海流を利用して，三角帆のダウ船で航海をしていた。●で示した都市では，季節風（モンスーン）による雨の到来を祝う文化が見られ，降水量が物価動向にも影響するため，気象局が「モンスーン入り」を発表している。

Ⅱ

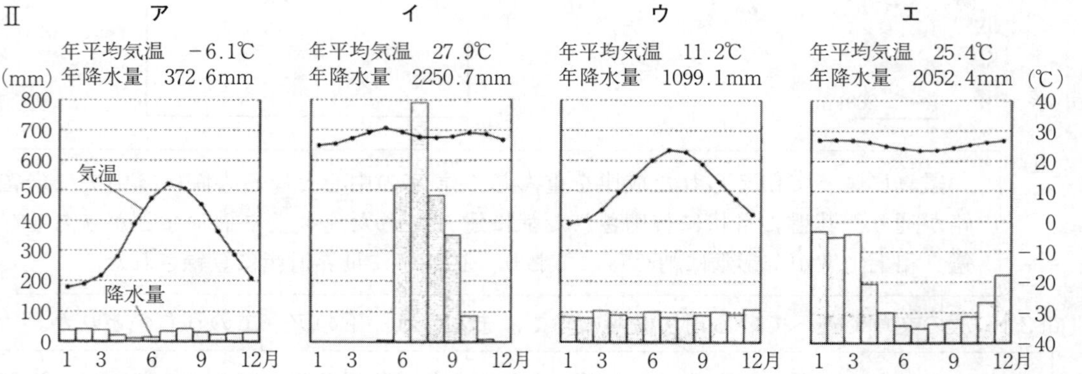

（気象庁のホームページより作成）

〔問２〕　次の表の**ア**～**エ**は，コンテナ埠頭《ふとう》が整備された港湾が位置する都市のうち，略地図中に**P**～**S**で示した，釜山《プサン》，シンガポール，ドバイ，ロッテルダムの**いずれか**の都市に位置する港湾の，2018年における総取扱貨物量と様子についてまとめたものである。略地図中の**P**～**S**のそれぞれの都市に位置する港湾に当てはまるのは，次の表の**ア**～**エ**のうちではどれか。

	総取扱貨物量（百万ｔ）	港湾の様子
ア	461	経済大国を最短距離で結ぶ大圏航路上付近に位置する利点を生かし，国際貨物の物流拠点となるべく，国家事業として港湾整備が進められ，2018年にはコンテナ取扱量は世界第６位となっている。
イ	174	石油の輸送路となる海峡付近に位置し，石油依存の経済からの脱却を図る一環として，この地域の物流を担《にな》う目的で港湾が整備され，2018年にはコンテナ取扱量は世界第10位となっている。
ウ	469	複数の国を流れる河川の河口に位置し，2020年では域内の国の人口の合計が約４億5000万人，国内総生産（GDP）の合計が約15兆2000億ドルの単一市場となる地域の中心的な貿易港で，2018年にはコンテナ取扱量は世界第11位となっている。
エ	630	人口密度約8000人/km^2を超える国の南部に位置し，地域の安定と発展を目的に1967年に５か国で設立され現在10か国が加盟する組織において，ハブ港としての役割を果たし，2018年にはコンテナ取扱量は世界第２位となっている。

（注）　国内総生産とは，一つの国において新たに生み出された価値の総額を示した数値のことである。

（「データブック　オブ・ザ・ワールド」2021年版などより作成）

〔問3〕 次のⅠとⅡの表の**ア**～**エ**は，略地図中に ▒ で示した**W**～**Z**の**いずれか**の国に当てはまる。Ⅰの表は，1999年と2019年における日本の輸入総額，日本の主な輸入品目と輸入額を示したものである。Ⅱの表は，1999年と2019年における輸出総額，輸出額が多い上位3位までの貿易相手国を示したものである。Ⅲの文章は，略地図中の**W**～**Z**の**いずれか**の国について述べたものである。Ⅲの文章で述べている国に当てはまるのは，略地図中の**W**～**Z**のうちのどれか，また，ⅠとⅡの表の**ア**～**エ**のうちのどれか。

Ⅰ

		日本の輸入総額（億円）	日本の主な輸入品目と輸入額（億円）					
ア	1999年	12414	電気機器	3708	一般機械	2242	液化天然ガス	1749
	2019年	19263	電気機器	5537	液化天然ガス	4920	一般機械	755
イ	1999年	331	金属鉱及びくず	112	非鉄金属	88	飼料	54
	2019年	2683	金属鉱及びくず	1590	液化天然ガス	365	揮発油	205
ウ	1999年	93	一般機械	51	コーヒー	14	植物性原材料	6
	2019年	459	精密機器類	300	電気機器	109	果実	15
エ	1999年	6034	一般機械	1837	電気機器	1779	果実	533
	2019年	11561	電気機器	4228	金属鉱及びくず	1217	一般機械	1105

（「データブック オブ・ザ・ワールド」2021年版などより作成）

Ⅱ

		輸出総額（億ドル）	輸出額が多い上位3位までの貿易相手国		
			1位	2位	3位
ア	1999年	845	アメリカ合衆国	シンガポール	日本
	2019年	2381	中華人民共和国	シンガポール	アメリカ合衆国
イ	1999年	59	アメリカ合衆国	スイス	イギリス
	2019年	461	中華人民共和国	アメリカ合衆国	カナダ
ウ	1999年	63	アメリカ合衆国	オランダ	イギリス
	2019年	115	アメリカ合衆国	オランダ	ベルギー
エ	1999年	350	アメリカ合衆国	日本	オランダ
	2019年	709	アメリカ合衆国	日本	中華人民共和国

（国際連合貿易統計データベースより作成）

Ⅲ

1946年に独立したこの国では，軽工業に加え電気機器関連の工業に力を注ぎ，外国企業によるバナナ栽培などの一次産品中心の経済から脱却を図ってきた。1989年にはアジア太平洋経済協力会議（APEC《エイペック》）に参加し，1999年と比較して2019年では，日本の輸入総額は2倍に届かないものの増加し，貿易相手国としての中華人民共和国の重要性が増している。1960年代から日本企業の進出が見られ，近年では，人口が1億人を超え，英語を公用語としていることからコールセンターなどのサービス産業も発展している。

3 次の略地図を見て，あとの各問に答えよ。

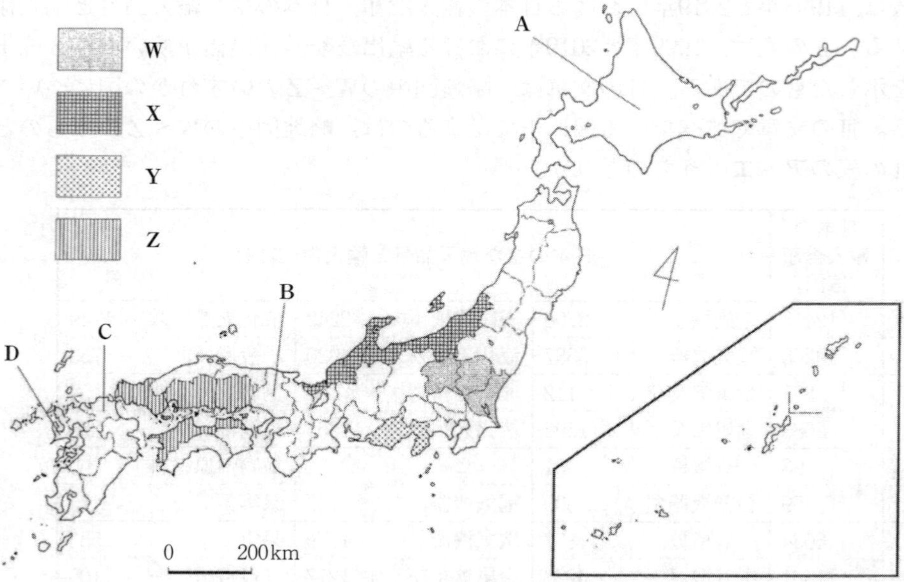

〔問１〕 次の表の**ア**～**エ**は，略地図中に**A**～**D**で示した**いずれか**の道県の，2019年における鉄鋼業と造船業の製造品出荷額等，海岸線と臨海部の工業の様子についてまとめたものである。**A**～**D**のそれぞれの道県に当てはまるのは，次の表の**ア**～**エ**のうちではどれか。

	製造品出荷額等(億円)		海岸線と臨海部の工業の様子
	鉄鋼	造船	
ア	9769	193	○678kmの海岸線には，干潟や陸と島をつなぐ砂州が見られ，北東部にある東西20km，南北２kmの湾に，工業用地として埋め立て地が造成された。 ○国内炭と中国産の鉄鉱石を原料に鉄鋼を生産していた製鉄所では，現在は輸入原料を使用し，自動車用の鋼板を生産している。
イ	19603	2503	○855kmの海岸線には，北部に国立公園に指定されたリアス海岸が見られ，南部に工業用地や商業用地として埋め立て地が造成された。 ○南部の海岸には，高度経済成長期に輸入原料を使用する製鉄所が立地し，国際貿易港に隣接する岬には，造船所が立地している。
ウ	3954	310	○4445kmの海岸線には，砂嘴《さし》や砂州，陸繫島《りくけいとう》，プレート運動の力が複雑に加わり形成された半島などが見られる。 ○国内炭と周辺で産出される砂鉄を原料に鉄鋼を生産していた製鉄所では，現在は輸入原料を使用し，自動車の部品に使われる特殊鋼を生産している。
エ	336	2323	○4170kmの海岸線には，多くの島や半島，岬によって複雑に入り組んだリアス海岸が見られる。 ○人口が集中している都市の臨海部に，カーフェリーなどを建造する造船所が立地し，周辺にはボイラーの製造などの関連産業が集積している。

（「日本国勢図会」2020/21年版などより作成）

〔問2〕 次のⅠの**ア**～**エ**のグラフは，略地図中に**W**～**Z**で示した**いずれか**の地域の1971年と2019年における製造品出荷額等と産業別の製造品出荷額等の割合を示したものである。Ⅱの文章は，Ⅰの**ア**～**エ**の**いずれか**の地域について述べたものである。Ⅱの文章で述べている地域に当てはまるのは，Ⅰの**ア**～**エ**のうちのどれか，また，略地図中の**W**～**Z**のうちのどれか。

Ⅰ

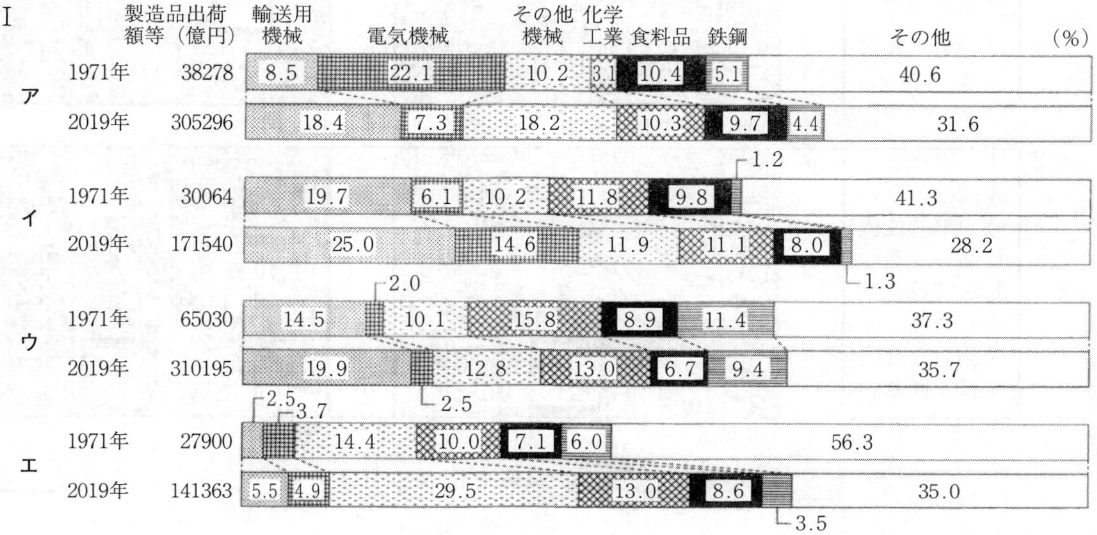

（注） 四捨五入をしているため，産業別の製造品出荷額等の割合を合計したものは，100％にならない場合がある。
（2019年工業統計表などより作成）

Ⅱ

> 絹織物や航空機産業を基礎として，電気機械等の製造業が発展した。高速道路網の整備に伴い，1980年に西部が，1987年に中部が東京とつながり，2011年には1998年開港の港湾と結ばれた。西部の高速道路沿いには，未来技術遺産に登録された製品を生み出す高度な技術をもつ企業の工場が立地している。2019年には電気機械の出荷額等は約2兆円となる一方で，自動車関連の輸送用機械の出荷額等が増加し，5兆円を超えるようになった。

〔問3〕 次のⅠ(1)とⅡ(1)の文は，1984年に示された福島市と1997年に示された岡山市の太線（ ━━ ）で囲まれた範囲を含む地域に関する地区計画の一部を分かりやすく書き改めたものである。Ⅰ(2)は1984年・1985年の，Ⅰ(3)は2018年の「2万5千分の1地形図（福島北部・福島南部）」の一部を拡大して作成したものである。Ⅱ(2)は1988年の，Ⅱ(3)は2017年の「2万5千分の1地形図（岡山南部）」の一部を拡大して作成したものである。ⅠとⅡの資料から読み取れる，太線で囲まれた範囲に共通した土地利用の変化について，簡単に述べよ。また，ⅠとⅡの資料から読み取れる，その変化を可能にした要因について，それぞれの県内において乗降客数が多い駅の一つである福島駅と岡山駅に着目して，簡単に述べよ。

Ⅰ

(1) 市の新しい玄関として，今までの住工混在型から商業業務型の土地利用に変更する。

(2)

(1984年・1985年)

(3)

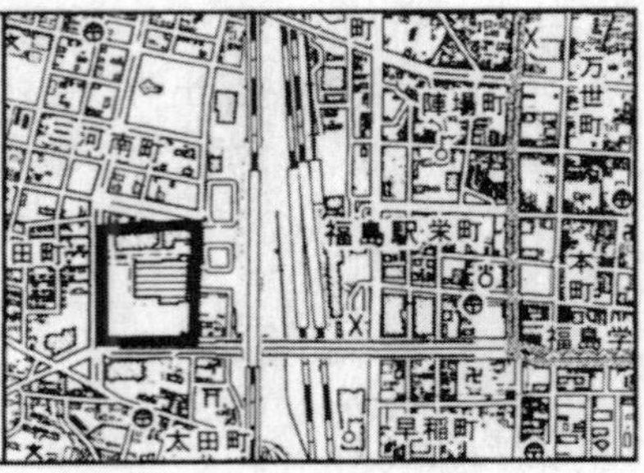

(2018年)

Ⅱ

(1) ターミナル隣接地という中枢的位置にあり，その地区特性を生かしつつ，商業施設などの集積を図る。

(2)

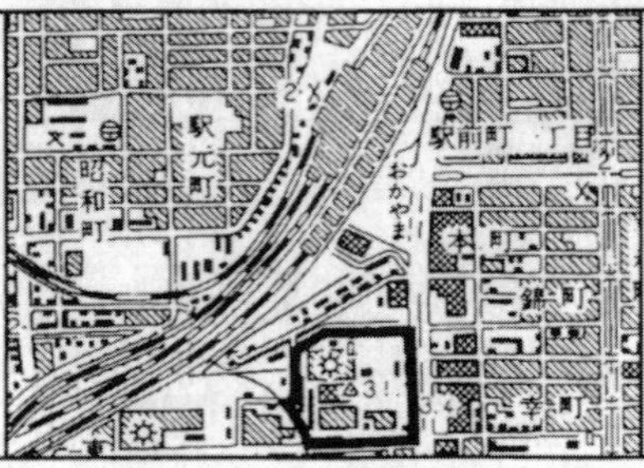

(1988年)

(3)

(2017年)

☼ 工場　　商業施設

0　200m

4 次の文章を読み，あとの各問に答えよ。

私たちは，身の回りの土地やものについて面積や重量などを道具を用いて計測し，その結果を暮らしに役立ててきた。

古代から，各時代の権力者は，(1)財政基盤を固めるため，土地の面積を基に税を徴収するなどの政策を行ってきた。時代が進み，(2)地域により異なっていた長さや面積などの基準が統一された。

(3)江戸時代に入ると，天文学や数学なども発展を遂げ，明治時代以降，我が国の科学技術の研究水準も向上し，独自の計測技術も開発されるようになった。

第二次世界大戦後になると，従来は計測することができなかった距離や大きさなどが，新たに開発された機器を通して計測することができるようになり，(4)環境問題などの解決のために生かされてきた。

〔問1〕 (1)財政基盤を固めるため，土地の面積を基に税を徴収するなどの政策を行ってきた。とあるが，次の**ア**～**エ**は，権力者が財政基盤を固めるために行った政策の様子について述べたものである。時期の古いものから順に記号を並べよ。

ア 朝廷は，人口増加に伴う土地不足に対応するため，墾田永年私財法《こんでんえいねんしざいほう》を制定し，新しく開墾した土地であれば，永久に私有地とすることを認めた。

イ 朝廷は，財政基盤を強化するため，摂関政治を主導した有力貴族や寺社に集中していた荘園《しょうえん》を整理するとともに，大きさの異なる枡《ます》の統一を図った。

ウ 朝廷は，元号を建武《けんむ》に改め，天皇中心の政治を推進するため，全国の田畑について調査させ，年貢《ねんぐ》などの一部を徴収し貢納させた。

エ 二度にわたる元軍の襲来を退けた幕府は，租税を全国に課すため，諸国の守護に対して，

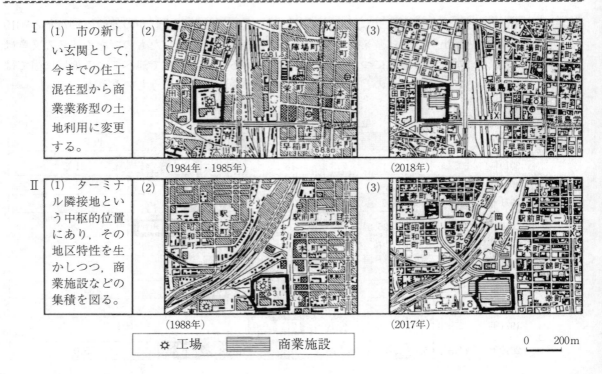

田地面積や領有関係などを記した文書の提出を命じた。

〔問２〕 (2)地域により異なっていた長さや面積などの基準が統一された。とあるが，次のⅠの略年表は，室町時代から江戸時代にかけての，政治に関する主な出来事についてまとめたものである。Ⅱの文章は，ある人物が示した検地における実施命令書の一部と計測基準の一部を分かりやすく書き改めたものである。Ⅱの文章が出された時期に当てはまるのは，Ⅰの略年表中の**ア**～**エ**の時期のうちではどれか。

Ⅰ

西暦	政治に関する主な出来事	
1560	●駿河《するが》国(静岡県)・遠江《とおとうみ》国(静岡県)などを支配していた人物が，桶狭間《おけはざま》において倒された。	
		ア
1582	●全国統一を目指していた人物が，京都の本能寺《ほんのうじ》において倒された。	
		イ
1600	●関ヶ原《せきがはら》の戦いに勝利した人物が，全国支配の実権をにぎった。	
		ウ
1615	●全国の大名が守るべき事柄をまとめた武家諸法度《ぶけしょはっと》が定められた。	
		エ
1635	●全国の大名が，国元《くにもと》と江戸とを１年交代で往復する制度が定められた。	

Ⅱ

【実施命令書の一部】

○日本全国に厳しく申し付けられている上は，おろそかに実施してはならない。

【計測基準の一部】

○田畑・屋敷地は長さ６尺《しゃく》３寸《すん》を１間《けん》とする竿《さお》を用い，５間かける60間の300歩《ぶ》を，１反《たん》として面積を調査すること。

○上田《じょうでん》の石盛《こくもり》は１石《こく》５斗《と》，中田《ちゅうでん》は１石３斗，下田《げでん》は１石１斗，下々田《げげでん》は状況で決定すること。

○升《ます》は京升《きょうます》に定める。必要な京升を準備し渡すようにすること。

〔問３〕 (3)江戸時代に入ると，天文学や数学なども発展を遂げ，明治時代以降，我が国の科学技術の研究水準も向上し，独自の計測技術も開発されるようになった。とあるが，次の**ア**～**エ**は，江戸時代から昭和時代にかけての我が国独自の計測技術について述べたものである。時期の古いものから順に記号を並べよ。

ア　後にレーダー技術に応用される超短波式アンテナが開発された頃，我が国最初の常設映画館が開館した浅草《あさくさ》と，上野《うえの》との間で地下鉄の運行が開始された。

イ　正確な暦を作るために浅草に天文台が設置された後，寛政の改革の一環として，幕府直轄の昌平坂学問所《しょうへいざかがくもんじょ》や薬の調合などを行う医官養成機関の医学館が設立された。

ウ　西洋時計と和時計の技術を生かして，時刻や曜日などを指し示す機能を有する万年自鳴鐘《まんねんじめいしょう》が開発された頃，黒船来航に備えて台場《だいば》に砲台を築造するため，水深の計測が実施された。

エ　中部地方で発生した地震の研究に基づいて大森《おおもり》式地震計が開発された頃，日英同盟の締結を契機に，イギリスの無線技術を基にした無線電信機が開発された。

〔問４〕 (4)環境問題などの解決のために生かされてきた。とあるが，次のⅠのグラフは，1965年から2013年までの，東京のある地点から富士山が見えた日数と，大気汚染の一因となる二酸化《にさんか》硫黄《いおう》の東京における濃度の変化を示したものである。Ⅱの文章は，Ⅰのグラフの**ア**～**エ**の**いずれか**の時期における国際情勢と，我が国や東京の環境対策などについてまとめたものである。Ⅱの文章で述べている時期に当てはまるのは，Ⅰのグラフの**ア**～**エ**の時期のうちではどれか。

Ⅰ

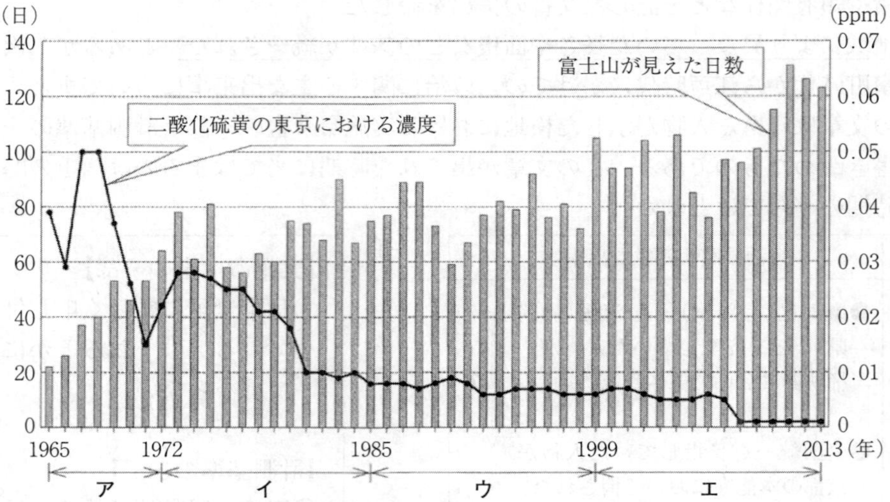

(東京都環境局資料などより作成)

Ⅱ

東ヨーロッパ諸国で民主化運動が高まり，東西ドイツが統一されるなど国際協調の動きが強まる中で，国際連合を中心に地球温暖化防止策が協議され，温室効果ガスの排出量の削減について数値目標を設定した京都議定書が採択された。長野県では，施設建設において極力既存の施設を活用し，自然環境の改変が必要な場合は大会後復元を図った，オリンピック・パラリンピック冬季競技大会が開催され，東京都においては，「地球環境保全東京アクションプラン」を策定し，大気汚染の状況は改善された。この時期には，Ⅰのグラフの観測地点から平均して週１回は富士山を見ることができた。

5 次の文章を読み，あとの各問に答えよ。

明治時代に作られた情報という言葉は，ある事柄の内容について文字などで伝達する知らせを表す意味として現在は用いられている。天気予報や経済成長率などの情報は，私たちの日々の暮らしに役立っている。

日本国憲法の中では，(1)自分の意見を形成し他者に伝える権利が，一定の決まり(ルール)の下で保障されている。

現代の社会は(2)情報が大きな役割を担《にな》うようになり，情報化社会とも呼ばれるようになった。その後，インターネットの普及は，私たちと情報との関わり方を変えることとなった。

(3)情報が新たな価値を生み出す社会では，企業の中で，情報化を推進し，課題の解決策を示したり，ソフトウェアを開発したりする，デジタル技術を活用できる人材を確保していくことの重要性が増している。また，(4)情報の活用を進め，社会の様々な課題を解決していくためには，新たな決まり(ルール)を定める必要がある。

〔問１〕 (1)自分の意見を形成し他者に伝える権利が，一定の決まり(ルール)の下で保障されている。とあるが，精神(活動)の自由のうち，個人の心の中にある，意思，感情などを外部に明らかにすることを保障する日本国憲法の条文は，次の**ア**～**エ**のうちではどれか。

ア　何人《なんぴと》も，いかなる奴隷的拘束も受けない。又，犯罪に因《よ》る処罰の場合を除いては，その意に反する苦役に服させられない。

イ　思想及び良心の自由は，これを侵してはならない。

ウ　何人も，公共の福祉に反しない限り，居住，移転及び職業選択の自由を有する。

エ　集会，結社及び言論，出版その他一切の表現の自由は，これを保障する。

〔問２〕　(2)情報が大きな役割を担《にな》うようになり，情報化社会とも呼ばれるようになった。とあるが，次のⅠの略年表は，1938年から1998年までの，我が国の情報に関する主な出来事をまとめたものである。Ⅱの文章は，Ⅰの略年表中の**ア**～**エ**の**いずれか**の時期における社会の様子について，①は通信白書の，②は国民生活白書の一部をそれぞれ分かりやすく書き改めたものである。Ⅱの文章で述べている時期に当てはまるのは，Ⅰの略年表中の**ア**～**エ**の時期のうちではどれか。

Ⅰ

西暦	我が国の情報に関する主な出来事	
1938	●標準放送局型ラジオ受信機が発表された。	
1945	●人が意見を述べる参加型ラジオ番組の放送が開始された。	**ア**
1953	●白黒テレビ放送が開始された。	
1960	●カラーテレビ放送が開始された。	
1964	●東京オリンピック女子バレーボール決勝の平均視聴率が関東地区で66.8％を記録した。	**イ**
1972	●札幌オリンピック閉会式の平均視聴率が札幌で59.5％を記録した。	
1974	●テレビの深夜放送が一時的に休止された。	**ウ**
1985	●テレビで文字多重放送が開始された。	
1989	●衛星テレビ放送が開始された。	**エ**
1998	●ニュースなどを英語で発信するワールドテレビ放送が開始された。	

Ⅱ

①　私たちの社会は，情報に対する依存を強めており，情報の流通は食料品や工業製品などの流通，つまり物流と同等あるいはそれ以上の重要性をもつようになった。

②　社会的な出来事を同時に知ることができるようになり，テレビやラジオを通じて人々の消費生活も均質化している。また，節約の経験により，本当に必要でなければ買わないで今持っているものの使用期間を長くする傾向が，中東で起きた戦争の影響を受けた石油危機から３年後の現在も見られる。

〔問３〕　(3)情報が新たな価値を生み出す社会では，企業の中で，情報化を推進し，課題の解決策を示したり，ソフトウェアを開発したりする，デジタル技術を活用できる人材を確保していくことの重要性が増している。とあるが，次のⅠの文章は，2019年の情報通信白書の一部を分かりやすく書き改めたものである。Ⅱのグラフは，2015年の我が国とアメリカ合衆国における情報処理・通信に携わる人材の業種別割合を示したものである。Ⅱのグラフから読み取れる，Ⅰの文章が示された背景となる我が国の現状について，我が国より取り組みが進んでいるアメリカ合衆国と比較して，情報通信技術を提供する業種と利用する業種の構成比の違いに着目し，簡単に述べよ。

Ⅰ

○今後，情報通信技術により，企業は新しい製品やサービスを市場に提供することが可能となる。

○新たな製品やサービスを次々と迅速に開発・提供していくために，情報通信技術を利用する業種に十分な情報通信技術をもった人材が必要である。

Ⅱ

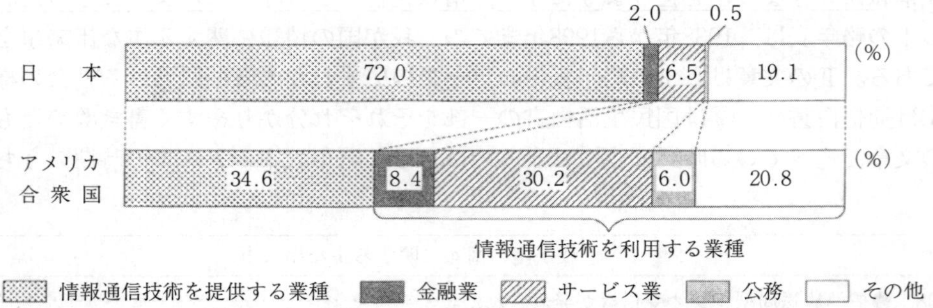

（注）　四捨五入をしているため，情報処理・通信に携わる人材の業種別割合を合計したものは，100%にならない場合がある。

（独立行政法人情報処理推進機構資料より作成）

〔問４〕 (4)情報の活用を進め，社会の様々な課題を解決していくためには，新たな決まり（ルール）を定める必要がある。とあるが，次のⅠの**A**～**E**は，令和３年の第204回通常国会で，情報通信技術を用いて多様で大量の情報を適正かつ効果的に活用することであらゆる分野における創造的かつ活力ある発展が可能となる社会の形成について定めた「デジタル社会形成基本法」が成立し，その後，公布されるまでの経過について示したものである。Ⅱの文で述べていることが行われたのは，下の**ア**～**エ**のうちではどれか。

Ⅰ

A　第204回通常国会が開会される。（１月18日）

B　法律案が内閣で閣議決定され，国会に提出される。（２月９日）

C　衆議院の本会議で法律案が可決される。（４月６日）

D　参議院の本会議で法律案が可決される。（５月12日）

E　内閣の助言と承認により，天皇が法律を公布する。（５月19日）

（衆議院，参議院のホームページより作成）

Ⅱ

衆議院の内閣委員会で法律案の説明と質疑があり，障害の有無などの心身の状態による情報の活用に関する機会の格差の是正を着実に図ることや，国や地方公共団体が公正な給付と負担の確保のための環境整備を中心とした施策を行うことを，原案に追加した修正案が可決される。

ア　**A**と**B**の間　　**イ**　**B**と**C**の間　　**ウ**　**C**と**D**の間　　**エ**　**D**と**E**の間

6　次の文章を読み，下の略地図を見て，あとの各問に答えよ。

　都市には，小さな家屋から超高層建築まで多様な建物が見られ，(1)人々が快適な生活を送るために様々な社会資本が整備されてきた。また，(2)政治の中心としての役割を果たす首都には，新たに建設された都市や，既存の都市に政府機関を設置する例が見られる。
　都市への人口集中は，経済を成長させ新たな文化を創造する一方で，(3)交通渋滞などの都市問題を深刻化させ，我が国は多くの国々の都市問題の解決に協力している。

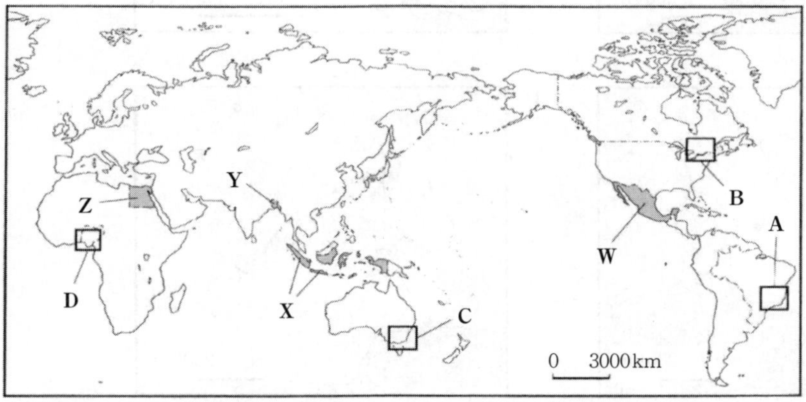

〔問1〕　(1)人々が快適な生活を送るために様々な社会資本が整備されてきた。とあるが，次の**ア**～**エ**の文は，それぞれの時代の都市の様子について述べたものである。時期の古いものから順に記号を並べよ。

ア　ドイツ帝国の首都ベルリンでは，ビスマルクの宰相《さいしょう》任期中に，工業の発展により人口の流入が起き，上下水道が整備され，世界で初めて路面電車の定期運行が開始された。

イ　イギリスの首都ロンドンでは，冷戦(冷たい戦争)と呼ばれる東西の対立が起き緊張が高まる中で，ジェット旅客機が就航し，翌年，空港に新滑走路が建設された。

ウ　アメリカ合衆国の都市ニューヨークでは，300mを超える超高層ビルが建設され，フランクリン・ルーズベルト大統領によるニューディール政策の一環で公園建設なども行われた。

エ　オーストリアの首都ウィーンでは，フランス同様に国王が強い政治権力をもつ専制政治(絶対王政)が行われ，マリア・テレジアが住んでいた郊外の宮殿の一角に動物園がつくられた。

〔問2〕　(2)政治の中心としての役割を果たす首都には，新たに建設された都市や，既存の都市に政府機関を設置する例が見られる。とあるが，次のⅠの**A**～**D**は，略地図中の**A**～**D**の□で示した部分を拡大し，主な都市の位置を**ア**～**ウ**で示したものである。下のⅡの文章は，略地図中の**A**～**D**の中に首都が位置する**いずれか**の国とその国の首都の様子について述べたものである。Ⅱの文章で述べているのは，Ⅰの**A**～**D**のうちのどれか，また，首都に当てはまるのは，選択したⅠの**A**～**D**の**ア**～**ウ**のうちのどれか。

Ⅰ

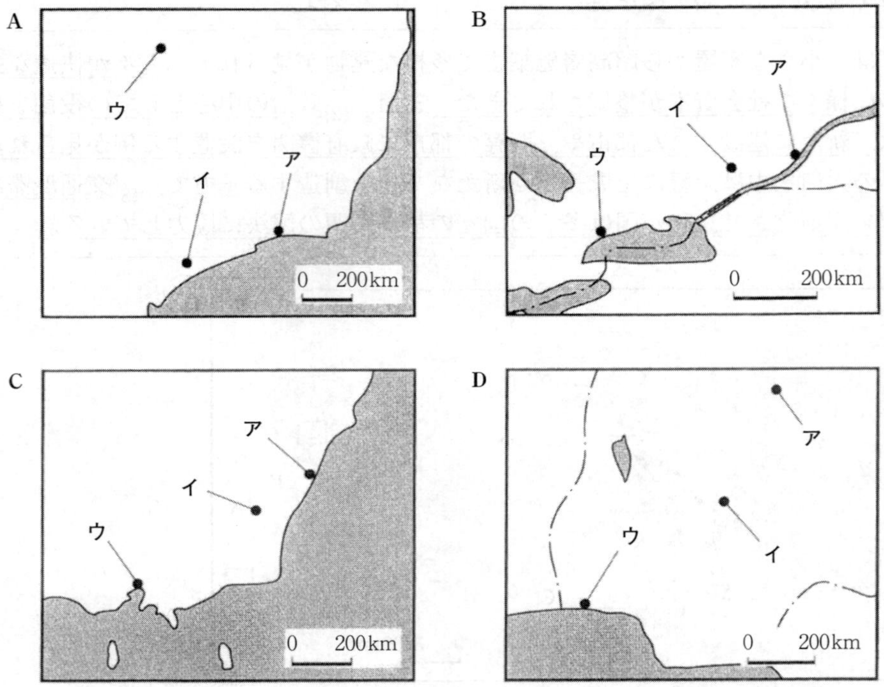

Ⅱ

16世紀にフランスがこの国の東部に進出し，隣国からイギリス人がフランス人の定住地を避けて移住したことで二つの文化圏が形成されたため，立憲君主である国王により文化圏の境界に位置する都市が首都と定められた。首都から約350km離れイギリス系住民が多い都市は，自動車産業などで隣国との結び付きが見られ，首都から約160km離れフランス系住民が多い都市は，フランス語のみで示されている道路標識などが見られる。

〔問３〕 (3)交通渋滞などの都市問題を深刻化させ，我が国は多くの国々の都市問題の解決に協力している。とあるが，次のⅠの**W**～**Z**のグラフは，略地図中に　　で示した**W**～**Z**のそれぞれの国の，1950年から2015年までの第１位の都市圏と第２位の都市圏の人口の推移を示したものである。Ⅱの文章で述べている国に当てはまるのは，略地図中の**W**～**Z**のうちのどれか。

Ⅰ

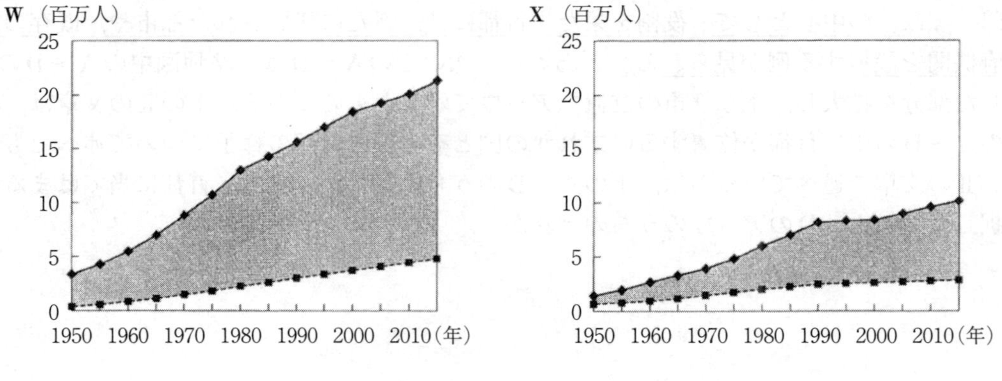

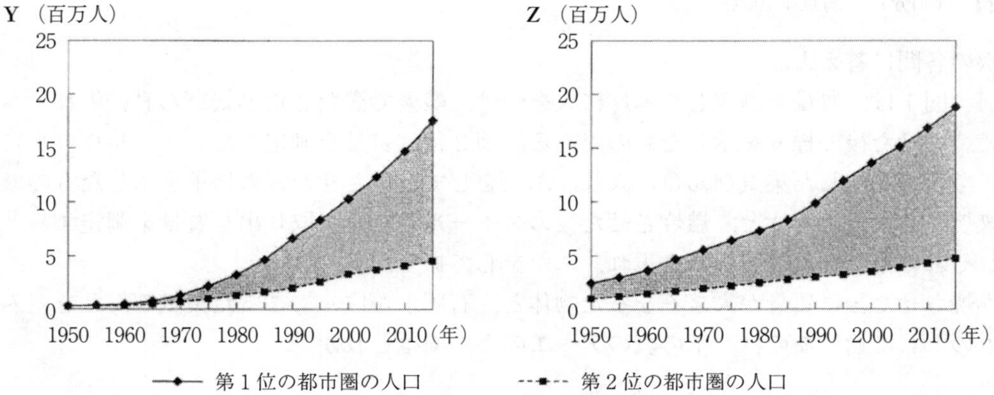

（国際連合資料より作成）

Ⅱ

○1949年にオランダから独立し，イスラム教徒が８割を超えるこの国では，第１位の都市圏と第２位の都市圏の人口差は，1950年に100万人を下回っていたが，1990年には人口差は約７倍と急激に拡大しており，その後緩やかな拡大傾向が続いた。
○深刻化した交通渋滞や大気汚染などの都市問題を解決するため，日本の技術や運営の支援を受け，都市の中心部と住宅地をつなぐ国内初の地下鉄が2019年に開通した。

【理　科】 (50分) 〈満点：100点〉

1 　次の各問に答えよ。

〔問１〕 図１は，質量を測定した木片に火をつけ，酸素で満たした集気びんＰに入れ，ふたをして燃焼させた後の様子を示したものである。図２は，質量を測定したスチールウールに火をつけ，酸素で満たした集気びんＱに入れ，ふたをして燃焼させた後の様子を示したものである。

燃焼させた後の木片と，燃焼させた後のスチールウールを取り出し質量を測定するとともに，それぞれの集気びんに石灰水を入れ，ふたをして振った。

燃焼させた後に質量が大きくなった物体と，石灰水が白くにごった集気びんとを組み合わせたものとして適切なのは，下の表の**ア**～**エ**のうちではどれか。

図１

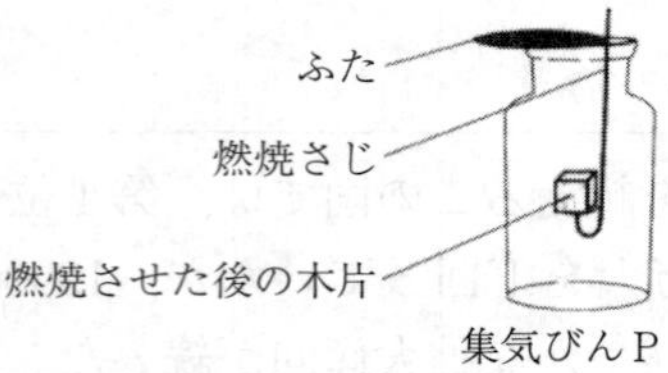

図２

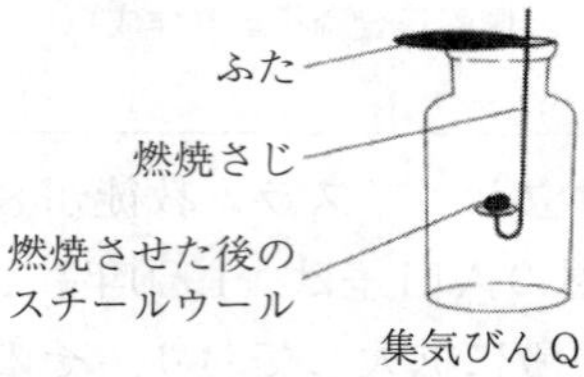

	燃焼させた後に質量が大きくなった物体	石灰水が白くにごった集気びん
ア	木片	集気びんＰ
イ	スチールウール	集気びんＰ
ウ	木片	集気びんＱ
エ	スチールウール	集気びんＱ

〔問２〕 図３は，ヒトの心臓を正面から見て，心臓から送り出された血液が流れる血管と心臓に戻ってくる血液が流れる血管を模式的に表したものである。また，図中の矢印(➡)は全身から右心房に戻る血液の流れを示している。

血管Ａ～血管Ｄのうち，動脈と，動脈血が流れる血管とを組み合わせたものとして適切なのは，次の表の**ア**～**エ**のうちではどれか。

図３

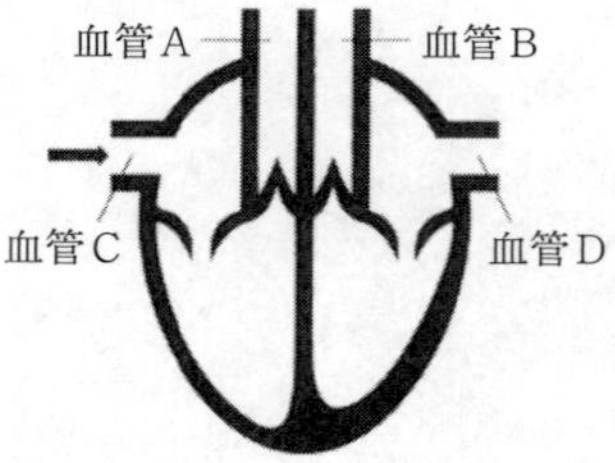

	動脈	動脈血が流れる血管
ア	血管Ａと血管Ｂ	血管Ｂと血管Ｄ
イ	血管Ａと血管Ｂ	血管Ａと血管Ｃ
ウ	血管Ｃと血管Ｄ	血管Ｂと血管Ｄ
エ	血管Ｃと血管Ｄ	血管Ａと血管Ｃ

〔問３〕 図４は，平らな底に「Ａ」の文字が書かれた容器に水を入れた状態を模式的に表したものである。水中から空気中へ進む光の屈折に関する説明と，観察者と容器の位置を変えずに内側の「Ａ」の文字の形が全て見えるようにするときに行う操作とを組み合わせたものとして適

切なのは，下の表の**ア**～**エ**のうちではどれか。

図４

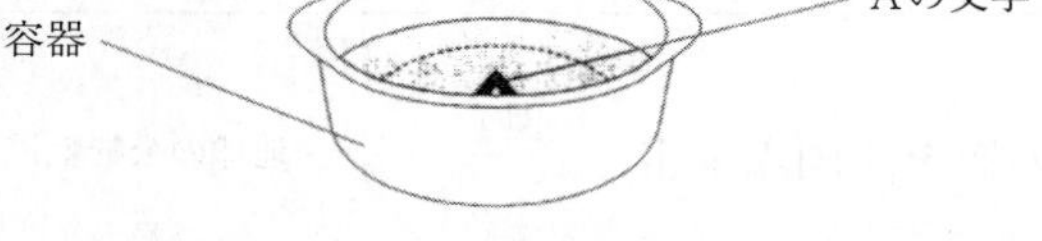

	水中から空気中へ進む光の屈折に関する説明	「Ａ」の文字の形が全て見えるようにするときに行う操作
ア	屈折角より入射角の方が大きい。	容器の中の水の量を減らす。
イ	屈折角より入射角の方が大きい。	容器の中の水の量を増やす。
ウ	入射角より屈折角の方が大きい。	容器の中の水の量を減らす。
エ	入射角より屈折角の方が大きい。	容器の中の水の量を増やす。

〔問４〕 前線が形成されるときの暖気と寒気の動きを矢印(⇨)で模式的に表したものがＡ，Ｂである。温暖前線付近の暖気と寒気の動きを次のＡ，Ｂから一つ，できた直後の温暖前線付近の暖気と寒気を比較したときに，密度が小さいものを下のＣ，Ｄから一つ，それぞれ選び，組み合わせたものとして適切なのは，下の**ア**～**エ**のうちではどれか。

暖気と寒気の動き

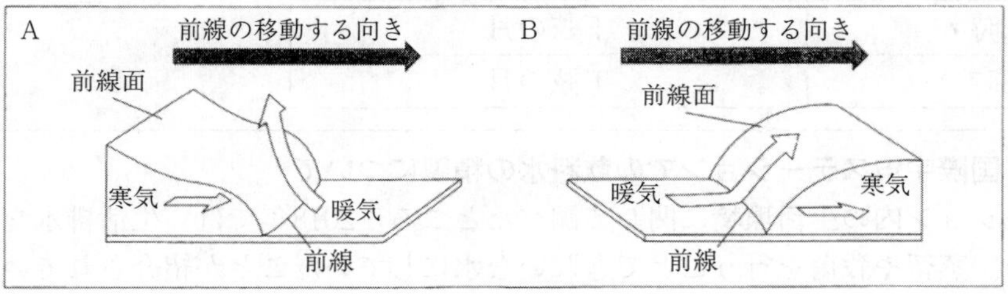

密度が小さいもの

Ｃ　暖気	Ｄ　寒気

ア　Ａ，Ｃ　　**イ**　Ａ，Ｄ　　**ウ**　Ｂ，Ｃ　　**エ**　Ｂ，Ｄ

〔問５〕 図５は，12Vの電源装置と1.2Ωの抵抗器Ａ，２Ωの抵抗器Ｂ，３Ωの抵抗器Ｃをつないだ回路図である。この回路に電圧を加えたときの，回路上の点ｐ，点ｑ，点ｒを流れる電流の大きさを，それぞれP〔Ａ〕，Q〔Ａ〕，R〔Ａ〕とした。このとき，P，Q，Rの関係を表したものとして適切なのは，次のうちではどれか。

図５

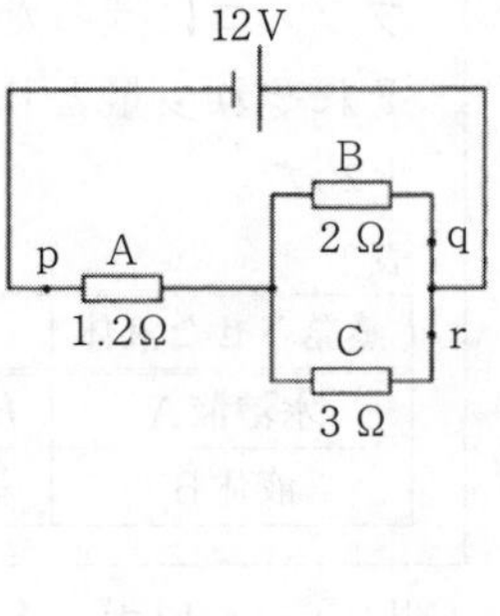

ア　$P<Q<R$　　**イ**　$P<R<Q$

ウ　$Q<R<P$　　**エ**　$R<Q<P$

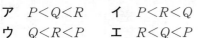

2 生徒が，国際宇宙ステーションに興味をもち，科学的に探究しようと考え，自由研究に取り組んだ。生徒が書いたレポートの一部を読み，次の各問に答えよ。

＜レポート１＞　日食について

金環日食が観察された日の地球にできた月の影を，国際宇宙ステーションから撮影した画像が紹介されていた。

日食が生じるときの北極星側から見た太陽，月，地球の位置関係を模式的に示すと，図１のようになっていた。さらに，日本にある観測地点Aは，地球と月と太陽を一直線に結んだ線上に位置していた。

図１

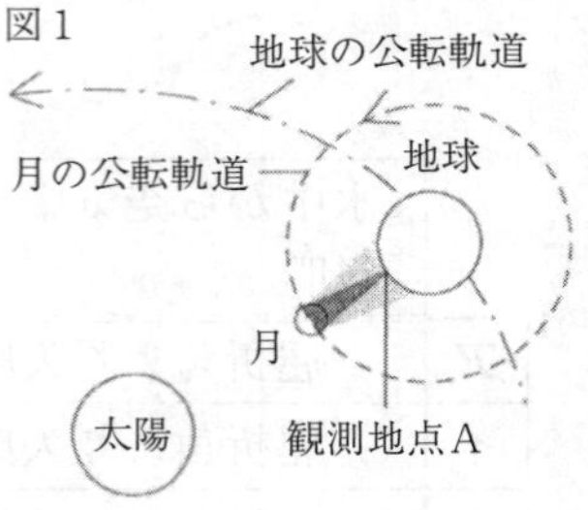

〔問１〕 **＜レポート１＞**から，図１の位置関係において，観測地点Aで月を観測したときに月が真南の空に位置する時刻と，この日から１週間後に観察できる月の見え方に最も近いものとを組み合わせたものとして適切なのは，次の表の**ア**～**エ**のうちではどれか。

	真南の空に位置する時刻	１週間後に観察できる月の見え方
ア	12時	上弦の月
イ	18時	上弦の月
ウ	12時	下弦の月
エ	18時	下弦の月

＜レポート２＞　国際宇宙ステーションでの飲料水の精製について

国際宇宙ステーション内の生活環境に関して調べたところ，2018年では，生活排水をタンクに一時的にため，蒸留や殺菌を行うことできれいな水にしていたことが紹介されていた。

蒸留により液体をきれいな水にすることに興味をもち，液体の混合物から水を分離するモデル実験を行った。図２のように，塩化ナトリウムを精製水（蒸留水）に溶かして５％の塩化ナトリウム水溶液を作り，実験装置で蒸留した。蒸留して出てきた液体が試験管に約１cmたまったところで蒸留を止めた。枝付きフラスコに残った水溶液Aと蒸留して出てきた液体Bをそれぞれ少量とり，蒸発させて観察し，結果を表１にまとめた。

図２

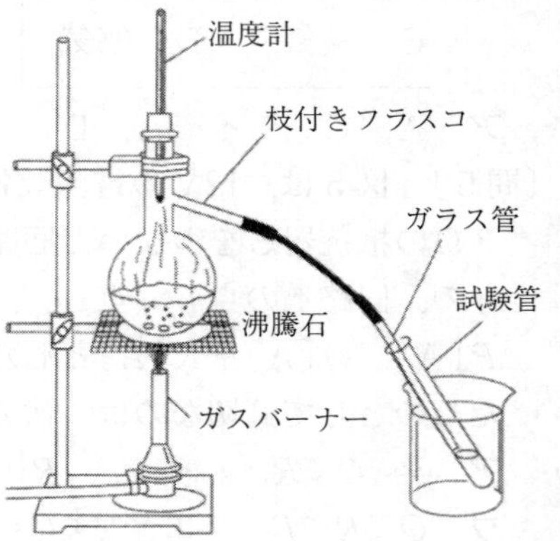

表１

蒸発させた液体	観察した結果
水溶液A	結晶が見られた。
液体B	結晶が見られなかった。

〔問２〕 **＜レポート２＞**から，結晶になった物質の分類と，水溶液Aの濃度について述べたものとを組み合わせたものとして適切なのは，次の表の**ア**～**エ**のうちではどれか。

	結晶になった物質の分類	水溶液Aの濃度
ア	混合物	5％より高い。
イ	化合物	5％より高い。
ウ	混合物	5％より低い。
エ	化合物	5％より低い。

＜レポート3＞　国際宇宙ステーションでの植物の栽培について

国際宇宙ステーションでは，宇宙でも効率よく成長する植物を探すため，図3のような装置の中で植物を発芽させ，実験を行っていることが紹介されていた。植物が光に向かって成長することから，装置の上側に光源を設置してあることが分かった。

植物の成長に興味をもち，植物を真上から観察すると，上下にある葉が互いに重ならないようにつき，成長していくことが分かった。

図3

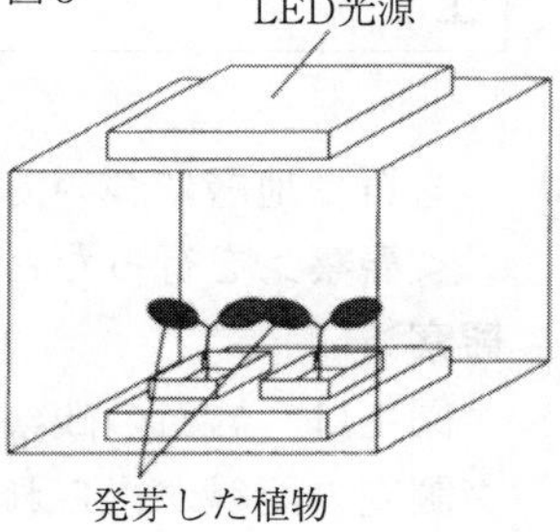

〔問3〕　**＜レポート3＞**から，上下にある葉が互いに重ならないようにつく利点と，葉で光合成でつくられた養分(栄養分)が通る管の名称とを組み合わせたものとして適切なのは，次の表の**ア**～**エ**のうちではどれか。

	上下にある葉が互いに重ならないようにつく利点	光合成でつくられた養分(栄養分)が通る管の名称
ア	光が当たる面積が小さくなる。	道管
イ	光が当たる面積が小さくなる。	師管
ウ	光が当たる面積が大きくなる。	道管
エ	光が当たる面積が大きくなる。	師管

＜レポート4＞　月面での質量と重さの関係について

国際宇宙ステーション内では，見かけ上，物体に重力が働かない状態になるため，てんびんや地球上で使っている体重計では質量を測定できない。そのため，宇宙飛行士は質量を測る際に特別な装置で行っていることが紹介されていた。

地球上でなくても質量が測定できることに興味をもち調べたところ，重力が変化しても物体そのものの量は，地球上と変わらないということが分かった。

また，重力の大きさは場所によって変わり，月面では同じ質量の物体に働く重力の大きさが地球上と比べて約6分の1であることも分かった。

図4のような測定を月面で行った場合，質量300gの物体Aを上皿てんびんに載せたときにつり合う分銅の種類と，物体Aをはかりに載せたときの目盛りの値について考えた。

図4

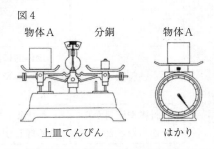

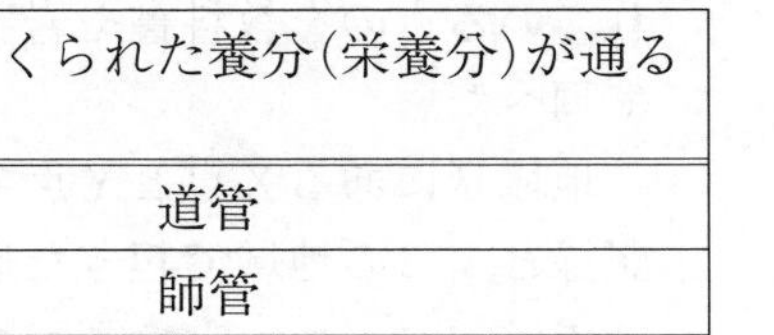

〔問4〕　**＜レポート4＞**から，図4のような測定を月面で行った場合，質量300gの物体Aを上

皿てんびんに載せたときにつり合う分銅の種類と，物体Aをはかりに載せたときの目盛りの値とを組み合わせたものとして適切なのは，次の表の**ア**～**エ**のうちではどれか。

	上皿てんびんに載せたときにつり合う分銅の種類	はかりに載せたときの目盛りの値
ア	50 g の分銅	約50 g
イ	50 g の分銅	約300 g
ウ	300 g の分銅	約50 g
エ	300 g の分銅	約300 g

3 岩石や地層について，次の各問に答えよ。

＜**観察**＞を行ったところ，＜**結果**＞のようになった。

＜**観察**＞

図1は，岩石の観察を行った地域Aと，ボーリング調査の記録が得られた地域Bとを示した地図である。

(1) 地域Aでは，特徴的な岩石Pと岩石Qを採取後，ルーペで観察し，スケッチを行い特徴を記録した。

(2) 岩石Pと岩石Qの，それぞれの岩石の中に含まれているものを教科書や岩石に関する資料を用いて調べた。

(3) 地域BにあるX点とY点でのボーリング調査の記録と，この地域で起きた過去の堆積の様子についてインターネットで調べた。

図1

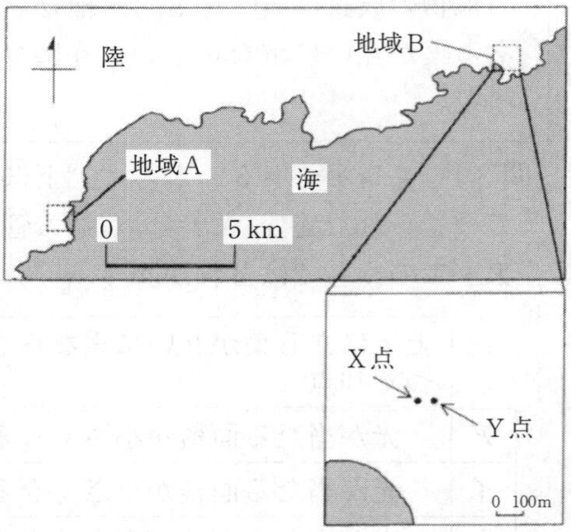

なお，X点の標高は40.3m，Y点の標高は36.8mである。

＜**結果**＞

(1) ＜**観察**＞の(1)と(2)を，表1のように，岩石Pと岩石Qについてまとめた。

表1

	岩石P	岩石Q
スケッチ	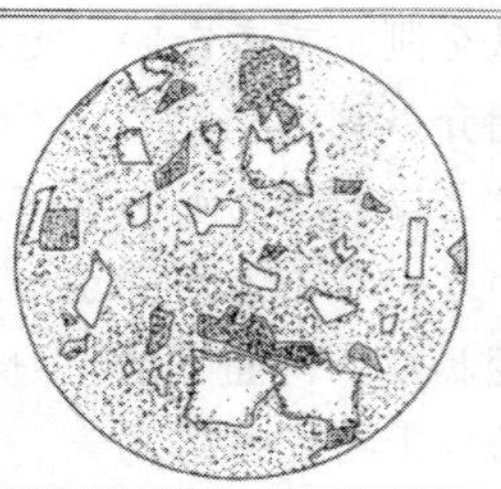	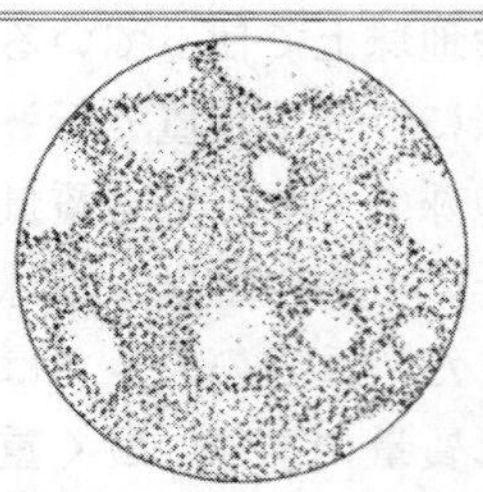
特徴	全体的に黒っぽい色で，小さな鉱物の間に，やや大きな鉱物が散らばっていた。	全体的に灰色で，白く丸いものが多数散らばっていた。
教科書や資料から分かったこと	無色鉱物である長石や，有色鉱物である輝石《きせき》が含まれていた。	丸いものはフズリナの化石であった。

(2) 図2は＜**観察**＞の(3)で調べた地域BにあるX点とY点のそれぞれのボーリング調査の記録

(柱状図)である。凝灰岩《ぎょうかいがん》の層は同じ時期に堆積している。また，地域Bの地層では上下の入れ替わりは起きていないことが分かった。

図2

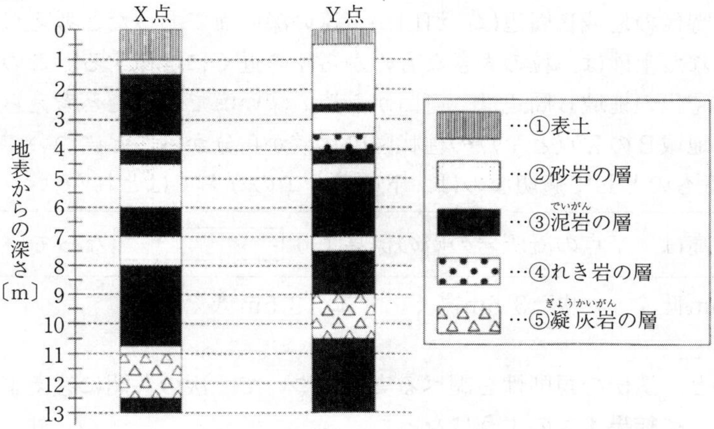

〔問1〕 <**結果**>の(1)の岩石Pと<**結果**>の(2)の④の層に含まれるれき岩の，それぞれのでき方と，れき岩を構成する粒の特徴とを組み合わせたものとして適切なのは，次の表の**ア**～**エ**のうちではどれか。

	岩石Pとれき岩のそれぞれのでき方	れき岩を構成する粒の特徴
ア	岩石Pは土砂が押し固められてできたもので，れき岩はマグマが冷えてできたものである。	角が取れて丸みを帯びた粒が多い。
イ	岩石Pは土砂が押し固められてできたもので，れき岩はマグマが冷えてできたものである。	角ばった粒が多い。
ウ	岩石Pはマグマが冷えてできたもので，れき岩は土砂が押し固められてできたものである。	角が取れて丸みを帯びた粒が多い。
エ	岩石Pはマグマが冷えてできたもので，れき岩は土砂が押し固められてできたものである。	角ばった粒が多い。

〔問2〕 <**結果**>の(1)で，岩石Qが堆積した地質年代に起きた出来事と，岩石Qが堆積した地質年代と同じ地質年代に生息していた生物とを組み合わせたものとして適切なのは，次の表の**ア**～**エ**のうちではどれか。

	岩石Qが堆積した地質年代に起きた出来事	同じ地質年代に生息していた生物
ア	魚類と両生類が出現した。	アンモナイト
イ	魚類と両生類が出現した。	三葉虫(サンヨウチュウ)
ウ	鳥類が出現した。	アンモナイト
エ	鳥類が出現した。	三葉虫(サンヨウチュウ)

〔問3〕 <**結果**>の(2)にある泥岩《でいがん》の層が堆積した時代の地域B周辺の環境について述べたものとして適切なのは，次の**ア**～**エ**のうちではどれか。

ア 流水で運搬され海に流れた土砂は，粒の小さなものから陸の近くに堆積する。このことから，泥岩の層が堆積した時代の地域B周辺は，河口から近い浅い海であったと考えられる。

イ　流水で運搬され海に流れた土砂は，粒の大きなものから陸の近くに堆積する。このことから，泥岩の層が堆積した時代の地域Ｂ周辺は，河口から近い浅い海であったと考えられる。

ウ　流水で運搬され海に流れた土砂は，粒の小さなものから陸の近くに堆積する。このことから，泥岩の層が堆積した時代の地域Ｂ周辺は，河口から遠い深い海であったと考えられる。

エ　流水で運搬され海に流れた土砂は，粒の大きなものから陸の近くに堆積する。このことから，泥岩の層が堆積した時代の地域Ｂ周辺は，河口から遠い深い海であったと考えられる。

〔問４〕　＜**結果**＞の(2)から，地域ＢのＸ点とＹ点の柱状図の比較から分かることについて述べた次の文の［　　］に当てはまるものとして適切なのは，下の**ア**～**エ**のうちではどれか。

Ｘ点の凝灰岩の層の標高は，Ｙ点の凝灰岩の層の標高より［　　　　］なっている。

ア　1.5m高く　　**イ**　1.5m低く　　**ウ**　3.5m高く　　**エ**　3.5m低く

4

植物の花のつくりの観察と，遺伝の規則性を調べる実験について，次の各問に答えよ。

＜**観察**＞を行ったところ，＜**結果１**＞のようになった。

＜**観察**＞

(1)　メンデルの実験で用いられた品種と同じエンドウを校庭で育てた。

(2)　(1)から花を１個採取後，分解しセロハンテープに並べて貼り付けた。

(3)　(1)からさらに花をもう１個採取後，花の内側にある花弁が２枚合わさるように重なっている部分(図１の点線)をカッターナイフで切り，断面を観察して，スケッチした。

図１

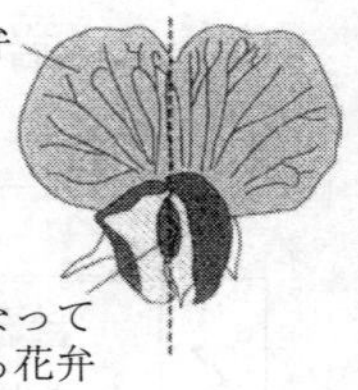

＜**結果１**＞

(1)　＜**観察**＞の(2)から，図２のようにエンドウの花弁は５枚あり，その１枚１枚が離れていた。

(2)　＜**観察**＞の(3)から，図３のように，おしべとめしべは内側の２枚の花弁で包まれていた。また，子房の中には，胚珠《はいしゅ》が見られた。

図２

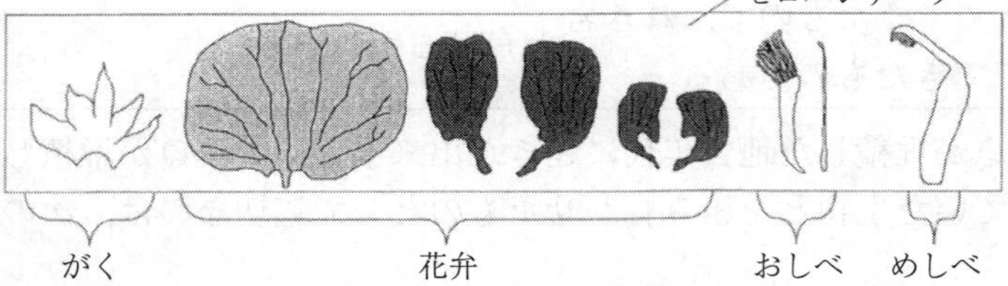

図３

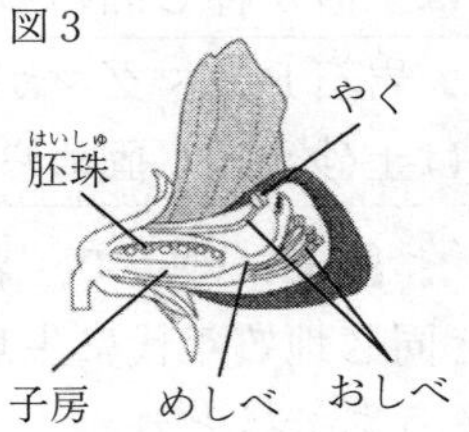

次に，＜**実験**＞を行ったところ，＜**結果２**＞のようになった。

＜**実験**＞

(1)　校庭で育てたエンドウには，草たけ(茎の長さ)の高い個体と低い個体がそれぞれあった。

(2)　草たけが高い個体を１本選び，エンドウが自家受粉し，受精後にできた種子を採取した。

(3)　草たけが低い個体を１本選び，エンドウが自家受粉し，受精後にできた種子を採取した。

(4)　(2)で採取した種子をまいて育て，成長したエンドウの草たけを調べた。

(5)　(3)で採取した種子をまいて育て，成長したエンドウの草たけを調べた。

(6)　(4)で調べたエンドウの花で，花粉がつくられる前に，やくを全て取り除いた。

(7)　(6)のエンドウの花の柱頭に，(5)で調べたエンドウの花のやくから採取した花粉を付け，受精した後にできた種子を採取した。

(8)　(7)で採取した種子をまいて育て，成長したエンドウの草たけを調べた。

＜**結果２**＞

(1)　＜**実験**＞の(4)から，全て草たけの高い個体(図４のＰ)であった。

(2)　＜**実験**＞の(5)から，全て草たけの低い個体(図４のＱ)であった。

(3)　＜**実験**＞の(8)から，全て草たけの高い個体(図４のＲ)であった。

図４　＜**実験**＞の模式図

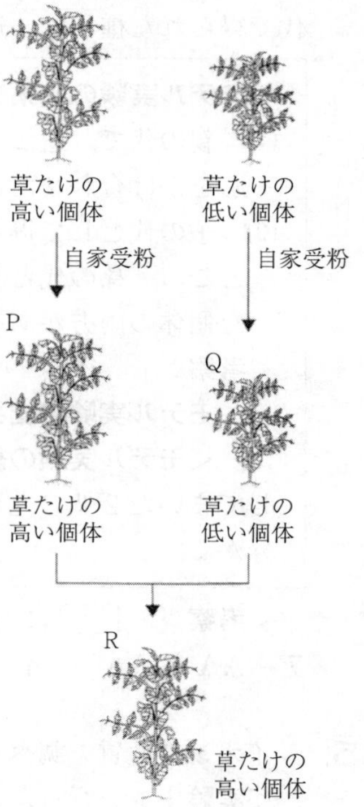

〔問１〕　＜**結果１**＞の(1)の花のつくりをもつ植物の子葉の枚数と，＜**結果１**＞の(2)のように胚珠が子房の中にある植物のなかまの名称とを組み合わせたものとして適切なのは，次の表の**ア**～**エ**のうちではどれか。

	子葉の枚数	胚珠が子房の中にある植物のなかまの名称
ア	１枚	被子植物
イ	１枚	裸子植物
ウ	２枚	被子植物
エ	２枚	裸子植物

〔問２〕　＜**実験**＞の(7)では，花粉から花粉管が伸長し，その中を移動する生殖細胞１個の染色体数は７本である。花粉管の中を移動する生殖細胞のうち１個と合体する細胞と，受精卵１個に含まれる染色体数とを組み合わせたものとして適切なのは，次の表の**ア**～**エ**のうちではどれか。

	花粉管の中を移動する生殖細胞のうち１個と合体する細胞	受精卵１個に含まれる染色体数
ア	卵	７本
イ	卵	14本
ウ	卵細胞	７本
エ	卵細胞	14本

〔問３〕　＜**結果２**＞の(3)の個体で，花粉がつくられる前にやくを全て取り除き，柱頭に＜**結果２**＞の(2)の個体のやくから採取した花粉を付け受精させ，種子を採取した。その種子をまいて育て，成長したエンドウの草たけを調べたときの結果として適切なのは，次のうちではどれか。

ア　草たけの高い個体数と草たけの低い個体数のおよその比は１：１であった。

イ　草たけの高い個体数と草たけの低い個体数のおよその比は１：３であった。

ウ　全て草たけの高い個体であった。

エ　全て草たけの低い個体であった。

〔問４〕　メンデルが行ったエンドウの種子の形の遺伝に関する実験では，顕性形質の丸形と，潜性形質のしわ形があることが分かった。遺伝子の組み合わせが分からない丸形の種子を２個まき，育てた個体どうしをかけ合わせる＜**モデル実験の結果**＞から，＜**考察**＞をまとめた。

ただし，エンドウの種子が丸形になる遺伝子をA，しわ形になる遺伝子をaとし，子や孫の代で得られた種子は，遺伝の規則性のとおりに現れるものとする。

＜**モデル実験の結果**＞

(1)　親の代で，遺伝子の組み合わせが分からない丸形の種子を2個まき，育てた個体どうしをかけ合わせたところ，子の代では丸形の種子だけが得られた。

(2)　子の代として得られた丸形の種子を全てまき，育てた個体をそれぞれ自家受粉させたところ，孫の代として，丸形の種子だけが得られた個体と丸形・しわ形の種子が得られた個体の両方があった。

＜**考察**＞

＜**モデル実験の結果**＞の(1)で，子の代として得られた丸形の種子の遺伝子の組み合わせは，＜**モデル実験の結果**＞の(2)から，2種類あることが分かる。このことから，親の代としてまいた2個の丸形の種子の遺伝子の組み合わせを示すと □ であることが分かる。

＜**考察**＞の □ に当てはまるものとして適切なのは，下の**ア**～**ウ**のうちではどれか。

ア　AAとAA　　**イ**　AaとAa　　**ウ**　AAとAa

5　イオンの性質を調べる実験について，次の各問に答えよ。

＜**実験1**＞を行ったところ，＜**結果1**＞のようになった。

＜**実験1**＞

(1)　図1のように，ビーカー①に硫酸亜鉛水溶液を入れ，亜鉛板Pを設置した。次に，ビーカー①に硫酸銅水溶液を入れたセロハンの袋を入れ，セロハンの袋の中に銅板Qを設置した。プロペラ付きモーターに亜鉛板Pと銅板Qを導線でつないだ後に金属板の表面の様子を観察した。

(2)　図2のように，簡易型電気分解装置に薄い水酸化ナトリウム水溶液を入れ，電極Rと電極Sを導線で電源装置につなぎ，電圧を加えて電流を流した後に電極の様子を観察した。

図1

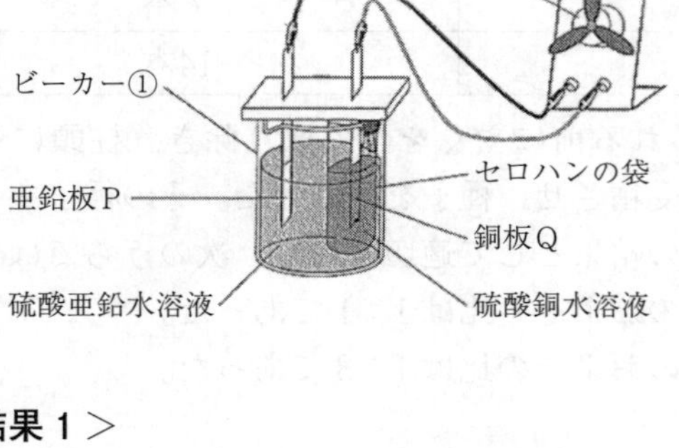

図2

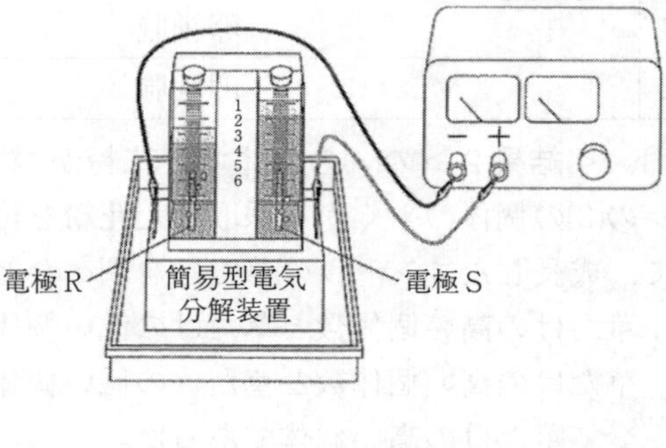

＜**結果1**＞

(1)　＜**実験1**＞の(1)でプロペラは回転した。亜鉛板Pは溶け，銅板Qには赤茶色の物質が付着した。

(2)　＜**実験1**＞の(2)で電極Rと電極Sからそれぞれ気体が発生した。

〔問1〕　＜**結果1**＞の(1)から，水溶液中の亜鉛板Pと銅板Qの表面で起こる化学変化について，亜鉛原子１個を ，亜鉛イオン１個を 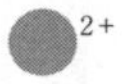，銅原子１個を ，銅イオン１個を 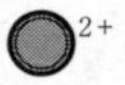，電子１個を ● というモデルで表したとき，亜鉛板Ｐの様子をＡ，Ｂから一つ，銅板Ｑの様子をＣ，Ｄから一つ，それぞれ選び，組み合わせたものとして適切なのは，下の**ア**～**エ**のうちではどれか。

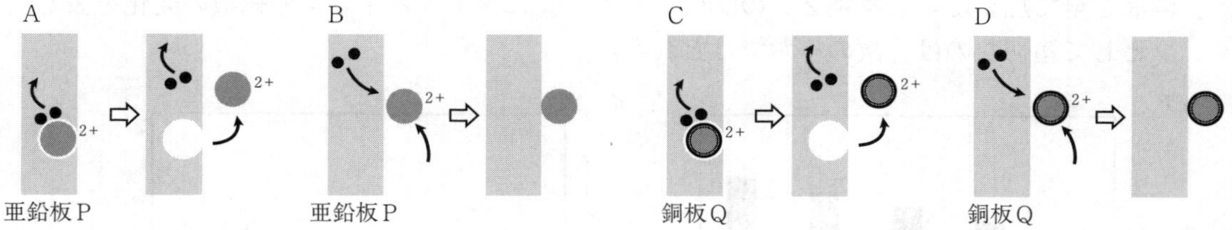

ア　Ａ，Ｃ　　**イ**　Ａ，Ｄ　　**ウ**　Ｂ，Ｃ　　**エ**　Ｂ，Ｄ

〔問２〕　＜**結果１**＞の(1)と(2)から，ビーカー①内の硫酸亜鉛水溶液と硫酸銅水溶液を合わせた水溶液中に含まれるZn^{2+}の数とCu^{2+}の数のそれぞれの増減と，電極Ｒと電極Ｓでそれぞれ発生する気体の性質とを組み合わせたものとして適切なのは，次の表の**ア**～**カ**のうちではどれか。

	合わせた水溶液に含まれるZn^{2+}の数	合わせた水溶液に含まれるCu^{2+}の数	電極Ｒで発生する気体の性質	電極Ｓで発生する気体の性質
ア	増える。	減る。	空気より軽い。	水に溶けにくい。
イ	増える。	増える。	空気より軽い。	水に溶けやすい。
ウ	増える。	減る。	空気より重い。	水に溶けにくい。
エ	減る。	増える。	空気より軽い。	水に溶けやすい。
オ	減る。	減る。	空気より重い。	水に溶けやすい。
カ	減る。	増える。	空気より重い。	水に溶けにくい。

次に，＜**実験２**＞を行ったところ，＜**結果２**＞のようになった。

＜**実験２**＞

(1)　ビーカー②に薄い塩酸を$12cm^3$入れ，BTB溶液を５滴加えてよく混ぜた。図３は，水溶液中の陽イオンを○，陰イオンを⊗というモデルで表したものである。

(2)　水酸化ナトリウム水溶液を$10cm^3$用意した。

(3)　(2)の水酸化ナトリウム水溶液をビーカー②に少しずつ加え，ガラス棒でかき混ぜ水溶液の様子を観察した。

(4)　(3)の操作を繰り返し，水酸化ナトリウム水溶液を合計$6cm^3$加えると，水溶液は緑色になった。

(5)　緑色になった水溶液をスライドガラスに１滴取り，水を蒸発させた後，観察した。

図３

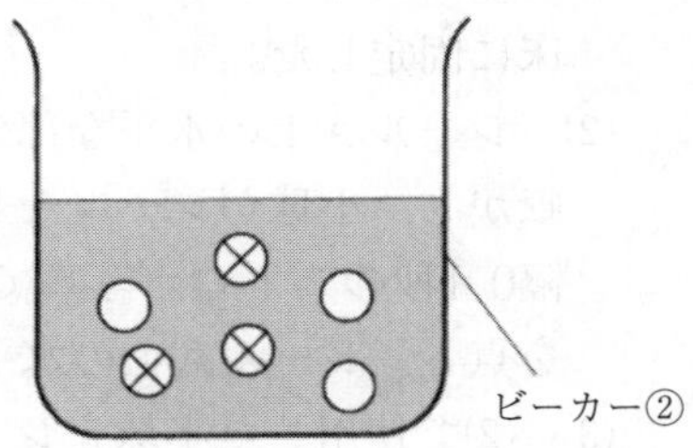

＜**結果２**＞

スライドガラスには，塩化ナトリウムの結晶が見られた。

〔問３〕　＜**実験２**＞の(4)のビーカー②の水溶液中で起きた化学変化を下の点線で囲まれた＜**化学反応式**＞で表すとき，下線部にそれぞれ当てはまる化学式を一つずつ書け。

ただし，＜**化学反応式**＞において酸の性質をもつ物質の化学式は(酸)の上の＿＿に，アルカリの性質をもつ物質の化学式は(アルカリ)の上の＿＿に，塩は(塩)の上の＿＿に書くこと。

＜**化学反応式**＞　＿＿＿＿＿ ＋ ＿＿＿＿＿ → ＿＿＿＿＿ ＋ ＿＿＿＿＿
（酸）　（アルカリ）　（塩）

〔問４〕　＜**実験２**＞の(5)の後，＜**実験２**＞の(3)の操作を繰り返し，用意した水酸化ナトリウム水溶液を全て加えた。＜**実験２**＞の(1)のビーカー②に含まれるイオンの総数の変化を表したグラフとして適切なのは，次のうちではどれか。

ア

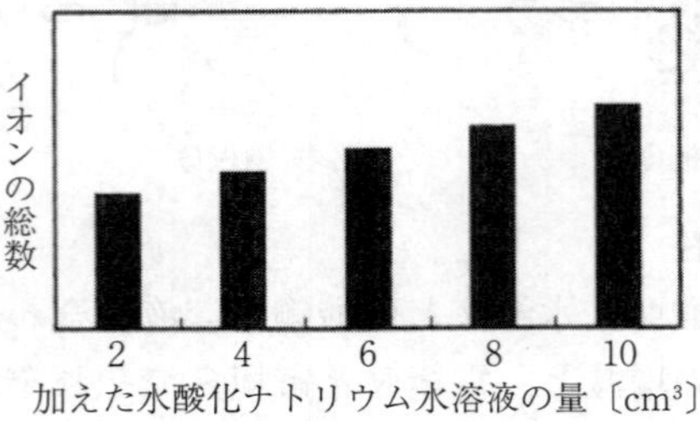

イ

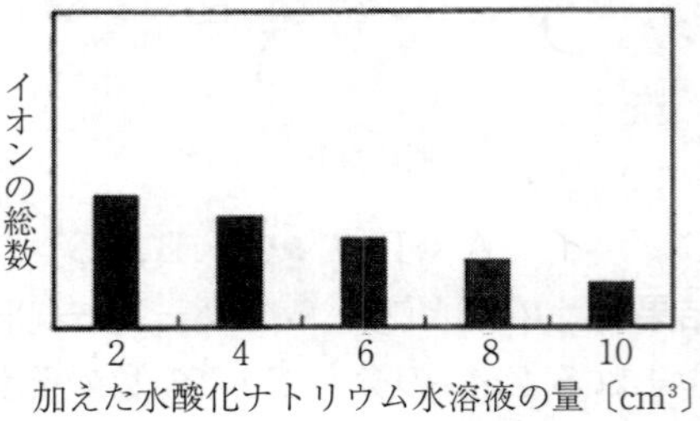

ウ

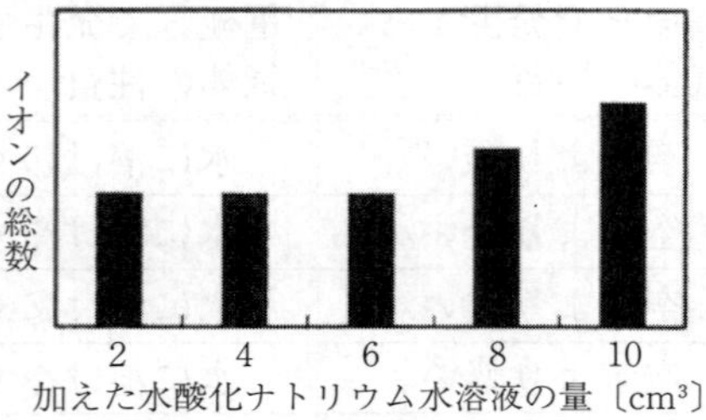

エ

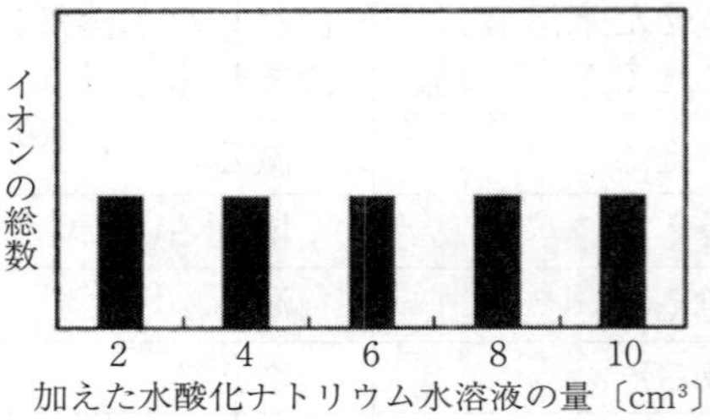

6　物体の運動に関する実験について，次の各問に答えよ。
＜**実験**＞を行ったところ，＜**結果**＞のようになった。

＜**実験**＞

(1)　形が異なるレールＡとレールＢを用意し，それぞれに目盛りを付け，図１のように水平な床に固定した。

(2)　レールＡ上の水平な部分から９cm の高さの点ａに小球を静かに置き，手を放して小球を転がし，小球がレールＡ上を運動する様子を，小球が最初に一瞬静止するまで，発光時間間隔0.1秒のストロボ写真で記録した。レールＡ上の水平な部分からの高さが４cm となる点を点ｂ，レールＡ上の水平な部分に達した点を点ｃとした。

(3)　(2)で使用した小球をレールＢ上の水平な部分から９cm の高さの点ｄに静かに置き，(2)と同様の実験をレールＢ上で行った。レールＢ上の水平な部分からの高さが5.2cm となる点を点ｅ，レールＢ上の水平な部分に達した点を点ｆとした。

(4)　ストロボ写真に記録された結果から，小球がレールＡ上の点ａから運動を始め，最初に一瞬静止するまでの0.1秒ごとの位置を模式的に表すと図２のようになった。さらに，0.1秒ごとに①から⑪まで，順に区間番号を付けた。

(5)　レールＢについて，(4)と同様に模式的に表し，0.1秒ごとに①から⑪まで，順に区間番号を付けた。

(6)　レールＡとレールＢにおいて，①から⑪までの各区間における小球の移動距離を測定した。

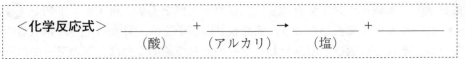

図1

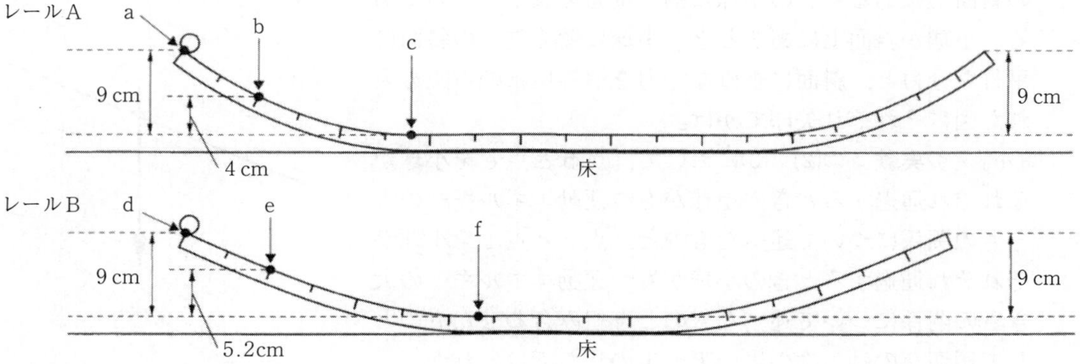

図2

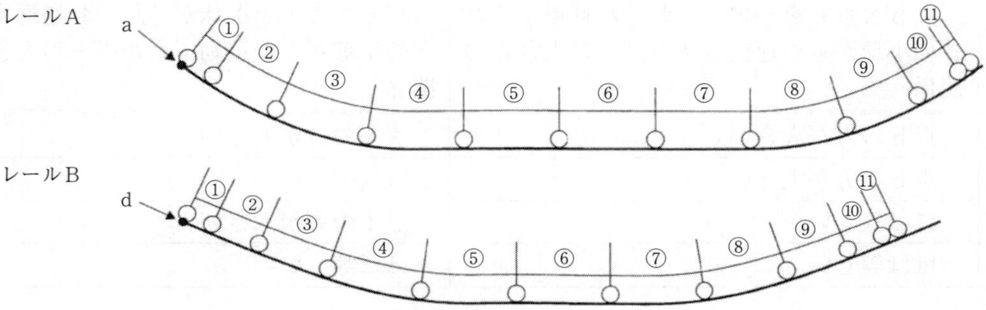

＜**結果**＞

区間番号	①	②	③	④	⑤	⑥	⑦	⑧	⑨	⑩	⑪
時間〔s〕	0〜 0.1	0.1〜 0.2	0.2〜 0.3	0.3〜 0.4	0.4〜 0.5	0.5〜 0.6	0.6〜 0.7	0.7〜 0.8	0.8〜 0.9	0.9〜 1.0	1.0〜 1.1
レールAにおける移動距離〔cm〕	3.6	7.9	10.4	10.9	10.9	10.9	10.8	10.6	9.0	5.6	1.7
レールBにおける移動距離〔cm〕	3.2	5.6	8.0	10.5	10.9	10.9	10.6	9.5	6.7	4.2	1.8

〔問1〕　＜**結果**＞から，レールA上の⑧から⑩までの小球の平均の速さとして適切なのは，次のうちではどれか。

ア　0.84m/s　　**イ**　0.95m/s

ウ　1.01m/s　　**エ**　1.06m/s

〔問2〕　＜**結果**＞から，小球がレールB上の①から③まで運動しているとき，小球が運動する向きに働く力の大きさと小球の速さについて述べたものとして適切なのは，次のうちではどれか。

ア　力の大きさがほぼ一定であり，速さもほぼ一定である。

イ　力の大きさがほぼ一定であり，速さはほぼ一定の割合で増加する。

ウ　力の大きさがほぼ一定の割合で増加し，速さはほぼ一定である。

エ　力の大きさがほぼ一定の割合で増加し，速さもほぼ一定の割合で増加する。

〔問３〕　図３の矢印は，小球がレールＢ上の⑨から⑪までの斜面上にあるときの小球に働く重力を表したものである。小球が斜面上にあるとき，小球に働く重力の斜面に平行な分力と，斜面に垂直な分力を解答用紙の方眼を入れた図にそれぞれ矢印でかけ。

図３

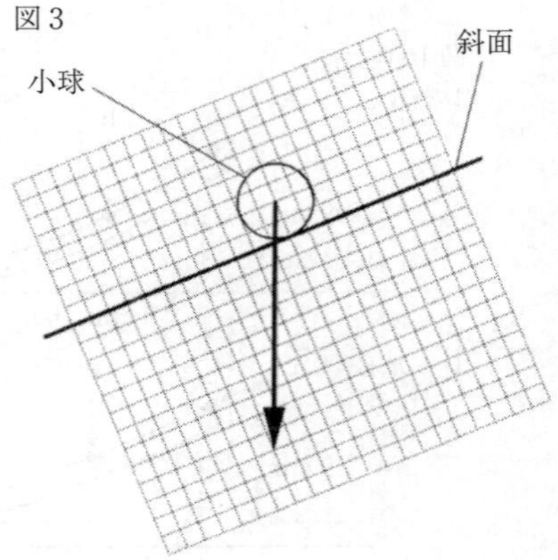

〔問４〕　＜**実験**＞の(2)，(3)において，点ｂと点ｅを小球がそれぞれ通過するときの小球がもつ運動エネルギーの大きさの関係について述べたものと，点ｃと点ｆを小球がそれぞれ通過するときの小球がもつ運動エネルギーの大きさの関係について述べたものとを組み合わせたものとして適切なのは，次の表の**ア**～**エ**のうちではどれか。

	点ｂと点ｅを小球がそれぞれ通過するときの小球がもつ運動エネルギーの大きさの関係	点ｃと点ｆを小球がそれぞれ通過するときの小球がもつ運動エネルギーの大きさの関係
ア	点ｂの方が大きい。	点ｆの方が大きい。
イ	点ｂの方が大きい。	ほぼ等しい。
ウ	ほぼ等しい。	点ｆの方が大きい。
エ	ほぼ等しい。	ほぼ等しい。

社会解答

1 〔問1〕 エ　〔問2〕 ウ
〔問3〕 ア

2 〔問1〕 略地図中のＡ～Ｄ…Ｄ
Ⅱのア～エ…イ
〔問2〕 Ｐ…ア　Ｑ…エ　Ｒ…イ
Ｓ…ウ
〔問3〕 略地図中のＷ～Ｚ…Ｙ
ⅠとⅡの表のア～エ…エ

3 〔問1〕 Ａ…ウ　Ｂ…イ　Ｃ…ア
Ｄ…エ
〔問2〕 Ⅰのア～エ…ア
略地図中のＷ～Ｚ…Ｗ
〔問3〕 変化　(例)地区計画により，工場であった土地に，商業施設が建てられた。
要因　(例)多くの人が集まる駅に近いこと。

4 〔問1〕 ア→イ→エ→ウ　〔問2〕 イ
〔問3〕 イ→ウ→エ→ア　〔問4〕 ウ

5 〔問1〕 エ　〔問2〕 ウ
〔問3〕 (例)情報処理・通信に携わる人材は，アメリカ合衆国では，情報通信技術を利用する業種についている割合が高いが，我が国では，情報通信技術を提供する業種についている割合が高い。
〔問4〕 イ

6 〔問1〕 エ→ア→ウ→イ
〔問2〕 ⅠのＡ～Ｄ…Ｂ
ⅠのＡ～Ｄのア～ウ…イ
〔問3〕 Ｘ

1 〔三分野総合―小問集合問題〕

〔問1〕<地形図と資料の読み取り>特にことわりのないかぎり，地形図上では上が北となる。Ａ～Ｃ点に関する資料の説明や写真と，ア～エの地形図を照らし合わせながら考える。まずＡ点について，資料ではＡ点から東を見ると川が曲がっている様子が見えること，Ａ点がある橋を渡った先に水準点(⊡)があることが書かれている。この２つに当てはまるのはエの地形図である。アの川は直線状であり，イではＡ点から東の川は曲がっておらず，ウではＡ点の東に川はない。次にＢ点からＣ点までの道のりについて，資料では，川に並行した道路(約450m)→北東へ曲がって橋を渡る→北西に曲がる→川に並行した道路(約250m)，という順路が書かれている。これに当てはまるのもエであり，ア～ウは曲がる方向や歩く距離(地形図の下に示された目盛りを目安に大まかな距離をつかむ)などが違っている。最後にＣ点について学校の前にあると書かれており，これに当てはまるのは付近に小・中学校(文)が見られるア，ウ，エとなる。以上から，資料はエの地形図についてのものである。

〔問2〕<唐招提寺の所在地>Ⅱの文章は，奈良時代に鑑真が建立した唐招提寺について述べたものである。文中の「都」は，現在の奈良市に位置する平城京を指す。唐招提寺は，周辺の東大寺などとともに「古都奈良の文化財」としてユネスコ〔国連教育科学文化機関〕の世界文化遺産に登録されている。

〔問3〕<地方裁判所>地方裁判所は，各都府県に１か所と北海道に４か所の計50か所に設置されている。地方裁判所では，刑事裁判と行政裁判(国民が原告，国や地方公共団体が被告となる裁判のことで，日本では民事裁判と同じ仕組みで行われる)の第一審，民事裁判の第一審または第二審(簡易裁判所で第一審が行われたもの)が行われる。なお，家庭裁判所は家庭内の争いや少年事件を扱う裁判所(地方裁判所と同数)，高等裁判所は主に第二審の裁判を行う裁判所(８か所)，簡易裁判所は比較的軽微な事件を扱う裁判所(全国438か所)である。

２〔世界地理―世界の諸地域〕

〔問１〕＜世界の気候と歴史＞略地図中のＡ～Ｄ．季節風(モンスーン)の影響を受ける気候に属すること，イスラム商人が活動していたことから，アジアに位置するＤと判断する。東アジア，東南アジア，南アジアなどの気候に大きな影響を与える季節風は，Ｄの地域では夏季にインド洋から大陸に向かう南西の風，冬季に大陸からインド洋に向かう北東の風となる。西アジアのイスラム商人は，季節風や海流を利用しながら東南アジアなどと行き来した。　Ⅱのア～エ．Ｄの範囲内に●で示した都市は，インドの西岸に位置する。この地域は熱帯のサバナ気候に属し，海からの季節風が吹く季節には雨季，大陸からの季節風が吹く季節には乾季となる。したがって，一年中高温で，降水量が多い時期と非常に少ない時期があるイが当てはまる。なお，冷帯〔亜寒帯〕と温帯の境界付近に位置するＡの範囲内の都市はウ，寒帯と冷帯の境界付近に位置するＢの範囲内の都市はア，南半球にあり熱帯に属するＣの範囲内の都市はエに当てはまる。

〔問２〕＜世界の国々と港湾都市＞略地図中のＰ～Ｓの都市は，それぞれＰが釜山(韓国)，Ｑがシンガポール，Ｒがドバイ(アラブ首長国連邦)，Ｓがロッテルダム(オランダ)である。　Ｐ．釜山は，日本と中国という２つの経済大国を最短距離で結ぶ大圏航路上付近に位置しており，東アジアの物流の拠点となっているのでアが当てはまる。　Ｑ．シンガポールは，人口密度が8000人/km²を超え，東南アジアの国々で構成される東南アジア諸国連合〔ASEAN〕に加盟している。早くから経済が発展し，世界有数の貿易港となっているのでエが当てはまる。　Ｒ．ドバイは，石油の輸送路となるホルムズ海峡付近に位置している。近年は，石油で得た資金を使って港湾など交通・通信網の整備や新たな産業への進出なども行われているのでイが当てはまる。　Ｓ．ロッテルダムは，国際河川であるライン川の河口に位置し，EU〔ヨーロッパ連合〕域内の中心的な貿易港となっているのでウが当てはまる。

〔問３〕＜フィリピンの産業と貿易＞略地図中のＷ～Ｚ．Ｗはペルー，Ｘはコスタリカ，Ｙはフィリピン，Ｚはマレーシアである。Ⅲの文章のうち，バナナ栽培が盛んであること，人口が１億人を超えていること，英語が公用語であることなどに注目し，フィリピンについて述べた文と判断する。アジア太平洋経済協力会議〔APEC〕には，Ｗ～Ｚの４か国中，コスタリカをのぞく３か国が参加している。　ⅠとⅡの表のア～エ．アとエは，Ⅰの表より日本の輸入総額が他の２か国に比べて大きく，Ⅱの表より輸出相手国の上位に日本やアジアの国が多く見られることから，アジアに位置するフィリピンかマレーシアであると考えられる。このうち，隣国のシンガポールへの輸出額が大きいアがマレーシアであり，1999年の日本の主な輸入品目に果実が見られるエが，バナナの生産・輸出が盛んなフィリピンである。また，イとウのうち，日本の輸入総額がより大きいイがペルーであり，ウがコスタリカとなる。ここでⅢの文中の「1999年と比較して2019年では，…中華人民共和国の重要性が増している。」の部分を見ると，Ⅱの表のエに合致する内容であることが確認できる。

３〔日本地理―日本の諸地域，地形図〕

〔問１〕＜都道府県の自然と工業＞Ａは北海道，Ｂは兵庫県，Ｃは福岡県，Ｄは長崎県である。　Ａ．北海道は面積が大きいため海岸線が最も長い。室蘭の製鉄所で鉄鋼が生産されており，造船に比べて鉄鋼の生産額が多いのでウが当てはまる。　Ｂ．「南部」の工業用地には阪神工業地帯の一部が形成され，鉄鋼と造船の製造品出荷額等が４道県中で最も大きいのは兵庫県である。また，「国際貿易港」とは神戸港であるのでイが当てはまる。　Ｃ．「北東部」の湾の埋め立て地に北九州工業地域があるのは福岡県で，「国内炭と中国産の鉄鉱石を原料に鉄鋼を生産していた製鉄所」とは八幡製鉄所であるのでアが当てはまる。　Ｄ．島が多くリアス海岸などの入り組んだ地形が見られるため，北海道に次いで海岸線が長いのは長崎県である。長崎や佐世保などで造船業が盛んであり，鉄鋼に比べて造船の生産額が多いのでエが当てはまる。

〔問２〕＜工業地域の特徴＞略地図中のＷ～Ｚ．Ｗは北関東工業地域，Ｘは北陸工業地域，Ｙは東海工業地域，Ｚは瀬戸内工業地域が分布する県を示している。まず，Ⅱの文章はどの地域について述べたものかを考える。絹織物業や航空機産業が早くから発達し，現在は輸送用機械や電気機械の製造が盛んであることなどから，北関東工業地域に当てはまる。群馬県や栃木県では古くから絹織物の生産が盛んで，群馬県では大正時代から航空機の製造が行われた。1980年には関越自動車道によって西部（群馬県）が，1987年には東北自動車道によって中部（栃木県）が東京とつながり，2011年には北関東自動車道によって北関東工業地域と常陸那珂港（茨城県）が結ばれた。 Ⅰのア～エ．2019年の製造品出荷額等が大きいアとウは，瀬戸内工業地域と北関東工業地域のいずれかであると考えられる。このうち，機械工業（輸送用機械，電気機械，その他機械）の割合が高いアが内陸に位置する北関東工業地域であり，化学工業の割合が高いウが臨海部に位置する瀬戸内工業地域である。残るイとエのうち，輸送用機械の割合が高いイは浜松市周辺などでオートバイや自動車の生産が盛んな東海工業地域であり，エが北陸工業地域となる。ここでⅡの文中で「2019年には電気機械の出荷額等は約２兆円…輸送用機械の出荷額等が…５兆円を超える」の部分をⅠの表のアのグラフから算出すると，305296億×0.073≒22287億＝２兆円，305296億×0.184≒56174億＝5.6兆円となり，合致する内容であることが確認できる。

〔問３〕＜地形図と資料の読み取り＞変化．太線で囲まれた地域には，Ⅰの(2)とⅡの(2)では工場が見られ，Ⅰの(3)とⅡの(3)では商業施設が見られる。つまり，ⅠとⅡのどちらも，1980年代には工場であった場所が現在（2017・2018年）は商業施設となっていることがわかる。その理由は，Ⅰ，Ⅱの(1)の地区計画において，この地域を商業地域とする方針が示されたためである。 要因．Ⅰ，Ⅱの太線で囲まれた地域は，それぞれ福島駅，岡山駅の近くに位置する。乗降客数の多いこれらの駅の周辺には多くの人が集まってくることから，商業施設をつくるのに適していると考えられる。

4 〔歴史―古代～現代の日本と世界〕

〔問１〕＜年代整序＞年代の古い順に，ア（奈良時代―墾田永年私財法），イ（平安時代―摂関政治），エ（鎌倉時代―元寇），ウ（南北朝時代―建武の新政）となる。

〔問２〕＜太閤検地＞Ⅱは，安土桃山時代に豊臣秀吉が行った太閤検地について述べたものである。太閤検地では，統一的な基準で全国の田畑の面積や土地のよしあしなどを調べ，予想収穫量を「石」で表した。秀吉が政治を行ったのは，Ⅰの略年表中のイの時期である。なお，1560年に桶狭間の戦いで織田信長によって倒されたのは今川義元，1582年に本能寺の変によって倒されたのは織田信長，1600年に関ヶ原の戦いに勝利して全国支配の実権をにぎったのは徳川家康である。

〔問３〕＜年代整序＞年代の古い順に，イ（18世紀後半―寛政の改革），ウ（19世紀半ば―黒船来航），エ（1902年―日英同盟），ア（1920年代―地下鉄の運行開始）となる。

〔問４〕＜昭和～平成時代の出来事＞東西ドイツが統一されたのは1990年，京都議定書が採択されたのは1997年，長野でオリンピック・パラリンピック冬季競技大会が開催されたのは1998年である。したがって，Ⅱの文章で述べている時期はⅠのグラフ中のウの時期に当てはまる。

5 〔公民・歴史総合―情報を題材とする問題〕

〔問１〕＜精神の自由＞「集会・結社及び言論，出版その他一切の表現の自由」（日本国憲法第21条）は，自由権の１つである精神の自由のうち，自分の意見や感情などを外部に発表する権利である。なお，イの「思想及び良心の自由」も精神の自由に含まれるが，これは心の中で自由に物事を考えたり判断したりする権利である。アは身体の自由，ウは経済活動の自由に含まれる。

〔問２〕＜昭和時代の出来事＞Ⅱの文章中に「石油危機から３年後の現在」とある。石油危機が起こったのは1973年で，その３年後は1976年となる。これは，Ⅰの略年表中のウの時期に当てはまる。

〔問３〕＜資料の読み取り＞Ⅱのグラフから読み取れることを整理すると，次の２つにまとめられる。まず，日本では，情報処理・通信に携わる人材のうち，情報通信技術を提供する業種についている人の割合が高く，情報通信技術を利用する業種についている人の割合は低いことがⅡの日本のグラフからわかり，次に，アメリカ合衆国では，情報処理・通信に携わる人材のうち，情報通信技術を利用する業種についている人の割合が高く，情報通信技術を提供する業種についている人の割合は低いことがⅡのアメリカ合衆国のグラフから読み取れる。このような現状を受けて，今後は「情報通信技術を利用する業種に十分な情報通信技術をもった人材が必要である」とするⅠの文章が示されたことがわかる。解答の際には，「アメリカ合衆国と比較して，情報通信技術を提供する業種と利用する業種の構成比の違いに着目」するという設問の条件に注意しながらまとめる。

〔問４〕＜法律案の審議＞内閣や議員によって国会に提出された法律案は，数十人の議員で構成される委員会でまず審議される。その後，議員全員が参加する本会議で審議・議決が行われる。可決された法律案はもう一方の議院へ送られ，同様の過程で審議・議決される。衆参両議院で可決された法律案は法律となり，内閣の助言と承認に基づいて天皇が公布する。Ⅱの文中に「衆議院の内閣委員会」とあることから，Ⅱは衆議院の委員会での審議について述べたものである。したがって，ⅠのＢとＣの間に行われたことになる。

6 **〔三分野総合―都市を題材とする問題〕**

〔問１〕＜年代整序＞年代の古い順に，エ(18世紀―絶対王政とマリア・テレジア)，ア(19世紀―ビスマルクとドイツ帝国)，ウ(1930年代―ニューディール政策)，イ(20世紀後半―冷戦)となる。

〔問２〕＜オタワ＞ⅠのＡ～Ｄ．地図中のＡはブラジル，Ｂはカナダ，Ｃはオーストラリア，Ｄはナイジェリアの首都周辺の地域を示している。Ⅱの文章は，カナダの首都オタワについて述べたものである。カナダはかつてイギリスの植民地であった国だが，東部のケベック州を中心とする地域は最初にフランスが進出した。そのため，国内にはイギリスとフランスの２つの文化圏が形成され，現在も英語とフランス語が公用語となっている。文中の「首都から約350km離れイギリス系住民が多い都市」はトロント，「首都から約160km離れフランス系住民が多い都市」はモントリオールである。　**ⅠのＡ～Ｄのア～ウ．**オタワは，Ｂの地図中のイに位置する。なお，同じ地図中のアはモントリオール，ウはトロントである。トロントが面している湖は五大湖の１つであるオンタリオ湖であり，オンタリオ湖から北東に流れ出ている川はセントローレンス川である。

〔問３〕＜インドネシアと資料の読み取り＞地図中のＷはメキシコ，Ｘはインドネシア，Ｙはバングラデシュ，Ｚはエジプトである。Ⅱの文章は，オランダから独立したこと，イスラム教徒が８割を超えることなどからインドネシアについて述べた文と判断できる。また，ⅠのＸのグラフをⅡの文章と照らし合わせると，第１位の都市圏と第２位の都市圏の人口差は，1950年に100万人を下回っており，1990年には1950年の約７倍になっていることや，1990年以降は拡大傾向が緩やかであることが確認できる。

理科解答

1 〔問1〕 イ　〔問2〕 ア
〔問3〕 エ　〔問4〕 ウ
〔問5〕 エ

2 〔問1〕 ア　〔問2〕 イ
〔問3〕 エ　〔問4〕 ウ

3 〔問1〕 ウ　〔問2〕 イ
〔問3〕 エ　〔問4〕 ア

4 〔問1〕 ウ　〔問2〕 エ
〔問3〕 ア　〔問4〕 ウ

5 〔問1〕 イ　〔問2〕 ア
〔問3〕 $\underset{\text{(酸)}}{HCl} + \underset{\text{(アルカリ)}}{NaOH} \longrightarrow \underset{\text{(塩)}}{NaCl} + H_2O$
〔問4〕 ウ

6 〔問1〕 ア
〔問2〕 イ
〔問3〕 右図
〔問4〕 イ

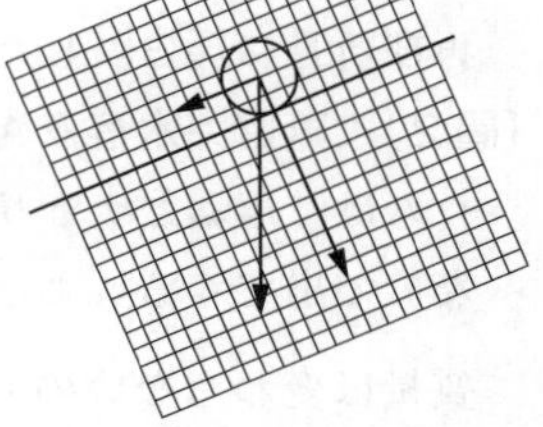

1 〔小問集合〕

〔問1〕＜燃焼＞木片を燃焼させると，木片に含まれる炭素が空気中の酸素と結びついて二酸化炭素になり，空気中に出ていく。そのため，燃焼させた後の木片の質量は小さくなり，石灰水が白くにごる。一方，スチールウール(鉄)を燃焼させると，鉄と空気中の酸素が結びついて酸化鉄ができるため，燃焼させた後のスチールウールの質量は大きくなる。なお，二酸化炭素は発生しないので，石灰水は変化しない。

〔問2〕＜心臓＞図3で，全身から血管C(大静脈)を通って右心房に戻った血液は，右心室に入り，右心室から血管A(肺動脈)を通って肺へ送り出される。肺で酸素を取り入れた血液は，血管D(肺静脈)から左心房に入り，左心室へ移動し，血管B(大動脈)を通って全身に送り出される。動脈は心臓から送り出された血液が流れる血管だから，血管Aと血管Bである。また，動脈血は酸素を多く含む血液だから，血管Dと血管Bに流れる。なお，静脈は心臓に戻る血液が流れる血管だから，血管Cと血管Dで，静脈血は血管Cと血管Aに流れる。

〔問3〕＜光の屈折＞右図1のように，光が水中から空気中へ進むときは，入射角より屈折角の方が大きくなり，水面に近づくように屈折する。また，図1では，「A」の文字の下端から出て水面で屈折した光は目に届かないが，右図2のように，容器の中の水の量を増やすと，下端から出た光も目に届くようになり，文字の形が全て見えるようになる。

図1

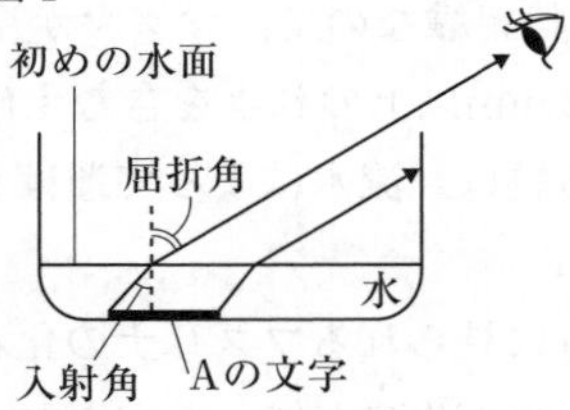

図2

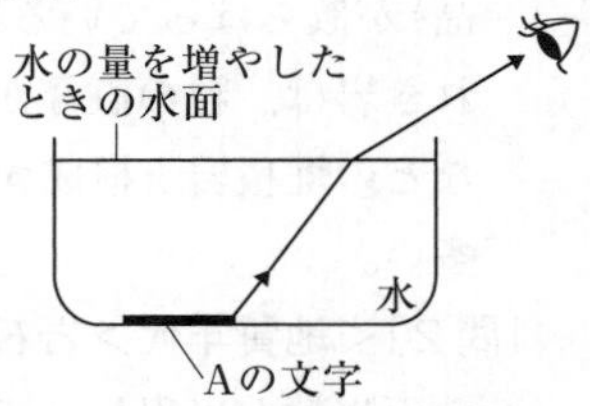

〔問4〕＜温暖前線＞温暖前線は暖気が寒気の上にはい上がりながら寒気を押して進む前線であるから，温暖前線付近の暖気と寒気の動きを表しているのはBである。また，空気はあたたまると膨張して，体積が大きくなる。このとき，質量は変わらないから，$〔\text{密度}(g/cm^3)〕 = \dfrac{〔\text{質量}(g)〕}{〔\text{体積}(cm^3)〕}$ より，密度は小さくなる。よって，密度が小さいのは暖気である。なお，Aは寒冷前線付近の暖気と寒気の動きを表している。また，密度が小さい空気は上昇するため，A，Bで上昇している暖気の方が密度が小さいことがわかる。

〔問5〕＜回路と電流＞図5で，抵抗器Bと抵抗器Cは並列につながれているので，どちらにも同じ大きさの電圧が加わる。よって，オームの法則 $〔\text{電流}〕 = \dfrac{〔\text{電圧}〕}{〔\text{抵抗}〕}$ より，抵抗が小さいほど流れる電流は大きくなるので，$Q>R$である。また，点pを流れる電流の大きさは，点q，rを流れる電流の大きさの和になるから，$P=Q+R$となる。以上より，$R<Q<P$である。

2〔小問集合〕

〔問1〕**＜月の見え方＞**図1のとき，観測地点Aでは，月は太陽と同じ方向に見えるから，月が真南の空に位置する時刻は，太陽が真南の空に位置する時刻で，12時である。また，図1のとき，月は新月である。月は，およそ1週間ごとに新月から上弦の月，満月，下弦の月と変化して，約29.5日で再び新月に戻る。したがって，図1の日から1週間後に観察できる月は，上弦の月である。

〔問2〕**＜蒸留＞**水溶液Aから水を蒸発させると，塩化ナトリウム(食塩)の結晶が現れる。塩化ナトリウムは，塩素とナトリウムの化合物である。また，塩化ナトリウム水溶液を加熱すると水が気体となって出てくる。よって，加熱により水溶液Aの質量は減少するが，溶質である塩化ナトリウムの質量は変わらないので，$〔\text{質量パーセント濃度}(\%)〕=\frac{〔\text{溶質の質量}(\mathrm{g})〕}{〔\text{水溶液の質量}(\mathrm{g})〕}\times 100$ より，水溶液の質量が小さくなると質量パーセント濃度は大きくなるから，濃度は5%より高くなる。

〔問3〕**＜植物の体のつくり＞**上下にある葉が互いに重ならないようにつくことで，光が当たる面積が大きくなり，光合成によって多くの養分をつくり出すことができる。また，光合成でつくられた養分が通る管は師管である。なお，道管は根から吸収した水や水に溶けた養分が通る管である。

〔問4〕**＜重さと質量＞**上皿てんびんではかることができるのは物体の質量で，物体そのものの量だから場所が変わっても変化しない。そのため，質量300gの物体Aは月面でも300gの分銅とつり合う。一方，はかりではかることができるのは物体の重さで，物体にはたらく重力の大きさだから場所によって変化し，月面では，質量300gの物体Aにはたらく重力の大きさは地球上の約$\frac{1}{6}$になる。よって，質量300gの物体Aを月面ではかりに載せたときの目盛りの値は$300\times\frac{1}{6}=50$より，約50gになる。

3〔大地の変化〕

〔問1〕**＜岩石＞**表1より，岩石Pは長石や輝石を含み，小さな鉱物(石基)の間にやや大きな鉱物(斑晶)が散らばっている斑状組織なので，マグマが冷えてできた火成岩の火山岩と考えられる。また，れき岩は，粒の直径が2mm以上のれきを含む土砂が押し固められてできた堆積岩である。れき岩などの堆積岩を構成する粒は，流水によって運ばれる間に角がけずられ，丸みを帯びているものが多い。

〔問2〕**＜地質年代＞**岩石Qに見られるフズリナの化石は古生代の示準化石である。古生代には，魚類や両生類が出現し，三葉虫が生息していた。なお，鳥類が出現し，アンモナイトが生息していたのは中生代である。

〔問3〕**＜泥岩＞**泥岩を構成する粒は，直径が0.06mm以下である。流水によって海まで運搬された土砂は，粒の大きなものほど沈みやすいので，陸の近くに堆積し，粒の小さなものほど沈みにくいので，河口から遠い深い海に堆積する。よって，泥岩の層が堆積した時代の地域B周辺は，河口から遠い深い海であったと考えられる。

〔問4〕**＜地層の広がり＞**X点の標高は40.3m，Y点の標高は36.8mであり，図2より，凝灰岩の層の上面の地表からの深さは，X点では11.0m，Y点では9.0mなので，凝灰岩の層の上面の標高は，X点では$40.3-11.0=29.3$(m)，Y点では$36.8-9.0=27.8$(m)である。よって，X点の方が，Y点より，$29.3-27.8=1.5$(m)高くなっている。

4〔生物の世界，生命・自然界のつながり〕

〔問１〕＜植物の分類＞〈結果１〉の(1)より，花弁が１枚１枚離れていたので，エンドウは離弁花類である。離弁花類は双子葉類に分類されるから，子葉の枚数は２枚である。また，胚珠が子房の中にある植物を被子植物という。なお，子葉の枚数が１枚なのは単子葉類で，裸子植物は子房がなく，胚珠はむき出しである。

〔問２〕＜受精＞花粉の中を移動する生殖細胞は精細胞である。花粉管が胚珠に達すると，精細胞は胚珠の中の卵細胞と受精して受精卵ができる。精細胞や卵細胞などの生殖細胞は減数分裂によってつくられ，染色体数は体細胞の半分である。よって，卵細胞に含まれる染色体数は，精細胞と同じ７本で，精細胞と卵細胞の受精によってできる受精卵１個に含まれる染色体数は$7+7=14$(本)になる。なお，卵は動物の雌がつくる生殖細胞で，雄がつくる生殖細胞である精子と受精する。

〔問３〕＜遺伝の規則性＞〈実験〉の(2)，(4)で，草たけの高い個体を自家受粉してできた種子を育てると，〈結果２〉の(1)より，全て草たけの高い個体になったことから，図４のＰは草たけの高い純系である。一方，〈実験〉の(3)，(5)で，草たけの低い個体を自家受粉してできた種子を育てると，〈結果２〉の(2)より，全て草たけの低い個体になったことから，図４のＱは草たけの低い純系である。また，〈実験〉の(7)，(8)で，ＰとＱをかけ合わせると，〈結果２〉の(3)より，全て草たけの高い個体になったことから，草たけの高さは，高いが顕性形質，低いが潜性形質である。ここで，草たけを高くする遺伝子をＢ，低くする遺伝子をｂとすると，草たけの高い純系のＰの遺伝子の組み合わせはBB，草たけの低い純系のＱの遺伝子の組み合わせはbbになる。草たけの高い純系と低い純系のエンドウがつくる生殖細胞には，それぞれＢとｂだけが含まれるから，これらをかけ合わせてできた子である図４のＲの遺伝子の組み合わせは全てBbになる。よって，ＲとＱをかけ合わせてできた種子の遺伝子の組み合わせと個数の比は，右表のように，Bb：bb＝２：２＝１：１となる。Bbは草たけの高い個体，bbは草たけの低い個体になるので，これらの個体数のおよその比は1：1である。

	B	b
b	Bb	bb
b	Bb	bb

〔問４〕＜遺伝の規則性＞エンドウの種子の形は，丸形が顕性形質，しわ形が潜性形質だから，親の代の丸形の種子の遺伝子の組み合わせはAAかAaであり，〈モデル実験の結果〉の(1)で，子の代では丸形の種子だけが得られたことから，両親がともにａを持つことはないのがわかる。また，〈モデル実験の結果〉の(2)で，子の代の種子を自家受粉させると，孫の代には丸形の種子だけが得られた個体と丸形・しわ形の種子が得られた個体があったことから，孫の代に丸形の種子だけが得られた個体の遺伝子の組み合わせはAA，丸形・しわ形の種子が得られた個体の遺伝子の組み合わせはAaとなる。これより，親の代の種子の一方はａを持つので，親の代の遺伝子の組み合わせはAAとAaである。

5 〔化学変化とイオン〕

〔問１〕＜ダニエル電池＞亜鉛板Ｐは溶けたので，亜鉛板Ｐの表面では，亜鉛原子(Zn)が電子を２個放出して亜鉛イオン(Zn^{2+})となって水溶液中に溶け出している。また，銅板Ｑには赤茶色の物質が付着したので，銅板Ｑの表面では，水溶液中の銅イオン(Cu^{2+})が電子２個を受け取って銅原子(Cu)になって付着する。よって，亜鉛板Ｐの様子はＡ，銅板Ｑの様子はＤである。

〔問２〕＜ダニエル電池，水の電気分解＞図１のダニエル電池では，亜鉛板Ｐから亜鉛原子(Zn)が亜鉛イオン(Zn^{2+})となって溶け出すので，水溶液中のZn^{2+}の数は増える。一方，銅板Ｑでは，銅イオン(Cu^{2+})が銅原子(Cu)になって付着するので，水溶液中のCu^{2+}の数は減る。また，図２では水の電気分解が起こり，電源装置の－極につながれた電極Ｒは陰極，＋極につながれた電極Ｓは陽極で，電極Ｒでは水分子(H_2O)が電子を受け取り水素が発生し，電極Ｓでは，水酸化物イオン(OH^-)が電子を渡し，水と酸素ができる。水素は最も軽い気体で，空気より軽く，酸素は水に溶けにくい気体である。

〔問3〕＜中和＞〈実験２〉で，酸の性質を持つ物質は，薄い塩酸中に溶けている塩化水素(HCl)であり，アルカリの性質を持つ物質は水酸化ナトリウム水溶液中に溶けている水酸化ナトリウム($NaOH$)である。HClと$NaOH$が中和すると，水(H_2O)と，塩《えん》として塩化ナトリウム($NaCl$)ができる。

〔問4〕＜中和とイオン＞薄い塩酸中には，塩化水素(HCl)が電離して生じた水素イオン(H^+)と塩化物イオン(Cl^-)が同数含まれ，水酸化ナトリウム水溶液中には，水酸化ナトリウム($NaOH$)が電離して生じたナトリウムイオン(Na^+)と水酸化物イオン(OH^-)が同数含まれる。また，薄い塩酸に水酸化ナトリウム水溶液を加えると，H^+とOH^-が結びついて水(H_2O)になり，Cl^-とNa^+が結びついて塩として塩化ナトリウム($NaCl$)になるが，$NaCl$は溶液中で電離しているため，イオンのままCl^-とNa^+として含まれる。〈実験２〉の(4)より，薄い塩酸12cm^3と水酸化ナトリウム水溶液６cm^3がちょうど中和するので，水酸化ナトリウム水溶液を６cm^3加えるまでは，加えたOH^-はH^+と結びつき，減ったH^+と同数のNa^+が増えるので，イオンの総数は変わらない。さらに，水酸化ナトリウム水溶液を加えると，H^+の数は０のままで，加えたNa^+とOH^-が増えていくので，イオンの総数は増加していく。なお，Cl^-の数は変化しない。

6 〔運動とエネルギー〕

〔問1〕＜速さ＞〈結果〉より，レールＡにおける⑧から⑩までの移動距離は，$10.6+9.0+5.6=25.2$(cm)で，25.2cmは$25.2\div100=0.252$(m)である。また，かかった時間は，$1.0-0.7=0.3$(秒)である。よって，このときの小球の平均の速さは，〔平均の速さ(m/s)〕＝〔移動した距離(m)〕÷〔移動にかかった時間(s)〕より，$0.252\div0.3=0.84$(m/s)となる。

〔問2〕＜運動と力＞斜面上にある小球には，重力の斜面に平行な方向の分力が運動の方向にはたらく。また，小球に一定の力がはたらくとき，小球の速さは一定の割合で増加する。よって，図２で，レールＢ上の①から③までは斜面の傾きがほぼ一定なので，小球には，重力の斜面に平行な方向の分力がほぼ一定の大きさではたらき続け，速さはほぼ一定の割合で増加する。なお，〈結果〉より，レールＢ上の①から③まで，0.1秒ごとの移動距離は，$5.6-3.2=2.4$(cm)，$8.0-5.6=2.4$(cm)と等しいから，速さは一定の割合で増加していることがわかる。

〔問3〕＜力の分解＞重力の矢印を対角線として，斜面に平行な方向と斜面に垂直な方向を２辺とする平行四辺形(この場合は長方形)をかくと，２辺がそれぞれ分力になる。解答参照。

〔問4〕＜運動エネルギー＞小球が斜面上を下るとき，小球が点ａと点ｄで持っていた位置エネルギーは運動エネルギーに移り変わる。図１で，点ａと点ｄは高さが等しいから，それぞれの点で小球が持つ位置エネルギーの大きさは等しく，点ｂは点ｅより高さが低いから，小球が持つ位置エネルギーの大きさは点ｂの方が点ｅより小さい。よって，位置エネルギーが移り変わった運動エネルギーの大きさは，点ｂの方が点ｅより大きい。また，点ｃと点ｆは高さが等しく，位置エネルギーの大きさは等しいから，運動エネルギーの大きさも等しい。

●2021年度

都立立川高等学校

独自問題

【英語・数学・国語】

2021年度 都立立川高等学校

【英　語】（50分）〈満点：100点〉

1 リスニングテスト（放送による指示に従って答えなさい。）

〔問題A〕 次のア～エの中から適するものをそれぞれ一つずつ選びなさい。

＜対話文1＞

ア　On the highest floor of a building.

イ　At a temple.

ウ　At their school.

エ　On the seventh floor of a building.

＜対話文2＞

ア　To see Mr. Smith.　　イ　To return a dictionary.

ウ　To borrow a book.　　エ　To help Taro.

＜対話文3＞

ア　At eleven fifteen.　　イ　At eleven twenty.

ウ　At eleven thirty.　　エ　At eleven fifty-five.

〔問題B〕 ＜Question 1＞では，下のア～エの中から適するものを一つ選びなさい。
＜Question 2＞では，質問に対する答えを英語で書きなさい。

＜Question 1＞

ア　For six years.　　イ　For three years.

ウ　For two years.　　エ　For one year.

＜Question 2＞

（15秒程度，答えを書く時間があります。）

※（編集部注）＜英語学力検査リスニングテスト台本＞を英語の問題の終わりに掲載しています。

2 次の対話の文章を読んで，あとの各問に答えなさい。
（＊印の付いている単語・語句には，本文のあとに〔注〕がある。）

*Rika, Kento and Mick are classmates at Seimei High School in Tokyo. Mick is a student from the United States. They are members of the *biology club. At the beginning of their summer vacation, they are talking about a plan for their science presentation. Their presentation is held in early September. Rika asks them a question in the biology club house.*

Rika: Guess what sea *creature I want to talk about at the science presentation.

Kento: What kind of creature?

Rika: Well, its head looks like an umbrella.

Mick: An umbrella?

Rika: It has no *brain and most of the body is made of water.

Kento: Ah, it's a *jellyfish! But why did you pick it?

Rika: A few years ago, I went swimming in the sea with my family. I saw some white jellyfish there. They were swimming very slowly. Since then, I have been interested in jellyfish.

Kento: I see. Do you know why they swim slowly?

Rika: I'm not sure.

Kento: They never swim against the *current. They swim with the current.

Rika: [(1)-a]

Mick: Kento knows well about jellyfish, and Rika is interested in it. How about making a science presentation about jellyfish?

Rika: Good idea. I have wanted to have a chance to study about jellyfish.

Kento: Hmm.... I don't think they are exciting for the science presentation.

Mick: (2)Well, let's ask Mr. Naka, our biology teacher, about jellyfish. He is going to give us a lesson about sea creatures today. He will come back here soon from his trip to the sea. I hope he can give us some good advice.

The three students are sitting around Mr. Naka in the club house. He shows his students several living things. He has caught them in the sea. At the end of his lesson, he tells them to look at a bottle of water in his hand and turns off the lights.

Rika: Wow! Something is *glowing in the bottle.

Mick: How beautiful! They look like stars in the night sky.

Mr. Naka: Does anyone know what is glowing in the bottle?

Kento: I think there are *sea fireflies glowing in the bottle.

Mr. Naka: That's right. The sea fireflies are *emitting light. There are a lot of sea fireflies in the sea.

Rika: Mr. Naka, several sea fireflies have stopped glowing. Why?

Mr. Naka: (1)-b Does anyone know how they emit their light again?

Kento: I do. Just shake the bottle.

Mr. Naka: Great job, Kento. Will you shake it?

Kento: Sure. Look, the sea fireflies are beginning to glow again.

Rika: Mr. Naka?

Mr. Naka: Yes, Rika.

Rika: How did the sea fireflies start to glow again?

Mr. Naka: The sea fireflies emitted two kinds of *substances into the sea water — a *luminescent material and an *enzyme. Does anyone know what happened with these two?

Kento: A *chemical reaction happened. So, the sea fireflies began to glow again.

Mr. Naka: That's correct.

Rika: Mmm…. I don't understand why the chemical reaction happened. Please tell me a little more about it.

Mr. Naka: (3)

Mick: I'll try it. Imagine that there is an onion. If you don't do anything to the onion, it doesn't produce anything. Then what happens to you soon after you *chop the onion into pieces?

Rika: Tears come from my eyes.

Mick: What is happening in the onion then?

Rika: A chemical reaction happens when it is chopped into pieces.

Mick: That means (4) . One is a *raw material and the other is a special substance. The raw material and the special substance will have a chemical reaction, and it will *stimulate your eyes. So, tears come from your eyes.

Rika: The raw material doesn't meet the special substance in the onion before I chop it, right?

Mick: That's right. Why (5)【 ① really different ② does ③ change ④ something ⑤ into ⑥ the raw material ⑦ the special substance 】? You've already known it.

Rika: Ah, it's the chemical reaction. The chemical reaction happened with the help of the special substance, enzyme!

Mr. Naka: Yes, the enzyme is a special *protein. The enzyme never changes itself through the chemical reaction, while the raw material becomes something quite different.

Are there any other questions?

Mick: Yes, today Rika talked to Kento and me about jellyfish. Are there any jellyfish glowing like the sea fireflies?

Mr. Naka: Yes, several kinds of jellyfish can glow.

Mick: I wonder where we can see such a kind of jellyfish.

Mr. Naka: Why don't you visit the science museum in our town next week? There will be an event about jellyfish. They have a guide for students.

Rika: [(1)-c] Let's go there.

Rika, Mick and Kento visit the science museum in their town. A museum guide explains to them about jellyfish. Her name is Saki.

Saki: What kind of jellyfish would you like to see first?

Rika: We hear that some jellyfish can glow. We can't wait to see them.

Saki: Sure, they are just around the corner.

Mick: Wow, these jellyfish are glowing.

Saki: They are called *crystal jellyfish.

Rika: Beautiful green light…. I wonder how they emit it.

Saki: Would you read the sign here?

Rika: The sign says they can glow with *ultraviolet rays.

Saki: They have a special substance to emit light with ultraviolet rays.

Rika: What is the name of the special substance?

Saki: It is called *Green Fluorescent Protein. We call it GFP.

Kento: Is it a special kind of protein?

Saki: Yes.

Kento: What is [(6)-a] about GFP?

Saki: It has a luminescent material and an enzyme in [(6)-b] place. The crystal jellyfish don't have to get the enzyme from [(6)-c] place when they glow.

Kento: Does that mean they don't produce light like sea fireflies?

Saki: That's right. The sea fireflies have the luminescent material and the enzyme in [(6)-d] places of their body, so these substances need to meet before they glow.

Kento: The crystal jellyfish can emit light more easily than the sea fireflies, right?

Saki: Yes, that's correct. Scientists today know a great way to use GFP.

Mick: How do they use it?

Saki: They use it to find how proteins are moving in the body.

Mick: Does that mean GFP in the crystal jellyfish is used in other creatures?

Saki: Yes, the scientists add it to another creature's proteins and follow the proteins with GFP in the body. Why can the scientists see them clearly?

Rika: The proteins with GFP glow in the body.

Saki: That's true. The scientists in the past didn't get much information about proteins, especially about their movements in the body until GFP was discovered. It is used as one of the most important tools in science and technology.

Kento: Saki, I want to check what we have learned from you. May I ask my friends a question?

Saki: Sure.

Kento: What do the scientists need when they follow the proteins with GFP?

Saki: Oh, that's a good question.

Mick: Let's see. Is it a special protein?

Kento: (7)-a

Rika: (7)-b

Kento: (7)-c

Rika: (7)-d

Kento: That's right.

Saki: I'm happy to hear that. You remember what I told you about the crystal jellyfish. Do you know that a Japanese scientist was the first man to discover GFP in the crystal jellyfish? He received the Nobel Prize for his performance.

Rika: Oh, really? Thank you for giving us useful information, Saki.

Saki has gone. They are watching the crystal jellyfish for a while.

Kento: These jellyfish are amazing. I want to show how the Japanese scientist found the special substance at the school festival.

Mick: I hope we can catch a jellyfish for the science presentation.

Rika: (1)-d

Mick: Listen, how about showing their pictures or videos?

Rika: Sounds good.

Mick: Let's see every jellyfish here with our own eyes first and then make our plan.

〔注〕 biology 生物
brain 脳《のう》
current 水流
sea firefly ウミホタル
creature 生き物
jellyfish くらげ
glow 光る
emit 出す

substance　物質
enzyme　酵《こう》素《そ》
chop　細かく切る
stimulate　刺激する
crystal jellyfish　オワンクラゲ
Green Fluorescent Protein　緑色蛍光タンパク質
luminescent material　蛍光物質
chemical reaction　化学反応
raw material　原料
protein　タンパク質
ultraviolet rays　紫外線

〔問１〕 (1)-a ～ (1)-d の中に，それぞれ次のＡ～Ｄのどれを入れるのがよいか。その組み合わせが最も適切なものは，下のア～カの中ではどれか。

Ａ　That sounds interesting.
Ｂ　Are you kidding?
Ｃ　That's new to me.
Ｄ　That is a good question.

	(1)-a	(1)-b	(1)-c	(1)-d
ア	Ａ	Ｂ	Ｄ	Ｃ
イ	Ａ	Ｄ	Ｂ	Ｃ
ウ	Ｃ	Ａ	Ｄ	Ｂ
エ	Ｃ	Ｄ	Ａ	Ｂ
オ	Ｄ	Ｂ	Ｃ	Ａ
カ	Ｄ	Ｃ	Ｂ	Ａ

〔問２〕 (2)Well, let's ask Mr. Naka, our biology teacher, about jellyfish. とあるが，このときMickが考えている内容として最も適切なものは，次の中ではどれか。

ア　I don't want to talk to Kento about the science presentation because he thinks jellyfish are so boring.

イ　Kento will join us after Mr. Naka's lesson because Mr. Naka will ask him to do that.

ウ　I'd like to share our information about jellyfish with Mr. Naka and learn something new about jellyfish from him.

エ　We need good advice from Mr. Naka to change our plan for the science presentation.

〔問3〕 本文の流れに合うように，[(3)]に英語を入れるとき，最も適切なものは，次の中ではどれか。

ア Who can explain the chemical reaction with an easier example?
イ Will you explain what happens in the body of glowing jellyfish?
ウ What kind of vegetables do you imagine in addition to sea fireflies?
エ Will you explain to Rika about a chemical reaction at the presentation?

〔問4〕 本文の流れに合うように，[(4)]に英語を入れるとき，最も適切なものは，次の中ではどれか。

ア before you chop the onion, one of the two substances changes into a different one
イ before you chop the onion, there are two different substances in it
ウ soon after you chop the onion, it makes two quite new substances
エ when you chop the onion, two substances in it become different ones

〔問5〕 (5)【 ① really different ② does ③ change ④ something ⑤ into ⑥ the raw material ⑦ the special substance 】について，本文の流れに合うように，【　　　】内の単語・語句を正しく並べかえるとき，【　　　】内で**2番目と4番目と6番目**にくるものの組み合わせとして最も適切なものは，次の**ア～カ**の中ではどれか。

	2番目	4番目	6番目
ア	④	⑤	③
イ	④	⑤	⑥
ウ	⑥	②	③
エ	⑥	③	①
オ	⑦	⑥	①
カ	⑦	⑥	④

〔問６〕 (6)-a ～ (6)-d の中に，それぞれ次のＡ～Ｄのどれを入れるのがよいか。その組み合わせとして最も適切なものは，下のア～カの中ではどれか。

Ａ another　　Ｂ different　　Ｃ special　　Ｄ the same

	(6)-a	(6)-b	(6)-c	(6)-d
ア	A	C	B	D
イ	A	D	B	C
ウ	B	A	D	C
エ	B	D	C	A
オ	C	A	D	B
カ	C	D	A	B

〔問７〕 (7)-a ～ (7)-d の中に，それぞれ次のＡ～Ｄのどれを入れるのがよいか。その組み合わせとして最も適切なものは，下のア～カの中ではどれか。

Ａ Of course not.
Ｂ No, it isn't....　They usually come from the sun.
Ｃ Oh, I see....　Ultraviolet rays.
Ｄ People cannot see them in their daily life, right?

	(7)-a	(7)-b	(7)-c	(7)-d
ア	A	C	D	B
イ	A	D	C	B
ウ	B	C	A	D
エ	B	D	A	C
オ	D	A	B	C
カ	D	B	C	A

〔問８〕 本文の内容に合う英文の組み合わせとして最も適切なものは，下のア～シの中ではどれか。

① Mick and Kento decided what to do for the science presentation before they met Rika in the club house at their school in early August.

② Kento knew about jellyfish so well that Rika and Mick were impressed by his quick answers to their questions and deep love of jellyfish.

③ Only Rika realized why several sea fireflies in the bottle didn't have enough energy to produce light.

④ At first Rika didn't understand the chemical reaction well, but Kento carefully taught her about it with another example later.

⑤ When the three students visited the science museum, the crystal jellyfish were glowing there because of the ultraviolet rays.

⑥ Kento found the two sea creatures had different ways to produce light after Saki's talk about them.

⑦ Saki said GFP was among the best tools in scientists' study of proteins, but it was not often used in science and technology before.

⑧ Mick thought it would be good to see all the jellyfish in the science museum and later think about their presentation plan.

ア	① ②	イ	① ⑥	ウ	② ④
エ	③ ⑥	オ	① ③ ⑥	カ	② ④ ⑧
キ	④ ⑦ ⑧	ク	⑤ ⑥ ⑧	ケ	③ ④ ⑤ ⑦
コ	③ ④ ⑦ ⑧	サ	④ ⑤ ⑥ ⑦	シ	④ ⑤ ⑥ ⑧

〔問９〕 下の質問について，あなたの考えや意見を，**40語以上50語以内の英語**で述べなさい。「,」「.」「!」「?」などは，語数に含めません。これらの符号は，解答用紙の下線部と下線部の間に入れなさい。

What is the most useful animal for people and why?

3 次の文章を読んで，あとの各問に答えなさい。
（＊印の付いている単語・語句には，本文のあとに〔注〕がある。）

I am going to teach math at a junior high school in Tokyo this April. I will also take care of the girls' basketball club there. Of course, I am looking forward to meeting my students and spending time with them. But I sometimes get [(1)-a]. I say to myself, "Will the students get interested in my math class? Can I become a good basketball coach and give the club members a lot of useful advice?" When I start to worry about these things, I always look at one picture. I put it in the *photo stand on my desk. In the picture, two girls having the same face are smiling. One girl is me, Ayumi, and the other is my *twin sister, Haruka. The picture was taken when we entered high school. Haruka lives in London now, and she is one of the dancers of a *ballet company in London. She often sends me emails and tells me about her life in London and her ballet performances. She lives in the city alone and often goes to many foreign countries with other dancers. She always gives me the courage to start something [(1)-b]. I say to her in the picture, "OK, Haruka. I'll do my best like you."

We went to different high schools. Just after the school year started, I joined the basketball club. Haruka didn't join any club because she went to a ballet school every day. She started to take ballet lessons when she was four years old, and she really loved ballet dancing. When we came back home, we talked about each other's school life. Though Haruka didn't join any club at school, she enjoyed studying with her friends and taking part in school events. We shared each other's experience. I always said to myself, "I have the best friend at home all the time." I believed so at that time.

Three months passed after we entered high school. One day in July, just before the summer vacation, when Haruka came back home from the ballet school, she looked [(1)-c]. She said to me, "Ayumi, I have something [(1)-d] to tell you." "What is it?" I asked her. She started to talk to me. "I had an *audition for a ballet school in the U.K. It was held in Tokyo in March. I *applied for a *scholarship after I passed the audition. Today one of my teachers at the ballet school gave me great news. I won the scholarship! I can go to the U.K. in September, Ayumi. I will become a ballet dancer in London!" I was so surprised at the news that I could not say anything. I just looked at Haruka's face. I said to myself, "Why? Why are you going to leave me? I know we will live in different places someday. (2)<u>But not now, not now, Haruka.</u> It is too soon!"

That night, after dinner, I asked Mom and Dad, "Did you know Haruka had the audition and passed it?" Dad answered in a quiet voice, "Of course we did." Then I said, "You didn't tell me about that. Why?" Haruka answered my question. "Sorry, Ayumi. I didn't tell you about it because I didn't have much *confidence in passing the audition and winning the scholarship. Also I wanted to surprise you! I thought you would be glad about the news, so…." "You can take ballet lessons here in Japan and continue to enjoy your school life, too," I said. Haruka said clearly, "I've decided to go to the U.K. to realize my dream. I want to get into the world of *competition and become a ballet dancer in London." "It's called an *impossible dream, Haruka," I said without thinking. Haruka looked a little sad and said to me, "We have always supported each other. Why are you saying such a thing?" "I worry about you, Haruka," I answered. Haruka said quietly, "No. You worry about only (3) ." Then Dad said, "OK, you two, stop talking about it. It is time to go to bed."

During the summer vacation, we were busy every day. Haruka began to prepare for her life in the U.K. and went to the ballet school. I went to school and played basketball. Both of us wanted to talk about the matter, but we didn't. I knew Haruka very well. When she decided to do something, she would do it. She had a strong *will. I didn't think I could change her decision. I wanted to give her encouraging words, but something in my heart stopped me.

One day in August, our grandfather visited us from Okayama. His old friends gathered in Tokyo once a year, so he came to stay with us to meet them. He taught Japanese at a high school in Okayama until he was sixty years old. He studied the *Japanese classics. Haruka and I really loved him. We (4)【 ① him ② often ③ about ④ gave ⑤ respected ⑥ also ⑦ us ⑧ good advice ⑨ he ⑩ some ⑪ because 】 our school life. Soon after he came to our house, Haruka told him about her decision. He looked surprised, but he said that he would support her idea. A day before he returned home, Grandpa and I went for a walk in the park near our house. It was a cool day for the time of the year, so we enjoyed walking there. I suddenly wanted to talk with him about Haruka's decision. I said, "Grandpa, I don't think Haruka should go to the ballet school in the U.K. now. She wants to get into the world of competition and improve her skill of ballet dancing. But she can also make her skill better here. I really worry about her." He looked at me with kind eyes and said, "Well, Ayumi, do you know *Tsurezuregusa* written by *Yoshida Kenko*?" I was a little surprised at his question. I answered, "Yes. I have read some *chapters of the book at school. It was a very famous *collection of essays written in the Kamakura period, right?" Grandpa said, "That's right. The book was written a long time ago, but there is a lot of useful advice for our life in it. I think Chapter 150 has good advice especially for people like Haruka." He *recited the chapter and then started to explain it easily.

A person trying to learn art often says, "I've just started to learn art, so I'm practicing hard alone. When I've become good at it, I can show many people a great performance." However, such a person will never learn any art. If a *beginner learns art among *experts and makes every effort to become good at it, the person will finally be a *top-ranking expert in the art.

I listened to Grandpa carefully. I thought *competing with other students in a foreign country would be very hard for Haruka, but she really wanted to do so. I said to myself, "[(5)] It's her will. Maybe now is the time for us to go our [(6)] ways." Then Grandpa said to me, "Ayumi, will you take me to Haruka's ballet school? I want to see her dance." "OK, Grandpa. I think she is still practicing at the school," I said and we went there. In the large lesson room, Haruka was dancing alone. She was practicing the same part again and again, but she couldn't do it well. Finally, she fell down and hit the floor with her hand. She looked a little angry with herself. Grandpa and I looked at her quietly at the door. I said to Grandpa in a small voice, "[(7)]" "Yes, she really does," he answered. We just looked at her and didn't talk to her.

In September, the day came. At the *departure gate, Haruka smiled at me and said, "Thank you, Ayumi, and I'm very sorry." I asked her, "What are you sorry for?" She answered, "I didn't tell you about the audition before I had it. I was afraid that you would stop me. I didn't want to give up my dream." I said, "You don't have to say sorry. Don't worry about that." Then my parents and I said goodbye to her. When she entered the gate, I said to her in a loud voice, "Haruka, have confidence in your skill of dancing and realize your dream!" Haruka looked at me and gave me a big smile. After she left, Mom held me in her arms, and Dad said to me, "You are such a *considerate sister, Ayumi. We really love both of you!" I tried to say thank you, but tears stopped me. I said to myself, "Haruka, I'll work hard to find my goal through my school life."

— I am going to be a teacher this spring.

〔注〕
photo stand　写真立て
ballet company　バレエ団
apply for ～　～に応募《おうぼ》する
confidence　自信
impossible dream　見果てぬ夢
Japanese classics　日本の古典
collection of essays　随筆集
beginner　初心者
top-ranking　一流の
departure gate　搭乗《とうじょう》ゲート
twin　双子の
audition　オーディション
scholarship　奨学金《しょうがくきん》
competition　競争
will　意志
chapter　（書物などの）段
recite　暗唱する
expert　熟練者
compete　競《きそ》う
considerate　思いやりのある

〔問１〕 (1)-a ～ (1)-d にそれぞれ以下の語を入れるとき，最も適切な組み合わせは，下の**ア**～**カ**の中ではどれか。

A excited **B** quiet **C** nervous **D** angry **E** new **F** important **G** good

	(1)-a	(1)-b	(1)-c	(1)-d
ア	A	B	D	G
イ	A	D	G	B
ウ	B	A	C	E
エ	B	G	F	A
オ	C	E	A	F
カ	C	F	E	D

〔問２〕 (2)But not now, not now, Haruka. とあるが，このようにAyumiが思った理由を最もよく表しているものは，次の中ではどれか。

ア Ayumi thought that Haruka was telling her a lie about the scholarship to a ballet school in London.

イ Ayumi thought that she and Haruka should support each other and spend a lot of time together.

ウ Ayumi thought that it was difficult for Haruka to enter a foreign ballet school with her dancing skill.

エ Ayumi thought that Haruka had to study hard as a high school student and give up her dream.

〔問３〕 本文の流れに合うように， (3) に**英語１語**を補いなさい。

〔問４〕 (4)【 ① him ② often ③ about ④ gave ⑤ respected ⑥ also ⑦ us ⑧ good advice ⑨ he ⑩ some ⑪ because 】について，本文の流れに合うように，【　　　　】内の単語・語句を正しく並べかえるとき，【　　　　】内で**１番目**と**６番目**と**10番目**にくるものの組み合わせとして最も適切なものは，次のページの**ア**～**ク**の中ではどれか。

	1番目	6番目	10番目
ア	②	④	③
イ	②	⑤	⑨
ウ	④	③	⑥
エ	④	⑩	⑦
オ	⑤	⑥	①
カ	⑤	⑧	④
キ	⑥	②	⑧
ク	⑥	⑦	⑪

〔問5〕 本文の流れに合うように，[(5)]に英語を入れるとき，最も適切なものは，次の中ではどれか。

ア How can I talk to her?　　イ How can I encourage her?
ウ How can I stop her?　　エ How can I say sorry to her?

〔問6〕 本文の流れに合うように，[(6)]に**英語1語を本文中から抜き出して補いなさい。**

〔問7〕 本文の流れに合うように，[(7)]に英語を入れるとき，最も適切なものは，次の中ではどれか。

ア Haruka really feels sad, Grandpa.
イ Haruka really gets angry, Grandpa.
ウ Haruka really dances very well, Grandpa.
エ Haruka really loves dancing, Grandpa.

〔問8〕 本文の内容に合う英文の組み合わせとして最も適切なものは，次のページのア～シの中ではどれか。

① Ayumi is Haruka's younger sister and she is going to be a math teacher at a high school this April.
② Haruka lives alone in a foreign country now and often tells Ayumi about her life by email.
③ Ayumi and Haruka joined the same basketball team and Haruka also went to a ballet school every day.

④ Ayumi was really shocked to hear that Haruka would go to a ballet school in London in September.

⑤ Their parents didn't know that Haruka had an audition to enter a ballet school in London.

⑥ With the help of their grandfather, Ayumi understood why Haruka decided to enter the world of competition.

⑦ Haruka didn't tell Ayumi about the audition because she didn't want to make Ayumi very sad.

⑧ After Haruka left for London, Ayumi decided to go there and see her ballet performance.

ア	① ②	イ	③ ⑥	ウ	④ ⑦
エ	⑤ ⑧	オ	① ⑤ ⑧	カ	② ④ ⑥
キ	③ ④ ⑧	ク	④ ⑤ ⑦	ケ	① ③ ④ ⑦
コ	② ③ ⑤ ⑥	サ	③ ⑤ ⑥ ⑧	シ	④ ⑤ ⑦ ⑧

〔問９〕 以下の英文は，ロンドンへ行った直後のHarukaに送ったAyumiのEメールである。（ ① ）～（ ④ ）に入る最も適切な**英語１語をそれぞれ本文中から抜き出して**答えなさい。

Dear Haruka,
How's your school life in London? I hope you are doing well. When Grandpa visited us, I told him about you. I didn't want you to go to London because I really worried about you. I thought that you could (①) to go to your ballet school and improve your skill here in Japan. Grandpa told me about one essay from a famous collection of essays written in the Kamakura period. It was about a person learning art as a (②). I think he gave me a useful piece of (③). Then we visited your ballet school. You were practicing very hard, so we didn't talk to you. Haruka, when I heard your news for the first time, I didn't say, "I'm (④) to hear that!" I am really sorry for that. Now I want to say this. I believe you'll be a great ballet dancer in the future. Take care!
Love,
Ayumi

2021年度　英語学力検査リスニングテスト台本

開始時の説明

これから，リスニングテストを行います。

問題用紙の１ページを見なさい。リスニングテストは，全て放送による指示で行います。リスニングテストの問題には，問題Ａと問題Ｂの二つがあります。問題Ａと，問題Ｂの ＜Question 1＞ では，質問に対する答えを選んで，その記号を答えなさい。問題Ｂの ＜Question 2＞ では，質問に対する答えを英語で書きなさい。

英文とそのあとに出題される質問が，それぞれ全体を通して二回ずつ読まれます。問題用紙の余白にメモをとってもかまいません。答えは全て解答用紙に書きなさい。

（２秒の間）

〔問題Ａ〕

問題Ａは，英語による対話文を聞いて，英語の質問に答えるものです。ここで話される対話文は全部で三つあり，それぞれ質問が一つずつ出題されます。質問に対する答えを選んで，その記号を答えなさい。

では，＜対話文１＞を始めます。

（３秒の間）

Yumi: David, we are on the highest floor of this building. The view from here is beautiful.

David: I can see some temples, Yumi.

Yumi: Look! We can see our school over there.

David: Where?

Yumi: Can you see that park? It's by the park.

David: Oh, I see it. This is a very nice view.

Yumi: I'm glad you like it. It's almost noon. Let's go down to the seventh floor. There are nice restaurants there.

（３秒の間）

Question： Where are Yumi and David talking?

（５秒の間）

繰り返します。

（２秒の間）

（対話文１の繰り返し）

（３秒の間）

Question： Where are Yumi and David talking?

（10秒の間）

＜対話文２＞を始めます。

（３秒の間）

Taro: Hi, Jane. Will you help me with my homework? It's difficult for me.

Jane: OK, Taro. But I have to go to the teachers' room now. I have to see Mr. Smith to give this dictionary back to him.

Taro: I see. Then, I'll go to the library. I have a book to return, and I'll borrow a new one for my homework.

Jane: I'll go there later and help you.

Taro: Thank you.

（３秒の間）

Question： Why will Jane go to the library?

（５秒の間）

繰り返します。

（２秒の間）

（対話文２の繰り返し）

（３秒の間）

Question： Why will Jane go to the library?

（10秒の間）

＜対話文３＞を始めます。

（３秒の間）

Woman: Excuse me. I'd like to go to Minami Station. What time will the next train leave?

Man: Well, it's eleven o'clock. The next train will leave at eleven fifteen.

Woman: My mother hasn't come yet. I think she will get here at about eleven twenty.

Man: OK. Then you can take a train leaving at eleven thirty. You will arrive at Minami Station at eleven fifty-five.

Woman: Thank you. We'll take that train.

（３秒の間）

Question： When will the woman take a train?

（５秒の間）

繰り返します。

（２秒の間）

（対話文３の繰り返し）

（３秒の間）

Question： When will the woman take a train?

（10秒の間）

これで問題Ａを終わり，問題Ｂに入ります。

〔問題Ｂ〕

（３秒の間）

これから聞く英語は，ある外国人の英語の先生が，新しく着任した中学校の生徒に対して行った自己紹介です。内容に注意して聞きなさい。

あとから，英語による質問が二つ出題されます。＜Question 1＞ では，質問に対する答えを選んで，その記号を答えなさい。＜Question 2＞ では，質問に対する答えを英語で書きなさい。

なお，＜Question 2＞ のあとに，15秒程度，答えを書く時間があります。

では，始めます。（２秒の間）

Good morning, everyone. My name is Margaret Green. I'm from Australia. Australia is a very large country. Have you ever been there? Many Japanese people visit my country every year. Before coming to Japan, I taught English for five years in China. I had a good time there.

I have lived in Japan for six years. After coming to Japan, I enjoyed traveling around the country for one year. I visited many famous places. Then I went to school to study Japanese for two years. I have taught English now for three years. This school is my second school as an English teacher in Japan. Please tell me about your school. I want to know about it. I'm glad to become a teacher of this school. Thank you.

（３秒の間）

＜Question 1＞ How long has Ms. Green taught English in Japan?

（５秒の間）

＜Question 2＞ What does Ms. Green want the students to do?

（15秒の間）

繰り返します。

（2秒の間）

（問題Bの英文の繰り返し）

（3秒の間）

＜Question 1＞ How long has Ms. Green taught English in Japan?

（5秒の間）

＜Question 2＞ What does Ms. Green want the students to do?

（15秒の間）

以上で，リスニングテストを終わります。2ページ以降の問題に答えなさい。

【数　学】（50分）〈満点：100点〉

1　次の各問に答えよ。

〔問1〕　$\dfrac{5(\sqrt{5}+\sqrt{2})(\sqrt{15}-\sqrt{6})}{\sqrt{3}}+\dfrac{(\sqrt{3}+\sqrt{7})^2}{2}$　を計算せよ。

〔問2〕　連立方程式 $\begin{cases} \dfrac{7}{8}x+1.5y=1 \\ \dfrac{2x-5y}{3}=12 \end{cases}$　を解け。

〔問3〕　xについての2次方程式 $x^2+24x+p=0$ を解くと，1つの解はもう1つの解の3倍となった。pの値を求めよ。

〔問4〕　1から6までの目が出るさいころをAとBの2人が同時に投げて，それぞれの出た目の数を得点とし，10回の合計点が大きい方を勝者とするゲームがある。

ただし，2人が同じ目を出した場合は，それまでの合計点が2人とも0点になるとする。

下の表はAとBの2人がさいころを9回ずつ投げた結果である。

	1回	2回	3回	4回	5回	6回	7回	8回	9回	10回
A	1	3	2	4	5	6	3	5	2	
B	5	5	3	3	4	6	2	4	3	

AとBの2人がそれぞれ10回目にさいころを投げたとき，Aが勝者となる確率を求めよ。

ただし，さいころは，1から6までのどの目が出ることも同様に確からしいとする。

〔問5〕　右の図のように，線分ABを直径とする半円がある。

解答欄《かいとうらん》に示した図をもとにして，$\overset{\frown}{\mathrm{AB}}$上に$\overset{\frown}{\mathrm{AC}}:\overset{\frown}{\mathrm{CB}}=5:1$となる点Cを，定規とコンパスを用いて作図によって求め，点Cの位置を示す文字Cも書け。

ただし，作図に用いた線は消さないでおくこと。

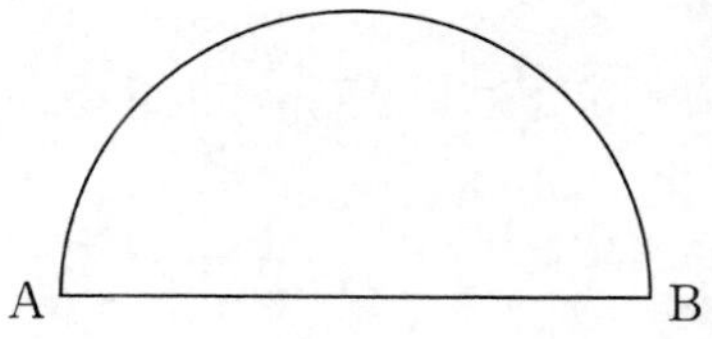

2

右の**図1**で，点Oは原点，曲線ℓは$y = ax^2$ $(a < 0)$，曲線mは$y = \frac{36}{x}$ $(x < 0)$ のグラフを表している。

曲線ℓと曲線mとの交点をAとする。

次の各問に答えよ。

図1

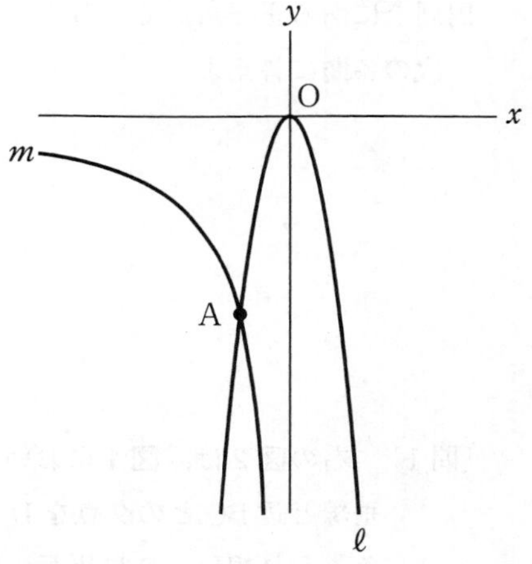

〔問1〕　点Aのx座標が-3のとき，aの値を求めよ。

〔問2〕　右の**図2**は，**図1**において，点Aのx座標を-4，y軸を対称《たいしょう》の軸として点Aと線対称な点をB，y軸上にある点をCとし，点Oと点A，点Oと点B，点Aと点C，点Bと点Cをそれぞれ結んだ四角形OACBがひし形となる場合を表している。

2点B，Cを通る直線と曲線ℓとの交点のうち，点Bと異なる点をDとした場合を考える。

点Dの座標を求めよ。

ただし，答えだけでなく，答えを求める過程が分かるように，途中の式や計算なども書け。

図2

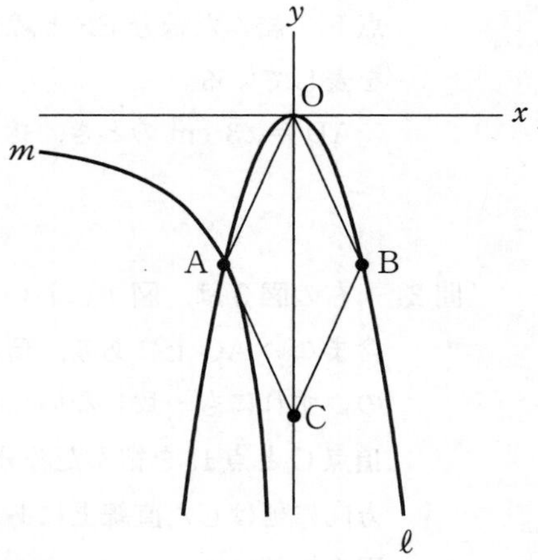

〔問3〕　右の**図3**は，**図1**において点Aのx座標とy座標が等しいとき，曲線m上にあり，x座標が-12である点をE，曲線ℓ上にあり，2点A，Eを通る直線AE上にはなく，点Oにも一致《いっち》しない点をPとし，点Oと点A，点Oと点E，点Aと点E，点Aと点P，点Eと点Pをそれぞれ結んだ場合を表している。

△OAEの面積と△AEPの面積が等しくなるときの点Pのx座標を全て求めよ。

図3

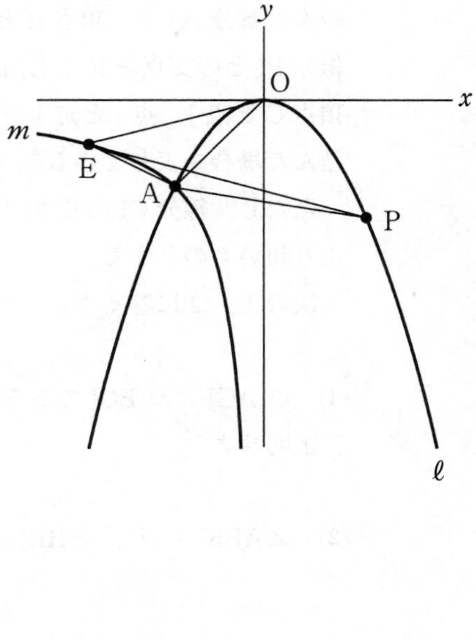

3 右の**図1**で，$\triangle$ ABC は AB = 2 cm で，3つの頂点が全て同じ円周上にある正三角形である。
次の各問に答えよ。

図1

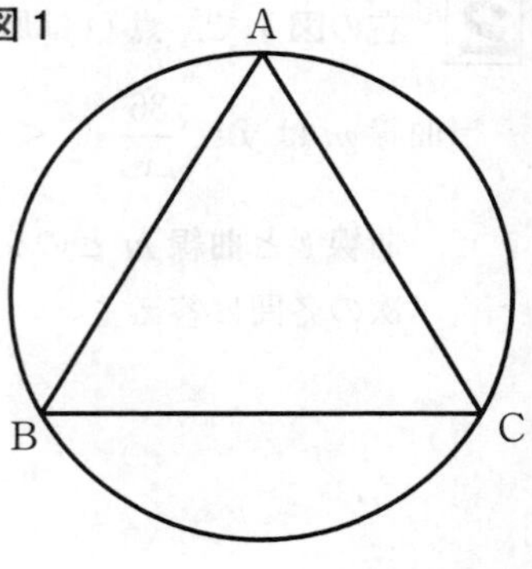

〔問1〕 右の**図2**は，**図1**において，頂点 A から辺 BC に引いた垂線と辺 BC との交点を D とし，頂点 B，頂点 C からそれぞれ線分 AD に平行に引いた直線と円との交点のうち，頂点 B，頂点 C と異なる点をそれぞれ E，F とし，点 E と点 F を結んだ線分 EF と線分 AD との交点を G とした場合を表している。
AD = $\sqrt{3}$ cm のとき，線分 AG の長さは何 cm か。

図2

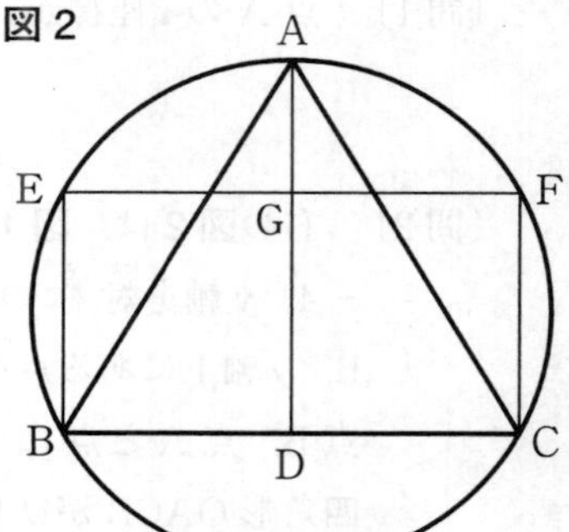

〔問2〕 右の**図3**は，**図1**において，頂点 B を含《ふく》まない $\overset{\frown}{AC}$ 上にあり，頂点 A，頂点 C のいずれにも一致《いっち》しない点を H とし，頂点 C と点 H を結んだ線分 CH を H の方向に延ばした直線上にある点を I とし，円の外部にあり，CI = CJ = IJ となるような点を J とし，頂点 A と点 J を結んだ線分 AJ と，頂点 B と点 I を結んだ線分 BI との交点を K とし，頂点 B と点 H，頂点 C と点 J，点 I と点 J をそれぞれ結んだ場合を表している。
ただし，線分 CI の長さは辺 CA の長さより短いものとする。
次の(1)，(2)に答えよ。

図3

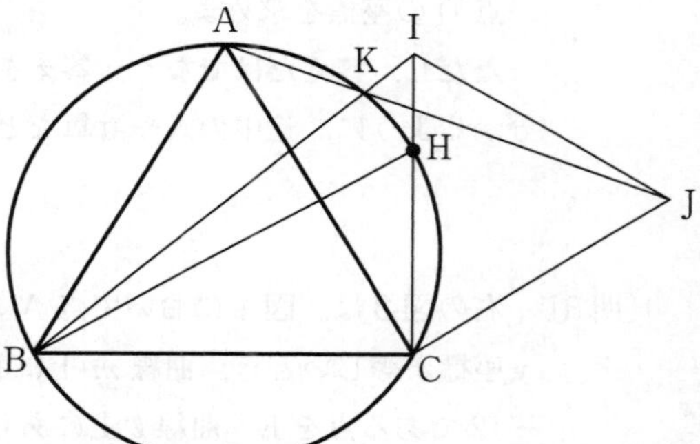

(1) $\triangle$ ACJ ≡ $\triangle$ BCI であることを示し，4点 A，B，C，K は1つの円周上にあることを証明せよ。

(2) $\angle$ABK = 18°，$\angle$HBC = 28° であるとき，$\angle$AJI の大きさは何度か。

4 右の**図1**で，四角形 ABCD は AB = 104 cm, AD = 156 cm の長方形である。

四角形 ABCD の内部に，辺 AD に平行で辺 AD と長さが等しい線分を，となり合う辺と線分，となり合う線分と線分のそれぞれの間隔《かんかく》が 8 cm になるように 12 本引き，辺 AB に平行で辺 AB と長さが等しい線分を，となり合う辺と線分，となり合う線分と線分のそれぞれの間隔が 6 cm になるように 25 本引く。

次の各問に答えよ。

図1

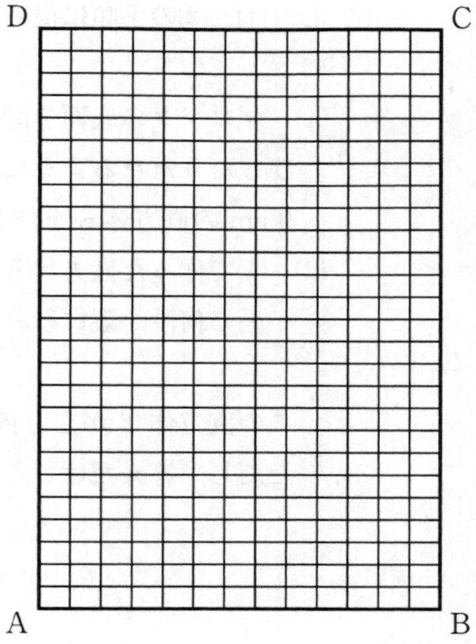

〔問 1〕 **図1**において，頂点 A と頂点 C を結んだ場合を考える。

線分 AC が，辺 AD に平行な線分または辺 AB に平行な線分と交わるときにできる交点は何個あるか。

ただし，辺 AD に平行な線分と辺 AB に平行な線分の交点および頂点 A，頂点 C は除くものとする。

〔問 2〕 右の**図2**は，**図1**において，辺 AD に平行な線分と辺 AB に平行な線分との交点のうちの 1 つを P とし，点 P を通り辺 AD に平行に引いた線分と辺 AB との交点を Q，点 P を通り辺 AB に平行に引いた線分と辺 AD との交点を R とした場合を表している。

ただし，点 P は辺 AB 上にも辺 AD 上にもないものとする。

四角形 AQPR において，PR = 2 PQ となるもののうち，面積が最大になる場合の面積は何 cm^2 か。

図2

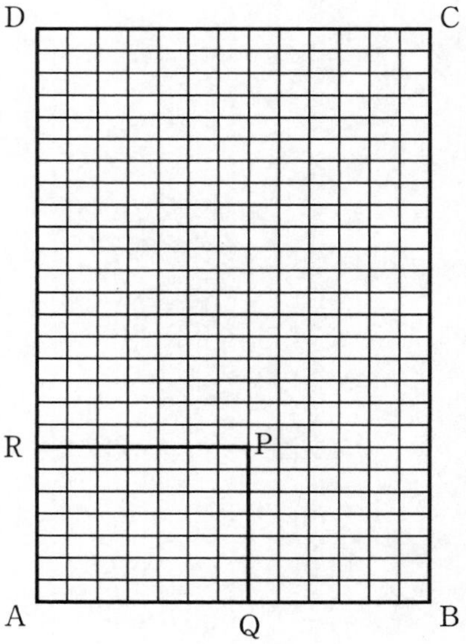

〔問 3〕　底面が縦 6 cm，横 8 cm の長方形で，高さが 9 cm の直方体のブロックを十分な数だけ用意し，(1)，(2)の手順に従って直方体 S，直方体 T を作る場合を考える。

(1)　ブロックの底面を**図 1** の直線でできたマスに合わせて置き，ブロック同士の側面がぴったり重なるように隙間《すきま》なく並べて，底面が四角形 ABCD の内部に収まるような高さが 9 cm の直方体 S を作る。

(2)　(1)で作った直方体 S を何個も作り，直方体 S の高さを変えずに隙間なく 2 段，3 段，4 段，……と何段か縦に積み上げて直方体 T を作る。

この直方体 T が立方体になるとき，使われるブロックは全部で何個か。

ただし，答えだけでなく，答えを求める過程が分かるように，途中の式や計算なども書け。

〔問4〕 (4)その表現に律令《りつりょう》語（法律用語）を用いていることも特徴である。とあるが、「寒早十首」の詩にそのような特徴が生じた理由について、筆者はどのように述べているか。その説明として最も適切なものは、次のうちではどれか。

ア　道真は、地方官として赴任したことを不満に思いつつも、国守としての立場で漢詩を詠んでいるから。

イ　道真は、国司の仕事を具体的に表現することで、観念的な漢詩の詠み方を否定しようとしているから。

ウ　道真は、都に戻ることを早く許されたいと願うゆえに、職務に忠実に励む姿勢を詩で示しているから。

エ　道真は、宮中の行事を思うことが習慣化していて、都に生まれた貴族としての立場を重視しているから。

〔問5〕 (5)道真はそれに対して、宮廷詩宴で献詩を行う詩臣を標榜《ひょうぼう》していた。とあるが、「詩臣」という語は、ここではどのような立場を表す語として用いられているか。その説明として最も適切なものは、次のうちではどれか。

ア　詩作によって積極的に情報を発信することで、都で漢詩人が広く重用されるべきだと訴《うった》える立場。

イ　政治的な問題を詩によって表現することで、漢詩の専門家としての存在意義を示そうとする立場。

ウ　地方の人民の苦しみを詩に詠むことで、自分が信望の厚い国守であることを都に誇示しようとする立場。

エ　道徳的な政治のあり方を詩で提唱することで、儒家への対抗勢力として政治的な問題解決を目指す立場。

都の新年を思い、夢の中で都の自邸《じてい》に帰っている。讃岐守として、讃岐の人々を思いつつも、やはり都の、我が家を思うのである。

（滝川幸司「菅原道真」による）

〔注〕晋《しん》の潘岳《はんがく》――中国の王朝である西晋の文人の名。「秋興賦《しゅうきょうのふ》」は潘岳の詩の名称《めいしょう》。

重陽宴《ちょうようのえん》――陰暦《いんれき》九月九日（重陽の日）の節句に皇居で行われた観菊《かんぎく》の宴。

文章生試《もんじょうしょうし》――平安時代の役人の養成機関の試験。

菊酒《きくざけ》――重陽の節句に飲む、菊の花を浸した、または浮かべた酒。

禁中――皇居の中。

偶吟《ぐうぎん》――ふと心に浮かんだことを詩歌に詠むこと。

紫宸殿《ししんでん》――平安京の皇居の建物の一つ。

讃岐の州民――道真が国守として治めていた讃岐の地の人々のこと。

課役《かえき》――人民に課せられた税や労役《ろうえき》のこと。

屈原《くつげん》「漁父《ぎょほ》」――古代中国の詩人屈原の作として伝わる文章。

儒家《じゅか》――孔子《こうし》に始まる中国古来の政治・道徳の学である儒学を修めた者。

反駁《はんばく》――他人の意見や批判に反対して論じ返すこと。

〔問1〕(1)今年独対海辺雲 の句に込められた道真の心情を、筆者はどのように考えているか。その説明として最も適切なものは、次のうちではどれか。

ア　大切な家族を都に残して、たった一人で異郷に赴《おもむ》き、慣れない仕事をしなければならないことに嫌気がさしている。

イ　新たな土地での業務に追われてしまい、酒宴さえも開くことのできない境遇《きょうぐう》におかれた身の上にやりきれなさを感じている。

ウ　都から遠く離れたさびしい土地で、誰にも理解されないままたった一人で年老いていく我が身をうらめしく思っている。

エ　国司としての仕事に力を尽くしながらも、折に触れて宮中での詩宴を思い出し、都を遠く離れた任地にいることを嘆《なげ》いている。

〔問2〕(2)讃岐守としての自分を「（　）」と、あくまで旅先にいると表現している とあるが、（　）に当てはまる最も適切な漢字**一字**を、本文中からそのまま抜き出して書け。

〔問3〕(3)「釣魚人」を詠んだ作 とあるが、その説明として**適当でないもの**を次のうちから一つ選べ。

ア　苦しむ人民の様子を描いた作品として、史料的な価値が評価されている。

イ　漢詩の伝統を受け継いで、俗事にまどわされない人物として釣人を描いている。

ウ　道真が赴任後に讃岐の地で実際に見た釣人の様子を、詩の中に表現している。

エ　十首連作のうちの一首で、四字の韻字と第一句目が他の詩と共通している。

B

讃岐赴任に不満を持っていた道真だが、この年冬に詠んだ「寒早十《かんそうじっ》首《しゅ》」の連作は、国守の立場から讃岐の*州民を描いている。

本作は、法制史学者の瀧川政次郎《たきかわまさじろう》が、「寒気の来るのをいち早く感ずる」「貧窮《ひんきゅう》人の患苦《かんく》が綿々と述べられ」「人民が*課役《かえき》の重圧にあえいでいる」ことを詠んでいる「文学史上の重要史料であるのみならず、また法制史上の重要史料でもある」と評した作品でもある。

すべての詩の韻字《いんじ》に「人・身・貧・頻」の四字を用いている。四字は「人の身は貧しきこと頻《しきり》である」の意で、これを韻字とした五言律詩の一〇首連作である。

取り上げられるのは「走還《そうかん》人」(租税の負担から逃れるため戸籍《こせき》の地から離れたけれども悔いて帰ってきた人)「浪来《ろうらい》人」(税から逃れるために浮浪逃散《ちょうさん》した人)「薬圃《やくほ》人」(薬園で諸々《もろもろ》の薬を学ぶ人)「駅亭《えきてい》人」(駅伝輸送の労働に従事する人)「賃船人」(船に雇《やと》われて働く人)「釣魚《ちょうぎょ》人」「売塩人」「採樵《さいしょう》人」(きこり)と、まさしく「課役にあえ」ぐ「人民」を詠んでいる。

「寒早」とは、寒気が早く来ること。詩の第一句目はすべて「何人《だれ》に寒気が早いのだ」という問いで、それに「寒《さむさ》は早い○○人に」と答えて始まる。(3)「釣魚人」を詠んだ作を見てみよう。

何人寒気早　何人《だれ》に寒気が早いのだ。
寒早釣魚人　寒《さむさ》は早い 魚を釣《つ》る人に。
陸地無生産　陸地に生産《なりわい》はなく、
孤舟独老身　孤舟《こしゅう》に独り身を老いていく。
褭糸常恐絶　糸《つりいと》を褭《たわ》めて〔糸が〕絶えるのではと常に恐れ、
投餌不支貧　餌《えさ》を投げて〔魚を釣っても〕貧を支えられない。
売欲充租税　〔魚を〕売って租税に充《あ》てようとして、
風天用意頻　風はどうだ天《そら》はどうだと用意〔気にかけること〕頻《しきり》である。

讃岐の釣人を詠《えい》じた作である。道真は都時代にも釣人を漢詩に詠《よ》み込んだことはあった。ただし、それまでの作は、直接釣人を見て詠んだのではなく、中国戦国時代の*屈原《くつげん》「漁父《ぎょほ》」以来長く詠み続けられた、俗世《ぞくせ》間《けん》から離れて俗事にまどわされない釣人像を踏まえた、いわば観念化された存在であった。その点、寒早十首の釣魚人は、讃岐で実際に見、そのうえで表現されていると考えられる。

これまでの道真には、宮廷詩宴での献詩《けんし》、友人との贈答詩《ぞうとうし》、景物に寄せた風物詩などはあっても、このような階層の人々に焦点《しょうてん》を当てた作品は見えない。これは、道真に限らず他の漢詩人でも同様である。

寒早十首は、このように在地の人々の苦しみを描いた作として注目される。(4)その表現に律令《りつりょう》語(法律用語)を用いていることも特徴である。最初の「走還人」の「走還」などがそうで、都時代の作品にもいくつか見えるものの、寒早十首を含《ふく》め讃岐時代に格段に増える。

道真は讃岐赴任を愁えながら、このように讃岐の人民を詠み、国司の職を詠む。このような作は讃岐から都へ戻ると激減する。というよりも、在地の人民の苦しみを詠む作品は見当たらなくなる。

これはどのように考えるべきか。国守としての立場ではなく、問《も》民《み》苦《く》使《し》(地方行政を監察《かんさつ》する官)の立場で詠んだという見解もあるが、詩人無用論に関わると考えられる。*儒家《じゅか》から発せられたそれは、漢詩や漢詩人など政治に無用だという批判であった。(5)道真はそれに対して、宮廷詩宴で献詩を行う詩臣を標榜《ひょうぼう》していた。

讃岐で人民の苦しみや国司の職務を詠むのは、地方政治の問題・課題を漢詩を用いて表明し、告発することになろう。まさしく政治に有用な詩作を試みたのである。詩人無用論への*反駁《はんばく》だと考えられる。

こうして讃岐一年目は暮れていく。大晦日《おおみそか》に詠んだ「旅亭《りょてい》の除夜」では、「苦《はなは》だ思う 洛下《みやこ》の新年の事を。再び家門《かもん》に到《いた》るのだ 一夢の中で」と、

五

次の文章A・Bは、平安時代の貴族菅原道真《すがわらのみちざね》が、四十二歳で地方官として讃岐《さぬき》（今の香川《かがわ》県に当たる地域の国名）に赴任《ふにん》したことについて書かれたものである。これらの文章を読んで、あとの各問に答えよ。（*印の付いている言葉には、本文のあとに〔注〕がある。）

A

赴任初年度、三〇日ほど雨が降らなかったが、金光明寺《こんこうみょうじ》で行われた仁王百講会《にんのうひゃっこうえ》（百の高座を設けて僧《そう》百人に『仁王経《にんのうぎょう》』を講じさせる法会《ほうえ》）のおかげか雨が降った。道真はそれを祝して詩を詠《よ》んでいる。

秋に入り、道真は二毛《にもう》（白髪《はくはつ》）を発見した。*晋《しん》の潘岳《はんがく》は三二歳で二毛を見たというが（潘岳「秋興賦《しゅうきょうのふ》」）、自分は潘岳より一〇年老いて見た。なぜ初めて見る羽目になったかといえば、「海壖《かいせん》」（海の畔《ほとり》）に臥《ふ》すためだという。「海壖」とは讃岐を指し、讃岐での愁《うれ》いが二毛を生じさせたと考えているのである。

九月九日、宮中では*重陽宴《ちょうようのえん》が行われる日である。この日、道真は国府で小さな酒宴を開いた。そのときに詠んだ詩が残る。秋になっても旅先にあるかのような思い（「客思《かくし》」）が入り乱れ、重陽になると一層その思いは募《つの》る、という心情の表現から始まるが、詩の後半は以下の通りである。

停盃且論輪租法　盃《さかずき》を停《と》めて且《しばら》く論ずるのだ輪租《ゆそ》の法を。

走筆唯書弁訴文　筆を走らせて唯《ただ》書くのだ弁訴《べんそ》の文を。

十八登科初侍宴　十八で*〔文章生試《もんじょうしょうし》に〕登科《とうか》〔合格〕して初めて宴に侍《はべ》った。

(1)今年独対海辺雲　しかし今年は独り海辺の雲に対《むか》うだけだ。

「輪租」とは、徴税のこと。「弁訴」とは、訴訟《そしょう》を処理すること。

重陽宴では*菊酒《きくざけ》を飲み詩を詠むのだが、讃岐では国司としての業務を議論し書類を執筆《しっぴつ》する。讃岐守《さぬきのかみ》として業務に邁進《まいしん》するかのような姿だが、この詩の冒頭《ぼうとう》は、地方に来て「客思」入り乱れる心情を描いており、本来なら宮廷《きゅうてい》詩宴で菊酒を飲み漢詩を詠むはずが、それができない。重陽の日であるだけに、都での詩宴が想起され、守《かみ》という立場への愁いが表出する。

翌年正月二〇日にも漢詩を詠んでいるが、題辞に「*禁中内宴の日である」と自注を付しているのも、先の作同様、宮廷詩宴を想起してである。

このように讃岐で宮廷詩宴や宮中行事を想起する作は、讃岐赴任後半にも見える。「九日*偶吟《ぐうぎん》」では、以下のように詠む。

客中三見菊花開　客《たび》の中三《なかみ》たび菊花《きっか》が開くのを見るが、

只有重陽毎度来　只《ただ》重陽の日が度毎《そのつど》来ることが有る。

今日低頭思昔日　今日頭《こうべ》を低《た》れて昔日《せきじつ》を思う。

紫宸殿下賜恩盃　*紫宸殿《ししんでん》下で恩盃《おんぱい》を賜《たまわ》ったことを。

讃岐に赴任して三年が経《た》ち三度目の重陽の日を迎えた、それでも昔日、重陽宴に参加したこと、重陽宴が開かれる紫宸殿で天皇から盃を賜ったことを思い出すのである。

さらに「正月十六日宮妓《きゅうぎ》の踏歌《とうか》を憶《おも》う」は、宮中での「踏歌」（足を踏みならして歌う舞踏）を思う詩だが、その末尾に「佳辰《よきとき》公宴の日に属《あた》る毎《ごと》に、空空《むな》しく客衣《たびびとのころも》の襟《えり》を〔涙《なみだ》で〕湿《うるお》して損《そこな》うのだ」と、都の天皇主催の宴を思い出すたびに涙を落とすのである。(2)讃岐守としての自分を「（　　）」と、あくまで旅先にいると表現しているのも、道真の心情を表していよう。道真は讃岐守在任中、都を、そこでの行事、特に宮廷詩宴を思い出す旅人として自分を描いていた。

通の価値観を生み出す働きをするから。

イ　同じテーマについて論じ合う対話という営みによって、異なる立場の人々が結びつけられることになるから。

ウ　異なる考えを持った者同士が対話することによって、規範《きはん》と秩序《ちつじょ》が生まれ、社会に対する人々の信頼が高まるから。

エ　専門家と一般人とが課題を共有して対話することで、専門家による啓蒙が進み、社会全体の知性が向上するから。

〔問4〕　～～～部 A 哲学カフェ、B 子どもの哲学、C 哲学プラクティス の話題は、本文の展開においてどのような役割をしているか。最も適切なものを、次のうちから選べ。

ア　哲学カフェから探求型の共同学習の方法が生まれたように、新たな教育のあり方が他にも存在することを示す根拠となっている。

イ　できるだけ若いうちに哲学対話を経験することが人生において重要であるという一般論を挿入《そうにゅう》し、問題提起につなげている。

ウ　哲学対話が重要視されている今日の状況を、科学の価値という観点から比較して分析し、論述方針の転換を図っている。

エ　哲学対話の重要性に対する理解が、日本でも一般の人々の間に浸透してきているということの具体例となっている。

〔問5〕　＝＝＝部 哲学的なテーマ とあるが、次に挙げる①～⑧のうち、「哲学的なテーマ」について考える事例の組み合わせとして最も適切なものはどれか。本文の論旨《ろんし》をふまえて、次の**ア**～**カ**から選べ。

①　夏休みの自由研究で「ダムはどのような構造か」ということについて調べ、学年集会で発表していくつかの質問に答えた。

②　地域の住民同士で「街の暮らしやすさとは何か」ということについて論じ合った。

③　学校で「学ぶことにどのような価値があるのか」という話し合いをしたら様々な意見が出て盛り上がった。

④　先生に「個性を大切にしなさい。」と言われて、「私らしいとはどういうことだろう。」と、友達と話し合いながら帰った。

⑤　会社の上司と一緒に、その月の売り上げ額から翌月の利益を予測した。

⑥　創立一二〇周年を機会に、学校に制服は必要かということを、生徒会役員で議論した。

⑦　友人と一緒に数学の問題に取り組んだら、難しい問題を解くことができた。

⑧　高校卒業後の進路を決定するにあたって、「自分にとってよりよい人生とはどのようなものなのか」ということを家族と話し合った。

ア　①②④⑥　　イ　①②⑤⑧

ウ　②③⑤⑦　　エ　①③④⑥⑦

オ　②③④⑥⑧　　カ　③④⑥⑦⑧

〔問6〕　本文の内容について述べたものとして最も適切なものを、次のうちから選べ。

ア　自然科学の研究方法が普及したことで、大学の授業で哲学を専門的に学ぶことができるようになった。

イ　小学校低学年の子どもは抽象的なことには関心を示さないものの、哲学的なテーマについては高度な次元で議論する能力を持っている。

ウ　社会をよくするには、他者とともに真理を追求し、共同の世界を作り出していく知が求められている。

エ　対話という活動は、個人の推論や論理、認識からなる複合的能力であるため、哲学研究の中心テーマであり続けた。

コンサルティング）、これらの活動をまとめて「哲学プラクティス」と呼ぶことがある。哲学的なテーマについて自由に論じる活動は、「哲学対話」と呼ばれるようになった。

c 哲学プラクティスとは、「おもに対話という方法をもちいながら、哲学的なテーマについて共同で探求する実践的な活動」として定義されるが、国際的にはすでに数十年の活動の実績がある。日本国内でも、数年前に、全国規模の実践者の連絡会《れんらくかい》が組織され、哲学プラクティスに関連する事項《じこう》を研究する学会も設立された。マスコミでもしばしば取り上げられるようになり、教育用のテレビ番組もシリーズ化された。中等教育でも関心を持つ学校が増え、探求型の授業に取り入れられている。

哲学対話に関心を持つ人は、さまざまな世代に渡っているが、とりわけ、若い世代や、子育てをしている世代に多い。かれらは、自分たちと自分たちの子どもの世代が直面している分断の問題には、これまでとは大きく異なった構想で取り組まねばならないこと、そしてそのために市民的な連帯を深めなければならないことに気がついている。若い親世代は、自分たちが受けたものとは異なった、思考やコミュニケーション、探求活動に重きをおいた教育が必要であることをよく理解している。哲学対話が求めているのは、他者とともに真理を追求し、他者とともに人間の世界を組み直していくことである。科学は、世界の事実については知識を提供してくれても、価値や意味に関しては沈黙《ちんもく》する。そうではなく、哲学対話では、他者とともに共同の世界を作り出していく知が求められている。

対話による共同的な真理探求は、アカデミズムを超えて、市民が自主的に発展させている知的な活動である。

哲学と対話とは切っても切り離せない関係にあるにもかかわらず、対話をテーマとした哲学書は多くはない。実は心理学や認知《にんち》科学においても、臨床的な分野以外では、対話を扱う研究は多くはない。また思考についても、哲学においては推論や論理、認識をテーマにした研究はあっても、思考という人間の活動そのものをテーマとした哲学書は、意外にもあまり見当たらない。それは思考という活動が、単純に個人の中の推論的な能力だけで成り立っているのではなく、他者との対話や共同作業を通じて発揮される本来、複合的な能力だからである。

（河野哲也「人は語り続けるとき、考えていない」による）

〔注〕精緻化《せいちか》――細かく緻密になっていくこと。
隘路《あいろ》――狭くて通りにくい道。物事を進める上でさまたげとなるもの。
爾来《じらい》――それ以来。

〔問1〕(1)一八世紀の啓蒙《けいもう》主義の時代の哲学と、一九世紀以降の現在までの講壇化した哲学の大きな違いは二つあるように思われる。とあるが、一八世紀までの哲学と一九世紀以降の哲学の違いについて、**八〇字以上、一〇〇字以内**で説明せよ。

〔問2〕(2)これは学問としては＊精緻化《せいちか》を意味するが、哲学という学問の役割を考えたときには、入ってはならない＊隘路《あいろ》に踏み込んでしまったのではないだろうか。とあるが、「哲学という学問の役割を考えたときには、入ってはならない隘路に踏み込んでしまったのではないだろうか」と筆者が述べたのはなぜか。**八〇字以上、一〇〇字以内**で説明せよ。

〔問3〕(3)対話は全体性を復元する協同作業である。とあるが、それはなぜか。その理由として最も適切なものを、次のうちから選べ。

ア　対話は独立した一人一人の人間の差異を均質的なものに統合し、共む余地はなく、専門家同士の対話でさえ、せいぜい追試過程の一部となるだけである。知の専門化は、対話を無用のものとした。そうした専門知をバックにした政府や行政の振る舞いは、一般人に耳を貸さない問答無用のものとなっていくのは当然であろう。

復権させたいのは対話とそれによる思考である。(3)対話は全体性を復元する協同作業である。ここでいう全体性とは、各分野に分断される前の知の全体性であり、ただ専門性によってではなく、人間が人間としてつながる全体性である。社会の全体性ということで誤解をしてほしくないのは、それが画一性や均一性を意味しないことである。対話的な全体性とはむしろ個人の差異化を意味する。対話は、独立の存在の間でしか成り立たず、異なった考えの間でしか成り立たない。しかしそれらの独立の存在は、対話というひとつの事業に関与している。これが対話による人間の結びつきの特徴である。対話は、振る舞いを管理し、画一化することなく、人々を共通のテーマによって架橋し共同させる。

現代の岐路《きろ》において、良い方向に私たちの人生と社会を向かわせるには、専門化による分断を、対話によって縫《ぬ》い合わせる必要がある。あらゆる現代の知の中に対話を組み込み、社会の分断と人間と自然の分断を克服《こくふく》しなければならない。こうした根本に交流を有した知こそが、真の意味での教養と呼ばれることになるだろう。

しかし一般の人々はすでに対話の重要性について気がつき始めている。

A哲学カフェは、一九九〇年代初頭のフランスで生まれた。カフェに市民があつまり、哲学的なテーマについて自由に論じ合う集会である。

重要な決定には、権威に一方的に依存《いそん》するのではなく、一般市民が関与しなければならない。政治的自律性を求める気運の中で、哲学的な対話が希求された。哲学カフェは政治的な意思決定のためだけに行われるのではない。それ以前に、自分たちが直面している問題を根本まで掘《ほ》り下げ、自分たちがどのような価値観からこの問題に相対しているのかをまず理解するための活動である。哲学カフェはまたたくまに全国に広がり、現在では数え切れないほどのカフェが自主的に運営されている。

時期を同じくして、学校や課外活動で、子ども同士が哲学的なテーマについて話し合う「子どもの哲学」と呼ばれる新しい教育が、日本のさまざまな場所で行われるようになった。とりわけ、小さな子どもを持つ親たちは、あいも変わらぬ記憶《きおく》中心の学校教育に失望し、考え、議論する力を自分の子どもには持ってほしいと考えている。対話することが思考を刺激することを、子どもの親たちは直観的に知っている。哲学など抽象的《ちゅうしょうてき》なことには関心を示さないと言われていた小学校の低学年の子どもでも、「生きるとは何か」「賢いとは何か」「心はどこにあるのか」「普通とは何か」「時間に終わりはあるのか」などといったまさしく哲学的なテーマについて関心を持ち、大人とそれほど変わらない次元の議論を展開する。

B子どもの哲学とは、子どもに哲学の知識を教えることではまったくない。子ども同士で哲学的なテーマについて対話しあい、教員や親といった大人も子どもと一緒に真理を探求するのである。

子どもの哲学の歴史は、哲学カフェよりも長い。子どもを対象とした対話型の教育が試みられたのは、一九二〇年代におけるヘルマン・ノールやレオナルト・ネルゾンといった哲学者の活動に遡《さかのぼ》ることができ、アメリカの哲学者であるマシュー・リップマンは、七〇年代初頭に「探求の共同体」という対話的な共同学習の方法を作り出し、子どもの教育に着手した。*爾来《じらい》、いくつもの国際学会が組織され、世界各地で実践《じっせん》がなされている。

哲学カフェやサイエンス・カフェ、子どもの哲学、地域の問題を根本的に論じる対話、企業《きぎょう》での哲学的な対話、対話による人生相談（哲学

四 次の文章を読んで、あとの各問に答えよ。（*印の付いている言葉には、本文のあとに〔注〕がある。）

哲学《てつがく》は、科学とは異なる知のあり方をしている。古代のアテネでソクラテスがソフィストの知識の妥当性《だとうせい》を問い質《ただ》したように、哲学は既存の知識の再検討を主な任務としている。それは、社会に存在している常識や知識や技術を、人間の根本的な価値に照らし合わせてあらためて検討することである。哲学は社会に既に存在している知識に対して、距離《きょり》をとって判断する「メタ」の立場をとる。その意味で、哲学はもっとも素《そ》朴《ぼく》であると同時に、もっとも高次の視点から世界を捉《とら》える学問である。その際に哲学がとるべき視点は、いかなる専門家からでもない、いかなる職業や役割からでもない、ひとりの人間ないし市民からの視点である。哲学という学問がもっとも一般的であり、特定の分野に拘束《こうそく》されないという特徴はここから来ている。

しかしながら、一九世紀になって哲学が大学の一専門分野として講壇《こうだん》化《か》されてからは、哲学は他の科学と同じく一種の専門科学であろうとしてきた。西洋という文脈で言えば、講壇化は、哲学の専門家を生み出し、彼らが哲学を市民に教育するというスタンスを生み出した。専門家であり教える側であるという大学人としての立場は、哲学者のアイデンティティにすらなっていった。

(1)一八世紀の啓蒙《けいもう》主義の時代の哲学と、一九世紀以降の現在までの講壇化した哲学の大きな違いは二つあるように思われる。ひとつは、後者が、専門用語を駆使《くし》するようになり、難解になり、それ以前の理論についての知識なくしては理解できなくなったことである。古代ギリシャの哲学でも、あるいは、啓蒙時代の哲学、たとえば、ルソーやロック、アダム・スミスでもいいが、平易な日常の言葉で書かれ、ある程度の教養のある人間ならばその内容を理解するのに前もっての知識はいらない。どの哲学者でもその根本的思想をきちんと把握《はあく》するのは容易ではないとしても、一八世紀の啓蒙主義の哲学者の著作を読むのに事前の知識はいらない。これに対して、一九世紀以降の哲学は、専門化し、それを理解するのには長い専門知識の集積を要求するようになった。二〇世紀の二つの現代哲学の潮流、分析《ぶんせき》哲学と現象学も同じである。それぞれの潮流の専門用語は特殊《とくしゅ》な意味を帯び、哲学者の間でもそれを共有できなくなっている。互いに互いの理論的前提が受け入れられずに、学派によって没交《ぼっこう》渉《しょう》となる時代が続いた。(2)これは学問としては*精緻化《せいちか》を意味するが、哲学という学問の役割を考えたときには、入ってはならない*隘路《あいろ》に踏み込んでしまったのではないだろうか。

もうひとつの違いは対話的な側面の消失である。古代哲学の対話篇《たいわへん》については言うまでもないだろう。一八世紀までの近代哲学は、対話を内容としている著作がじつに多い。著名な哲学者の著作集の多くに、「対話」あるいは往復の「書簡」と題された作品が含《ふく》まれている。ルソー、ダランベール、ディドロ、ヴォルテール、ロック、バークリー、ヒューム、ゲーテ、ライプニッツなどをあげれば十分であろう。その書簡の多くは、教養のある一般人との対話である。デカルトのエリザベト王女との書簡集は読み応えのある哲学的な対話である。しかし、一九世紀、とくに二〇世紀以降は、対話や書簡は、完成された哲学論文と比較《ひかく》して二次的で資料的な意味しか持たないと考えられるようになり、ましてや一般人との対話など大学の講義で行えばよい程度の扱いになってしまった。

これは、大学を中心とした近代的な知の編成に、哲学も飲み込まれたことを意味している。しかしこれにより、私たちは重大な、失うべきではない知的な営みを蔑《ないがし》ろにしてきたのではないだろうか。自然科学の実証主義的な研究手続きが定着するにつれて、真理は専門家だけによって見出され、一般の人にはただ教育されるだけのものになってしまった。理論を検証し反証するという科学的な過程のなかには非専門家が入り込た気持ちをゆるめる様子。

ウ　かつて読んだ本が並ぶ棚を見て、思い出に浸って感傷的な気分になり、これまでの自分の営業の方法では結果が出ないのも当たり前だと実感して反省する様子。

エ　実際の本棚を見て、マニュアルや書店の大きさなどの情報から形式や数字以上の意味を分析《ぶんせき》できていなかったと冷静に振り返り、緊張《きんちょう》をほぐそうとしている様子。

〔問4〕(4)店主は「へっ。」と笑い、「無理することはねえよ。」と言いながら、そこで初めて名刺を渡してくれた。とあるが、この表現から読み取れる店主の様子として最も適切なものは、次のうちではどれか。

ア　航樹の別れ際《ぎわ》の挨拶に対して、このような小さい店にわざわざ営業に来る必要はないとしながらも、航樹に好感を抱き、再会を期待する気持ちを表している様子。

イ　航樹の言葉を次の取引への意思とみなし、このような小さい店にわざわざ営業に来る必要はないと返しつつ、渡し忘れた名刺を出して、次の注文を約束する様子。

ウ　航樹の言葉を社交辞令と感じ、このような小さな店にはわざわざ営業に来る必要はないとして、わずかな注文しかできない罪悪感から話を切り上げようとする様子。

エ　航樹の新入社員のような元気な挨拶に対して、このような小さい店にまでわざわざ営業に来る必要はないとし、若い社員の苦労をねぎらおうと気をつかっている様子。

〔問5〕(5)航樹はわざと気持ちを声に出した。とあるが、この表現から読み取れる航樹の気持ちとして最も適切なものは、次のうちではどれか。

ア　航樹は本と読者の出合いを大切にする店主と巡《めぐ》り会った。本をいつくしむ気持ちを持ち続けていれば、今後も自分の人生に影響を与えるような本を見つけられるはずだと確信している。

イ　航樹はうまくいかない自分の仕事に対して不満を募《つの》らせている。しかし、困難を乗り越えてこそ一人前の社会人になれるのだと考えを改め、自分に気合いを入れることで覚悟し直している。

ウ　店主と会話が続いて営業がうまくいったことで、航樹は自信を取り戻した。本の注文を取れた喜びから仕事の意義を見出すことができ、早く次の本屋に向かおうと意欲に満ちあふれている。

エ　本は読者の人生を変える可能性をもつことを、かつて航樹は経験した。本と読者の出合いを支える自分の仕事に喜びと誇りを感じ、前向きに仕事に励もうと自分を奮い立たせようとしている。

〔問6〕〰〰部A～Dについて、その表現や内容を説明したものとして最も適切なものは、次のうちではどれか。

ア　AメガネをAを鼻梁《びりょう》の先にずらした店主らしき男が、上目遣《うわめづか》いで航樹をじろりと見た。には、店主を恐れて引け目を感じている航樹の気の弱い性格が表されている。

イ　Bかるく見ていたのだ。には、大きい本屋では難しい返品も小さい本屋なら気軽にできるはずだと考える航樹の心境が表されている。

ウ　C店主は注文書を受け取り、目を細めた。には、懐かしい本を見付けたことでうれしさを感じている店主の様子が表されている。

エ　D店主が一覧注文書の右上に、この店に割り振られたコード印である番線印を、今まさに押すところだったには、番線印を押す瞬間を航樹に見せようとする店主の思いやりが表されている。

懐《なつ》かしい手触りを味わいながら、見つめる名刺。その名刺に印字された書店名の上には、こう記されている。

「人生を変える本との出合いのお手伝い」

人生を変える本との出合い。まさに自分が何度か経験したことでもある。

そんな本と読者との出合いを手伝うことが、今の自分の仕事でもあるのだ。

航樹はそのことがうれしく、そして誇らしかった。

「よしっ。」

(5)航樹はわざと気持ちを声に出した。

そして、まだ西の空が明るい、夏の夕暮れの道を駅へと急いだ。

もう一軒《いっけん》、いや二軒、これから書店をまわることに決めて——。

（はらだみずき「銀座の紙ひこうき」による）

〔注〕新社——経営状況が悪化した冬風社は、「冬風新社《とうふうしんしゃ》」という名で再起をかけて立て直しを図っている。

面出し——本の表紙を見せて並べること。

取次《とりつぎ》——ここでは、出版社と書店をつなぐ取次会社のこと。

〔問1〕(1)店主の声が明らかにトーンダウンした。とあるが、それはなぜか。その説明として最も適切なものは、次のうちではどれか。

ア　冬風社が一度倒産しそうになったことを思い出して、売れ残った本を返品できなくなると感じ、不安に思ったから。

イ　以前取引《とりひき》があった冬風社には親しみを覚えたが、一方的に話し続ける航樹の態度を見て、不快感を隠せなかったから。

ウ　冬風社の本にいったん関心を示したものの、店に置いても売れない分野の本であるとわかり、興味をそがれたから。

エ　新しい分野に事業を広げようとする冬風社は、従来の伝統を軽視する会社になってしまったと思い、落胆《らくたん》したから。

〔問2〕(2)この日初めて会った、小さな本屋の店主の言葉は、思いがけず航樹の胸に畳みかけるように問いかけてきた。とあるが、この表現から読み取れる航樹の様子として最も適切なものは、次のうちではどれか。

ア　初対面の店主が語った内容と現在の自分の状況が予期せず重ね合わせられ、自分に対する疑問が次々とわき上がり、仕事への思いを見つめ直している様子。

イ　たまたま出会った店主の言葉が胸に響き、これまでの自分に対する反省の念が次々に生じ、自分が思っていた以上に営業は難しい仕事だと痛感している様子。

ウ　初対面の店主の話の意図が分からず、店主と自分の状況とを繰り返し重ね合わせることで、想像以上に苦労してきた店主を理解しようとしている様子。

エ　たまたま出会った店主の話を聞いて自分の生き方が何度も問い直され、店主と自分との役割を比べることで、店主の生き方を理想的に思い始めている様子。

〔問3〕(3)航樹は肩の力を抜いた。とあるが、この表現から読み取れる航樹の様子として最も適切なものは、次のうちではどれか。

ア　話題の単行本がない本棚を見て、新刊の本は欲しいと思う人が現れて自然と売れるのだと気が付き、自分が躍起になって頑張らなくてもよいのだと安心する様子。

イ　本棚を見て、その書店に合った本があるのだと思い至り、マニュアルや書店の大きさばかりを気にして営業の成果を上げようと力んでい

(2)この日初めて会った、小さな本屋の店主の言葉は、思いがけず航樹の胸に畳みかけるように問いかけてきた。会社をやめた自分は、果たして自分の役割をしっかり意識しているのか。自分はなんのために、出版社に転職したのか。それは、もっと自分らしくありたかったからじゃないのか。好きでこの道を選んだのだ。営業であれ、もっと自分らしいやり方で、好きなようにやるべきじゃないのか。

航樹はカバンから、今度は既刊の一覧注文書を取り出した。

「失礼ですが、このなかにこの店で売っていただいた本はありますか？」

「ん？」

C店主は注文書を受け取り、目を細めた。「ああ、まだ絶版じゃないんだな、こいつらは。」

「店のなかを、拝見させてください。」

「好きにしな。」

店主が背中を向けたとき、かなり年配の女性客が濡《ぬ》れた傘《かさ》を引きずるようにして店に入ってきた。

「届いとるかなあ？」

女性はいきなり店主に声をかけた。

「はいはい、松田《まつだ》様。届いてますよ。」

店主は急に十歳くらい若返ったような明るい声を出し、レジ横の棚から婦人雑誌を抜き取った。「いつもありがとうございます。」

航樹はレジの前を離れ、文芸書の棚の前に立った。棚には、今ベストセラーになっている話題の単行本の類いは見あたらない。*取次《とりつぎ》からの配本がないのか、すでに売れてしまったのか。しかし何冊か、航樹が過去に読んだ、思い出深い本が棚に差してある。こぢんまりとしているが、いい棚だな、と思えた。

(3)航樹は肩の力を抜いた。マニュアルばかりを頼りにするのも、書店を坪数で選ぶのも、考えものだ。自分の目でたしかめなければわからない、経験しなければわからないことがあるはずだ。

客が去ったあと、「はいよ。」と店主の声がした。

レジの前にもどると、D店主が一覧注文書の右上に、この店に割り振られたコード印である番線印を、今まさに押すところだった。

「まあ、せっかく来てくれたんだ、おたくの本、またうちに置いてみっから。」

受け取った注文書の書名の欄《らん》に、「1」の文字を見つけた。

「ほんとうですか。」

航樹は思わず声をうわずらせ、頭を下げた。「ありがとうございます。」

「少なくてわるいけどな。」

「とんでもないです。」

「あんたら出版社の人間は、新刊シンカンって出るときだけ騒《さわ》ぐけど、お客さんにとっちゃ、その日初めて手に取った本、その本こそが新刊なんだよ。」

静かな店内に、店主の声は心地よく響いた。

なるほど、そのとおりかもしれない。

「まあ、せっかく来たんだ。雨宿りでもしていきな。」

気がつけば、午後六時をまわっていた。これまで営業したなかで一番店に長居し、会話が続いた。店主は静かにスリップを数えながら、ときおり航樹が投げかける問いかけに答えてくれた。

「それじゃあ、またお伺《うかが》いします。」

航樹は帰りしなに声をかけた。

(4)店主は「へっ。」と笑い、「無理することはねえよ。」と言いながら、そこで初めて名刺を渡してくれた。

表に出ると、思いがけず雨は上がっていた。

歩きながら、受け取った名刺をよく見ると、使われている紙は、自分が仕入れていた紙、スターエイジにちがいなかった。

「はあ。」
訪れたことを早くも後悔しはじめた航樹は、さっさと営業をすませようとカバンから新刊注文書を取り出した。
すると机に置いた航樹の名刺をにらんでいた五十代半ばくらいの店主が、「冬風社《とうふうしゃ》って、潰れたんじゃなかったっけ？」と嫌なことを言い出す。
「いえ、一時危なかった時期もありましたが、また新たにスタートを切りました。」
「へえー、それで『*新社』ってわけだな。」
店主はようやく売上スリップから手を離した。「昔はおたくにもスリップ送ったもんだけどな。」
「ということは、売ってもらってたってことですね。」
初めて聞く種類の反応に、航樹は頬《ほお》をゆるめかけた。
「なにも返ってこなかったけどな。」
「すいません。うちは報奨金制度はやってないもので。」
航樹は耳の上を掻《か》いた。
「で、今はどんな本出してるの？」
「来月の新刊は、理工書になります。新しいジャンルにもチャレンジしていく方針でして。」
「へっ、理工書？　冬風社が？」
(1)店主の声が明らかにトーンダウンした。
航樹はかまわず新刊の説明をはじめたが、「棚《たな》を見りゃあわかるだろうけど、うちは専門的な理工書は扱ってないんでね。それに返品できなくなると困るから。」と素っ気ない。
「返品は随時受けつけます。その心配はありません。」
「縁起でもないけど、おたくが倒産《とうさん》したらどうなるよ。」
「――それは。」
言葉に詰《つ》まると、「あんた、新入社員かい？」と言われた。

「いえ、この七月から中途採用で入りました。」
「へー、今月からかい。そりゃあ、てえへんだ。この蒸し暑いのにきっちりスーツなんか着込んでるから、てっきり新卒かと思っちまった。」
「まあ、似たようなもんです。」
航樹は自嘲《じちょう》気味に返した。
「あんたら出版社の営業は、本は委託《いたく》だから心配いりませんっていつも言うらしいけど、こっちはこの狭い店で食っていかなきゃならない。一冊とは言え、*面出しならそれなりのスペースを占《し》めるんだ。この限られたスペースで、年間いくら売らなきゃ食っていけないか、あんたにわかるかい？」
「いえ、わかりません。」
航樹は素直に首を横に振った。
たしかにそうだ。自分のなかには、委託なのに、返品できるのに、なぜ置いてくれないのだ、と思う安易な気持ちがどこかにあった。Bかるく見ていたのだ。
「うちみたいな店は、入ってくるかもわからない話題の新刊に期待するより、実際に売れた本を大事に売り続けるのさ。だからこの売上スリップは大切なんだ。この一枚の紙が、この店の売上を支えてくれてる。」
「紙が、ですか？」
「そうさ。このスリップが、紙がなくちゃならねえのよ。食ってくためには。」
店主は口元をわずかにゆるめた。「おれは本が好きで、勤め人をやめてこの商売をはじめた。好きとはいえ、やってみれば、なかなかむずかしい商売だ。ほんとは、売れる本か、気に入った本しか店には置きたくない。おたくらが毎日営業してるようなでかい書店には、でかい書店の役割ってもんがある。けどな、うちにはうちの役割があると思ってやってるのさ。つまりは、この一枚の紙みたいにな。」

二〇二一年度 都立立川高等学校

【国語】（五〇分）〈満点：一〇〇点〉

一　次の各文の――を付けた漢字の読みがなを書け。

(1) 彼は幼年より秀才の誉れが高い。

(2) 入念に準備をしてきたので、発表会の成功は必定だ。

(3) 自分が住んでいる町の沿革について調べる。

(4) 彼女は得心がいった様子でうなずいた。

(5) 二人は家賃を折半して暮らしている。

二　次の各文の――を付けたかたかなの部分に当たる漢字を楷書《かいしょ》で書け。

(1) どんなに頑張っても一日に三冊の本を読むのがセキの山だ。

(2) 孫に会ってソウゴウを崩《くず》す。

(3) 毎日続く夏の暑さにヘイコウする。

(4) 新しい美術館のラクセイ式に参加する。

(5) メイキョウシスイの心持ちで試合に挑む。

三　次の文章を読んで、あとの各問に答えよ。（＊印の付いている言葉には、本文のあとに〔注〕がある。）

紙を専門に取り扱う会社を退職した神井航樹《かみいこうき》は、出版社に再就職し、営業部に配属された。本を書店に置いてもらうため、主要な書店をまわって営業をするもののうまくいかない。注文が取れないまま会社に戻ることをためらっていたとき、航樹は訪問書店のリストに載っていない小さな本屋の存在に気が付いた。いったん通り過ぎたが、思い直して店の前まで戻った。

開け放たれた狭い出入口《でいりぐち》からなかをのぞくと、店内はしんとして、客はだれもいない。広さはせいぜい二十坪《つぼ》くらい。奥のレジに年配の男がちんまりと座って、むずかしそうな顔をして売上《うりあげ》スリップをいじっている。

売上スリップとは、店売りの本のページのあいだに挟《はさ》み込まれている二つ折りのカードで、表面が補充《ほじゅう》注文伝票、裏面が売上カードになっている。本が売れた際にレジで店員が抜き取り、追加注文の際に使ったり、まとめて出版社に送ったりする。送付した売上カードの枚数によって報奨金《ほうしょうきん》を出す出版社もあるからだ。

「あのー。」

航樹はおそるおそる声をかけ、出版社名を名乗り、名刺を差し出し挨拶をした。

A「うちの店に版元の営業が来るなんて、明日は雪になるんじゃねえか。」

メガネを鼻梁《びりょう》の先にずらした店主らしき男が、上目遣《うわめづか》いで航樹をじろりと見た。

冗談《じょうだん》のつもりかもしれないが、航樹は笑う気になれず、「失礼ですが、店長さんですか？」と尋《たず》ねた。

「店長さんもなにも、こんな小さな店、おれひとりでじゅうぶんだろ。」

英語解答

1 A ＜対話文1＞ ア
＜対話文2＞ エ
＜対話文3＞ ウ
B Q1 イ
Q2 To tell her about their school.

2 〔問1〕 エ 〔問2〕 ウ
〔問3〕 ア 〔問4〕 イ
〔問5〕 カ 〔問6〕 カ
〔問7〕 エ 〔問8〕 ク
〔問9〕 (例)Cows are the most useful animals for people. There are two reasons. First, milk is so good for people's health that many people drink it every day. Second, people can get a lot of energy from beef. There are a lot of restaurants serving beef. People need them the most. (50語)

3 〔問1〕 オ 〔問2〕 イ
〔問3〕 yourself 〔問4〕 キ
〔問5〕 ウ 〔問6〕 different
〔問7〕 エ 〔問8〕 カ
〔問9〕 ① continue ② beginner
③ advice ④ glad

1〔放送問題〕

〔問題A〕＜対話文1＞≪全訳≫ユミ(Y)：デービッド，私たちはこの建物の最上階にいるの。ここからの眺めはきれいね。／デービッド(D)：お寺がいくつか見えるね，ユミ。／Y：見て！　向こうに私たちの学校が見えるわ。／D：どこ？／Y：あの公園が見える？　その公園のそばよ。／D：ああ，見えた。これはすごくすてきな景色だね。／Y：あなたが気に入ってくれてよかったわ。もうすぐ正午ね。7階まで降りましょう。そこにいいレストランがあるの。

Q：「ユミとデービッドはどこで話しているか」―ア.「建物の最上階」

＜対話文2＞≪全訳≫タロウ(T)：やあ，ジェーン。宿題を手伝ってくれない？　僕には難しくて。／ジェーン(J)：いいわよ，タロウ。でも，今は職員室に行かなきゃならないの。スミス先生のところへ行ってこの辞書を返さないといけないのよ。／T：わかった。じゃあ，僕は図書館に行ってる。返す本があるし，宿題のために新しい本を借りるよ。／J：後でそこへ行ってあなたを手伝うわね。／T：ありがとう。

Q：「なぜジェーンは図書館へ行くのか」―エ.「タロウを手伝うため」

＜対話文3＞≪全訳≫女性(W)：すみません。ミナミ駅へ行きたいんです。次の電車は何時に出ますか？／男性(M)：えっと，今は11時ですね。次の電車は11時15分に発車します。／W：母がまだ来ないんです。11時20分頃にはここに着くと思うんですが。／M：わかりました。それなら11時30分発の電車に乗れますよ。ミナミ駅には11時55分に到着します。／W：ありがとうございます。その電車に乗ることにします。

Q：「この女性はいつ電車に乗るか」―ウ.「11時30分」

〔問題B〕≪全訳≫皆さん，おはようございます。私の名前はマーガレット・グリーンです。オーストラリア出身です。オーストラリアはとても広い国です。皆さんはそこへ行ったことがありますか？毎年，大勢の日本人が私の国を訪れます。日本に来る前，私は中国で5年間英語を教えていました。そこで楽しく過ごしました。／私は日本に住んで6年になります。日本に来た後，1年間はこの国中を旅して楽しみました。数多くの有名な場所を訪れました。それから，２年間学校へ通って日本語を学びました。今は英語を教えて３年になります。この学校は私が日本で英語教師として勤める２つ目の学校となります。どうぞ皆さんの学校について私に教えてください。この学校のことを知りたいのです。この学校の先生になれてうれしく思います。ありがとうございます。

Ｑ１：「グリーン先生はどのくらいの間，日本で英語を教えているか」―イ．「３年間」

Ｑ２：「グリーン先生が生徒にしてほしいことは何か」―「彼らの学校について彼女に教えること」

２〔長文読解総合―会話文〕

≪全訳≫❶リカ，ケント，ミックは東京にあるセイメイ高校のクラスメートだ。ミックはアメリカから来た学生である。彼らは生物部のメンバーだ。彼らは夏休みの初めに，理科の発表の計画について話し合っている。発表は９月上旬に開かれる。リカは生物部の部室で彼らに質問をする。❷**リカ(Ｒ)**：私が理科の発表で話したい海の生き物を当ててみて。❸**ケント(Ｋ)**：どんな生き物？❹Ｒ：そうね，頭が傘みたいな形をしてるわ。❺**ミック(Ｍ)**：傘？❻Ｒ：脳がなくて，体の大部分は水でできてる。❼Ｋ：わかった，クラゲだ！　でも，なんでそれを選んだの？❽Ｒ：数年前，家族と一緒に海に泳ぎに行ったの。そこでいくつか白いクラゲを見たのよ。とてもゆっくり泳いでいたわ。それ以来，クラゲに興味があるの。❾Ｋ：なるほど。彼らがゆっくり泳ぐ理由を知ってるかい？❿Ｒ：わからないわ。⓫Ｋ：彼らは流れに逆らって泳ぐことはないんだ。流れに乗って泳ぐんだよ。⓬Ｒ：(1)-aそれは初耳だわ。⓭Ｍ：ケントはクラゲのことをよく知っていて，リカはそれに興味を持っている。理科の発表はクラゲについてのものにしたらどうかな？⓮Ｒ：いい考えね。クラゲについて勉強する機会が欲しいって思ってたのよ。⓯Ｋ：うーん…。クラゲって，理科の発表にするには，おもしろいものとは思えないなあ。⓰Ｍ：とにかく，生物のナカ先生に，クラゲについてきいてみようよ。今日，僕たちに海の生き物について講義をしてくれることになってるよね。先生は海への旅行からもうすぐ帰ってくるはずだ。いいアドバイスをしてくれるといいね。⓱部室で，ナカ先生を囲んで３人の生徒が座っている。彼は生徒たちにいくつかの生き物を見せている。海で捕まえたばかりの物だ。講義の終わりに，彼は手にした水のボトルを見るように言い，明かりを消す。⓲Ｒ：まあ！　ボトルの中で何かが光っていますね。⓳Ｍ：なんてきれいなんだろう！　夜空の星みたいだ。⓴**ナカ先生(Ｎ)**：ボトルの中で光っているのが何か，わかる人は？㉑Ｋ：ボトルの中で光っているのは，ウミホタルだと思います。㉒Ｎ：そのとおり。ウミホタルが光を放っているんだ。海にはたくさんのウミホタルがいるんだよ。㉓Ｒ：ナカ先生，いくつかのウミホタルが光るのをやめました。どうしてですか？㉔Ｎ：(1)-bいい質問だね。彼らが再び光を発するにはどうしたらいいか知っている人は？㉕Ｋ：知っています。ボトルを振ればいいんです。㉖Ｎ：よく知っているね，ケント。振ってみてくれるかい？㉗Ｋ：はい。ほら，ウミホタルがまた光り出したよ。㉘Ｒ：ナカ先生？㉙Ｎ：なんだい，リカ。㉚Ｒ：ウミホタルはどうやってもう一度光を出したんですか？㉛Ｎ：ウミホタルは２種類の物質――蛍光物質と酵素を海水の中に放出したんだ。この２つがどうなったかわかる人は？㉜Ｋ：化学反応が起こったんです。それで，ウミホタルがまた光り出したんですよね。㉝Ｎ：そう。㉞Ｒ：うーん…。どうして化学反応が起こったのかがわかりません。それについてもう少し詳しく教えてください。㉟Ｎ：(3)もっとわかりやすい例で化学反応を説明できる人は？㊱Ｍ：僕がやってみます。タマネギがあると想像してごらん。タマネギに何もしなければ，何も出ないよね。じゃあ，タマネギを細かく刻んだ後はどうなるかな？㊲Ｒ：目から涙が出てくるわ。㊳Ｍ：じゃあ，そのときタマネギの中では何が起こってるのかな？㊴Ｒ：細かく刻むと，化学反応が起こるわ。㊵Ｍ：つまり，(4)切る前は，タマネギの中に２つの異なる物質がある。１つは原料で，もう１つは特殊な物質。原料と特殊な物質が化学反応を起こして，目を刺激するんだ。それで，目から涙が出てくる。㊶Ｒ：タマネギを切る前は，タマネギの中で原料と特殊な物質がくっつかないのね？42M：そう。特殊な物質が原料を全く違うものに変えてしまうのはどうしてかな？　もうわかってるよね。43R：ええ，化学反応でしょう。特殊な物質である酵素の助けを借りて，化学反応が起こったのね！44N：そう，酵素は特殊なタンパク質なんだ。酵素自体は，化学反応によって変化することはないんだけど，原料は全く異なるものになってしまうんだ。他に質問は？45M：はい，今日，リカはクラゲについてケントと僕に話してくれました。ウミホタルのように光るクラゲはいますか？46N：いるよ，何種類かのクラゲは光るんだ。47M：そういうクラゲは，どこで見られるのかな。48N：来週，町の科学博物館に行ってみないかい？　クラゲに関するイベントがある。学生のためのガイドもいるんだ。49R：(1)-cおもしろそう。行きましょうよ。50リカ，ミック，ケントは町の科学博物館を訪れる。博物館のガイドがクラゲについて説明する。彼女の名前はサキだ。51サキ（S）：最初にどんなクラゲを見たいですか？52R：クラゲの中には，光るのもいるそうですね。それを早く見たいです。53S：わかりました，角を曲がった所にいますよ。54M：うわあ，このクラゲ，光ってる。55S：それはオワンクラゲと呼ばれています。56R：きれいな緑色の光…。彼らはどうやって光を出しているんですか？57S：この掲示を読んでもらえますか？58R：紫外線で光ることができると書いてありますね。59S：彼らは，紫外線で光る特殊な物質を持っているんです。60R：その特殊な物質は何ていうんですか？61S：緑色蛍光タンパク質といいます。GFPと呼ばれています。62K：それは特殊な種類のタンパク質なんですか？63S：そうです。64K：GFPのどういうところが特殊なんですか？65S：同じ所に蛍光物質と酵素があるんです。オワンクラゲは，光るときに別の場所から酵素を得る必要がないんですよ。66K：ウミホタルと同じように光を出すわけではないということですか？67S：そうです。ウミホタルは体内の異なる場所に蛍光物質と酵素を持っているので，これらの物質は光る前にくっつく必要があります。68K：オワンクラゲは，ウミホタルよりも簡単に光を出すということですか？69S：ええ，そのとおりです。科学者は今日，GFPを利用する優れた方法を知っています。70M：どうやって使うんですか？71S：彼らは，タンパク質が体内でどのように動いているかを見つけるためにそれを使っているんです。72M：オワンクラゲのGFPが，他の生き物に使われているっていうことですか？73S：ええ，科学者はそれを別の生き物のタンパク質に加えて，体内に入ったGFPでタンパク質を追跡します。科学者がそれらをはっきりと見ることができるのはどうしてでしょうか？74R：GFPを含むタンパク質が，体内で光るからです。75S：そのとおりです。科学者たちは以前，GFPが発見されるまで，タンパク質，特に体内でのタンパク質の動きについて情報があまり得られませんでした。今，それは科学技術の最も重要なツールの１つとして使われています。76K：サキさん，あなたから教わったことを確認したいんです。友達に質問してもいいですか？77S：どうぞ。78K：科学者がGFPでタンパク質を追跡するときには何がいるのかな？79S：あら，それは，いい質問ですね。80M：ええと。特殊なタンパク質だっけ？81K：(7)-aいや，そうじゃないな…。それは普通，太陽からくるよ。82R：(7)-b日常生活では見られないものよね？83K：(7)-cもちろんさ。84R：(7)-dわかったわ…。紫外線ね。85K：正解。86S：あなたたちのやり取りを聞いていてうれしかったです。オワンクラゲについてお話ししたことを覚えていてくれたんですね。日本人科学者がオワンクラゲのGFPを初めて発見したことを知っていますか？　彼はその功績によってノーベル賞を受賞したんですよ。87R：ええ，本当ですか？　有益な情報をありがとうございます，サキさん。88サキは立ち去った。彼らはしばらくの間，オワンクラゲを見ている。89K：このクラゲはすばらしいね。学園祭で，日本の科学者がどうやってこの特殊な物質を見つけたかを発表したいな。90M：理科の発表用のクラゲを捕まえられたらいいね。91R：(1)-d冗談でしょう？92M：じゃあ，クラゲの写真やビデオを見せるのはどう？93R：それならいいわね。94M：まず，ここにいる全部のクラゲを自分たちの目で見て，計画を立てようよ。

〔問１〕＜適文選択＞(1)－a．クラゲがゆっくり泳ぐ理由を知らないリカが，その答えとなる説明を受けた後に言う内容として，Ｃが適切。この new は「耳新しい」という意味。　(1)－b．生徒であるリカから質問されたナカ先生の言葉として，よいところに気づいたことを褒めるＤが適切。　(1)－c．町の科学博物館でクラゲに関するイベントがあると聞いたリカの反応として，Ａが適切。この sound は「～のように聞こえる〔思える〕」という意味。　(1)－d．リカは，クラゲを捕まえようというミックの発想を，冗談だと思ったのである。

〔問２〕＜文脈把握＞下線部(2)は「とにかく，生物のナカ先生に，クラゲについてきいてみよう」という意味。理科の発表の題材をクラゲにしたいと思っているミックは，ナカ先生のアドバイスを得たいと思っているのである。したがって，ウ．「クラゲに関する情報をナカ先生と共有し，クラゲについて何か新しいことを学びたいと思っている」が適切。

〔問３〕＜適文選択＞リカはナカ先生に問いかけたが，ナカ先生は自分ではこれに答えず，代わりにミックが答えている。ここから，誰か説明できる人がいないかと，リカ以外の生徒に問いかけたのだとわかる。

〔問４〕＜適語句選択＞That means は「つまり」といった意味で，同じ内容を言い換えるときに用いる。タマネギを細かく刻むと化学反応が起こるということは，刻む前には化学反応を起こす物質が別々に存在しているということである。

〔問５〕＜整序結合＞第40，41段落から，特殊な物質と原料が混ざると，化学反応が起こるとわかる。また，語群から，‘change *A* into *B*’「*A*を*B*に変える」を用いると推測できる。疑問文なので Why の後に does を置き，その後に主語として the special substances「特殊な物質」を続ける。その後は‘change *A* into *B*’を使い，*A*には the raw material「原料」，*B*には something really different「全く違うもの」を当てはめる。このように，something を修飾する形容詞は後ろに置かれる。　Why does the special substance change the raw material into something really different ?

〔問６〕＜適語(句)選択＞(6)－a．緑色蛍光タンパク質〔GFP〕が特殊な種類のタンパク質だと説明してもらったケントの質問として，GFPのどういうところが special「特殊」なのか，とするのが適切。　(6)－b．～(6)－d．ウミホタルとオワンクラゲとでは，蛍光物質と酵素のある場所に違いがあることを説明している部分。第66～69段落から，ウミホタルは発光の際に体内で蛍光物質と酵素が混ざる必要があることと，オワンクラゲはウミホタルよりも発光が簡単であることがわかる。ここから，ウミホタルは蛍光物質と酵素が異なる場所にあるが，オワンクラゲはそれらが同じ場所にあり，別の場所から酵素を得る必要がないので，より発光が簡単なのだと推測できる。

〔問７〕＜文整序＞まず，直前の Is it ～ に対する答えとして，No, it isn't … とあるＢがくる。また，Ｃは，ＢやＤの説明を聞いたうえでわかった内容なので，これらより後にくる。Ａは，Ｄの質問に「もちろん(見えない)」と答える内容。また，Ｃで導かれた「紫外線」という答えに対し，ケントは「正解」と言っている。

〔問８〕＜内容真偽＞①「ミックとケントは８月初旬に学校の部室でリカに会う前に，理科の発表をどうするかを決めた」…×　第13～15段落参照。３人で話し合っても決定には至っていない。　②「ケントはクラゲのことをとてもよく知っていたので，リカとミックは彼らの質問に対する彼のすばやい答えとクラゲへの深い愛情に感銘を受けた」…×　第15段落参照。クラゲへの深い愛情は感じられない。　③「ボトルの中のウミホタルが光を出すのに十分なエネルギーを持っていない理由を理解したのはリカだけだった」…×　第30～32段落参照。光を出すのはエネルギーではなく，化学反応の結果。　　④「最初，リカは化学反応をよく理解していなかったが，ケントはその後，別の例を挙げてそれについて注意深く彼女に教えた」…×　第36段落参照。別の例を挙げて化学反応を教えたのは，ケントではなくミックである。　　⑤「３人の生徒が科学博物館を訪れたとき，紫外線によってオワンクラゲが光っていた」…○　第54，55，58，59段落に一致する。　⑥「ケントは，サキが２つの海の生き物についての話をしてくれた後，それらが光を生み出す異なる方法を持っていることがわかった」…○　第65～69段落に一致する。　　⑦「サキは，GFPは科学者のタンパク質研究において最高のツールの１つであるが，以前は科学技術の分野であまり使用されていなかったと述べた」…×　第75段落参照。使用されていなかったのではなく，発見されていなかったのである。　⑧「ミックは，科学博物館で全てのクラゲを見て，その後，彼らの発表計画について考えるのがいいだろうと考えた」…○　最終段落に一致する。

〔問９〕＜テーマ作文＞質問は「人々にとって最も有用な動物は何か，そしてそれはなぜか」という意味。最も有用な動物を選び，その特性や有用性などを述べればよい。

3〔長文読解総合─エッセー〕

≪全訳≫❶私は，今年の４月から東京の中学校で数学を教えることになっている。女子バスケットボール部も担当する。もちろん，生徒たちと出会い，一緒に過ごすことを楽しみにしている。しかし，不安になることもある。「生徒たちは私の数学の授業に興味を持つだろうか？　私はバスケットボールのよいコーチになってクラブのメンバーにたくさんの役に立つアドバイスを与えることができるだろうか？」と私は自問する。こうしたことが心配になり出したとき，私はいつも１枚の写真を見る。私はそれを机の上の写真立てに置いている。写真には同じ顔をした２人の少女が笑っている。１人は私，アユミで，もう１人は双子の姉〔妹〕のハルカだ。写真は，高校に入学したときに撮ったものだ。ハルカは現在，ロンドンに住んでおり，ロンドンのバレエ団のダンサーの１人だ。彼女はよく私にメールを送ってきて，ロンドンでの生活とバレエの公演について教えてくれる。彼女は１人でその市に住んでいて，他のダンサーと一緒に多くの外国によく行っている。彼女はいつも私に，何か新しいことを始める勇気をくれる。私は写真の中の彼女に「OK，ハルカ。私もあなたのようにベストを尽くすわ」と語りかける。❷私たちは別々の高校に通っていた。学年が始まった直後，私はバスケットボール部に入った。ハルカは毎日バレエスクールに通っていたので，どの部活にも入らなかった。彼女は４歳のときにバレエのレッスンを受け始め，バレエを踊るのが大好きだった。私たちは家に帰ると，お互いの学校生活について話した。ハルカは学校のどの部活にも入っていなかったが，友達と一緒に勉強したり，学校のイベントに参加したりして楽しんでいた。私たちはお互いの経験を語り合った。私はいつも「家にはいつだって親友がいる」と自分に言い聞かせていた。そのときはそう信じていた。❸高校に入ってから３か月がたった。夏休み直前の７月のある日，バレエスクールから帰ってきたハルカは，興奮しているように見えた。彼女は私に，「アユミ，大事な話があるの」と言った。「何？」と私は彼女に尋ねた。彼女は私に話し始めた。「私，イギリスのバレエスクールのオーディションを受けたの。３月に東京であったのよ。オーディションに合格した後，奨学金に応募したの。今日，バレエスクールの先生の１人が，私にすごい知らせをくれたのよ。奨学金がもらえることになったの！　９月にはイギリスに行けるのよ，アユミ。私，ロンドンでバレエダンサーになるの！」　私はその知らせにとても驚き，言葉が出てこなかった。ただハルカの顔を見ていた。私は心に思った。「どうして？　どうして私を置いていってしまうの？　いつかは別々の場所で暮らすってわかってる。でも，今じゃない，今じゃないのよ，ハルカ。早すぎるわ！」❹その夜，夕食後，母と父に「ハルカがオーディションを受けて合格したって知ってた？」ときいてみた。父は静かな声で，「もちろん知っていたさ」と答えた。それで私は，「そのことについて，私には何も言ってくれなかった。どうして？」ときいた。ハルカが私の質問に答えた。「ごめんね，アユミ。オーディションに合格して奨学金をもらえる自信があんまりなかったから，あなたには伝えなかったの。それに，あなたをびっくりさせたかったのよ！　この知らせを喜んでくれると思っていたの，だから…」　「ここ日本でバレエのレッスンを受けて，学校生活を楽しみ続けることだってできるわ」と私は言った。ハルカは「私は，夢を実現するためにイギリスに行くって決めたの。競争の世界に入って，ロンドンでバレエダンサーになりたいのよ」とはっきり言った。「そういうのを見果てぬ夢っていうのよ，ハルカ」と，私はよく考えもせずに言ってしまった。ハルカは少し悲しそうな顔をして私に言った。「私たちはいつもお互いに助け合ってきたのに。どうしてそんなことを言うの？」「あなたのことが心配だからよ，ハルカ」と私は答えた。ハルカは静かに言った，「いいえ。あなたは自分のことしか心配していないのよ」　そのとき父が，「わかった，わかった，２人とももうやめなさい。寝る時間だよ」と言った。❺夏休みの間，私たちは毎日忙しかった。ハルカはイギリスでの生活の準備を始め，バレエスクールに通った。私は学校に行ってバスケットボールをした。私たち２人はその問題について話したかったが，そうしなかった。私はハルカのことをよく知っていた。彼女は何かをやると決心したら，それをやり遂げるのだ。彼女は強い意志を持っていた。私は彼女の決心を変えることはできないと思った。彼女に励ましの言葉をかけたかったのだが，心の中の何かが私を押しとどめた。❻８月のある日，祖父が岡山から訪ねてきた。彼の古くからの友人が年に１度東京に集まるので，彼らに会うために私たちの家に泊まりに来たのだ。彼は60歳になるまで，岡山の高校で国語を教えていた。彼は日本の古典を研究していた。ハルカと私は，祖父のことが本当に大好きだった。私たちは彼を尊敬してもいた，というのも，彼は私たちの学校生活についてよくよいアドバイスをしてくれたからだ。彼が私たちの家に来てすぐ，ハルカは自分の決断について彼に話した。彼は驚いたようだったが，彼女の考えを応援すると言った。祖父と私は，彼が家に帰る前日，家の近くの公園を散歩した。１年のその時期にしては涼しい日だったので，私たちはそこでの散歩を楽しんだ。私は突然，ハルカの決断について彼と話したくなった。私は「おじいちゃん，ハルカは今はイギリスのバレエスクールに行くべきではないと思うの。彼女は競争の世界に入って，バレエダンスの技術を磨きたいと思ってる。でも，ここにいたって技術を磨くことができるわ。私は本当に彼女のことが心配なの」と言った。彼は優しい目で私を見て，「なあ，アユミ，吉田兼好の書いた『徒然草』を知ってるかい？」と言った。私は彼の質問に少し驚いた。「うん。学校でその本を何段か読んだことがある。鎌倉時代に書かれた，とても有名な随筆集よね？」と答えた。祖父は，「そう。この本はずっと昔に書かれたものだけど，今の人たちの生活に役立つアドバイスがたくさん収められているんだ。特にハルカのような人にとっては，第150段にいいアドバイスがあると思うんだ」と言った。彼はその段を暗唱し，それからそれをわかりやすく説明し始めた。❼芸を身につけようとしている人は，よくこう言う。「私は芸を学び始めたばかりなので，１人で一生懸命練習している。上手になったら，たくさんの人にすばらしい芸を見せることができる」　しかし，そんな人はどのような芸も決して身につかない。初心者が専門家たちに混ざって芸を学び，上手になるようにあらゆる努力をしてこそ，その人は最後にはその芸で一流の熟練者になれるのだ。❽私は，祖父の話を注意深く聞いた。ハルカにとって，外国で他の学生と競うのはとても難しいことだろうと思うが，彼女は本当にそうしたいと思っているのだ。私は心に思った。「(5)<u>どうして私に彼女を止めることができるだろうか？</u>それは彼女の意志なのだ。たぶん今は，私たちが別々の道を進むべき時なんだ」　そのとき，祖父が私に言った。「アユミ，ハルカのバレエスクールに連れていってくれないかい？　彼女が踊るのを見たいんだ」「いいよ，おじいちゃん。ハルカはバレエスクールでまだ練習しているはずだから」と私は言い，私たちはそこに行った。広いレッスンルームで，ハルカは１人踊っていた。同じパートを何度も何度も練習していたが，うまくできていなかった。ついに彼女は倒れ，床に手をついた。彼女は，自分自身に少し怒っているように見えた。祖父と私は，ドアの所で静かに彼女を見つめた。私は祖父に小さな声で，「(7)ハルカは本当に踊るのが好きなのね，おじいちゃん」と言った。「ああ，本当にそうだね」と彼は答えた。私たちは彼女を見ていただけで，話しかけなかった。❾９月，その日が来た。搭乗ゲートで，ハルカは私にほほ笑んで，「ありがとう，アユミ，本当にごめんね」と言った。私は彼女に，「何で謝るの？」と尋ねた。彼女は，「オーディションを受ける前，アユミにオーディションのことを話さなかった。私は，止められるんじゃないかって心配だったの。夢を諦めたくなかったんだ」と答えた。「謝らなくていいよ。気にしないで」と私は言った。それから，両親と私は彼女に別れを告げた。彼女がゲートに入ると，私は大声で彼女に言った。「ハルカ，ダンスの技術に自信を持って，夢を実現させてね！」ハルカは私を見て，大きな笑顔を見せてくれた。彼女が去った後，母は私を抱きしめ，父は私に言った。「君はとても思いやりのある子だね，アユミ。私たちは君たち２人を本当に愛しているよ！」　私はありがとうと言おうとしたが，涙で言えなかった。私はこう思った。「ハルカ，私は学校生活の中で自分の目標を見つけるために，一生懸命がんばるわ」❿――私はこの春から教師になる。

〔問１〕＜適語選択＞(1)-a. 直後の２文は，アユミの不安を具体的に説明したものとなっている。

(1)-b.「勇気」を修飾する語句として，「新しいことを始める(ための)」とするのが適切。

(1)-c. オーディションに合格し，奨学金ももらえるという知らせを持って帰宅したときのハルカの心情を表す語として，excited「興奮して」が適切。　(1)-d. ロンドンに行くので離れ離れになるという知らせは，２人にとって大事な話だといえる。

〔問２〕＜文脈把握＞下線部(2)やその前後の内容から，アユミはまだハルカと一緒にいたいのだとわかる。したがって，イ.「アユミは，自分とハルカはお互いに支え合い，たくさんの時間を一緒に過ごすべきだと考えた」が適切。

〔問３〕＜適語補充＞ハルカのことが心配だと言うアユミに対し，ハルカは No. とこれを否定している。また，第４段落でアユミは，オーディションの話を自分だけ聞いていなかったことなどへの不満から，ハルカの夢を否定するような言葉を口にしている。こうしたアユミの様子を見てハルカは，「あなたは自分自身のことしか心配していない」と応じたのである。

〔問４〕＜整序結合＞主語 We に対応する動詞は respected で，その目的語として him を置く。また，前の文に「ハルカと私は祖父のことが本当に大好きだった」とあるので，ここは大好きなだけでなく「尊敬してもいた」となるよう，also を respected の前に置く。続けて，その理由となる部分を，‘because＋主語＋動詞…’の形で表す。‘主語＋動詞’は he often gave とし，この後，‘give＋人＋物’の順で gave us some good advice とする。advice の後に，これを修飾する about our school life を続ける。　We also respected him because he often gave us some good advice about our school life.

〔問５〕＜適文選択＞直後に「それは彼女の意志なのだ」とあることから，アユミはハルカが決断したことを自分にはどうやっても止められないと悟っていることがわかる。

〔問６〕＜適語補充＞ここでアユミは，ハルカがロンドンに行くことを受け入れている。つまり，別々の道を進むべき時だということを理解したのである。different は，第３段落最後から３文目にある。

〔問７〕＜適文選択＞同じパートを何度もくじけずに練習しているハルカの姿を見たアユミが感じたこととして，エが適切。

〔問８〕<内容真偽>①「アユミはハルカの妹で，今年の４月に高校の数学の先生になる予定だ」…×　第１段落第１文参照。アユミは高校ではなく，中学校で教えることになっている。また，妹か姉か明記されていない。　②「ハルカは今，外国に１人で住んでいて，アユミによくメールで自分の生活を教えてくれる」…○　第１段落終わりから４，５文目に一致する。　③「アユミとハルカは同じバスケットボールチームに入り，ハルカは毎日バレエスクールにも通っていた」…×　第２段落最初の３文参照。２人の高校は別々で，アユミだけがバスケットボール部に入り，ハルカは部活に入らずにバレエスクールに通った。　④「アユミは，ハルカが９月にロンドンのバレエスクールに通うと聞いて本当にショックを受けた」…○　第３段落に一致する。　⑤「彼女たちの両親は，ハルカがロンドンのバレエスクールに入学するためのオーディションを受けたことを知らなかった」…×　第４段落第１，２文参照。両親は知っていた。　⑥「祖父の助けを借りて，アユミはハルカが競争の世界に入ることを決めた理由を理解した」…○　第６段落後半～第８段落前半に一致する。　⑦「ハルカはアユミをあまり悲しませたくなかったので，アユミにオーディションのことを話さなかった」…×　第９段落第４，５文参照。アユミにオーディションのことを話さなかったのは，アユミに止められてしまうのではないかと心配したからである。　⑧「ハルカがロンドンへ出発した後，アユミはそこに行って彼女のバレエ公演を見ることに決めた」…×　このような記述はない。

〔問９〕<要約文完成>≪全訳≫愛するハルカへ／ロンドンでの学校生活はどう？　元気でやっていてくれたらいいな。おじいちゃんが私たちを訪ねてきたとき，あなたのことを話したの。あなたのことが本当に心配だったので，あなたにロンドンに行ってほしくなかったのよ。私は，あなたがここ日本でバレエスクールに通い続けても，技術を磨くことができると思ってた。おじいちゃんは，鎌倉時代に書かれた有名な随筆集に収められているある随筆を教えてくれたわ。それは，初心者として芸を身につけようとする人についての話だった。彼は私に，役に立つアドバイスをしてくれたと思う。その後，私たちはあなたのバレエスクールに行ったのよ。あなたがとても一生懸命練習していたから，私たちはあなたに話しかけなかったの。ハルカ，私が初めてあなたの知らせを聞いたとき，「それを聞いてうれしいわ！」とは言わなかったわね。本当にごめんなさい。今，私はこう言いたいの。あなたはきっと将来すばらしいバレエダンサーになるって信じてるわ。体に気をつけて！／愛を込めて／アユミ

<解説>①第４段落の中ほどでアユミは，日本でもバレエのレッスンを受けて，学校生活を楽しみ続けることはできると話している。　②第７段落参照。祖父が示した随筆に書かれていることは，芸を身につけようとする初心者の心得である。　③第７，８段落参照。祖父の話によって，アユミは自分の考えが整理できた。これは，役に立つ advice「助言，アドバイス」だったといえる。また，第６段落第６文にあるように，祖父がこれ以前もアドバイスをくれていたことも手掛かりになる。　④第９段落から，アユミはハルカの知らせを聞いた時点で，祝福や喜びの気持ちを伝えなかったことを後悔しているのだと推測できる。

数学解答

1 〔問１〕 $20+\sqrt{21}$

〔問２〕 $x=8$, $y=-4$ 〔問３〕 108

〔問４〕 $\dfrac{5}{12}$ 〔問５〕 右下図

2 〔問１〕 $-\dfrac{4}{3}$ 〔問２〕 $(-8,\ -36)$

〔問３〕 -9, 3, 12

3 〔問１〕 $\dfrac{\sqrt{3}}{3}$cm

〔問２〕

(1) (例)△ABC と△CIJ は正三角形であるから，∠BCA＝∠ICJ＝60° ∠ACJ＝∠ACI＋∠ICJ＝∠ACI＋60°，∠BCI＝∠ACI＋∠BCA＝∠ACI＋60° よって，∠ACJ＝∠BCI……① △ABC は正三角形であるから，AC＝BC……② △CIJ は正三角形であるから，CJ＝CI……③ ①，②，③より，２組の辺とその間の角がそれぞれ等しいから，△ACJ≡△BCI 合同な三角形の対応する角は等しいから，∠KAC＝∠KBC したがって，円周角の定理の逆により，４点A，B，C，Kは同じ円周上にある。

(2) 14°

4 〔問１〕 13個 〔問２〕 4608cm²

〔問３〕 864個

(例)

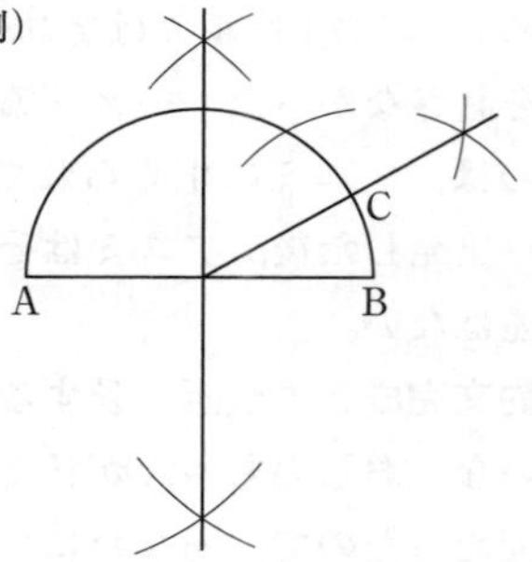

1 〔独立小問集合題〕

〔問１〕＜平方根の計算＞与式$=\dfrac{5(\sqrt{5}+\sqrt{2})\times\sqrt{3}(\sqrt{5}-\sqrt{2})}{\sqrt{3}}+\dfrac{3+2\sqrt{21}+7}{2}=5(\sqrt{5}+\sqrt{2})(\sqrt{5}-\sqrt{2})+\dfrac{10+2\sqrt{21}}{2}=5\times(5-2)+5+\sqrt{21}=5\times3+5+\sqrt{21}=15+5+\sqrt{21}=20+\sqrt{21}$

〔問２〕＜連立方程式＞$\dfrac{7}{8}x+1.5y=1$……①，$\dfrac{2x-5y}{3}=12$……②とする。①×8 より，$7x+12y=8$……①′ ②×3 より，$2x-5y=36$……②′ ①′×2－②′×7 より，$24y-(-35y)=16-252$，$59y=-236$ ∴$y=-4$ これを②′に代入して，$2x-5\times(-4)=36$，$2x+20=36$，$2x=16$ ∴$x=8$

〔問３〕＜二次方程式の応用＞二次方程式 $x^2+24x+p=0$ の１つの解はもう１つの解の３倍であるから，２つの解は $x=m$，$3m$ とおける。また，$x=m$，$3m$ を解とする二次方程式は，$(x-m)(x-3m)=0$ より，$x^2-4mx+3m^2=0$ である。二次方程式 $x^2+24x+p=0$，$x^2-4mx+3m^2=0$ は同じ解を持つので，同じ方程式となる。よって，$24=-4m$……①，$p=3m^2$……②が成り立つ。①より，$m=-6$ となるので，②より，$p=3\times(-6)^2$，$p=108$ である。

〔問４〕＜確率―さいころ＞さいころの目の出方は６通りだから，さいころをA，Bの２人が同時に投げたとき，目の出方は全部で $6\times6=36$(通り)ある。２人は６回目にともに６の目を出しているので，合計点は２人とも０点になり，９回目が終わったところでの２人の得点は，Aが $3+5+2=10$(点)，Bが $2+4+3=9$(点)である。同じ目を出したときは合計点は２人とも０点になるので，２人が10回目にさいころを投げてAが勝者となる場合は，Aの投げたさいころの出た目がBの投げたさいころの出た目より大きい場合となる。このようなさいころの目の組は(A, B)＝(2, 1)，(3, 1)，(3, 2)，(4, 1)，(4, 2)，(4, 3)，(5, 1)，(5, 2)，(5, 3)，(5, 4)，(6, 1)，(6, 2)，(6, 3)，(6, 4)，(6, 5)の15通りあるから，求める確率は $\dfrac{15}{36}=\dfrac{5}{12}$ である。

〔問５〕＜図形―作図＞右図で，半円の中心をＯとすると，$\overset{\frown}{AC}:\overset{\frown}{CB}=5:1$ より，$\angle AOC:\angle COB=5:1$ だから，$\angle COB=\dfrac{1}{5+1}\times180°=30°$ となる。$30°=60°\div2$ だから，$\angle DOB=60°$ となる点Ｄを $\overset{\frown}{AB}$ 上にとると，OC は $\angle DOB$ の二等分線となる。OB＝OD だから，点Ｂと点Ｄを結ぶと，$\triangle OBD$ は正三角形であり，BD＝BO である。よって，作図は，線分 AB の垂直二等分線を引いて半円の中心Ｏを求め，BD＝BO となる点Ｄを $\overset{\frown}{AB}$ 上にとり，$\angle DOB$ の二等分線を引いて，これと $\overset{\frown}{AB}$ との交点をＣとすればよい。解答参照。

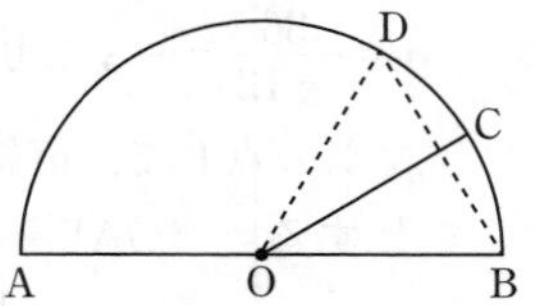

２〔関数―関数 $y=ax^2$ と直線，双曲線〕

≪基本方針の決定≫〔問３〕 直線 EA より上側と下側に分けて考える。

〔問１〕＜比例定数＞右図１で，点Ａは関数 $y=\dfrac{36}{x}$ のグラフ上にあり，x 座標が -3 なので，$y=\dfrac{36}{-3}=-12$ より，A$(-3,\ -12)$ である。点Ａは関数 $y=ax^2$ のグラフ上にもあるので，$-12=a\times(-3)^2$ より，$a=-\dfrac{4}{3}$ となる。

図１

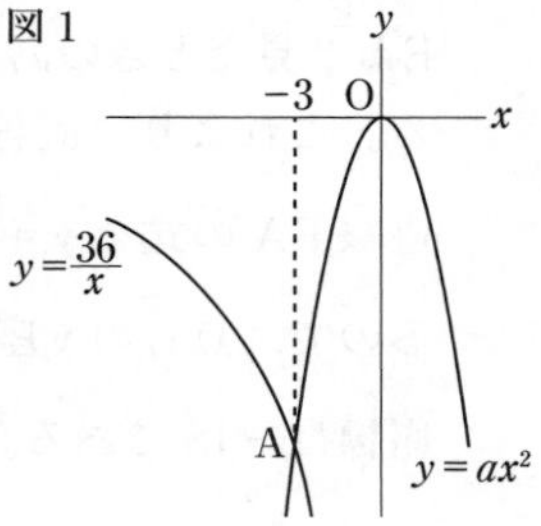

〔問２〕＜座標＞右図２で，点Ａは関数 $y=\dfrac{36}{x}$ のグラフ上にあり，x 座標が -4 なので，$y=\dfrac{36}{-4}=-9$ より，A$(-4,\ -9)$ である。点Ａは関数 $y=ax^2$ のグラフ上の点でもあるから，$-9=a\times(-4)^2$ より，$a=-\dfrac{9}{16}$ となり，曲線 l の式は $y=-\dfrac{9}{16}x^2$ となる。また，点Ａと点Ｂは y 軸について対称だから，B$(4,\ -9)$ である。線分 AB と y 軸の交点をＦとすると，F$(0,\ -9)$ となり，OF＝9 である。四角形 OACB がひし形だから，OC＝2OF＝$2\times9=18$ となり，C$(0,\ -18)$ である。よって，２点Ｂ，Ｃの座標より，直線 BC は傾きが $\dfrac{-9-(-18)}{4-0}=\dfrac{9}{4}$，切片が -18 だから，直線 BC の式は $y=\dfrac{9}{4}x-18$ となる。以上より，点Ｄは関数 $y=-\dfrac{9}{16}x^2$ のグラフと直線 $y=\dfrac{9}{4}x-18$ の交点となる。この２式より，$-\dfrac{9}{16}x^2=\dfrac{9}{4}x-18$，$x^2+4x-32=0$，$(x+8)(x-4)=0$ $\therefore x=-8,\ 4$ よって，点Ｄの x 座標は -8 であり，$y=-\dfrac{9}{16}\times(-8)^2=-36$ となるから，D$(-8,\ -36)$ である。

図２

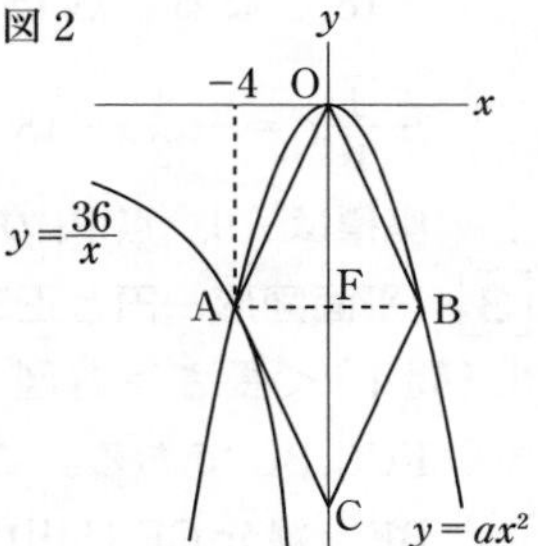

〔問３〕＜x 座標＞右図３で，点Ａは x 座標と y 座標が等しいから，$t<0$ として，A$(t,\ t)$ とおける。点Ａは関数 $y=\dfrac{36}{x}$ のグラフ上にあるから，$t=\dfrac{36}{t}$ より，$t^2=36$，$t=\pm6$ となる。$t<0$ だから，$t=-6$ であり，A$(-6,\ -6)$ である。点Ａは関数 $y=ax^2$ のグラフ上の点でもあるから，$-6=a\times(-6)^2$ より，$a=-\dfrac{1}{6}$ となり，曲線 l の式は $y=-\dfrac{1}{6}x^2$ となる。また，点Ｅは関数 $y=\dfrac{36}{x}$ のグラフ上にあり，x 座標が -12 だから，

図３

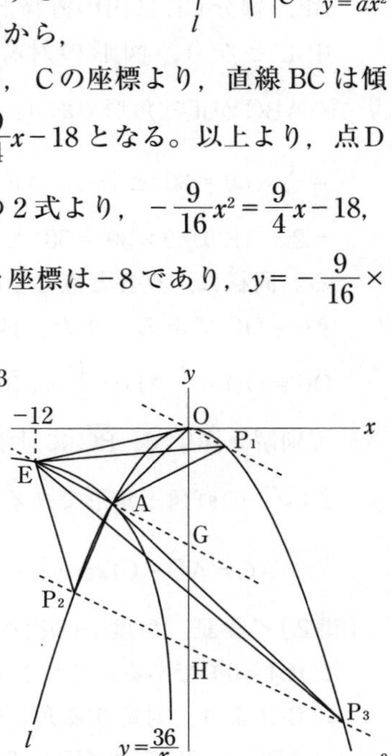

$y=\dfrac{36}{-12}=-3$ より，E$(-12,\ -3)$である。次に，△OAE＝△AEPとなる関数 $y=-\dfrac{1}{6}x^2$ のグラフ上の点Pで，直線EAより上側にある点をP_1，下側にある点を，x座標が小さい方からP_2，P_3とする。△OAE＝△AEP_1より，EA∥OP_1である。2点E，Aの座標より，直線EAの傾きは $\dfrac{-6-(-3)}{-6-(-12)}=-\dfrac{1}{2}$ だから，直線OP_1の傾きも $-\dfrac{1}{2}$ であり，直線OP_1の式は $y=-\dfrac{1}{2}x$ となる。点P_1は関数 $y=-\dfrac{1}{6}x^2$ のグラフと直線 $y=-\dfrac{1}{2}x$ の交点となるから，$-\dfrac{1}{6}x^2=-\dfrac{1}{2}x$ より，$x^2-3x=0$，$x(x-3)=0$　$\therefore x=0,\ 3$　よって，点P_1のx座標は3である。また，△AEP_2＝△AEP_3だから，EA∥P_2P_3となり，OP_1∥EA∥P_2P_3である。△OAE＝△AEP_2より，△OAE，△AEP_2の底辺を辺EAと見たときの高さは等しいから，直線OP_1と直線EA，直線P_2P_3と直線EAの距離が等しくなる。これより，直線EA，直線P_2P_3とy軸の交点をそれぞれG，Hとすると，OG＝HGとなる。直線EAの式を $y=-\dfrac{1}{2}x+b$ とおくと，点Aを通ることから，$-6=-\dfrac{1}{2}\times(-6)+b$，$b=-9$ となるので，点Gのy座標は-9であり，OG＝9である。OH＝2OG＝2×9＝18となるので，点Hのy座標は-18である。EA∥P_2P_3より，直線P_2P_3の傾きは $-\dfrac{1}{2}$ だから，直線P_2P_3の式は $y=-\dfrac{1}{2}x-18$ となる。点P_2，点P_3は関数 $y=-\dfrac{1}{6}x^2$ のグラフと直線 $y=-\dfrac{1}{2}x-18$ の交点となるので，$-\dfrac{1}{6}x^2=-\dfrac{1}{2}x-18$ より，$x^2-3x-108=0$，$(x+9)(x-12)=0$　$\therefore x=-9,\ 12$　よって，点P_2のx座標は-9，点P_3のx座標は12である。以上より，求める点Pのx座標は-9，3，12である。

3〔平面図形―円と正三角形〕

〔問1〕＜長さ＞右図1で，AD⊥BC，EB∥AD∥FCだから，EB⊥BC，FC⊥BCである。これより，点Bと点F，点Cと点Eを結ぶと，線分BF，線分CEは円の直径となる。その交点をOとすると，点Oは円の中心となり，図形の対称性より，点Oは線分AD上の点となる。△ABCが正三角形であり，OB＝OAより，∠ABO＝∠BAO＝$\dfrac{1}{2}$∠BAC＝$\dfrac{1}{2}\times60^\circ=30^\circ$となる。$\overset{\frown}{\mathrm{AF}}$に対する円周角と中心角の関係より，∠AOF＝2∠ABO＝2×30°＝60°となり，OA＝OFだから，点Aと点Fを結ぶと，△OAFは正三角形となる。同様に，点Aと点Eを結ぶと，△OAEも正三角形となるから，四角形AEOFはひし形であり，AG＝OGである。また，四角形BCFEは長方形となるから，OG＝ODである。以上より，AG＝OG＝OD＝$\dfrac{1}{3}$AD＝$\dfrac{1}{3}\times\sqrt{3}=\dfrac{\sqrt{3}}{3}$(cm)である。

図1

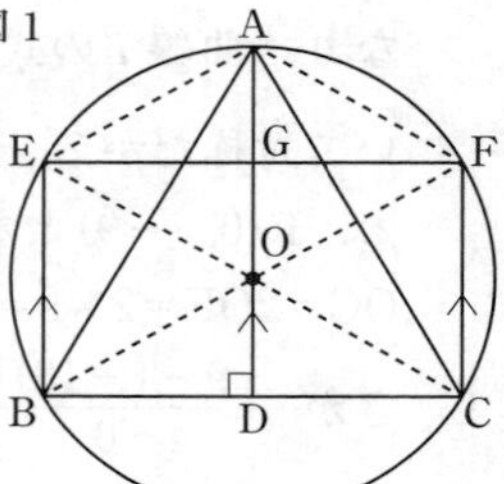

≪別解≫図1で，$\overset{\frown}{\mathrm{BC}}$に対する円周角より，∠BFC＝∠BAC＝60°だから，△BCFは3辺の比が1：2：$\sqrt{3}$の直角三角形である。よって，FC＝$\dfrac{1}{\sqrt{3}}$BC＝$\dfrac{1}{\sqrt{3}}\times2=\dfrac{2\sqrt{3}}{3}$となり，GD＝FC＝$\dfrac{2\sqrt{3}}{3}$だから，AG＝AD－GD＝$\sqrt{3}-\dfrac{2\sqrt{3}}{3}=\dfrac{\sqrt{3}}{3}$(cm)である。

〔問2〕＜論証，角度＞(1)次ページの図2で，△ABC，△CIJが正三角形であることから，∠BCA＝∠ICJ＝60°である。これより，∠ACJ＝∠BCIがいえる。また，AC＝BC，CJ＝CIである。△ACJ≡△BCIより，対応する角に着目する。解答参照。　(2)図2で，△ABC，△CIJが正三角形より，∠ABC＝∠BCA＝∠IJC＝60°である。∠IBC＝∠ABC－∠ABK＝60°－18°＝42°となる。また，∠ABH

＝∠ABC－∠HBC＝60°－28°＝32° だから，$\widehat{\mathrm{AH}}$ に対する円周角より，∠ACI＝∠ABH＝32° となり，∠BCI＝∠BCA＋∠ACI＝60°＋32°＝92° となる。よって，△BCI で，∠BIC＝180°－∠IBC－∠BCI＝180°－42°－92°＝46° である。⑴より，△ACJ≡△BCI だから，∠AJC＝∠BIC＝46° となり，∠AJI＝∠IJC－∠AJC＝60°－46°＝14° である。

図 2

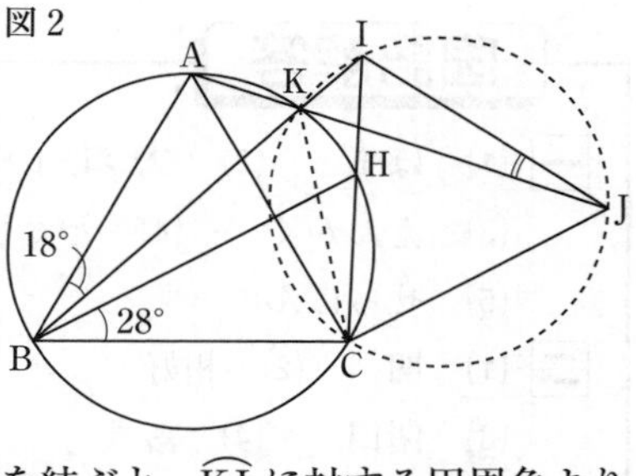

≪⑵の別解≫図 2 で，△ACJ≡△BCI より，∠KJC＝∠KIC だから，4 点 I，K，C，J も 1 つの円周上にある。点 K と点 C を結ぶと，$\widehat{\mathrm{KI}}$ に対する円周角より，∠AJI＝∠KCI となる。また，$\widehat{\mathrm{KH}}$ に対する円周角より，∠KCI＝∠KBH＝∠ABC－∠ABK－∠HBC＝60°－18°－28°＝14° である。よって，∠AJI＝14° となる。

4〔特殊・新傾向問題〕

〔問 1〕＜交点の個数＞右図 1 のように，辺 AB 上に点 E，線分 AC 上に点 F を，FE⊥AB となるようにとる。辺 AD に平行な線分の間隔は 8 cm，辺 AB に平行な線分の間隔は 6 cm だから，点 F が，辺 AD に平行な線分と辺 AB に平行な線分の交点とすると，x，y を自然数として，AE＝$8x$，EF＝$6y$ と表せる。△AEF∽△ABC であり，AB：BC＝104：156＝2：3 だから，AE：EF＝2：3 である。よって，$8x$：$6y$＝2：3 が成り立ち，$8x$×3＝$6y$×2，$2x$＝y となる。これより，x：y＝1：2 だから，線分 AC は，右下図 2 のように，横 8×1＝8，縦 6×2＝12 の長方形の頂点を通ることになる。線分 AC と，線分 AD に平行な直線，線分 AB に平行な直線との交点は，この横 8 cm，縦12cm の長方形内で 1 個である。辺 AD に平行な線分が12本より，これらの線分でできる 8 cm の間隔は13個あるから，線分 AC は，13個の横 8 cm，縦12cm の長方形と交わり，求める交点の個数は 1×13＝13(個)となる。

図 1

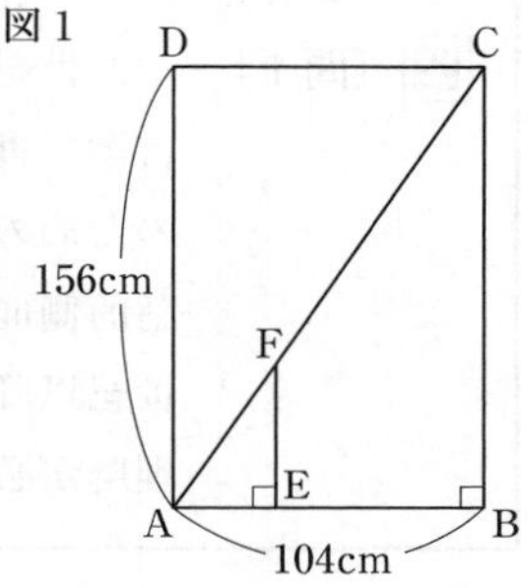

図 2

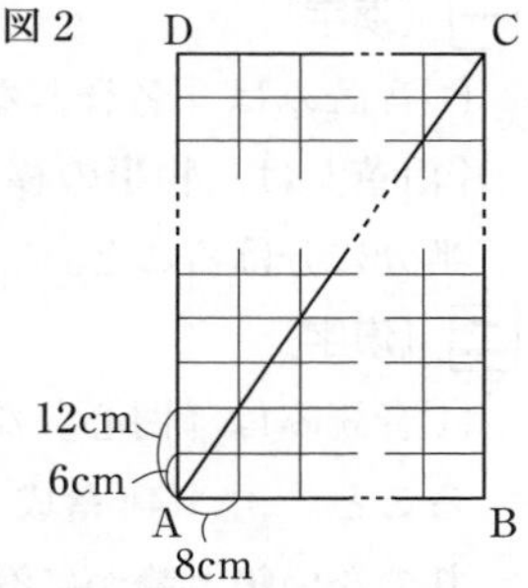

〔問 2〕＜面積＞〔問 1〕と同様に，x，y を自然数として，PR＝$8x$，PQ＝$6y$ と表せる。よって，PR＝2PQ より，$8x$＝2×$6y$，$2x$＝$3y$ となる。辺 AD に平行な線分が12本，辺 AB に平行な線分が25本より，これらの線分でできる 8 cm の間隔は13個，6 cm の間隔は26個だから，1≦x≦13，1≦y≦26 である。この範囲内で，$2x$＝$3y$ を満たす自然数 x，y の組は(x，y)＝(3，2)，(6，4)，(9，6)，(12，8)である。このうち，四角形 AQPR の面積が最大になるのは(x，y)＝(12，8)だから，PR＝$8x$＝8×12＝96，PQ＝$6y$＝6×8＝48 であり，求める面積は，PR×PQ＝96×48＝4608(cm^2)となる。

〔問 3〕＜ブロックの個数＞直方体 S の横の長さは 8 cm の倍数，縦の長さは 6 cm の倍数となる。直方体 S を積み上げて直方体 T をつくり，直方体 T が立方体となるので，直方体 S の底面は正方形となる。よって，直方体 S の底面の正方形の 1 辺の長さは，8 cm，6 cm の公倍数である。直方体 S の底面の正方形の 1 辺の長さは104cm 以下だから，24cm，48cm，72cm，96cm が考えられる。また，直方体 S の高さは 9 cm だから，直方体 T の高さは 9 cm の倍数となる。24cm，48cm，72cm，96cm のうち，9 cm の倍数は72cm だから，直方体 T が立方体になるとき，その 1 辺の長さは72cm である。このとき，ブロックは，横に 72÷8＝9(個)，縦に 72÷6＝12(個)並び，72÷9＝8(段)積み上げられるから，ブロックの個数は 9×12×8＝864(個)となる。

国語解答

一 (1) ほま　(2) ひつじょう
(3) えんかく　(4) とくしん
(5) せっぱん

二 (1) 関　(2) 相好
(3) 閉口　(4) 落成
(5) 明鏡止水

三 〔問1〕 ウ　〔問2〕 ア
〔問3〕 イ　〔問4〕 ア
〔問5〕 エ　〔問6〕 ウ

四 〔問1〕 一八世紀までの哲学は，平易な言葉で書かれており，内容理解のための前提知識は不要で，対話的側面があった。一方，一九世紀以降の哲学は，専門知識の理解が必要な難解なものとなり，対話を無用とするようになった。(100字)

〔問2〕 哲学が専門的学問として分野ごとに細分化されていくことは，社会に存在する常識や知識や技術を，市民の視点から人間の根本的な価値に照らし合わせて再検討するという哲学の役割から遠ざかることになるから。(96字)

〔問3〕 イ　〔問4〕 エ
〔問5〕 オ　〔問6〕 ウ

五 〔問1〕 エ　〔問2〕 客
〔問3〕 イ　〔問4〕 ア
〔問5〕 イ

一〔漢字〕

(1)音読みは「名誉」などの「ヨ」。　(2)「必定」は，きっとそうなると決まっていること。　(3)「沿革」は，物事の移り変わりのこと。　(4)「得心」は，十分に承知すること。　(5)「折半」は，半分に分けること。

二〔漢字〕

(1)音読みは「関心」などの「カン」。　(2)「相好」は，顔つきのこと。　(3)「閉口」は，非常に困ること。　(4)「落成」は，工事が完了して建築物などができあがること。　(5)「明鏡止水」は，曇りのない鏡と静かに澄んだ水ということから，落ち着いて静かな心の状態のこと。

三〔小説の読解〕出典；はらだみずき『銀座の紙ひこうき』。

〔問1〕＜心情＞「冬風社」という名前を聞いて，店主は興味を示したが，新刊書が理工書と聞くと，自分の店の品ぞろえには合わない本だと思ったので，関心も消えていったのである。

〔問2〕＜文章内容＞店主は，自分が「本が好きで，勤め人をやめて」本屋を始めたこと，また小さな本屋には小さな本屋なりの役割があることなどを話してくれた。店主の話は，自分らしくありたいと思って出版社に転職した航樹の状況と重なって，航樹は，改めて自分の役割や仕事の意味などを自分自身に問いかけたのである。

〔問3〕＜文章内容＞航樹は，「マニュアルばかりを頼りに」したり，「書店を坪数で」選んだりして営業をしていたが，小さな書店のこぢんまりとした本棚を見て，「いい棚だな」と思った。注文を取ることに集中していた航樹は，自分の目で見て経験しなければわからないことがあるはずだと思い，気持ちを緩めた。「肩の力を抜く」は，力まずにゆったりと構える，という意味。

〔問4〕＜心情＞航樹とのやり取りに好感を持った店主は，「またお伺いします」という航樹の言葉に対して，「無理することはねえよ」と言いながらも，航樹がまた来ることを期待して名刺を渡してくれたのである。

〔問５〕＜心情＞自分も「人生を変える本との出合い」を経験したことがあったし，今の自分の仕事は「本と読者との出合いを」手伝う仕事だと思うと，航樹はうれしくもあり，誇りにも思った。航樹は，そういう自分を肯定して，仕事をがんばろうという思いで声に出したのである。

〔問６〕＜表現＞出版社から営業が訪れるのは珍しいため，営業の航樹に興味を持った店主の様子が「上目遣いで航樹をじろりと見た」からうかがえる(ア…×)。「かるく見ていたのだ」には，売れなかった本は返品できるのに，書店がどうして新刊書を置いてくれないのかと不満を感じていた航樹が，小さな本屋の経営のことなど何も考えていなかったことに気づいた様子が示されている(イ…×)。航樹が見せた注文書のリストの中に，まだ絶版になっていない懐かしい書籍名を見つけてうれしくなっている店主の様子が「目を細めた」に示されている(ウ…○)。「今まさに押すところだった」には，航樹が自分の仕事のあり方を考えていたときに，ちょうど店主が注文を入れてくれたことが表れている(エ…×)。

四〔論説文の読解―哲学的分野―哲学〕出典；河野哲也『人は語り続けるとき，考えていない　対話と思考の哲学』。

≪本文の概要≫哲学は，社会に存在している常識や知識や技術を，人間の根本的な価値に照らし合わせて再検討するという学問である。だから，哲学は，最も素朴であると同時に，最も高次の視点から世界をとらえる学問である。哲学がとるべき視点は，一人の人間ないし市民からの視点である。一八世紀の啓蒙主義の時代までの哲学は，平易な日常の言葉で書かれ，ある程度の教養のある人間ならばその内容を理解できるものであった。哲学者と一般人との対話も，重視されていた。しかし，一九世紀以降現在までの哲学は，専門化し，その内容を理解するためには，専門知識を必要とするようになった。そして，知の専門化によって，対話的な側面も失われてしまった。今，復権させたいのは対話とそれによる思考である。対話は，独立して異なった考えを持つ人の間でしか成立しないが，その対話によって，人間が結びつくようになる。現代の知の中に対話を組み込み，社会の分断や人間と自然の分断を克服していかなければならない。現代の一般の人々は，対話の重要性に気づき始めていて，「哲学的プラクティス」と呼ばれる活動が始まり，哲学的なテーマについて自由に論じる「哲学対話」の活動も盛んになってきている。対話による共同的な真理探究は，アカデミズムを超えて，市民が自主的に発展させている知的な活動である。

〔問１〕＜文章内容＞一八世紀の啓蒙主義時代の哲学は，「平易な日常の言葉」で書かれていて，内容を理解するための事前の知識を必要としないし，「教養のある一般人との対話」を通して考えを示していくものであった。それに対して，一九世紀以降の哲学は，「専門化」して，その内容を理解するためには専門の知識が必要とされるようになり，「対話」することを「無用」とした。

〔問２〕＜文章内容＞哲学の役割とは，「社会に存在している常識や知識や技術を，人間の根本的な価値に照らし合わせてあらためて検討すること」である。だから，哲学がとるべき視点は，「ひとりの人間ないし市民からの視点」であり，哲学を理解するために多くの専門知識を前提としたり，学派間で対話ができなくなっては，その役割を果たせないのである。

〔問３〕＜文章内容＞対話は，独立した存在の間でしか成り立たないし，異なった考えの間でしか成り立たない。しかし，それらの独立の存在は，対話によって「ひとつの事業に関与」する。つまり，一つのテーマで対話することは，人間どうしの結びつきにつながるのである。

〔問４〕＜文章内容＞「一般の人々はすでに対話の重要性について気がつき始めている」例として，あるテーマに市民が自由に論じ合うものであり，哲学的対話を求める動きである「哲学カフェ」や，子どもどうしが哲学的な対話をしたり，大人も子どもと一緒に真理を探究したりする「子どもの哲学」，また，それらの活動をまとめた「おもに対話という方法をもちいながら，哲学的なテーマについて共同で探究する実践的な活動」と定義される「哲学プラクティス」が挙げられ，日本でもマスコミで取り上げられたりしていることが示されている。

〔問５〕＜文章内容＞「哲学対話が求めているのは，他者とともに真理を追求し，他者とともに人間の世界を組み直していくこと」である。この哲学対話に関心を持つ人は，若い世代や子育て世代に多い。彼らは直面している課題に対して，対話を通して市民的な連帯を目指していかなければならないと思っている(②…○)。また，子どもたちの教育には思考やコミュニケーション，探求活動に重きをおいた教育が必要だと考えている。すぐには答えの出ない課題に対して，他者との会話を通して問題を考え解決していこうとするものである(③・④・⑥・⑧…○)。

〔問６〕＜要旨＞本来の哲学は，「ひとりの人間ないし市民からの視点」のものであるが，一九世紀になって，哲学が大学の一専門分野になってからは，哲学は他の科学同様，一種の専門科学であろうとしてきた(ア…×)。「子ども哲学」では，小学校低学年の子どもでも，抽象的な「哲学的なテーマについて関心」を持ち，大人と同次元の議論を展開する(イ…×)。社会の課題を解決していくためには，他者との対話によって真理を追求し，他者とともに共同の世界をつくり出していく知が必要である(ウ…○)。二〇世紀以降，対話は，「完成された哲学論文と比較して二次的で資料的な意味しか持たない」と考えられるようになった(エ…×)。

五〔説明文の読解―芸術・文学・言語学的分野―文学〕出典；滝川幸司『菅原道真』。

〔問１〕＜文章内容＞讃岐の国に来て，道真は，国司としての業務をこなしているが，九月九日は本来なら宮廷で菊の酒を飲み交わし，漢詩をよむ日であることを思い起こし，国司として都からはるかに離れた地で過ごすことを憂いているのである。

〔問２〕＜文章内容＞道真は，守として讃岐の国に赴任したが，「都の天皇主催の宴を思い出すたびに」都を思い，自分は旅先にいるかのように感じて，讃岐守としての自分を「客」と思っているのである。

〔問３〕＜文章内容＞「釣魚人」をよんだ作は，「寒早十首」の連作の一つで，国守の立場から讃岐の人々をよんだものであり，生活の苦しい人々や税や労役に苦しむ人々を題材としていて「法制史上の重要資料」でもある(ア…○)。十首は全て四字の韻字が同じで，第一句目は全て同じである(エ…○)。都時代の詩は観念化された釣人がよまれていたが，この詩では，讃岐で実際に道真が見た釣人のことがよみ込まれている(イ…×，ウ…○)。

〔問４〕＜文章内容＞道真は都から離れ，讃岐守として讃岐に赴任したことを憂いてはいたが，国司としての立場から讃岐の人々に関心を寄せ，漢詩にもよみ込んだのである。

〔問５〕＜文章内容＞「標榜」は，主義や主張をはっきりと表すこと。政治には漢詩や漢詩人などは無用だとする主張に対して，讃岐の人民の苦しみや国司の職務を漢詩によむことで，道真は地方政治の問題や課題を示し，漢詩人としての役割を果たそうとしたのである。

●2021年度

東京都立高等学校

共通問題

【社会・理科】

2021年度 東京都立高等学校（共通問題）

【社　会】（50分）〈満点：100点〉

1　次の各問に答えよ。

〔問１〕　次のページのⅠの地形図は，2006年と2008年の「国土地理院発行２万５千分の１地形図（川越《かわごえ》南部・川越北部）」の一部を拡大して作成したものである。３ページのⅡの図は，埼玉《さいたま》県川越市中心部の地域調査で確認《かくにん》できる城下町の痕跡を示したものである。Ⅰの**ア**～**エ**の経路は，地域調査で地形図上に●で示した地点を起点に矢印（➡）の方向に移動した様子を ―― で示したものである。Ⅱの図で示された痕跡を確認することができる経路に当てはまるのは，Ⅰの**ア**～**エ**のうちではどれか。

I

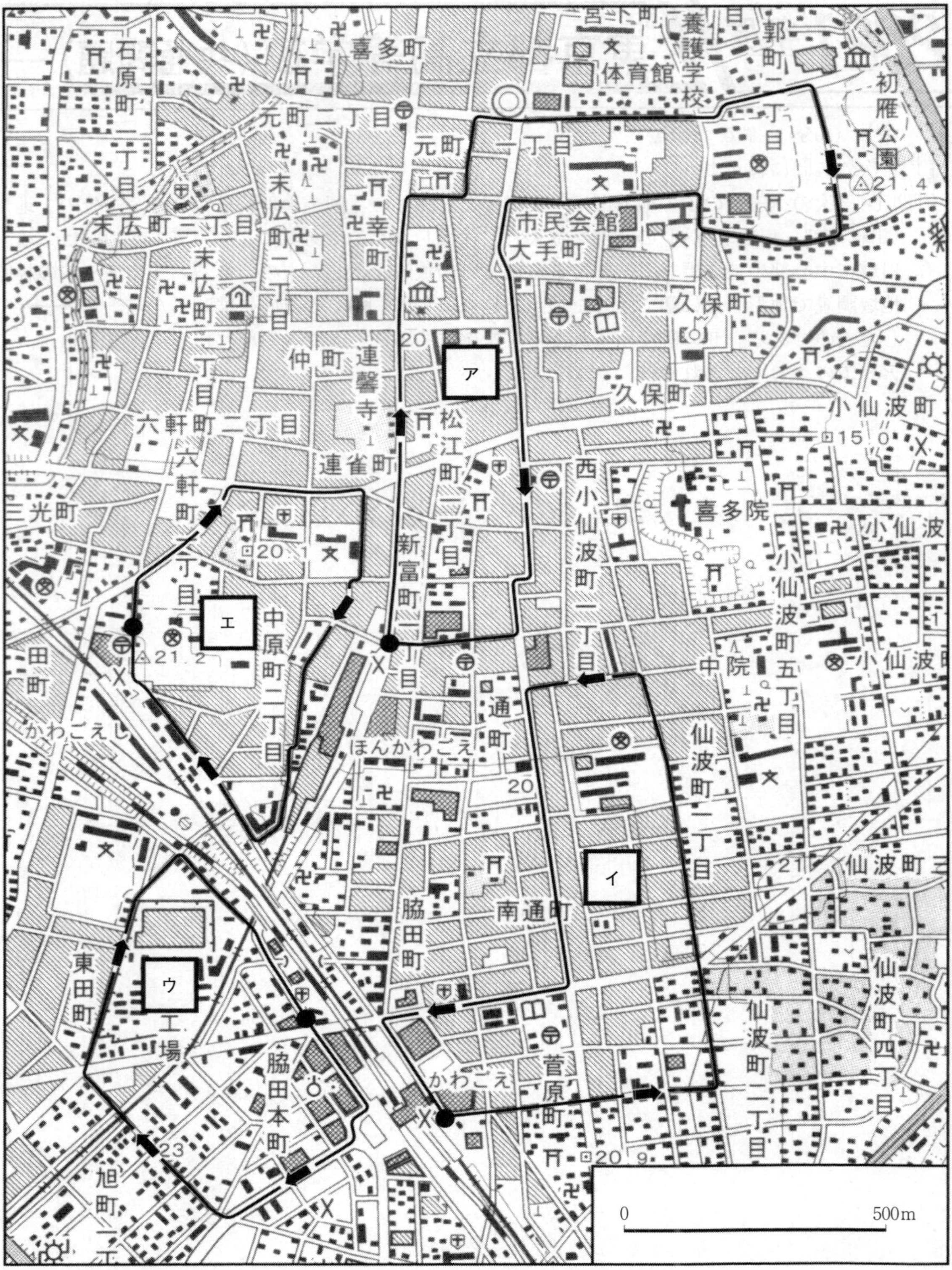

石原町一丁目
喜多町
元町二丁目
元町一丁目
体育館
養護学校
郭町一丁目
初雁公園
21.4
17
末広町三丁目
末広町二丁目
末広町一丁目
幸町
市民会館
大手町
三久保町
仲町
連馨寺
20
ア
松江町二丁目
久保町
小仙波町
六軒町二丁目
六軒町一丁目
連雀町
15.0
三光町
喜多院
20.1
西小仙波町一丁目
新富町一丁目
中原町二丁目
エ
21.2
田町
通町
中院
小仙波町五丁目
かわごえし
ほんかわごえ
20
仙波町一丁目
21
仙波町三
イ
南通町
脇田町
東田町
ウ
工場
脇田本町
かわごえ
菅原町
仙波町二丁目
仙波町四丁目
23
旭町一丁目
20.9
0
500m

Ⅱ

城下町の痕跡を探そう

調 査 日　令和２年10月３日(土)　　集合時刻　午前９時

集合場所　駅前交番前

移動距離《きょり》　約4.1km

痕跡１　城に由来するものが，現在の町名に残っている。

郭町《くるわまち》　城の周囲にめぐらした郭に由来する。

大手町《おおてまち》　川越城の西大手門に由来する。

痕跡２　城下に「時」を告げてきた鐘つき堂

地形図上では，「高塔」の地図記号で示されている。

痕跡３　見通しを悪くし，敵が城に侵入《しんにゅう》しづらくなるようにした鍵《かぎ》型《がた》の道路

通行しやすくするために，鍵型の道路は直線的に結ばれている。

（↓は写真を撮った向きを示す。）

〔問２〕　次の文章で述べている我が国の歴史的文化財は，下の**ア**～**エ**のうちのどれか。

平安時代中期の貴族によって建立《こんりゅう》された，阿弥陀如来坐像《あみだにょらいざぞう》を安置する阿弥陀堂であり，極楽浄土《ごくらくじょうど》の世界を表現している。1994年に世界遺産に登録された。

ア　法隆寺《ほうりゅうじ》　**イ**　金閣　**ウ**　平等院鳳凰堂《びょうどういんほうおうどう》　**エ**　東大寺

〔問３〕　次の文章で述べている人物は，下の**ア**～**エ**のうちのどれか。

この人物は，江戸《えど》を中心として町人文化が発展する中で，波間から富士山を垣間見《かいまみ》る構図の作品に代表される「富嶽三十六景《ふがくさんじゅうろっけい》」などの風景画の作品を残した。大胆《だいたん》な構図や色彩《しきさい》はヨーロッパの印象派の画家に影響を与えた。

ア　雪舟　**イ**　葛飾北斎《かつしかほくさい》　**ウ**　菱川師宣《ひしかわもろのぶ》　**エ**　狩野永徳《かのうえいとく》

〔問４〕 次の条文がある法律の名称《めいしょう》は，下の**ア**〜**エ**のうちのどれか。

> ○労働条件は，労働者と使用者が，対等の立場において決定すべきものである。
> ○使用者は，労働者に，休憩《きゅうけい》時間を除き一週間について四十時間を超えて，労働させてはならない。

ア 男女共同参画社会基本法　　**イ** 労働組合法
ウ 男女《だんじょ》雇用《こよう》機会《きかい》均等《きんとう》法《ほう》　　**エ** 労働基準法

2 次の略地図を見て，あとの各問に答えよ。

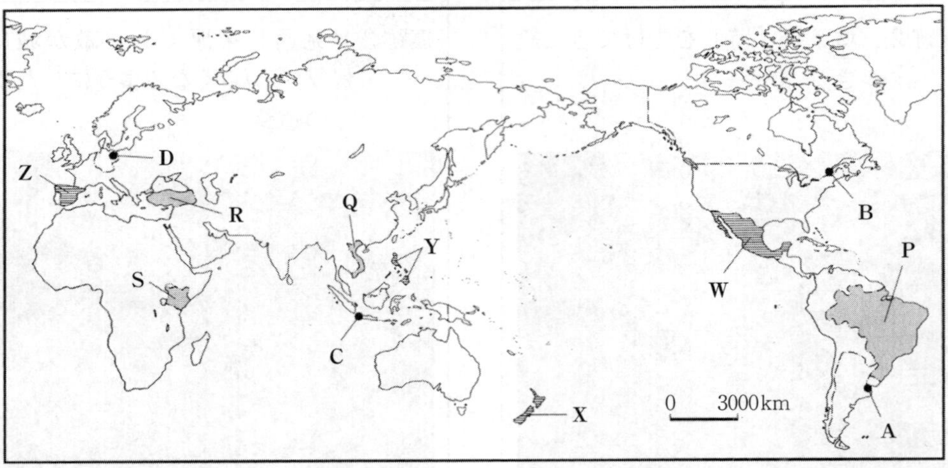

〔問１〕 次のⅠの**ア**〜**エ**のグラフは，略地図中に**A**〜**D**で示した**いずれか**の都市の，年平均気温と年降水量及び各月の平均気温と降水量を示したものである。Ⅱの表の**ア**〜**エ**は，略地図中に**A**〜**D**で示した**いずれか**の都市を含《ふく》む国の，2017年における米，小麦，とうもろこし，じゃがいもの生産量を示したものである。略地図中の**D**の都市のグラフに当てはまるのは，Ⅰの**ア**〜**エ**のうちのどれか，また，その都市を含む国の，2017年における米，小麦，とうもろこし，じゃがいもの生産量に当てはまるのは，Ⅱの表の**ア**〜**エ**のうちのどれか。

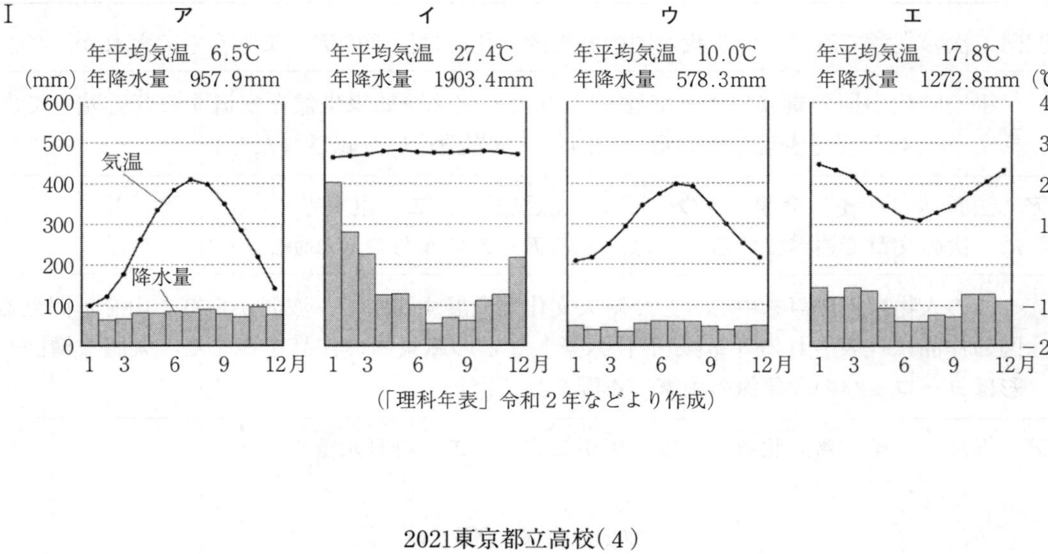

（「理科年表」令和２年などより作成）

Ⅱ

	米(万ｔ)	小麦(万ｔ)	とうもろこし(万ｔ)	じゃがいも(万ｔ)
ア	8138	—	2795	116
イ	133	1840	4948	245
ウ	—	2998	1410	441
エ	—	2448	455	1172

（注）　—は，生産量が不明であることを示す。　（「データブック　オブ・ザ・ワールド」2020年版などより作成）

〔問２〕　次の表の**ア**〜**エ**は，略地図中に ▒ で示した**P**〜**S**の**いずれか**の国の，2017年におけるコーヒー豆と茶の生産量，国土と食文化の様子についてまとめたものである。略地図中の**P**〜**S**のそれぞれの国に当てはまるのは，次の表の**ア**〜**エ**のうちではどれか。

	コーヒー豆(百ｔ)	茶(百ｔ)	国土と食文化の様子
ア	—	2340	○北西部には二つの州を隔《へだ》てる海峡《かいきょう》が位置し，北部と南部も海に面し，中央部には首都が位置する高原が広がっている。 ○帝国《ていこく》時代からコーヒーが飲まれ，共和国時代に入り紅茶の消費量も増え，トマトや羊肉のスープを用いた料理などが食べられている。
イ	26845	5	○北部の盆地《ぼんち》には流域面積約700万km^2の河川《かせん》が東流し，南部にはコーヒー栽培《さいばい》に適した土壌《どじょう》が分布し，首都が位置する高原が広がっている。 ○ヨーロッパ風に，小さなカップで砂糖入りの甘《あま》いコーヒーが飲まれ，豆と牛や豚《ぶた》の肉を煮込んだ料理などが食べられている。
ウ	15424	2600	○南北方向に国境を形成する山脈が走り，北部には首都が位置する平野が，南部には国内最大の稲作《いなさく》地域である三角州《さんかくす》が広がっている。 ○練乳入りコーヒーや主に輸入小麦で作られたフランス風のパンが見られ，スープに米粉の麺《めん》と野菜を入れた料理などが食べられている。
エ	386	4399	○中央部には標高5000ｍを超える火山が位置し，西部には茶の栽培に適した土壌が分布し，首都が位置する高原が広がっている。 ○イギリス風に紅茶を飲む習慣が見られ，とうもろこしの粉を湯で練った主食と，野菜を炒《いた》め塩で味付けした料理などが食べられている。

（注）　—は，生産量が不明であることを示す。　（「データブック　オブ・ザ・ワールド」2020年版などより作成）

〔問３〕　次のⅠとⅡの表の**ア**〜**エ**は，略地図中に ▒ で示した**W**〜**Z**の**いずれか**の国に当てはまる。Ⅰの表は，1999年と2019年における日本の輸入総額，農産物の日本の主な輸入品目と輸入額を示したものである。Ⅱの表は，1999年と2019年における輸出総額，輸出額が多い上位３位までの貿易相手国を示したものである。Ⅲの文章は，ⅠとⅡの表における**ア**〜**エ**の**いずれか**の国について述べたものである。Ⅲの文章で述べている国に当てはまるのは，ⅠとⅡの表の**ア**〜**エ**のうちのどれか，また，略地図中の**W**〜**Z**のうちのどれか。

Ⅰ

		日本の輸入総額(億円)	農産物の日本の主な輸入品目と輸入額(億円)					
ア	1999年	2160	野菜	154	チーズ	140	果実	122
	2019年	2918	果実	459	チーズ	306	牛肉	134
イ	1999年	6034	果実	533	野菜	34	麻類《あさるい》	6
	2019年	11561	果実	1033	野菜	21	植物性原材料	8
ウ	1999年	1546	アルコール飲料	44	果実	31	植物性原材料	11
	2019年	3714	豚肉	648	アルコール飲料	148	野菜	50
エ	1999年	1878	豚肉	199	果実	98	野菜	70
	2019年	6440	豚肉	536	果実	410	野菜	102

（財務省「貿易統計」より作成）

Ⅱ

		輸出総額（億ドル）	輸出額が多い上位３位までの貿易相手国		
			1位	2位	3位
ア	1999年	125	オーストラリア	アメリカ合衆国	日　　本
	2019年	395	中華《ちゅうか》人民《じんみん》共和《きょうわ》国《こく》	オーストラリア	アメリカ合衆国
イ	1999年	350	アメリカ合衆国	日　　本	オ　ラ　ン　ダ
	2019年	709	アメリカ合衆国	日　　本	中華人民共和国
ウ	1999年	1115	フ　ラ　ン　ス	ド　イ　ツ	ポルトガル
	2019年	3372	フ　ラ　ン　ス	ド　イ　ツ	イ　タ　リ　ア
エ	1999年	1363	アメリカ合衆国	カ　ナ　ダ	ド　イ　ツ
	2019年	4723	アメリカ合衆国	カ　ナ　ダ	ド　イ　ツ

（国際連合貿易統計データベースより作成）

Ⅲ

現在も活動を続ける造山帯に位置しており，南部には氷河に削られてできた複雑に入り組んだ海岸線が見られる。偏西風《へんせいふう》の影響を受け，湿潤《しつじゅん》な西部に対し，東部の降水量が少ない地域では，牧羊が行われている。一次産品が主要な輸出品となっており，1999年と比べて2019年では，日本の果実の輸入額は３倍以上に増加し，果実は外貨獲《かく》得《とく》のための貴重な資源となっている。貿易の自由化を進め，2018年には，日本を含む６か国による多角的な経済連携協定《けいざいれんけいきょうてい》が発効したことなどにより，貿易相手国の順位にも変化が見られる。

3　次の略地図を見て，あとの各問に答えよ。

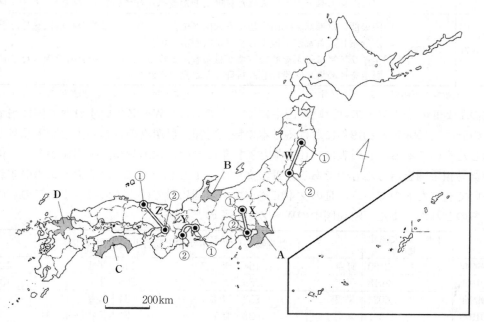

〔問１〕　次の表の**ア**～**エ**は，略地図中に ▒▒ で示した，**A**～**D**の**いずれか**の県の，2019年における人口，県庁所在地（市）の人口，県内の自然環境と情報通信産業などの様子についてまとめたものである。**A**～**D**のそれぞれの県に当てはまるのは，次の表の**ア**～**エ**のうちではどれか。

	人口（万人） 県庁所在地（市）の人口（万人）	県内の自然環境と情報通信産業などの様子
ア	70 33	○北部には山地が位置し，中央部には南流する複数の河川《かせん》により形成された平野が見られ，沖合《おきあい》を流れる暖流の影響で，気候が温暖である。 ○県庁が所在する平野部には，園芸農業を行う施設内の環境を自動制御《せいぎょ》するためのシステムを開発する企業《きぎょう》が立地している。
イ	510 154	○北西部に広がる平野の沖合には暖流が流れ，北東部には潮流が速い海峡《かいきょう》が見られ，南西部に広がる平野は干満差の大きい干潟《ひがた》のある海に面している。 ○県庁所在地の沿岸部には，住宅地開発を目的に埋め立てられた地域に，報道機関やソフトウェア設計の企業などが集積している。
ウ	104 42	○冬季に降水が多い南部の山々を源流とし，北流する複数の河川が形成する平野が中央部に見られ，東部には下流に扇状地を形成する河川が見られる。 ○県庁が所在する平野部には，豊富な水を利用した医薬品製造拠点があり，生産管理のための情報技術などを開発する企業が立地している。
エ	626 97	○平均標高は約40mで，北部にはローム層が堆積する台地があり，西部には大都市が立地し，南部には温暖な気候の丘陵《きゅうりょう》地帯が広がっている。 ○県庁所在地に近い台地には，安定した地盤《じばん》であることを生かして金融《きんゆう》関係などの情報を処理する電算センターが立地している。

（「日本国勢図会《にほんこくせいずえ》」2020/21年版などより作成）

〔問２〕　略地図中に ① ◉━◉ ② で示した**W**～**Z**は，それぞれの①の府県の府県庁所在地と②の府県の府県庁所在地が，鉄道と自動車で結び付く様子を模式的に示したものである。次の表の**ア**～**エ**は，**W**～**Z**の**いずれか**の府県庁所在地間の直線距離《きょり》，2017年における，府県相互間の鉄道輸送量，自動車輸送量，起点となる府県の産業の様子を示したものである。略地図中の**W**～**Z**のそれぞれに当てはまるのは，次の表の**ア**～**エ**のうちではどれか。

	起点→終点	直線距離（km）	鉄道（百ｔ）	自動車（百ｔ）	起点となる府県の産業の様子
ア	①→②	117.1	1078	32172	輸送用機械関連企業が南部の工業団地に立地し，都市部では食品加工業が見られる。
	②→①		10492	25968	沿岸部では鉄鋼業や石油化学コンビナートが，内陸部では電子機械工業が見られる。
イ	①→②	161.1	334	41609	中山間部には畜産業《ちくさんぎょう》や林業，木材加工業が，南北に走る高速道路周辺には電子工業が見られる。
	②→①		3437	70931	平野部には稲作《いなさく》地帯が広がり，沿岸部では石油精製業が見られる。
ウ	①→②	147.9	209	11885	漁港周辺には水産加工業が，砂丘が広がる沿岸部には果樹栽《さい》培《ばい》が見られる。
	②→①		33	9145	沿岸部には鉄鋼業が，都市中心部には中小工場が，内陸部には電気機械工業が見られる。
エ	①→②	61.8	1452	79201	世界を代表する輸送用機械関連企業が内陸部に位置し，沿岸部には鉄鋼業などが見られる。
	②→①		1777	95592	石油化学コンビナートや，岬《みさき》と入《い》り江《え》が入り組んだ地形を生かした養殖業《ようしょくぎょう》が見られる。

（国土交通省「貨物地域流動調査」などより作成）

〔問3〕　次のⅠとⅡの地形図は，千葉県八千代《やちよ》市の1983年と2009年の「国土地理院発行2万5千分の1地形図(習志野《ならしの》)」の一部である。Ⅲの略年表は，1980年から1996年までの，八千代市(萱田《かやだ》)に関する主な出来事についてまとめたものである。ⅠとⅡの地形図を比較《ひかく》して読み取れる，◯で示した地域の変容について，宅地に着目して，簡単に述べよ。また，Ⅰ～Ⅲの資料から読み取れる，◯で示した地域の変容を支えた要因について，八千代中央駅と東京都(大《おお》手町《てまち》)までの所要時間に着目して，簡単に述べよ。

Ⅰ

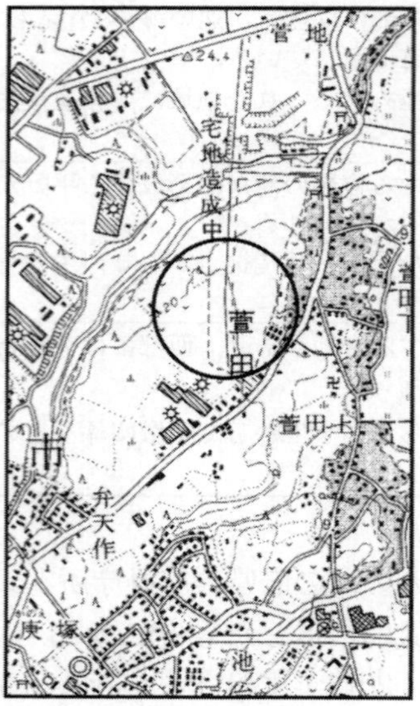

(1983年)

Ⅱ

(2009年)

Ⅲ

西暦《せいれき》	八千代市(萱田)に関する主な出来事
1980	●萱田の土地区画整理事業が始まった。
1985	●東葉高速鉄道建設工事が始まった。
1996	●東葉高速鉄道が開通した。 ●八千代中央駅が開業した。 ●東京都(大手町)までの所要時間は60分から46分に，乗換回数は3回から0回になった。

(注)　所要時間に乗換時間は含《ふく》まない。

(「八千代市統計書」などより作成)

4　次の文章を読み，あとの各問に答えよ。

政治や行政の在り方は，時代とともにそれぞれ変化してきた。

古代では，クニと呼ばれるまとまりが生まれ，政治の中心地が，やがて都となり，行政を行う役所が設けられるようになった。さらに，(1)都から各地に役人を派遣《はけん》し，土地や人々を治める役所を設け，中央集権体制を整えた。

中世になると，武家が行政の中心を担《にな》うようになり，(2)支配を確実なものにするために，独自の行政の仕組みを整え，新たな課題に対応してきた。

明治時代に入ると，近代化政策が推進され，欧米《おうべい》諸国を模範《もはん》として，(3)新たな役割を担う行政機関が設置され，地方自治の制度も整備された。そして，社会の変化に対応した政策を実現するため，(4)様々な法律が整備され，行政が重要な役割を果たすようになった。

〔問1〕　(1)都から各地に役人を派遣《はけん》し，土地や人々を治める役所を設け，中央集権体制を整えた。とあるが，次の**ア**～**エ**は，飛鳥《あすか》時代から室町《むろまち》時代にかけて，各地に設置された行政機関について述べたものである。時期の古いものから順に記号を並べよ。

ア　足利尊氏《あしかがたかうじ》は，関東への支配を確立する目的で，関東8か国と伊豆《いず》・甲斐《かい》の2か国を支配する機関として，鎌倉府《かまくらふ》を設置した。

イ　桓武《かんむ》天皇は，支配地域を拡大する目的で，東北地方に派遣した征夷大将軍《せいいたいしょうぐん》に胆沢城《いさわじょう》や志《し》波城《わじょう》を設置させた。

ウ　中大兄皇子《なかのおおえのおうじ》は，白村江《はくすきのえ》の戦いに敗北した後，大陸からの防御《ぼうぎょ》を固めるため，水城《みずき》や山城《やまじろ》を築き，大宰府《だざいふ》を整備《はくそんこう》した。

エ　北条義時《ほうじょうよしとき》を中心とする幕府は，承久《じょうきゅう》の乱《らん》後の京都の治安維持《いじ》，西国で発生した訴訟《そしょう》の処理，朝廷《ちょうてい》の監視《かんし》等を行う機関として，六波羅探題《ろくはらたんだい》を設置した。

〔問２〕　(2)支配を確実なものにするために，独自の行政の仕組みを整え，新たな課題に対応してきた。とあるが，次のⅠの略年表は，室町時代から江戸《えど》時代にかけての，外国人に関する主な出来事をまとめたものである。Ⅱの略地図中の**A**～**D**は，幕府が設置した奉行所《ぶぎょうしょ》の所在地を示したものである。Ⅲの文章は，幕府直轄地《ばくふちょっかつち》の奉行への命令の一部を分かりやすく書き改めたものである。Ⅲの文章が出されたのは，Ⅰの略年表中の**ア**～**エ**の時期のうちではどれか。また，Ⅲの文章の命令を主に実行する奉行所の所在地に当てはまるのは，Ⅱの略地図中の**A**～**D**のうちのどれか。

Ⅰ

西暦《せいれき》	外国人に関する主な出来事	
1549	●フランシスコ・ザビエルが，キリスト教を伝えるため来航した。	
		ア
1600	●漂着《ひょうちゃく》したイギリス人ウィリアム・アダムスが徳川家康《とくがわいえやす》と会見した。	
		イ
1641	●幕府は，オランダ商館長によるオランダ風説書の提出を義務付けた。	
		ウ
1709	●密入国したイタリア人宣教師シドッチを新井白石《あらいはくせき》が尋問《じんもん》した。	
		エ
1792	●ロシア使節のラクスマンが来航し，通商を求めた。	

Ⅱ

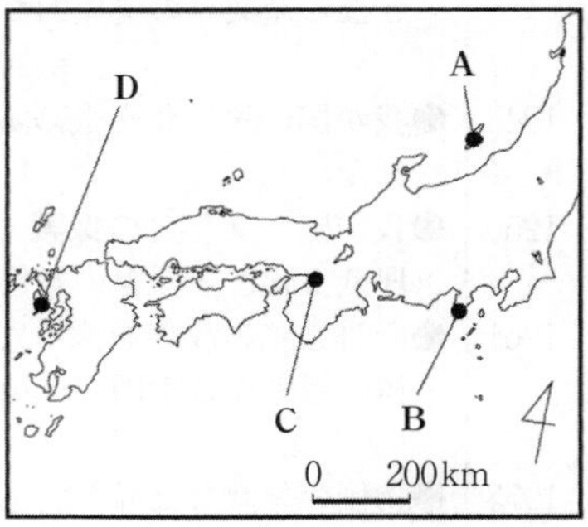

Ⅲ

○外国へ日本の船を行かせることを厳禁とする。
○日本人を外国へ渡航させてはならない。

〔問３〕　(3)新たな役割を担う行政機関が設置され，とあるが，次の文章は，帝都復興院総裁《ていとふっこういんそうさい》を務めることになる後藤新平《ごとうしんぺい》が，1923年９月６日に，閣議に文書を提出する際に記した決意の一部を分かりやすく書き改めたものである。この決意をした時期の東京の様子について述べているのは，下の**ア**～**エ**のうちではどれか。

○大変災は突如《とつじょ》として帝都を震え上がらせた。
○火災に包まれる帝都を目撃し，自分の任務が極《きわ》めて重要であることを自覚すると同時に，復興の計画を策定することが急務であることを痛感した。
○第一に救護，第二に復旧，第三に復興の方針を執《と》るべきである。

ア　新橋《しんばし》・横浜《よこはま》間に鉄道が開通するなど，欧米の文化が取り入れられ始め，現在の銀座《ぎんざ》通りに洋風れんが造りの２階建ての建物が建設された。

イ　我が国の国際的な地位を高めるために，イギリスと同盟を結び，我が国最初の国立図書館である帝国図書館が上野《うえの》公園内に建設された。

ウ　大日本帝国憲法が制定され，近代的な政治制度が整えられ，東京では，都市の整備が進み，我が国最初のエレベーターを備える凌雲閣《りょううんかく》が浅草《あさくさ》に建設された。

エ　東京駅が開業し，都市で働くサラリーマンや工場労働者の人口が大きく伸び，バスの車掌やタイピストなどの新しい職業に就《つ》く女性が増え，丸《まる》の内《うち》ビルヂング(丸ビル)が建設された。

〔問４〕 (4)様々な法律が整備され，行政が重要な役割を果たすようになった。とあるが，次の略年表は，大正時代から昭和時代にかけての，我が国の法律の整備に関する主な出来事についてまとめたものである。略年表中の**A**～**D**のそれぞれの時期に当てはまるのは，下の**ア**～**エ**のうちではどれか。

西暦	我が国の法律の整備に関する主な出来事	
1921	●工業品規格の統一を図るため，度量衡法《どりょうこうほう》が改正され，メートル法への統一が行われた。	A
1931	●国家による電力の管理体制を確立するため，電気事業法が改正され，国家経済の基礎となる産業への優先的な電力供給が始まった。	B
1945	●我が国の民主化を進めるため，衆議院議員選挙法が改正され，女性に選挙権が与えられた。	
1950	●我が国の文化財の保護・活用のため，文化財保護法が公布され，新たに無形文化財や埋蔵文化財が保存の対象として取り入れられた。	C
1961	●所得格差の改善を図るため，農業基本法が公布され，農業の生産性向上及び農業総生産の増大などが国の施策として義務付けられた。	D
1973	●物価の急激な上昇と混乱に対処するため，国民生活安定緊急措置法《きんきゅうそちほう》が公布され，政府は国民生活に必要な物資の確保と価格の安定に努めることを示した。	

ア　普通選挙などを求める運動が広がり，連立内閣が成立し，全ての満25歳以上の男子に選挙権を認める普通選挙法が制定され，国民の意向が政治に反映される道が開かれた。

イ　急速な経済成長をとげる一方で，公害が深刻化し，国民の健康と生活環境を守るため，公害対策基本法が制定され，環境保全に関する施策が展開された。

ウ　農地改革などが行われ，日本国憲法の精神に基づく教育の基本を確立するため，教育基本法が制定され，教育の機会均等，男女共学などが定められた。

エ　日中戦争が長期化し，国家総動員法《こっかそうどういんほう》が制定され，政府の裁量により，経済，国民生活，労務，言論などへの広範《こうはん》な統制が可能となった。

5　次の文章を読み，あとの各問に答えよ。

地方自治は，民主政治を支える基盤《きばん》である。地方自治を担《にな》う地方公共団体は，住民が安心した生活を送ることができるように，地域の課題と向き合い，その課題を解決する重要な役割を担っている。(1)日本国憲法では，我が国における地方自治の基本原則や地方公共団体の仕組みなどについて規定している。

地方自治は，住民の身近な生活に直接関わることから，(2)住民の意思がより反映できるように，直接民主制の要素を取り入れた仕組みになっている。

国は，民主主義の仕組みを一層充実《じゅうじつ》させ，住民サービスを向上させるなどの目的で，(3)1999年に地方分権一括法《ちほうぶんけんいっかつほう》を成立させ，国と地方が，「対等・協力」の関係で仕事を分担できることを目指して，地方公共団体に多くの権限を移譲《いじょう》してきた。現在では，全国の地方公共団体が地域の課題に応じた新たな取り組みを推進できるように，国に対して地方分権改革に関する提案を行うことができる仕組みが整えられている。

〔問１〕 (1)日本国憲法では，我が国における地方自治の基本原則や地方公共団体の仕組みなどについて規定している。とあるが，日本国憲法が規定している地方公共団体の仕事について述べているのは，次の**ア**～**エ**のうちではどれか。

ア 条約を承認《しょうにん》する。

イ 憲法及び法律の規定を実施するために，政令を制定する。

ウ 条例を制定する。

エ 一切の法律，命令，規則又《また》は処分が憲法に適合するかしないかを決定する。

〔問２〕 (2)住民の意思がより反映できるように，直接民主制の要素を取り入れた仕組みになっている。とあるが，住民が地方公共団体に対して行使できる権利について述べているのは，次の**ア**～**エ**のうちではどれか。

ア 有権者の一定数以上の署名を集めることで，議会の解散や，首長及び議員の解職，事務の監査《かんさ》などを請求《せいきゅう》することができる。

イ 最高裁判所の裁判官を，任命後初めて行われる衆議院議員総選挙の際に，直接投票によって適任かどうかを審査《しんさ》することができる。

ウ 予算の決定などの事項《じこう》について，審議して議決を行ったり，首長に対して不信任決議を行ったりすることができる。

エ 国政に関する調査を行い，これに関して，証人の出頭及び証言，記録の提出を要求することができる。

〔問３〕 (3)1999年に地方分権一括法《ちほうぶんけんいっかつほう》を成立させ，国と地方が，「対等・協力」の関係で仕事を分担できることを目指して，地方公共団体に多くの権限を移譲《いじょう》してきた。とあるが，次のⅠのグラフは，1995年から2019年までの我が国の地方公共団体への事務・権限の移譲を目的とした法律改正数を示したものである。Ⅱの文章は，2014年に地方公共団体への事務・権限の移譲を目的とした法律改正が行われた後の，2014年６月24日に地方分権改革有識者会議が取りまとめた「個性を活《い》かし自立した地方をつくる～地方分権改革の総括と展望～」の一部を分かりやすく書き改めたものである。ⅠとⅡの資料を活用し，1995年から2014年までの期間と比較《ひかく》した，2015年から2019年までの期間の法律改正数の動きについて，地方分権改革の推進手法と，毎年の法律改正の有無及び毎年の法律改正数に着目して，簡単に述べよ。

Ⅰ
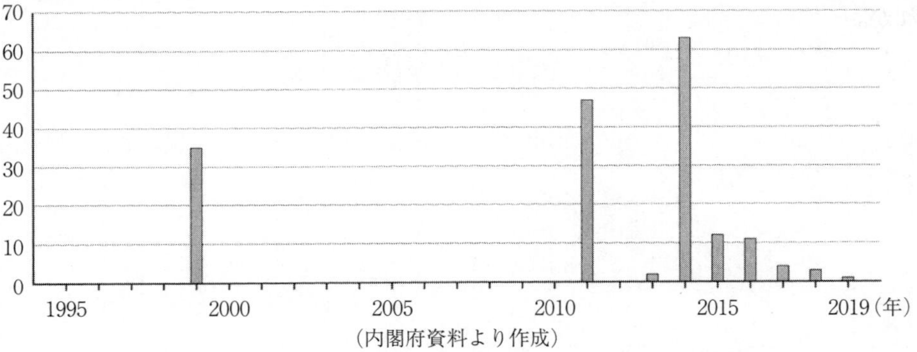

(内閣府資料より作成)

Ⅱ

○これまでの地方分権改革の推進手法は，国が主導する短期集中型の方式であり，この取組を実施することで一定の成果を得ることができた。 ○今後は，これまでの改革の理念を継承し，更《さら》に発展させていくことが重要である。 ○今後の地方分権改革の推進手法については，地域における実情や課題を把握《はあく》している地方公共団体が考え提案する長期継続型の方式を導入する。

6 次の文章を読み，あとの各問に答えよ。

世界各国では，株式会社や国営《こくえい》企業《きぎょう》などが，(1)利潤《りじゅん》を追求するなどの目的で誕生してきた。 人口が集中し，物資が集積する交通の要衝に設立された企業や，地域の自然環境や地下資源を生かしながら発展してきた企業など，(2)企業は立地条件に合わせ多様な発展を見せてきた。 (3)我が国の企業は，世界経済の中で，高度な技術を生み出して競争力を高め，我が国の経済成長を支えてきた。今後は，国際社会において，地球的規模で社会的責任を果たしていくことが，一層求められている。

〔問１〕 (1)利潤《りじゅん》を追求するなどの目的で誕生してきた。とあるが，次の**ア**～**エ**は，それぞれの時代に設立された企業について述べたものである。時期の古いものから順に記号を並べよ。

ア 綿織物を大量に生産するために産業革命が起こったイギリスでは，動力となる機械の改良が進み，世界最初の蒸気機関製造会社が設立された。

イ 南部と北部の対立が深まるアメリカ合衆国では，南北戦争が起こり，西部《せいぶ》開拓《かいたく》を進めるために大陸を横断する鉄道路線を敷設《ふせつ》する会社が設立された。

ウ 第一次世界大戦の休戦条約が結ばれ，ベルサイユ条約が締結されるまでのドイツでは，旅《りょ》客《かく》輸送機の製造と販売《はんばい》を行う会社が新たに設立された。

エ スペインの支配に対する反乱が起こり，ヨーロッパの貿易で経済力を高めたオランダでは，アジアへの進出を目的とした東インド会社が設立された。

〔問２〕 (2)企業は立地条件に合わせ多様な発展を見せてきた。とあるが，下の表の**ア**～**エ**の文章は，略地図中に示した**A**～**D**の**いずれか**の都市の歴史と，この都市に立地する企業の様子についてまとめたものである。**A**～**D**のそれぞれの都市に当てはまるのは，下の表の**ア**～**エ**のうちではどれか。

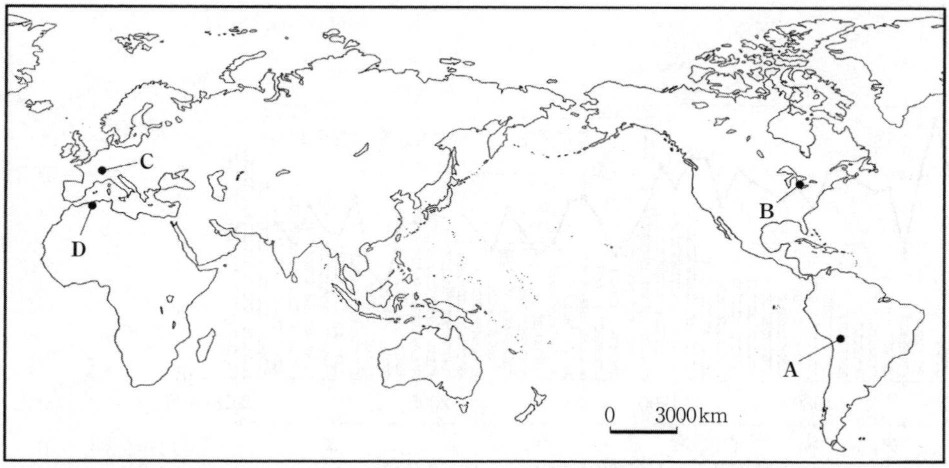

	都市の歴史と，この都市に立地する企業の様子
ア	○この都市は，標高3000mを超え，強風を遮《さえぎ》るすり鉢《ばち》状の地形に位置する首都で，1548年にスペイン人により建設され，金鉱もあったことから発展し，政治と経済の拠点となった。 ○国営企業が，銀，亜鉛《あえん》などの鉱山開発を行っており，近年では，新たに国営企業が設立され，塩湖でのリチウムイオン電池の原料の採取を複数の外国企業と共同で行っている。
イ	○この都市は，標高3000mを超える山脈の北側に位置する首都で，内陸部にはイスラム風の旧市街地が，沿岸部にはフランスの影響を受けた建物が見られる港湾都市となっている。 ○独立後に設立された，砂漠《さばく》地帯で採掘《さいくつ》される天然ガスや石油などを扱う国営企業は，近年，石油の増産と輸出の拡大に向けて外国企業との共同開発を一層進めている。
ウ	○この都市は，1701年にフランス人により砦《とりで》が築かれ，毛皮の交易が始まり，水運の拠点となり，1825年に東部との間に運河が整備され，20世紀に入り海洋とつながった。 ○19世紀後半には自動車の生産が始まり，20世紀に入ると大量生産方式の導入により，自動車工業の中心地へと成長し，現在でも巨大自動車会社が本社を置いている。
エ	○この都市は，20世紀に入り，湖の南西部に広がる市街地に国際連盟の本部が置かれ，第二次世界大戦後は200を超える国際機関が集まる都市となった。 ○16世紀後半に小型時計製造の技術が伝わったことにより精密機械関連企業が立地し，近年では生産の合理化や販売網の拡大などを行い，高価格帯腕時計の輸出量を伸ばしている。

〔問３〕 (3)我が国の企業は，世界経済の中で，高度な技術を生み出して競争力を高め，我が国の経済成長を支えてきた。とあるが，次のⅠのグラフは，1970年度から2018年度までの我が国の経済成長率と法人企業の営業利益の推移を示したものである。Ⅱの文章は，Ⅰのグラフの**ア**～**エ**の**いずれか**の時期における我が国の経済成長率と法人企業の営業利益などについてまとめたものである。Ⅱの文章で述べている時期に当てはまるのは，Ⅰのグラフの**ア**～**エ**の時期のうち

ではどれか。

Ⅰ
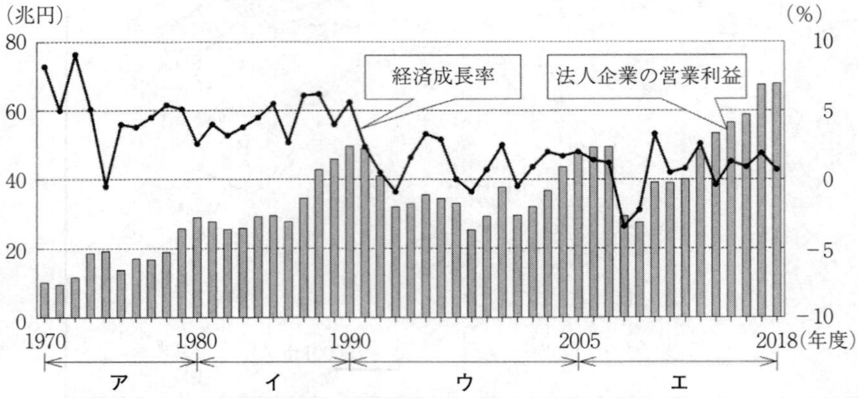

(財務省「法人企業統計調査」などより作成)

Ⅱ

○この時期の前半は，アメリカ合衆国の経済政策によって円安・ドル高が進行し，自動車などの輸送用機械や電気機械の輸出量が増えたことで，我が国の貿易収支は大幅な黒字となり，経済成長率は上昇傾向を示した。

○この時期の後半は，国際社会において貿易収支の不均衡《ふきんこう》を是正《ぜせい》するために為替相場《かわせそうば》を円高・ドル安へ誘導《ゆうどう》する合意がなされ，輸出量と輸出額が減少し，我が国の経済成長率は一時的に下降した。その後，日本銀行が貸付のための金利を下げたことなどで，自動車や住宅の購入《こうにゅう》，株式や土地への投資が増え，株価や地価が高騰《こうとう》する好景気となり，法人企業の営業利益は増加し続けた。

【理　科】（50分）〈満点：100点〉

1　次の各問に答えよ。

〔問1〕　図1は，ヒトのからだの器官を模式的に表したものである。消化された養分を吸収する器官を図1のA，Bから一つ，アンモニアを尿《にょう》素《そ》に変える器官を図1のC，Dから一つ，それぞれ選び，組み合わせたものとして適切なのは，次のうちではどれか。

ア　A，C
イ　A，D
ウ　B，C
エ　B，D

図1

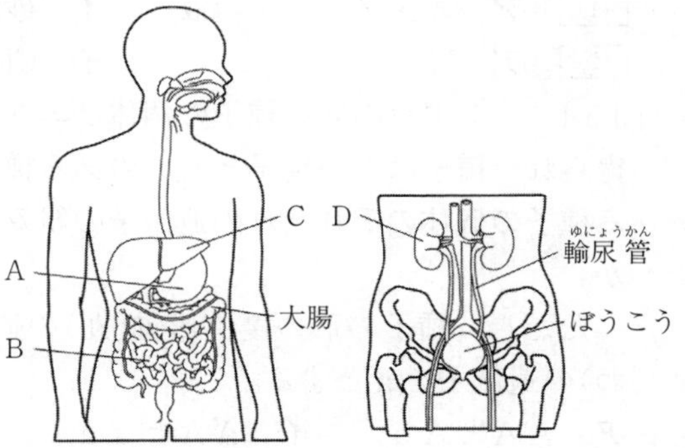

〔問2〕　音さXと音さYの二つの音さがある。音さXをたたいて出た音をオシロスコープで表した波形は，図2のようになった。図中のAは1回の振動にかかる時間を，Bは振幅を表している。音さYをたたいて出た音は，図2で表された音よりも高くて大きかった。この音をオシロスコープで表した波形を図2と比べたとき，波形の違いとして適切なのは，次のうちではどれか。

図2

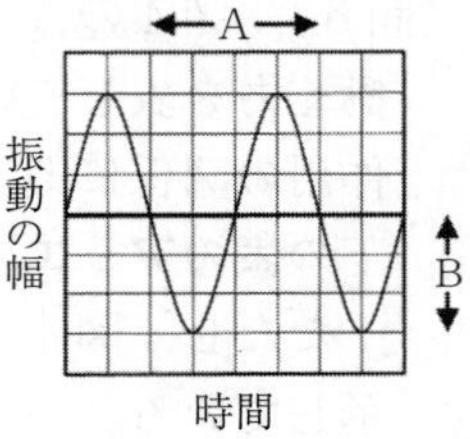

ア　Aは短く，Bは大きい。　　**イ**　Aは短く，Bは小さい。
ウ　Aは長く，Bは大きい。　　**エ**　Aは長く，Bは小さい。

〔問3〕　表1は，ある場所で起きた震源が浅い地震の記録のうち，観測地点A～Cの記録をまとめたものである。この地震において，震源からの距離《きょり》が90kmの地点で初期微動の始まった時刻は10時10分27秒であった。震源からの距離が90kmの地点で主要動の始まった時刻として適切なのは，下の**ア**～**エ**のうちではどれか。

ただし，地震の揺《ゆ》れを伝える2種類の波は，それぞれ一定の速さで伝わるものとする。

表1

観測地点	震源からの距離	初期微動の始まった時刻	主要動の始まった時刻
A	36km	10時10分18秒	10時10分20秒
B	54km	10時10分21秒	10時10分24秒
C	108km	10時10分30秒	10時10分36秒

ア　10時10分28秒　　**イ**　10時10分30秒
ウ　10時10分31秒　　**エ**　10時10分32秒

〔問4〕　スライドガラスの上に溶液Aをしみ込ませたろ紙を置き，図3のように，中央に ✕ 印を付けた2枚の青色リトマス紙を重ね，両端をクリップで留めた。薄い塩酸と薄い水酸化ナトリウム水溶液を青色リトマス紙のそれぞれの ✕ 印に少量付けたところ，一方が赤色に変色した。両端のクリップ

図3

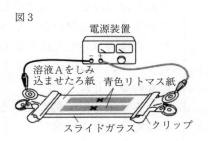

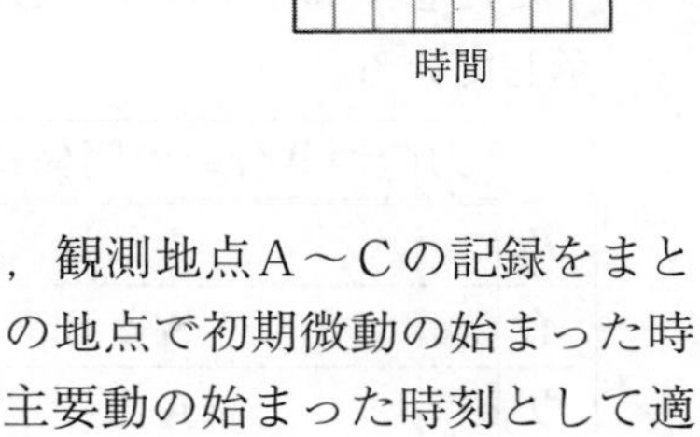

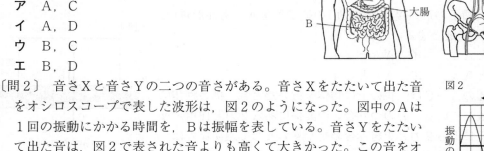

を電源装置につないで電流を流したところ，赤色に変色した部分は陰極側に広がった。このとき溶液Aとして適切なのは，下の ① の**ア**～**エ**のうちではどれか。また，青色リトマス紙を赤色に変色させたイオンとして適切なのは，下の ② の**ア**～**エ**のうちではどれか。

① **ア** エタノール水溶液　**イ** 砂糖水　**ウ** 食塩水　**エ** 精製水(蒸留水)

② **ア** H^+　**イ** Cl^-　**ウ** Na^+　**エ** OH^-

〔問５〕 エンドウの丸い種子の個体とエンドウのしわのある種子の個体とをかけ合わせたところ，得られた種子は丸い種子としわのある種子であった。かけ合わせた丸い種子の個体としわのある種子の個体のそれぞれの遺伝子の組み合わせとして適切なのは，下の**ア**～**エ**のうちではどれか。

ただし，種子の形の優性形質(丸)の遺伝子をＡ，劣性形質(しわ)の遺伝子をａとする。

ア ＡＡとＡａ　**イ** ＡＡとａａ

ウ ＡａとＡａ　**エ** Ａａとａａ

〔問６〕 図４のＡ～Ｃは，机の上に物体を置いたとき，机と物体に働く力を表している。力のつり合いの関係にある２力と作用・反作用の関係にある２力とを組み合わせたものとして適切なのは，下の表の**ア**～**エ**のうちではどれか。

ただし，図４ではＡ～Ｃの力は重ならないように少しずらして示している。

図４

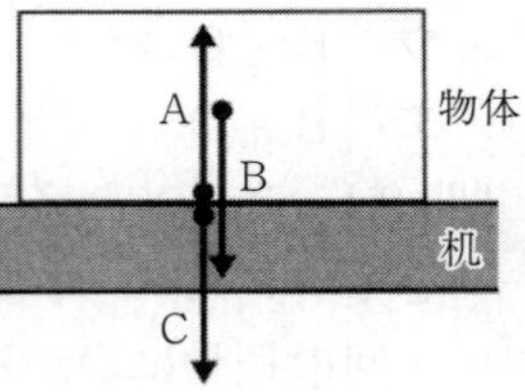

Ａ：机が物体を押す力
Ｂ：物体に働く重力
Ｃ：物体が机を押す力

	力のつり合いの関係にある２力	作用・反作用の関係にある２力
ア	ＡとＢ	ＡとＢ
イ	ＡとＢ	ＡとＣ
ウ	ＡとＣ	ＡとＢ
エ	ＡとＣ	ＡとＣ

2 生徒が，毎日の暮らしの中で気付いたことを，科学的に探究しようと考え，自由研究に取り組んだ。生徒が書いたレポートの一部を読み，次の各問に答えよ。

＜レポート１＞ しらす干しに混じる生物について

食事の準備をしていると，しらす干しの中にはイワシの稚魚だけではなく，エビのなかまやタコのなかまが混じっていることに気付いた。しらす干しは，製造する過程でイワシの稚魚以外の生物を除去していることが分かった。そこで，除去する前にどのような生物が混じっているのかを確かめることにした。

表１

グループ	生物
Ａ	イワシ・アジのなかま
Ｂ	エビ・カニのなかま
Ｃ	タコ・イカのなかま
Ｄ	二枚貝のなかま

しらす漁の際に捕れた，しらす以外の生物が多く混じっているものを購入《こうにゅう》し，それぞれの生物の特徴を観察し，表１のように４グループに分類した。

〔問１〕 **＜レポート１＞**から，生物の分類について述べた次の文章の ① と ② にそれぞれ当てはまるものとして適切なのは，下の**ア**～**エ**のうちではどれか。

表1の4グループを，セキツイ動物とそれ以外の生物で二つに分類すると，セキツイ動物のグループは，[①]である。また，軟体動物《なんたいどうぶつ》とそれ以外の生物で二つに分類すると，軟体動物のグループは，[②]である。

[①]　**ア**　A　　**イ**　AとB　　**ウ**　AとC　　**エ**　AとBとD

[②]　**ア**　C　　**イ**　D　　**ウ**　CとD　　**エ**　BとCとD

＜レポート2＞　おもちゃの自動車の速さについて

ぜんまいで動くおもちゃの自動車で弟と遊んでいたときに，本物の自動車の速さとの違いに興味をもった。そこで，おもちゃの自動車が運動する様子をビデオカメラで撮影し，速さを確かめることにした。

ストップウォッチのスタートボタンを押すと同時におもちゃの自動車を走らせて，方眼紙の上を運動する様子を，ビデオカメラの位置を固定して撮影した。おもちゃの自動車が運動を始めてから0.4秒後，0.5秒後及び0.6秒後の画像は，図1のように記録されていた。

図1

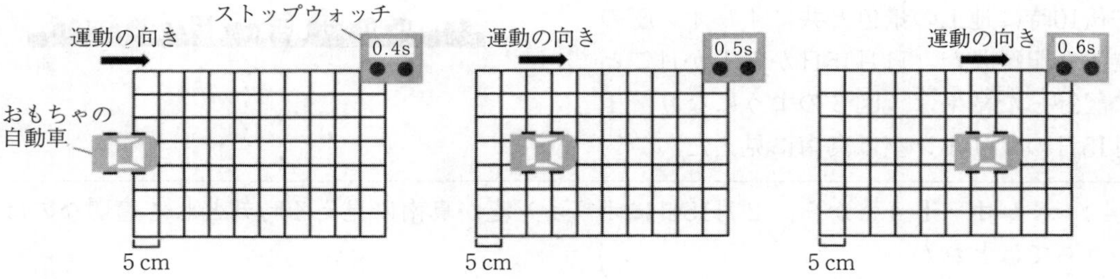

〔問2〕　**＜レポート2＞**から，おもちゃの自動車が運動を始めて0.4秒後から0.6秒後までの平均の速さとして適切なのは，次のうちではどれか。

ア　2.7km/h　　**イ**　5.4km/h　　**ウ**　6.3km/h　　**エ**　12.6km/h

＜レポート3＞　プラスチックごみの分別について

ペットボトルを資源ごみとして分別するため，ボトル，ラベル，キャップに分けて水を入れた洗いおけの中に入れた。すると，水で満たされたボトルとラベルは水に沈み，キャップは水に浮くことに気付いた。ボトルには，図2の表示があったのでプラスチックの種類はPETであることが分かったが，ラベルには，プラスチックの種類の表示がなかったため分からなかった。そこで，ラベルのプラスチックの種類を調べるため食塩水を作り，食塩水への浮き沈みを確かめることにした。

図2

水50cm^{3}に食塩15gを加え，体積を調べたところ55cm^{3}であった。この食塩水に小さく切ったラベルを，空気の泡が付かないように全て沈めてから静かに手を放した。すると，小さく切ったラベルは食塩水に浮いた。

また，ペットボトルに使われているプラスチックの種類を調べたところ，表2のうちの，いずれかであることが分かった。

表2

プラスチックの種類	密度〔g/cm^3〕
ポリエチレンテレフタラート	1.38～1.40
ポリスチレン	1.05～1.07
ポリエチレン	0.92～0.97
ポリプロピレン	0.90～0.92

〔問3〕　＜**レポート3**＞から，食塩水に浮いたラベルのプラスチックの種類として適切なのは，下の**ア**～**エ**のうちではどれか。

ただし，ラベルは1種類のプラスチックからできているものとする。

ア　ポリエチレンテレフタラート
イ　ポリスチレン
ウ　ポリエチレン
エ　ポリプロピレン

＜レポート4＞　夜空に見える星座について

毎日同じ時刻に戸じまりをしていると，空に見える星座の位置が少しずつ移動して見えることに気付いた。そこで，南の空に見られるオリオン座の位置を，同じ時刻に観察して確かめることにした。

方位磁針を使って東西南北を確認《かくにん》した後，午後10時に地上の景色と共にオリオン座の位置を記録した。11月15日から1か月ごとに記録した結果は，図3のようになり，1月15日のオリオン座は真南に見えた。

図3

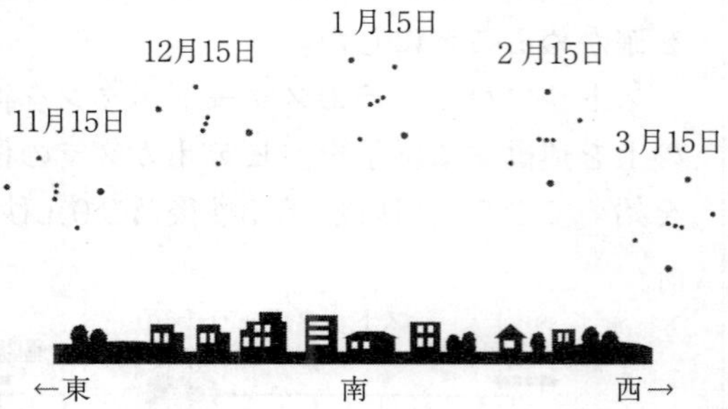

〔問4〕　＜**レポート4**＞から，2月15日にオリオン座が真南に見える時刻として適切なのは，次のうちではどれか。

ア　午前0時頃《ごろ》
イ　午前2時頃
ウ　午後6時頃
エ　午後8時頃

3　天気の変化と気象観測について，次の各問に答えよ。

＜**観測**＞を行ったところ，＜**結果**＞のようになった。

＜観測＞

天気の変化について調べるために，ある年の3月31日から連続した3日間，観測地点Pにおいて，気象観測を行った。気温，湿度，気圧は自動記録計により測定し，天気，風向，風力，天気図はインターネットで調べた。図1は観測地点Pにおける1時間ごとの気温，湿度，気圧の気象データを基に作成したグラフと，3時間ごとの天気，風向，風力の気象データを基に作成した天気図記号を組み合わせたものである。図2，図3，図4はそれぞれ3月31日から4月2日までの12時における日本付近の天気図であり，前線X（ ▼▼ ）は観測を行った期間に観測地点Pを通過した。

＜**結果**＞

図１

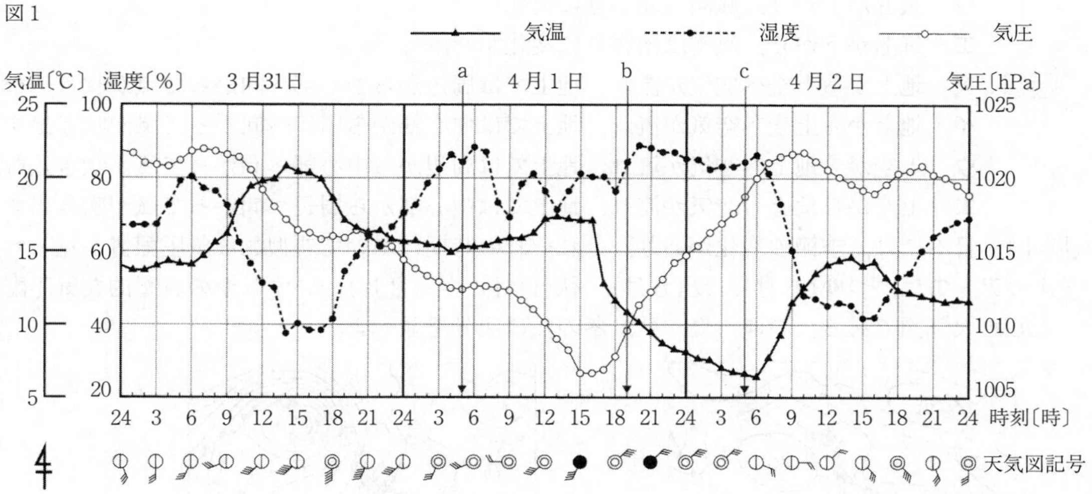

図２　３月31日12時の天気図

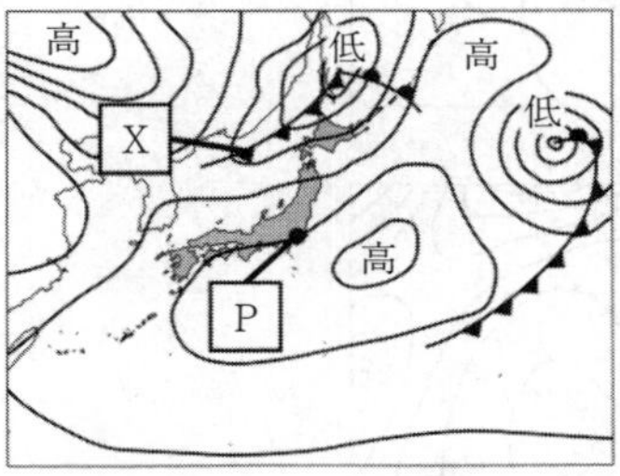

図３　４月１日12時の天気図

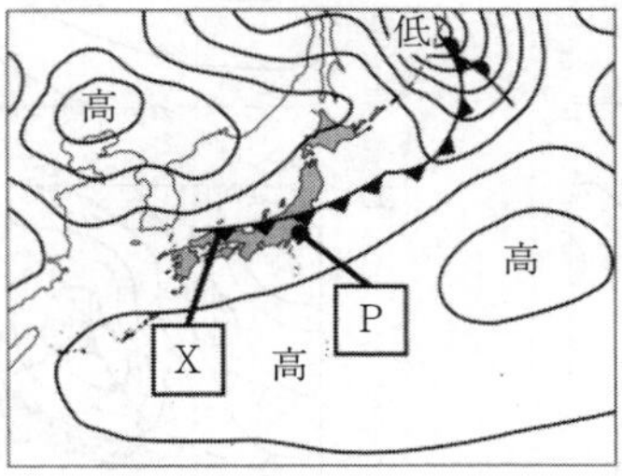

図４　４月２日12時の天気図

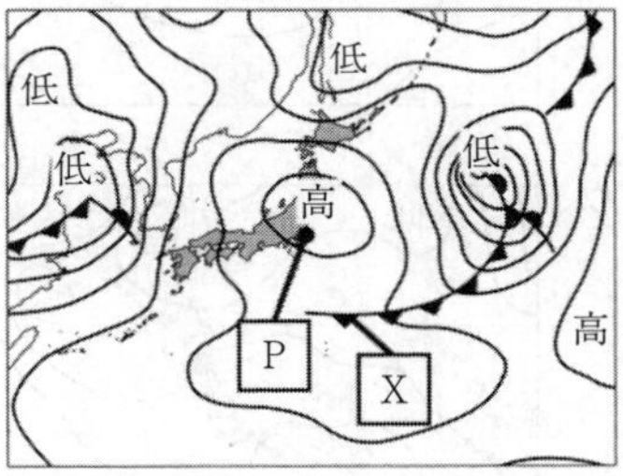

〔問１〕　＜**結果**＞の図１のａ，ｂ，ｃの時刻における湿度は全て84％であった。ａ，ｂ，ｃの時刻における空気中の水蒸気の量をそれぞれA〔g/m³〕，B〔g/m³〕，C〔g/m³〕としたとき，A，B，Cの関係を適切に表したものは，次のうちではどれか。

ア　A＝B＝C　　**イ**　A＜B＜C　　**ウ**　B＜A＜C　　**エ**　C＜B＜A

〔問２〕　＜**結果**＞の図１から分かる，３月31日の天気の概況について述べた次の文章の ① ～ ③ にそれぞれ当てはまるものとして適切なのは，下の**ア**～**ウ**のうちではどれか。

日中の天気はおおむね ① で， ② が吹く。 ③ は日が昇るとともに上がり始め，昼過ぎに最も高くなり，その後しだいに下がる。

① **ア**　快晴　　**イ**　晴れ　　**ウ**　くもり

② **ア**　東寄りの風　　**イ**　北寄りの風　　**ウ**　南寄りの風

③ **ア**　気温　　**イ**　湿度　　**ウ**　気圧

〔問３〕　＜**結果**＞から，４月１日の15時～18時の間に前線Xが観測地点Pを通過したと考えられる。前線Xが通過したときの観測地点Pの様子として適切なのは，下の ① の**ア**～**エ**のうちではどれか。また，図４において，観測地点Pを覆《おお》う高気圧の中心付近での空気の流れについて述べたものとして適切なのは，下の ② の**ア**～**エ**のうちではどれか。

① **ア**　気温が上がり，風向は北寄りに変化した。

　　イ　気温が上がり，風向は南寄りに変化した。
　　ウ　気温が下がり，風向は北寄りに変化した。
　　エ　気温が下がり，風向は南寄りに変化した。

② ア　地上から上空へ空気が流れ，地上では周辺から中心部へ向かって風が吹き込む。
　　イ　地上から上空へ空気が流れ，地上では中心部から周辺へ向かって風が吹き出す。
　　ウ　上空から地上へ空気が流れ，地上では周辺から中心部へ向かって風が吹き込む。
　　エ　上空から地上へ空気が流れ，地上では中心部から周辺へ向かって風が吹き出す。

〔問４〕日本には，季節の変化があり，それぞれの時期において典型的な気圧配置が見られる。次のア～エは，つゆ（６月），夏（８月），秋（11月），冬（２月）のいずれかの典型的な気圧配置を表した天気図である。つゆ，夏，秋，冬の順に記号を並べよ。

ア
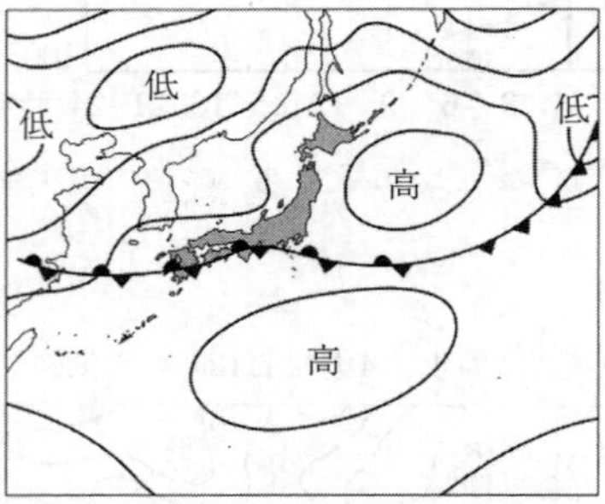

イ
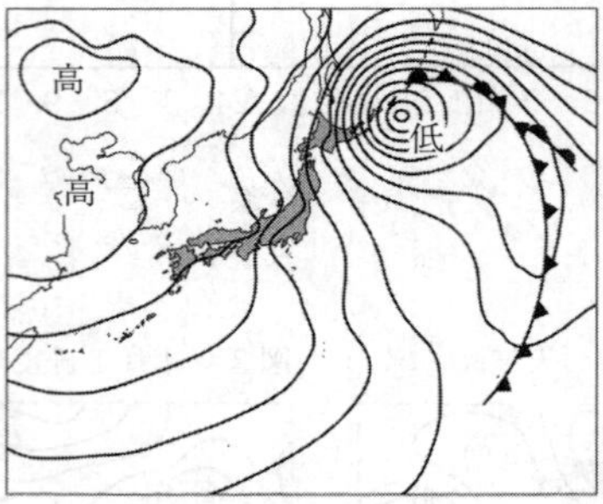

ウ
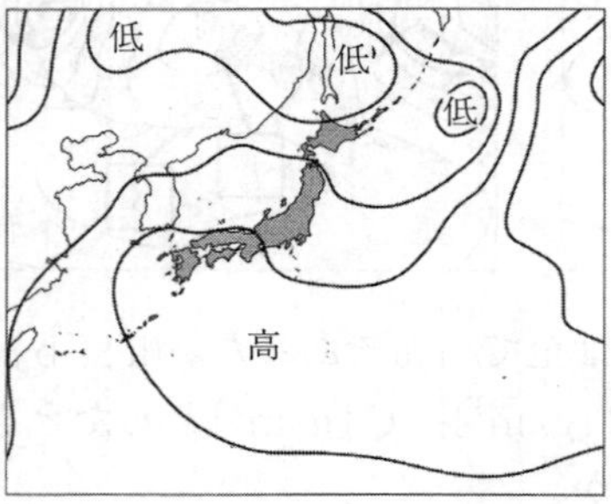

エ
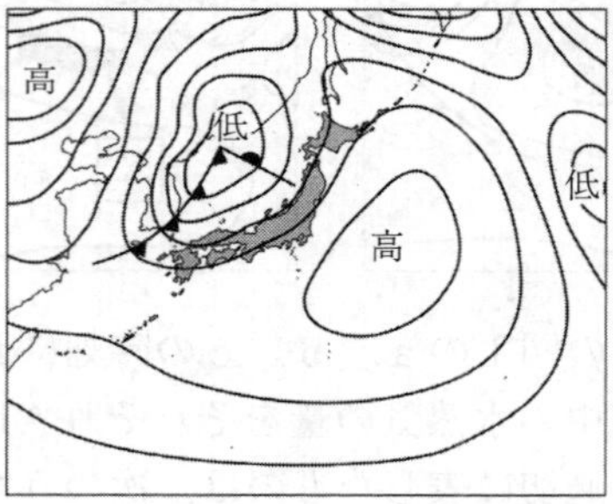

4　ツユクサを用いた観察，実験について，次の各問に答えよ。
　＜**観察**＞を行ったところ，＜**結果１**＞のようになった。

＜**観察**＞
(1)　ツユクサの葉の裏側の表皮をはがし，スライドガラスの上に載せ，水を１滴《てき》落とし，プレパラートを作った。
(2)　(1)のプレパラートを顕微鏡《けんびきょう》で観察した。
(3)　(1)の表皮を温めたエタノールに入れ，脱色されたことを顕微鏡で確認《かくにん》した後，スライドガラスの上に載せ，ヨウ素液を１滴落とし，プレパラートを作った。
(4)　(3)のプレパラートを顕微鏡で観察した。

図１

＜**結果１**＞
(1)　＜**観察**＞の(2)では，図１のＡのような２個の三日月形の細胞で囲まれた隙間《すきま》が観察された。三日月形の細胞にはＢのような緑色の粒《つぶ》が複数見られた。

(2) ＜**観察**＞の(4)では，＜**結果１**＞の(1)のＢが青紫色に変化した。

〔問１〕 ＜**結果１**＞で観察されたＡについて述べたものと，Ｂについて述べたものとを組み合わせたものとして適切なのは，次の表の**ア**～**エ**のうちではどれか。

	Ａについて述べたもの	Ｂについて述べたもの
ア	酸素，二酸化炭素などの気体の出入り口である。	植物の細胞に見られ，酸素を作る。
イ	酸素，二酸化炭素などの気体の出入り口である。	植物の細胞の形を維持《いじ》する。
ウ	細胞の活動により生じた物質を蓄《たくわ》えている。	植物の細胞に見られ，酸素を作る。
エ	細胞の活動により生じた物質を蓄えている。	植物の細胞の形を維持する。

次に，＜**実験１**＞を行ったところ，＜**結果２**＞のようになった。

＜**実験１**＞

(1) 無色透明なポリエチレンの袋４枚と，ツユクサの鉢《はち》植《う》えを１鉢用意した。大きさがほぼ同じ４枚の葉を選び，葉Ｃ，葉Ｄ，葉Ｅ，葉Ｆとした。

(2) 図２のように，葉Ｄ，葉Ｆは，それぞれアルミニウムはくで葉の両面を覆《おお》った。葉Ｃ，葉Ｄは，それぞれ袋で覆い，紙ストローで息を吹き込み密封した。葉Ｅ，葉Ｆは，それぞれ袋で覆い，紙ストローで息を吹き込んだ後，二酸化炭素を吸収する性質のある水酸化ナトリウム水溶液をしみ込ませたろ紙を，葉に触れないように入れて密封した。

(3) <u>＜**実験１**＞の(2)のツユクサの鉢植えを暗室に24時間置いた。</u>

(4) ＜**実験１**＞の(3)の鉢植えを明るい場所に３時間置いた後，葉Ｃ～Ｆをそれぞれ切り取った。

(5) 切り取った葉Ｃ～Ｆを温めたエタノールに入れて脱色し，ヨウ素液に浸して色の変化を調べた。

図２

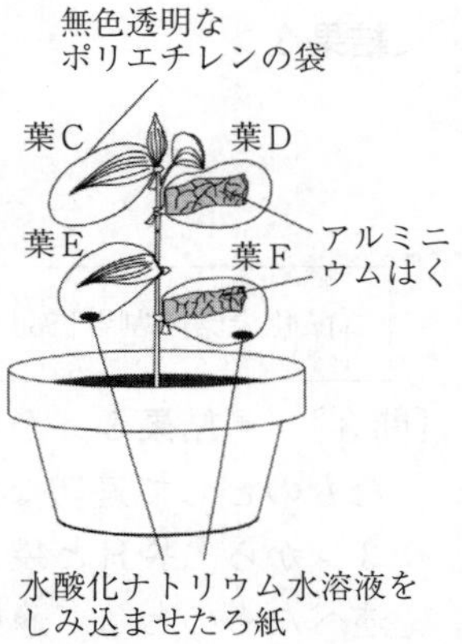

＜**結果２**＞

	色の変化
葉Ｃ	青紫色に変化した。
葉Ｄ	変化しなかった。
葉Ｅ	変化しなかった。
葉Ｆ	変化しなかった。

〔問２〕 ＜**実験１**＞の(3)の下線部のように操作する理由として適切なのは，下の ① の**ア**～**ウ**のうちではどれか。また，＜**結果２**＞から，光合成には二酸化炭素が必要であることを確かめるための葉の組合せとして適切なのは，下の ② の**ア**～**ウ**のうちではどれか。

① **ア** 葉にある水を全て消費させるため。
イ 葉にある二酸化炭素を全て消費させるため。
ウ 葉にあるデンプンを全て消費させるため。

② **ア** 葉Ｃと葉Ｄ　　**イ** 葉Ｃと葉Ｅ　　**ウ** 葉Ｄと葉Ｆ

次に，＜**実験２**＞を行ったところ，＜**結果３**＞のようになった。

＜**実験２**＞

(1)　明るさの度合いを１，２の順に明るくすることができる照明器具を用意した。葉の枚数や大きさ，色が同程度のツユクサを入れた同じ大きさの無色透明なポリエチレンの袋を３袋用意し，袋Ｇ，袋Ｈ，袋Ｉとした。

(2)　袋Ｇ～Ｉのそれぞれの袋に，紙ストローで息を十分に吹き込み，二酸化炭素の割合を気体検知管で測定した後，密封した。

図３

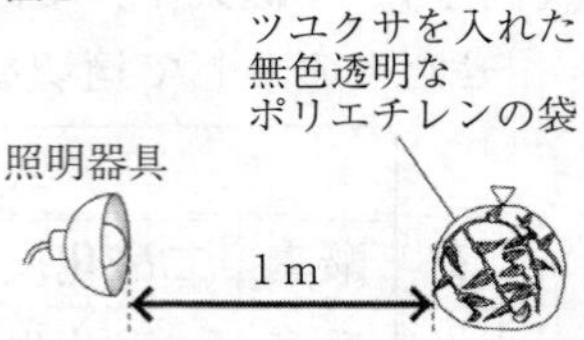

(3)　袋Ｇは，暗室に５時間置いた後，袋の中の二酸化炭素の割合を気体検知管で測定した。

(4)　袋Ｈは，図３のように，照明器具から１ｍ離れたところに置き，明るさの度合いを１にして５時間光を当てた後，袋の中の二酸化炭素の割合を気体検知管で測定した。

(5)　袋Ｉは，図３のように，照明器具から１ｍ離れたところに置き，明るさの度合いを２にして５時間光を当てた後，袋の中の二酸化炭素の割合を気体検知管で測定した。

＜**結果３**＞

		暗い　→　明るい		
		袋Ｇ 暗室	袋Ｈ 明るさの度合い１	袋Ｉ 明るさの度合い２
二酸化炭素の割合〔%〕	実験前	4.0	4.0	4.0
	実験後	7.6	5.6	1.5

〔問３〕　＜**結果３**＞から，袋Ｈと袋Ｉのそれぞれに含《ふく》まれる二酸化炭素の量の関係について述べたものとして適切なのは，下の ① のア～ウのうちではどれか。また，＜**結果２**＞と＜**結果３**＞から，袋Ｈと袋Ｉのそれぞれのツユクサでできるデンプンなどの養分の量の関係について述べたものとして適切なのは，下の ② のア～ウのうちではどれか。

① **ア**　呼吸によって出される二酸化炭素の量よりも，光合成によって使われた二酸化炭素の量の方が多いのは，袋Ｈである。

イ　呼吸によって出される二酸化炭素の量よりも，光合成によって使われた二酸化炭素の量の方が多いのは，袋Ｉである。

ウ　袋Ｈも袋Ｉも呼吸によって出される二酸化炭素の量と光合成によって使われた二酸化炭素の量は，同じである。

② **ア**　デンプンなどの養分のできる量が多いのは，袋Ｈである。

イ　デンプンなどの養分のできる量が多いのは，袋Ｉである。

ウ　袋Ｈと袋Ｉでできるデンプンなどの養分の量は，同じである。

5　物質の変化やその量的な関係を調べる実験について，次の各問に答えよ。

＜**実験１**＞を行ったところ，＜**結果１**＞のようになった。

図１

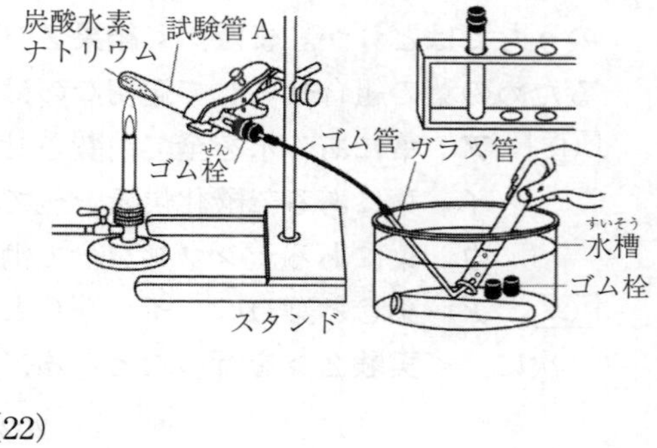

＜**実験１**＞

(1)　乾いた試験管Ａに炭酸水素ナトリウム2.00ｇを入れ，ガラス管をつなげたゴム栓《せん》をして，試験管Ａの口を少し下げ，スタンドに固定した。

(2) 図1のように，試験管Aを加熱したところ，ガラス管の先から気体が出てきたことと，試験管Aの内側に液体が付いたことが確認《かくにん》できた。出てきた気体を3本の試験管に集めた。

(3) ガラス管を水槽《すいそう》の水の中から取り出した後，試験管Aの加熱をやめ，試験管Aが十分に冷めてから試験管Aの内側に付いた液体に青色の塩化コバルト紙を付けた。

(4) 気体を集めた3本の試験管のうち，1本目の試験管には火のついた線香を入れ，2本目の試験管には火のついたマッチを近付け，3本目の試験管には石灰水《せっかいすい》を入れてよく振った。

(5) 加熱後の試験管Aの中に残った物質の質量を測定した。

(6) 水5.0cm^3を入れた試験管を2本用意し，一方の試験管には炭酸水素ナトリウムを，もう一方の試験管には＜**実験1**＞の(5)の物質をそれぞれ1.00g入れ，水への溶け方を観察した。

＜**結果1**＞

塩化コバルト紙の色の変化	火のついた線香の変化	火のついたマッチの変化	石灰水の変化	加熱後の物質の質量	水への溶け方
青色から赤色(桃色《ももいろ》)に変化した。	線香の火が消えた。	変化しなかった。	白く濁った。	1.26g	炭酸水素ナトリウムは溶け残り，加熱後の物質は全て溶けた。

〔問1〕 ＜**実験1**＞の(3)の下線部のように操作する理由として適切なのは，下の ① の**ア**～**エ**のうちではどれか。また，＜**実験1**＞の(6)の炭酸水素ナトリウム水溶液と加熱後の物質の水溶液のpHの値《あたい》について述べたものとして適切なのは，下の ② の**ア**～**ウ**のうちではどれか。

① **ア** 試験管A内の気圧が上がるので，試験管Aのゴム栓が飛び出すことを防ぐため。
イ 試験管A内の気圧が上がるので，水槽の水が試験管Aに流れ込むことを防ぐため。
ウ 試験管A内の気圧が下がるので，試験管Aのゴム栓が飛び出すことを防ぐため。
エ 試験管A内の気圧が下がるので，水槽の水が試験管Aに流れ込むことを防ぐため。

② **ア** 炭酸水素ナトリウム水溶液よりも加熱後の物質の水溶液の方がpHの値が小さい。
イ 炭酸水素ナトリウム水溶液よりも加熱後の物質の水溶液の方がpHの値が大きい。
ウ 炭酸水素ナトリウム水溶液と加熱後の物質の水溶液のpHの値は同じである。

〔問2〕 ＜**実験1**＞の(2)で試験管A内で起きている化学変化と同じ種類の化学変化として適切なのは，下の ① の**ア**～**エ**のうちではどれか。また，＜**実験1**＞の(2)で試験管A内で起きている化学変化をモデルで表した図2のうち，ナトリウム原子1個を表したものとして適切なのは，下の ② の**ア**～**エ**のうちではどれか。

① **ア** 酸化銀を加熱したときに起こる化学変化
イ マグネシウムを加熱したときに起こる化学変化
ウ 鉄と硫黄《いおう》の混合物を加熱したときに起こる化学変化
エ 鉄粉と活性炭の混合物に食塩水を数滴《すうてき》加えたときに起こる化学変化

図2

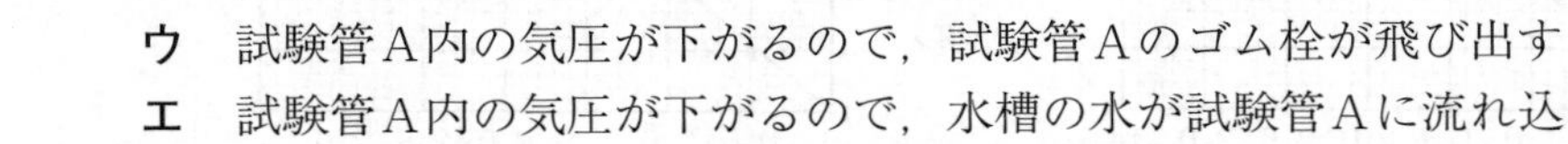

② **ア** ● **イ** ○ **ウ** ◎ **エ** ■

次に，＜**実験2**＞を行ったところ，＜**結果2**＞のようになった。

<実験２>

図３

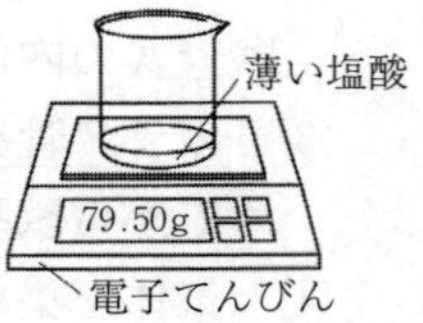

(1) 乾いたビーカーに薄い塩酸10.0cm^3を入れ，図３のようにビーカーごと質量を測定し，反応前の質量とした。

(2) 炭酸水素ナトリウム0.50ｇを，<実験２>の(1)の薄い塩酸の入っているビーカーに少しずつ入れたところ，気体が発生した。気体の発生が止まった後，ビーカーごと質量を測定し，反応後の質量とした。

(3) <実験２>の(2)で，ビーカーに入れる炭酸水素ナトリウムの質量を，1.00ｇ，1.50ｇ，2.00ｇ，2.50ｇ，3.00ｇに変え，それぞれについて<実験２>の(1)，(2)と同様の実験を行った。

<結果２>

反応前の質量〔ｇ〕	79.50	79.50	79.50	79.50	79.50	79.50
炭酸水素ナトリウムの質量〔ｇ〕	0.50	1.00	1.50	2.00	2.50	3.00
反応後の質量〔ｇ〕	79.74	79.98	80.22	80.46	80.83	81.33

〔問３〕 <結果２>から，炭酸水素ナトリウムの質量と発生した気体の質量との関係を表したグラフとして適切なのは，次のうちではどれか。

ア

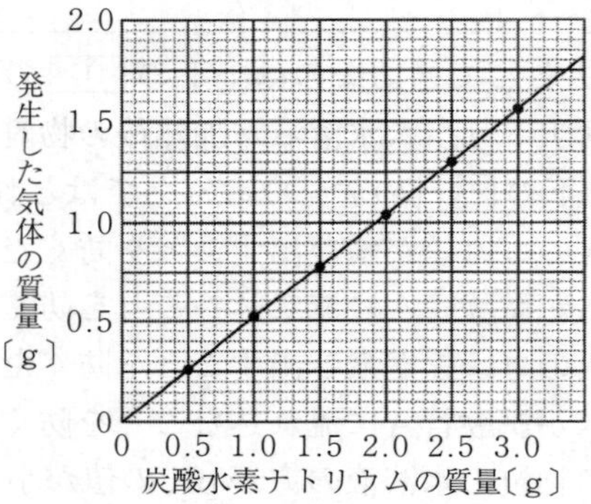

イ

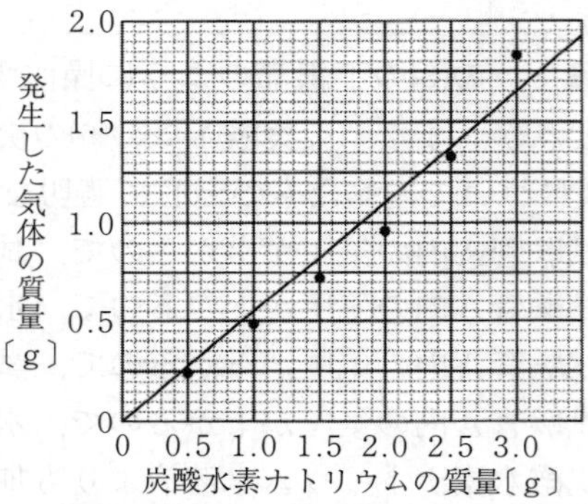

ウ

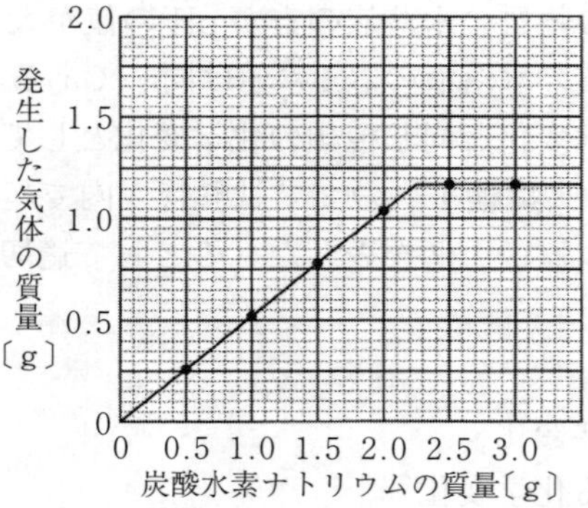

エ

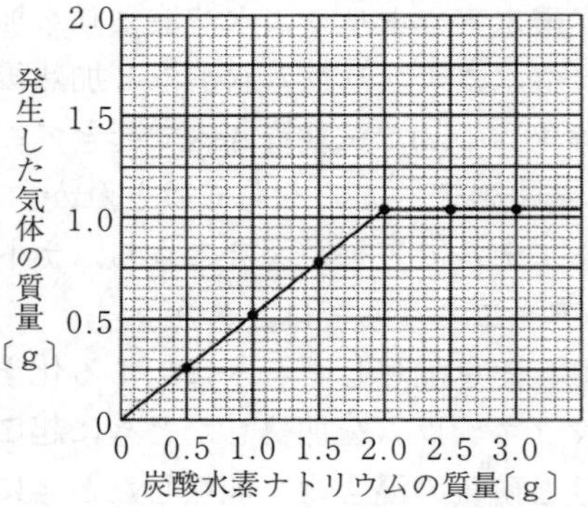

〔問４〕 <実験２>で用いた塩酸と同じ濃度《のうど》の塩酸10.0cm^3に，炭酸水素ナトリウムが含《ふく》まれているベーキングパウダー4.00ｇを入れたところ，0.65ｇの気体が発生した。ベーキングパウダーに含まれている炭酸水素ナトリウムは何％か。答えは，小数第一位を四捨五入して整数で求めよ。

ただし，発生した気体はベーキングパウダーに含まれている炭酸水素ナトリウムのみが反応して発生したものとする。

6　電流と磁界に関する実験について，次の各問に答えよ。

＜**実験１**＞を行ったところ，＜**結果１**＞のようになった。

＜**実験１**＞

(1)　木の棒を固定したスタンドを水平な机の上に置き，図１のように電源装置，導線，スイッチ，20Ωの抵抗《ていこう》器《き》，電流計，コイルＡを用いて回路を作った。

(2)　コイルＡの下にＮ極が黒く塗《ぬ》られた方位磁針を置いた。

(3)　電源装置の電圧を５Ｖに設定し，回路のスイッチを入れた。

(4)　＜**実験１**＞の(1)の回路に図２のようにＵ字型磁石をＮ極を上にして置き，＜**実験１**＞の(3)の操作を行った。

＜**結果１**＞

(1)　＜**実験１**＞の(3)では，磁針は図３で示した向きに動いた。

(2)　＜**実験１**＞の(4)では，コイルＡは図２のＨの向きに動いた。

図１

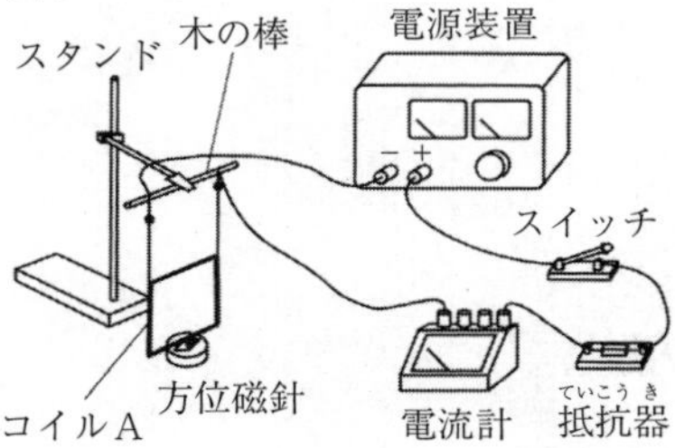

図２

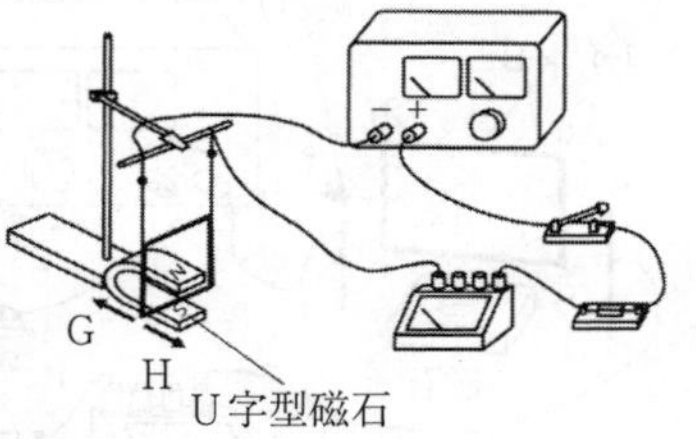

図３

〔問１〕　＜**実験１**＞の(1)の回路と木の棒を固定したスタンドに図４のようにアクリル板２枚を取り付け，方位磁針２個をコイルＡの内部と上部に設置し，＜**実験１**＞の(3)の操作を行った。このときの磁針の向きとして適切なのは，次のうちではどれか。

図４

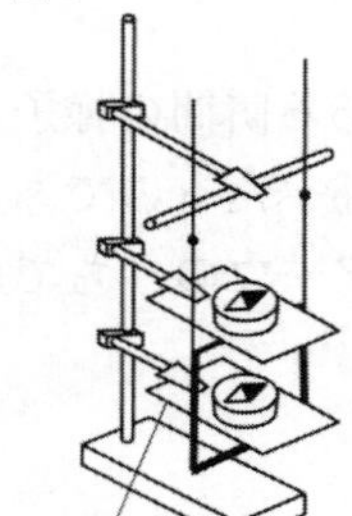

ア

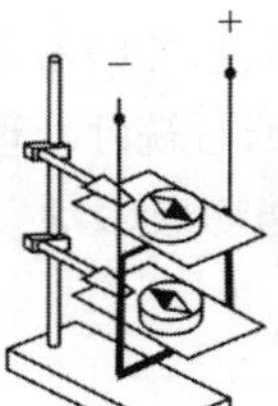

イ

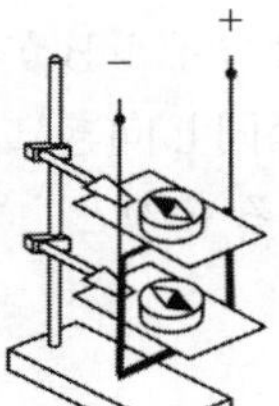

ウ

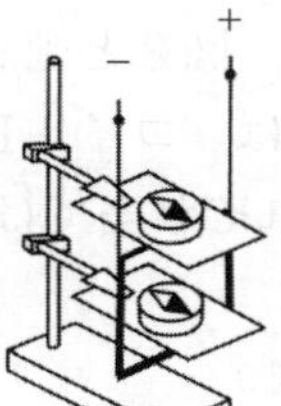

エ

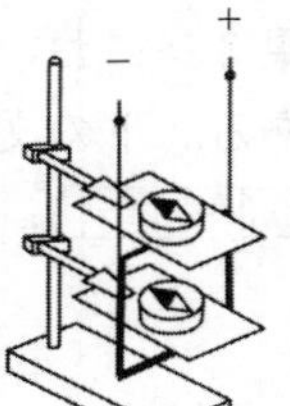

次に，＜**実験２**＞を行ったところ，＜**結果２**＞のようになった。

＜**実験２**＞

(1)　図５のようにコイルＡに導線で検流計をつないだ。

(2)　コイルＡを手でＧとＨの向きに交互に動かし，検流計の針の動きを観察した。

＜**結果２**＞

コイルＡを動かすと，検流計の針は左右に振れた。

図５

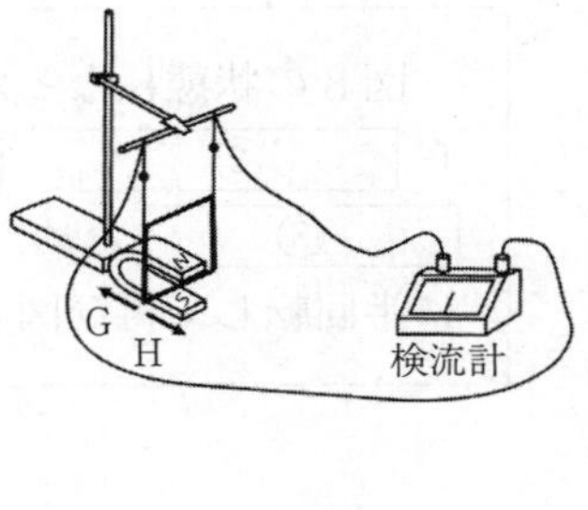

〔問２〕　＜**結果２**＞から，コイルＡに電圧が生じていることが分

かる。コイルAに電圧が生じる理由を簡単に書け。

次に，＜**実験３**＞を行ったところ，＜**結果３**＞のようになった。

＜**実験３**＞

(1)　図６において，電流をｅからｆに流すとき，ａ→ｂ→ｃ→ｄの向きに電流が流れるようエナメル線を巻き，左右に軸を出した。ｅ側の軸のエナメルを下半分，ｆ側の軸のエナメルを全てはがしたコイルＢを作った。

なお，図６のエナメル線の白い部分はエナメルをはがした部分を表している。

(2)　図７のように，磁石のＳ極を上にして置き，その上にコイルＢをａｂの部分が上になるように金属製の軸受けに載せた。電源装置，導線，スイッチ，20Ωの抵抗器，電流計，軸受けを用いて回路を作り，＜**実験１**＞の(3)の操作を行った。

＜**結果３**＞

コイルＢは，同じ向きに回転し続けた。

図６

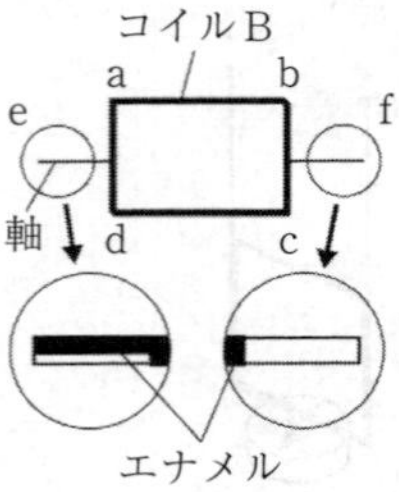

図７

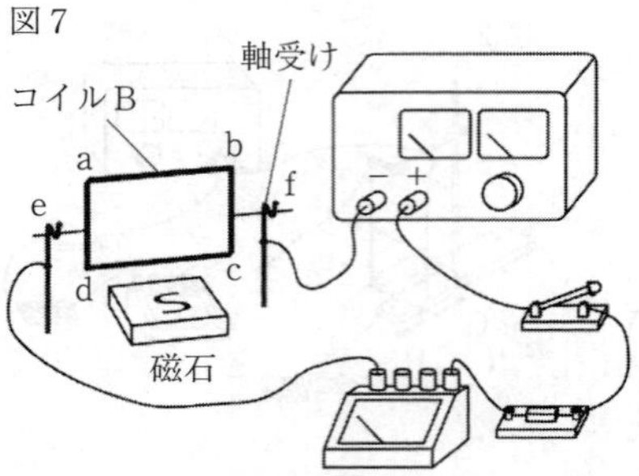

〔問３〕　＜**実験３**＞の(2)において，コイルＢを流れる電流を大きくするとコイルの回転が速くなる。次の**ア**～**エ**は，図７の回路の抵抗器にもう一つ抵抗器をつなぐ際の操作を示したものである。＜**実験１**＞の(3)の操作を行うとき，コイルＢが速く回転するつなぎ方の順に記号を並べよ。

ア　５Ωの抵抗器を直列につなぐ。　　**イ**　５Ωの抵抗器を並列《へいれつ》につなぐ。

ウ　10Ωの抵抗器を直列につなぐ。　　**エ**　10Ωの抵抗器を並列につなぐ。

〔問４〕　＜**結果３**＞において，図８と図９はコイルＢが回転しているときのある瞬間の様子を表したものである。下の文章は，コイルＢが同じ向きに回転し続けた理由を述べたものである。文章中の［　①　］～［　④　］にそれぞれ当てはまるものとして適切なのは，下の**ア**～**ウ**のうちではどれか。

図８

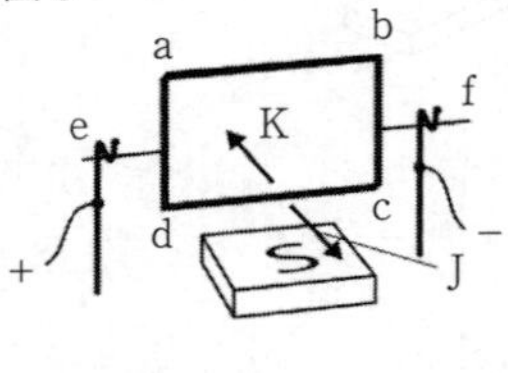

図９

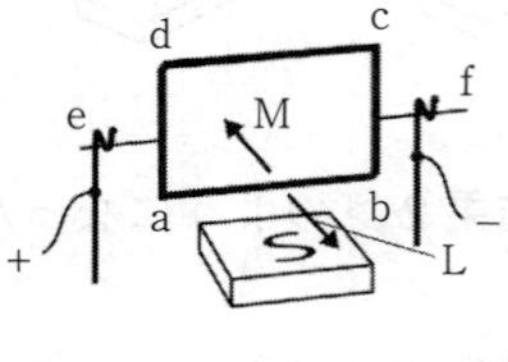

図８の状態になったときには，コイルＢのｃｄの部分には［　①　］ため，磁界から［　②　］。半回転して図９の状態になったときには，コイルＢのａｂの部分には［　③　］ため，磁界から［　④　］。そのため，同じ向きの回転を続け，さらに半回転して再び図８の状態になるから。

① ア　c→dの向きに電流が流れる
イ　d→cの向きに電流が流れる
ウ　電流が流れない

② ア　Jの向きに力を受ける
イ　Kの向きに力を受ける
ウ　力を受けない

③ ア　a→bの向きに電流が流れる
イ　b→aの向きに電流が流れる
ウ　電流が流れない

④ ア　Lの向きに力を受ける
イ　Mの向きに力を受ける
ウ　力を受けない

社会解答

1 〔問1〕 ア　〔問2〕 ウ
〔問3〕 イ　〔問4〕 エ

2 〔問1〕 Ⅰのア～エ…ウ
Ⅱの表のア～エ…エ
〔問2〕 P…イ　Q…ウ　R…ア
S…エ
〔問3〕 ⅠとⅡの表のア～エ…ア
略地図中のW～Z…X

3 〔問1〕 A…エ　B…ウ　C…ア
D…イ
〔問2〕 W…イ　X…ア　Y…エ
Z…ウ
〔問3〕 変容　(例)畑や造成中だった土地に，住宅がつくられた。
要因　(例)八千代中央駅が開業し，東京都(大手町)までの所要時間が短くなり，移動が便利になった。

4 〔問1〕 ウ→イ→エ→ア
〔問2〕 Ⅰの略年表中のア～エ…イ
Ⅱの略地図中のA～D…D
〔問3〕 エ
〔問4〕 A…ア　B…エ　C…ウ
D…イ

5 〔問1〕 ウ　〔問2〕 ア
〔問3〕 (例)国が主導する短期集中型の方式から地方公共団体が考え提案する長期継続型の方式となり，毎年ではなく特定の年に多く見られていた法律改正数は，数は少なくなったものの毎年見られるようになった。

6 〔問1〕 エ→ア→イ→ウ
〔問2〕 A…ア　B…ウ　C…エ
D…イ
〔問3〕 イ

1 〔三分野総合―小問集合問題〕

〔問1〕＜地形図の読み取り＞特にことわりのないかぎり，地形図上では上が北となる。Ⅱの図中の痕跡1～3に書かれた内容が，Ⅰの地形図中のア～エのどの経路で見られるかを読み取る。痕跡1については，アの経路の北東端付近に「郭町二丁目」，そこから矢印(➡)の向きに経路を進んだ先に「大手町」の地名が見られる。痕跡2については，アの経路沿いの「元町」付近に「高塔」の地図記号(口)があり，これが鐘つき堂だと考えられる。痕跡3については，「大手町」のすぐ西側に鍵型の道路が見られる。以上から，Ⅱの図はアの経路についてのものである。

〔問2〕＜平等院鳳凰堂＞平安時代には，阿弥陀如来にすがって死後に極楽浄土に生まれ変わることを願う浄土信仰が広まり，阿弥陀如来像とそれを納める阿弥陀堂が各地につくられた。平等院鳳凰堂は，1053年に藤原頼通が京都の宇治に建てた阿弥陀堂であり，世界文化遺産に登録されている。なお，法隆寺は飛鳥時代に聖徳太子が建てた寺院，金閣は室町時代に足利義満が建てた建物，東大寺は奈良時代に聖武天皇が建てた寺院である。

〔問3〕＜葛飾北斎＞葛飾北斎は，江戸時代後期に栄えた化政文化を代表する浮世絵画家で，「富嶽三十六景」などの作品を残した。北斎などによる浮世絵は，幕末に始まった貿易を通じて欧米諸国に広まり，印象派の画家などに影響を与えた。なお，雪舟は室町時代に日本の水墨画を大成した人物，菱川師宣は江戸時代前期に栄えた元禄文化の頃に「見返り美人図」などの浮世絵を描いた人物，狩野永徳は安土桃山時代に「唐獅子図屏風」などの屏風絵やふすま絵を描いた人物である。

〔問4〕＜労働基準法＞労働基準法は，労働条件の最低基準を定めた法律である。労働条件は労働者と使用者が対等の立場で決定するものとし，労働時間を週40時間以内，1日8時間以内とすること，毎週少なくとも1日を休日とすること，男女同一賃金とすることなどを定めている。なお，男女共同参画社会基本法は男女が個人として尊厳を重んじられ対等な立場で能力を発揮しながら活動できる社会を目指すための法律，労働組合法は労働者の団結権や労働組合の活動を守るための法律，男女雇用機会均等法は雇用における男女平等を目指すための法律である。

2〔世界地理―世界の諸地域〕

〔問1〕＜世界の気候と農業＞Ⅰのア～エ．Dの都市はベルリン(ドイツ)で，温帯の西岸海洋性気候に属する。したがって，温暖で季節による気温の変化があり，年間を通して少しずつ雨が降るウがDの気候を示したグラフである。なお，Aの都市はブエノスアイレス(アルゼンチン)で，温暖で夏の降水量が多い温帯の温帯〔温暖〕湿潤気候(エ)，Bの都市はモントリオール(カナダ)で，夏と冬の気温差が大きく冬の寒さが厳しい冷帯〔亜寒帯〕気候(ア)，Cの都市はジャカルタ(インドネシア)で，1年中高温で降水量が多い熱帯の熱帯雨林気候(イ)に属する。　Ⅱの表のア～エ．A～Dの都市を含む国とは，アルゼンチン(A)，カナダ(B)，インドネシア(C)，ドイツ(D)である。ドイツは，じゃがいもの生産量が世界有数であり，また混合農業などによる小麦の生産も盛んである。したがって，Ⅱの表中でじゃがいもの生産量が最も多く，小麦の生産量も2番目に多いエがドイツとなる。なお，米の生産量が最も多いアはインドネシア，とうもろこしの生産量が最も多いイはアルゼンチン，小麦の生産量が最も多いウはカナダである。

〔問2〕＜国々の特徴＞Pはブラジル，Qはベトナム，Rはトルコ，Sはケニアである。ア．「二つの州を隔てる海峡」とは，トルコにあるボスポラス海峡であり，アジア州とヨーロッパ州の境界となっている。北部が黒海，南部が地中海に面しているトルコでは，20世紀初めまでおよそ600年にわたってオスマン帝国が存続したが，第一次世界大戦後に現在のトルコ共和国が成立した。

イ．ブラジルの北部には，世界最大の流域面積を持つアマゾン川がおよそ西から東へ流れている。ブラジル南東部に位置するブラジル高原の南部ではコーヒーの栽培が盛んに行われ，内陸には首都のブラジリアが位置している。　ウ．ベトナムは，国土が南北に細長く，西側に位置するラオスとの国境地帯には山脈(アンナン山脈)が走っている。北部には首都のハノイがあり，メコン川の三角州が広がる南部では稲作が盛んである。ベトナムコーヒーと呼ばれる練乳入りのコーヒーがよく知られているほか，かつてこの地域を植民地としていたフランスの影響を受けた食生活も見られる。

エ．ケニアは，中央部に標高5000mを超えるケニア〔キリニャガ〕山がそびえ，首都のナイロビをはじめ国土の大部分が高原になっている。高原の気候や土壌が茶の栽培に適しており，茶の生産量は世界有数となっている。

〔問3〕＜ニュージーランドの特徴と各国の貿易＞Wはメキシコ，Xはニュージーランド，Yはフィリピン，Zはスペインである。まず，Ⅲの文章がどの国について述べたものかを考える。「南部には氷河に削られてできた複雑に入り組んだ海岸線が見られる」という記述に注目すると，高緯度地域に分布するフィヨルドが国土の南部に見られることから，南半球に位置するニュージーランドであると推測できる。また，偏西風の影響を受けた気候(温帯の西岸海洋性気候)であること，牧羊が盛んであることもニュージーランドの特徴に当てはまる。なお，2018年に発効した「日本を含む6か国による多角的な経済連携協定」とは環太平洋経済連携協定〔TPP〕を指す。次にⅠとⅡの表を見ると，アは，日本の主な輸入品目にチーズが含まれていること，貿易相手国の上位にオーストラリアが含まれていることからニュージーランドである。また，Ⅲの文章中には「1999年と比べて2019年では，日本の果実の輸入額は3倍以上に増加し」とあり，Ⅰの表中のアで日本の果実の輸入額を見ると，2019年(459億円)は1999年(122億円)の3倍以上であることが確認できる。なお，イは，1999年，2019年とも日本の最大の輸入品目が果実であることから，日本がバナナを多く輸入しているフィリピンである。ウは，日本の主な輸入品目にアルコール飲料(ワインなど)が含まれていること，貿易相手国の上位がヨーロッパの国々であることからスペインである。エは貿易相手国の上位にアメリカ合衆国とカナダが含まれていることから，これらの国と自由貿易協定を結んでいるメキシコである。

3〔日本地理―日本の諸地域，地形図〕

〔問１〕＜都道府県の特徴＞Aは千葉県，Bは富山県，Cは高知県，Dは福岡県である。　ア．４県の中で最も人口が少ないのは高知県である。高知県は，北部に四国山地，中央部に高知平野が分布し，沖合を流れる黒潮〔日本海流〕の影響で温暖な気候である。高知平野では，ビニールハウスなどを用いて野菜の促成栽培を行う施設園芸農業が行われている。　イ．県の北東部に海峡が見られるのは福岡県である。福岡県の北西部には福岡平野が広がり，沖合には暖流の対馬海流が流れる。北東部の海峡は，山口県との県境である関門海峡である。また，南西部の筑紫平野は，干潟のある有明海に面する。県庁所在地の福岡市は九州地方の中心都市であり，報道機関や大企業，政府の出先機関などが集中している。　ウ．冬季に降水(雪)が多いのは北陸地方に位置する富山県である。富山県では，南部の山地から神通川などの河川が北へ向かって流れ，富山平野を通って日本海へ注いでいる。また，東部を流れる黒部川の下流には扇状地が見られる。地場産業として古くから製薬・売薬が行われており，また豊富な雪解け水を利用した産業が盛んである。　エ．４県の中で最も人口が多いのは千葉県である。千葉県は，北部に関東ロームと呼ばれる赤土におおわれた下総台地が広がり，南部の房総半島は温暖な丘陵地帯となっている。県庁所在地の千葉市をはじめとする大都市は東京湾沿いの西部に集まっている。

〔問２〕＜都道府県の産業や交通＞ア．②→①の鉄道輸送量が最も多く，②は，沿岸部に重化学工業が発達していることから神奈川県横浜市である。よって，Xが当てはまる。なお，①は，県の南部で輸送用機械工業(自動車工業)などが発達している群馬県前橋市である。　イ．２地点間の直線距離が最も長く，①は，畜産業や林業が盛んで，南北に走る高速道路周辺で電子工業が見られることから岩手県盛岡市である。よって，Wが当てはまる。なお，②は，仙台平野で稲作が盛んな宮城県仙台市である。　ウ．２地点間の直線距離が２番目に長く，①は，水産加工業が盛んで砂丘が広がることから鳥取県鳥取市である。よって，Zが当てはまる。なお，②は，都市中心部に中小工場が密集する大阪府大阪市である。　エ．２地点間の直線距離が最も短く，①は，輸送用機械工業(自動車工業)が特に盛んであることから愛知県名古屋市である。よって，Yが当てはまる。なお，②は，石油化学コンビナートが見られ，リアス海岸が広がることなどから三重県津市である。

〔問３〕＜地形図と資料の読み取り＞変容．Ⅰの地形図では，○で示した地域には畑(∨)が広がり，付近一帯は「宅地造成中」となっている。Ⅱの地形図では，同じ地域に小規模な建物(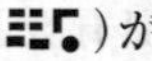)が多く見られ，住宅地が形成されていることがわかる。　**要因．**Ⅱの地形図中には，Ⅰの地形図中にはなかった鉄道線路と「やちよちゅうおう」駅が見られる。Ⅲの資料から，八千代中央駅は1996年に開業し，これにより東京都(大手町)までの所要時間が短縮されたことがわかる。そのため，東京への通勤通学が便利になったこの地域で宅地開発が進んだと考えられる。

４〔歴史―古代～現代の日本〕

〔問１〕＜年代整序＞年代の古い順に，ウ(飛鳥時代)，イ(平安時代)，エ(鎌倉時代)，ア(室町時代)となる。

〔問２〕＜鎖国政策＞江戸幕府は，キリスト教の禁止や貿易の統制を徹底するため，外国船の来航や日本人の海外渡航などを段階的に禁止していった。Ⅲは，この過程で1635年に出されたものであり，日本人の海外渡航と帰国を全面的に禁止した。同年，外国船の来航地が平戸と長崎のみに制限され，1641年にはオランダ商館が平戸から出島(どちらも現在の長崎県)に移されて，以後は中国とオランダのみが長崎での貿易を許されることになった。したがって，Ⅲの命令を主に実行したのは，略地図中のDに置かれた長崎奉行所であったと考えられる。

〔問３〕＜大正時代の様子＞問題中の文章は，1923年９月１日に発生した関東大震災に関する内容である。大正時代にあたるこの時期には，工業の発展とともに都市人口が増え，職業について働く女性も見られるようになった。また，東京駅が開業し，鉄筋コンクリートの丸の内ビルヂングが建設された。なお，新橋・横浜間に日本初の鉄道が開通したのは1872年，イギリスとの間に日英同盟を結んだのは1902年，大日本帝国憲法が制定されたのは1889年であり，いずれも明治時代のことである。

〔問４〕＜大正時代～昭和時代の出来事＞ア．第二次護憲運動の結果，1924年に連立内閣である加藤高明内閣が成立し，翌1925年に満25歳以上の全ての男子に選挙権を認める普通選挙法が制定された(A)。　　イ．高度経済成長期に公害が深刻化し，1967年に公害対策基本法が制定された(D)。　　ウ．第二次世界大戦が終結した1945年から日本の民主化が進められ，農地改革や教育基本法の制定などが行われた(C)。　　エ．1937年に始まった日中戦争が長期化する中，1938年に国家総動員法が制定された(B)。

5〔公民―地方自治〕

〔問１〕＜地方公共団体の仕事＞日本国憲法第94条では，地方公共団体は「法律の範囲内で条例を制定することができる」と定めている。なお，アの条約の承認は国会，イの政令の制定は内閣，エの違憲審査は裁判所の仕事である。

〔問２〕＜直接請求権＞住民は，一定数以上の署名を集めることにより，地方公共団体に政治上の請求を行うことが認められている。これを直接請求権といい，条例の制定・改廃，議会の解散，首長・議員などの解職，事務の監査を請求することができる。なお，イの最高裁判所の裁判官に対する国民審査は地方公共団体に対して行使する権利ではない。ウは地方議会が持つ権限，エは国会が持つ権限である。

〔問３〕＜資料の読み取り＞この問題で求められているのは，「1995年から2014年までの期間と比較した，2015年から2019年までの期間の法律改正数の動き」について，①「地方分権改革の推進手法」と②「毎年の法律改正の有無及び毎年の法律改正数」に着目して述べることである。これをふまえて，Ⅰ，Ⅱからわかることを整理する。まず，Ⅰのグラフから，1995年から2014年までは法律改正が毎年ではなく特定の年に多く行われており，2015年から2019年までは法律改正が毎年行われているが，年ごとの改正数は少ないことがわかる(着目点②)。次に，Ⅱの文章から，2014年までは国が主導する短期集中型の推進手法が行われており，2014年より後は地方公共団体が考え提案する長期継続型の推進手法が導入されたことがわかる。以上の内容を組み合わせ，「1995年から2014年まで」と「2015年から2019年まで」の特徴を比較する形で説明する。

6〔三分野総合―企業を題材とする問題〕

〔問１〕＜年代整序＞年代の古い順に，エ(オランダ東インド会社の設立―1602年)，ア(ワットによる蒸気機関の改良―1765～69年)，イ(アメリカ南北戦争―1861～65年)，ウ(ベルサイユ条約の締結―1919年)となる。

〔問２〕＜世界の都市＞ア．標高3000mを超えること，16世紀にスペイン人が進出していることから，アンデス山脈中に位置するAのラパス(ボリビア)である。ボリビアでは，銀や亜鉛などの鉱産資源が豊富に産出する。　　イ．山脈の北側に位置する港湾都市であること，イスラム教とフランスの影響が見られること，砂漠地帯があることから，アトラス山脈の北側に位置するDのアルジェ(アルジェリア)である。アルジェリアは，天然ガスや石油の産出量が多い。　　ウ．水運の拠点であったこと，20世紀に自動車工業の中心地となったことから，五大湖沿岸に位置するBのデトロイト(アメリカ合衆国)である。　　エ．国際連盟の本部が置かれたこと，時計などの精密機械工業が盛んであることから，Cのジュネーブ(スイス)である。

〔問３〕＜1980年代の日本経済＞Ⅱの文章の内容と，Ⅰのグラフのア～エの時期を照らし合わせて考える。Ⅱの文中には，この時期の前半は，「経済成長率は上昇傾向を示した」とあり，またこの時期の後半は，「経済成長率は一時的に下降した。その後，(中略)法人企業の営業利益は増加し続けた」とまとめられている。これらをもとにⅠのグラフを確認すると，当てはまる期間はイとなる。Ⅱの文中の「株価や地価が高騰する好景気」とは，1980年代後半から1990年代初めに見られたバブル経済のことである。

理科解答

1
〔問1〕ウ　〔問2〕ア
〔問3〕エ　〔問4〕①…ウ　②…ア
〔問5〕エ　〔問6〕イ

2
〔問1〕①…ア　②…ウ　〔問2〕ウ
〔問3〕イ　〔問4〕エ

3
〔問1〕エ
〔問2〕①…イ　②…ウ　③…ア
〔問3〕①…ウ　②…エ
〔問4〕ア→ウ→エ→イ

4
〔問1〕ア　〔問2〕①…ウ　②…イ
〔問3〕①…イ　②…イ

5
〔問1〕①…エ　②…イ
〔問2〕①…ア　②…エ
〔問3〕ウ　〔問4〕31％

6
〔問1〕ア
〔問2〕(例)コイルAの中の磁界が変化するから。
〔問3〕イ→エ→ア→ウ
〔問4〕①…ア　②…ア　③…ウ　④…ウ

1〔小問集合〕

〔問1〕＜吸収，排出＞図1で，消化された養分を吸収するのはBの小腸，アンモニアを尿素に変えるのはCの肝臓である。なお，Aは胃で，タンパク質が消化され，Dはじん臓で，血液中から尿素などがこし取られて尿がつくられる。

〔問2〕＜音＞音が高くなると振動数が大きくなり，音が大きくなると振幅が大きくなる。よって，図2のときと比べて，音が高くなると振動数が大きくなり，振動数は1秒間に振動する回数なので，Aは短くなる。また，音が大きくなると，Bは大きくなる。

〔問3〕＜地震＞初期微動はP波によって伝えられ，主要動はS波によって伝えられる。地震の揺れを伝えるP波とS波はそれぞれ一定の速さで伝わるから，2種類の波の到着時刻の差である初期微動継続時間は，震源からの距離に比例する。震源からの距離が36kmの観測地点Aでの初期微動継続時間は，10時10分20秒－10時10分18秒＝2秒だから，震源からの距離が90kmの地点での初期微動継続時間をx秒とすると，$36:90=2:x$が成り立つ。これを解くと，$36\times x=90\times 2$より，$x=5$(秒)となるから，主要動が始まった時刻は，初期微動が始まった10時10分27秒の5秒後で，10時10分32秒である。

〔問4〕＜酸・アルカリ＞溶液Aには，電流を流れやすくし，結果に影響を与えない中性の電解質の水溶液である食塩水を使う。なお，エタノール水溶液や砂糖水，精製水には電流が流れない。また，青色リトマス紙を赤色に変色させる酸性の性質を示すイオンは，水素イオン(H^+)である。薄い塩酸は塩化水素(HCl)の水溶液で，水溶液中でH^+と塩化物イオン(Cl^-)に電離している。このうち，＋の電気を帯びたH^+が陰極側に引かれるため，青色リトマス紙の赤色に変色した部分が陰極側に広がる。なお，薄い水酸化ナトリウム水溶液には，アルカリ性の性質を示す水酸化物イオン(OH^-)が含まれ，赤色リトマス紙を青色に変色させる。

〔問5〕＜遺伝の規則性＞エンドウの種子の形は丸が優性(顕性)形質だから，丸い種子の遺伝子の組み合わせはAAかAa，しわのある種子の遺伝子の組み合わせはaaである。まず，AAとaaをかけ合わせた場合，AAがつくる生殖細胞の遺伝子はAのみ，aaがつくる生殖細胞の遺伝子はaのみだから，かけ合わせてできる子の遺伝子の組み合わせは全てAaで，丸い種子しか得られない。一方，Aaとaaをかけ合わせた場合，Aaがつくる生殖細胞の遺伝子はAとaだから，aaとかけ合わせてできる子の遺伝子の組み合わせはAaとaaになり，丸い種子(Aa)としわのある種子(aa)ができる。よって，かけ合わせたエンドウの遺伝子の組み合わせは，Aaとaaである。

〔問6〕＜力＞力のつり合いの関係にある2力は，1つの物体にはたらくので，図4では，机が物体を押す力(垂直抗力)Aと物体にはたらく重力Bである。また，作用・反作用の関係にある2力は，2

つの物体の間で互いにはたらくので，図４では，机が物体を押す力Ａと物体が机を押す力Ｃである。

２〔小問集合〕

〔問１〕＜動物の分類＞表１で，セキツイ動物のグループはＡの魚類である。また，ＢとＣ，Ｄは無セキツイ動物のグループで，このうち，軟体動物のグループはＣとＤで，Ｂは節足動物の甲殻類のグループである。

〔問２〕＜速さ＞おもちゃの自動車は，$0.6-0.4=0.2$(秒)で，図１より，$5\times7=35$(cm)運動している。よって，平均の速さは，$35\div0.2=175$(cm/s)である。これより，１秒間に175cm運動するので，１時間，つまり，$60\times60=3600$(秒)で運動する距離は，$175\times3600=630000$(cm)で，$630000\div100\div1000=6.3$(km)となる。したがって，平均の速さは6.3km/hである。

〔問３〕＜浮き沈み＞水の密度を1.0g/cm^{3}とすると，液体の密度より密度が大きい物質は液体に沈み，密度が小さい物質は液体に浮くから，水に沈んだラベルの密度は1.0g/cm^{3}より大きいことがわかる。また，水50cm^{3}の質量は50gとなるから，食塩水の質量は$50+15=65$(g)で，体積が55cm^{3}より，食塩水の密度は，$65\div55=1.181\cdots$となり，約1.18g/cm^{3}である。よって，ラベルが食塩水に浮いたことから，ラベルの密度は，1.18g/cm^{3}より小さいことがわかる。したがって，ラベルは，表２で，密度が1.0g/cm^{3}より大きく，1.18g/cm^{3}より小さいポリスチレンである。

〔問４〕＜星の動き＞星の南中する時刻は１か月に約２時間ずつ早くなるので，１月15日午後10時に南中したオリオン座は，１か月後の２月15日には午後10時の２時間前の午後８時頃に南中する。なお，地球の公転により，南の空の星は東から西へ，１か月に$360°\div12=30°$動いて見えるので，午後10時のオリオン座は，１月15日から２月15日までの１か月で約30°動いて見える。また，１日のうちでは，地球の自転により，南の空の星は東から西へ，１時間に$360°\div24=15°$動いて見える。よって，２月15日午後10時のオリオン座が約30°東に見えていたのは，午後10時の$30°\div15°=2$(時間)前の午後８時頃である。

３〔気象とその変化〕

〔問１〕＜水蒸気量＞湿度は，その気温での飽和水蒸気量に対する実際に含まれる水蒸気の量の割合である。よって，気温が高くなるほど飽和水蒸気量は大きくなるため，湿度が同じとき，気温が高いほど空気中の水蒸気の量は大きくなる。図１より，それぞれの時刻の気温は，大きい順にa＞b＞cだから，空気中の水蒸気の量は，Ａ＞Ｂ＞Ｃである。

〔問２〕＜天気＞図１で，３月31日の天気記号の⦶は晴れ，◎はくもりだから，日中の天気はおおむね晴れである。天気図の記号で風向は矢の向きで表されるから，日中は南寄りの風である。また，日が昇るとともに上がり始め，昼過ぎに最も高くなり，その後下がっているのは気温である。

〔問３〕＜前線，高気圧＞図１より，４月１日の15時から18時の間に前線Ｘ(寒冷前線)が通過したとき，気温は急激に下がり，風向は南寄りから北寄りに変化している。また，高気圧の中心付近では，上空から地上へ向かう空気の流れである下降気流が生じ，地上では中心部から周辺へ向かって風が吹き出している。なお，低気圧の中心付近では上昇気流が生じ，地上では周辺から中心部へ向かって風が吹き込んでいる。

〔問４〕＜日本の気象＞つゆ(６月)の天気図は，日本列島付近に東西にのびる停滞前線(梅雨前線)が見られるアである。夏(８月)の天気図は，日本の南側に高気圧，北側に低気圧がある南高北低の気圧配置のウである。秋(11月)の天気図は，日本付近を西から東へ移動性高気圧と温帯低気圧が交互に通過するエであり，冬(２月)の天気図は，日本の西側に高気圧(シベリア高気圧)，東側に低気圧がある西高東低の気圧配置のイである。

４〔植物の生活と種類〕

〔問１〕＜葉のはたらき＞図１のＡは気孔で，呼吸や光合成で吸収・放出する酸素や二酸化炭素の出入り口であり，蒸散で放出する水蒸気の出口である。また，Ｂは葉緑体で，水と二酸化炭素を原料に光のエネルギーを利用して光合成を行い，デンプンと酸素をつくる。なお，細胞の活動により生じた物質を蓄えているのは液胞であり，植物の細胞の形を維持するのは細胞壁である。

〔問２〕＜光合成＞実験１では，光合成に必要な条件を調べているので，実験前に葉にあったデンプンを全て消費しておく必要がある。暗室に24時間置くと，葉にあるデンプンは水に溶けやすい物質に変えられて，体全体に運ばれる。また，光合成に二酸化炭素が必要であることは，袋の中の二酸化炭素の有無だけが異なり，それ以外の光合成に必要な条件(光)は同じもので比較する。息には二酸化炭素が多く含まれているから，光が当たっている条件は同じで，二酸化炭素がある葉Ｃと，水酸化ナトリウム水溶液をしみ込ませたろ紙を入れたため，二酸化炭素が吸収され，ほとんど含まれていない葉Ｅで比較する。なお，結果２より，青紫色に変化した葉Ｃでは，デンプンがつくられたことから，光合成が行われ，変化しなかった葉Ｅでは，デンプンがつくられなかったことから，光合成が行われていない。よって，葉Ｃと葉Ｅの結果から，光合成には二酸化炭素が必要であることがわかる。

〔問３〕＜光合成と呼吸＞結果３より，実験後の二酸化炭素の割合は，袋Ｈでは増加し，袋Ｉでは減少している。二酸化炭素は，呼吸によって出され，光合成によって吸収されるから，呼吸によって出される二酸化炭素の量よりも，光合成によって使われた二酸化炭素の量の方が多いのは袋Ｉで，袋Ｉでは呼吸よりも光合成が盛んに行われたことになる。また，光合成によってデンプンなどの養分がつくられるので，デンプンなどの養分のできる量も多いのは，二酸化炭素を多く使った袋Ｉである。なお，二酸化炭素の割合が増加していた袋Ｈでは，光合成は行われたが，光の強さが弱かったため，呼吸よりも光合成のはたらきの方が小さかったと考えられる。

5 〔化学変化と原子・分子〕

〔問１〕＜炭酸水素ナトリウムの分解＞ガラス管を水槽の水の中に入れたまま試験管Ａの加熱をやめると，試験管Ａ内の気体が冷えて気圧が下がり，水槽の水が試験管Ａに流れ込む。流れ込んだ水が，加熱部分に触れると，試験管Aが割れるおそれがあり，危険である。そのため，ガラス管を水槽の中から取り出してから加熱をやめる必要がある。また，加熱後の物質は炭酸ナトリウムで，炭酸水素ナトリウム水溶液は弱いアルカリ性を示すが，炭酸ナトリウム水溶液は強いアルカリ性を示す。pHの値は中性で７で，数値が大きいほどアルカリ性が強くなるので，炭酸水素ナトリウム水溶液よりも加熱後の物質(炭酸ナトリウム)の水溶液の方がpHの値は大きい。

〔問２〕＜分解＞試験管Ａ内で起こっている化学変化は，１種類の物質が２種類以上の別の物質に分かれる分解である。①のア～エのうち，分解が起こっているのは，酸化銀を加熱したときで，酸化銀は銀と酸素に分解する。なお，イ，ウ，エで起こっている化学変化は，２種類以上の物質が結びついて別の新しい物質ができる化合である。また，炭酸水素ナトリウム($NaHCO_3$)は，加熱すると，炭酸ナトリウム(Na_2CO_3)と二酸化炭素(CO_2)と水(H_2O)に分解する。加熱後の３つの物質全てに酸素原子(O)が含まれているので，図２で酸素原子を表しているのは◎である。さらに，◎２個と○１個がCO_2を表しているから，○は炭素原子(C)で，◎１個と●２個がH_2Oを表しているから，●は水素原子(H)となる。よって，ナトリウム原子(Na)を表しているのは■である。

〔問３〕＜反応する物質の質量＞実験２で発生した気体は二酸化炭素だけで，空気中に逃げるから，発生した気体の質量は，結果２の反応前の質量と加えた炭酸水素ナトリウムの質量の和から，反応後の質量をひくことで求められる。よって，加えた炭酸水素ナトリウムの質量が0.50gのときに発生した気体の質量は，$79.50+0.50-79.74=0.26$(g)となる。以下同様に，発生した気体の質量を求めると，加えた炭酸水素ナトリウムの質量が1.00gのときは0.52g，1.50gのときは0.78g，2.00gのときは1.04g，2.50gのときは1.17g，3.00gのときは1.17gとなる。よって，グラフは，点(0.50，0.26)，(1.00，0.52)，(1.50，0.78)，(2.00，1.04)，(2.50，1.17)，(3.00，1.17)を通る。なお，この反応を化学反応式で表すと，$NaHCO_3 + HCl \longrightarrow NaCl + H_2O + CO_2$となる。

〔問４〕＜**反応する物質の質量**＞〔問３〕で，ウより，発生した気体の質量が1.17g以下のとき，グラフは原点を通る直線なので，加えた炭酸水素ナトリウムの質量と発生した気体の質量は比例している。よって，炭酸水素ナトリウムの質量が1.00gのときに発生した気体の質量は0.52gより，発生した気体の質量が0.65gのときに反応した炭酸水素ナトリウムの質量をx gとすると，$1.00 : x = 0.52 : 0.65$が成り立つ。これを解くと，$x \times 0.52 = 1.00 \times 0.65$より，$x = 1.25$(g)となる。したがって，ベーキングパウダー4.00gに含まれている炭酸水素ナトリウムは1.25gなので，$1.25 \div 4.00 \times 100 = 31.25$より，炭酸水素ナトリウムは約31%含まれている。

6 〔電流とその利用〕

〔問１〕＜**電流と磁界**＞右図のように，コイルの内側と外側には，逆向きの磁界ができる。よって，コイルAの内部に置いた方位磁針のN極は，コイルの下部に置いた方位磁針のN極と反対の向きに動き，コイルの上部に置いた方位磁針のN極は，コイルの下部に置いた方位磁針のN極と同じ向きに動く。

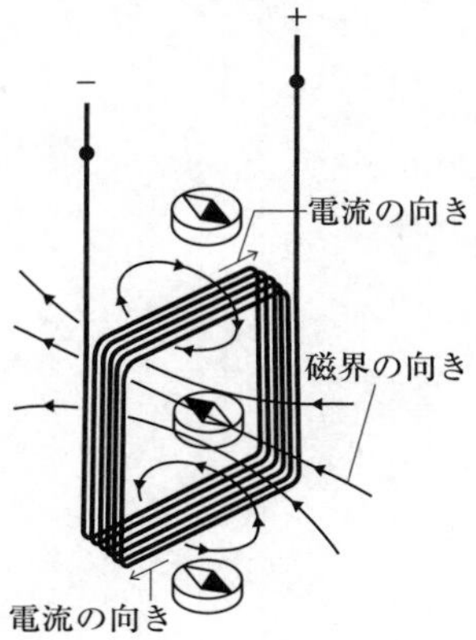

〔問２〕＜**電磁誘導**＞コイルAを動かして，コイルAの中の磁界が変化すると，コイルAに電圧が生じて電流が流れる。この現象を電磁誘導といい，流れる電流を誘導電流という。

〔問３〕＜**回路と電流**＞電源装置の電圧が同じとき，オームの法則〔電流〕＝$\dfrac{\text{〔電圧〕}}{\text{〔抵抗〕}}$より，コイルBに流れる電流は，２つの抵抗器全体の抵抗(合成抵抗)が小さいほど大きくなり，コイルの回転が速くなる。まず，直列つなぎでも並列つなぎでも，抵抗の小さな抵抗器をつないだ方が合成抵抗は小さくなるから，合成抵抗は，ア＜ウ，イ＜エである。次に，抵抗器を直列につなぐと合成抵抗は各抵抗の和になるから，アの合成抵抗は$5 + 20 = 25$(Ω)となる。また，抵抗器を並列につなぐと合成抵抗は各抵抗より小さくなるから，エの合成抵抗は10Ωより小さい。よって，合成抵抗は，エ＜アとなり，合成抵抗の大きさは，イ＜エ＜ア＜ウである。したがって，コイルが速く回転する順も，イ，エ，ア，ウとなる。

〔問４〕＜**モーター**＞図８の状態のとき，ｅ側の軸はエナメルをはがした部分が軸受けに接していて，電流はｅからｆに流れるから，コイルBにはａ→ｂ→ｃ→ｄの向きに電流が流れる。このとき，流れる電流の向きと，磁石からの磁界の向きは，実験１の(4)と同じだから，結果１の(2)より，図８ではコイルBは磁界からＪの向きに力を受ける。次に，図９の状態のとき，ｅ側の軸はエナメルをはがしていない部分が軸受けに接しているので，コイルBに電流は流れず，磁界から力を受けない。そのため，コイルBは慣性で回転し，再び図８の状態になって同じ向きに回転を続ける。

Memo

●2020年度

都立立川高等学校

独自問題

【英語・数学・国語】

2020年度 都立立川高等学校

【英　語】（50分）〈満点：100点〉

1 リスニングテスト（**放送による指示に従って答えなさい。**）

〔**問題A**〕 次の**ア**～**エ**の中から適するものをそれぞれ**一つずつ**選びなさい。

＜対話文１＞

ア Tomorrow.　　**イ** Next Monday.

ウ Next Saturday.　　**エ** Next Sunday.

＜対話文２＞

ア To call Ken later.　　**イ** To leave a message.

ウ To do Bob's homework.　　**エ** To bring his math notebook.

＜対話文３＞

ア Because David learned about *ukiyoe* pictures in an art class last weekend.

イ Because David said some museums in his country had *ukiyoe*.

ウ Because David didn't see *ukiyoe* in his country.

エ Because David went to the city art museum in Japan last weekend.

〔**問題B**〕 ＜Question 1＞ では，下の**ア**～**エ**の中から適するものを**一つ**選びなさい。
＜Question 2＞ では，質問に対する答えを英語で書きなさい。

＜Question 1＞

ア In the gym.　　**イ** In the library.

ウ In the lunch room.　　**エ** In front of their school.

＜Question 2＞

（15秒程度，答えを書く時間があります。）

※（編集部注）＜**英語学力検査リスニングテストCD台本**＞を英語の問題の終わりに掲載しています。

2 次の対話の文章を読んで，あとの各問に答えなさい。
（＊印の付いている単語・語句には，本文のあとに〔注〕がある。）

*Mayu is a first-year high school student. Jane is a student from Australia. They are sixteen years old and are members of the science club. Yuta, Mayu's brother, is three years older than Mayu. He is studying science and technology at college. Mayu's grandfather is driving a car to take them to a *space museum.*

Mayu: Look at that white dome!

Jane: Wow! How big! I've really wanted to visit the museum. It's very famous for its *planetarium.

Mayu: The dome is called 'Space Egg.' We can see about 140,000,000 stars at the planetarium. The number is the largest in the world.

Yuta: That sounds exciting. I can't wait to watch a show!

They are now at the entrance hall of the museum on the first floor.

Mayu: Look at this list. We can see ticket *prices and show times.

<Ticket Prices>

TICKETS	ADULT	CHILD (4-17)	*SENIOR (over 60)
*ADMISSION	500 yen	200 yen	300 yen
ADMISSION & PLANETARIUM	1,000 yen	400 yen	600 yen
ONE-YEAR TICKET (including PLANETARIUM)	3,000 yen	1,200 yen	1,800 yen

<Show Times>

1	9:30 ～ 10:10	4	13:00 ～ 13:40
2	10:40 ～ 11:20	5	14:10 ～ 14:50
3	11:50 ～ 12:30	6	15:20 ～ 16:00

Grandpa: I can get cheaper tickets for many places. It's sometimes nice to be old.

Jane: You speak English very well, Mr.…

Grandpa: You can call me Grandpa, Jane.

Jane: OK, Grandpa. Do you use English for your work?

Grandpa: Actually, I taught English at several junior high schools for forty years. Now, I teach small children how to make traditional Japanese toys as a volunteer.

Anyway, (1)I'll pay for all of you.

Jane: Thank you very much.

Mayu: I have a one-year ticket, Grandpa. Mom and Dad gave me this ticket for my birthday. This is the first time to use it.

They go up to the second floor.

Jane: Look at the picture of the *solar system. The earth is really small.

Yuta: We're very lucky to live on the earth.

Mayu: What do you mean?

Yuta: The earth is the right *distance from the sun. If it's closer to the sun, it'll be too hot. And if it's *farther from the sun, it'll be too cold.

Grandpa: That's right. The sun helps us in many ways.

Mayu: We have solar *panels on our school building. [(2)-a]

Yuta: Do you know that solar panels are used in space, too? Several ideas for such solar panels are explained in this room.

Mayu: Many scientists have wanted to make new solar panels which they can carry into space easily. Some of them came up with ideas from Japanese *origami*. They thought of folding solar panels!

Grandpa: Is that true?

Yuta: Yes. In a science magazine, I read about an engineer in America. He studied at a Japanese high school when he was young. Then his host mother taught him how to fold a paper crane. He was *inspired by *origami*, and he's now making new solar panels.

Mayu: *Origami*-inspired technology is popular now. For example, special panels are used for the floors of the *Shinkansen*. They can *absorb shock. There are also *origami*-inspired cans, plastic bottles and....

Jane: Mayu, I have a map in my bag. My host mother bought it for me in Kyoto last week. Here it is. Are *origami* skills used in this map, too?

Mayu: Oh, yes! If you pull two corners of the map, you can spread it in one *motion. Why don't you try it, Yuta?

Yuta: Wow! [(3)]

Jane: It really is. You can also fold it back in one motion.

Grandpa: That's amazing! [(2)-b] Our tradition is treasure, so we should keep such treasure and give it to younger generations. Jane, can I borrow your map for a few days? I want to show it to my little students next Sunday.

Jane: Of course, Grandpa. I'm very interested in traditional Japanese culture. Can I join your class on Sunday?

Grandpa: Sure. My students will be happy if you join us.

After they look around for two hours, they are at the museum restaurant on the fifth floor.

Jane: It's already twelve thirty! I'm really hungry. Look! We can eat real space food here. Rice, bread, curry and *shrimp-gratin. Oh, we can eat even *takoyaki*!

Mayu: There are some sweets like *pudding and ice cream, too!

Grandpa: I didn't know there are so many kinds of space food. I'll try 'Space *Ramen*.' Does it taste like real *ramen*?

Yuta: I'll try it, too, Grandpa. And *onigiri* and *takoyaki*.

Mayu: Oh, you'll eat a lot! Shall we share curry and shrimp-gratin, Jane?

Jane: Yes. Let's buy ice cream, too!

They are now having space food at a table.

Grandpa: It tastes good! I've just remembered a story about some Japanese high school students. They made one kind of space food.

Mayu: Oh, I've read the story in a newspaper, too. They are high school students in Fukui Prefecture, and their school has tried to make space food for more than ten years. I'm sure the students experienced *trial and error.

Yuta: I agree. To make space food, we have a lot of things to solve. First, space food should not *go bad easily. Second, it should be light. [(2)-c]

Grandpa: Astronauts cannot cook in a space ship because they don't take many tools for cooking into space.

Yuta: That's right. There's one more thing. Space food should keep astronauts healthy during the space travel.

Jane: I can say two more things. If space food smells strong, it'll be a problem because they can't open windows in a space ship. Also, it should not be influenced by *heat and shock!

Grandpa: I hear space food tasted bad about fifty years ago, but since then it has improved so much. I believe the most important thing for space food is to be delicious. The lives of astronauts in space are harder than on the earth. They (4)【ア their lives イ difficult ウ makes エ something オ happier カ need キ that ク during】activities in space.

Jane: I think so, too, Grandpa. Oh, no! We've talked too long. It's already one fifty!

Mayu: Don't worry, Jane. We'll be able to watch the next show. The entrance of the planetarium is just below this floor. Let's go!

They arrive at the entrance of the planetarium.

Jane: Look at the long line of people over there!

Yuta: The sign says that the next show is already full. We have to wait for the last show.

Mayu: All right. We should wait in a line here for thirty minutes before the last show starts. Until then, Jane and I will look around the museum shop on the first floor.

Grandpa: I want to have a cup of coffee at the cafeteria on the third floor.

Yuta: I'll go back to the second floor to see a short movie about *Hayabusa 2*.

Mayu: (5) See you then. Don't be late, everyone.

They come out of the planetarium after the show.

Jane: The show was great. I was so glad to see the *Southern Cross in the show. It's the symbol of Australia and you can see it in our national flag. What did you think of the show?

Mayu: Through the show, I felt that we're surrounded by so many stars. I want to study about them.

Yuta: Me, too. I've decided to study space technology. Space technology is not just for space *development. It has created many useful things which are now part of our daily lives like light *metals used for glasses or tennis rackets.

Grandpa: Today I've learned much about space, but there are still many things to see in this museum. So I'm thinking of [(6)]. OK, everyone. Let's go home. Grandma is preparing dinner for all of us!

〔注〕 space 宇宙
price 値段
admission 入館料
distance 距離
panel パネル
absorb shock 衝撃を吸収する
planetarium プラネタリウム
senior 高齢者
solar system 太陽系
farther far の比較級
inspire 着想を与える
motion 動作

shrimp-gratin　エビグラタン
trial and error　試行錯誤
heat and shock　熱と衝撃
development　開発
pudding　プリン
go bad　腐る
Southern Cross　南十字星
metal　金属

〔問１〕 (1) I'll pay for all of you. とあるが，次の英語の質問の答えとして最も適切なものは，下のうちではどれか。

How much did Grandpa pay when they entered the museum?

ア　1,400 yen　　イ　1,800 yen　　ウ　2,000 yen　　エ　2,400 yen

〔問２〕 (2)-a ～ (2)-c の中に，それぞれ次のＡ～Ｄのどれを入れるのがよいか。その組み合わせが最も適切なものは，下のア～カの中ではどれか。

A　I hear it's so expensive to carry things into space.
B　We can save electricity and reduce CO_2 at the same time.
C　We can see a lot of stars even on cloudy or rainy days.
D　I'm impressed to know that these great ideas came from Japanese tradition.

	(2)-a	(2)-b	(2)-c
ア	B	A	D
イ	B	D	A
ウ	C	B	A
エ	C	D	B
オ	D	A	C
カ	D	C	B

〔問３〕 本文の流れに合うように， (3) に英語を入れるとき，最も適切なものは次の中ではどれか。

ア　The folded map in your small bag is actually big when it's opened.
イ　The beautiful map of Kyoto was made by your host mother.
ウ　This map is so small that I can't open it in one motion.
エ　This kind of map used to be a popular toy like a paper crane.

〔問４〕(4)【ア their lives　イ difficult　ウ makes　エ something　オ happier　カ need　キ that　ク during】について，本文の流れに合うように，【　　　】内の単語・語句を正しく並べかえるとき，【　　　】内で**３番目**と**６番目**にくるものの記号を答えなさい。

〔問５〕(5)See you then. とあるが，次の質問に対する答えを完成させるとき，下の [(a)] に入る適切なものを**グループA**から，[(b)] に入る適切なものを**グループB**からそれぞれ選びなさい。

When and where will they meet?

They will meet at [(a)] p.m. at the entrance of the planetarium on the [(b)] floor.

グループ**A**	ア	1:40	イ	2:30	ウ	2:50	エ	3:40	オ	4:50
グループ**B**	ア	second	イ	third	ウ	fourth	エ	fifth	オ	sixth

〔問６〕 本文の流れに合うように，[(6)] に英語を入れるとき，最も適切なものは次の中ではどれか。

ア　taking you all to an art museum next time

イ　buying some ‘Space *Ramen*’ for my little students

ウ　making a map with *origami* skills in the next class

エ　getting a one-year ticket for the museum

〔問７〕 本文の内容と合っているものを，次のア～キの中から**二つ**選びなさい。

ア　The space show at the planetarium is forty-five minutes long and is held five times in a day.

イ　Before visiting the museum with Jane, Yuta and Grandpa, Mayu didn’t use the one-year ticket given by her parents.

ウ　When Yuta looked at the picture of the solar system, he said, “It’ll be too hot to live on the earth if it is farther from the sun.”

エ　A science magazine says that an engineer in America learned how to fold a paper crane from his school friends in Japan.

オ　At the museum restaurant, Mayu, Jane, Yuta and Grandpa all ate different kinds of space food.

カ　Astronauts can take the food which smells strong into their space ships if it doesn't go bad easily.

キ　There are many helpful things created by space technology not only for space development but also for our daily lives.

〔問８〕 次の文章は，Jane が家に帰ってからオーストラリアの家族に送ったＥメールである。(a)～(d)に入る最も適切な**英語１語**をそれぞれ本文中から抜き出しなさい。

> Hi, Mom and Dad! How have you been? I am enjoying my life in Japan. Today I went to a space museum with Mayu, her brother Yuta, and her grandfather. I like Grandpa very much because he is kind. He works as a (a) and teaches children how to make traditional Japanese toys.
>
> The exhibition was wonderful. I was especially surprised that (b) inspired by *origami* is used for solar panels and many other things around us. Grandpa said that tradition is treasure. I think so, too.
>
> Also, we tried several kinds of space food at the restaurant. They tasted delicious! Space food has (c) a lot by trial and error for these fifty years. After lunch, we watched a show at the planetarium. I was happy to see the (d) of Australia, the Southern Cross.
>
> I am going to join Grandpa's class next Sunday. I will write to you soon. Take care!
>
> Lots of love,
>
> Jane

3 次の文章を読んで，あとの各問に答えなさい。
（＊印の付いている単語・語句には，本文のあとに〔注〕がある。）

Takuto is a second-year high school student and is a member of the soccer club at his school. One day in October, he got a foreign picture postcard from one of his friends. The postcard was from *Kenya, Africa, and two little boys wearing *bright-colored T-shirts were smiling in the picture. There was a short message on the postcard. "I am in Kenya now, Takuto! I will go back to Japan next March. I want to see you then. I am looking forward to talking with you about our dreams! Do you remember? It's our *promise, right? Take care! From Satoshi" After he finished reading the postcard, Takuto said to himself, "I remember (1) our promise really well, Satoshi. But my dream…. What is my dream?"

The next day, after the practice of the soccer club, he left school with Keita. Keita was one of his teammates and his best friend. Takuto said, "Keita, do you have any plans for the future? For example, after ten years, what will you do? It's a difficult question for me. How about you?" Keita answered, "I can clearly see myself in the future." Takuto was surprised to hear that and said, "Really? Then what will you do after ten years?" Keita answered with a smile, "Well, I will make car *engines in a big car company in Japan. This has been my dream since I was five years old. So I want to study *mechanical engineering at university." Takuto was a little shocked to hear that. Takuto and Keita went to the [(2)] elementary school and the [(2)] junior high school. Now they are in the [(2)] high school and play soccer together. Takuto thought he knew Keita very well, but he didn't know anything about his dream. "Keita has already had plans for the future, but I have no idea about my future…." Takuto suddenly thought Keita looked older than him.

When Takuto got home, his mother said, "Takuto, there is an *article about someone you know very well in today's newspaper." Takuto wanted to read the article and soon found it in the newspaper. The article (3)【 ア people イ who ウ ten エ taking オ in カ young Japanese キ were ク about ケ part コ was 】volunteer work in ten different countries. Among the pictures, Takuto found a *familiar face. "Satoshi!" he cried. Satoshi was the oldest son of the Takagi family, the next-door neighbor of Takuto's family. Five years ago, when Takuto was twelve years old, Satoshi and his family moved to another city. The article said that Satoshi was working as an elementary school teacher in a small town in Kenya, Africa. He is teaching children English and sports there. In the interview, Satoshi said, "Kenya is a *multilingual country with sixty different languages. So, to *communicate with each other, people in Kenya use English as one of their *official languages. Being able to speak English means that people can get better jobs in *society. I really enjoy teaching my students English and playing sports with them. I will go back to my university next spring, and after I graduate, I want to work for an *organization that gives education to children in developing countries." When Takuto finished reading the article, he took out the postcard from Satoshi again.

Five years ago, one day in the spring vacation, Takuto and Satoshi went to the field along the Tama River to play soccer together for the last time. Though Satoshi was three years older than Takuto, they were good friends and were in a junior soccer team in the area. Satoshi decided to leave the team because he would move to another city the next Sunday and take an entrance examination for high school the next year. Along the *bank of the river, there were many cherry trees, and cherry blossoms were very beautiful. After they played soccer, they sat on the bank and drank cold tea. Satoshi said, "Takuto, let's play soccer again someday. I hope we will talk about our dreams then." Takuto was glad to hear that and said, "Yes! Let's meet again and talk about our dreams!" Satoshi answered with a smile, "OK! It's a promise!" Then they looked up at the cherry blossoms. The flowers were also looking at them *gently.

Takuto clearly remembered the promise and said to himself, "If I meet Satoshi now, [(4)]." He felt a little *anxious.

On the weekend Takuto's father came back home from Hokkaido. He works for a *construction company, and now he is in an office in Hokkaido and lives there alone. The next day, they went *cycling along the Tama River. They often went cycling together, and Takuto really liked the time he spent with his father. After they enjoyed cycling along the Tama River, they sat on the bank and started to eat lunch. After lunch, Takuto said, "Dad, do you remember Satoshi, the boy who lived next door?" His father answered, "Yes, I remember him very well. Both of you were in the junior soccer team." Takuto said, "Satoshi is now in Kenya, Africa, and is working as a volunteer teacher in an elementary school. He wants to work for children in developing countries in the future." His father looked a little surprised and said, "Really? He has a great dream!" Takuto didn't look at his father and started to talk about his real feelings. "My best friend Keita's dream is to make car engines. I didn't know about his dream at all. We have been good school friends since we were elementary school students. Both of them have clear goals. I'm trying hard to think of my future plans, but I haven't found the answer yet. I feel a little anxious, Dad. There are many subjects to study at school and I really like some of them. Of course, there are some subjects which are difficult for me, but I know all of them are necessary for my future. I also know I have to study every day, though I sometimes feel very tired from my club activities. But Dad, (5)<u>what am I studying for?</u> I am always busy in studying and playing soccer. I just go to and come back from school every day.　I don't know what I am *heading for."　His father was listening to Takuto without saying anything.　After a few minutes, he started to talk.　"Takuto, I don't think I can explain to you very well, but I want to tell you my opinion.　You are studying now to live in society in the future and you are studying for yourself, the people you love and the people you will meet in the future.　*Knowledge about many things will be one of the most important tools to protect you and those people.　People who save others' lives or people who work for poor people in the world are great, of course, but I think everyone working in society helps someone else in their own ways.　Remember this, Takuto."　Now Takuto was looking at his father and listening to him carefully.　His father kept talking.　"Don't be anxious, Takuto.　Though you can't find your dream for the future, it is very important to do things you have to do now.　By spending each day with your family, friends and the people around you, you will be able to find your dream for the future."　Takuto felt his *worry was getting smaller.　He said, "Thank you, Dad.　I'll do things I have to do every day and [　(6)　]."　Then he gave his father a big smile.

When Takuto meets Satoshi again next spring, he is going to say to Satoshi, "I can't keep our promise under the cherry blossoms now, because I can't imagine where I will be and what I will do in the future.　But I'm sure I will work hard in society for myself, my family and the people around me."

〔注〕

Kenya	ケニア	bright-colored	鮮やかな色の
promise	約束	engine	エンジン
mechanical engineering	機械工学	article	記事
familiar	よく知っている	multilingual country	多言語国家
communicate	意思を伝える	official language	公用語
society	社会	organization	団体
bank	土手	gently	優しく
anxious	不安な	construction company	建設会社
cycling	サイクリング	head for ～	～に向かっていく
knowledge	知識	worry	悩み

〔問１〕　(1)our promise とあるが，その内容を説明した次の文の（　）に，本文中で使われている**連続する２語**を補いなさい。

Takuto and Satoshi will meet again and tell (　) (　) about their dreams.

〔問２〕　本文の流れに合うように，[(2)] に**英語１語**を補いなさい。

〔問3〕 (3)【ア people　イ who　ウ ten　エ taking　オ in　カ young Japanese　キ were　ク about　ケ part　コ was】について，本文の流れに合うように，【　　】内の単語・語句を正しく並べかえるとき，【　　】内で**4番目**と**8番目**にくるものの記号を答えなさい。

〔問4〕 本文の流れに合うように，[(4)] に英語を入れるとき，最も適切なものは次の中ではどれか。

ア　I think we can enjoy talking about our dreams
イ　I think I can clearly explain about my dream
ウ　I don't think Satoshi can talk about his dream
エ　I don't think I can talk about my dream

〔問5〕 (5)what am I studying for? とあるが，このようにTakutoが感じた理由を最もよく表しているものは次の中ではどれか。

ア　Takuto doesn't know the reason for studying because all of the subjects he is studying are very difficult for him.
イ　Takuto doesn't know the reason for studying because he is busy every day and he has not found his own dream for the future yet.
ウ　Takuto doesn't know the reason for studying because he is not at all interested in any subjects he learns at school.
エ　Takuto doesn't know the reason for studying because he always feels tired from soccer practice after school.

〔問6〕 本文の流れに合うように，[(6)] に英語を入れるとき，最も適切なものは次の中ではどれか。

ア　stop worrying too much about my dream for the future
イ　stop studying very hard to find my dream for the future
ウ　start asking my friends about their dreams for the future
エ　start thinking about my dream for the future very hard

〔問7〕 本文の内容と合っているものを，次のア～キの中から**二つ**選びなさい。

ア　Takuto got a long letter from Satoshi one day, and in the letter Satoshi wrote about his daily life at university.

イ　In Kenya, people don't need to learn English at school because they speak only one language.

ウ　If someone living in Kenya is able to speak English, one of the official languages, he or she can get a better job in society.

エ　When Takuto played soccer with Satoshi five years ago, he just said good-bye to Satoshi and didn't make any promise.

オ　Takuto's father was really glad to know about his son's dream for the future and gave him a lot of advice about it.

カ　Takuto's father believes that everyone can help someone else in their own ways by working in society every day.

キ　Takuto isn't going to meet Satoshi next spring because he won't be able to talk with him about his dream for the future.

〔問8〕 次の文章は，Takuto が Satoshi と再会してから３年後に書いた手紙の一部である。与えられた書き出しに続けて**40 語以上 50 語程度の英語**で Takuto が将来したいことと，その理由を書き，手紙を完成させなさい。ただし，自由に想像し，本文中で語られている将来の夢は使わないこと。「,」「.」「!」「?」などは語数に含めない。これらの符号は，解答用紙の下線部と下線部の間に入れなさい。

Dear Satoshi,

Three years ago, I didn't have any future plans.　But I have found my dream for the future at last!

I'm looking forward to seeing you again!

Takuto

2020 年度　英語学力検査リスニングテスト台本

開始時の説明

これから，リスニングテストを行います。

問題用紙の１ページを見なさい。リスニングテストは，全て放送による指示で行います。リスニングテストの問題には，問題Ａと問題Ｂの二つがあります。問題Ａと，問題Ｂの ＜Question 1＞ では，質問に対する答えを選んで，その記号を答えなさい。問題Ｂの ＜Question 2＞ では，質問に対する答えを英語で書きなさい。

英文とそのあとに出題される質問が，それぞれ全体を通して二回ずつ読まれます。問題用紙の余白にメモをとってもかまいません。答えは全て解答用紙に書きなさい。

（２秒の間）

〔問題Ａ〕

問題Ａは，英語による対話文を聞いて，英語の質問に答えるものです。ここで話される対話文は全部で三つあり，それぞれ質問が一つずつ出題されます。質問に対する答えを選んで，その記号を答えなさい。

では，＜対話文１＞を始めます。

（３秒の間）

Tom: I am going to buy a birthday present for my sister. Lisa, can you go with me?

Lisa: Sure, Tom.

Tom: Are you free tomorrow?

Lisa: Sorry, I can't go tomorrow. When is her birthday?

Tom: Next Monday. Then, how about next Saturday or Sunday?

Lisa: Saturday is fine with me.

Tom: Thank you.

Lisa: What time and where shall we meet?

Tom: How about at eleven at the station?

Lisa: OK. See you then.

（３秒の間）

Question： When are Tom and Lisa going to buy a birthday present for his sister?

（５秒の間）

繰り返します。

（２秒の間）

(対話文１の繰り返し)

（３秒の間）

Question： When are Tom and Lisa going to buy a birthday present for his sister?

(10秒の間)

＜対話文２＞を始めます。

(３秒の間)

(呼び出し音)

Bob's mother: Hello?

Ken: Hello. This is Ken. Can I speak to Bob, please?

Bob's mother: Hi, Ken. I'm sorry, he is out now. Do you want him to call you later?

Ken: Thank you, but I have to go out now. Can I leave a message?

Bob's mother: Sure.

Ken: Tomorrow we are going to do our homework at my house. Could you ask him to bring his math notebook? I have some questions to ask him.

Bob's mother: OK, I will.

Ken: Thank you.

Bob's mother: You're welcome.

(３秒の間)

Question： What does Ken want Bob to do?

(５秒の間)

繰り返します。

(２秒の間)

(対話文２の繰り返し)

(３秒の間)

Question： What does Ken want Bob to do?

(10秒の間)

＜対話文３＞を始めます。

(３秒の間)

Yumi: Hi, David. What kind of book are you reading?

David: Hi, Yumi. It's about *ukiyoe* pictures. I learned about them last week in an art class.

Yumi: I see. I learned about them, too. You can see *ukiyoe* in the city art museum now.

David: Really? I want to visit there. In my country, there are some museums that have *ukiyoe*, too.

Yumi: Oh, really? I am surprised to hear that.

David: I have been there to see *ukiyoe* once. I want to see them in Japan, too.

Yumi: I went to the city art museum last weekend. It was very interesting. You should go there.

（３秒の間）

Question： Why was Yumi surprised?

（５秒の間）

繰り返します。

（２秒の間）

（対話文３の繰り返し）

（３秒の間）

Question： Why was Yumi surprised?

（10秒の間）

これで問題Ａを終わり，問題Ｂに入ります。

〔問題Ｂ〕

（３秒の間）

これから聞く英語は，カナダの高校に留学している日本の生徒たちに向けて，留学先の生徒が行った留学初日の行動についての説明及び連絡です。内容に注意して聞きなさい。

あとから，英語による質問が二つ出題されます。＜Question 1＞ では，質問に対する答えを選んで，その記号を答えなさい。＜Question 2＞ では，質問に対する答えを英語で書きなさい。

なお，＜Question 2＞ のあとに，15秒程度，答えを書く時間があります。

では，始めます。（２秒の間）

Welcome to our school. I am Linda, a second-year student of this school. We are going to show you around our school today.

Our school was built in 2015, so it's still new. Now we are in the gym. We will start with the library, and I will show you how to use it. Then we will look at classrooms and the music room, and we will finish at the lunch room. There, you will meet other students and teachers.

After that, we are going to have a welcome party.

There is something more I want to tell you. We took a group picture in front of our school. If you want one, you should tell a teacher tomorrow. Do you have any questions? Now let's start. Please come with me.

（３秒の間）

＜Question 1＞ Where will the Japanese students meet other students and teachers?

（５秒の間）

＜Question 2＞ If the Japanese students want a picture, what should they do tomorrow?

（15秒の間）

繰り返します。

（２秒の間）

（問題Ｂの英文の繰り返し）

（３秒の間）

＜Question 1＞　Where will the Japanese students meet other students and teachers?

（５秒の間）

＜Question 2＞　If the Japanese students want a picture, what should they do tomorrow?

（15秒の間）

以上で，リスニングテストを終わります。２ページ以降の問題に答えなさい。

【数　学】（50分）〈満点：100点〉

1 次の各問に答えよ。

〔問1〕 $x = \dfrac{\sqrt{5}+1}{\sqrt{2}}$，$y = \dfrac{\sqrt{5}-1}{\sqrt{2}}$ のとき，$x^2 - xy + y^2$ の値を求めよ。

〔問2〕 連立方程式 $\begin{cases} \dfrac{x+2}{3} - \dfrac{y-1}{4} = -2 \\ 3x + 4y = 5 \end{cases}$ を解け。

〔問3〕 $\sqrt{2020n}$ が整数となるような 9999 以下の自然数 n の個数を求めよ。

〔問4〕 1から6までの目が出る大小1つずつのさいころを同時に1回投げる。

大きいさいころの出た目の数を a，小さいさいころの出た目の数を b とするとき，$\dfrac{3b}{a}$ の値が整数となる確率を求めよ。

ただし，大小2つのさいころはともに，1から6までのどの目が出ることも同様に確からしいものとする。

〔問5〕 下の図のように2点A，Bと線分CDがある。

解答欄に示した図をもとにして，線分CD上に∠APB = 30°となる点Pを，定規とコンパスを用いて作図によって求め，点Pの位置を示す文字Pも書け。

ただし，作図に用いた線は消さないでおくこと。

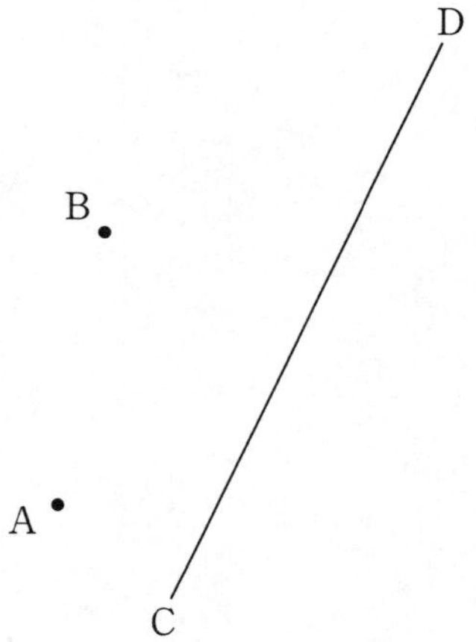

2 右の**図1**で，点Oは原点，四角形ABCDは正方形である。

頂点Aの座標を（8，5），頂点Bの座標を（4，8），頂点Dの座標を（5，1）とする。

原点から点（1，0）までの距離，および原点から点（0，1）までの距離をそれぞれ1 cmとして，次の各問に答えよ。

図1

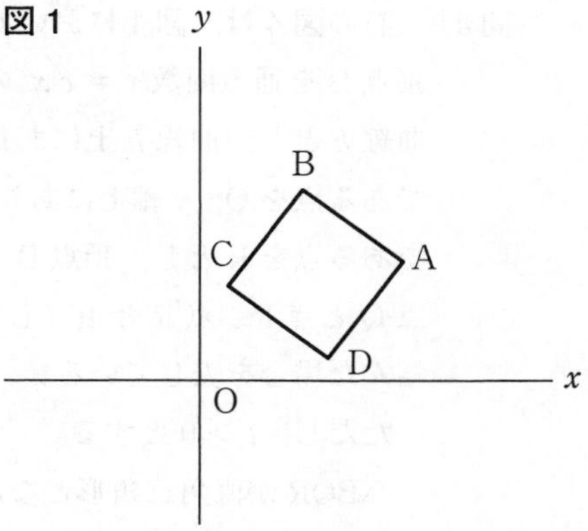

〔問1〕 2点A，Cを通る直線の式を求めよ。

〔問2〕 右の**図2**は，**図1**において，

四角形ABCDの対角線ACと対角線BDの交点と原点Oを通る直線を引き，辺AB，辺CDとの交点をそれぞれE，Fとした場合を表している。

台形AEFDの面積は何cm^2か。

図2

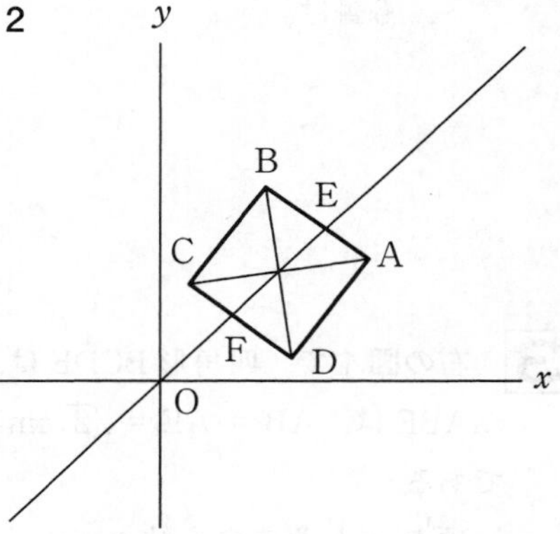

〔問3〕 右の**図3**は，**図1**において，

頂点Aを通る関数$y = ax^2$のグラフを曲線f，頂点Dを通る関数$y = bx^2$のグラフを曲線g，曲線f上の点をM，曲線g上の点をNとし，点Mと点Nのx座標が等しい場合を表している。

点Mと点Nのx座標をsとする。

点Mのy座標と点Nのy座標の差が$\frac{61}{9}$であるとき，sの値を求めよ。

ただし，$s > 0$とする。

図3

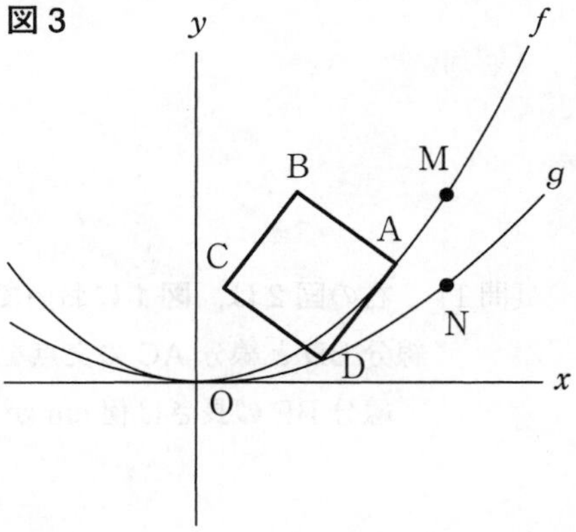

〔問 4〕　右の**図 4** は，**図 1** において，頂点 B を通る関数 $y = cx^2$ のグラフを曲線 h とし，曲線 h 上にあり，x 座標が 6 である点を Q，y 軸上にあり，y 座標が t である点を R とし，頂点 B と点 Q，点 Q と点 R，点 R と頂点 B をそれぞれ結んだ場合を表している。

ただし，$t > 0$ とする。

△BQR が直角三角形となるときの t の値をすべて求めよ。

ただし，答えだけでなく，答えを求める過程が分かるように，途中の式や計算なども書け。

図 4

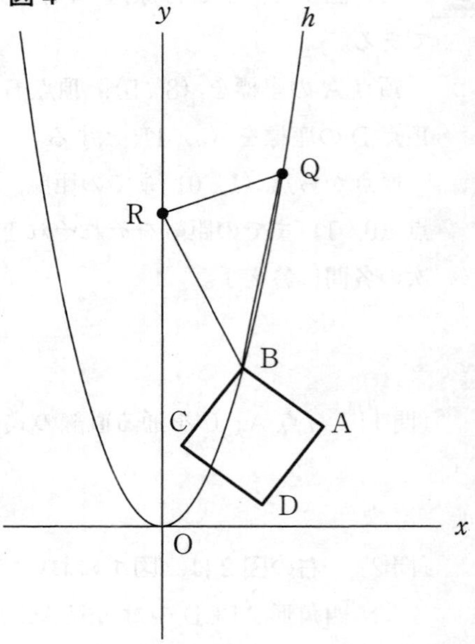

3　右の**図 1** で，四角形 BCDE は，1 辺が 2 cm の正方形，△ABE は，AB ＝ AE ＝$\sqrt{2}$ cm の直角二等辺三角形である。

頂点 A と頂点 C を結ぶ。

次の各問に答えよ。

図 1

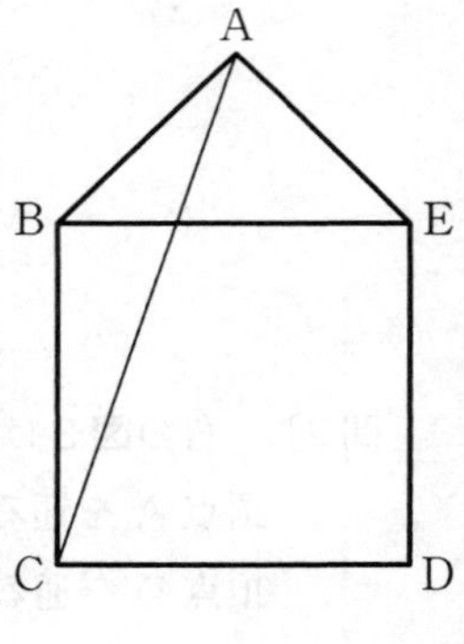

〔問 1〕　右の**図 2** は，**図 1** において，頂点 B と頂点 D を結び，線分 BD と線分 AC の交点を F とした場合を表している。

線分 BF の長さは何 cm か。

図 2

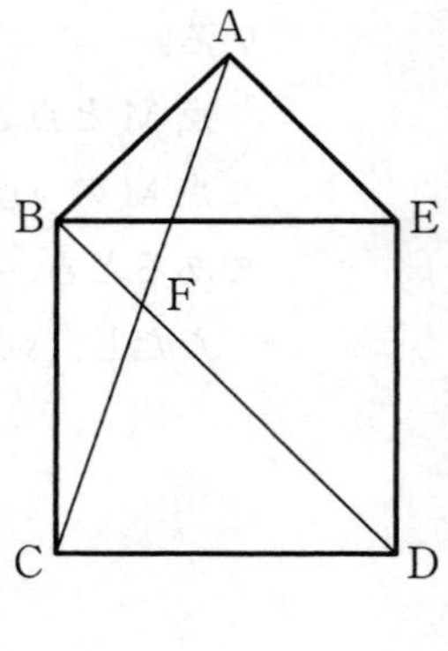

〔問2〕　右の**図3**は，**図1**において，3点A，C，Eを通る円をかき，線分BEをBの方向に延ばした直線と円との交点をGとして，頂点Aと点Gを結んだ場合を表している。

△ABC ∽ △GBAであることを証明せよ。

図3

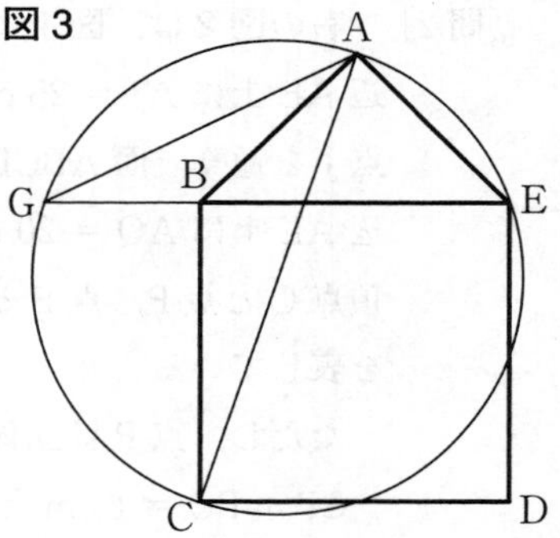

〔問3〕　右の**図4**は，**図3**において，辺EDと円の交点のうち，点Eと異なる点をHとし，円周と弦AG，円周と弦AE，円周と弦EHでそれぞれ囲まれた3つの部分に色をつけた場合を表している。

色をつけた3つの部分の面積の和は何 cm^2 か。

図4

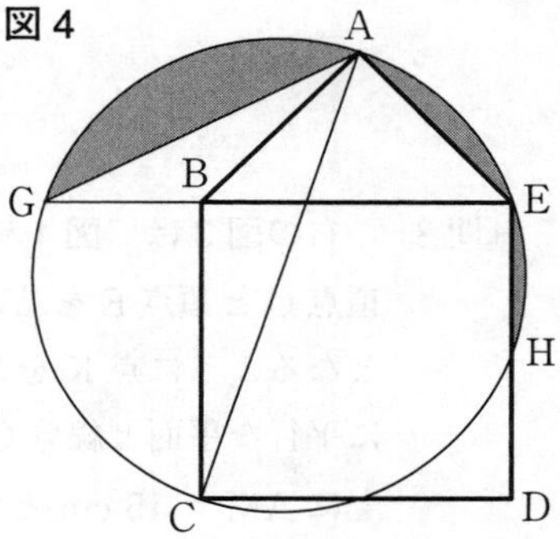

4　右の**図1**に示した立体ABCD－EFGHは，AB = 40 cm，AD = 30 cm，AE = 50 cmの直方体である。

次の各問に答えよ。

図1

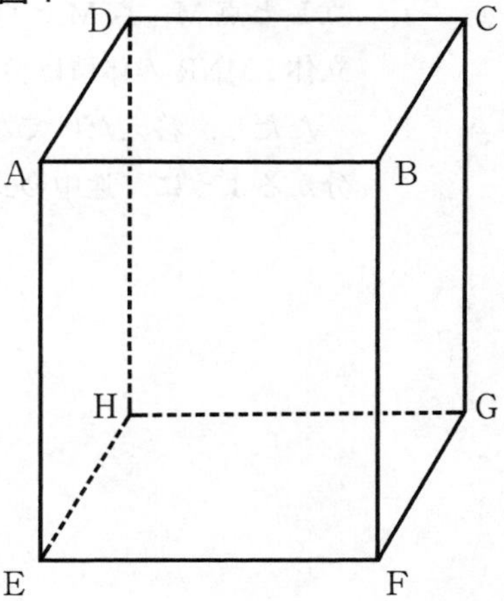

〔問1〕　**図1**において，頂点Dと頂点Fを結び，頂点Bから線分DFに引いた垂線と線分DFとの交点をIとする。

線分BIの長さは何cmか。

〔問2〕　右の**図2**は，**図1**において，
辺 AE 上に AJ = 25 cm となるように点 J をとり，
点 J を通り，面 ABCD に平行な平面上の点を P とし，
辺 AE 上に AQ = 20 cm となるように点 Q をとり，
頂点 C と点 P，点 P と点 Q をそれぞれ結んだ場合
を表している。

ただし，点 P は立体 ABCD − EFGH の内部にある。

CP + PQ = ℓ cm とする。

ℓ の値が最も小さくなる場合の ℓ の値を求めよ。

図2

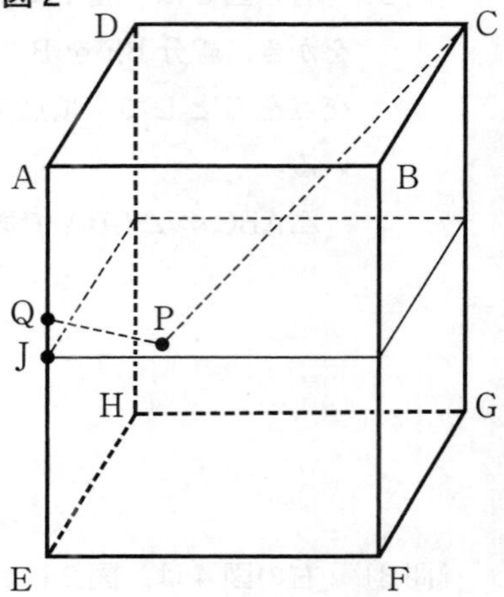

〔問3〕　右の**図3**は，**図1**において，
頂点 C と頂点 E を結び，辺 AE 上に AK = 30 cm
となるように点 K をとり，点 K を通り，面 ABCD
に平行な平面と線分 CE との交点を L とし，辺 AE
上に AM = 15 cm となるように点 M をとり，点 M
を通り，面 ABCD に平行な平面と線分 CE との交点
を N とし，点 M を通り，面 ABCD に平行な平面と
辺 BF との交点を R とした場合を表している。

点 R と点 L，点 R と点 M，点 R と点 N，
点 L と点 M，点 M と点 N をそれぞれ結んでできる
立体 LMNR の体積は何 cm^3 か。

ただし，答えだけでなく，答えを求める過程が
分かるように，途中の式や計算なども書け。

図3

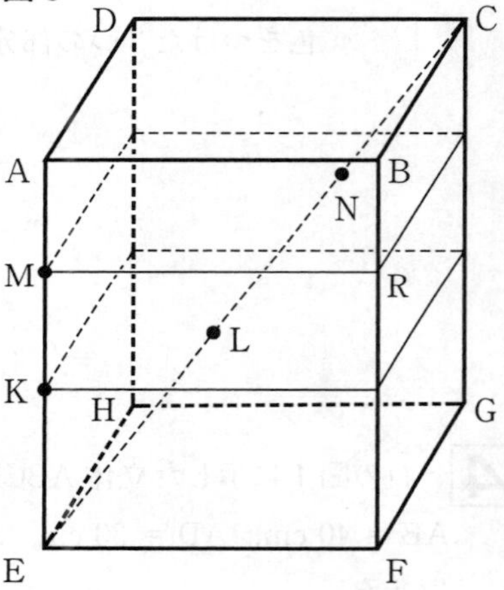

すことが流行し、このような新しい和歌の詠み方が季節や世界の変化を楽しみながら展開してゆく連歌の特徴に一致していたから。

イ　『新古今』の歌人たちは古典を変形して世界を詠み変えていく本歌取りという詠作法に親しんでいたので、前の世界を転じて句を詠みつなげていく面白さを連続的に楽しめる連歌に魅力を感じたから。

ウ　『新古今』の時代には平安時代の有名な古典作品を取り入れた和歌や文学が次々と生み出され、連歌も古典作品を取り入れて世界の広がりを生み出す新しい文学の形として広く歌人の支持を得たから。

エ　『新古今』の歌人たちは虚構の主体として和歌を詠む題詠という手法を追求していたので、ほかの人物になりきって想像力を働かせることで展開してゆく連歌の手法を容易に受け入れられたから。

生する趣向が加わり、そこに良経が「雪」という要素を加えたように、新しい要素が加わりながら歌が進化していった。

エ　俊成の和歌の世界に定家が荒れ果てた里という新しい情景を加えた歌を詠み、また秋から冬へと季節を変えて歌に詠むというようにして、歌に詠まれる情景を転じて歌が生み出されていった。

〔問3〕(3)連歌の世界も、ある情景から次の情景に移って、また次の情景に転じていくというシークエンスの世界です。とあるが、次のA～Fの連歌を本来の順番に並べ替えたとき、六句中で**四番目**になるのはどの句であるか。ア～エのうちから最も適切なものを選べ。なお、A～Fの句は室町時代の連歌師の、宗祇《そうぎ》、肖柏《しょうはく》、宗《そう》長《ちょう》による連歌の一部で、この部分の始まりはAの句で、最後はFの句であるが、［　］内のB・C・D・Eの句は並べ替えてある。各句の後の《　》内は現代語訳である。

ア　Bの句　　イ　Cの句　　ウ　Dの句　　エ　Eの句

A　雲にけふ花散りはつる峰こえて

《花は散りはてて、峰には花の名残をとどめる雲がかかっている。今日は花の散りはてた峰を越えることだ。》

B　かりねの露の秋のあけぼの

《露の置く旅の仮寝《かりね》から目覚めると、秋の明け方の空には月が残っている。旅の友よ待ってくれ、この美しい月を眺めていこう。》

C　聞けばいまはの春のかりがね

《よく聞くと、花も散りはてた今こそ別れの時だということで、北国へ帰ろうとする雁《かり》の鳴く声が聞こえる。》

D　末《すゑ》野《の》なる里ははるかに霧たちて

《露にぬれた仮寝から目覚めて遠く眺めやると、野末はるかに里が見え、その里のあたりには秋の霧が立ちこめている。》

E　おぼろけの月かは人も待てしばし

《並一通りではない美しさのおぼろ月だ。月見の人も、別れを告げる雁も、しばらく待ってくれ、ともに眺めようではないか。》

F　吹きくる風は衣うつ声

《吹いてくる風が、布をやわらげてつやを出すために衣を打つ砧《きぬた》の音を運んでくる。はるかかなたの里から。》

〔問4〕(4)役者的想像力あるいは演劇的想像力 とあるが、藤原俊成は「夕されば」の歌において、この力をどのように働かせて詠んだといえるか。次の［　］のように説明するとき、（　）に当てはまる最も適切な箇所を本文中から**三十五字**で探し、はじめの**五字**を抜き出して答えよ。

俊成は、（　　　　　　　　　　）。

〔問5〕本文を通じて、筆者は『新古今』の歌人たちが連歌に熱中していった理由についてどのように述べているか。その理由として最も適切なものは、次のうちではどれか。

ア　『新古今』の時代には有名な和歌を変奏して新しい歌を次々と詠み出

ています。藤原定家の歌も多くは、ある人物になりきってしまうような想像力の中で詠まれるし、また、そういう想像力を働かせないと歌が詠めないということがじつはあるわけです。

　自分がほかの主体に転位して、その転位した新たな虚構の主体になって、その身になって、その経験の中で歌を詠んだり解釈していくことがあるわけですが、そういう虚構の主体に自己を転位させてそこで想像力を働かせていくという、ある種の役者的な想像力が、本歌取りを支える想像力でもあるわけです。さきの『伊勢物語』の古典変形でいえば、女になったりうづらになったりして、世界を詠み変えていくのですから。そして、このような役者的想像力による古典変形の連続という和歌の詠作法をより集団的に、よりダイナミックに味わえる場が連歌の場なのです。

（松岡心平「中世芸能を読む」による）

〔注〕連歌《れんが》――和歌の上句と下句とに相当する長句と短句を複数の人が詠んで連作する詩歌の形態。ここでは、長句と短句を交互に詠みつなげてゆく形態の連歌のこと。

藤原定家《ふじわらのさだいえ》、藤原家隆《ふじわらのいえたか》――鎌倉時代の歌人。

後鳥羽院《ごとばいん》――鎌倉時代の上皇。

『伊勢物語《いせものがたり》』――平安時代の物語。

深草《ふかくさ》――京都の地名。

うづら――キジ科の鳥。うずら。

藤原俊成《ふじわらのとしなり》――平安時代の歌人。

藤原良経《ふじわらのよしつね》――鎌倉時代の歌人。

『京極中納言相語《きょうごくちゅうなごんそうご》』――鎌倉時代の歌論書。

業平《なりひら》――平安時代の歌人である在原業平《ありわらのなりひら》のこと。

〔問1〕(1)これはよくいわれることですが、『新古今』では本歌取り《ほんかど》という技法が本格化してきます。とあるが、本歌取りについて、本文中では例を用いてどのように説明しているか。その説明として最も適切なものは、次のうちではどれか。

ア　『伊勢物語』の一二三段に登場する「女」は、作中で「男」が詠んだ和歌の一部を自身の歌に変形させて取り入れることで、「男」の翻意を促すような印象深い和歌を詠んでいる。

イ　藤原定家は、「雪をれの」の和歌に「深草」という地名を用いて『伊勢物語』の世界を想起させることで、自身が詠んだ「月ぞすむ」の歌との間に密接なつながりを生じさせている。

ウ　藤原俊成は、『伊勢物語』の一二三段を背景として和歌を詠むことで、「うづら鳴くなり」の「うづら」に鳥のうずらと物語に登場する女性を重ねて歌の世界に広がりを持たせている。

エ　藤原良経は、藤原定家の歌の「月だけがすむ里」という趣向を「うづらも住まぬ」という視点で冬の歌に詠み変えることで、人の心の変化を季節の変化に例えて深みを持たせている。

〔問2〕(2)次の世代の人たちによって変奏されていきます とあるが、この「変奏」について筆者がどのように述べているかを説明したものとして最も適切なものは、次のうちではどれか。

ア　『伊勢物語』では深草の夫婦の関係に限定して歌が詠まれたが、定家の「月ぞすむ」の歌で一般化して歌の世界が広がり、さらに冬の歌で荒涼たる世界へと舞台を転換して歌が詠まれていった。

イ　俊成の和歌では心情を表す主観的な表現が用いられたが、定家の歌では「月ぞすむ」里、家隆の歌では「枯野」となった里の歌へと転じて、感情を抑えた客観的な表現へと歌が変化していった。

ウ　『伊勢物語』の世界を俊成が和歌に詠み、定家の歌で女がうずらに転名な歌でもありますが、『伊勢物語』をバックにしないと面白く味わえない。『伊勢物語』では男女とも人間のままだけれども、俊成は明らかに女性が輪廻転生《りんねてんしょう》してというか、うづらとなった姿を前提として歌をうたっている。

さらにその世界は、藤原定家や*藤原良経《ふじわらのよしつね》や藤原家隆といった、(2)次の世代の人たちによって変奏されていきます。

たとえば俊成の息子の藤原定家の『拾遺愚草《しゅういぐそう》』八二九番の歌をみると、

月ぞすむ里はまことにあれにけりうづらの床をはらふ秋風

と、あります。うづらの床、寝床を秋風がはらっている。男と女が、人間たちが住んでいた風景はもうなくなってしまって、その里は荒れてしまっている。そして女が生まれ変わったうづらの床も秋風がはらうように吹きすぎていく、という歌です。俊成の場合は「うづら鳴くなり深草の里」なので、まだ草が茂っていて、そんなに荒れ果てた、荒涼とした風景ではないのだけれども、定家の歌では、月だけがすむ里、そして非常に荒れてしまった里という新しい情景が加わってきている。ですから俊成の世界からまた情景が少し転じられているのです。

さらにこれが冬の風景に転じられるというのが、次の三つです。藤原定家はそれをどのように転じたかというと、

雪をれの竹の下道あともなし荒れにしのちの深草の里

さきの自分の歌では、深草の里が荒れている、とうたったわけですが、今度は、その荒れたあとの深草の里、しかも秋から冬になってしまった深草の里で、そこには雪折れの竹の下道があともない、といった情景がうたわれます。前の情景がさらに展開されてくる。

それから藤原良経の『秋篠月清集』一三二一番の歌を見ると、

深草はうづらも住まぬ枯野《かれの》にてあとなき里をうづむ白雪《しらゆき》

〈深草は鶉《うずら》も住まなくなった枯野となり、鶉が住んでいた跡を埋めて降る白雪よ。〉

藤原家隆『玉吟集』二二四五番の歌では、

住み絶えぬうづらの床も荒れにけり枯野となれる深草の里

〈棲《す》み続けていた鶉の床も荒れてしまった、枯野となった深草の里は。〉

と、それぞれが、俊成の歌を変奏している様がうかがえます。

このように、『伊勢物語』の世界が俊成の世界に転じられて、その俊成の世界がまた定家や良経、家隆によって転じられ、さらに自分がつくる歌の中でも秋から冬へという転換を楽しむというか、そのように変奏していくことによって歌がどんどん紡《つむ》ぎだされてくるという運動が『新古今』の時代に非常に流行《はや》る。そして『新古今』の和歌の重要な部分はこのような本歌取りによって世界の多重性というか、重層性みたいなものを映し出すことにあるのです。いずれにせよそこでは古典変形のシークエンス、連続が意識的に追求されています。

とすると、それはほとんど連歌の世界に近いことがわかります。(3)連歌の世界も、ある情景から次の情景に移って、また次の情景に転じていくというシークエンスの世界です。それは一句、一句において前の世界を転じるという変形が起こってきているわけで、そういう前段階として本歌取りという和歌の古典変形のシークエンスを考えることができるのではないでしょうか。

もう一つ、これも重要なことですが、(4)役者的想像力あるいは演劇的想像力の問題があります。ある虚構の主体に自分が入り込んで、その主体となって和歌を詠む。題詠、題を与えられて詠んだりする場合はこういう手法がとられるのですが、そこのところが藤原定家などになると明らかに役者的な感覚として捉えられます。たとえば『*京極中納言相語《きょうごくちゅうなごんそうご》』の中で「恋の歌を詠むには……我が身をみな*業平《なりひら》になして詠む」といったことを京極中納言、つまり藤原定家が発言している。恋の歌を詠むためには自分を在原業平《ありわらのなりひら》の身に置き換えてというか、自分が在原業平そのものになって歌を詠むのだという、そういう方法がここで語られ

五

次の文章を読んで、あとの各問に答えよ。なお、本文中に引用された和歌の後の〈　〉内は出題に際して付けた現代語訳（和歌文学大系『秋篠月清集《あきしのげっせいしゅう》／明恵上人歌集《みょうえしょうにんかしゅう》』、『玉吟集《ぎょくぎんしゅう》』による）である。
（*印の付いている言葉には、本文のあとに〔注〕がある。）

これはよく知られていることですが、『新古今和歌集』歌壇の歌人たちが、『新古今』という非常に素晴らしい日本文学における金字塔を打ち立てたあと、集団的に*連歌《れんが》の世界にのめり込んでいくということが起きます。この場合の連歌は、宴が終わったあとの遊びのような感じで捉えられることが多くて、新古今歌人たちが和歌の世界から連歌の世界へ移っていくことの意味を本気で捉え直した人はあまりいないのではないかという気がしますが、これは単に*藤原定家《ふじわらのさだいえ》や*藤原家隆《ふじわらのいえたか》や*後鳥羽院《ごとばいん》といった『新古今』の中枢部分の歌人たちが連歌を遊びとしてだけ熱中していくといったような問題ではないと、私は思っております。

これはよくいわれることですが、(1)『新古今』では本歌取り《ほんかど》という技法が本格化してきます。ある古典の有名な世界、あるいはかなり有名な和歌の一部分をかすめるようにしてとってきて、それに対して何か新しい世界を付け加えて、もとの世界とのダブルイメージの中で、新しい歌の世界が膨らんでいくという手法が本歌取りですが、具体的にその例をみてみましょう。

谷知子《たにともこ》さんという研究者が「新古今歌人の〈消失〉を詠《よ》んだ歌群について――イメージの重層法の形成」という面白い論文を書いています。その中の一例ですが、最初は日本の古典中の古典『*伊勢物語《いせものがたり》』の一二三段です。

むかし、男ありけり、*深草《ふかくさ》に住みける女を、やうやう飽きがたにや思ひけん、かかる歌を詠みけり、

年を経て住みこし里をいでていなば
いといど深草野とやなりなん

女、返し

野とならば*うづらとなりて鳴きをらん
かりにだにやは君はこざらむ

とよめりけるに、めでて「ゆかむ」と思ふ心なくなりにけり

深草に住んでいた女性と夫婦関係の男が、長年住んできたこの里を自分が出てしまったら、ここは深草野になってしまうだろうとうたったところ、女は、野となってしまったら、自分は今人間の女だけれども、生まれかわって鳥のうづらとなって深草野に鳴いているでしょう。「かりにだにやは君はこざらむ」の「かり」は「仮に」、つまり、もしもということと、狩猟の「狩り」が掛けられています。もしかして狩りぐらいだったらあなたはきてくれるかもしれない、そうするとあなたに会うことができる。人間の夫婦としての生活はだめになって、人間でなくなってうづらとなったあとでも、私はあなたを待っています。男のほうはまだ人間ですから、あなたが狩りぐらいできてくれて、自分をとってしまうことになるかもしれないけれども、それでもあなたに会うことの方がうれしいわ、みたいな歌を詠む。その歌が素晴らしいので、男はこの女から去ろうという気がなくなってしまったというのが『伊勢物語』です。

*藤原俊成《ふじわらのとしなり》は、これを次のように変奏します。非常に有名な歌です。

夕されば野べの秋風身にしみてうづら鳴くなり深草の里

これは単純な叙景歌と読めますが、明らかに『伊勢物語』の一二三段を踏まえている。つまり、実際にこの男がいなくなってしまって、深草野となったあとうづらになった女性という設定の上でこの歌を詠んでいる。その面影を重ねることで面白くなる歌です。女が本当にうづらとなって鳴きながら深草野で男を待っているという情景の中で野辺の秋風が身にしみることだなあ、と詠嘆するわけです。これは非常にいい歌だし有

〔問2〕 (2)自由意志が存在するとしましょう。とあるが、この仮定に対する筆者の結論はどのようなものか。最も適切なものを、次のうちから選べ。

ア 自由意志自体の根拠をどこに求めようとも、そこから考えられる自由意志は自由たりえず、その結果として導かれた自由意志の存在が認められることはない。

イ 自由意志が外的要因の結果であることの是非を検討してみても、それは人間の身体反応の一部としか考えられず、自由という過程を経たものであるとは言えない。

ウ 自由意志はそれ自体を根拠として成立するものであるので、自身の自由な意志ではなくなり、かつその意志は神と同義の存在になってしまうことになる。

エ どのような意志でも無意識によって生じるのだから、自由と無意識の同義性が認められ、人間存在がその起源から継続的に自由であるということが証明される。

〔問3〕 (3)魂や精神という概念は生命とよく似ています。とあるが、どういうことか。**六十字以上、八十字以内**で説明せよ。

〔問4〕 (4)しかし、ここには飛躍がある。とあるが、「飛躍がある」と筆者が述べたのはなぜか。**八十字以上、百字以内**で説明せよ。

〔問5〕 (5)〈私〉とは社会心理現象であり、社会環境の中で脳が不断に繰り返す虚構生成プロセスです。とあるが、どういうことか。その説明として最も適切なものを、次のうちから選べ。

ア 〈私〉とは現象や脳の無意識過程に見えるものであるが、それは自分のイメージを投影した対象そのものを脳が〈私〉であると認識した所産であるということ。

イ 〈私〉とは実体としてどこかに存在すると断言しうるものではなく、脳が自身の帰属する社会に合わせて作り出す個性の総称であるということ。

ウ 〈私〉とは個別の身体にも広い社会にも実存するものではなく、脳が社会に照射された自己意識を〈私〉という存在であると認識するものであるということ。

エ 〈私〉とは社会的存在である人間が社会の中でも自己同一性を保つべく、社会の求める自己像にたがわぬように脳が半ば強制的に確立した存在であるということ。

〔問6〕 本文の表現・構成を説明したものとして最も適切なものを、次のうちから選べ。

ア 常体は事実や引用、論理的考察に用い、敬体は自身の考えの表明や読者への働きかけに用いて使い分けをしている。

イ 単純な二項対立によらずに意志に対する一般的な見方を否定し、科学的見地から意志の新たなあり方を提示している。

ウ 論理展開の順として、はじめに疑問や結論を述べた後、具体例を用いて説明しながら論を進める形をとっている。

エ 諸分野の学者の意見を参照しつつもそれらを否定する形で用いて、自己の考えの妥当性を強調している。

言って、そこに私という主体が存在するとは結論できない。「私が思う」という形で意識が産出される、あるいは「私の歯が痛い」「私は哀《かな》しい」という形で認識が成立するのは事実です。だからといって「思う私」「痛みを感ずる私」「哀しむ私」が実存することにはならない。cogitoが可能ならば、「私が考えている」という状態が成立します。しかし、それはあくまでもcogito（我思う）という現象が成立するのであり、それを可能にする〈私〉が存在しているわけではない。cogitoをI thinkやje penseと分けて表現すると、さらに錯覚しやすいのですが、成立するのは「I think」「je pense」であって、その現象から切り離されたIやjeではない。

だから、ドイツの科学者ゲオルク・リヒテンベルクはEs denktと言い、イギリスの哲学者バートランド・ラッセルがIt thinks in meと表現し、フランスの精神分析学者ジャック・ラカンが、Ça pense en moi、つまり「私において、それが思う」と表現したのです。もちろん、このes、it、çaは実体として存在するのではなく、Es regnet, It rains, Il pleut（雨が降る）におけるような形式主語にすぎない。そうでなければ、cogitoの無意識バージョンでしかなく、何の進展もありません。

〈私〉はどこにもない。不断の自己同一化によって今ここに生み出される現象、これが〈私〉の正体です。比喩的にこう言えるでしょうか。プロジェクタがイメージをスクリーンに投影する。プロジェクタは脳です。脳がイメージを投影する場所は自己の身体や集団あるいは外部の存在と、状況に応じて変化する。ひいきの野球チームを応援したり、オリンピックで日本選手が活躍する姿に心躍らせる。あるいは勤務する会社のために睡眠時間を削り、努力する。我が子の幸せのために、喜んで親が自己を犠牲にする。これら対象にそのつど投影が起こり、そこに〈私〉が現れる。

〈私〉は脳でもなければ、イメージが投影される場所でもない。〈私〉はどこにもない。虹のある場所は客観的に同定できず、それを観《み》る人間によって、どこかに感知されるにすぎない。それと似ています。〈私〉は実体的に捉えられない。(5)〈私〉とは社会心理現象であり、社会環境の中で脳が不断に繰り返す虚構生成プロセスです。

（小坂井敏晶「社会心理学講義」による）

〔注〕リベット――アメリカの生理学者、医師。
アポリア――ギリシア語で、行き詰まりの意。特に哲学においては、解決困難な問題の意。
デカルト――フランスの哲学者、数学者。
テーゼ――命題。

〔問1〕(1)しかし、この解釈は無理です。とあるが、「この解釈は無理です」と筆者が述べたのはなぜか。その理由として最も適切なものを、次のうちから選べ。

ア　意志が意識化されてからのわずか約〇・二秒間では、身体が運動を起こす前に生じうる行為を実行に移すかどうかを検閲し、判断を下す時間としてはとても十分ではないから。

イ　全ての意志が脳内での無意識過程から生じると証明しながら、同時にそれを却下しうる意志については脳とは独立した存在と見なすという、矛盾した考え方に基づいているから。

ウ　事前にある行為を行おうとする意志をもつことができれば、生じた行為は無意識過程から生じたものではなく、行為に先んじた意志によって生じたものであると言えるから。

エ　意識に上る意志が直接的に身体に干渉することを証明していないにもかかわらず、自由と責任の根拠が確固たるものであると証明するために、その存在を認めたにすぎないから。

方で、却下指令が出されるメカニズムとしては、脳に生ずるいかなる準備過程とも独立な意志の存在を他方で要請するからです。このような解決法は論理的一貫性に欠けるだけでなく、もっと根本的な問題として、脳の機能と独立する意志の存在を認めることにつながります。

　脳つまり身体が精神活動を生むのか、あるいは身体と独立する精神・魂が存在するのか。この問いは太古から繰り返されてきました。心身二元論を採るならば、身体が朽ちても精神は永遠に存在し続けるはずです。そうであれば何故、身体が生まれた時に同時に精神が生まれたのかもわからない。未来に向けて永遠に存在し続けるならば、世界が誕生した時から私の精神はずっと存在し続けたと考えるのが自然です。数十億年以上前から私の精神は存在し、これからも永久に存在し続けるという説は私にとって現実味がない。それに酒を飲んだりすると知的能力や感情に変化が現れますが、脳が精神を司《つかさど》るのでなければ、どうしてこのような変化が起きるのでしょうか。

(3)魂や精神という概念は生命とよく似ています。生命というモノが存在すると数十年前までは信じられていた。しかし現代の分子生物学は生命現象をＤＮＡ（デオキシリボ核酸）という無生命物質に還元しました。肉体とは別に存在する、見えも触りもできないモノとしての生命はもはや認められない。物質の物理・化学的プロセスの結果として生命現象は理解されるようになりました。

　魂や精神も同じです。現在の脳科学は、脳が生み出す現象として精神活動を把握する。生命というモノがないのと同様に、魂とか精神とかいうモノはない。心理現象はモノではなく、プロセスであり、機能である。現代科学はこう考えます。

　社会という拡散する方向に探し続けても、逆に、個人の身体という収《しゅう》斂《れん》する方向に探し続けても、主体というモノは見つからない。社会学者や社会心理学者の多くは主体の危うさを認めます。しかし、その論理を最後まで突き詰めずに、主体を保証する場所がどこかにあるだろうと高をくくっている。ちょうど砂漠に現れるオアシスの蜃気楼《しんきろう》のように、そこに着きさえすれば、飲み水があり、命拾いすると考えるようなものです。近づけば近づくほど、蜃気楼は遠のき、ついには消え去る。出口を本気になって探さないから、実はそこに出口がないことを知らないだけなのです。

　デカルト*の有名な**Cogito ergo sum**（我思う、ゆえに我あり）を取り上げましょう。私に今見えている景色は幻かも知れない。前方に見える散歩中の人々は私の幻覚のせいかも知れない。こう考えていくと、すべてが疑惑の対象になり、確実なものは何もないように思われる。しかしそれでも、このように疑っている事実だけは否定できない。今まさに考えている、この私の存在自体は疑いようがない。デカルトはこう立論しました。

　［……］すべては偽であると私が考えている間も、そう考えている私自身は必然的に何者かでなければならないはずだ。このことに私はすぐ気づいた。そして「我思う、ゆえに我あり」という真理は、懐疑論者のどんな想定によっても揺るがぬほど、堅固な確信だと私は認めたのである。

　痛みを感じるのは当人だけであり、他人の痛みは想像しかできません。歓喜に沸いたり、悲しみに沈んだりする時、そう感じる私がいると誰でも考える。デカルトのテーゼ*も同じ論理構造です。(4)しかし、ここには飛躍がある。

　ラテン語**cogito**は動詞**cogitare**（思う）の一人称単数形であり、**Ego cogito**の**ego**（我）が省略されている。英語ならば、**I think**、フランス語ならば、**Je pense**です。しかし、**cogito**（我思う）が成立するからと

四

次の文章を読んで、あとの各問に答えよ。（*印の付いている言葉には、本文のあとに〔注〕がある。）

行為が意志によってではなく、脳内に発する無意識信号によって作動すると認めると自由と責任の根拠を失う。それは重大事態です。そこで行動が生ずる直前にその生成プロセスを意志が却下する可能性をリベット*は主張します。「意志」が意識化されてから実際に行動が起きるまでに約〇・二秒の余裕がある。発現されようとする行動に対して、意志が途中却下する可能性がそこに残る。つまり行為は無意識のうちに開始されるが、実際に身体が運動を起こす前に意志が生じるので、当該の命令を意志が検閲し、信号の却下あるいは進行許可を判断する。リベットはこう考えました。

(1)しかし、この解釈は無理です。意志形成以前にすでに無意識の信号が発せられる事実を証明しながら、指令却下のメカニズムだけは意志が直接の引き金となり、その意志の発現以前に無意識過程が生じないとは主張できない。どんな意志も脳内の無意識過程によって生じ、行動と並列に出現するとリベットの研究は証明しています。意識に上る意志が直接に身体運動を命ずる可能性はない。他の意志と同様に、信号却下命令を下す意志も無意識信号に導かれ、結局、意志と行動の順序をめぐる由々しき問題は解決しない。

こんな反論もあるでしょう。好きな時に自由に手首を挙げるよう被験者に指示するならば、行為と「意志」とを生み出す信号が脳内で発せられる以前に、すでに行為が意識されているはずだ。したがって行為に意志が先行し、結局、意志―脳内信号―行為という流れは揺らがない。しかし、この反論は実証的に斥《しりぞ》けられます。手首を挙げる行為を前もって心の中で準備すると、それに対応する信号が確かに、その直前に脳に発生する。しかし、それは別の信号であり、当該行為とは関係ないのです。準備してもしなくても、行為と「意志」を生み出す無意識信号が発生する時点は変わらず、いずれの場合も「意志」は、実際に行為の生ずる約二〇〇ミリ秒前に意識化されます。前もって心の準備をしようとすまいと、実際に手首が動くための指令が出るタイミングは変わらない。

(2)自由意志が存在するとしましょう。すると、それはどこから由来するのかという疑問が湧く。（一）自由意志は他の原因によって生ずる、（二）自由意志は原因を持たず、偶然生ずる、（三）自由意志は他に原因を持たず、自らを原因として生ずるという三つの解釈が可能ですが、どれをとってもアポリア*に陥ります。

まず自由意志は外部要因によって決定されるか、されないかのどちらかです。外部要因によって生ずるならば、つまり過去に沈殿した記憶と新たな外部刺激とを材料として脳が出す演算結果によって意志が生ずるならば、自由意志ではありえない。単なる生理的メカニズムです。

次に、自由意志が外部の要因によって決定されない場合は、さらに二通りの可能性に分かれる。すなわち、自由意志が偶然生ずるか、それ自身を原因とするかです。もし自由意志が偶然生ずるなら、やはりこれは自由意志でありえない。制御できない身体運動を、我々は自由意志の産物と呼びません。また、そのような意志は私と無関係ですから、私の意志ではありえない。

偶然でもなく、外因によるのでもない自由意志は、それ自身を原因として生ずるしかありません。しかし、そのような存在は神以外にない。ところで神によって私の意志が生ずるなら、それは私の自由意志ではない。それどころか、自由意志が自らを原因として生ずるなら、神が私の自由意志を生むのではなく、私の自由意志が、すなわち神という結論が導かれる。つまり私は神になってしまう。

自由意志の可能性を残そうとするリベットの解釈は奇妙な、ねじれた二元論をなす。行為とともに発生する意志の起源を脳信号に還元する一

エ　田辺に悩みを打ち明けてしまった自分に驚いて恥ずかしさを紛らわそうとしていたが、田辺が誠実に質問をしてきたことに緊張し、必死に返答を考える様子。

〔問4〕(4)返事ができなかった。とあるが、それはなぜか。その理由として最も適切なものは、次のうちではどれか。

ア　「子供騙し」という「私」の自評に対して、田辺がより具体性を伴った指摘をしたことで、自分で意識するよりもはるかに強烈に自分の絵の問題点が実感されたから。

イ　田辺から指摘を受けたことで、自分自身が作り上げてきた絵の世界が否定され、この後どのように絵に向き合っていけばよいのかわからなくなってしまったから。

ウ　ほとんど初対面の田辺から「私」の作品が「子供騙し」だと厳しい指摘をされたことで、自尊心が傷つけられ、おさえきれないほどの怒りを感じたから。

エ　田辺が「私」の絵の演出について指摘をしたことで、「私」が演出で絵を飾っているという、自身では思いもよらなかった課題を思い知らされたから。

〔問5〕〰〰部A～Dからわかる田辺の人物像として最も適切なものは、次のうちではどれか。

ア　A特に優しく見守るという様子も、世界の一部を切り取ろうと身構えている様子もない。は、世の中や周囲の人間に無関心な態度を装《よそお》おうとする人物であることを表している。

イ　Bどこまで本当かわからない口調で言い、誇らしげに胸を張った。は、おどけて見せながらも自分の作品に対しては揺るがない自信をもっている人物であることを表している。

ウ　C悪びれる様子もなく、口調とは裏腹に特にすまながる様子もない。は、うわべだけを取り繕って適当にその場をやり過ごしていこうとする人物であることを表している。

エ　D辛辣な内容を語ったその後も、顔には一点の曇りも含みもない。は、ひょうひょうとしながらも「私」に対して自分の考えを率直に伝える人物であることを表している。

〔問6〕本文の表現や内容について説明したものとして最も適切なものは、次のうちではどれか。

ア　会話文を多用してテンポよく場面が展開されることで、登場人物の内面より語り手の視点や次の展開に読者の興味が向くように表現されている。

イ　田辺と「私」のそれぞれの視点から語られることで、芸術に対する取り組み方や考え方についての両者の違いがわかりやすく表現されている。

ウ　「私」の視点から語られることで、田辺との会話を通して作品と自分自身に向かい合う「私」の気持ちの揺れ動くさまがありありと表現されている。

エ　二文節程度の短い文を多用する淡々とした語りが基調とされることで、芸術という本文のテーマにふさわしい世界観が詩的に表現されている。

の足はすくんだように動けなかった。田辺が階段の扉の向こうに消えてしまう前に、もう一度、今度はさっきよりも大きな声で彼に言った。

「ありがとう！」

語尾が掠れたせいで、まるで泣き声のようになった。張り上げた声に、自分でドキリとする。けれど田辺は振り向かない。そのまま「うん。」と短く答え、扉の向こうに消えた。

（辻村深月「光待つ場所へ」による）

〔注〕鷹野《たかの》――「私」と田辺の共通の友人。
OHP――オーバーヘッドプロジェクターの略称。
メグミ――田辺の友人。

〔問1〕(1)私の認めたあの日の敗北感を、当人に否定して欲しくなかった。とあるが、「私」がそのように感じたのはなぜか。その説明として最も適切なものは、次のうちではどれか。

ア　田辺の作品より「私」の作品の方が教授の評価が低いことは明白であるので、田辺が気を遣って「私」の作品を褒めることが受け入れられず、その態度に困惑してしまったから。

イ　才能を感じさせる田辺が偽りのない様子で「私」の作品を褒めることで、「私」には作品制作の力に加えて芸術を判断する力もないことまで、浮き彫りにされてしまうように感じたから。

ウ　芸術を理解している田辺が熱心に「私」の作品を褒めることで、田辺の作品よりも「私」の作品の方がよいのだと、自分の作品に自信をもってしまいそうになるのを防ぎたかったから。

エ　田辺の作品と比較すると「私」の作品が劣っているのは明らかであり、実力を感じさせる田辺から「私」の作品の方がよいと褒められることは耐えがたく、いたたまれなかったから。

〔問2〕(2)愛想《あいそ》笑いを浮かべながら、自分で無意識につけてしまった「一応」が後から胸にこたえた。とあるが、このときの「私」の気持ちとして最も適切なものは、次のうちではどれか。

ア　田辺と同じ土俵にのることを恐れて、わざと逃げるような言い回しをしたことで、堂々と田辺に向き合おうとしなかった自分を恥じる気持ち。

イ　絵を描いていることを自信のなさから断言しきれず、笑顔でごまかしながら逃げ道を作ってしまった自分に気がついて、ふがいなく思う気持ち。

ウ　絵を描いていることについて、いい加減であいまいな返答をした自分に気づき、真剣に芸術作品に向き合っている田辺に対して申し訳なく思う気持ち。

エ　田辺が質問を返してきたことに驚いて深く考えもせずに返答してしまい、田辺の機嫌を損ねないように調子を合わせた自分に嫌悪感を抱き、後悔する気持ち。

〔問3〕(3)私の笑顔はそこで止まった。とあるが、この表現から読み取れる「私」の様子として最も適切なものは、次のうちではどれか。

ア　田辺に打ち明けた悩みはたいしたものではないと自分自身に言い聞かせようとしていたが、田辺が笑い返してこなかったことで、自身が抱える悩みの重大さに気がついた様子。

イ　自分の悩みは田辺に受け入れられることはないだろうと諦めの気持ちから笑っていたが、田辺の実直な様子に、悩みを打ち明けてもよいのではないかと期待している様子。

ウ　話を切り上げて深刻になりそうな雰囲気を和らげようとしていたが、田辺が真面目な様子で質問をしてきたことに驚き、質問の意図をくもうとしている様子。

「うん。この道、好きなんでしょ？」

田辺がフェンスの間から下を指差す。そのときだった。静かだった屋上に、急に一本調子の電子音のメロディーが響き渡った。この曲は知っている。記録的なヒットはしなかったが、二、三年前によく町で流れていた曲だ。

「はい。」

特に私に断りをいれるでもなく、田辺が携帯電話をズボンの後ろポケットから取り出す。

「ああ、メグミ*？　どうした？」

電話の向こうから、相手の声が洩《も》れてくる。不可抗力だった。向こうの声が聞こえてしまう。どうしたじゃないでしょう、遅刻だよ。そう聞こえて、私は田辺から離れた。彼が、相手に向けて笑う。私と話していたさっきよりも親しげに。

通話はすぐに終わった。携帯電話をしまいながら、田辺が何かのついでのように私に言った。

「清水さん来たときに、俺、ここで寝てるかもしれないけど、それさえ気にしないでくれるなら、また来てね。」

「ありがとう。」

「どういたしまして。あ、それと。」

田辺が唐突に言った。

「あのさ、さっきの話。ごめん、気を悪くしないで聞いてくれると嬉《うれ》しいんだけど。」

「何ですか？」

「うん。フィルムで実写するより、清水さんの描いた絵の演出が子供騙しな気がするって。さっき、そう言ったでしょう。」

「はい。」

「あれ、申し訳ないけど、どの辺をさして子供騙しなのか、俺、わかるんだよね。」

自分で言い出した言葉、持ち出した表現だったが、田辺の口から聞く「子供騙し」の響きは予想以上に重かった。田辺を見る。C悪びれる様子もなく、口調とは裏腹に特にすまながる様子もない。いっそ気持ちがいいほどだ。

田辺の指が私の後ろ、斜め上を指差す。

「アレ。」

後ろを振り返る。丸くて大きな球体の姿が見えた。クリーム色の給水タンク。

「あの絵の角度だと、絶対に視界に入るはずなんだよね。木の間から。」

「あ。」

「清水さんの世界観の中では邪魔だったんだろうなって、絵を見たときにすぐ気づいた。あの絵、すごくいいんだけど、画面の外で人が生きてる感じがしない。もちろん、そこが魅力の一つでもあるよ。それはわかるんだけど、生活感を憎むことは必ずしもプラスじゃない。向き合うことを拒絶した結果、現実とは完全に違う理想的な世界をただ提供することが清水さんの演出なんだとしたら、それは子供騙しだ。」

田辺の使った「生活感を憎む」という言葉が、身体の深い場所に落ちた。(4)返事ができなかった。

田辺は私の反応を見届け、またにっこり笑った。D辛辣な内容を語ったその後も、顔には一点の曇りも含みもない。

「ありがとう。」

掠《かす》れた声でそれだけ言うのが精一杯だった。指先が震えてしまいそうで、両方の手に拳を握る。ショックでなかったと言ったら嘘になる。けれど、不快ではなかった。

「はい。」

「じゃあ、また。」

田辺とすれ違うとき、一瞬、肩が触れそうなほど距離が近づいた。私つにかなり手伝ってもらった。こういうアングルでこういうふうにっていう指示を俺が出して、カメラとかそういうのは全部任せた。素人《しろうと》じゃ、あんなふうに行かないだろうね。カメラのアングル安定させるだけで一苦労じゃないかな。」

田辺は言って、そのときのことでも思い出したのかクスクスと笑った。

「しかも人に頼んで撮ってもらってるっていうのに、注文だけは一人前にさせてもらった。ケチつけてリテイク、その繰り返し。俺だったら、あんなふうに言われたらキレてるな。」

「じゃあ、あれを撮ったのは。」

「うん、友達。俺はただの監督。撮ったやつにファミレスで奢《おご》っただけ。」

監督というのは、「ただの」とつけることができるような軽い役職ではない気がしたが、私はそうですかと頷いて、それきり黙った。

「清水さんは？　鷹野にちょっと聞いたけど、絵描いてるんだって？」

「はい、一応。」

(2)愛想《あいそ》笑いを浮かべながら、自分で無意識につけてしまった「一応」が後から胸にこたえた。一応。本当に、その通りだ。

田辺はへぇと興味深げに呟《つぶや》いて、フェンスに手をかけたまま私の目を見た。近くに立つと、彼の背が高いことに気づいた。

「今は何か描いてるの？」

「新年明けてすぐに、絵のコンクールがあるんです。画家の、柚木雅彦《ゆぎまさひこ》わかりますか？　彼が審査員になってる結構大きい賞で、それに向けて。」

「え、あれに出すの？」

思いのほか、大きい反応だった。そして、すぐに「そう。」と頷く。ちょっと間が空いた後で、落ち着いた声が「難しい？」と私に聞いた。

私はまた頷いた。

「すごく。」

「テーマとか題材、だいたいのことはもう決まってるんでしょ？」

「下絵まではどうにか。ただ、何だろう。絵を描くってことが本当に作業化してて、演出や色使いを考えれば考えるほど気持ちの――どういえばいいんだろう、絵を描くってことに対する哲学が追いつかなくなるんです。」

言葉にしながら、もうここまでで終わりにしなければ、と思う。田辺とは、今日ほとんど初めて話す。いきなり深い話をされれば、彼が困ることは目に見えている。

「いろいろ、迷ってて。」

そう言って、笑う。と、田辺の反応が予想していたよりずっと真剣なことに気づいた。

「あのさ、息抜きしてる？」

そう聞いた。(3)私の笑顔はそこで止まった。「え？」と彼に尋ね返す。田辺は「息抜き。」と繰り返した。

「俺ね、ここがすごく好きなの。」

風が吹き、並木が一度に騒いだ。田辺の髪がざっと揺れる。耳のすぐ上あたりをかばうように押さえ、田辺が楽しそうに微笑んだ。

「晴れてあったかい日だと、平気で寝転んでるしね。結構来るんだけど、そしたらさ、こっから見えるものが毎回違うの。季節とか天気にもよるんだけど、そのときの気分によっても随分違う。」

頭上を飛行機が通った。コオーッと長い、空気の震える音がして、私は空を見上げる。

「気分ですか。」

B「落ち込んだ日の朝は、特に最高。」

どこまで本当かわからない口調で言い、誇らしげに胸を張った。

「気に入ってる場所だからあんまり教えないんだけど、清水さん、もし気に入ったんだったら来なよ。」

「いいんですか？」

見ていた。見つめる私の視線に気づき、彼がこちらに顔を向ける。微《かす》かに笑った。
「前期にあった造形表現の授業でね、ここからこの景色を撮ったんだ。見てた？」
「……はい。最初の授業で。」
「そう。」
田辺が言って、また視線をフェンスの下に戻した。A特に優しく見守るという様子も、世界の一部を切り取ろうと身構えている様子もない。
「手伝ってもらった友達には、あっちの理学部棟の方が建物が高いからそっちがいいって勧められたんだけど、このぐらい近くないと撮る意味もないかなって思って。手を伸ばせば下まで行けそうな距離ってのが、理想だったんだよ。」
田辺が振り向き、いきなり真顔で私を見た。
「清水さんの絵、あの授業の三回目で紹介されたね。」
「はい。」
頷《うなず》くと、田辺は笑う。
「『はい』って……、敬語使わないでいいってば。俺、現役入学だから、年もタメだよ。清水さん、＊鷹野《たかの》と同級でしょ？」
「はい、あ。」
言ってしまってから、気がついて声を止める。田辺はまた微かに笑ったが、それ以上は何も言わなかった。
恥ずかしくて、少し気まずい。ごまかすように、私は続けた。
「うん。あの授業で紹介されました。＊ＯＨＰで拡大してもらって。」
「あれ、ここの道だよね。俺と同じ題材。」
田辺は言った。
「気になってたんだ。うまいことももちろんだけど、ただの受講資格の課題にすごく本格的に描いてる人がいたってことにも驚いた。俺は――、面倒だし、逃げちゃったから。」
「逃げた？」
「いや。」
田辺が軽く首を振り、それからまた私の顔を見た。
「とにかく、カメラ向けてただ映像取り込んでくのと違って、時間もかかってるだろうし、すげぇと思った。あの授業、俺のフィルムがやたら褒められて初回で提示されたけど、三回目で清水さんの絵が紹介されたとき、あの教授、何見てんだよって思った。断然、こっちだろって。」
「そんなことはないです。」
私は首を振った。謙遜の意味で、今までいろんな場面で多用してきた言葉だが、今日のこれには嘘《うそ》がない。(1)私の認めたあの日の敗北感を、当人に否定して欲しくなかった。
「敵《かな》わないって、思いました。……おかしな話ですけど、あのフィルムに比べたら、私の絵が完全な子供騙《だま》しだったことを思い知りました。」
赤く色づく、春の小道。私の描いたそれは、一面の、完全なまでの桜の道だった。田辺のフィルムは葉桜だった。アンバランスに緑色の混じり始めた桜並木は、完全ではなく、本当にありのままの姿で撮られていた。
化けの皮を剥がされたような気がしたのだ。私が演出で飾らなければならなかった世界は、そのままで充分価値のある道だったのだと。何かの補強を考えた時点で、私の負けは確定していた。
自分があの道の上に乗せた暖かな赤が、今はどこまでも恥ずかしい。あれは小手先だけの技術だ。
「田辺さんは、専門的に映像を勉強してるんですか？」
「まぁそんなとこ。詳しくは鷹野にでも聞いて。」
田辺が苦笑し、先を続けた。
「俺の友達で映像を専門に勉強してる奴《やつ》がいてね。あのフィルムはそい

二〇二〇年度 都立立川高等学校

【国語】（五〇分）〈満点：一〇〇点〉

一 次の各文の――を付けた漢字の読みがなを書け。

(1) 畑に畝を立てて、苗を植える。

(2) 社内規則を遵守するよう呼びかける。

(3) 来月の学会に向けて盤石の備えをする。

(4) クラシック音楽の荘重な旋律に耳を傾ける。

(5) 外国からきた賓客の諸事万端の世話をする。

二 次の各文の――を付けたかたかなの部分に当たる漢字を楷書で書け。

(1) 先見のメイのある彼は、海洋汚染の問題にいち早く警鐘を鳴らしていた。

(2) 連絡が入り次第、タダちに現場に向かう。

(3) 物事を究める努力にはサイゲンがない。

(4) 社会科学のシザから人々の動きを考察の対象とする。

(5) 試合に勝ったことを報告する彼女はキショクマンメンだ。

三 次の文章を読んで、あとの各問に答えよ。（＊印の付いている言葉には、本文のあとに〔注〕がある。）

「私」（清水《しみず》あやめ）は、大学に通うかたわら絵画教室にも通っているが、絵を描くことに必死になれず、周囲の大学生と同じような学生生活を送ることもできない自分に不安を感じる。その時、「私」と同じく「造形表現」の授業に出ていた田辺颯也《たなべそうや》が屋上から声をかけてきたので、「私」は彼のいる屋上に向かった。

屋上に続く扉を開ける。

息遣いが早い。屋上に昇るエレベーターを待つ間、さっきまで重かった足がまるで空気を踏んでいるような感覚に変わっていた。

田辺颯也は、正面のフェンスの前に立っていた。金網を右手で掴《つか》み、下を見ていた。閉まったドアとその横に立つ私を振り返り、微笑《ほほえ》んだ。

「いらっしゃい。」

「……こんにちは。」

風が吹いていた。私の髪が流れる。田辺が一歩、横にずれた。その仕《し》種《ぐさ》に先導されるようにして、足が自然と前に出た。

「秋晴れっていいね。」

田辺が言った。

「さすがにそろそろ寒くなるけど。こんなに晴れてても、風があるだけで随分違うね。気持ちいいけど、気温は低い。」

間を持たすためでもなさそうに、彼はごく自然に天候の話をする。フェンスの前に立つと、今さっきまで自分が立っていた自動販売機が見えた。並木の葉が、驚くほど近かった。

「この道。」

顔を上げると、田辺颯也がすぐそばにいた。彼の目は、下の並木道を

英語解答

1 A　＜対話文１＞　ウ
　＜対話文２＞　エ
　＜対話文３＞　イ
B　Q１　ウ
　Q２　They should tell a teacher.

2 〔問１〕　ウ　〔問２〕　イ
〔問３〕　ア
〔問４〕　３番目…キ　６番目…オ
〔問５〕　(a)…ウ　(b)…ウ
〔問６〕　エ　〔問７〕　イ，キ
〔問８〕　a　volunteer　b　technology
　c　improved　d　symbol

3 〔問１〕　each other　〔問２〕　same
〔問３〕　４番目…カ　８番目…エ
〔問４〕　エ　〔問５〕　イ
〔問６〕　ア　〔問７〕　ウ，カ
〔問８〕　(例) I want to make different kinds of robots, because a lot of people in the world need help in their daily lives. So I am studying robot technology at university now. I hope one of my robots will help you and your family in the future.(46語)

1 〔放送問題〕

〔問題A〕＜対話文１＞≪全訳≫トム(T)：妹〔姉〕に誕生日プレゼントを買うつもりなんだ。リサ，僕と一緒に行ってくれる？／リサ(L)：もちろんよ，トム。／T：明日は空いてる？／L：ごめんなさい，明日は行けないの。妹〔お姉〕さんのお誕生日はいつ？／T：次の月曜日だよ。じゃあ，今度の土曜日か日曜日はどう？／L：私は土曜日がいいな。／T：ありがとう。／L：何時にどこで待ち合わせようか？／T：11時に駅でどう？／L：了解。じゃあそのときに。

Q：「トムとリサはいつ彼の妹〔姉〕の誕生日プレゼントを買いに行くつもりか」—ウ．「次の土曜日」

＜対話文２＞≪全訳≫ボブの母(B)：もしもし。／ケン(K)：もしもし。ケンです。ボブとお話しできますか？／B：こんにちは，ケン。ごめんなさい，ボブは今，出かけてるの。後であの子からかけ直させましょうか？／K：ありがとうございます，でも，僕も今から出かけないといけなくて。伝言をお願いできますか？／B：もちろんよ。／K：明日，僕の家で一緒に宿題をすることになってるんです。彼に数学のノートを持ってきてくれるよう頼んでおいてもらえますか？　彼にききたい質問がいくつかあるんです。／B：わかったわ，伝えておくわね。／K：ありがとうございます。／B：どういたしまして。

Q：「ケンがボブにしてほしいことは何か」—エ．「数学のノートを持ってくること」

＜対話文３＞≪全訳≫ユミ(Y)：こんにちは，デービッド。何の本を読んでるの？／デービッド(D)：やあ，ユミ。浮世絵に関する本だよ。先週，美術の授業で浮世絵について習ったんだ。／Y：なるほどね。私も浮世絵について習ったわ。今なら市の美術館で浮世絵が見られるわよ。／D：ほんと？　そこへ行ってみたいな。僕の国にも浮世絵を所蔵している美術館がいくつかあるんだ。／Y：えっ，ほんとに？　それはびっくりだな。／D：１度そこへ浮世絵を見に行ったことがあるんだ。日本でも見てみたいな。／Y：私は先週末，市の美術館に行ってきたわ。すごくおもしろかったな。あなたも行ってみるべきよ。

Q：「ユミが驚いたのはなぜか」—イ．「デービッドが自分の国にも浮世絵を所蔵する美術館があると言ったから」

〔問題Ｂ〕≪全訳≫私たちの学校へようこそ。私はリンダ，この学校の２年生です。今日は私たちが皆さんを連れてこの学校をご案内することになっています。／私たちの学校は2015年に建てられたので，まだ新しいです。今，私たちがいるのが体育館です。図書館からスタートして，図書館の利用の仕方を説明します。それから教室と音楽室を見て，最後に食堂へ行く予定です。そこで他の生徒や先生方と会うことになっています。／その後，歓迎会を開く予定です。／他にも皆さんにお伝えしたいことがあります。校舎の前で集合写真を撮影しましたよね。そのときの写真が欲しい方は，明日先生に申し出てください。何かご質問はありますか？　では出発しましょう。一緒に来てください。

Ｑ１：「日本の生徒たちはどこで他の生徒や先生と会うか」―ウ．「食堂」

Ｑ２：「日本の生徒たちは写真が欲しい場合，明日何をすればよいか」―「先生に伝えればよい」

2〔長文読解総合―会話文〕

≪全訳≫**1**マユは高校１年生だ。ジェーンはオーストラリアの学生である。彼女たちは16歳で，科学部の部員だ。マユの兄のユウタはマユより３歳年上だ。彼は大学で科学技術を勉強している。マユの祖父は彼らを宇宙博物館に連れていくために車を運転している。**2**マユ(Ｍ)：あの白いドームを見て！**3**ジェーン(Ｊ)：わあ！　大きい！　私，本当にあの博物館に行きたかったの。プラネタリウムで有名よね。**4**Ｍ：あのドームは「スペースエッグ」と呼ばれているのよ。プラネタリウムでは約１億４千万の星を見ることができるの。その数は世界最大よ。**5**ユウタ(Ｙ)：ドキドキするね。ショーを見るのが待ち遠しいよ！**6**彼らは今，博物館の１階のエントランスホールにいる。**7**Ｍ：この表を見て。チケット料金と上映時間を確認できるわ。**8**祖父(Ｇ)：私はいろいろな場所でチケットが安く買えるね。年をとるといいこともあるな。**9**Ｊ：英語がお上手ですね，ええと…**10**Ｇ：おじいちゃんと呼んでいいよ，ジェーン。**11**Ｊ：わかりました，おじいちゃん。仕事で英語を使っているんですか？**12**Ｇ：実は，40年間，いくつかの中学校で英語を教えていたんだ。今はボランティアとして小さな子どもたちに日本の伝統的なおもちゃのつくり方を教えているよ。とにかく，君たちの分は全部私が払おう。**13**Ｊ：ありがとうございます。**14**Ｍ：私は年間チケットがあるわ，おじいちゃん。お母さんとお父さんが誕生日にこのチケットをくれたの。使うのは今回が初めて。**15**彼女たちは２階に上がる。**16**Ｊ：太陽系の写真を見て。地球って本当に小さいのね。**17**Ｙ：僕たちは地球で暮らすことができて幸運だね。**18**Ｍ：どういう意味？**19**Ｙ：地球は太陽からほどよい距離にある。太陽にもっと近いと暑すぎる。太陽からもっと離れていると寒すぎるんだ。**20**Ｇ：そのとおり。太陽は多くの面で私たちを助けてくれる。**21**Ｍ：うちの校舎にはソーラーパネルがあるわ。(2)-a節電とCO_2削減を同時に実現できる。**22**Ｙ：ソーラーパネルが宇宙でも使われてるって知ってる？　そういうソーラーパネルのアイデアについて，いくつかこの部屋で説明しているんだ。**23**Ｍ：多くの科学者が，宇宙に持っていきやすい新しいソーラーパネルをつくりたいと考えてきたのね。日本の折り紙からアイデアを思いついたものもあるそうよ。彼らはソーラーパネルを折りたたむことを考えたのね！**24**Ｇ：それは本当かい？**25**Ｙ：本当です。ある科学雑誌で，アメリカのあるエンジニアについて読みました。彼は若い頃，日本の高校で勉強したんです。そのとき，彼のホストマザーが彼に折り鶴の折り方を教えたんです。彼は折り紙から着想を得て，今，新しいソーラーパネルをつくっているんです。**26**Ｍ：折り紙から着想を得た科学技術は今，人気があるわ。例えば，新幹線の床には特別なパネルが使用されている。それは衝撃を吸収することができるの。折り紙から着想を得た缶とか，ペットボトルなんかも…。**27**Ｊ：マユ，私のバッグの中に地図があるわ。ホストマザーが先週京都で買ってきてくれたの。ほら，これ。この地図も折り紙の技術を利用しているのかしら？**28**Ｍ：ええ，そうよ！　地図の２つの角を引っぱると，１回の動作で地図を広げることができるの。ユウタ，やってみたら？**29**Ｙ：うわー！　(3)小さなバッグの中で折りたたまれていた地図が，開けると本当は大きいんだね。**30**Ｊ：本当にそうね。１回の動作で折りたたみ直すこともできる。**31**Ｇ：これは驚いた！

(2)-b こういったすばらしいアイデアが日本の伝統から出てきたと知って感動したよ。私たちの伝統は宝物だから，そのような宝物を持ち続けて，若い世代に引き継ぐべきだ。ジェーン，君の地図を２，３日貸してくれないかな？　今度の日曜日，私のかわいい生徒たちに見せたいんだ。32 J：もちろんですよ，おじいちゃん。私，日本の伝統文化にとても興味があるんです。日曜日のあなたのクラスに参加してもいいですか？ 33 G：もちろんさ。僕の生徒たちは君が参加してくれたら喜ぶよ。34 彼らは２時間見学した後，５階のミュージアムレストランにいる。35 J：もう12時半だわ！　本当におなかペコペコ。あら！　ここで本物の宇宙食を食べることができるのね。ご飯，パン，カレー，エビグラタン。まあ，たこ焼きも食べられる！ 36 M：プリンやアイスクリームみたいなスイーツもあるのね！ 37 G：こんなに多くの種類の宇宙食があるとは知らなかったよ。「宇宙ラーメン」を食べてみよう。本物のラーメンみたいな味がするのかな？ 38 Y：僕もそれにするよ，おじいちゃん。それにおにぎりとたこ焼きも。39 M：まあ，たくさん食べるのね！　ジェーン，カレーとエビグラタンをシェアしない？ 40 J：いいわね。アイスも買おうよ！ 41 彼らは今，テーブルで宇宙食を食べている。42 G：これはうまい！　日本の高校生の話を思い出したよ。彼らは宇宙食みたいなものをつくったんだ。43 M：ああ，私も新聞でその話を読んだことがあるわ。福井県の高校生で，その高校は宇宙食づくりに10年以上取り組んでいるのよね。きっと学生たちはあれこれ試行錯誤をしたんでしょうね。44 Y：そうだね。宇宙食をつくるには，解決しなければならないことがたくさんある。第１に，宇宙食は腐りやすくてはいけない。第２に，軽くなければならない。(2)-c 宇宙に物を運ぶにはとてもお金がかかるそうだから。45 G：宇宙飛行士は宇宙船内に料理道具をあまり持ち込まないから，宇宙船で料理することはできないんだね。46 Y：そうなんです。もう１つ。宇宙旅行中，宇宙食は宇宙飛行士の健康を保たなければならないですね。47 J：あと２つあるわ。宇宙船の窓は開かないから，宇宙食のにおいが強いと困るわね。それに，熱や衝撃の影響も受けちゃいけないし！ 48 G：50年ほど前の宇宙食はおいしくなかったそうだけど，それから大幅によくなったね。宇宙食で一番大事なのはおいしいことだと思うよ。宇宙飛行士の宇宙での生活は地球上よりも大変だ。宇宙での困難な活動中は，生活を楽しませてくれるようなものが必要だからね。49 J：私もそう思います，おじいちゃん。ああ，いけない！　長い間おしゃべりしすぎたわ。もう１時50分よ！ 50 M：心配しないで，ジェーン。次の回を見ればいいわ。プラネタリウムの入り口はこのすぐ下よ。行きましょう！ 51 彼らはプラネタリウムの入り口に到着する。52 J：あの長い行列を見て！ 53 Y：次のショーはもう満席だという掲示が出ているよ。最後の回まで待たないと。54 M：そうね。最後の回が始まる30分前にここで待ちましょう。それまで，ジェーンと私は１階のミュージアムショップを見てくるわ。55 G：私は３階のカフェテリアでコーヒーを飲みたいな。56 Y：僕は２階に戻って，『はやぶさ２』の短編映画を見ることにする。57 M：じゃあね。みんな，遅れないでね。58 彼らはショーの後にプラネタリウムから出てくる。59 J：すばらしいショーだったわ。南十字星が見られてとてもうれしかった。オーストラリアのシンボルで，国旗にもあるのよ。みんなはこのショー，どうだった？ 60 M：ショーを見て，私たちがすごくたくさんの星に囲まれているということがわかったわ。星のことを勉強したいな。61 Y：僕もだ。宇宙技術を勉強することに決めたよ。宇宙技術は宇宙開発のためだけのものではないんだ。メガネやテニスのラケットに使われる軽金属のように，今では僕たちの日常生活の一部になっているものをたくさん生み出している。62 G：今日は宇宙について多くのことを学んだが，この博物館にはまだ見るべきものがたくさんあるね。だから，私は博物館の年間チケットを買うことを考えているよ。よし，みんな。家に帰ろう。おばあちゃんがみんなのために晩ごはんをつくっているからね！

〔問１〕＜英問英答―表を見て答える問題＞「博物館に入るとき，おじいちゃんはいくら支払ったか」―ウ．「2000円」　料金表参照。入場料とプラネタリウムの料金は，年間チケットを持っているマユは払わなくてよく（第14段落参照），ジェーンが16歳（第１段落参照）で400円，ユウタが19歳（第１

段落参照）で1000円，おじいちゃんが高齢者（第８段落参照）で600円なので，合計2000円になる。

〔問２〕＜適文選択＞(2)-a. ソーラーパネルについて述べている部分なので，その利点として「節電とCO_2削減を同時に実現できる」ことを挙げるＢが適切。　(2)-b. 直後に「私たちの伝統は宝物だ」とあるので，「伝統」に言及しているＤが適切。　(2)-c. 直前に「それ（宇宙食）は軽くなければならない」とある。これに続けて，「宇宙に物を運ぶにはとてもお金がかかる」とその理由を述べるＡが適する。

〔問３〕＜適文選択＞直前でマユは「地図の２つの角を引っぱると，１回の動作で地図を広げることができる」と言い，ユウタにそうするよう促している。実際にその動作を試みたユウタは，開けると本当に大きくなることに驚いたのである。

〔問４〕＜整序結合＞主語の They に対応する動詞は need で，その目的語になれるのは something。また，that は something を先行詞とする関係代名詞，makes は'make＋目的語＋形容詞'「〜を…にする」という形で使うと判断できる。これを使って something that makes their lives happier とし，この後に during difficult activities in space とする。　They need something that makes their lives happier during difficult activities in space.

〔問５〕＜英問英答―表を見て答える問題＞「彼らはいつどこで会うか」―「彼らは午後２時50分に４階のプラネタリウムの入り口で会う」　第34段落から，彼らは５階にいるとわかり，第50段落から，プラネタリウムの入り口は５階のすぐ下，つまり４階とわかる。また，第54段落と表から，最後の回である第６回が15時20分に始まるとわかり，その30分前の午後２時50分に集まることがわかる。

〔問６〕＜適語句選択＞おじいちゃんは「この博物館にはまだ見るべきものがたくさんある」と言っていることから，今後もここを訪れるつもりであることがわかる。したがって，博物館の年間チケットを買おうというエが適する。

〔問７〕＜内容真偽＞ア.「プラネタリウムの宇宙ショーは45分間行われ，１日に５回開かれる」…×　表参照。宇宙ショーは40分間行われ，１日に６回開かれる。　イ.「ジェーン，ユウタ，おじいちゃんと一緒に博物館に行く前，マユは両親から与えられた年間チケットを使わなかった」…○　第14段落に一致する。　ウ.「ユウタは太陽系の写真を見たとき，『太陽からもっと離れていると，地球上に住むには暑すぎる』と言った」…×　第19段落参照。「太陽からもっと離れていると寒すぎる」と言った。　エ.「ある科学雑誌によると，アメリカのあるエンジニアは日本の学校の友達から折り鶴の折り方を学んだ」…×　第25段落第４文参照。折り鶴の折り方はホストマザーから学んだ。　オ.「ミュージアムレストランでは，マユ，ジェーン，ユウタ，おじいちゃんがそれぞれ別の種類の宇宙食を食べた」…×　第39，40段落参照。マユとジェーンはカレーとエビグラタンをシェアした。　カ.「宇宙飛行士は食べ物が腐りやすくなければ，においの強い物を宇宙船に持ち込むことができる」…×　第47段落第２文参照。　キ.「宇宙技術が生み出すものには宇宙開発だけでなく，私たちの日常生活にも役立つものも多い」…○　第61段落最終文に一致する。

〔問８〕＜要約文完成＞≪全訳≫こんにちは，ママとパパ！　元気にしてる？　私は日本での生活を楽しんでるわ。／今日はマユ，お兄さんのユウタ，おじいちゃんと一緒に宇宙博物館に行ってきたの。おじいちゃんは優しいので大好き。彼はボランティアとして働き，日本の伝統的なおもちゃのつくり方を子どもたちに教えてるのよ。／展示はすばらしかったわ。特に，折り紙から着想を得た科学技術が，ソーラーパネルなど身近な物に使われていることにびっくりした。おじいちゃんは，伝統は宝物だって言ってた。私もそう思うな。／あと，レストランで数種類の宇宙食を食べたの。おいしかった！　宇宙食は，この50年間で試行錯誤によって大幅に改善したのよ。昼食後は，プラネタリウムでショーを見たの。オーストラリアのシンボルの南十字星を見てうれしかった。／私は次の日曜日にお

じいちゃんのクラスに参加するの。またすぐ手紙を書くわ。元気でね！／たくさんの愛を込めて，ジェーン

＜解説＞a．第12段落第２文から，おじいちゃんはボランティアをしているとわかる。 b．第26段落参照。折り紙から着想を得た科学技術がソーラーパネルにも使われている。 c．第48段落第１文参照。宇宙食はこの50年間でとてもよくなった。 d．第59段落第２，３文参照。南十字星はオーストラリアのシンボルである。

3〔長文読解総合―物語〕

≪全訳≫❶タクトは高校２年生で，学校のサッカー部の部員だ。10月のある日，彼は友人の１人から外国の絵葉書をもらった。絵葉書はアフリカのケニアからきたもので，写真の中で鮮やかな色のＴシャツを着た２人の男の子が笑っていた。葉書には短いメッセージがあった。「タクト，僕は今，ケニアにいるんだ！　来年の３月に日本に戻るよ。また会いたいな。僕たちの夢について話すのを楽しみにしてるからね！　覚えてる？　僕たちの約束だったよね？　元気で！　サトシより」　絵葉書を読み終えるとタクトはこう思った。「サトシ，約束のことは本当によく覚えているよ。でも僕の夢…僕の夢って何だろう？」❷翌日，サッカー部の練習後，彼はケイタと一緒に下校した。ケイタはチームメイトの１人で，親友でもあった。タクトは「ケイタ，将来のことを何か考えてる？　例えば，10年後は何してる？僕にとってそれは難しい問題なんだ。君は？」と言った。ケイタは「将来のことははっきりと考えているよ」と答えた。それを聞いてタクトは驚き，「本当？　じゃあ，10年後は何してる？」と尋ねた。ケイタはにこにこしながら「まあ，日本の大手自動車会社で車のエンジンをつくっているだろうね。これは５歳のときからの夢なんだ。だから，大学で機械工学を勉強したいと思っている」と言った。タクトはそれを聞いて少しショックを受けた。タクトとケイタは同じ小学校，同じ中学校に通っていた。今，彼らは同じ高校にいて，一緒にサッカーをしている。タクトはケイタのことをよく知っていると思っていたが，彼の夢については何も知らなかった。「ケイタはすでに将来の計画を立てているけど，僕は自分の将来について何も考えていない…」　タクトは突然，ケイタが自分より大人に見えると思った。❸タクトが家に帰ると，母親が「タクト，今日の新聞にあなたがよく知っている人の記事が載っているわよ」と言った。タクトはその記事を読みたいと思い，すぐに新聞でそれを見つけた。記事は，10か国でボランティア活動に参加している10人の日本の若者たちに関するものだった。写真の中に，タクトは見覚えのある顔を見つけた。「サトシだ！」と彼は叫んだ。サトシは，タクト一家の隣人だったタカギ家の長男だ。５年前，タクトが12歳のとき，サトシとその家族は別の町に引っ越した。その記事によれば，サトシはアフリカのケニアの小さな町で小学校の教師として働いているとのことだ。彼はそこで子どもたちに英語とスポーツを教えている。インタビューで，サトシは次のように述べている。「ケニアは60の異なる言葉を持つ多言語の国です。だから，ケニアの人々は互いにコミュニケーションをとるため，公用語の１つとして英語を使っています。英語が話せれば，社会でよりよい仕事につくことができるのです。僕は生徒たちに英語を教えたり，一緒にスポーツをしたりして楽しんでいます。来年の春，大学に戻り，卒業後は途上国の子どもたちに教育を授ける組織で働きたいと思っています」　タクトは記事を読み終えると，サトシからきた絵葉書を再び取り出した。❹５年前の春休みのある日，タクトとサトシは多摩川の河川敷に行き，最後に一緒にサッカーをした。サトシはタクトより３歳年上だったが，仲の良い友達どうしで，地域のジュニアサッカーチームに入っていた。サトシは，次の日曜日に別の都市に引っ越し，翌年に高校の入学試験を受けるためチームを辞めることに決めていた。河川敷には桜の木が多く，桜の花がとてもきれいだった。彼らはサッカーをした後，土手に座って冷たいお茶を飲んでいた。サトシは「タクト，いつかまたサッカーをしよう。そのときはお互い夢の話ができたらいいな」と言った。タクトはそれを聞いてうれしく思い，「そうだね！　また会って僕たちの夢について語り合お

う！」と言った。サトシは「よし！　約束だ！」と笑顔で答えた。それから彼らは桜の花を見上げた。花もまた彼らを優しく見つめていた。❺タクトはその約束のことをはっきりと思い出し，「今，サトシに会っても，(4)僕は自分の夢のことについて話せそうもないな」と思った。彼は少し不安を感じた。❻週末，タクトの父親が北海道から帰ってきた。彼は建設会社で働いていて，今は北海道のオフィスに赴任し，１人暮らしをしている。その翌日，彼らは多摩川沿いをサイクリングした。彼らはよく一緒にサイクリングをし，タクトは父親と一緒に過ごす時間が本当に好きだった。彼らは多摩川沿いのサイクリングを楽しんだ後，土手に座って昼食をとり始めた。昼食後，タクトは「お父さん，隣に住んでいたサトシのこと覚えてる？」ときいた。父親は「ああ，よく覚えているよ。お前たち２人はジュニアサッカーチームに入っていたな」と答えた。タクトは「サトシは今アフリカのケニアにいて，小学校でボランティアの教師として働いているんだ。彼は将来，発展途上国の子どもたちのために働きたいと思っているんだって」と言った。彼の父親は少し驚いて，「本当か？　彼はすばらしい夢を持っているんだな！」と言った。タクトは父親を見ず，自分の本当の気持ちについて話し始めた。「親友のケイタの夢は，自動車のエンジンをつくることなんだ。彼の夢のことは何も知らなかった。小学生の頃から，僕らはよい友達だったのに。２人とも明確な目標を持っている。僕は将来の計画について一生懸命考えようとしているんだけど，まだ答えが見つからないんだ。少し心配なんだ，お父さん。学校では勉強する科目がたくさんあって，そのいくつかは本当に好きなんだ。もちろん，難しい科目もいくつかあるけど，全ての科目が自分の将来のために必要であることもわかってる。毎日勉強しなきゃいけないこともわかってるけど，部活でとても疲れることもある。でも，お父さん，僕は何のために勉強しているんだろう？　僕は勉強とサッカーでいつも忙しい。毎日ただ学校に行って帰ってくるだけだ。何を目指しているのかわからないんだ」　父は何も言わずにタクトの話を聞いていた。少したって，彼は話し始めた。「タクト，あまりうまく説明できる気はしないが，父さんの意見を言おう。お前は今，将来の社会で生活するために勉強し，また，自分自身，愛する人，そして将来出会う人々のために勉強している。多くの事柄に関する知識は，お前やそういう人たちを守るための最も重要な道具の１つになるだろう。他人の命を救う人たちや世界の貧しい人たちのために働く人々はもちろんすばらしいが，私は社会で働いている誰もが自分のやり方で誰かの役に立っていると思っている。このことを覚えておくといいよ，タクト」　今，タクトは父親を見て，彼の話を注意深く聞いていた。父親は話し続けた。「心配しなくていいんだ，タクト。将来の夢を見つけることはできなくても，今しなければならないことをするのがとても大切なんだ。家族，友人，そして周りの人々と一緒に毎日過ごすことによって，将来への夢が見つけられるさ」タクトは悩みが軽くなったように感じ，「ありがとう，お父さん。毎日やらなければならないことをやって，(6)将来の夢についてあまり心配しすぎないようにするよ」と言った。そうして，彼は父親に向かってにっこりほほ笑んだ。❼タクトは来春サトシに再会したら，サトシにこう言おうと考えている。「今の僕は，桜の下で交わした約束を守ることができないんだ，なぜなら，将来自分がどこにいて，何をしているのかが想像できないから。でもきっと，自分，家族，そして周りの人たちのために，社会で一生懸命がんばるよ」と。

〔**問１**〕＜**内容一致―適語補充**＞「タクトとサトシは再会し，自分たちの夢について（　　）に語り合うつもりだ」― each other「お互い」　第１段落後半や第４段落後半から，お互いの夢を語り合うのが２人の約束だとわかる。each other は第３段落の中ほどにある。

〔**問２**〕＜**適語補充**＞３つ目の空所に注目する。第２段落第２文から，タクトとケイタは部活のチームメイトであることがわかるので，同じ高校に行っていることになる。なお，same は必ず the same として使う。

〔**問３**〕＜**整序結合**＞語群から，主語の The article に対応する動詞が was であることや，who を関係代名詞として使うこと，take part in ～「～に参加する」を使った taking part in というまとまりができることが推測できる。who は先行詞が‘人’で後に動詞がくるので，ten young Japanese people who were taking part in とまとめると，volunteer work 以下にうまくつながる。about を was の後に置くと，「その記事は～についてのものだった」となり，意味の通る文ができる。 The article was about ten young Japanese people who were taking part in volunteer work in ten different countries.

〔問４〕＜適文選択＞第２段落最後から３，２文目より，タクトにはまだ将来の夢がないことがわかる。第４段落後半などから，タクトとサトシは再会後に夢を語り合う約束をしていたことが読み取れるが，タクトにはまだ夢がないので，会っても夢について話せないのである。

〔問５〕＜文脈把握＞この後，タクトは自分が下線部のように感じる理由を説明している。この部分の内容に最も近いのは，イ．「彼は毎日忙しく，未来への夢がまだ見つかっていないため，勉強する理由がわからない」である。

〔問６〕＜適語句選択＞タクトは，この直前で父親に言われた「今やるべきことやっていれば将来の夢は見つかるから心配するな」というアドバイスに従うことにしている。よって，将来の夢についてあまり心配しすぎないようにするという内容のアが適切。

〔問７〕＜内容真偽＞ア．「ある日，タクトはサトシから長い手紙をもらい，その手紙の中でサトシは大学での日常生活について書いていた」…×　第１段落第３文以降参照。絵葉書の文面は短く，また，大学での日常生活について書かれたものではなかった。　イ．「ケニアでは１つの言葉しか話さないため，学校で英語を学ぶ必要はない」…×　第３段落第10，11文参照。ケニアは多言語の国だとある。　ウ．「ケニアに住んでいる人が公用語の１つである英語を話すことができれば，その人は社会でよりよい職につくことができる」…○　第３段落第11，12文に一致する。　エ．「５年前にタクトがサトシとサッカーをしたとき，彼はサトシに別れを告げただけで，何の約束もしなかった」…×　第４段落後半参照。　オ．「タクトの父親は息子の将来の夢を知って本当に喜び，たくさんのアドバイスをしてくれた」…×　第６段落後半などを参照。　カ．「タクトの父親は，毎日社会で働くことによって，誰もが自分のやり方で誰かを助けることができると信じている」…○　第６段落後半に一致する。　キ．「タクトは将来の夢について話すことができないので，来春，サトシに会う予定はない」…×　第７段落参照。

〔問８〕＜条件作文＞「サトシ君へ／３年前，僕には将来の計画はなかった。でも，ようやく将来の夢を見つけたよ！」に続けて，将来の夢になりえるような内容と，その理由を書けばよい。

数学解答

1 〔問１〕 4　〔問２〕 $x=-5$，$y=5$

〔問３〕 4個　〔問４〕 $\frac{5}{9}$

〔問５〕 右下図

2 〔問１〕 $y=\frac{1}{7}x+\frac{27}{7}$

〔問２〕 $\frac{25}{2}\text{cm}^2$　〔問３〕 $\frac{40}{3}$

〔問４〕 $\frac{44}{5}$，12，14，$\frac{96}{5}$

3 〔問１〕 $\frac{\sqrt{2}}{2}$cm

〔問２〕 (例)頂点Cと頂点Eを結ぶ。△ABEと△BCEは直角二等辺三角形であるから，∠ABE＝∠BEC＝45°　よって，錯角が等しいから，AB∥EC　△ABCと△GBAにおいて，AB∥ECより平行線の錯角は等しいから，∠BAC＝∠ACE……①　$\overset{\frown}{\mathrm{AE}}$に対する円周角より，∠ACE＝∠BGA……②　①，②より，∠BAC＝∠BGA……③　また，∠ABC＝90°＋45°＝135°，∠GBA＝180°－45°＝135°　よって，∠ABC＝∠GBA……④　③，④より，2組の角がそれぞれ等しいから，△ABC∽△GBA

〔問３〕 $\frac{5\pi-12}{4}\text{cm}^2$

4 〔問１〕 $25\sqrt{2}$cm　〔問２〕 $10\sqrt{34}$

〔問３〕 2100cm³

(例)

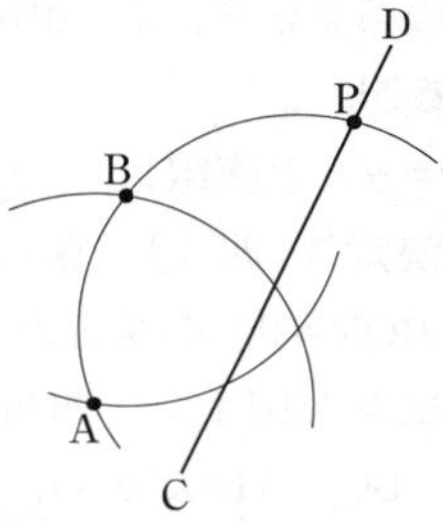

1 〔独立小問集合題〕

〔問１〕＜式の値＞与式$=\left(\frac{\sqrt{5}+1}{\sqrt{2}}\right)^2-\frac{\sqrt{5}+1}{\sqrt{2}}\times\frac{\sqrt{5}-1}{\sqrt{2}}+\left(\frac{\sqrt{5}-1}{\sqrt{2}}\right)^2=\frac{5+2\sqrt{5}+1}{2}-\frac{5-1}{2}+\frac{5-2\sqrt{5}+1}{2}$
$=\frac{6+2\sqrt{5}}{2}-\frac{4}{2}+\frac{6-2\sqrt{5}}{2}=3+\sqrt{5}-2+3-\sqrt{5}=4$

≪別解≫与式$=x^2+y^2-xy=x^2+2xy+y^2-xy-2xy=(x+y)^2-3xy$と変形できる。$x+y=\frac{\sqrt{5}+1}{\sqrt{2}}+\frac{\sqrt{5}-1}{\sqrt{2}}=\frac{\sqrt{5}+1+\sqrt{5}-1}{\sqrt{2}}=\frac{2\sqrt{5}}{\sqrt{2}}=\frac{2\sqrt{10}}{2}=\sqrt{10}$，$xy=\frac{\sqrt{5}+1}{\sqrt{2}}\times\frac{\sqrt{5}-1}{\sqrt{2}}=\frac{5-1}{2}=\frac{4}{2}=2$だから，与式$=(\sqrt{10})^2-3\times2=10-6=4$である。

〔問２〕＜連立方程式＞$\frac{x+2}{3}-\frac{y-1}{4}=-2$……①，$3x+4y=5$……②とする。①×12より，$4(x+2)-3(y-1)=-24$，$4x+8-3y+3=-24$，$4x-3y=-35$……①′　①′×4＋②×3より，$16x+9x=-140+15$，$25x=-125$　∴$x=-5$　これを②に代入して，$-15+4y=5$，$4y=20$　∴$y=5$

〔問３〕＜数の性質＞$\sqrt{2020n}=\sqrt{2^2\times5\times101\times n}$より，$\sqrt{2020n}$が整数となる自然数$n$は，$k$を自然数として，$n=5\times101\times k^2$と表せる数である。$k=1$のとき$n=5\times101\times1^2=505$，$k=2$のとき$n=5\times101\times2^2=2020$，$k=3$のとき$n=5\times101\times3^2=4545$，$k=4$のとき$n=5\times101\times4^2=8080$，$k=5$のとき$n=5\times101\times5^2=12625$，……だから，9999以下の自然数$n$は，$n=505$，2020，4545，8080の4個ある。

〔問４〕＜確率―さいころ＞大小１つずつのさいころを同時に１回投げるとき，目の出方は全部で$6\times6=36$(通り)あるから，a，bの組も36通りある。このうち，$\frac{3b}{a}$の値が整数となるのは，$a=1$のとき，$\frac{3b}{a}=\frac{3b}{1}=3b$ だから，$b=1$，2，3，4，5，6の6通りある。$a=2$ のとき，$\frac{3b}{a}=\frac{3b}{2}$ だから，$b=2$，4，6の3通りある。$a=3$ のとき，$\frac{3b}{a}=\frac{3b}{3}=b$ だから，$b=1$，2，3，4，5，6の6通りある。以下同様に考えて，$a=4$ のとき $b=4$ の1通り，$a=5$ のとき $b=5$ の1通り，$a=6$ のとき $b=2$，4，6の3通りある。よって，$\frac{3b}{a}$ の値が整数となる a，b の組は $6+3+6+1+1+3=20$(通り)あるから，求める確率は $\frac{20}{36}=\frac{5}{9}$ となる。

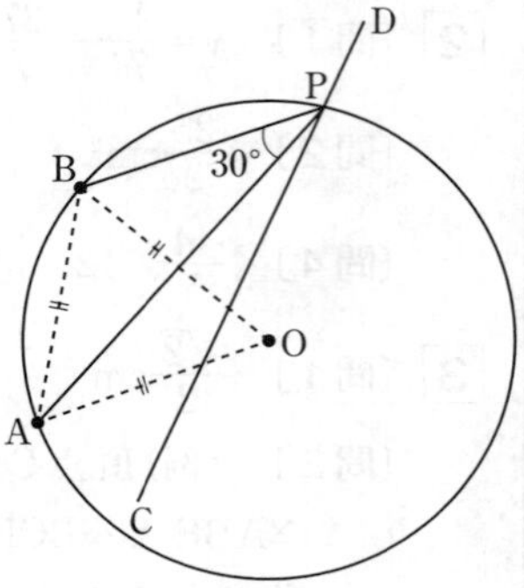

〔問５〕＜図形―作図＞右図で，３点A，B，Pを通る円の中心をOとし，点Oと２点A，Bを結ぶと，$\overset{\frown}{AB}$ に対する円周角と中心角の関係より，$\angle AOB=2\angle APB=2\times30°=60°$ となる。OA＝OBだから，点Aと点Bを結ぶと，△OABは正三角形となる。よって，作図は，OA＝OB＝ABとなる点(右図の点O)をとり，点Oを中心として半径がOAの円の弧をかき，この円の弧と線分CDの交点をPとすればよい。解答参照。

２〔関数―関数 $y=ax^2$ と直線〕

≪基本方針の決定≫〔問３〕　点M，点Nの y 座標を s を用いて表す。　〔問４〕　$\angle QBR=90°$，$\angle BRQ=90°$，$\angle BQR=90°$ の場合がある。

図１

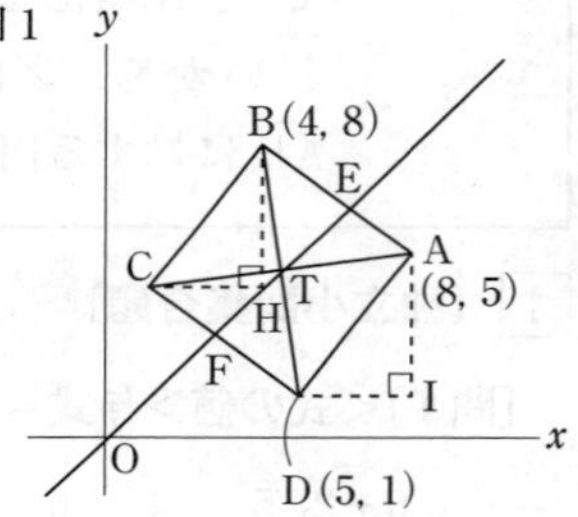

〔問１〕＜直線の式＞右図１で，四角形ABCDが正方形であることより，BC∥AD，BC＝ADだから，点Cを通り x 軸に平行な直線と点Bを通り y 軸に平行な直線の交点をH，点Dを通り x 軸に平行な直線と点Aを通り y 軸に平行な直線の交点をIとすると，△BCH≡△ADIとなる。A(8，5)，D(5，1)より，$CH=DI=8-5=3$，$BH=AI=5-1=4$ だから，B(4，8)より，点Cの x 座標は $4-3=1$，y 座標は $8-4=4$ となり，C(1，4)である。よって，直線ACの傾きは $\frac{5-4}{8-1}=\frac{1}{7}$ だから，その式は $y=\frac{1}{7}x+k$ とおけ，これが点Cを通ることより，$4=\frac{1}{7}\times1+k$，$k=\frac{27}{7}$ となるから，直線ACの式は $y=\frac{1}{7}x+\frac{27}{7}$ である。

≪別解≫図１で，正方形ABCDの対角線AC，BDの交点をTとすると，点Tは線分BDの中点となる。B(4，8)，D(5，1)より，点Tの x 座標は $\frac{4+5}{2}=\frac{9}{2}$，$y$ 座標は $\frac{8+1}{2}=\frac{9}{2}$ だから，$T\left(\frac{9}{2},\ \frac{9}{2}\right)$ である。A(8，5)だから，２点A，Tの座標より，直線ACの式を求めると，$y=\frac{1}{7}x+\frac{27}{7}$ となる。

〔問２〕＜面積―三平方の定理＞右上図１で，原点Oを通る直線は，正方形ABCDの対角線の交点を通っているので，正方形ABCDの面積を２等分している。よって，〔台形AEFD〕$=\frac{1}{2}$〔正方形ABCD〕である。〔正方形ABCD〕$=AD^2$ であり，△ADIで三平方の定理より，$AD^2=DI^2+AI^2=3^2+4^2=25$ となるので，〔正方形ABCD〕＝25である。したがって，〔台形AEFD〕$=\frac{1}{2}\times25=\frac{25}{2}$ (cm^2) となる。

〔問３〕＜x 座標＞次ページの図２で，関数 $y=ax^2$ のグラフはA(8，5)を通るので，$5=a\times8^2$ より，$a=\frac{5}{64}$ となり，頂点Aを通る曲線の式は $y=\frac{5}{64}x^2$ である。また，関数 $y=bx^2$ のグラフはD(5，1)

を通るので，$1=b\times5^2$ より，$b=\dfrac{1}{25}$ となり，頂点Dを通る曲線の式は $y=\dfrac{1}{25}x^2$ である。点Mは関数 $y=\dfrac{5}{64}x^2$ のグラフ上にあり x 座標が s だから，y 座標は $y=\dfrac{5}{64}s^2$ となる。点Nは関数 $y=\dfrac{1}{25}x^2$ のグラフ上にあり，x 座標が s だから，y 座標は $y=\dfrac{1}{25}s^2$ となる。よって，点Mと点Nの y 座標の差が $\dfrac{61}{9}$ より，$\dfrac{5}{64}s^2-\dfrac{1}{25}s^2=\dfrac{61}{9}$ が成り立つ。これを解くと，$\dfrac{125-64}{64\times25}s^2=\dfrac{61}{9}$，$\dfrac{61}{64\times25}s^2=\dfrac{61}{9}$，$s^2=\dfrac{64\times25}{9}$，$s=\pm\dfrac{8\times5}{3}$，$s=\pm\dfrac{40}{3}$ となり，$s>0$ だから，$s=\dfrac{40}{3}$ である。

図2

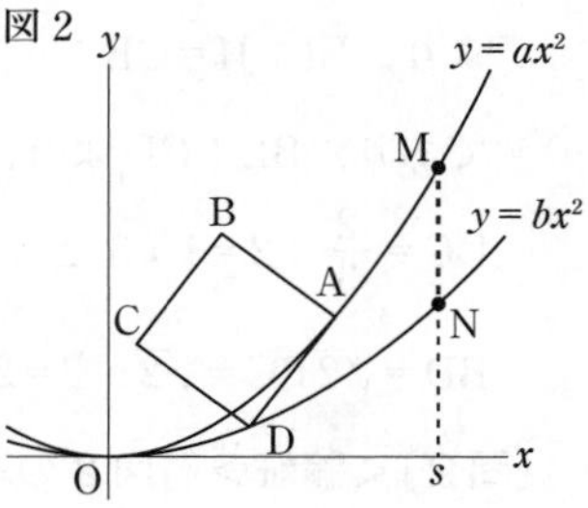

〔問４〕＜y 座標―三平方の定理＞右図３で，関数 $y=cx^2$ のグラフは B(4，8)を通るので，$8=c\times4^2$ より，$c=\dfrac{1}{2}$ となり，頂点Bを通る曲線の式は $y=\dfrac{1}{2}x^2$ である。点Qは関数 $y=\dfrac{1}{2}x^2$ のグラフ上にあり，x 座標が６なので，$y=\dfrac{1}{2}\times6^2=18$ より，Q(6，18)である。△BQRが∠QBR＝90°の直角三角形になるときの点Rを R_1 とすると，三平方の定理より，$BR_1{}^2+BQ^2=QR_1{}^2$ である。点Bを通り x 軸に平行な直線と y 軸，点Qを通り y 軸に平行な直線との交点をそれぞれＪ，Ｋ，点Qを通り x 軸に平行な直線と y 軸との交点をLとする。$BJ=4$，$R_1J=t-8$，$BK=6-4=2$，$QK=18-8=10$，$QL=6$，$R_1L=18-t$ であるから，$\triangle BR_1J$，△BQK，$\triangle QR_1L$ で三平方の定理より，$BR_1{}^2=BJ^2+R_1J^2=4^2+(t-8)^2=t^2-16t+80$，$BQ^2=BK^2+QK^2=2^2+10^2=104$，$QR_1{}^2=QL^2+R_1L^2=6^2+(18-t)^2=t^2-36t+360$ となり，$(t^2-16t+80)+104=t^2-36t+360$ が成り立つ。これを解くと，$t=\dfrac{44}{5}$ となる。△BQRが∠BRQ＝90°の直角三角形になるときの点Rを R_2 とすると，$BR_2{}^2+QR_2{}^2=BQ^2$ であり，$BR_2{}^2=t^2-16t+80$，$QR_2{}^2=t^2-36t+360$ だから，$(t^2-16t+80)+(t^2-36t+360)=104$ が成り立つ。これを解くと，$2t^2-52t+336=0$，$t^2-26t+168=0$，$(t-12)(t-14)=0$ より，$t=12$，14となる。△BQRが∠BQR＝90°の直角三角形になるときの点Rを R_3 とすると，$BQ^2+QR_3{}^2=BR_3{}^2$ であり，$QR_3{}^2=QL^2+R_3L^2=6^2+(t-18)^2=t^2-36t+360$，$BR_3{}^2=t^2-16t+80$ だから，$104+(t^2-36t+360)=t^2-16t+80$ が成り立つ。これを解くと，$t=\dfrac{96}{5}$ となる。以上より，$t=\dfrac{44}{5}$，12，14，$\dfrac{96}{5}$ である。

図3

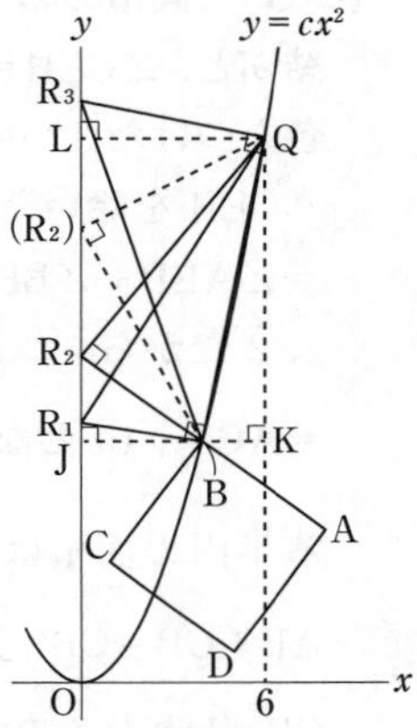

3 〔平面図形―正方形と直角二等辺三角形〕

≪**基本方針の決定**≫〔問３〕　線分GHは円の直径となる。

〔問１〕＜長さ―相似＞右図１で，辺BEと線分ACの交点をＩとし，点Aから辺BEに垂線AJを引く。△ABEが直角二等辺三角形であることより，△ABJ，△AEJは合同な直角二等辺三角形となるから，$AJ=BJ=EJ=\dfrac{1}{2}BE=\dfrac{1}{2}\times2=1$ である。また，∠CIB＝∠AIJ，∠CBI＝∠AJI＝90°より，△CBI∽△AJIとなる。これ

図1

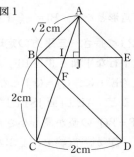

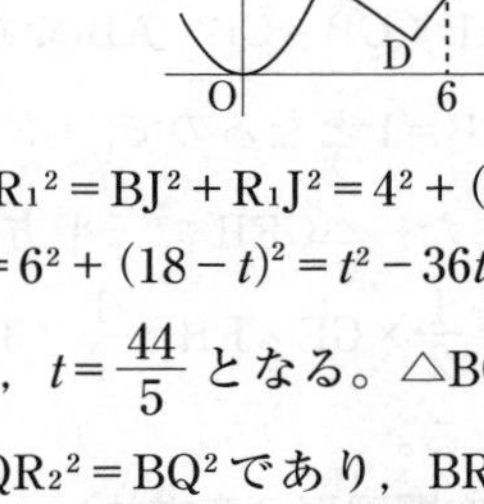

より，BI：JI＝CB：AJ＝2：1だから，$\mathrm{BI}=\frac{2}{2+1}\mathrm{BJ}=\frac{2}{3}\times1=\frac{2}{3}$ である。さらに，∠BFI＝∠DFC であり，BE∥CD より，∠FBI＝∠FDC だから，△BFI∽△DFC となる。よって，BF：DF＝BI：DC＝$\frac{2}{3}$：2＝1：3となり，$\mathrm{BF}=\frac{1}{1+3}\mathrm{BD}=\frac{1}{4}\mathrm{BD}$ である。△BCD は直角二等辺三角形だから，$\mathrm{BD}=\sqrt{2}\mathrm{BC}=\sqrt{2}\times2=2\sqrt{2}$ であり，$\mathrm{BF}=\frac{1}{4}\times2\sqrt{2}=\frac{\sqrt{2}}{2}$(cm)となる。

〔問２〕＜論証＞右図２の△ABC と△GBA で，２組の角がそれぞれ等しいことを導く。２点C，Eを結ぶと，△ABE，△BCE がともに直角二等辺三角形であることより，∠ABE＝∠BEC＝45° だから，AB∥EC である。平行線の錯角と円周角の定理から，∠BAC＝∠BGA がいえる。解答参照。

図２

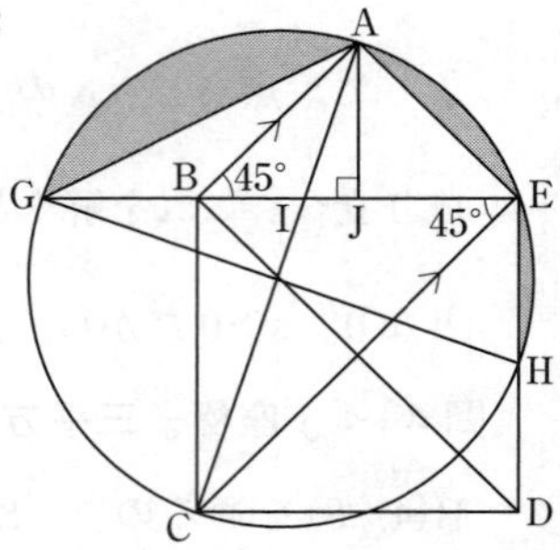

〔問３〕＜面積の和―三平方の定理，相似＞右図２で，２点G，Hを結ぶと，∠GEH＝90° だから，線分 GH は円の直径となる。よって，色をつけた３つの部分は，線分 GH を直径とする半円から△AGE，△GEH を除いた部分と見ることができる。△ABE，△BCE は直角二等辺三角形であり，∠AEC＝∠AEB＋∠BEC＝45°＋45°＝90° となるから，線分 AC も円の直径である。$\mathrm{AE}=\sqrt{2}$，$\mathrm{CE}=\mathrm{BD}=2\sqrt{2}$ だから，△ACE で三平方の定理より，$\mathrm{AC}=\sqrt{\mathrm{AE}^2+\mathrm{CE}^2}=\sqrt{(\sqrt{2})^2+(2\sqrt{2})^2}=\sqrt{10}$ となり，$\mathrm{GH}=\mathrm{AC}=\sqrt{10}$ となる。これより，円の半径は $\frac{1}{2}\mathrm{GH}=\frac{1}{2}\times\sqrt{10}=\frac{\sqrt{10}}{2}$ だから，線分 GH を直径とする半円の面積は，$\pi\times\left(\frac{\sqrt{10}}{2}\right)^2\times\frac{1}{2}=\frac{5}{4}\pi$ である。次に，〔問２〕より，△ABC∽△GBA だから，AB：GB＝CB：AB であり，$\sqrt{2}$：GB＝2：$\sqrt{2}$ が成り立つ。これを解くと，$\mathrm{GB}\times2=\sqrt{2}\times\sqrt{2}$ より，GB＝1となるので，GE＝GB＋BE＝1＋2＝3となり，$\triangle\mathrm{AGE}=\frac{1}{2}\times\mathrm{GE}\times\mathrm{AJ}=\frac{1}{2}\times3\times1=\frac{3}{2}$ である。また，△GEH で三平方の定理より，$\mathrm{EH}=\sqrt{\mathrm{GH}^2-\mathrm{GE}^2}=\sqrt{(\sqrt{10})^2-3^2}=\sqrt{1}=1$ となるから，$\triangle\mathrm{GEH}=\frac{1}{2}\times\mathrm{GE}\times\mathrm{EH}=\frac{1}{2}\times3\times1=\frac{3}{2}$ である。以上より，求める面積は $\frac{5}{4}\pi-\frac{3}{2}-\frac{3}{2}=\frac{5\pi-12}{4}$(cm²)となる。

4〔空間図形―直方体〕

≪基本方針の決定≫〔問３〕　立体 LMNR と立体 CMER の体積比を考える。

〔問１〕＜長さ―三平方の定理＞右図１で，２点B，Dを結ぶと，△ABD で三平方の定理より，$\mathrm{BD}=\sqrt{\mathrm{AB}^2+\mathrm{AD}^2}=\sqrt{40^2+30^2}=\sqrt{2500}=50$ となる。よって，BD＝BF＝50，∠DBF＝90° だから，△BDF は直角二等辺三角形であり，∠BDI＝45° である。BI⊥DF だから，△BDI も直角二等辺三角形となり，$\mathrm{BI}=\frac{1}{\sqrt{2}}\mathrm{BD}=\frac{1}{\sqrt{2}}\times50=25\sqrt{2}$(cm)となる。

図１

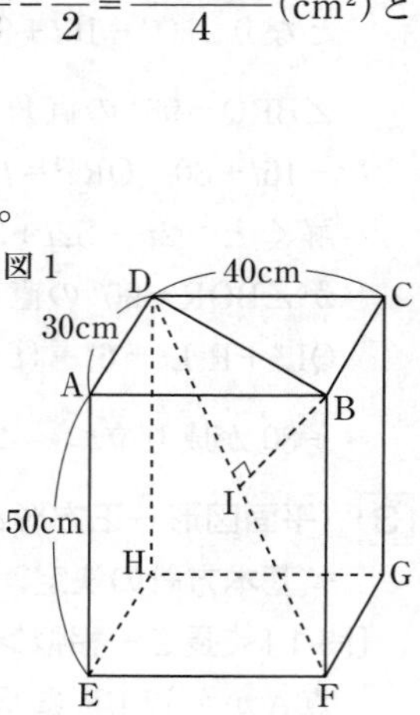

〔問２〕＜長さ―三平方の定理＞次ページの図２で，点Jを通り面 ABCD に平行な平面と３辺 BF，CG，DH の交点をそれぞれS，T，Uとし，辺 AE 上に，QJ＝Q′J となる点 Q′ を面 JSTU に対して点Qと反対側にとると，AE⊥〔面 JSTU〕だから，PQ＝PQ′ となる。よって，l＝CP＋PQ＝CP＋PQ′ となるから，CP＋PQ′ の値が最も小さくなるとき，l の値が最も小さくなる。このようになるのは，３点C，P，Q′ が一直線上に並ぶときだから，l の値が最も小さくなるとき，l＝CQ′ である。２点A，C

を結ぶと，AC＝BD＝50であり，Q′J＝QJ＝AJ－AQ＝25－20＝5より，AQ′＝AJ＋Q′J＝25＋5＝30となる。∠CAQ′＝90°なので，△AQ′Cで三平方の定理より，$CQ'=\sqrt{AC^2+AQ'^2}=\sqrt{50^2+30^2}=\sqrt{3400}=10\sqrt{34}$ となり，$l=10\sqrt{34}$(cm)である。

図2

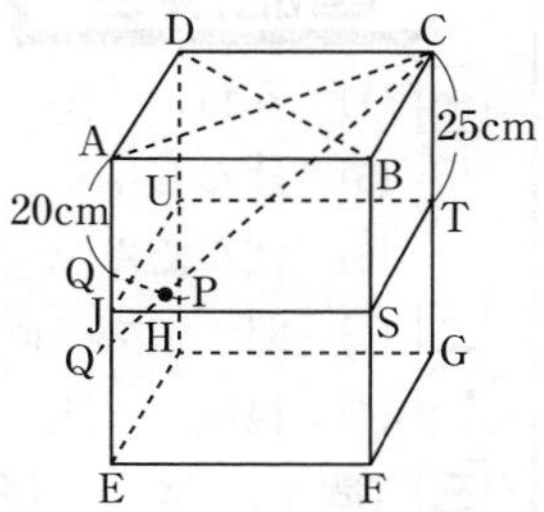

〔問3〕＜体積＞右下図3で，点Kを通り面ABCDに平行な平面と3辺BF，CG，DHの交点をそれぞれV，W，X，点Mを通り面ABCDに平行な平面と辺CG，辺DHの交点をそれぞれY，Zとし，点Cと点M，点Cと点R，点Eと点Rをそれぞれ結ぶ。立体LMNR，立体CMERは，底面をそれぞれ△LMN，△CMEと見ると，高さが等しい三角錐となる。このことから，〔立体LMNR〕：〔立体CMER〕＝△LMN：△CME＝NL：CEとなる。また，面ABCD，面MRYZ，面KVWXが平行であるから，NL：CE＝MK：AE＝(30－15)：50＝3：10である。よって，〔立体LMNR〕：〔立体CMER〕＝3：10となるから，〔立体LMNR〕＝$\frac{3}{10}$〔立体CMER〕である。BC⊥〔面AEFB〕より，立体CMERは，底面が△MER，高さがBC＝30の三角錐と見ることもできる。MR＝AB＝40，ME＝AE－AM＝50－15＝35なので，〔立体CMER〕＝$\frac{1}{3}$×△MER×BC＝$\frac{1}{3}\times\frac{1}{2}\times40\times35\times30=7000$となり，〔立体LMNR〕＝$\frac{3}{10}\times7000=2100$(cm³)である。

図3

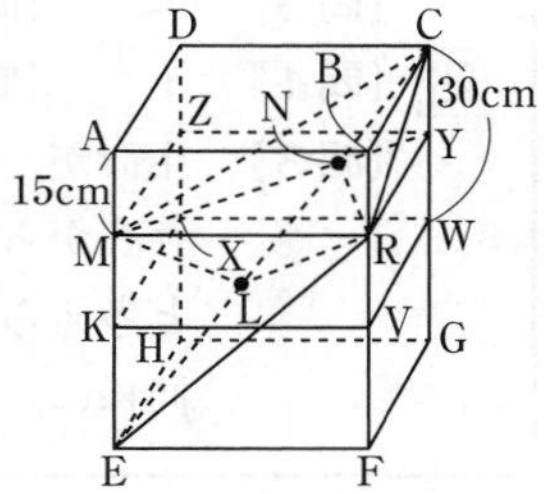

≪別解≫図3で，AE⊥〔面MRYZ〕，〔面MRYZ〕∥〔面KVWX〕だから，立体LMNRは，底面が△MNR，高さがMKの三角錐と見ることができる。点Nと点Yを結ぶと，3点M，N，Yは一直線上の点となるので，∠MNE＝∠YNC，∠EMN＝∠CYNより，△EMN∽△CYNである。これより，MN：YN＝ME：YC＝35：15＝7：3となる。よって，△MNR：△YNR＝7：3となるから，△MNR＝$\frac{7}{7+3}$△MRY＝$\frac{7}{10}\times\frac{1}{2}\times40\times30=420$となる。また，MK＝15なので，立体LMNRの体積は，$\frac{1}{3}$×△MNR×MK＝$\frac{1}{3}\times420\times15=2100$(cm³)となる。

＝読者へのメッセージ＝

三平方の定理は，ピタゴラスの定理ともいいます。ピタゴラスは，古代ギリシャの哲学者，数学者です。

国語解答

一 (1) うね　(2) じゅんしゅ　(3) ばんじゃく　(4) そうちょう　(5) ばんたん

二 (1) 明　(2) 直　(3) 際限　(4) 視座　(5) 喜色満面

三 〔問1〕 エ　〔問2〕 イ　〔問3〕 ウ　〔問4〕 ア　〔問5〕 エ　〔問6〕 ウ

四 〔問1〕 イ　〔問2〕 ア
〔問3〕 生命が，物理的なモノとしての存在から科学的プロセスの現象と考えられるようになったのと同様に，魂や精神も現代では脳が生み出す心理現象と考えられているということ。(79字)
〔問4〕 デカルトは「我思う」の成立をもって私という主体の存在を立証したが，意識としては「私が思う」という形で現れようとも，「私が思う」という現象にすぎず，私という主体の存在の証明にはならないから。(94字)
〔問5〕 ウ　〔問6〕 イ

五 〔問1〕 ウ　〔問2〕 エ　〔問3〕 ア　〔問4〕 深草野とな　〔問5〕 イ

一〔漢字〕

(1)作物を植えるために，畑に何列も土を盛りあげた所のこと。　(2)決まりや法律などに従って，それを守ること。　(3)きわめて強く固いこと。　(4)厳かで重々しいこと。　(5)あることに関するいろいろな事柄や手段のこと。

二〔漢字〕

(1)見通す力のこと。　(2)音読みは「垂直」などの「チョク」と，「正直」などの「ジキ」。　(3)物事の状態の最後のところのこと。　(4)物事を見る立場のこと。　(5)喜びを顔全体に表すこと。

三〔小説の読解〕出典；辻村深月『光待つ場所へ』。

〔問1〕＜心情＞「私」の描いた絵は，桜並木をそのまま描いたのではなく，赤い色を演出して花を乗せたものであった。それに対して，田辺のフィルムは，葉桜の混じり始めた風景をありのままの姿で写し出したもので，何の演出を加えなくても桜並木の美しさをとらえていた。田辺の力量を感じている「私」は，田辺に褒められることで，かえって恥ずかしさがつのったのである。

〔問2〕＜心情＞「私」は，絵を描いているのかときかれ，「一応」と答えた。「私」は，絵画教室にまで通って絵を描いているが，絵を描くということが自分にとってどういうことなのか，自分で納得できる答えがなく，「一応」と答える自分を情けなく思っているのである。

〔問3〕＜文章内容＞「私」は，絵を描くことに対しての自分の思いがはっきりせず悩みを田辺に話し始めたが，これ以上深い話にならないよう，笑ってみせた。しかし，田辺は，「私」が思うよりずっと真剣に「息抜きしてる？」と尋ねてきたので，「私」は，驚いて「え？」とききを直したのである。

〔問4〕＜文章内容＞「私」は田辺に，自分の絵を「子供騙し」だと言ったが，田辺は，「子供騙し」とは，「私」の絵には人が生きている感覚がなく，「生活感を憎む」という部分があることだと指摘した。「私」は，田辺の指摘が的を射たものだと思い，自分の絵の問題点を改めて強く感じた。

〔問5〕＜文章内容＞並木道を見下ろす田辺は，あくまでも自然で，屋上が好きだと言い，「落ち込んだ日の朝」に屋上から見る景色は最高だと，本気かどうかわからない言い方をしている。田辺は

「私」の演出は「子供騙し」だと言ったが，それは心からの言葉であり，田辺は，「うわべだけを取り繕って適当にその場をやり過ごしていこうとする人物」ではない。田辺は，「私」の絵には「生活感を憎む」という部分があることを，身構えることもなく，率直に伝えたのである(エ…○)。

〔問6〕＜表現＞「私」は，絵を描くことに対して，自分の明確な思いがわからず悩んでいるが，田辺との会話を通して，自分が絵を描くことの意味や，今の自分の絵の問題点や，自分がどういう作品を描きたいのかを考えようとしている(ウ…○)。

四〔論説文の読解—哲学的分野—人間〕出典；小坂井敏晶『社会心理学講義—〈閉ざされた社会〉と〈開かれた社会〉』。

≪本文の概要≫行為は，無意識のうちに開始されるので，意志が行為を判断して，実行するかしないかを決定するのではない。これに対し，自由意志の可能性を残そうとするリベットの解釈は，奇妙な，ねじれた二元論をなす。行為とともに発生する意志の起源を脳信号に還元する一方で，却下指令が出されるメカニズムとしては，脳に生ずるいかなる準備過程とも独立した意志の存在を，認めることになるからである。脳つまり身体が精神活動を生むのか，あるいは身体と独立する精神・魂が存在するのかという問いは，太古から繰り返されてきたが，精神が身体とは関係なくずっと存在し続けるという二元論は，現実味がない。魂や精神という概念は，生命の概念と似ている。数十年前までは，生命というモノが存在すると考えられてきたが，現在は，物質の物理・化学的プロセスの結果として生命現象が理解されている。これと同じように，魂とか精神というモノはなく，心理現象は，プロセスであり，機能であると考えられる。主体というモノはない。デカルトは，「我思う」の「我」の存在は疑いようがないと論じたが，だからといって，ここに「私」という主体が存在するとは結論できない。「私が思う」という形で意識は産出されるが，それは，あくまでも現象であり，そこから切り離された「私」が存在しているとはいえない。「私」は，どこにもない。「私」は，社会心理現象であり，社会環境の中で，脳が不断に繰り返す虚構生成プロセスである。

〔問1〕＜文章内容＞「この解釈」とは，行為は無意識のうちに開始されるが，実際に身体が運動を起こす前に意志が生じ，意志がある行動を却下したり，ある行動を許可したりすることもあるので，行動に対して意志が却下する可能性が残る，というリベットの「解釈」である。しかし，リベットは，意志形成以前にすでに無意識の信号が発せられている事実を証明している。だから，どんな意志も，脳内の無意識過程によって生じ，行動と並列に現れるので，「却下命令を下す」意志も，直接に身体運動を命じることは，ありえないのである。

〔問2〕＜文章内容＞自由意志が他の原因によって生じる，つまり外部要因によって生じると考えるならば，過去の記憶や新しい外部刺激に脳が反応することになり，単なる生理的メカニズムで自由意志とはいえない。また，自由意志が偶然生じると考えることはできない。なぜなら，偶然行動することを，自由意志の産物とはいわないからである。さらに，自由意志が自らを原因として生じると考えることは，不可能である。なぜなら，それ自身を原因として生じるものは，神だけだからである。このように，自由意志が存在するという仮定は，いずれもいき詰まるのである。

〔問3〕＜文章内容＞「生命」とは，モノとして存在するのではなく，現代では，物質の物理・化学的プロセスの結果としての現象として理解されるようになった。「魂や精神」も，モノとして存在するのではない。現在の脳科学は，脳が生み出す現象として精神活動をとらえている。

〔問4〕＜文章内容＞「ここ」とは，デカルトが，あらゆるものが疑いの対象となり，確実なものは何もないと思われるとしても，ここで考えている自分の存在自体は疑いようがないと考えたことを指す。しかし，「我思う」が成立するからといって，そこに「私」という主体が存在するとはいえない。つまり，「我思う」という現象が成立するということはいえても，「私」が存在しているとは証明できないのである。

〔問５〕＜文章内容＞「私」とは，「不断の自己同一化によって今ここに生み出される現象」であり，「どこにもない」のである。脳は，自己の身体や外部の存在などに自己のイメージを投影していくが，それを感知し意識するものが「私」であり，「私」は，実体としてとらえられるものではない。

〔問６〕＜表現＞リベットの考え方を提示しながら，自由意志が存在するのかを検討していく。そして，魂や精神とは機能であるという現代科学の立場から，自由意志は存在せず，「私」とは現象であると述べている(イ…○)。常体と敬体を，明らかに使い分けているわけではない(ア…×)。始めに疑問や結論を述べているわけではなく，自由意志についての一般的な考え方や研究者の考え方を示して，疑問を提示し，それを考えていく形で論を展開し，自分の考えを示している(ウ・エ…×)。

五〔説明文の読解―芸術・文学・言語学的分野―文学〕出典；松岡心平『中世芸能を読む』。

〔問１〕＜文章内容＞本歌取りとは，「ある古典の有名な世界，あるいはかなり有名な和歌の一部分をかすめるようにしてとってきて，それに対して何か新しい世界を付け加えて，もとの世界とのダブルイメージの中で，新しい歌の世界が膨らんでいくという手法」のことである。藤原俊成は，『伊勢物語』の一二三段の話をふまえて，実際に男がいなくなり深草野となったあとに，捨てられた女が「うづら」になったという設定で，鳴きながら男を待つという歌の世界を展開しているのである。

〔問２〕＜文章内容＞藤原俊成は，『伊勢物語』の世界をふまえて「夕されば」の和歌をよんだが，その俊成の歌にある「うづら」の鳴く里を，藤原定家は，荒れ果てた里を感じさせる情景をイメージして，「月ぞすむ」の歌をよんだ。さらに，季節が秋から冬に変わったという深草の里の情景を感じさせるものとして，「雪をれの」の歌をよんだ。

〔問３〕＜連歌の内容理解＞Ａの句は，花の名残りの雲が，今日花が散り果てた峰を越えるという内容であり，これに続くのがＣの句「聞けばいまはの春のかりがね」である。花が散り果てたことから，別れを思い，北へ帰る雁の鳴く声をよんでいる。これに続くのがＥの句「おぼろけの月かは人も待てしばし」である。別れていく雁に呼びかける形で，おぼろ月をともに眺めようという内容で，これに続くのがＢの句「かりねの露の秋のあけぼの」である。「雁音」から「仮寝」を導き，秋の明け方に残る月をよんでいる。これに続くのがＤの句「末野なる里ははるかに霧たちて」である。「仮寝」と秋の「霧」をよみ，里に視野を広げ，「吹きくる風は衣うつ声」，すなわち，砧の音を風が運んでくるというＦの句につないでいる。

〔問４〕＜文章内容＞「役者的想像力あるいは演劇的想像力」をはたらかせて，ある虚構の世界の主人公になったつもりで俊成は，「夕されば」の歌をよんだというのである。俊成は，『伊勢物語』の「深草野となったあとうづらになった女性という設定の上でこの歌を詠んでいる」のである。

〔問５〕＜文章内容＞『新古今』の時代の中心的な歌人は，単なる遊びとして連歌の世界に熱中したわけではない。本歌取りという技法が盛んになっていた『新古今』の時代の和歌は，古典を変形し，世界を重ねるようにして味わうものであり，本歌取りは，ある和歌の世界を意識的に連続させていくことになるので，これが，連歌の世界に近いのである。また，自分がある虚構の世界の主体と一体になり，想像力をはたらかせて和歌をつくるということが，より集団的に，よりダイナミックに味わえる場が，連歌だったのである。

●2020年度

東京都立高等学校

共通問題

【社会・理科】

2020年度 東京都立高等学校（共通問題）

【社　会】（50分）〈満点：100点〉

1　次の各問に答えよ。

〔問１〕　次の図は，神奈川県藤沢《ふじさわ》市の「江《え》の島《しま》」の様子を地域調査の発表用資料としてまとめたものである。この地域の景観を，●で示した地点から矢印 ⬋ の向きに撮影した写真に当てはまるのは，下の**ア**～**エ**のうちではどれか。

発表用資料

江の島の地域調査　　調査日　令和元年11月16日（土）　天候　晴れ

自然地理コース　トンボロ（陸繫島《りくけいとう》）→　ヨットハーバー　→　海食台と海食崖

○　片瀬江ノ島駅から海岸沿いを進み，●で示した地点から ⬋ の向きに写真を撮った。

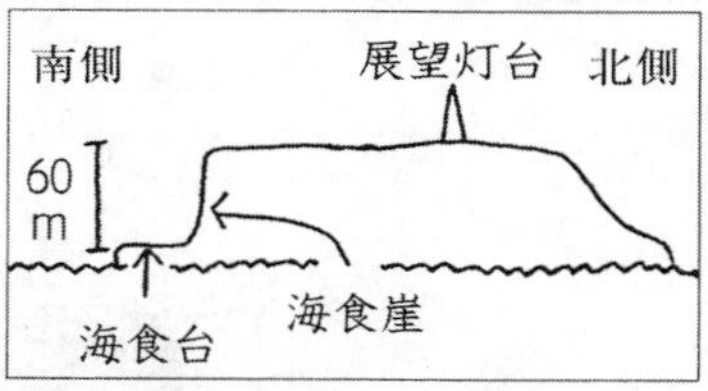

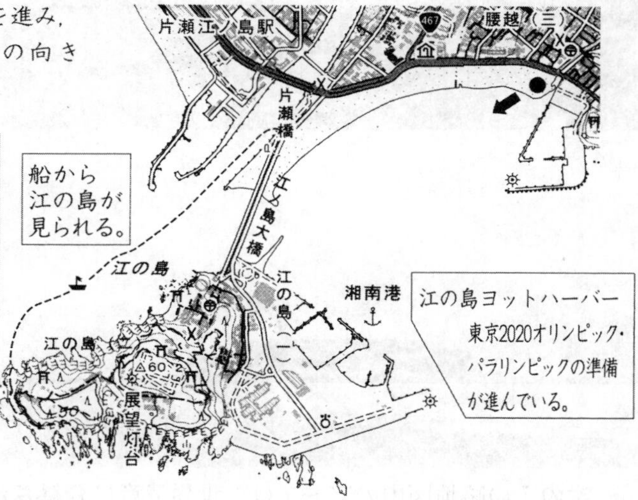

○　江ノ島大橋を渡る時には，橋の下に，砂が堆積した部分が見えた。

○　島の東側を南に進むと，切り立った崖が見えた。

○　島の南側では，海が浸食した地形が観察できた。

ア

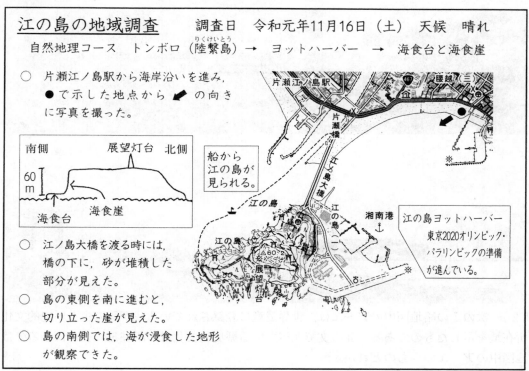

イ

ウ

エ

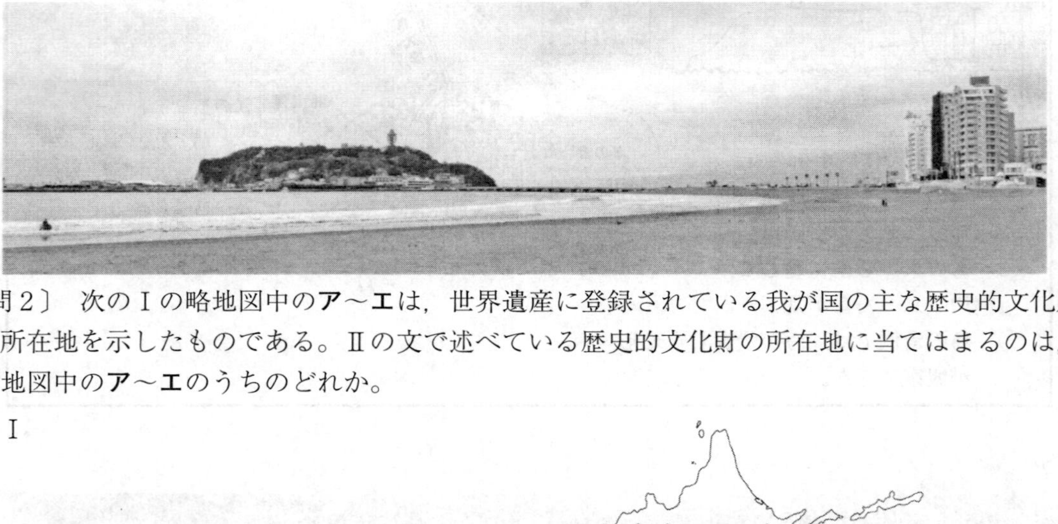

〔問２〕　次のⅠの略地図中の**ア**～**エ**は，世界遺産に登録されている我が国の主な歴史的文化財の所在地を示したものである。Ⅱの文で述べている歴史的文化財の所在地に当てはまるのは，略地図中の**ア**～**エ**のうちのどれか。

Ⅰ

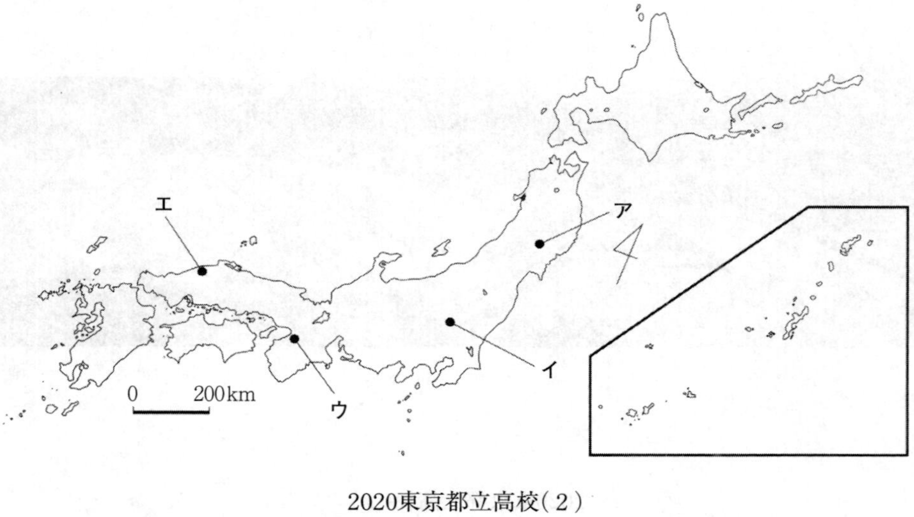

Ⅱ

5世紀中頃に造られた，大王《おおきみ》の墓と言われる日本最大の面積を誇る前方後円墳で，周囲には三重の堀が巡らされ，古墳の表面や頂上等からは，人や犬，馬などの形をした埴輪《はにわ》が発見されており，2019年に世界遺産に登録された。

〔問3〕 次の文で述べている国際連合の機関に当てはまるのは，下の**ア**～**エ**のうちのどれか。

国際紛争を調査し，解決方法を勧告する他，平和を脅《おびや》かすような事態の発生時には，経済封鎖や軍事的措置などの制裁を加えることができる主要機関である。

ア 国連難民高等弁務官事務所
イ 安全保障理事会
ウ 世界保健機関
エ 国際司法裁判所

2 次の略地図を見て，あとの各問に答えよ。

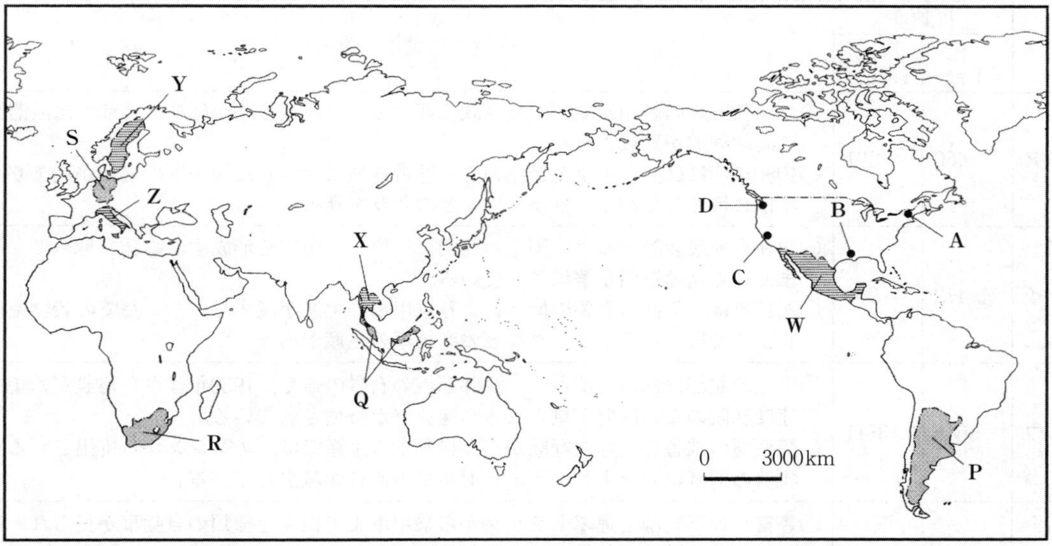

〔問1〕 次のⅠの文章は，略地図中の**A**～**D**の**いずれか**の都市の様子についてまとめたものである。Ⅱのグラフは，**A**～**D**の**いずれか**の都市の，年平均気温と年降水量及び各月の平均気温と降水量を示したものである。Ⅰの文章で述べている都市に当てはまるのは，略地図中の**A**～**D**のうちのどれか，また，その都市のグラフに当てはまるのは，Ⅱの**ア**～**エ**のうちのどれか。

Ⅰ

サンベルト北限付近に位置し，冬季は温暖で湿潤だが，夏季は乾燥し，寒流の影響で高温にならず，一年を通して過ごしやすい。周辺には1885年に大学が設立され，1950年代から半導体の生産が始まり，情報分野で世界的な企業が成長し，現在も世界各国から研究者が集まっている。

Ⅱ

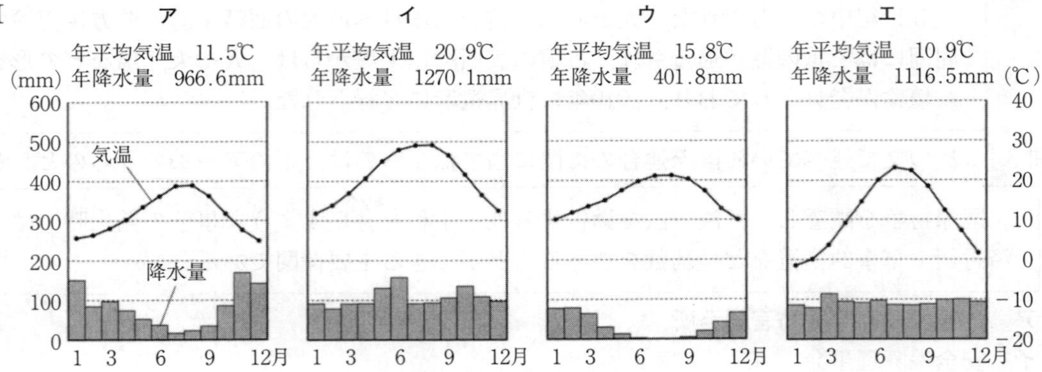

（気象庁のホームページなどより作成）

〔問２〕　次の表の**ア**～**エ**は，略地図中に　　で示した**P**～**S**の**いずれか**の国の，2017年における自動車の生産台数，販売台数，交通や自動車工業の様子についてまとめたものである。略地図中の**P**～**S**のそれぞれの国に当てはまるのは，次の表の**ア**～**エ**のうちではどれか。

	自動車		交通や自動車工業の様子
	生産（千台）	販売（千台）	
ア	460	591	○年間数万隻の船舶が航行する海峡に面する港に高速道路が延び，首都では渋滞解消に向け鉄道が建設された。 ○1980年代には，日本企業と協力して熱帯地域に対応した国民車の生産が始まり，近年は政策としてハイブリッド車などの普及を進めている。
イ	472	900	○現在も地殻変動が続き，国土の西側に位置し，国境を形成する山脈を越えて，隣国まで続く高速道路が整備されている。 ○2017年は，隣国の需要の低下により乗用車の生産が減少し，パンパでの穀物生産や牧畜で使用されるトラックなどの商用車の生産が増加した。
ウ	5646	3811	○国土の北部は氷河に削られ，城郭都市の石畳の道や，1930年代から建設が始まった速度制限のない区間が見られる高速道路が整備されている。 ○酸性雨の被害を受けた経験から，自動車の生産では，エンジンから排出される有害物質の削減に力を入れ，ディーゼル車の割合が減少している。
エ	590	556	○豊富な地下資源を運ぶトラックから乗用車まで様々な種類の自動車が見られ，1970年代に高速道路の整備が始められた。 ○欧州との時差が少なく，アジアまで船で輸送する利便性が高いことを生かして，欧州企業が日本向け自動車の生産拠点を置いている。

（「世界国勢図会」2018/19年版などより作成）

〔問３〕　次のⅠとⅡの表の**ア**～**エ**は，略地図中に　　で示した**W**～**Z**の**いずれか**の国に当てはまる。Ⅰの表は，1993年と2016年における進出日本企業数と製造業に関わる進出日本企業数，輸出額が多い上位３位までの貿易相手国，Ⅱの表は，1993年と2016年における日本との貿易総額，日本の輸入額の上位３位の品目と日本の輸入額に占める割合を示したものである。Ⅲの文章は，ⅠとⅡの表における**ア**～**エ**の**いずれか**の国について述べたものである。Ⅲの文章で述べている国に当てはまるのは，略地図中の**W**～**Z**のうちのどれか，また，ⅠとⅡの表の**ア**～**エ**のうちのどれか。

Ⅰ

		進出日本企業数		輸出額が多い上位3位までの貿易相手国		
			製造業	1位	2位	3位
ア	1993年	875	497	アメリカ合衆国	日本	シンガポール
	2016年	2318	1177	アメリカ合衆国	中華人民共和国	日本
イ	1993年	44	4	ドイツ	イギリス	アメリカ合衆国
	2016年	80	19	ノルウェー	ドイツ	デンマーク
ウ	1993年	113	56	アメリカ合衆国	カナダ	スペイン
	2016年	502	255	アメリカ合衆国	カナダ	中華人民共和国
エ	1993年	164	46	ドイツ	フランス	アメリカ合衆国
	2016年	237	72	ドイツ	フランス	アメリカ合衆国

（国際連合「貿易統計年鑑」2016などより作成）

Ⅱ

		貿易総額（億円）	日本の輸入額の上位3位の品目と日本の輸入額に占める割合(%)					
			1位		2位		3位	
ア	1993年	20885	魚介類	15.3	一般機械	11.3	電気機器	10.7
	2016年	51641	電気機器	21.1	一般機械	13.6	肉類・同調製品	8.0
イ	1993年	3155	電気機器	20.4	医薬品	16.7	自動車	15.3
	2016年	3970	医薬品	29.4	一般機械	11.9	製材	9.7
ウ	1993年	5608	原油・粗油	43.3	塩	8.1	果実及び野菜	7.8
	2016年	17833	原油	23.2	電気機器	17.0	自動車部品	7.9
エ	1993年	7874	一般機械	11.6	衣類	10.3	織物用糸・繊維製品	10.2
	2016年	14631	一般機械	12.1	バッグ類	10.9	医薬品	10.0

（国際連合「貿易統計年鑑」2016などより作成）

Ⅲ

雨季と乾季があり，国土の北部から南流し，首都を通り海に注ぐ河川の両側に広がる農地などで生産される穀物が，1980年代まで主要な輸出品であったが，1980年代からは工業化が進んだ。2016年には，製造業の進出日本企業数が1993年と比較し2倍以上に伸び，貿易相手国として中華人民共和国の重要性が高まった。また，この国と日本との貿易総額は1993年と比較し2倍以上に伸びており，電気機器の輸入額に占める割合も2割を上回るようになった。

3　次の略地図を見て，あとの各問に答えよ。

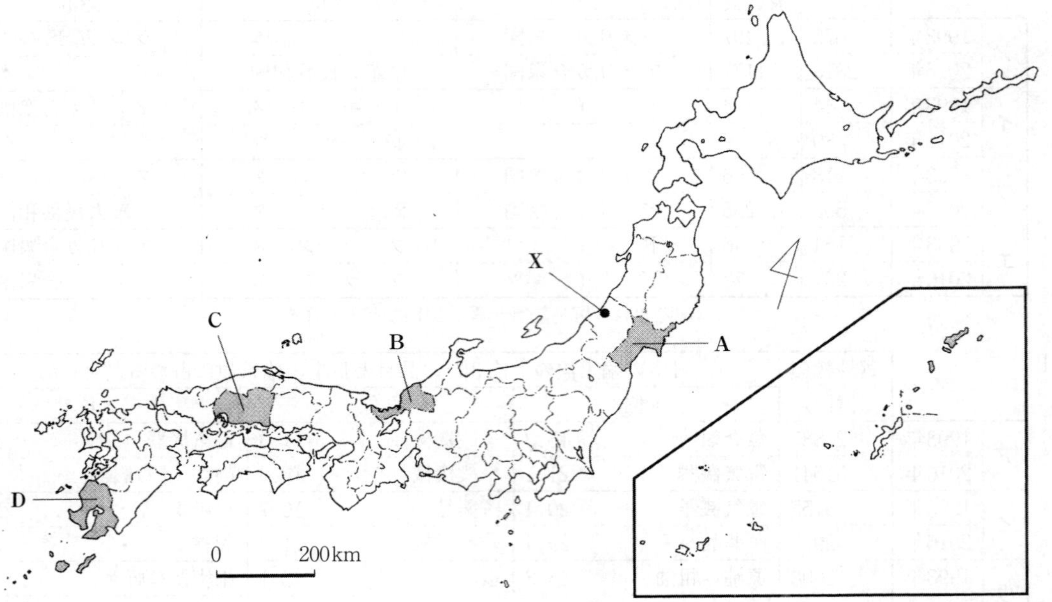

〔問１〕　次の表の**ア**～**エ**の文章は，略地図中に　　　で示した，**A**～**D**の**いずれか**の県の，2017年における鉄道の営業距離，県庁所在地(市)の人口，鉄道と県庁所在地の交通機関などの様子についてまとめたものである。略地図中の**A**～**D**のそれぞれの県に当てはまるのは，次の表の**ア**～**エ**のうちではどれか。

	営業距離(km) 人口(万人)	鉄道と県庁所在地の交通機関などの様子
ア	710	○内陸部の山地では南北方向に，造船業や鉄鋼業が立地する沿岸部では東西方向に鉄道が走り，新幹線の路線には５駅が設置されている。
	119	○この都市では，中心部には路面電車が見られ，1994年に開業した鉄道が北西の丘陵地に形成された住宅地と三角州上に発達した都心部とを結んでいる。
イ	295	○リアス海岸が見られる地域や眼鏡産業が立地する平野を鉄道が走り，2022年には県庁所在地を通る新幹線の開業が予定されている。
	27	○この都市では，郊外の駅に駐車場が整備され，自動車から鉄道に乗り換え通勤できる環境が整えられ，城下町であった都心部の混雑が緩和されている。
ウ	642	○南北方向に走る鉄道と，西側に位置する山脈を越え隣県へつながる鉄道などがあり，1982年に開通した新幹線の路線には４駅が設置されている。
	109	○この都市では，中心となるターミナル駅に郊外から地下鉄やバスが乗り入れ，周辺の道路には町を象徴する街路樹が植えられている。
エ	423	○石油の備蓄基地が立地する西側の半島に鉄道が走り，2004年には北西から活動中の火山の対岸に位置する県庁所在地まで新幹線が開通した。
	61	○この都市では，路面電車の軌道を芝生化し，緑豊かな環境が整備され，シラス台地に開発された住宅地と都心部は，バス路線で結ばれている。

(「データでみる県勢」第27版などより作成)

〔問２〕　次のⅠとⅡの地形図は，1988年と1998年の「国土地理院発行２万５千分の１地形図(湯《ゆ》野浜《のはま》)」の一部である。Ⅲの文章は，略地図中に**X**で示した庄内空港《しょうないくうこう》が建設された地域について，ⅠとⅡの地形図を比較して述べたものである。Ⅲの文章の［P］～［S］のそれぞれに当てはまるのは，下の**ア**と**イ**のうちではどれか。なお，Ⅱの地形図上において，**Y**－**Z**間の長さは８cm である。

Ⅰ

(1988年)

Ⅱ

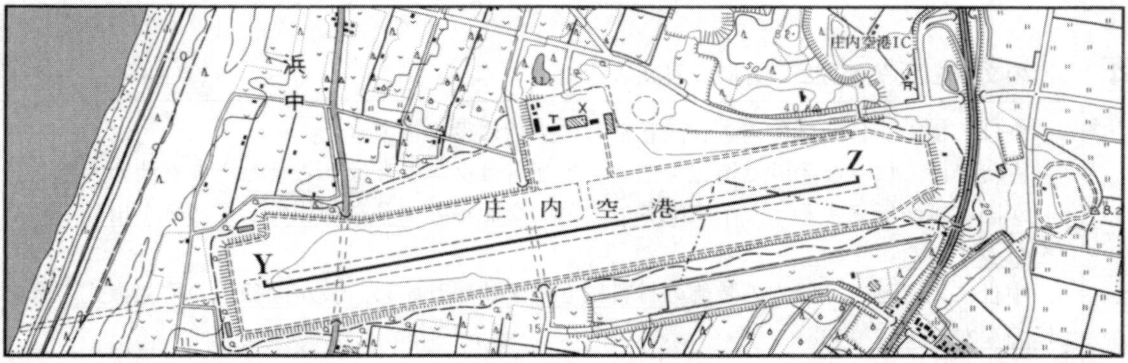

(1998年)

Ⅲ

この空港は，主に標高が約10mから約［P］mにかけて広がる［Q］であった土地を造成して建設された。ジェット機の就航が可能となるよう約［R］mの長さの滑走路が整備され，海岸沿いの針葉樹林は，［S］から吹く風によって運ばれる砂の被害を防ぐ役割を果たしている。

［P］　**ア**　40　　**イ**　80　　　［Q］　**ア**　果樹園・畑　**イ**　水田

［R］　**ア**　1500　**イ**　2000　　［S］　**ア**　南東　　　**イ**　北西

〔問３〕　次のⅠの文章は，2012年４月に示された「つなぐ・ひろがる　しずおかの道」の内容の一部をまとめたものである。Ⅱの略地図は，2018年における東名高速道路と新東名高速道路の一部を示したものである。Ⅲの表は，Ⅱの略地図中に示した御殿場《ごてんば》から三ヶ日《みっかび》までの，東名と新東名について，新東名の開通前(2011年４月17日から2012年４月13日までの期間)と，開通後(2014年４月13日から2015年４月10日までの期間)の，平均交通量と10km 以上の渋滞回数を示したものである。自然災害に着目し，ⅠとⅡの資料から読み取れる，新東名が現在の位置に建設された理由と，平均交通量と10km 以上の渋滞回数に着目し，新東名が建設された効果について，それぞれ簡単に述べよ。

Ⅰ

○東名高速道路は，高波や津波などによる通行止めが発生し，経済に影響を与えている。

○東名高速道路は，全国の物流・経済を支えており，10km 以上の渋滞回数は全国1位である。

Ⅱ

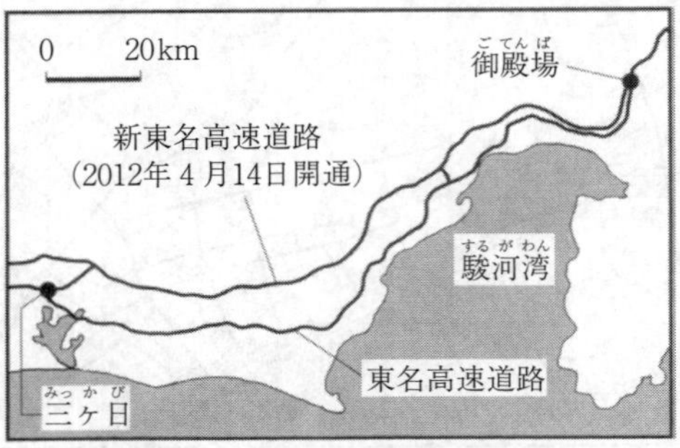

Ⅲ

		開通前	開通後
東名	平均交通量（千台／日）	73.2	42.9
	10km 以上の渋滞回数(回)	227	4
新東名	平均交通量（千台／日）	—	39.5
	10km 以上の渋滞回数(回)	—	9

（注） —は，データが存在しないことを示す。
（中日本高速道路株式会社作成資料より作成）

4 次の文章を読み，あとの各問に答えよ。

紙は，様々な目的に使用され，私たちの生活に役立ってきた。

古代では，様々な手段で情報を伝え，支配者はクニと呼ばれるまとまりを治めてきた。我が国に紙が伝来すると，(1)支配者は，公的な記録の編纂《へんさん》や情報の伝達に紙を用い，政治を行ってきた。

中世に入ると，(2)屋内の装飾の材料にも紙が使われ始め，我が国独自の住宅様式の確立につながっていった。

江戸時代には，各藩のひっ迫した財政を立て直すために工芸作物の生産を奨励される中で，各地で紙が生産され始め，人々が紙を安価に入手できるようになった。(3)安価に入手できるようになった紙は，書物や浮世絵《うきよえ》などの出版にも利用され，文化を形成してきた。

明治時代以降，欧米の進んだ技術を取り入れたことにより，従来から用いられていた紙に加え，西洋風の紙が様々な場面で使われるようになった。さらに，(4)生産技術が向上すると，紙の大量生産も可能となり，新聞や雑誌などが広く人々に行き渡ることになった。

〔問1〕 (1)支配者は，公的な記録の編纂《へんさん》や情報の伝達に紙を用い，政治を行ってきた。とあるが，次の**ア**～**エ**は，飛鳥《あすか》時代から室町時代にかけて，紙が政治に用いられた様子について述べたものである。時期の古いものから順に記号を並べよ。

ア 大宝律令《たいほうりつりょう》が制定され，天皇の文書を作成したり図書の管理をしたりする役所の設置など，大陸の進んだ政治制度が取り入れられた。

イ 武家政権と公家政権の長所を政治に取り入れた建武式目が制定され，治安回復後の京都に幕府が開かれた。

ウ 全国に支配力を及ぼすため，紙に書いた文書により，国ごとの守護と荘園《しょうえん》や公領ごとの地頭を任命する政策が，鎌倉で樹立された武家政権で始められた。

エ　各地方に設置された国分寺と国分尼寺《こくぶんにじ》へ，僧を派遣したり経典の写本を納入したりするなど，様々な災いから仏教の力で国を守るための政策が始められた。

〔問２〕 (2)屋内の装飾の材料にも紙が使われ始め，我が国独自の住宅様式の確立につながっていった。とあるが，次のⅠの略年表は，鎌倉時代から江戸時代にかけての，我が国の屋内の装飾に関する主な出来事についてまとめたものである。Ⅱの略地図中の**A**～**D**は，我が国の主な建築物の所在地を示したものである。Ⅲの文は，ある時期に建てられた建築物について述べたものである。Ⅲの文で述べている建築物が建てられた時期に当てはまるのは，Ⅰの略年表中の**ア**～**エ**の時期のうちではどれか。また，Ⅲの文で述べている建築物の所在地に当てはまるのは，Ⅱの略地図中の**A**～**D**のうちのどれか。

Ⅰ

西暦	我が国の屋内の装飾に関する主な出来事	
1212	●鴨長明《かものちょうめい》が「方丈記《ほうじょうき》」の中で，障《しょう》子《じ》の存在を記した。	
		ア
1351	●藤原隆昌《ふじわらのたかまさ》と父が「慕帰絵《ぼきえ》」の中で，襖《ふすま》に絵を描く僧の様子を表した。	
		イ
1574	●織田信長《おだのぶなが》が上杉謙信《うえすぎけんしん》に「洛中洛《らくちゅうらく》外図屏風《がいずびょうぶ》」を贈った。	
		ウ
1626	●狩野探幽《かのうたんゆう》が二条城の障壁画《しょうへきが》を描いた。	
		エ
1688	●屏風の売買の様子を記した井原西《いはらさい》鶴《かく》の「日本永代蔵《にほんえいたいぐら》」が刊行された。	

Ⅱ

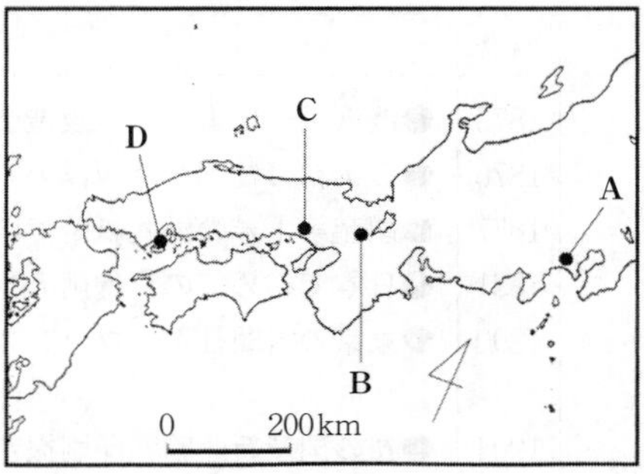

Ⅲ

慈照寺《じしょうじ》にある東求堂同仁斎《とうぐどうどうじんさい》には，障子や襖といった紙を用いた建具《たてぐ》が取り入れられ，我が国の和室の原点と言われる書院造《しょいんづくり》の部屋が造られた。

〔問３〕 (3)安価に入手できるようになった紙は，書物や浮世絵《うきよえ》などの出版にも利用され，文化を形成してきた。とあるが，次の文章は，江戸時代の医師が著した「後見草《のちみぐさ》」の一部を分かりやすく示したものである。下の**ア**～**エ**は，江戸時代に行われた政策について述べたものである。この書物に書かれた出来事の４年後から10年後にかけて主に行われた政策について当てはまるのは，下の**ア**～**エ**のうちではどれか。

○天明《てんめい》３年７月６日夜半，西北の方向に雷のような音と振動が感じられ，夜が明けても空はほの暗く，庭には細かい灰が舞い降りていた。７日は灰がしだいに大粒になり，８日は早朝から激しい振動が江戸を襲ったが，当初人々は浅間山《あさまやま》が噴火したとは思わず，日光か筑波山《つくばさん》で噴火があったのではないかと噂《うわさ》し合った。

○ここ３，４年，気候も不順で，五穀の実りも良くなかったのに，またこの大災害で，米価は非常に高騰し，人々の困窮は大変なものだった。

ア　物価の引き下げを狙って，公認した株仲間を解散させたり，外国との関係を良好に保つよう，外国船には燃料や水を与えるよう命じたりするなどの政策を行った。

イ　投書箱を設置し，民衆の意見を政治に取り入れたり，税収を安定させて財政再建を図ることを目的に，新田開発を行ったりするなどの政策を行った。

ウ　税収が安定するよう，株仲間を公認したり，長崎貿易の利益の増加を図るため，俵物《たわらもの》と呼ばれる海産物や銅の輸出を拡大したりするなどの政策を行った。

エ　幕府が旗本らの生活を救うため借金を帳消しにする命令を出したり，江戸に出稼ぎに来ていた農民を農村に返し就農を進め，飢饉《ききん》に備え各地に米を蓄えさせたりするなどの政策を行った。

〔問４〕　(4)生産技術が向上すると，紙の大量生産も可能となり，新聞や雑誌などが広く人々に行き渡ることになった。とあるが，次の略年表は，明治時代から昭和時代にかけての，我が国の紙の製造や印刷に関する主な出来事についてまとめたものである。略年表中の**A**の時期に当てはまるのは，下の**ア**～**エ**のうちではどれか。

西暦	我が国の紙の製造や印刷に関する主な出来事	
1873	●渋沢栄一《しぶさわえいいち》により洋紙製造会社が設立された。	
1876	●日本初の純国産活版洋装本が完成した。	
1877	●国産第１号の洋式紙幣《しへい》である国立銀行紙幣が発行された。	
1881	●日本で初めての肖像画入り紙幣が発行された。	
1890	●東京の新聞社が，フランスから輪転印刷機を輸入し，大量高速印刷が実現した。	
1904	●初の国産新聞輪転印刷機が大阪の新聞社に設置された。	
1910	●北海道の苫小牧《とまこまい》で，新聞用紙国内自給化の道を拓《ひら》く製紙工場が操業を開始した。	↑
		A
1928	●日本初の原色グラビア印刷が開始された。	
1933	●３社が合併し，我が国の全洋紙生産量の85％の生産量を占める製紙会社が誕生した。	↓
1940	●我が国の紙・板紙の生産量が過去最大の154万トンになった。	

ア　国家総動員法が制定され国民への生活統制が強まる中で，東京市が隣組回覧板を10万枚配布し，毎月２回の会報の発行を開始した。

イ　官営の製鉄所が開業し我が国の重工業化が進む中で，義務教育の就学率が90％を超え，国定教科書用紙が和紙から洋紙に切り替えられた。

ウ　東京でラジオ放送が開始されるなど文化の大衆化が進む中で，週刊誌や月刊誌の発行部数が急速に伸び，東京の出版社が初めて１冊１円の文学全集を発行した。

エ　廃藩置県により，実業家や政治の実権を失った旧藩主による製紙会社の設立が東京において相次ぐ中で，政府が製紙会社に対して地券用紙を大量に発注した。

5　次の文章を読み，あとの各問に答えよ。

> (1)我が国の行政の役割は，国会で決めた法律や予算に基づいて，政策を実施することである。行政の各部門を指揮・監督する(2)内閣は，内閣総理大臣と国務大臣によって構成され，国会に対し，連帯して責任を負う議院内閣制をとっている。
>
> 行政は，人々が安心して暮らせるよう，(3)社会を支える基本的な仕組みを整え，資源配分や経済の安定化などの機能を果たしている。その費用は，(4)主に国民から納められた税金により賄われ，年を追うごとに財政規模は拡大している。

〔問１〕 (1)我が国の行政の役割は，国会で決めた法律や予算に基づいて，政策を実施することである。とあるが，内閣の仕事を規定する日本国憲法の条文は，次の**ア**～**エ**のうちではどれか。

ア 条約を締結すること。但し，事前に，時宜《じぎ》によっては事後に，国会の承認を経ることを必要とする。

イ 両議院は，各々《おのおの》国政に関する調査を行ひ，これに関して，証人の出頭及び証言並びに記録の提出を要求することができる。

ウ すべて国民は，個人として尊重される。生命，自由及び幸福追求に対する国民の権利については，公共の福祉に反しない限り，立法その他の国政の上で，最大の尊重を必要とする。

エ 地方公共団体の組織及び運営に関する事項は，地方自治の本旨に基いて，法律でこれを定める。

〔問２〕 (2)内閣は，内閣総理大臣と国務大臣によって構成され，国会に対し，連帯して責任を負う議院内閣制をとっている。とあるが，次の表は，我が国の内閣と，アメリカ合衆国の大統領の権限について，「議会に対して法律案を提出する権限」，「議会の解散権」があるかどうかを，権限がある場合は「○」，権限がない場合は「×」で示そうとしたものである。表の**A**と**B**に入る記号を正しく組み合わせているのは，下の**ア**～**エ**のうちのどれか。

	我が国の内閣	アメリカ合衆国の大統領
議会に対して法律案を提出する権限	○	**A**
議会の解散権	**B**	×

	ア	**イ**	**ウ**	**エ**
A	○	○	×	×
B	○	×	○	×

〔問３〕 (3)社会を支える基本的な仕組みを整え，資源配分や経済の安定化などの機能を果たしている。とあるが，次の文章は，行政が担《にな》う役割について述べたものである。この行政が担う役割に当てはまるのは，下の**ア**～**エ**のうちではどれか。

> 社会資本は，長期間にわたり，幅広く国民生活を支えるものである。そのため，時代の変化に応じて機能の変化を見通して，社会資本の整備に的確に反映させ，蓄積・高度化を図っていくことが求められる。

ア 収入が少ない人々に対して，国が生活費や教育費を支給し，最低限度の生活を保障し，自立を助ける。

イ 国民に加入を義務付け，毎月，保険料を徴収し，医療費や高齢者の介護費を支給し，国民の負担を軽減する。

ウ 保健所などによる感染症の予防や食品衛生の管理，ごみ処理などを通して，国民の健康維持・増進を図る。

エ 公園，道路や上下水道，図書館，学校などの公共的な施設や設備を整え，生活や産業を支える。

〔問4〕 (4)主に国民から納められた税金により賄われ，年を追うごとに財政規模は拡大している。とあるが，次のⅠのグラフは，1970年度から2010年度までの我が国の歳入と歳出の決算総額の推移を示したものである。Ⅱの文章は，ある時期の我が国の歳入と歳出の決算総額の変化と経済活動の様子について述べたものである。Ⅱの文章で述べている経済活動の時期に当てはまるのは，Ⅰのグラフの**ア**～**エ**の時期のうちではどれか。

Ⅰ

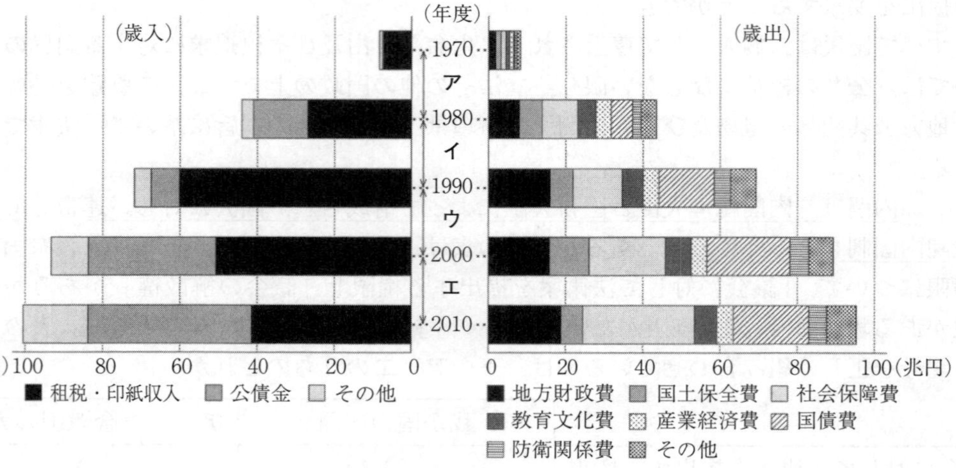

（財務省の資料より作成）

Ⅱ

○この10年間で，歳入総額に占める租税・印紙収入の割合の増加に伴い，公債金の割合が低下し，歳出総額は約1.5倍以上となり，国債費も約2倍以上に増加した。

○この時期の後半には，6％台の高い経済成長率を示すなど景気が上向き，公営企業の民営化や税制改革が行われる中で，人々は金融機関から資金を借り入れ，値上がりを見込んで土地や株の購入を続けた。

6 次の文章を読み，あとの各問に答えよ。

世界の国々は，地球上の様々な地域で，人々が活動できる範囲を広げてきた。そして，(1)対立や多くの困難に直面する度に，課題を克服し解決してきた。また，(2)科学技術の進歩や経済の発展は，先進国だけでなく発展途上国の人々の暮らしも豊かにしてきた。

グローバル化が加速し，人口増加や環境の変化が急速に進む中で，持続可能な社会を実現するために，(3)我が国にも世界の国々と協調した国際貢献が求められている。

〔問1〕 (1)対立や多くの困難に直面する度に，課題を克服し解決してきた。とあるが，次の**ア**～**エ**は，それぞれの時代の課題を克服した様子について述べたものである。時期の古いものから順に記号で並べよ。

ア 特定の国による資源の独占が国家間の対立を生み出した反省から，資源の共有を目的とした共同体が設立され，その後つくられた共同体と統合し，ヨーロッパ共同体(EC)が発足した。

イ アマゾン川流域に広がるセルバと呼ばれる熱帯林などの大規模な森林破壊の解決に向け，リオデジャネイロで国連環境開発会議(地球サミット)が開催された。

ウ パリで講和会議が開かれ，戦争に参加した国々に大きな被害を及ぼした反省から，アメリカ合衆国大統領の提案を基にした，世界平和と国際協調を目的とする国際連盟が発足した。

エ　ドイツ，オーストリア，イタリアが三国同盟を結び，ヨーロッパで政治的な対立が深まる一方で，科学者の間で北極と南極の国際共同研究の実施に向け，国際極年が定められた。

〔問２〕 (2)科学技術の進歩や経済の発展は，先進国だけでなく発展途上国の人々の暮らしも豊かにしてきた。とあるが，下のⅠのグラフの**ア**～**エ**は，略地図中に　　　で示した**A**～**D**の**いずれか**の国の1970年から2015年までの一人当たりの国内総生産の推移を示したものである。Ⅱのグラフの**ア**～**エ**は，略地図中に　　　で示した**A**～**D**の**いずれか**の国の1970年から2015年までの乳幼児死亡率の推移を示したものである。Ⅲの文章で述べている国に当てはまるのは，略地図中の**A**～**D**のうちのどれか，また，ⅠとⅡのグラフの**ア**～**エ**のうちのどれか。

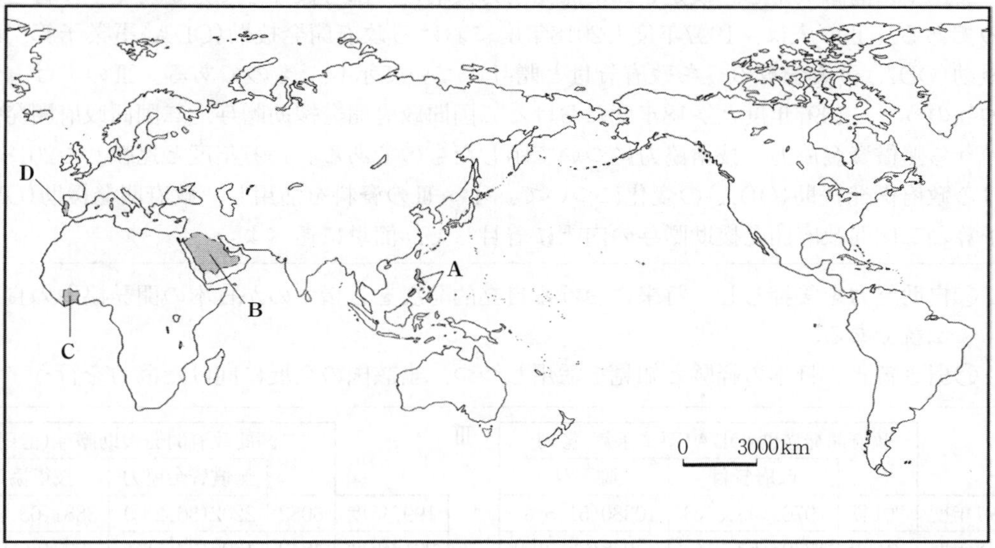

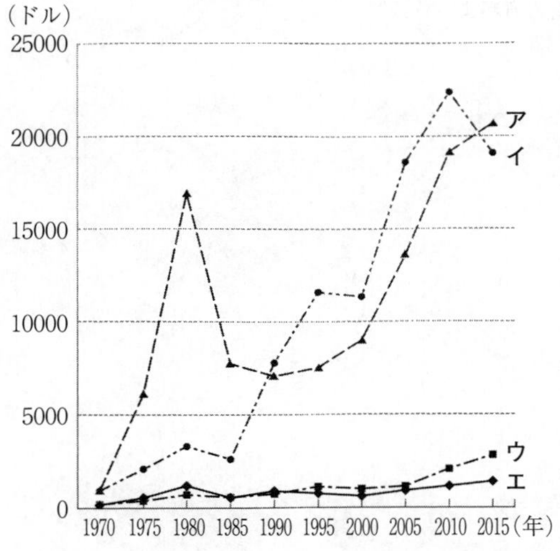

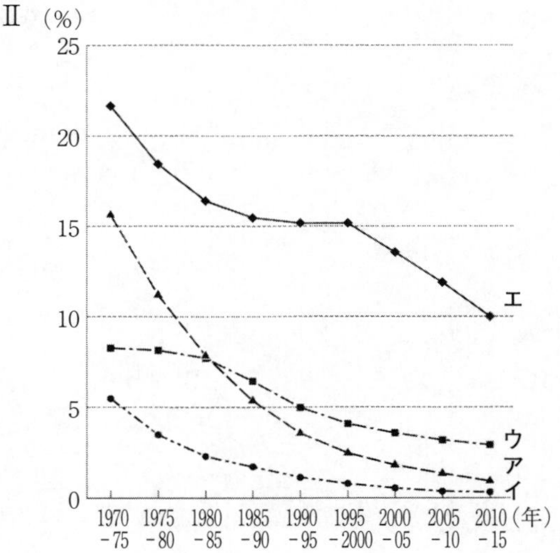

（注）　国内総生産とは，一つの国において新たに生み出された価値の総額を示した数値のこと。

（国際連合のホームページより作成）

Ⅲ

文字と剣が緑色の下地に描かれた国旗をもつこの国は，石油輸出国機構（OPEC《オペック》）に加盟し，二度の石油危機を含む期間に一人当たりの国内総生産が大幅に増加したが，一時的に減少し，1990年以降は増加し続けた。また，この国では公的医療機関を原則無料で利用することができ，1970年から2015年までの間に乳幼児死亡率は約10分の1に減少し，現在も人口増加が続き，近年は最新の技術を導入し，高度な医療を提供する病院が開業している。

〔問３〕 (3)我が国にも世界の国々と協調した国際貢献が求められている。とあるが，次のⅠの文章は，2015年に閣議決定し，改定された開発協力大綱の一部を抜粋して分かりやすく書き改めたものである。Ⅱの表は，1997年度と2018年度における政府開発援助（ODA）事業予算，政府開発援助（ODA）事業予算のうち政府貸付と贈与について示したものである。Ⅲの表は，Ⅱの表の贈与のうち，1997年度と2018年度における二国間政府開発援助贈与，二国間政府開発援助贈与のうち無償資金協力と技術協力について示したものである。1997年度と比較した2018年度における政府開発援助（ODA）の変化について，Ⅰ～Ⅲの資料を活用し，政府開発援助（ODA）事業予算と二国間政府開発援助贈与の内訳に着目して，簡単に述べよ。

Ⅰ

○自助努力を後押しし，将来における自立的発展を目指すのが日本の開発協力の良き伝統である。
○引き続き，日本の経験と知見を活用しつつ，当該国の発展に向けた協力を行う。

Ⅱ

	政府開発援助（ODA）事業予算（億円）		
		政府貸付	贈与
1997年度	20147	9767（48.5％）	10380（51.5％）
2018年度	21650	13705（63.3％）	7945（36.7％）

Ⅲ

	二国間政府開発援助贈与（億円）		
		無償資金協力	技術協力
1997年度	6083	2202（36.2％）	3881（63.8％）
2018年度	4842	1605（33.1％）	3237（66.9％）

（外務省の資料より作成）

【理　科】 (50分)〈満点：100点〉

1　次の各問に答えよ。

〔問1〕　有性生殖では，受精によって新しい一つの細胞ができる。受精後の様子について述べたものとして適切なのは，次のうちではどれか。

ア　受精により親の体細胞に含まれる染色体の数と同じ数の染色体をもつ胚《はい》ができ，成長して受精卵になる。

イ　受精により親の体細胞に含まれる染色体の数と同じ数の染色体をもつ受精卵ができ，細胞分裂によって胚になる。

ウ　受精により親の体細胞に含まれる染色体の数の２倍の数の染色体をもつ胚ができ，成長して受精卵になる。

エ　受精により親の体細胞に含まれる染色体の数の２倍の数の染色体をもつ受精卵ができ，細胞分裂によって胚になる。

〔問2〕　図1のように，電気分解装置に薄い塩酸を入れ，電流を流したところ，塩酸の電気分解が起こり，陰極からは気体Aが，陽極からは気体Bがそれぞれ発生し，集まった体積は気体Aの方が気体Bより多かった。気体Aの方が気体Bより集まった体積が多い理由と，気体Bの名称とを組み合わせたものとして適切なのは，次の表の**ア**～**エ**のうちではどれか。

図1

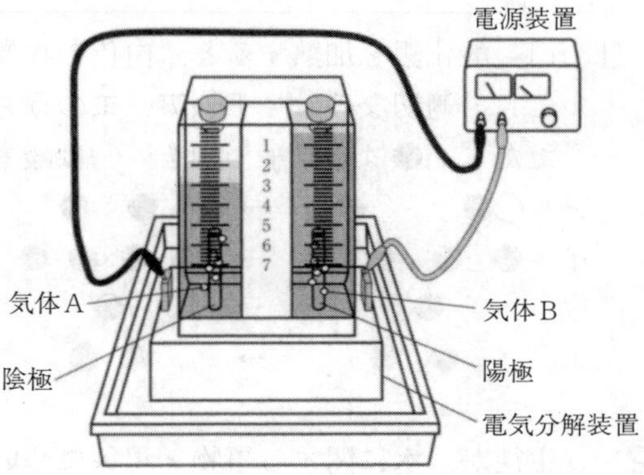

	気体Aの方が気体Bより集まった体積が多い理由	気体Bの名称
ア	発生する気体Aの体積の方が，発生する気体Bの体積より多いから。	塩素
イ	発生する気体Aの体積の方が，発生する気体Bの体積より多いから。	酸素
ウ	発生する気体Aと気体Bの体積は変わらないが，気体Aは水に溶けにくく，気体Bは水に溶けやすいから。	塩素
エ	発生する気体Aと気体Bの体積は変わらないが，気体Aは水に溶けにくく，気体Bは水に溶けやすいから。	酸素

〔問3〕　150gの物体を一定の速さで1.6m持ち上げた。持ち上げるのにかかった時間は２秒だった。持ち上げた力がした仕事率を表したものとして適切なのは，下の**ア**～**エ**のうちではどれか。ただし，100gの物体に働く重力の大きさは１Nとする。

ア　1.2W　　**イ**　2.4W　　**ウ**　120W　　**エ**　240W

〔問４〕　図２は，ある火成岩をルーペで観察したスケッチである。観察した火成岩は有色鉱物の割合が多く，黄緑色で不規則な形の有色鉱物Ａが見られた。観察した火成岩の種類の名称と，有色鉱物Ａの名称とを組み合わせたものとして適切なのは，次の表の**ア**～**エ**のうちではどれか。

図２

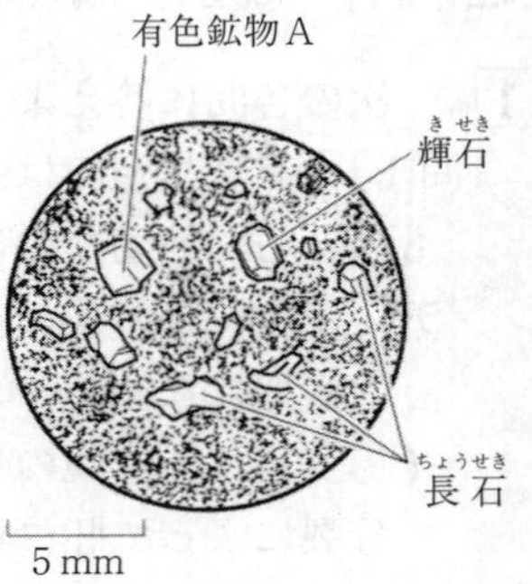

	観察した火成岩の種類の名称	有色鉱物Ａの名称
ア	はんれい岩	石英《せきえい》
イ	はんれい岩	カンラン石
ウ	玄武岩《げんぶがん》	石英《せきえい》
エ	玄武岩《げんぶがん》	カンラン石

〔問５〕　酸化銀を加熱すると，白色の物質が残った。酸化銀を加熱したときの反応を表したモデルとして適切なのは，下の**ア**～**エ**のうちではどれか。

ただし，●は銀原子１個を，○は酸素原子１個を表すものとする。

ア　○●○　○●○　→　●　●　＋　○○　○○
イ　●○●　●○●　→　●　●　●　●　＋　○○
ウ　●○　→　●　＋　○
エ　●○●　→　●　●　＋　○

２　生徒が，水に関する事物・現象について，科学的に探究しようと考え，自由研究に取り組んだ。生徒が書いたレポートの一部を読み，次の各問に答えよ。

＜レポート１＞　空気中に含まれる水蒸気と気温について

雨がやみ，気温が下がった日の早朝に，霧が発生していた。同じ気温でも，霧が発生しない日もある。そこで，霧の発生は空気中に含まれている水蒸気の量と温度に関連があると考え，空気中の水蒸気の量と，水滴が発生するときの気温との関係について確かめることにした。

教室の温度と同じ24℃のくみ置きの水を金属製のコップＡに半分入れた。次に，図１のように氷を入れた試験管を出し入れしながら，コップＡの中の水をゆっくり冷やし，コップＡの表面に水滴がつき始めたときの温度を測ると，14℃であった。教室の温度は24℃で変化がなかった。

図１

表１

温度〔℃〕	飽和水蒸気量〔g/m^3〕
12	10.7
14	12.1
16	13.6
18	15.4
20	17.3
22	19.4
24	21.8

また，飽和水蒸気量〔g/m^3〕は表１のように温度によって決まっていることが分かった。

〔問１〕　**＜レポート１＞**から，測定時の教室の湿度と，温度の変化によって霧が発生するときの空気の温度の様子について述べたものとを組み合わせたものとして適切なのは，次の表の**ア**～**エ**のうちではどれか。

	測定時の教室の湿度	温度の変化によって霧が発生するときの空気の温度の様子
ア	44.5%	空気が冷やされて，空気の温度が露点より低くなる。
イ	44.5%	空気が暖められて，空気の温度が露点より高くなる。
ウ	55.5%	空気が冷やされて，空気の温度が露点より低くなる。
エ	55.5%	空気が暖められて，空気の温度が露点より高くなる。

＜レポート２＞　凍結防止剤と水溶液の状態変化について

雪が降る予報があり，川にかかった橋の歩道で凍結防止剤が散布されているのを見た。凍結防止剤の溶けた水溶液は固体に変化するときの温度が下がることから，凍結防止剤は，水が氷に変わるのを防止するとともに，雪をとかして水にするためにも使用される。そこで，溶かす凍結防止剤の質量と温度との関係を確かめることにした。

３本の試験管Ａ～Ｃにそれぞれ$10cm^3$の水を入れ，凍結防止剤の主成分である塩化カルシウムを試験管Ｂには１ｇ，試験管Ｃには２ｇ入れ，それぞれ全て溶かした。試験管Ａ～Ｃのそれぞれについて－15℃まで冷却し試験管の中の物質を固体にした後，試験管を加熱して試験管の中の物質が液体に変化するときの温度を測定した結果は，表２のようになった。

表２

試験管	A	B	C
塩化カルシウム〔g〕	0	1	2
試験管の中の物質が液体に変化するときの温度〔℃〕	0	−5	−10

〔問２〕　**＜レポート２＞**から，試験管Ａの中の物質が液体に変化するときの温度を測定した理由について述べたものとして適切なのは，次のうちではどれか。

ア　塩化カルシウムを入れたときの水溶液の沸点が下がることを確かめるには，水の沸点を測定する必要があるため。

イ　塩化カルシウムを入れたときの水溶液の融点が下がることを確かめるには，水の融点を測定する必要があるため。

ウ　水に入れる塩化カルシウムの質量を変化させても，水溶液の沸点が変わらないことを確かめるため。

エ　水に入れる塩化カルシウムの質量を変化させても，水溶液の融点が変わらないことを確かめるため。

＜レポート３＞　水面に映る像について

池の水面にサクラの木が逆さまに映って見えた。そこで，サクラの木が水面に逆さまに映って見える現象について確かめることにした。

鏡を用いた実験では，光は空気中で直進し，空気とガラスの境界面で反射することや，光が反射するときには入射角と反射角は等しいという光の反射の法則が成り立つことを学んだ。水面に映るサクラの木が逆さまの像となる現象も，光が直進することと光の反射の法則により説明できることが分かった。

〔問３〕　**＜レポート３＞**から，観測者が観測した位置を点Ｘとし，水面とサクラの木を模式的に表したとき，点Ａと点Ｂからの光が水面で反射し点Ｘまで進む光の道筋と，点Ｘから水面を見たときの点Ａと点Ｂの像が見える方向を表したものとして適切なのは，下の**ア**～**エ**のうちではどれか。ただし，点Aは地面からの高さが点Xの２倍の高さ，点Bは地面からの高さが点Xと同じ高さとする。

ア

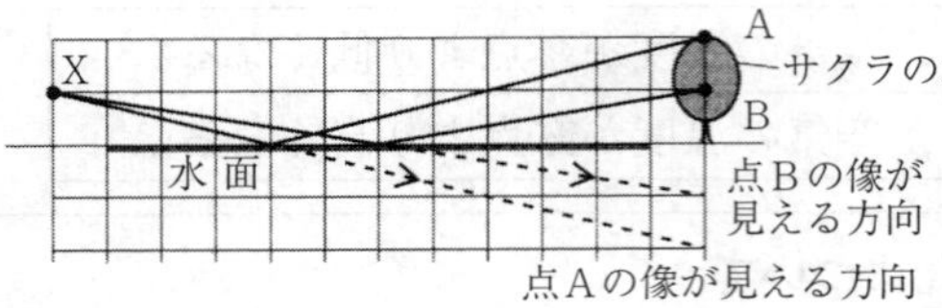

イ

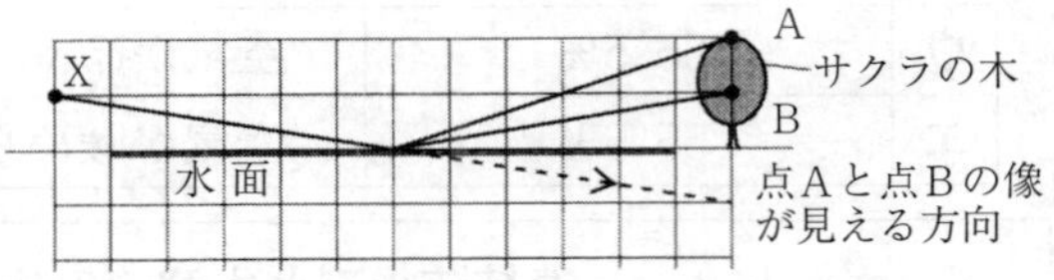

ウ

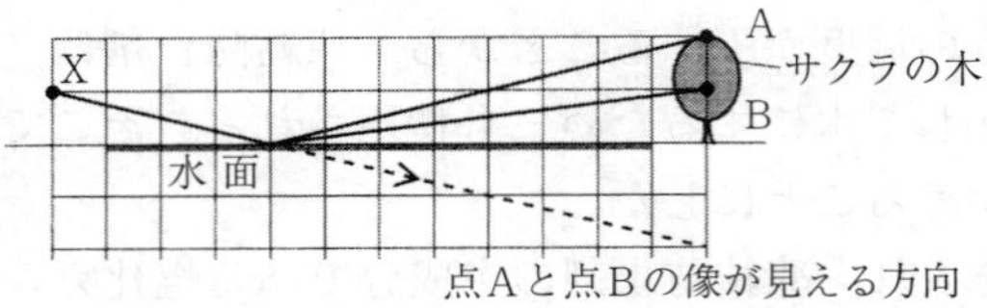

エ

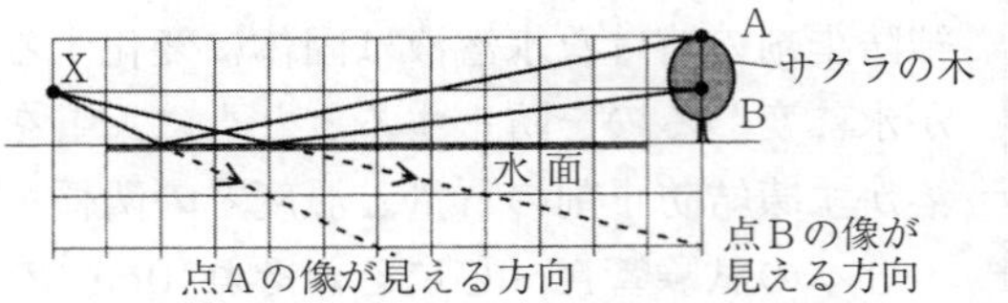

＜レポート４＞　水生生物による水質調査について

川にどのような生物がいるかを調査することによって，調査地点の水質を知ることができる。水生生物による水質調査では，表３のように，水質階級はⅠ～Ⅳに分かれていて，水質階級ごとに指標生物が決められている。調査地点で見つけた指標生物のうち，個体数が多い上位２種類を２点，それ以外の指標生物を１点として，水質階級ごとに点数を合計し，最も点数の高い階級をその地点の水質階級とすることを学んだ。そこで，学校の近くの川について確かめることにした。

表３

水質階級	指標生物
Ⅰ きれいな水	カワゲラ・ナガレトビケラ・ウズムシ・ヒラタカゲロウ・サワガニ
Ⅱ ややきれいな水	シマトビケラ・カワニナ・ゲンジボタル
Ⅲ 汚い水	タニシ・シマイシビル・ミズカマキリ
Ⅳ とても汚い水	アメリカザリガニ・サカマキガイ・エラミミズ・セスジユスリカ

学校の近くの川で調査を行った地点では，ゲンジボタルは見つからなかったが，ゲンジボタルの幼虫のエサとして知られているカワニナが見つかった。カワニナは内臓が外とう膜で覆われている動物のなかまである。カワニナのほかに，カワゲラ，ヒラタカゲロウ，シマトビケラ，シマイシビルが見つかり，その他の指標生物は見つからなかった。見つけた生物のうち，シマトビケラの個体数が最も多く，シマイシビルが次に多かった。

〔問４〕　＜レポート４＞から，学校の近くの川で調査を行った地点の水質階級と，内臓が外とう膜で覆われている動物のなかまの名称とを組み合わせたものとして適切なのは，次の表の**ア**～**エ**のうちではどれか。

	調査を行った地点の水質階級	内臓が外とう膜で覆われている動物のなかまの名称
ア	Ⅰ	節足動物
イ	Ⅰ	軟体動物
ウ	Ⅱ	節足動物
エ	Ⅱ	軟体動物

3　太陽の１日の動きを調べる観察について，次の各問に答えよ。

東京の地点Ｘ（北緯35.6°）で，ある年の夏至の日に，**＜観察＞**を行ったところ，**＜結果１＞**のようになった。

＜観察＞

(1)　図１のように，白い紙に透明半球の縁と同じ大きさの円と，円の中心Ｏで垂直に交わる直線ACと直線BDをかいた。かいた円に合わせて透明半球をセロハンテープで固定した。

(2)　日当たりのよい水平な場所で，Ｎ極が黒く塗られた方位磁針の南北に図１の直線ACを合わせて固定した。

(3)　９時から15時までの間，１時間ごとに，油性ペンの先の影が円の中心Ｏと一致する透明半球上の位置に●印と観察した時刻を記入した。

(4)　図２のように，記録した●印を滑らかな線で結び，その線を透明半球の縁まで延ばして東側で円と交わる点をＦとし，西側で円と交わる点をＧとした。

図１

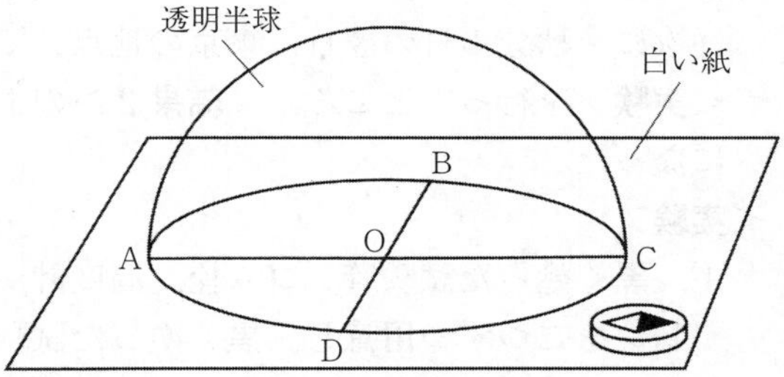

図２

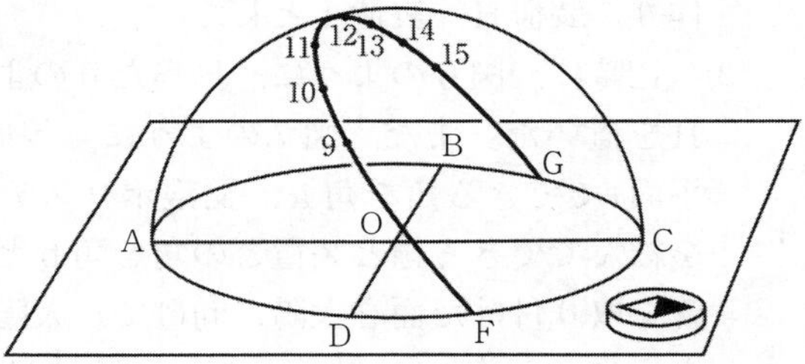

(5)　透明半球にかいた滑らかな線に紙テープを合わせて，１時間ごとに記録した●印と時刻を写し取り，点Ｆから９時までの間，●印と●印の間，15時から点Ｇまでの間をものさしで測った。

＜結果１＞

図３のようになった。

図３

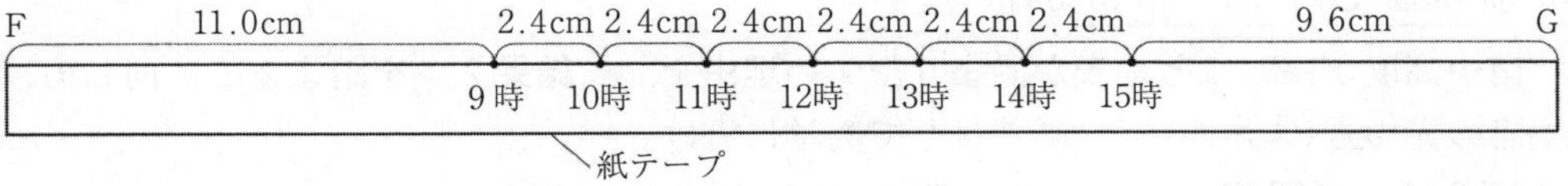

〔問１〕　**＜観察＞**を行った日の日の入りの時刻を，**＜結果１＞**から求めたものとして適切なのは，次のうちではどれか。

ア　18時　　**イ**　18時35分　　**ウ**　19時　　**エ**　19時35分

〔問２〕　**＜観察＞**を行った日の南半球のある地点Ｙ（南緯35.6°）における，太陽の動きを表した模式図として適切なのは，次のうちではどれか。

ア

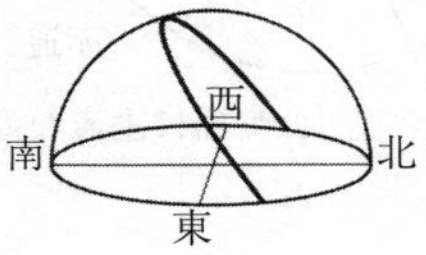

イ

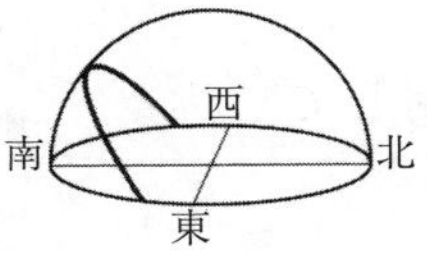

ウ

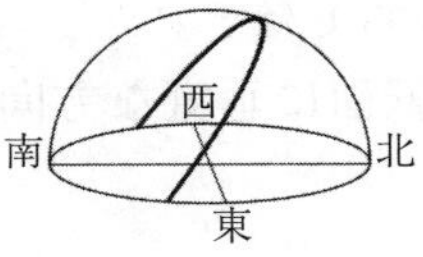

エ

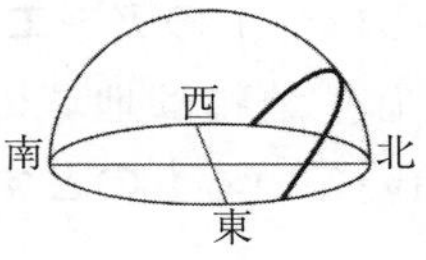

次に，＜**観察**＞を行った東京の地点Xで，秋分の日に＜**観察**＞の(1)から(3)までと同様に記録し，記録した●印を滑らかな線で結び，その線を透明半球の縁まで延ばしたところ，図4のようになった。

次に，秋分の日の翌日，東京の地点Xで，＜**実験**＞を行ったところ，＜**結果2**＞のようになった。

図4

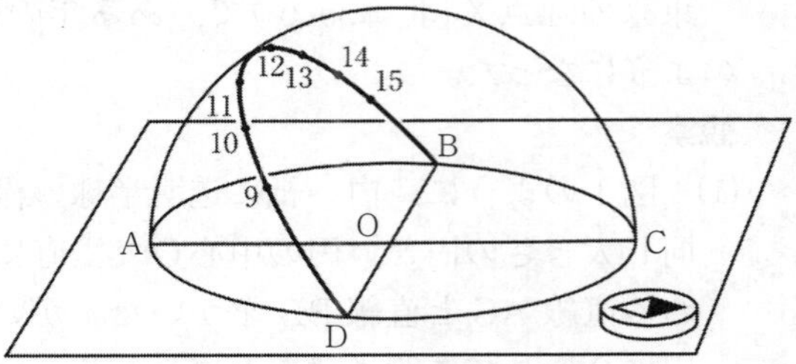

＜**実験**＞

(1)　黒く塗った試験管，ゴム栓，温度計，発泡ポリスチレンを二つずつ用意し，黒く塗った試験管に24℃のくみ置きの水をいっぱいに入れ，空気が入らないようにゴム栓と温度計を差し込み，図5のような装置を2組作り，装置H，装置Iとした。

(2)　12時に，図6のように，日当たりのよい水平な場所に装置Hを置いた。また，図7のように，装置Iを装置と地面(水平面)でできる角を角a，発泡ポリスチレンの上端と影の先を結んでできる線と装置との角を角bとし，黒く塗った試験管を取り付けた面を太陽に向けて，太陽の光が垂直に当たるように角bを90°に調節して，12時に日当たりのよい水平な場所に置いた。

(3)　装置Hと装置Iを置いてから10分後の試験管内の水温を測定した。

図5

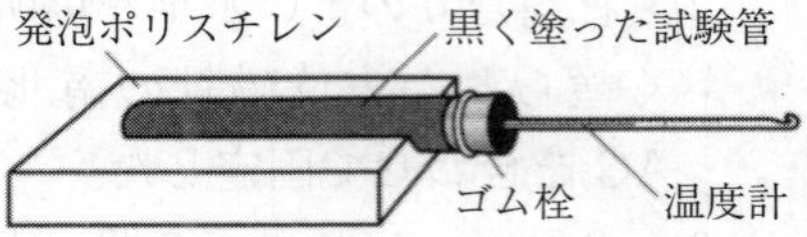

図6

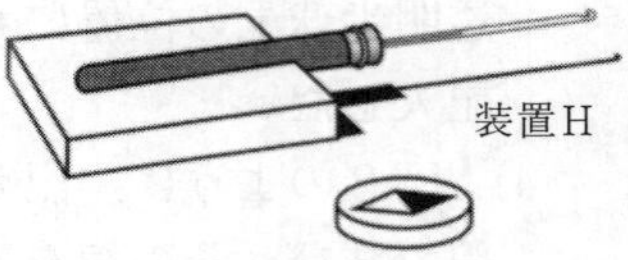

図7

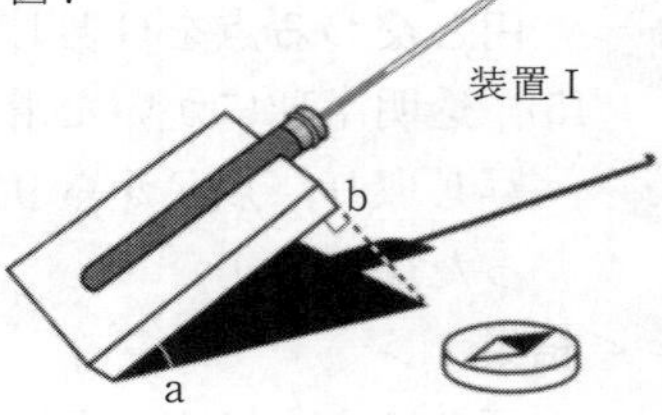

＜**結果2**＞

	装置H	装置I
12時の水温〔℃〕	24.0	24.0
12時10分の水温〔℃〕	35.2	37.0

〔問3〕　南中高度が高いほど地表が温まりやすい理由を，＜**結果2**＞を踏まえて，同じ面積に受ける太陽の光の量(エネルギー)に着目して簡単に書け。

〔問4〕　図8は，＜**観察**＞を行った東京の地点X(北緯35.6°)での冬至の日の太陽の光の当たり方を模式的に表したものである。次の文は，冬至の日の南中時刻に，地点Xで図7の装置Iを用いて，黒く塗った試験管内の水温を測定したとき，10分後の水温が最も高くなる装置Iの角aについて述べている。

文中の ① と ② にそれぞれ当てはまるものとして適切なのは，下の**ア**～**エ**のうちではどれか。

ただし，地軸は地球の公転面に垂直な方向に対して23.4°傾いているものとする。

図8

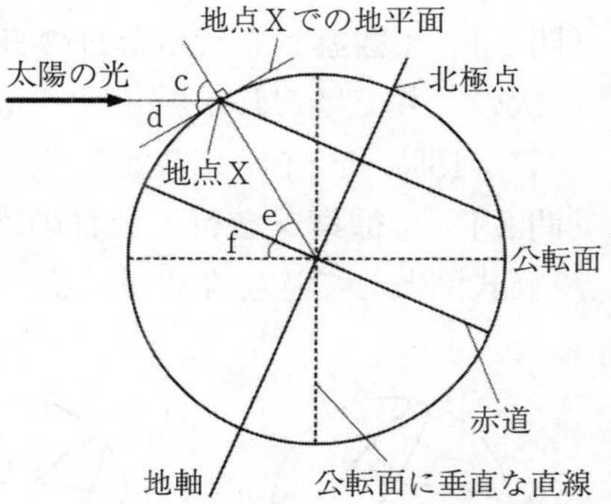

地点Xで冬至の日の南中時刻に，図7の装置Ⅰを用いて，黒く塗った試験管内の水温を測定したとき，10分後の水温が最も高くなる角aは，図8中の角［　①　］と等しく，角の大きさは［　②　］である。

［①］　ア　c　　イ　d　　ウ　e　　エ　f

［②］　ア　23.4°　　イ　31.0°　　ウ　59.0°　　エ　66.6°

4　消化酵素の働きを調べる実験について，次の各問に答えよ。

＜**実験１**＞を行ったところ，＜**結果１**＞のようになった。

＜**実験１**＞

(1)　図1のように，スポンジの上に載せたアルミニウムはくに試験管用のゴム栓を押し付けて型を取り，アルミニウムはくの容器を６個作った。

図1

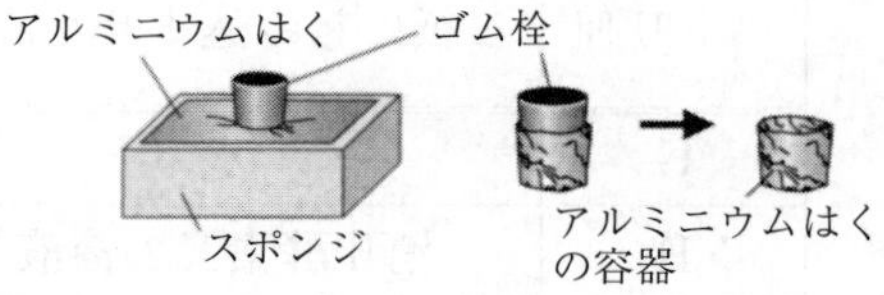

(2)　(1)で作った６個の容器に１％デンプン溶液をそれぞれ２cm^{3}ずつ入れ，容器A～Fとした。

(3)　容器Aと容器Bには水１cm^{3}を，容器Cと容器Dには水で薄めた唾液１cm^{3}を，容器Eと容器Fには消化酵素Xの溶液１cm^{3}を，それぞれ加えた。容器A～Fを，図２のように，40℃の水を入れてふたをしたペトリ皿の上に10分間置いた。

図2

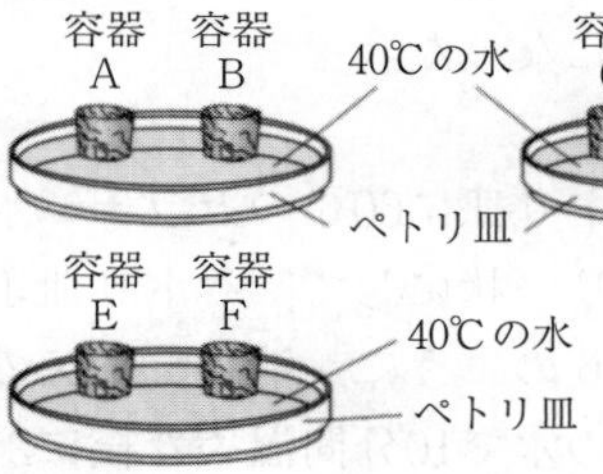

(4)　(3)で10分間置いた後，図３のように，容器A，容器C，容器Eにはヨウ素液を加え，それぞれの溶液の色を観察した。また，図４のように，容器B，容器D，容器Fにはベネジクト液を加えてから弱火にしたガスバーナーで加熱し，それぞれの溶液の色を観察した。

図3

図4

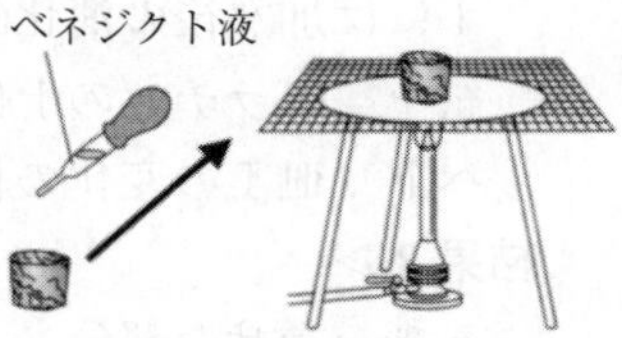

＜**結果１**＞

容器	１％デンプン溶液２cm^{3}に加えた液体	加えた試薬	観察された溶液の色
A	水１cm^3	ヨウ素液	青紫色
B		ベネジクト液	青色
C	水で薄めた唾液１cm^3	ヨウ素液	茶褐色
D		ベネジクト液	赤褐色
E	消化酵素Xの溶液１cm^3	ヨウ素液	青紫色
F		ベネジクト液	青色

次に，＜**実験１**＞と同じ消化酵素Xの溶液を用いて＜**実験２**＞を行ったところ，＜**結果２**＞のようになった。

＜**実験２**＞

(1)　ペトリ皿を２枚用意し，それぞれのペトリ皿に60℃のゼラチン水溶液を入れ，冷やしてゼ

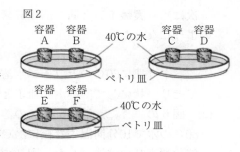

リー状にして，ペトリ皿GとHとした。ゼラチンの主成分はタンパク質であり，ゼリー状のゼラチンは分解されると溶けて液体になる性質がある。

図5

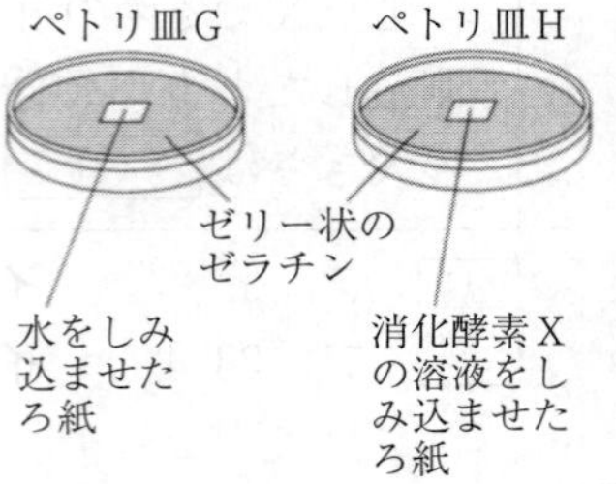

(2)　図5のように，ペトリ皿Gには水をしみ込ませたろ紙を，ペトリ皿Hには消化酵素Xの溶液をしみ込ませたろ紙を，それぞれのゼラチンの上に載せ，24℃で15分間保った。

(3)　(2)で15分間保った後，ペトリ皿GとHの変化の様子を観察した。

＜**結果 2**＞

ペトリ皿	ろ紙にしみ込ませた液体	ろ紙を載せた部分の変化	ろ紙を載せた部分以外の変化
G	水	変化しなかった。	変化しなかった。
H	消化酵素Xの溶液	ゼラチンが溶けて液体になった。	変化しなかった。

次に，＜**実験 1**＞と同じ消化酵素Xの溶液を用いて＜**実験 3**＞を行ったところ，＜**結果 3**＞のようになった。

＜**実験 3**＞

(1)　ペトリ皿に60℃のゼラチン水溶液を入れ，冷やしてゼリー状にして，ペトリ皿Iとした。

(2)　図6のように，消化酵素Xの溶液を試験管に入れ80℃の水で10分間温めた後に24℃に戻し，加熱後の消化酵素Xの溶液とした。図7のように，ペトリ皿Iには加熱後の消化酵素Xの溶液をしみ込ませたろ紙を，ゼラチンの上に載せ，24℃で15分間保った後，ペトリ皿Iの変化の様子を観察した。

図6

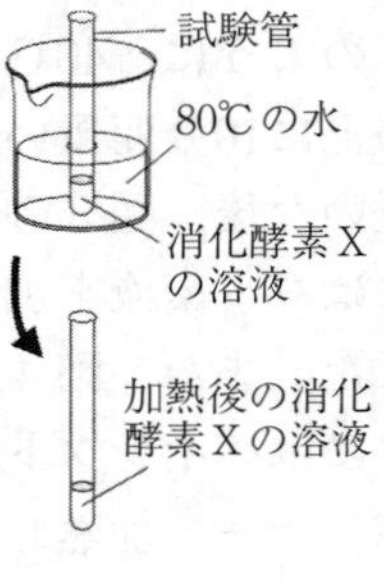

図7

＜**結果 3**＞

ろ紙を載せた部分も，ろ紙を載せた部分以外も変化はなかった。

〔問1〕　＜**結果 1**＞から分かる，消化酵素の働きについて述べた次の文の ① ～ ③ にそれぞれ当てはまるものとして適切なのは，下の**ア**～**エ**のうちではどれか。

> ① の比較から，デンプンは ② の働きにより別の物質になったことが分かる。さらに， ③ の比較から， ② の働きによりできた別の物質は糖であることが分かる。

①　**ア**　容器Aと容器C　　**イ**　容器Aと容器E
　　ウ　容器Bと容器D　　**エ**　容器Bと容器F

②　**ア**　水　　**イ**　ヨウ素液
　　ウ　唾液　　**エ**　消化酵素X

③　**ア**　容器Aと容器C　　**イ**　容器Aと容器E
　　ウ　容器Bと容器D　　**エ**　容器Bと容器F

〔問2〕　＜**結果 1**＞と＜**結果 2**＞から分かる，消化酵素Xと同じ働きをするヒトの消化酵素の名称と，<**結果３**>から分かる，加熱後の消化酵素Ｘの働きの様子とを組み合わせたものとして適切なのは，次の表の**ア**～**エ**のうちではどれか。

	消化酵素Ｘと同じ働きをするヒトの消化酵素の名称	加熱後の消化酵素Ｘの働きの様子
ア	アミラーゼ	タンパク質を分解する。
イ	アミラーゼ	タンパク質を分解しない。
ウ	ペプシン	タンパク質を分解する。
エ	ペプシン	タンパク質を分解しない。

〔問３〕　ヒトの体内における，デンプンとタンパク質の分解について述べた次の文の ① ～ ④ にそれぞれ当てはまるものとして適切なのは，下の**ア**～**エ**のうちではどれか。

> デンプンは， ① から分泌される消化液に含まれる消化酵素などの働きで，最終的に ② に分解され，タンパク質は， ③ から分泌される消化液に含まれる消化酵素などの働きで，最終的に ④ に分解される。

① **ア**　唾液腺・胆のう　**イ**　唾液腺・すい臓
　ウ　胃・胆のう　**エ**　胃・すい臓

② **ア**　ブドウ糖　**イ**　アミノ酸
　ウ　脂肪酸　**エ**　モノグリセリド

③ **ア**　唾液腺・胆のう　**イ**　唾液腺・すい臓
　ウ　胃・胆のう　**エ**　胃・すい臓

④ **ア**　ブドウ糖　**イ**　アミノ酸
　ウ　脂肪酸　**エ**　モノグリセリド

図８

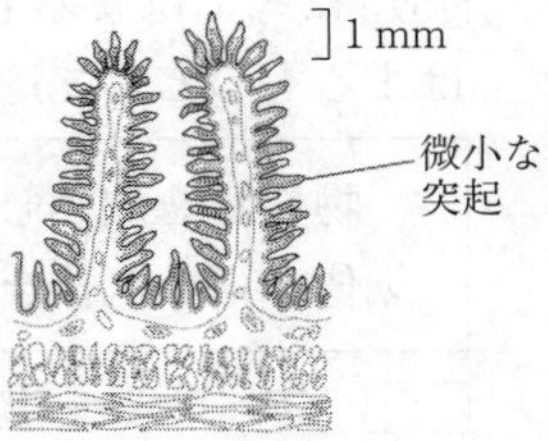

〔問４〕　ヒトの体内では，食物は消化酵素などの働きにより分解された後，多くの物質は小腸から吸収される。図８は小腸の内壁の様子を模式的に表したもので，約１mm の長さの微小な突起で覆われていることが分かる。分解された物質を吸収する上での小腸の内壁の構造上の利点について，微小な突起の名称に触れて，簡単に書け。

５　物質の性質を調べて区別する実験について，次の各問に答えよ。

４種類の白色の物質Ａ～Ｄは，塩化ナトリウム，ショ糖(砂糖)，炭酸水素ナトリウム，ミョウバンのいずれかである。

<**実験１**>を行ったところ，<**結果１**>のようになった。

<**実験１**>

図１

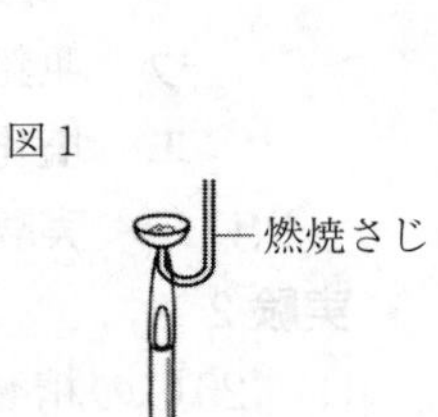

(1)　物質Ａ～Ｄをそれぞれ別の燃焼さじに少量載せ，図１のように加熱し，物質の変化の様子を調べた。

(2)　<**実験１**>の(1)では，物質Ｂと物質Ｃは，燃えずに白色の物質が残り，区別がつかなかった。そのため，乾いた試験管を２本用意し，それぞれの試験管に物質Ｂ，物質Ｃを少量入れた。物質Ｂの入った試験管にガラス管がつながっているゴム栓をして，図２のように，試験管の口を少し下げ，スタンドに固定した。

(3)　試験管を加熱し，加熱中の物質の変化を調べた。気体が発生した場合，発生した気体を水上置換法で集めた。

(4)　＜**実験１**＞の(2)の物質Ｂの入った試験管を物質Ｃの入った試験管に替え，＜**実験１**＞の(2)，(3)と同様の実験を行った。

図２

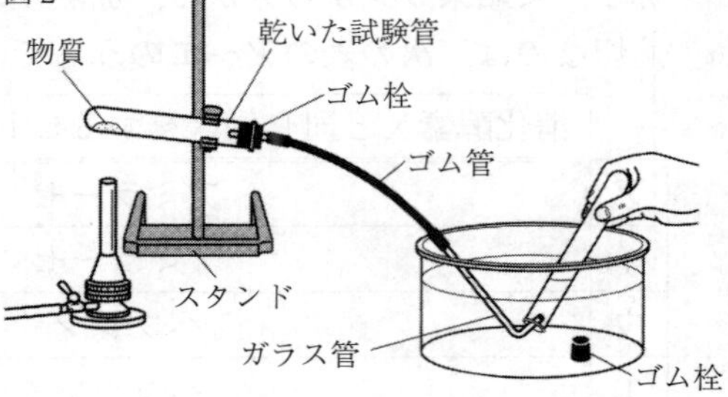

＜**結果１**＞

	物質Ａ	物質Ｂ	物質Ｃ	物質Ｄ
＜**実験１**＞の(1)で加熱した物質の変化	溶けた。	白色の物質が残った。	白色の物質が残った。	焦げて黒色の物質が残った。
＜**実験１**＞の(3)，(4)で加熱中の物質の変化		気体が発生した。	変化しなかった。	

〔問１〕　＜**実験１**＞の(1)で，物質Ｄのように，加熱すると焦げて黒色に変化する物質について述べたものとして適切なのは，次のうちではどれか。

ア　ろうは無機物であり，炭素原子を含まない物質である。

イ　ろうは有機物であり，炭素原子を含む物質である。

ウ　活性炭は無機物であり，炭素原子を含まない物質である。

エ　活性炭は有機物であり，炭素原子を含む物質である。

〔問２〕　＜**実験１**＞の(3)で，物質Ｂを加熱したときに発生した気体について述べた次の文の ① に当てはまるものとして適切なのは，下の**ア**～**エ**のうちではどれか。また，② に当てはまるものとして適切なのは，下の**ア**～**エ**のうちではどれか。

> 物質Ｂを加熱したときに発生した気体には ① という性質があり，発生した気体と同じ気体を発生させるには， ② という方法がある。

① **ア**　物質を燃やす

イ　空気中で火をつけると音をたてて燃える

ウ　水に少し溶け，その水溶液は酸性を示す

エ　水に少し溶け，その水溶液はアルカリ性を示す

② **ア**　石灰石に薄い塩酸を加える

イ　二酸化マンガンに薄い過酸化水素水を加える

ウ　亜鉛に薄い塩酸を加える

エ　塩化アンモニウムと水酸化カルシウムを混合して加熱する

次に，＜**実験２**＞を行ったところ，＜**結果２**＞のようになった。

＜**実験２**＞

(1)　20℃の精製水(蒸留水)100ｇを入れたビーカーを４個用意し，それぞれのビーカーに図３のように物質Ａ～Ｄを20ｇずつ入れ，ガラス棒でかき混ぜ，精製水(蒸留水)に溶けるかどうかを観察した。

図３

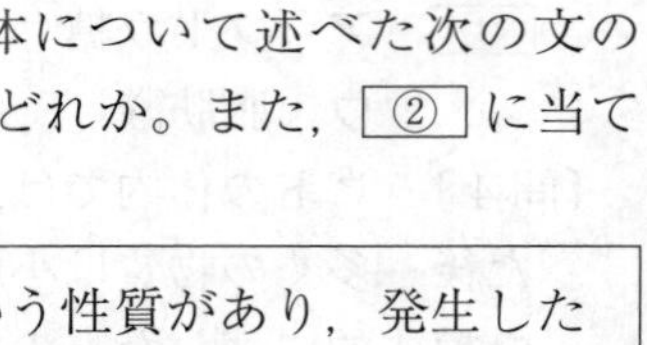

(2)　図4のように，ステンレス製の電極，電源装置，豆電球，電流計をつないで回路を作り，<**実験2**>の(1)のそれぞれのビーカーの中に，精製水(蒸留水)でよく洗った電極を入れ，電流が流れるかどうかを調べた。

(3)　塩化ナトリウム，ショ糖(砂糖)，炭酸水素ナトリウム，ミョウバンの水100gに対する溶解度を，図書館で調べた。

図4

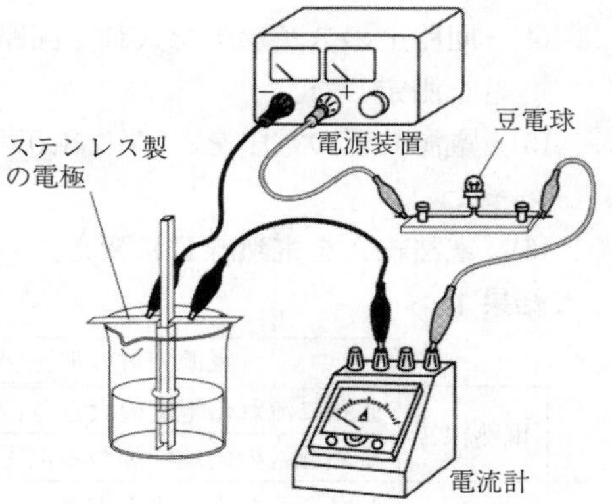

<**結果2**>

(1)　<**実験2**>の(1)，(2)で調べた結果は，次の表のようになった。

	物質A	物質B	物質C	物質D
20℃の精製水(蒸留水)100gに溶けるかどうか	一部が溶けずに残った。	一部が溶けずに残った。	全て溶けた。	全て溶けた。
電流が流れるかどうか	流れた。	流れた。	流れた。	流れなかった。

(2)　<**実験2**>の(3)で調べた結果は，次の表のようになった。

水の温度〔℃〕	塩化ナトリウムの質量〔g〕	ショ糖(砂糖)の質量〔g〕	炭酸水素ナトリウムの質量〔g〕	ミョウバンの質量〔g〕
0	35.6	179.2	6.9	5.7
20	35.8	203.9	9.6	11.4
40	36.3	238.1	12.7	23.8
60	37.1	287.3	16.4	57.4

〔問3〕　物質Cを水に溶かしたときの電離の様子を，化学式とイオン式を使って書け。

〔問4〕　<**結果2**>で，物質の一部が溶けずに残った水溶液を40℃まで加熱したとき，一方は全て溶けた。全て溶けた方の水溶液を水溶液Pとするとき，水溶液Pの溶質の名称を書け。また，40℃まで加熱した水溶液P120gを20℃に冷やしたとき，取り出すことができる結晶の質量〔g〕を求めよ。

6　電熱線に流れる電流とエネルギーの移り変わりを調べる実験について，次の各問に答えよ。

<**実験1**>を行ったところ，<**結果1**>のようになった。

<**実験1**>

(1)　電流計，電圧計，電気抵抗の大きさが異なる電熱線Aと電熱線B，スイッチ，導線，電源装置を用意した。

(2)　電熱線Aをスタンドに固定し，図1のように，回路を作った。

図1

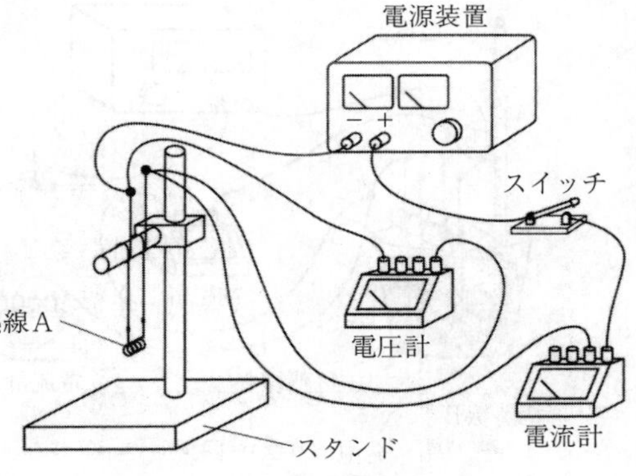

(3)　電源装置の電圧を1.0Vに設定した。

(4)　回路上のスイッチを入れ，回路に流れる電流の大きさ，電熱線の両端に加わる電圧の大きさを測定した。

(5)　電源装置の電圧を2.0V，3.0V，4.0V，5.0Vに変え，＜**実験１**＞の(4)と同様の実験を行った。

(6)　電熱線Aを電熱線Bに変え，＜**実験１**＞の(3)，(4)，(5)と同様の実験を行った。

＜**結果１**＞

	電源装置の電圧〔V〕	1.0	2.0	3.0	4.0	5.0
電熱線A	回路に流れる電流の大きさ〔A〕	0.17	0.33	0.50	0.67	0.83
	電熱線Aの両端に加わる電圧の大きさ〔V〕	1.0	2.0	3.0	4.0	5.0
電熱線B	回路に流れる電流の大きさ〔A〕	0.25	0.50	0.75	1.00	1.25
	電熱線Bの両端に加わる電圧の大きさ〔V〕	1.0	2.0	3.0	4.0	5.0

〔問１〕　＜**結果１**＞から，電熱線Aについて，電熱線Aの両端に加わる電圧の大きさと回路に流れる電流の大きさの関係を，解答用紙の方眼を入れた図に●を用いて記入し，グラフをかけ。また，電熱線Aの両端に加わる電圧の大きさが9.0Vのとき，回路に流れる電流の大きさは何Aか。

次に，＜**実験２**＞を行ったところ，＜**結果２**＞のようになった。

＜**実験２**＞

(1)　電流計，電圧計，＜**実験１**＞で使用した電熱線Aと電熱線B，200gの水が入った発泡ポリスチレンのコップ，温度計，ガラス棒，ストップウォッチ，スイッチ，導線，電源装置を用意した。

(2)　図２のように，電熱線Aと電熱線Bを直列に接続し，回路を作った。

(3)　電源装置の電圧を5.0Vに設定した。

(4)　回路上のスイッチを入れる前の水の温度を測定し，ストップウォッチのスタートボタンを押すと同時に回路上のスイッチを入れ，回路に流れる電流の大きさ，回路上の点aから点bまでの間に加わる電圧の大きさを測定した。

(5)　１分ごとにガラス棒で水をゆっくりかきまぜ，回路上のスイッチを入れてから５分後の水の温度を測定した。

図２

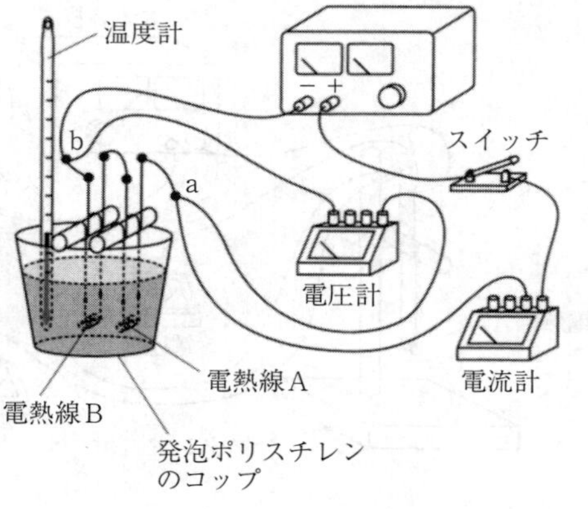

図３

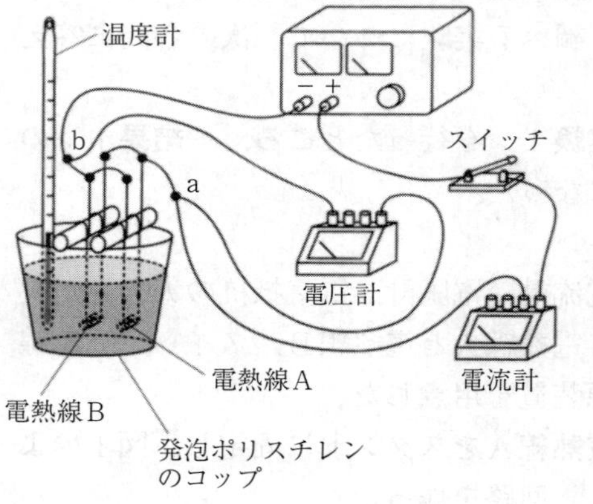

(6)　図３のように，電熱線Ａと電熱線Ｂを並列に接続し，回路を作り，＜**実験２**＞の(3)，(4)，(5)と同様の実験を行った。

＜**結果２**＞

	電熱線Ａと電熱線Ｂを直列に接続したとき	電熱線Ａと電熱線Ｂを並列に接続したとき
電源装置の電圧〔Ｖ〕	5.0	5.0
スイッチを入れる前の水の温度〔℃〕	20.0	20.0
回路に流れる電流の大きさ〔Ａ〕	0.5	2.1
回路上の点ａから点ｂまでの間に加わる電圧の大きさ〔Ｖ〕	5.0	5.0
回路上のスイッチを入れてから５分後の水の温度〔℃〕	20.9	23.8

〔問２〕　＜**結果１**＞と＜**結果２**＞から，電熱線Ａと電熱線Ｂを直列に接続したときと並列に接続したときの回路において，直列に接続したときの電熱線Ｂに流れる電流の大きさと並列に接続したときの電熱線Ｂに流れる電流の大きさを最も簡単な整数の比で表したものとして適切なのは，次のうちではどれか。

ア　1：5　　**イ**　2：5　　**ウ**　5：21　　**エ**　10：21

〔問３〕　＜**結果２**＞から，電熱線Ａと電熱線Ｂを並列に接続し，回路上のスイッチを入れてから５分間電流を流したとき，電熱線Ａと電熱線Ｂの発熱量の和を＜**結果２**＞の電流の値を用いて求めたものとして適切なのは，次のうちではどれか。

ア　12.5 J　　**イ**　52.5 J　　**ウ**　750 J　　**エ**　3150 J

〔問４〕　＜**結果１**＞と＜**結果２**＞から，電熱線の性質とエネルギーの移り変わりの様子について述べたものとして適切なのは，次のうちではどれか。

ア　電熱線には電気抵抗の大きさが大きくなると電流が流れにくくなる性質があり，電気エネルギーを熱エネルギーに変換している。

イ　電熱線には電気抵抗の大きさが大きくなると電流が流れにくくなる性質があり，電気エネルギーを化学エネルギーに変換している。

ウ　電熱線には電気抵抗の大きさが小さくなると電流が流れにくくなる性質があり，熱エネルギーを電気エネルギーに変換している。

エ　電熱線には電気抵抗の大きさが小さくなると電流が流れにくくなる性質があり，熱エネルギーを化学エネルギーに変換している。

社会解答

1 〔問1〕 エ　〔問2〕 ウ
〔問3〕 イ

2 〔問1〕 略地図中のA～D…C
Ⅱのア～エ…ウ
〔問2〕 P…イ　Q…ア　R…エ
S…ウ
〔問3〕 略地図中のW～Z…X
ⅠとⅡの表のア～エ…ア

3 〔問1〕 A…ウ　B…イ　C…ア
D…エ
〔問2〕 P…ア　Q…ア　R…イ
S…イ
〔問3〕 理由　(例)内陸に建設されたのは，高波や津波などの影響を受けにくいからである。
効果　(例)東名高速道路と新東名高速道路の交通量の合計は増加したが，分散が図られたことで渋滞回数が減少した。

4 〔問1〕 ア→エ→ウ→イ
〔問2〕 Ⅰの略年表中のア～エ…イ
Ⅱの略地図中のA～D…B
〔問3〕 エ　〔問4〕 ウ

5 〔問1〕 ア　〔問2〕 ウ
〔問3〕 エ　〔問4〕 イ

6 〔問1〕 エ→ウ→ア→イ
〔問2〕 略地図中のA～D…B
ⅠとⅡのグラフのア～エ…ア
〔問3〕 (例)政府開発援助事業予算に占める，政府貸付の割合を増やすとともに，二国間政府開発援助贈与に占める，技術協力の割合を増やすことで，自助努力を後押しし，自立的発展を目指している。

1 〔三分野総合―小問集合問題〕

〔問1〕＜地図の読み取り＞地図上の撮影地点から矢印の方向を見ると，ほぼ正面に江の島が見えることから，イとエが当てはまる。さらに地図を確認すると，撮影地点から見て右手には砂浜があり，砂浜と江の島をつなぐ江ノ島大橋がある。このような風景が写っている写真はエである。

〔問2〕＜大仙古墳＞Ⅱは大仙古墳〔仁徳陵古墳〕についての説明である。大仙古墳は，５世紀につくられた日本最大の前方後円墳で，大阪府堺市にある。2019年には，大仙古墳と周辺の多数の古墳が「百舌鳥・古市古墳群」としてUNESCO〔国連教育科学文化機関〕の世界文化遺産に登録された。

〔問3〕＜安全保障理事会＞国際連合〔国連〕の安全保障理事会は，国際社会の平和と安全の維持を目的とする機関である。アメリカ，イギリス，フランス，ロシア，中国の５か国の常任理事国と，任期２年の10か国の非常任理事国で構成されている。安全保障理事会は国連の中でも強い権限を与えられており，平和を脅かすような事態が発生した際には，経済的・軍事的な制裁を行うことを決定できる。加盟国は，安全保障理事会の決定に従う義務がある。なお，国連難民高等弁務官事務所〔UNHCR〕は難民の保護や支援などの活動を行う機関，世界保健機関〔WHO〕は保健事業の指導や感染症対策などを行う機関，国際司法裁判所〔ICJ〕は加盟国間の紛争を解決するための裁判を行う機関である。

2 〔世界地理―世界の姿と諸地域〕

〔問1〕＜サンフランシスコの特徴と気候＞略地図中のA～D．サンベルトとはアメリカの北緯37度以南の地域を指すので，「サンベルトの北限付近」とは北緯37度付近である。北緯37度の緯線はアメリカの中央部を通るので，Ⅰの文章に当てはまるのはCの都市だと考えられる。Cはサンフランシスコである。サンフランシスコを含むアメリカの太平洋沿岸地域は，夏季に乾燥して冬季に比較的降水量が多い，温帯の地中海性気候に属する。また，サンフランシスコの周辺では半導体や情報技術〔IT〕などに関連する産業が盛んであり，特にサンフランシスコ郊外のサンノゼ周辺は，これらの企業や研究所が集中していることからシリコンバレーと呼ばれている。　**Ⅱのア～エ．**地中海性気候に属するのは，地図中のＡ～ＤのうちＣとＤの都市である。また，Ⅱのグラフ中で地中海性気候に当てはまるのはアとウである。ＣとＤのうち，より北に位置するＤの方が年平均気温が低いと考えられることから，Ｃのグラフがウの気候を，Ｄのグラフがアの気候を表していると判断する。なお，ＡとＢの都市は，季節による気温の変化がはっきりしていて年降水量が多い温帯の温帯〔温暖〕湿潤気候に属しており，より北に位置するＡのグラフがエ，Ｂのグラフがイとなる。

〔問２〕＜国々の特徴＞Ｐはアルゼンチン，Ｑはマレーシア，Ｒは南アフリカ共和国，Ｓはドイツである。　ア．「熱帯地域」とあることから，赤道に近い地域に位置するマレーシアと判断する。マレー半島とインドネシアのスマトラ島の間に位置するマラッカ海峡は，太平洋とインド洋を結ぶ海上交通の要地であり，現在も年間数万隻の船舶が航行している。　イ．「パンパ」と呼ばれる草原地帯が広がるのは，アルゼンチンのラプラタ川流域である。アルゼンチンの西部にはアンデス山脈が南北に通り，隣国であるチリとの国境となっている。アンデス山脈は，現在も地殻変動が活発な環太平洋造山帯に属する。　ウ．自動車の生産・販売台数が非常に多いことや，「国土の北部は氷河に削られ」という記述から，ヨーロッパに位置するドイツと判断する。ドイツには，1930年代から建設が始まったアウトバーンと呼ばれる高速道路があり，一部区間を除いて速度無制限となっている。また，工業地帯の排出ガスなどを原因とする酸性雨の被害を受けた経験から，環境問題への取り組みが盛んである。　エ．「欧州との時差が少なく」という記述から，南アフリカ共和国と推測する。「豊富な地下資源」とあるように，南アフリカ共和国では，希少金属〔レアメタル〕を含むさまざまな鉱産資源が産出される。また，アフリカ最大の工業国であり，外国企業の進出も進んでいる。

〔問３〕＜タイの特徴と資料の読み取り＞略地図中のＷ～Ｚ．Ｗはメキシコ，Ｘはタイ，Ｙはスウェーデン，Ｚはイタリアである。まず，「雨季と乾季」がある気候は熱帯のサバナ気候であり，この気候が国内に分布する国はメキシコとタイである。次に，「国土の北部から南流し，首都を通り海に注ぐ河川」という記述に注目すると，タイの国土を北から南へ流れ，首都バンコクを通って海に注ぐチャオプラヤ川が当てはまり，Ⅲはタイについて述べた文章であると判断できる。チャオプラヤ川の流域は世界的な稲作地帯であり，文中の「穀物」は米である。　**ⅠとⅡの表のア～エ．**Ⅲの文章の後半部分の記述内容と，Ⅰ，Ⅱの表を照らし合わせて考える。まず，Ⅲの文中の「2016年には，製造業の進出日本企業数が1993年と比較し２倍以上に伸び」という記述をもとにⅠの表を見ると，これに当てはまるのはアとウである。さらに，「貿易相手国として中華人民共和国の重要性が高まった」とあり，2016年の貿易相手国の上位３位以内に中華人民共和国が含まれているのもアとウである。次に，Ⅲの文中の「(2016年の)この国と日本の貿易総額は1993年と比較し２倍以上に伸びており」という記述をもとにⅡの表を見ると，これに当てはまるのもアとウである。さらに，「(2016年の)電気機器の輸入額に占める割合も２割を上回る」とあり，これに当てはまるのはアである。以上から，アがタイとなる。これらに加えて，進出日本企業数が４か国中で最も多いこと，上位の貿易相手国にアジア諸国が多いことなども，アがタイであると判断するヒントとなる。なお，イはスウェーデン，ウはメキシコ，エはイタリアである。

３　**〔日本地理―日本の諸地域，地形図〕**

〔問１〕＜都道府県と県庁所在地の特徴＞Ａは宮城県，Ｂは福井県，Ｃは広島県，Ｄは鹿児島県である。

ア．広島県の瀬戸内海沿岸には瀬戸内工業地域が分布し，造船業や鉄鋼業などが立地している。また，この地域には山陽新幹線などの鉄道が東西方向に走っている。県庁所在地である広島市の中心部は，瀬戸内海に流れ込む太田川の三角州上に形成されている。　イ．福井県の若狭湾沿岸にはリアス海岸が見られ，また鯖江市では眼鏡産業が盛んである。現在，東京－金沢（石川県）間が開業している北陸新幹線は，2022年度末に金沢－敦賀（福井県）間が開業する予定であり，県庁所在地である福井市も経由する。福井市では，自宅から最寄り駅まで自動車で行き，鉄道などの公共交通機関に乗り換えて都心部の目的地に向かうというパークアンドライドと呼ばれる仕組みが整備されており，都心部の混雑解消に効果をあげている。　ウ．宮城県では，1982年に開通した東北新幹線などの鉄道が南北方向に走っており，西側には奥羽山脈が位置する。県庁所在地である仙台市は「杜《もり》の都」と呼ばれ，街路樹などによる緑豊かな町並みが見られる。　エ．鹿児島県には薩摩半島と大隅半島という２つの大きな半島がある。西側の薩摩半島には，県庁所在地の鹿児島市があり，大規模な石油備蓄基地が市の南部に位置する。鹿児島市は，噴火活動が活発な桜島の対岸に位置し，2004年に開通した九州新幹線の終点となる駅が置かれている。また，鹿児島県から宮崎県にかけて，火山噴出物が積もってできたシラス台地が分布している。

〔問２〕＜地形図の読み取り＞P．特にことわりのないかぎり，地形図上では北が上となる。ⅠとⅡの地形図では，西側に海があり，東へ行くにつれてゆるやかに標高が高くなっていることが等高線からわかる。これをふまえて庄内空港の西端付近と東端付近の標高を確認すると，西端付近には10mの等高線があり，東端付近には40mや50mの等高線が見られることがわかる。　**Q．**庄内空港ができる前の土地利用の様子をⅠの地形図で確認すると，畑（ ∨ ）や果樹園（ ○ ）が広がっている。なお，水田（ ॥ ）は，庄内空港よりも東の地域に見られる。　**R．**庄内空港の滑走路に相当するＹ－Ｚの長さは地形図上で約８cmである。この地形図の縮尺は２万５千分の１なので，実際の距離は，８cm×25000＝200000cm＝2000mとなる。　**S．**この地域は日本海沿岸に位置するため，冬に北西から季節風が吹く。したがって，海岸沿いに見られる針葉樹林（ Λ ）は，この北西風によって砂浜から運ばれる砂を防ぐ防砂林と考えられる。

〔問３〕＜高速道路と交通の変化＞理由．「自然災害に着目」という点を念頭に置きながらⅠとⅡの資料を確認する。東名高速道路で高波や津波による通行止めが発生していること（Ⅰ），新東名高速道路が東名高速道路よりも内陸を通っていること（Ⅱ）から，海からの災害を避けるために新東名高速道路は内陸に建設されたと考えられる。　**効果．**Ⅲの資料で，東名高速道路と新東名高速道路の「平均交通量」と「10km以上の渋滞回数」をそれぞれ比較する。「平均交通量」については，開通前に比べて開通後の東名の平均交通量が減少していること，また開通後の東名と新東名の平均交通量を合計すると開通前の平均交通量を上回っていることが読み取れる。次に「10km以上の渋滞回数」については，開通前に比べて開通後は大きく減少している。以上から，開通後は開通前に比べて平均交通量の合計は増加したが，東名と新東名に分散されたことによって渋滞回数が減少したことがわかる。

4 〔歴史―古代～現代の日本と世界〕

〔問１〕＜年代整序＞年代の古い順に，ア（８世紀初め―律令制度の整備），エ（８世紀半ば―聖武天皇の政治），ウ（12世紀末―鎌倉幕府の成立），イ（14世紀半ば―室町幕府の成立）となる。

〔問２〕＜東求堂同仁斎＞Ⅲの文章中の「慈照寺」は，京都の東山にある寺院で，一般には銀閣寺とも呼ばれている。もとは室町幕府第８代将軍の足利義政の別荘であり，敷地内にある銀閣や東求堂は義政が建てたものである。義政の頃には，寺院の部屋の様式を取り入れ，床の間などを備えた書院造と呼ばれる住宅様式が広まり，現在の和風建築の原型となった。東求堂の一室である同仁斎は，代表的な書院造である。義政が政治を行ったのは15世紀後半であり，Ⅰの年表中のイの時期にあたる。

〔問３〕＜江戸時代の政策と時期＞「天明」という元号や「浅間山が噴火」という言葉から，この文章は18世紀後半に起こった浅間山の大噴火について述べたものであるとわかる。同時期に天明のききん(1782年〔天明２年〕)が起こったこともあり，各地で百姓一揆や打ちこわしが相次いだため，このとき政治を行っていた田沼意次は老中を辞めさせられた。この後，18世紀末には松平定信が寛政の改革(1787〜93年)を行っており，「４年後から10年後にかけて主に行われた政策」とは寛政の改革の政策を指す。ア〜エのうち，寛政の改革で行われた政策はエである。なお，アは水野忠邦が19世紀半ばに行った天保の改革，イは徳川吉宗が18世紀前半に行った享保の改革，ウは田沼意次が行った政策の内容である。

〔問４〕＜1910〜33年の出来事＞大正時代には文化の大衆化が進み，1925年には東京でラジオ放送が開始された。なお，国家総動員法が制定されたのは1938年，官営の八幡製鉄所が開業したのは1901年，廃藩置県が行われたのは1871年である。

5〔公民―総合〕

〔問１〕＜内閣の仕事＞内閣の仕事は，日本国憲法第73条で規定されている。アに書かれた条約の締結のほか，法律の執行，予算の作成，政令の制定などがある。なお，イは国会が政治全般について調査する権限である国政調査権について規定した条文(第62条)である。ウは，国民の権利や義務を定めた条文の１つで，個人の尊重，幸福追求権，公共の福祉について規定している(第13条)。エは，地方自治の基本原則を定めた条文(第92条)である。

〔問２〕＜日本の議院内閣制とアメリカの大統領制＞議院内閣制をとる日本では，国民の選挙で選ばれた議員で構成される国会が国権の最高機関と位置づけられ，内閣は国会の信任に基づいて成立し，国会に対して連帯して責任を負う。衆議院で内閣不信任案が可決(または内閣信任案が否決)されて内閣が国会の信任を失った場合，内閣は10日以内に衆議院を解散するか，総辞職しなければならない(B…○)。一方，大統領制をとるアメリカでは，国民が行政の長である大統領と立法を行う議会の議員をそれぞれ選挙で選ぶ。そのため，大統領と議会は対等で互いに独立しており，大統領は議会に法律案を提出したり議会を解散したりすることはできない一方，議会が可決した法律案を拒否する権限を持つ(A…×)。

〔問３〕＜行政の役割＞社会資本とは，公園，道路や上下水道，図書館，学校などの公共的な施設や設備のことである。これらは国民の生活や産業の支えとなる重要なものであるが，利潤を目的とする民間企業だけでは提供が難しいものが多いため，行政によって整備されている。なお，ア〜ウは社会保障制度に関する内容で，アは公的扶助，イは社会保険，ウは公衆衛生について述べたものである。

〔問４〕＜資料の読み取り＞Ⅱの文章の記述内容とⅠのグラフを照らし合わせて考える。「歳入総額に占める租税・印紙収入の割合の増加」に当てはまる時期はアとイであり，「公債金の割合が低下」に当てはまる時期はイである。なお，イの時期にあたる1980年代の後半には，土地や株の価格が実際の価値以上に上昇するバブル経済と呼ばれる好景気が到来し，経済成長率は６％台となった。また，この時期には電話や鉄道などの公営企業の民営化が行われ，消費税が初めて導入された。

6〔三分野総合―国際社会を題材とした問題〕

〔問１〕＜年代整序＞年代の古い順に，エ(三国同盟の成立―1882年)，ウ(国際連盟の発足―1920年)，ア(ヨーロッパ共同体〔EC〕の発足―1967年)，イ(国連環境開発会議〔地球サミット〕の開催―1992年)となる。

〔問２〕＜サウジアラビアの特徴と資料の読み取り＞略地図中のＡ～Ｄ．Ａはフィリピン，Ｂはサウジアラビア，Ｃはコートジボワール，Ｄはポルトガルである。Ⅲの文章の石油輸出国機構〔OPEC〕に加盟しているという記述から，世界有数の石油産出国であるサウジアラビアと判断する。サウジアラビアの国旗は，緑色の下地にアラビア文字と剣が描かれたデザインとなっている。**ⅠとⅡのグラフのア～エ．**Ⅲの文章の記述内容と，Ⅰ，Ⅱのグラフを照らし合わせて考える。まず，Ⅲの文中の「二度の石油危機を含む期間」とは，1973年（第一次石油危機）～1979年（第二次石油危機）である。この期間に「一人当たりの国内総生産が大幅に増加」し，その後「一時的に減少し，1990年以降は増加し続けた」国をⅠのグラフで確認すると，当てはまるのはアとなる。また，「1970年から2015年までの間に乳幼児死亡率は約10分の１に減少」した国をⅡのグラフで確認すると，やはりアが当てはまる。したがって，アがサウジアラビアである。なお，イはポルトガル，ウはフィリピン，エはコートジボワールである。

〔問３〕＜日本のODAの変化＞この問題で求められているのは，「1997年度と比較した2018年度の政府開発援助（ODA）の変化」について，①Ⅰ～Ⅲの資料を活用し，②政府開発援助事業予算（Ⅱの表）と二国間政府開発援助贈与（Ⅲの表）の内訳に着目して述べることである。これを念頭に置き，Ⅰ～Ⅲの資料からわかることを整理する。まずⅠを見ると，現在の日本は政府開発援助を行うにあたり，援助相手国の自助努力や自立的発展を重視していることがわかる。次にⅡを見ると，2018年度は1997年度と比べて，政府開発援助事業予算のうち政府貸付の割合が増え，贈与の割合が減っていることがわかる。次にⅢを見ると，2018年度は1997年度と比べて，二国間政府開発援助贈与のうち無償資金協力の割合が減り，技術協力の割合が増えていることがわかる。以上から，援助相手国の自助努力や自立的発展を促すという方針のもとで，単純に資金を提供する形態の援助を減らし，返済の必要がある貸付や技術援助を増やすという変化が生じていると考えられる。

理科解答

1 〔問１〕 イ 〔問２〕 ウ
〔問３〕 ア 〔問４〕 エ
〔問５〕 イ

2 〔問１〕 ウ 〔問２〕 イ
〔問３〕 ア 〔問４〕 エ

3 〔問１〕 ウ 〔問２〕 エ
〔問３〕 (例)太陽の光の当たる角度が地面に対して垂直に近いほど，同じ面積に受ける光の量が多いから。
〔問４〕 ①…ア ②…ウ

4 〔問１〕 ①…ア ②…ウ ③…ウ
〔問２〕 エ
〔問３〕 ①…イ ②…ア ③…エ ④…イ
〔問４〕 (例)柔毛で覆われていることで小腸の内側の壁の表面積が大きくなり，効率よく物質を吸収することができる点。

5 〔問１〕 イ 〔問２〕 ①…ウ ②…ア
〔問３〕 $NaCl \longrightarrow Na^{+}+Cl^{-}$
〔問４〕 溶質の名称…ミョウバン
結晶の質量…8.6g

6 〔問１〕

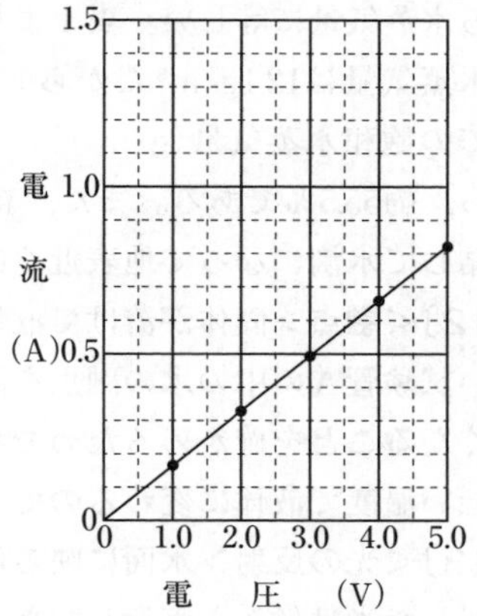

電流の大きさ…1.5A
〔問２〕 イ 〔問３〕 エ
〔問４〕 ア

1 〔小問集合〕

〔問１〕＜有性生殖＞有性生殖では，減数分裂によってつくられた生殖細胞が受精して受精卵ができる。生殖細胞に含まれる染色体の数は体細胞の半分なので，受精卵の染色体の数は親の体細胞の染色体の数と同じになる。また，受精卵は細胞分裂を繰り返して胚になる。

〔問２〕＜塩酸の電気分解＞薄い塩酸は塩化水素(HCl)の水溶液で，水溶液中には塩化水素が電離した水素イオン(H^{+})と塩化物イオン(Cl^{-})が存在している。そのため，薄い塩酸に電流を流すと，陽イオンであるH^{+}が陰極に引かれて水素(H_2)となって発生し，陰イオンであるCl^{-}が陽極に引かれて塩素(Cl_2)となって発生する。よって，気体Ａは水素，気体Ｂは塩素である。また，この実験で発生する水素と塩素の体積は同じだが，水素が水に溶けにくいのに対し，塩素は水に溶けやすいので，集まる体積は水素の方が塩素より多くなる。

〔問３〕＜仕事率＞100gの物体にはたらく重力の大きさを１Ｎとするから，150gの物体にはたらく重力の大きさは$150 \div 100 = 1.5$(N)である。よって，持ち上げた力がした仕事の大きさは，〔仕事(J)〕＝〔力の大きさ(N)〕×〔力の向きに動いた距離(m)〕より，$1.5 \times 1.6 = 2.4$(J)となるから，求める仕事率は，〔仕事率(W)〕＝〔仕事(J)〕÷〔かかった時間(s)〕より，$2.4 \div 2 = 1.2$(W)となる。

〔問４〕＜火成岩＞図２より，観察した火成岩のつくりは，石基の中に斑晶が散らばった斑状組織だから，この火成岩は火山岩である。火山岩のうち，有色鉱物の割合が多い岩石は玄武岩である。また，黄緑色で不規則な形の鉱物はカンラン石である。なお，はんれい岩は深成岩だから，つくりは等粒状組織で，石英は無色鉱物である。

〔問５〕＜酸化銀の分解＞酸化銀(Ag_2O)を加熱すると，銀(Ag)と酸素(O_2)に分解される。酸化銀は銀原子と酸素原子が２：１の数の比で結びついているから，モデルでは●○●と表され，反応後の酸素は原子が２個結びついて酸素分子として存在しているから，モデルでは○○と表される。よって，ア～エのうち，適切なのはイである。

2〔小問集合〕

〔問１〕**＜空気中の水蒸気＞**コップの表面に水滴がつき始めたときの温度は，空気中の水蒸気が凝結して水滴ができ始める温度で，これを露点という。露点での飽和水蒸気量は，実際に空気中に含まれる水蒸気量に等しい。表１より，教室の温度24℃での飽和水蒸気量は21.8g/m^3，露点14℃での飽和水蒸気量は12.1g/m^3だから，〔湿度(%)〕＝〔空気１m^3中に含まれる水蒸気量(g/m^3)〕÷〔その気温での飽和水蒸気量(g/m^3)〕×100より，測定時の教室の湿度は，$12.1 \div 21.8 \times 100 = 55.50\cdots$となるから，約55.5%である。また，霧は，水蒸気を含んだ空気が冷やされて露点以下になり，水蒸気が凝結して水滴になって地表近くに浮かんだものである。

〔問２〕**＜融点＞**固体が溶けて液体に変化するときの温度を融点という。塩化カルシウムを入れていない試験管Ａの中の水の融点を調べたのは，塩化カルシウムを入れた水溶液の融点が水の融点より低くなることを確かめるためである。なお，この実験のように，凍結防止剤を入れると，固体はより低い温度で液体に変わるので，雪が溶けやすくなる。

〔問３〕**＜光の反射＞**水面に映る像は，水面に対して物体と対称の位置にできる。このとき，水面で反射した光は像から直進してきたように見える。よって，ア～エのうち，適切なのはアである。

〔問４〕**＜水質調査＞**見つけた生物のうち，水質階級Ⅰに属するのはカワゲラとヒラタカゲロウで，どちらも１点だから，合計で１＋１＝２(点)，水質階級Ⅱに属するのはシマトビケラとカワニナで，それぞれ２点と１点だから，合計で２＋１＝３(点)，水質階級Ⅲに属するのはシマイシビルで２点である。よって，最も点数の高い階級は３点のⅡなので，この地点の水質階級はⅡである。また，カワニナのように内臓が外とう膜で覆われている動物を軟体動物という。なお，節足動物はからだが外骨格で覆われ，からだやあしに節がある動物である。

3〔地球と宇宙〕

〔問１〕**＜太陽の動き＞**図３より，太陽は透明半球上を１時間で2.4cm動く。紙テープで日の入りの位置を表しているのは点Ｇだから，太陽が15時から点Ｇまでの9.6cmを動くのにかかる時間は，$9.6 \div 2.4 = 4$(時間)となる。よって，日の入りの時刻は，15時の４時間後の19時である。

〔問２〕**＜太陽の動き＞**南半球では，太陽は東の空から昇り，北の空を通って西の空に沈む。また，北半球と南半球では季節が逆になるため，日本で夏のとき，南半球では冬になる。よって，夏至の日，南半球では太陽の南中高度は最も低くなるので，ア～エのうち，この日の太陽の動きを表しているのはエである。なお，ウは南半球での冬至の日頃の太陽の動きを表している。

〔問３〕**＜太陽の高度とエネルギー＞**太陽の光が当たる角度が垂直に近いほど，同じ面積で比較したときの太陽から受ける光の量(エネルギー)が多くなる。よって，太陽の光が当たる角度が地面に対して垂直に近くなるのは，太陽の南中高度が高いときだから，このとき，地面が得るエネルギーが多くなり，地表が温まりやすくなる。

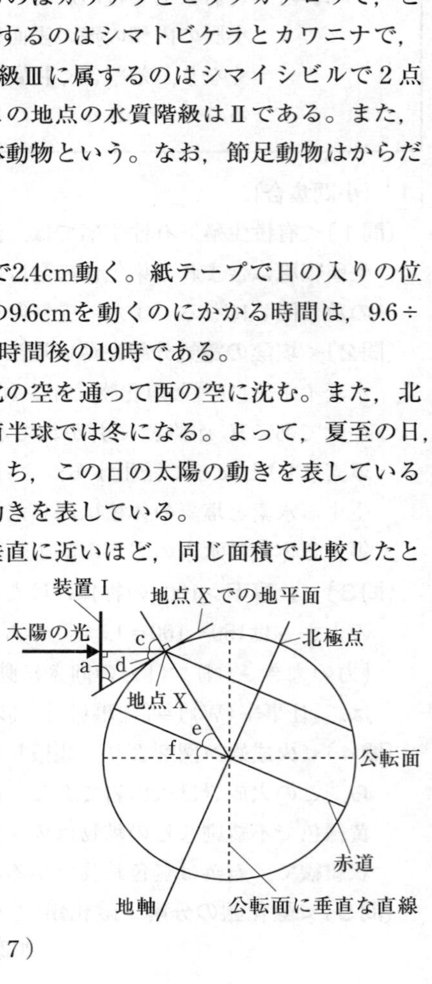

〔問４〕**＜太陽の高度＞**①10分後の水温が最も高くなるのは，右図のように，装置Ⅰに太陽の光が垂直に当たるときである。図より，角ａ＝90°－角ｄ，角ｄ＝90°－角ｃだから，角ａ＝90°－(90°－角ｃ)＝角ｃとなる。　②図で，太陽の光と公転面が平行で，同位角が等しいから，角ｃ＝角ｅ

＋角ｆとなる。ここで，角ｅは地点Ｘの緯度に等しいので35.6°であり，角ｆは地軸の公転面に垂直な方向に対する傾きである23.4°に等しい。よって，角ｃ＝角ｅ＋角ｆ＝35.6°＋23.4°＝59.0°となる。

4〔動物の生活と生物の変遷〕

〔問１〕＜唾液のはたらき＞ヨウ素液は茶褐色で，デンプンによって青紫色に変わり，ベネジクト液は青色で，糖があると赤褐色の沈殿ができる。結果１で，デンプンがなくなっているのは，ヨウ素液が茶褐色のままで，青紫色に変化していない容器Ｃである。容器Ｃには唾液を加えたので，唾液を加えていない容器のうち，ヨウ素液を加えた容器Ａと比較することで，デンプンが唾液のはたらきで別の物質になったことがわかる。また，唾液のはたらきで糖ができたことは，ベネジクト液を加えた容器のうち，唾液を加えていない容器Ｂではベネジクト液が青色のままで糖がないのに対して，唾液を加えた容器Ｄでは赤褐色に変化して糖があることからわかる。

〔問２〕＜消化酵素＞まず，結果１より，消化酵素Ｘを加えた容器Ｅ，Ｆで，デンプンがそのまま残り糖はできていないので，消化酵素Ｘはデンプンを分解しないことがわかる。次に，結果２より，タンパク質を主成分とするゼラチンは，消化酵素Ｘを加えていない容器Ｇでは変化がなく，消化酵素Ｘを加えた容器Ｈでは溶けているので，消化酵素Ｘがタンパク質を分解したことがわかる。よって，消化酵素Ｘと同じはたらきをする消化酵素は，タンパク質を分解するペプシンである。また，結果３でゼラチンに変化がなかったことから，加熱後の消化酵素Ｘはタンパク質を分解しないことがわかる。なお，アミラーゼは，唾液に含まれる消化酵素で，デンプンを分解する。

〔問３〕＜養分の分解＞デンプンは，唾液腺から分泌される唾液中のアミラーゼ，すい臓から分泌されるすい液中のアミラーゼ，さらに小腸の壁にある消化酵素のはたらきによって，ブドウ糖にまで分解される。また，タンパク質は，胃から分泌される胃液中のペプシン，すい臓から分泌されるすい液中のトリプシン，さらに小腸の壁にある消化酵素のはたらきによって，アミノ酸にまで分解される。なお，脂肪は，胆汁のはたらきと，すい液中のリパーゼによって，脂肪酸とモノグリセリドにまで分解される。

〔問４〕＜柔毛＞小腸の内壁のひだの表面にある微小な突起を柔毛という。小腸の内壁に多数のひだと柔毛があることで，小腸の内壁の表面積が非常に大きくなり，養分を効率よく吸収できる。

5〔化学変化と原子・分子〕

〔問１〕＜有機物＞加熱すると焦げて黒色に変化する物質は有機物である。ろうは有機物で，炭素原子を含むので，燃やすと二酸化炭素が発生する。なお，活性炭の主な成分は炭素だが，活性炭は有機物ではなく無機物である。

〔問２〕＜炭酸水素ナトリウム＞結果１より，加熱して溶けた物質Ａはミョウバン，焦げて黒色の物質が残った物質Ｄはショ糖である。一方，燃えずに白色の物質が残った物質のうち，加熱しても変化がない物質Ｃは塩化ナトリウムで，気体が発生した物質Ｂは炭酸水素ナトリウムである。炭酸水素ナトリウムを加熱すると，炭酸ナトリウムと水，二酸化炭素に分解されるので，発生した気体は二酸化炭素である。二酸化炭素は水に少し溶け，その水溶液は酸性を示す。なお，①のアは酸素，イは水素の性質に当てはまる。また，②で，二酸化炭素が発生するのは，石灰石に薄い塩酸を加えるときである。なお，②のイでは酸素，ウでは水素，エではアンモニアが発生する。

〔問３〕＜塩化ナトリウム＞〔問２〕より，物質Ｃは塩化ナトリウム($NaCl$)で，水に溶けるとナトリウムイオン(Na^+)と塩化物イオン(Cl^-)に電離する。電離の様子を式で表すときには，矢印の左側に電離前の物質の化学式を，右側に電離後の物質のイオン式を書き，矢印の左側と右側で原子の数が等しいことと，矢印の右側で＋の数と－の数が等しいことを確かめる。

〔問４〕＜溶解度と再結晶＞100gの水に物質を20g入れたとき，20℃では一部が溶け残り，40℃では全て溶けるのは，20℃での溶解度が20g未満で，40℃での溶解度が20g以上の物質である。よって，結果２の⑵の表より，水溶液Ｐの溶質はミョウバンである。また，40℃の水100gにミョウバンが20g溶けている水溶液Ｐ120gを，20℃まで冷やすと，⑵の表より，ミョウバンは20℃では11.4gまで溶けるので，溶けきれずに出てくる結晶の質量は，$20-11.4=8.6$(g)となる。

6〔電流とその利用〕

〔問１〕＜電流と電圧＞結果１より，電熱線Ａでの測定値を・などで記入しグラフをかくと，原点を通る直線になる。このグラフより，電流は電圧に比例することがわかる(オームの法則)。よって，結果１で，電熱線Ａに3.0Ｖの電圧を加えると0.50Ａの電流が流れることから，9.0Ｖの電圧を加えるときに流れる電流の大きさは，$0.50\times\frac{9.0}{3.0}=1.5$(Ａ)となる。

〔問２〕＜電流＞直列回路では，電流は回路のどの点でも同じだから，実験２で，直列に接続したときに電熱線Ｂに流れる電流は，結果２より0.5Ａである。一方，並列回路では，電熱線に加わる電圧は電源の電圧に等しい。実験２で，並列に接続したときの電熱線Ｂに加わる電圧は5.0Ｖだから，結果１より，流れる電流は1.25Ａとなる。よって，求める比は，0.5：1.25＝２：５である。

〔問３〕＜熱量＞結果２より，電熱線Ａ，Ｂを並列に接続したとき，加わる電圧は5.0Ｖ，回路に流れる電流は2.1Ａである。よって，〔熱量(Ｊ)〕＝〔電力(Ｗ)〕×〔時間(s)〕＝(〔電圧(Ｖ)〕×〔電流(Ａ)〕)×〔時間(s)〕より，求める発熱量の和は，$5.0\times2.1\times(60\times5)=3150$(Ｊ)となる。

〔問４〕＜抵抗，エネルギー＞オームの法則〔抵抗〕＝〔電圧〕÷〔電流〕より，結果１で，電熱線Ａの電気抵抗は$3.0\div0.50=6.0$(Ω)，電熱線Ｂの電気抵抗は$4.0\div1.00=4.0$(Ω)である。よって，同じ電圧を加えたとき，流れる電流は電気抵抗の大きい電熱線Ａの方が小さいから，電熱線の電気抵抗の大きさが大きくなると電流は流れにくくなることがわかる。また，結果２で，電熱線に電流を流すと熱が発生して水の温度が上昇していることから，電熱線は電気エネルギーを熱エネルギーに変換していることがわかる。

2025年度用　都立立川高校

5年間スーパー過去問

入試水準と傾向をさぐり、合格への展望をひらく!

公立高校過去問シリーズ

■編集者　(株)声の教育社 編集部
■発行所　(株)声 の 教 育 社
〒162-0814 東京都新宿区新小川町8-15
☎03-5261-5061(代)
御不明な点は直接本社にお問い合わせ下さい。

2024年7月　第1刷発行

2025年度用

別冊

都立立川高校

書き込み式

解答用紙集

お客様へ＿＿＿＿＿＿＿＿＿＿＿＿＿＿＿

●解答用紙は別冊になっていますので本体からていねいに抜き取ってご使用ください。

声の教育社

2024年度　都立立川高校　英語

解　答　用　紙　（1）

1	〔問題A〕	〈対話文1〉		〈対話文2〉		〈対話文3〉	
	〔問題B〕	〈Question 1〉					
		〈Question 2〉					

2	〔問1〕		〔問2〕		〔問3〕		
	〔問4〕						
	〔問5〕		〔問6〕		〔問7〕		
	〔問8〕						
	〔問9〕	40語 50語					

解　答　用　紙　（2）

3	〔問1〕		〔問2〕		〔問3〕	
	〔問4〕		〔問5〕			
	〔問6〕		〔問7〕		〔問8〕	
	〔問9〕					
	〔問10〕	①		②		
		③		④		

（注）この解答用紙は実物を縮小してあります。
B4用紙に135%拡大コピーすると、
ほぼ実物大で使用できます。
（タイトルと配点表は含みません）

配点	1　各４点×５ 2　問１～問８　各４点×８　問９　８点 3　問１～問９　各４点×９　問10　各１点×４	計 100点

2024年度　都立立川高校　数学

解　答　用　紙（1）

1

〔問1〕	
〔問2〕	$x =$　　　　，$y =$
〔問3〕	
〔問4〕	

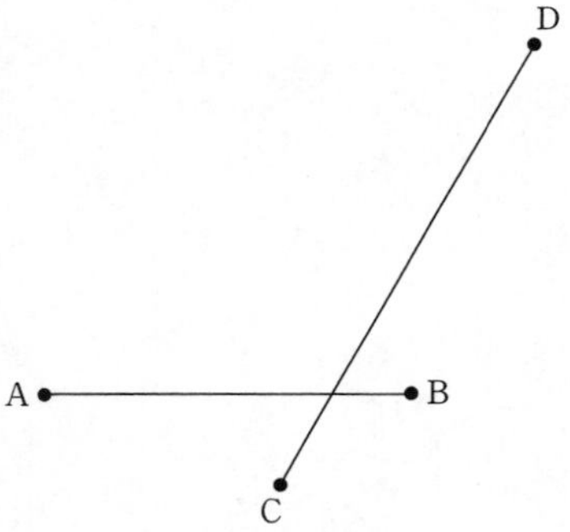

2

〔問1〕	
〔問2〕	【　途中の式や計算など　】

（答え）　$a =$　　　　，$b =$　　　　，$c =$

〔問3〕	$S : T =$　　　　：

（注）この解答用紙は実物を縮小してあります。
B4用紙に132％拡大コピーすると、
ほぼ実物大で使用できます。
（タイトルと配点表は含みません）

解　答　用　紙　(2)

3		
〔問1〕		cm
〔問2〕	(1)	【証　明】
〔問2〕	(2)	cm^2

4	
〔問1〕	cm^3
〔問2〕	AP : BP = 　　:
〔問3〕	【 途中の式や計算など 】
	(答え)

配点		計
	[1] 問1〜問3　各6点×3　問4　7点 [2] 問1　7点　問2　11点　問3　7点 [3] 問1　7点　問2　(1)　11点　(2)　7点 [4] 問1，問2　各7点×2　問3　11点	100点

四

〔問5〕

X

Y

50

20

〔問6〕

五

〔問1〕

〔問2〕

〔問3〕

〔問4〕

〔問5〕

（注）この解答用紙は実物を縮小してあります。
B4用紙に115%拡大コピーすると、
ほぼ実物大で使用できます。
（タイトルと配点表は含みません）

配点	一，二　各２点×10　三　各４点×５ 四　問１，問２　各４点×２　問３　10点　問４　４点 問５　X　４点　Y　10点　問６　４点 五　各４点×５	計 100点

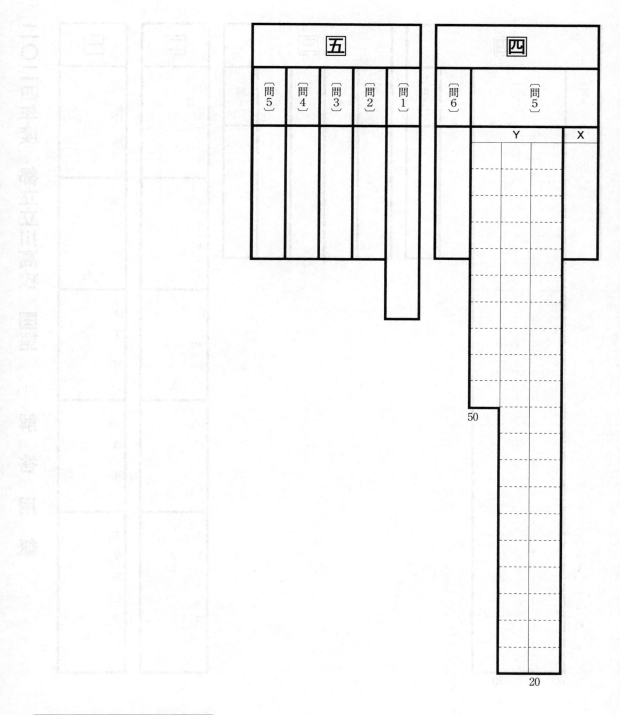

二〇二四年度　都立立川高校　国語　解答用紙

一

(1) 秘匿

(2) 潤む　　む

(3) 才媛

(4) 曖昧

(5) 多岐亡羊

二

(1) フクワジュツ

(2) メイキュウ

(3) ニガい　　い

(4) バイニク

(5) ゲバヒョウ

三

〔問1〕

〔問2〕

〔問3〕

〔問4〕

〔問5〕

四

〔問1〕

〔問2〕

〔問3〕

20

60

〔問4〕

2024年度　東京都立高校　社会

解　答　用　紙

受　検　番　号						
⓪	⓪	⓪	⓪	⓪	⓪	⓪
①	①	①	①	①	①	①
②	②	②	②	②	②	②
③	③	③	③	③	③	③
④	④	④	④	④	④	④
⑤	⑤	⑤	⑤	⑤	⑤	⑤
⑥	⑥	⑥	⑥	⑥	⑥	⑥
⑦	⑦	⑦	⑦	⑦	⑦	⑦
⑧	⑧	⑧	⑧	⑧	⑧	⑧
⑨	⑨	⑨	⑨	⑨	⑨	⑨

▭部分がマークシート方式により解答する問題です。

マーク上の注意事項

1　ＨＢ又はＢの鉛筆（シャープペンシルも可）を使って，◯の中を正確に塗りつぶすこと。

2　答えを直すときは，きれいに消して，消しくずを残さないこと。

3　決められた欄以外にマークしたり，記入したりしないこと。

良い例	悪い例		
●	線	小さい	はみ出し
	丸囲み	レ点	うすい

1

	B	C	D	E
〔問1〕	㋐㋑㋒㋓	㋐㋑㋒㋓	㋐㋑㋒㋓	㋐㋑㋒㋓
〔問2〕	㋐　㋑　㋒　㋓			
〔問3〕	㋐　㋑　㋒　㋓			

2

〔問1〕	略地図中のA～D		Ⅱのア～エ	
	Ⓐ Ⓑ Ⓒ Ⓓ		㋐ ㋑ ㋒ ㋓	
〔問2〕	P	Q	R	S
	㋐㋑㋒㋓	㋐㋑㋒㋓	㋐㋑㋒㋓	㋐㋑㋒㋓
〔問3〕	略地図中のW～Z		ⅠとⅡの表のア～エ	
	Ⓦ Ⓧ Ⓨ Ⓩ		㋐ ㋑ ㋒ ㋓	

3

〔問1〕	A	B	C	D
	㋐㋑㋒㋓	㋐㋑㋒㋓	㋐㋑㋒㋓	㋐㋑㋒㋓
〔問2〕	Ⅰのア～エ		略地図中のW～Z	
	㋐ ㋑ ㋒ ㋓		Ⓦ Ⓧ Ⓨ Ⓩ	
〔問3〕				

4

〔問1〕	㋐㋑㋒㋓ → ㋐㋑㋒㋓ → ㋐㋑㋒㋓ → ㋐㋑㋒㋓			
〔問2〕				
〔問3〕	A	B	C	D
	㋐㋑㋒㋓	㋐㋑㋒㋓	㋐㋑㋒㋓	㋐㋑㋒㋓
〔問4〕	A	B	C	D
	㋐㋑㋒㋓	㋐㋑㋒㋓	㋐㋑㋒㋓	㋐㋑㋒㋓

5

〔問1〕	㋐　㋑　㋒　㋓	
〔問2〕	ⅠのA～D	ア～エ
	Ⓐ Ⓑ Ⓒ Ⓓ	㋐ ㋑ ㋒ ㋓
〔問3〕	㋐　㋑　㋒　㋓	
〔問4〕		

6

	A	B	C	D
〔問1〕	㋐㋑㋒㋓	㋐㋑㋒㋓	㋐㋑㋒㋓	㋐㋑㋒㋓
〔問2〕	㋐　㋑　㋒　㋓			
〔問3〕	㋐　㋑　㋒　㋓			

（注）この解答用紙は実物を縮小してあります。Ａ３用紙に161％拡大コピーすると、ほぼ実物大で使用できます。（タイトルと配点表は含みません）

配点

1（計15点）			2（計15点）			3（計15点）			4（計20点）				5（計20点）				6（計15点）		
問1	問2	問3	問1	問2	問3	問1	問2	問3	問1	問2	問3	問4	問1	問2	問3	問4	問1	問2	問3
5点	5点	5点	5点	5点	5点	5点	5点	5点	5点	5点	5点	5点	5点	5点	5点	5点	5点	5点	5点

2024年度　東京都立高校　理科

解　答　用　紙

受　検　番　号						
⓪	⓪	⓪	⓪	⓪	⓪	⓪
①	①	①	①	①	①	①
②	②	②	②	②	②	②
③	③	③	③	③	③	③
④	④	④	④	④	④	④
⑤	⑤	⑤	⑤	⑤	⑤	⑤
⑥	⑥	⑥	⑥	⑥	⑥	⑥
⑦	⑦	⑦	⑦	⑦	⑦	⑦
⑧	⑧	⑧	⑧	⑧	⑧	⑧
⑨	⑨	⑨	⑨	⑨	⑨	⑨

▭ 部分がマークシート方式により解答する問題です。

マーク上の注意事項

1　ＨＢ又はＢの鉛筆（シャープペンシルも可）を使って，〇の中を正確に塗りつぶすこと。

2　答えを直すときは，きれいに消して，消しくずを残さないこと。

3　決められた欄以外にマークしたり，記入したりしないこと。

良い例	悪い例
●	線　小さい　はみ出し　丸囲み　レ点　うすい

1	〔問 1〕	㋐　㋑　㋒　㋓
	〔問 2〕	㋐　㋑　㋒　㋓
	〔問 3〕	㋐　㋑　㋒　㋓
	〔問 4〕	㋐　㋑　㋒　㋓
	〔問 5〕	㋐　㋑　㋒　㋓
	〔問 6〕	㋐　㋑　㋒　㋓

2	〔問 1〕	㋐　㋑　㋒　㋓
	〔問 2〕	㋐　㋑　㋒　㋓
	〔問 3〕	㋐　㋑　㋒　㋓
	〔問 4〕	㋐　㋑　㋒　㋓

3	〔問 1〕	㋐　㋑　㋒　㋓
	〔問 2〕	２時間ごとに記録した透明半球上の・印のそれぞれの間隔は，
	〔問 3〕	㋐　㋑　㋒　㋓
	〔問 4〕	㋐　㋑　㋒　㋓

4	〔問 1〕	㋐　㋑　㋒　㋓
	〔問 2〕	㋐　㋑　㋒　㋓
	〔問 3〕	㋐　㋑　㋒　㋓

5	〔問 1〕	㋐　㋑　㋒　㋓
	〔問 2〕	㋐　㋑　㋒　㋓
	〔問 3〕	<資料>から，
	〔問 4〕	㋐　㋑　㋒　㋓

6	〔問 1〕	㋐　㋑　㋒　㋓	
	〔問 2〕	①	②
		㋐　㋑　㋒　㋓	㋐　㋑　㋒　㋓
	〔問 3〕	㋐　㋑　㋒　㋓	
	〔問 4〕	㋐　㋑　㋒　㋓	

（注）この解答用紙は実物を縮小してあります。Ａ３用紙に152％拡大コピーすると，ほぼ実物大で使用できます。（タイトルと配点表は含みません）

配点

1（計24点）						2（計16点）				3（計16点）				4（計12点）			5（計16点）				6（計16点）			
問1	問2	問3	問4	問5	問6	問1	問2	問3	問4	問1	問2	問3	問4	問1	問2	問3	問1	問2	問3	問4	問1	問2	問3	問4
4点	4点	4点	4点	4点	4点	4点	4点	4点	4点	4点	4点	4点	4点	4点	4点	4点	4点	4点	4点	4点	4点	4点	4点	4点

2023年度　都立立川高校　英語

解　答　用　紙（1）

1	〔問題A〕	〈対話文1〉		〈対話文2〉		〈対話文3〉	
	〔問題B〕	〈Question 1〉					
		〈Question 2〉					

2	〔問1〕						
	〔問2〕		〔問3〕		〔問4〕		
	〔問5〕		〔問6〕		〔問7〕		
	〔問8〕						
	〔問9〕	40語 50語					

解　答　用　紙　（2）

3	〔問1〕			〔問2〕	
	〔問3〕			〔問4〕	
	〔問5〕	①		②	
	〔問6〕			〔問7〕	
	〔問8〕				
	〔問9〕	①		②	
		③		④	

（注）この解答用紙は実物を縮小してあります。
B4用紙に135%拡大コピーすると、
ほぼ実物大で使用できます。
（タイトルと配点表は含みません）

配点	1　各４点×５ 2　問１～問８　各４点×８　問９　８点 3　問１～問４　各４点×４　問５　各２点×２ 問６～問８　各４点×３　問９　各２点×４	計 100点

2023年度　都立立川高校　数学

解　答　用　紙　（1）

1

〔問1〕	
〔問2〕	$x =$ 　　　　　, $y =$
〔問3〕	
〔問4〕	
〔問5〕	

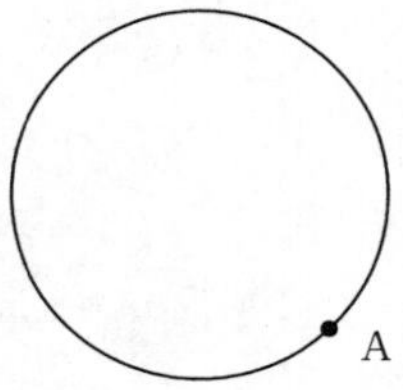

2

〔問1〕	$y =$
〔問2〕	【　途中の式や計算など　】

（答え）

〔問3〕	cm^2

（注）この解答用紙は実物を縮小してあります。
B4用紙に132%拡大コピーすると、
ほぼ実物大で使用できます。
（タイトルと配点表は含みません）

解　答　用　紙　（2）

3		
〔問 1〕	（　　　　　　　）　cm^2	
〔問 2〕	(1)	【 証　明 】
〔問 2〕	(2)	ℓ =

4		
〔問 1〕	cm	
〔問 2〕	(1)	【 途中の式や計算など 】
〔問 2〕	(2)	cm

配点		計
	1 各5点×5 2 問1　7点　問2　11点　問3　7点 3 問1　7点　問2　(1)　11点　(2)　7点 4 問1　7点　問2　(1)　11点　(2)　7点	100点

四

〔問5〕

X

75

60 20

Y

150

100 20

〔問6〕

五

〔問1〕

〔問2〕

〔問3〕

〔問4〕

〔問5〕

（注）この解答用紙は実物を縮小してあります。
B4用紙に125％拡大コピーすると、
ほぼ実物大で使用できます。
（タイトルと配点表は含みません）

配点	一，二　各２点×10　　三　各４点×６ 四　問１～問４　各４点×４　問５　各８点×２　問６　４点 五　各４点×５	計 100点

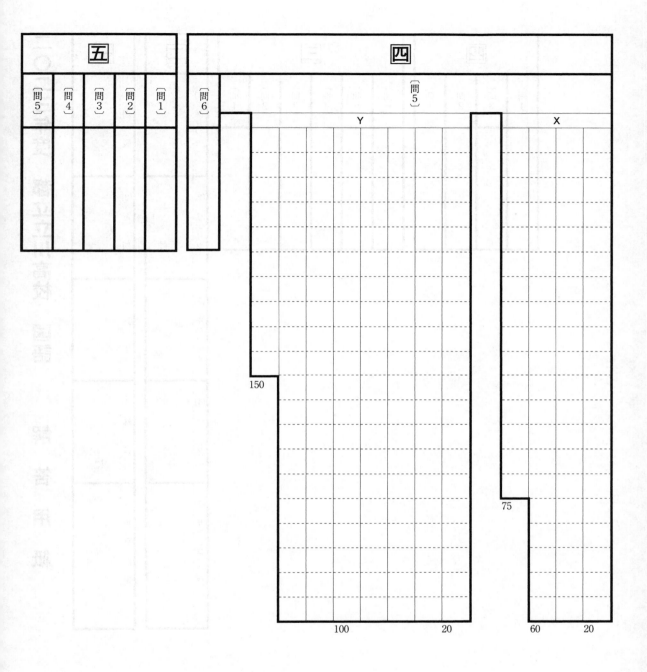

二〇二三年度　都立立川高校　国語　解答用紙

一

(1) 剥製

(2) 苛烈

(3) 装丁

(4) 殊に　に

(5) 東奔西走

二

(1) クッシ

(2) リンリツ

(3) キハッセイ

(4) ナ（り）　り

(5) サンシコウコウ

三

〔問1〕

〔問2〕

〔問3〕

〔問4〕

〔問5〕

〔問6〕

四

〔問1〕

〔問2〕

〔問3〕

〔問4〕

2023年度　東京都立高校　社会

解　答　用　紙

□部分がマークシート方式により解答する問題です。

マーク上の注意事項

1　ＨＢ又はＢの鉛筆（シャープペンシルも可）を使って，〇の中を正確に塗りつぶすこと。

2　答えを直すときは，きれいに消して，消しくずを残さないこと。

3　決められた欄以外にマークしたり，記入したりしないこと。

良い例	悪い例
●	線　小さい　はみ出し　丸囲み　レ点　うすい

受	検	番	号			
0	0	0	0	0	0	0
1	1	1	1	1	1	1
2	2	2	2	2	2	2
3	3	3	3	3	3	3
4	4	4	4	4	4	4
5	5	5	5	5	5	5
6	6	6	6	6	6	6
7	7	7	7	7	7	7
8	8	8	8	8	8	8
9	9	9	9	9	9	9

1

〔問1〕　ア　イ　ウ　エ

〔問2〕　ア　イ　ウ　エ

〔問3〕　ア　イ　ウ　エ

2

〔問1〕　略地図中のＡ～Ｄ：Ａ　Ｂ　Ｃ　Ｄ　／　Ⅱのア～エ：ア　イ　ウ　エ

〔問2〕　Ｗ：ア イ ウ エ　Ｘ：ア イ ウ エ　Ｙ：ア イ ウ エ　Ｚ：ア イ ウ エ

〔問3〕　ア　イ　ウ　エ

3

〔問1〕　Ａ：ア イ ウ エ　Ｂ：ア イ ウ エ　Ｃ：ア イ ウ エ　Ｄ：ア イ ウ エ

〔問2〕　ア　イ　ウ　エ

〔問3〕　〔(1)目的〕

〔(2)敷設《ふせつ》状況及び設置状況〕

4

〔問1〕　ア イ ウ エ → ア イ ウ エ → ア イ ウ エ → ア イ ウ エ

〔問2〕　ア　イ　ウ　エ

〔問3〕　時期：ア イ ウ → ア イ ウ → ア イ ウ　／　略地図：ア　イ　ウ

〔問4〕　Ａ：ア イ ウ エ　Ｂ：ア イ ウ エ　Ｃ：ア イ ウ エ　Ｄ：ア イ ウ エ

5

〔問1〕　ア　イ　ウ　エ

〔問2〕　ア　イ　ウ　エ

〔問3〕　ア　イ　ウ　エ

〔問4〕

6

〔問1〕　Ａ：ア イ ウ エ　Ｂ：ア イ ウ エ　Ｃ：ア イ ウ エ　Ｄ：ア イ ウ エ

〔問2〕　Ⅰの略年表中のＡ～Ｄ：Ａ　Ｂ　Ｃ　Ｄ　／　略地図中のＷ～Ｚ：Ｗ　Ｘ　Ｙ　Ｚ

〔問3〕　ア　イ　ウ　エ

（注）この解答用紙は実物を縮小してあります。Ａ３用紙に154％拡大コピーすると，ほぼ実物大で使用できます。（タイトルと配点表は含みません）

配点

1 (計15点)			2 (計15点)			3 (計15点)			4 (計20点)				5 (計20点)				6 (計15点)		
問1	問2	問3	問1	問2	問3	問1	問2	問3	問1	問2	問3	問4	問1	問2	問3	問4	問1	問2	問3
5点	5点	5点	5点	5点	5点	5点	5点	5点	5点	5点	5点	5点	5点	5点	5点	5点	5点	5点	5点

2023年度　東京都立高校　理科

解　答　用　紙

受	検	番	号			
⓪	⓪	⓪	⓪	⓪	⓪	⓪
①	①	①	①	①	①	①
②	②	②	②	②	②	②
③	③	③	③	③	③	③
④	④	④	④	④	④	④
⑤	⑤	⑤	⑤	⑤	⑤	⑤
⑥	⑥	⑥	⑥	⑥	⑥	⑥
⑦	⑦	⑦	⑦	⑦	⑦	⑦
⑧	⑧	⑧	⑧	⑧	⑧	⑧
⑨	⑨	⑨	⑨	⑨	⑨	⑨

▭ 部分がマークシート方式により解答する問題です。

マーク上の注意事項

1　ＨＢ又はＢの鉛筆（シャープペンシルも可）を使って，◯の中を正確に塗りつぶすこと。

2　答えを直すときは，きれいに消して，消しくずを残さないこと。

3　決められた欄以外にマークしたり，記入したりしないこと。

良い例	悪い例		
●	線	小さい	はみ出し
	丸囲み	レ点	うすい

1

〔問 1〕	㋐　㋑　㋒　㋓
〔問 2〕	㋐　㋑　㋒　㋓
〔問 3〕	㋐　㋑　㋒　㋓
〔問 4〕	㋐　㋑　㋒　㋓
〔問 5〕	㋐　㋑　㋒　㋓
〔問 6〕	㋐　㋑　㋒　㋓

2

〔問 1〕	㋐　㋑　㋒　㋓	
〔問 2〕	①	②
	㋐　㋑	㋐　㋑
〔問 3〕	㋐　㋑　㋒　㋓	
〔問 4〕	㋐　㋑　㋒　㋓	

3

〔問 1〕				
〔問 2〕	①		②	
	㋐　㋑		㋐　㋑	
〔問 3〕	①	②	③	④
	㋐　㋑	㋐　㋑	㋐　㋑	㋐　㋑
〔問 4〕	㋐　㋑　㋒　㋓			

4

〔問 1〕	㋐　㋑　㋒　㋓
〔問 2〕	㋐　㋑　㋒　㋓
〔問 3〕	㋐　㋑　㋒　㋓

5

〔問 1〕	㋐　㋑　㋒　㋓　㋔	
〔問 2〕	㋐　㋑　㋒　㋓	
〔問 3〕	㋐　㋑　㋒　㋓	
〔問 4〕	①	②
	㋐　㋑　㋒	㋐　㋑　㋒

6

〔問 1〕	㋐　㋑　㋒　㋓
〔問 2〕	㋐　㋑　㋒　㋓　㋔　㋕
〔問 3〕	㋐　㋑　㋒　㋓　㋔
〔問 4〕	㋐　㋑　㋒　㋓

（注）この解答用紙は実物を縮小してあります。A３用紙に152％拡大コピーすると、ほぼ実物大で使用できます。（タイトルと配点表は含みません）

配点

1（計24点）						2（計16点）				3（計16点）				4（計12点）			5（計16点）				6（計16点）			
問1	問2	問3	問4	問5	問6	問1	問2	問3	問4	問1	問2	問3	問4	問1	問2	問3	問1	問2	問3	問4	問1	問2	問3	問4
4点	4点	4点	4点	4点	4点	4点	4点	4点	4点	4点	4点	4点	4点	4点	4点	4点	4点	4点	4点	4点	4点	4点	4点	4点

2022年度　都立立川高校　英語

解　答　用　紙　（1）

1	〔問題A〕	〈対話文1〉		〈対話文2〉		〈対話文3〉	
	〔問題B〕	〈Question 1〉					
		〈Question 2〉					

2	〔問1〕		〔問2〕		〔問3〕	
	〔問4〕		〔問5〕		〔問6〕	
	〔問7〕		〔問8〕			
	〔問9〕	40語 50語				

解　答　用　紙　（2）

3	〔問1〕				
	〔問2〕			〔問3〕	
	〔問4〕			〔問5〕	
	〔問6〕				
	〔問7〕			〔問8〕	
	〔問9〕	①		②	
		③		④	

（注）この解答用紙は実物を縮小してあります。
B4用紙に135%拡大コピーすると、
ほぼ実物大で使用できます。
（タイトルと配点表は含みません）

配点		計
	1　各４点×５ 2　問１～問８　各４点×８　問９　８点 3　問１～問８　各４点×８　問９　各２点×４	100点

2022年度　都立立川高校　数学

解　答　用　紙　（1）

1

〔問 1〕	
〔問 2〕	$x =$ 　　　　　　　, $y =$
〔問 3〕	個
〔問 4〕	
〔問 5〕	

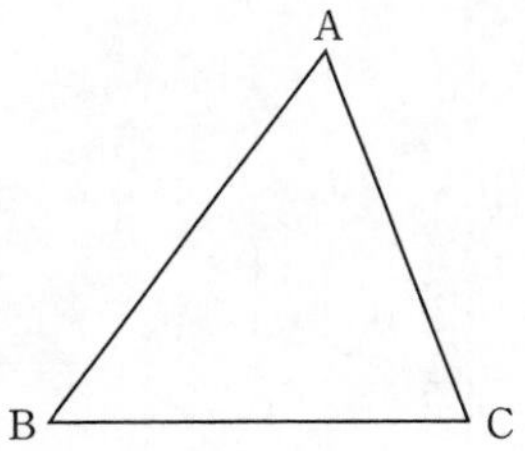

2

〔問 1〕	$y =$
〔問 2〕	【 途中の式や計算など 】 （答え）　$t =$
〔問 3〕	（　　　　　　　　　　　） cm

（注）この解答用紙は実物を縮小してあります。
B4用紙に132%拡大コピーすると、
ほぼ実物大で使用できます。
（タイトルと配点表は含みません）

解答用紙（2）

3

〔問1〕		cm
〔問2〕	(1)	【証明】

〔問2〕	(2)	△BCEの面積 倍	△ADHの面積 倍

4

〔問1〕		cm
〔問2〕	(1)	cm
〔問2〕	(2)	【途中の式や計算など】

（答え）　cm^3

配点		計
	1 各5点×5 2 問1　7点　問2　11点　問3　7点 3 問1　7点　問2　(1)　11点　(2)　7点 4 問1　7点　問2　(1)　7点　(2)　11点	100点

四

問4

100 80 20

四

問5

X

10 15

Y

10 20

Z

問6

五

問1 問2 問3 問4 問5

（注）この解答用紙は実物を縮小してあります。
B4用紙に111％拡大コピーすると、
ほぼ実物大で使用できます。
（タイトルと配点表は含みません）

配点	一，二　各２点×10　三　各４点×６ 四　問１～問３　各４点×３　問４　９点 問５　X　３点　Y，Z　各４点×２　問６　４点 五　各４点×５	計 100点

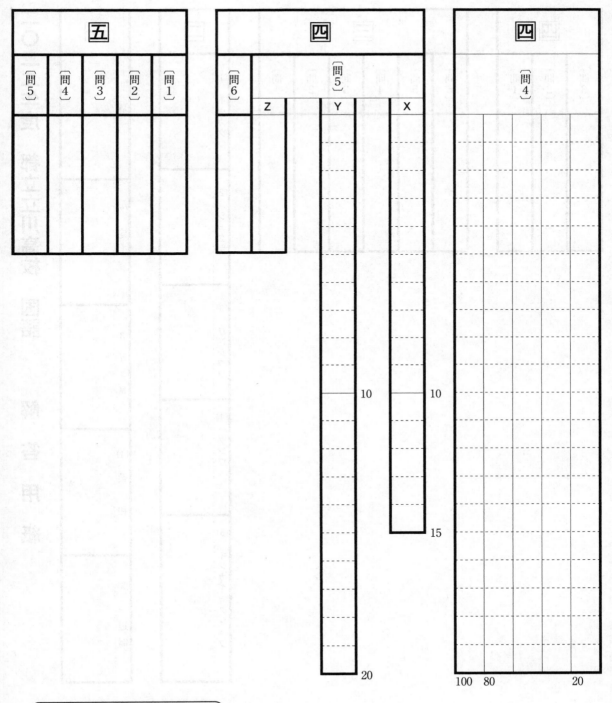

二〇二二年度　都立立川高校　国語　解答用紙

一

(1) 虞

(2) 定礎

(3) 斤量

(4) 柔和

(5) 一辺倒

二

(1) トウカク

(2) ショクシ

(3) リンショウ

(4) クンワ

(5) キンカギョクジョウ

三

〔問1〕

〔問2〕

〔問3〕

〔問4〕

〔問5〕

〔問6〕

四

〔問1〕

〔問2〕

〔問3〕

2022年度　東京都立高校 社会
解 答 用 紙

□部分がマークシート方式により解答する問題です。

マーク上の注意事項

1　ＨＢ又はＢの鉛筆（シャープペンシルも可）を使って，〇の中を正確に塗りつぶすこと。
2　答えを直すときは，きれいに消して，消しくずを残さないこと。
3　決められた欄以外にマークしたり，記入したりしないこと。

良い例	悪い例		
●	線	小さい	はみ出し
	丸囲み	レ点	うすい

受検番号						
⓪	⓪	⓪	⓪	⓪	⓪	⓪
①	①	①	①	①	①	①
②	②	②	②	②	②	②
③	③	③	③	③	③	③
④	④	④	④	④	④	④
⑤	⑤	⑤	⑤	⑤	⑤	⑤
⑥	⑥	⑥	⑥	⑥	⑥	⑥
⑦	⑦	⑦	⑦	⑦	⑦	⑦
⑧	⑧	⑧	⑧	⑧	⑧	⑧
⑨	⑨	⑨	⑨	⑨	⑨	⑨

1

〔問 1〕	㋐ ㋑ ㋒ ㋓
〔問 2〕	㋐ ㋑ ㋒ ㋓
〔問 3〕	㋐ ㋑ ㋒ ㋓

2

〔問 1〕	略地図中のＡ～Ｄ		Ⅱのア～エ	
	Ⓐ Ⓑ Ⓒ Ⓓ		㋐ ㋑ ㋒ ㋓	
〔問 2〕	P	Q	R	S
	㋐㋑㋒㋓	㋐㋑㋒㋓	㋐㋑㋒㋓	㋐㋑㋒㋓
〔問 3〕	略地図中のＷ～Ｚ		ⅠとⅡの表のア～エ	
	Ⓦ Ⓧ Ⓨ Ⓩ		㋐ ㋑ ㋒ ㋓	

3

〔問 1〕	A	B	C	D
	㋐㋑㋒㋓	㋐㋑㋒㋓	㋐㋑㋒㋓	㋐㋑㋒㋓
〔問 2〕	Ⅰのア～エ		略地図中のＷ～Ｚ	
	㋐ ㋑ ㋒ ㋓		Ⓦ Ⓧ Ⓨ Ⓩ	
〔問 3〕	〔変化〕 〔要因〕			

4

〔問 1〕	㋐㋑㋒㋓ → ㋐㋑㋒㋓ → ㋐㋑㋒㋓ → ㋐㋑㋒㋓
〔問 2〕	㋐ ㋑ ㋒ ㋓
〔問 3〕	㋐㋑㋒㋓ → ㋐㋑㋒㋓ → ㋐㋑㋒㋓ → ㋐㋑㋒㋓
〔問 4〕	㋐ ㋑ ㋒ ㋓

5

〔問 1〕	㋐ ㋑ ㋒ ㋓
〔問 2〕	㋐ ㋑ ㋒ ㋓
〔問 3〕	
〔問 4〕	㋐ ㋑ ㋒ ㋓

6

〔問 1〕	㋐㋑㋒㋓ → ㋐㋑㋒㋓ → ㋐㋑㋒㋓ → ㋐㋑㋒㋓	
〔問 2〕	ⅠのＡ～Ｄ	ⅠのＡ～Ｄのア～ウ
	Ⓐ Ⓑ Ⓒ Ⓓ	㋐ ㋑ ㋒
〔問 3〕	Ⓦ Ⓧ Ⓨ Ⓩ	

（注）この解答用紙は実物を縮小してあります。A3用紙に154%拡大コピーすると、ほぼ実物大で使用できます。（タイトルと配点表は含みません）

配点

1（計15点）			2（計15点）			3（計15点）			4（計20点）				5（計20点）				6（計15点）		
問1	問2	問3	問1	問2	問3	問1	問2	問3	問1	問2	問3	問4	問1	問2	問3	問4	問1	問2	問3
5点	5点	5点	5点	5点	5点	5点	5点	5点	5点	5点	5点	5点	5点	5点	5点	5点	5点	5点	5点

2022年度　東京都立高校　理科
解　答　用　紙

▭ 部分がマークシート方式により解答する問題です。

マーク上の注意事項

1　ＨＢ又はＢの鉛筆（シャープペンシルも可）を使って，◯の中を正確に塗りつぶすこと。

2　答えを直すときは，きれいに消して，消しくずを残さないこと。

3　決められた欄以外にマークしたり，記入したりしないこと。

良い例	悪い例		
●	線	小さい	はみ出し
	丸囲み	レ点	うすい

受	検	番	号			
⓪	⓪	⓪	⓪	⓪	⓪	⓪
①	①	①	①	①	①	①
②	②	②	②	②	②	②
③	③	③	③	③	③	③
④	④	④	④	④	④	④
⑤	⑤	⑤	⑤	⑤	⑤	⑤
⑥	⑥	⑥	⑥	⑥	⑥	⑥
⑦	⑦	⑦	⑦	⑦	⑦	⑦
⑧	⑧	⑧	⑧	⑧	⑧	⑧
⑨	⑨	⑨	⑨	⑨	⑨	⑨

1		
	〔問 1〕	㋐　㋑　㋒　㋓
	〔問 2〕	㋐　㋑　㋒　㋓
	〔問 3〕	㋐　㋑　㋒　㋓
	〔問 4〕	㋐　㋑　㋒　㋓
	〔問 5〕	㋐　㋑　㋒　㋓

2		
	〔問 1〕	㋐　㋑　㋒　㋓
	〔問 2〕	㋐　㋑　㋒　㋓
	〔問 3〕	㋐　㋑　㋒　㋓
	〔問 4〕	㋐　㋑　㋒　㋓

3		
	〔問 1〕	㋐　㋑　㋒　㋓
	〔問 2〕	㋐　㋑　㋒　㋓
	〔問 3〕	㋐　㋑　㋒　㋓
	〔問 4〕	㋐　㋑　㋒　㋓

4		
	〔問 1〕	㋐　㋑　㋒　㋓
	〔問 2〕	㋐　㋑　㋒　㋓
	〔問 3〕	㋐　㋑　㋒　㋓
	〔問 4〕	㋐　㋑　㋒

5		
	〔問 1〕	㋐　㋑　㋒　㋓
	〔問 2〕	㋐㋑㋒㋓㋔㋕
	〔問 3〕	＜化学反応式＞ ＿＿＿＿（酸）＋＿＿＿＿（アルカリ）→ ＿＿＿＿（塩）＋＿＿＿＿
	〔問 4〕	㋐　㋑　㋒　㋓

6		
	〔問 1〕	㋐　㋑　㋒　㋓
	〔問 2〕	㋐　㋑　㋒　㋓
	〔問 3〕	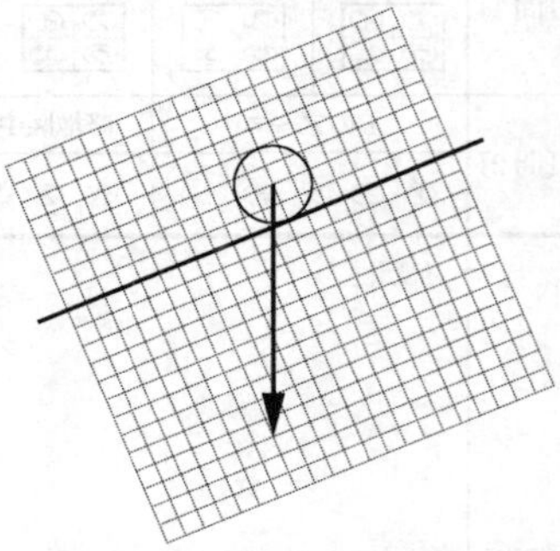
	〔問 4〕	㋐　㋑　㋒　㋓

（注）この解答用紙は実物を縮小してあります。A３用紙に152％拡大コピーすると，ほぼ実物大で使用できます。（タイトルと配点表は含みません）

配点

1 (計20点)					2 (計16点)				3 (計16点)				4 (計16点)				5 (計16点)				6 (計16点)			
問1	問2	問3	問4	問5	問1	問2	問3	問4	問1	問2	問3	問4	問1	問2	問3	問4	問1	問2	問3	問4	問1	問2	問3	問4
4点	4点	4点	4点	4点	4点	4点	4点	4点	4点	4点	4点	4点	4点	4点	4点	4点	4点	4点	4点	4点	4点	4点	4点	4点

2021年度　都立立川高校　英語

解　答　用　紙　（1）

1	〔問題A〕	〈対話文1〉		〈対話文2〉		〈対話文3〉	
	〔問題B〕	〈Question 1〉					
		〈Question 2〉					

2	〔問1〕		〔問2〕		〔問3〕	
	〔問4〕		〔問5〕		〔問6〕	
	〔問7〕		〔問8〕			
	〔問9〕	40語 50語				

解　答　用　紙　（2）

3	〔問1〕		〔問2〕	
	〔問3〕			
	〔問4〕		〔問5〕	
	〔問6〕			
	〔問7〕		〔問8〕	
	〔問9〕	①		②	
		③		④	

（注）この解答用紙は実物を縮小してあります。
B4用紙に135%拡大コピーすると、
ほぼ実物大で使用できます。
（タイトルと配点表は含みません）

配点		計
	1　各４点×５ 2　問１～問８　各４点×８　問９　８点 3　問１～問８　各４点×８　問９　各２点×４	100点

2021年度　都立立川高校　数学

解　答　用　紙　（1）

1

〔問 1〕	
〔問 2〕	$x =$　　　　　　, $y =$
〔問 3〕	$p =$
〔問 4〕	
〔問 5〕	

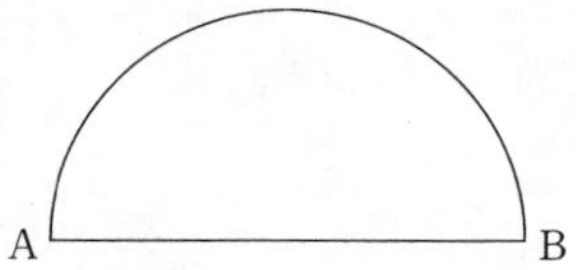

2

〔問 1〕	$a =$
〔問 2〕	【 途中の式や計算など 】

（答え）　（　　　　　,　　　　　）

〔問 3〕	

（注）この解答用紙は実物を縮小してあります。
B4用紙に132%拡大コピーすると、
ほぼ実物大で使用できます。
（タイトルと配点表は含みません）

解 答 用 紙 （2）

3

〔問1〕		cm
〔問2〕	⑴	【 証 明 】
〔問2〕	⑵	度

4

〔問1〕	個
〔問2〕	cm^2
〔問3〕	【 途中の式や計算など 】
（答え）	個

配点	1 各5点×5 2 問1 7点 問2 11点 問3 7点 3 問1 7点 問2 ⑴ 11点 ⑵ 7点 4 問1，問2 各7点×2 問3 11点	計 100点

五

〔問5〕 〔問4〕 〔問3〕 〔問2〕 〔問1〕

四

〔問6〕 〔問5〕 〔問4〕 〔問3〕

四

〔問2〕

100 80 20

（注）この解答用紙は実物を縮小してあります。
B4用紙に111％拡大コピーすると、
ほぼ実物大で使用できます。
（タイトルと配点表は含みません）

配点		計
配点	一，二　各２点×10 三　各４点×６ 四　問１，問２　各８点×２　問３～問６　各５点×４ 五　各４点×５	100点

二〇二一年度　都立立川高校　国語　解答用紙

一

(1) 誉れ　れ

(2) 必定

(3) 沿革

(4) 得心

(5) 折半

二

(1) セキ

(2) ソウゴウ

(3) ヘイコウ

(4) ラクセイ

(5) メイキョウシスイ

三

〔問1〕

〔問2〕

〔問3〕

〔問4〕

〔問5〕

〔問6〕

四

〔問1〕

100　80　20

2021年度　東京都立高校　社会

解　答　用　紙

受　検　番　号						
⓪	⓪	⓪	⓪	⓪	⓪	⓪
①	①	①	①	①	①	①
②	②	②	②	②	②	②
③	③	③	③	③	③	③
④	④	④	④	④	④	④
⑤	⑤	⑤	⑤	⑤	⑤	⑤
⑥	⑥	⑥	⑥	⑥	⑥	⑥
⑦	⑦	⑦	⑦	⑦	⑦	⑦
⑧	⑧	⑧	⑧	⑧	⑧	⑧
⑨	⑨	⑨	⑨	⑨	⑨	⑨

▭部分がマークシート方式により解答する問題です。

マーク上の注意事項《ちゅういじこう》

1　ＨＢ又《また》はＢの鉛筆（シャープペンシルも可）を使って，◯の中を正確に塗《ぬ》りつぶすこと。

2　答えを直すときは，きれいに消して，消しくずを残さないこと。

3　決められた欄《らん》以外にマークしたり，記入したりしないこと。

良い例	悪い例
●	線　小さい　はみ出し　丸囲み　レ点　うすい

1		
	〔問1〕	㋐　㋑　㋒　㋓
	〔問2〕	㋐　㋑　㋒　㋓
	〔問3〕	㋐　㋑　㋒　㋓
	〔問4〕	㋐　㋑　㋒　㋓

2					
〔問1〕	Ⅰのア～エ		Ⅱの表のア～エ		
	㋐㋑㋒㋓		㋐㋑㋒㋓		
〔問2〕	P	Q	R	S	
	㋐㋑㋒㋓	㋐㋑㋒㋓	㋐㋑㋒㋓	㋐㋑㋒㋓	
〔問3〕	ⅠとⅡの表のア～エ		略地図中のW～Z		
	㋐㋑㋒㋓		ⓌⓍⓎⓏ		

3				
〔問1〕	A	B	C	D
	㋐㋑㋒㋓	㋐㋑㋒㋓	㋐㋑㋒㋓	㋐㋑㋒㋓
〔問2〕	W	X	Y	Z
	㋐㋑㋒㋓	㋐㋑㋒㋓	㋐㋑㋒㋓	㋐㋑㋒㋓
〔問3〕	〔地域の変容〕			
	〔要因〕			

4				
〔問1〕	㋐㋑㋒㋓ → ㋐㋑㋒㋓ → ㋐㋑㋒㋓ → ㋐㋑㋒㋓			
〔問2〕	Ⅰの略年表中のア～エ		Ⅱの略地図中のA～D	
	㋐㋑㋒㋓		ⒶⒷⒸⒹ	
〔問3〕	㋐　㋑　㋒　㋓			
〔問4〕	A	B	C	D
	㋐㋑㋒㋓	㋐㋑㋒㋓	㋐㋑㋒㋓	㋐㋑㋒㋓

5	
〔問1〕	㋐　㋑　㋒　㋓
〔問2〕	㋐　㋑　㋒　㋓
〔問3〕	

6				
〔問1〕	㋐㋑㋒㋓ → ㋐㋑㋒㋓ → ㋐㋑㋒㋓ → ㋐㋑㋒㋓			
〔問2〕	A	B	C	D
	㋐㋑㋒㋓	㋐㋑㋒㋓	㋐㋑㋒㋓	㋐㋑㋒㋓
〔問3〕	㋐　㋑　㋒　㋓			

（注）この解答用紙は実物を縮小してあります。A3用紙に154％拡大コピーすると，ほぼ実物大で使用できます。（タイトルと配点表は含みません）

配点

1（計20点）				2（計15点）			3（計15点）			4（計20点）				5（計15点）			6（計15点）		
問1	問2	問3	問4	問1	問2	問3	問1	問2	問3	問1	問2	問3	問4	問1	問2	問3	問1	問2	問3
5点	5点	5点	5点	5点	5点	5点	5点	5点	5点	5点	5点	5点	5点	5点	5点	5点	5点	5点	5点

2021年度　東京都立高校　理科

解　答　用　紙

受　検　番　号						
⓪	⓪	⓪	⓪	⓪	⓪	⓪
①	①	①	①	①	①	①
②	②	②	②	②	②	②
③	③	③	③	③	③	③
④	④	④	④	④	④	④
⑤	⑤	⑤	⑤	⑤	⑤	⑤
⑥	⑥	⑥	⑥	⑥	⑥	⑥
⑦	⑦	⑦	⑦	⑦	⑦	⑦
⑧	⑧	⑧	⑧	⑧	⑧	⑧
⑨	⑨	⑨	⑨	⑨	⑨	⑨

▭部分がマークシート方式により解答する問題です。

マーク上の注意事項《ちゅういじこう》

1　ＨＢ又《また》はＢの鉛筆（シャープペンシルも可）を使って，〇の中を正確に塗《ぬ》りつぶすこと。

2　答えを直すときは，きれいに消して，消しくずを残さないこと。

3　決められた欄《らん》以外にマークしたり，記入したりしないこと。

良い例	悪い例		
●	線	小さい	はみ出し
	丸囲み	レ点	うすい

1

〔問1〕	㋐　㋑　㋒　㋓	
〔問2〕	㋐　㋑　㋒　㋓	
〔問3〕	㋐　㋑　㋒　㋓	
〔問4〕	① ㋐ ㋑ ㋒ ㋓	② ㋐ ㋑ ㋒ ㋓
〔問5〕	㋐　㋑　㋒　㋓	
〔問6〕	㋐　㋑　㋒　㋓	

2

〔問1〕	① ㋐ ㋑ ㋒ ㋓	② ㋐ ㋑ ㋒ ㋓
〔問2〕	㋐　㋑　㋒　㋓	
〔問3〕	㋐　㋑　㋒　㋓	
〔問4〕	㋐　㋑　㋒　㋓	

3

〔問1〕	㋐　㋑　㋒　㋓		
〔問2〕	① ㋐ ㋑ ㋒	② ㋐ ㋑ ㋒	③ ㋐ ㋑ ㋒
〔問3〕	① ㋐ ㋑ ㋒ ㋓	② ㋐ ㋑ ㋒ ㋓	
〔問4〕	㋐㋑㋒㋓ → ㋐㋑㋒㋓ → ㋐㋑㋒㋓ → ㋐㋑㋒㋓		

4

〔問1〕	㋐　㋑　㋒　㋓	
〔問2〕	① ㋐ ㋑ ㋒	② ㋐ ㋑ ㋒
〔問3〕	① ㋐ ㋑ ㋒	② ㋐ ㋑ ㋒

5

〔問1〕	① ㋐ ㋑ ㋒ ㋓	② ㋐ ㋑ ㋒
〔問2〕	① ㋐ ㋑ ㋒ ㋓	② ㋐ ㋑ ㋒ ㋓
〔問3〕	㋐　㋑　㋒　㋓	
〔問4〕	%	

6

〔問1〕	㋐　㋑　㋒　㋓			
〔問2〕				
〔問3〕	㋐㋑㋒㋓ → ㋐㋑㋒㋓ → ㋐㋑㋒㋓ → ㋐㋑㋒㋓			
〔問4〕	① ㋐ ㋑ ㋒	② ㋐ ㋑ ㋒	③ ㋐ ㋑ ㋒	④ ㋐ ㋑ ㋒

（注）この解答用紙は実物を縮小してあります。A３用紙に152％拡大コピーすると，ほぼ実物大で使用できます。（タイトルと配点表は含みません）

配点

1（計24点）						2（計16点）				3（計16点）				4（計12点）			5（計16点）				6（計16点）			
問1	問2	問3	問4	問5	問6	問1	問2	問3	問4	問1	問2	問3	問4	問1	問2	問3	問1	問2	問3	問4	問1	問2	問3	問4
4点	4点	4点	4点	4点	4点	4点	4点	4点	4点	4点	4点	4点	4点	4点	4点	4点	4点	4点	4点	4点	4点	4点	4点	4点

2020年度　都立立川高校　英語
解　答　用　紙　（1）

1	〔問題A〕	〈対話文1〉		〈対話文2〉		〈対話文3〉	
	〔問題B〕	〈Question 1〉					
		〈Question 2〉					

2	〔問1〕		〔問2〕		〔問3〕		
	〔問4〕	3番目		6番目			
	〔問5〕	(a)		(b)			
	〔問6〕						
	〔問7〕						
	〔問8〕	(a)		(b)			
		(c)		(d)			

3	〔問1〕						
	〔問2〕						
	〔問3〕	4番目		8番目			
	〔問4〕		〔問5〕		〔問6〕		
	〔問7〕						

解　答　用　紙　(2)

3	〔問8〕	40語 50語

(注) この解答用紙は実物を縮小してあります。
B4用紙に135%拡大コピーすると、
ほぼ実物大で使用できます。
(タイトルと配点表は含みません)

		計
配点	1　各4点×5 2　問1～問4　各4点×4　問5　各2点×2 問6，問7　各4点×3　問8　各2点×4 3　問1～問7　各4点×8　問8　8点	100点

2020年度　都立立川高校　数学
解　答　用　紙　（1）

1	
〔問 1〕	
〔問 2〕	x =　　　　，y =
〔問 3〕	個
〔問 4〕	
〔問 5〕	

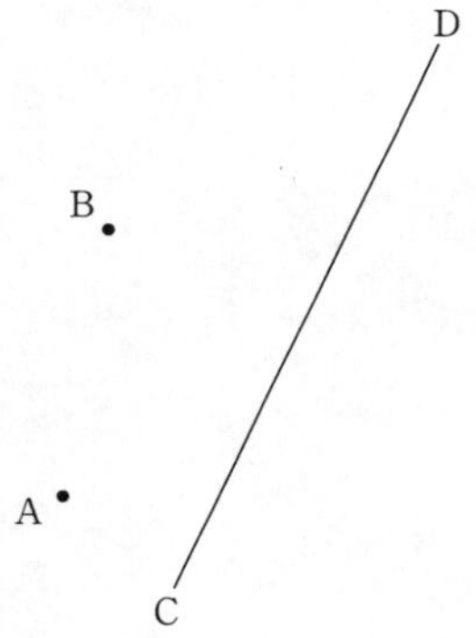

2	
〔問 1〕	
〔問 2〕	cm^2
〔問 3〕	s =
〔問 4〕	【　途中の式や計算など　】

（答え）　t =

（注）この解答用紙は実物を縮小してあります。
B4用紙に132%拡大コピーすると、
ほぼ実物大で使用できます。
（タイトルと配点表は含みません）

解　答　用　紙　（2）

3	
〔問1〕	cm
〔問2〕	【 証　明 】
〔問3〕	cm^2

4	
〔問1〕	cm
〔問2〕	ℓ =
〔問3〕	【 途中の式や計算など 】 （答え）　cm^3

配点		計
	1　各5点×5 2　問1～問3　各5点×3　問4　10点 3　問1　7点　問2　11点　問3　7点 4　問1，問2　各7点×2　問3　11点	100点

四

〔問3〕

80　60　20

四

〔問4〕

100　80　20

四

〔問5〕

〔問6〕

五

〔問1〕

〔問2〕

〔問3〕

〔問4〕

〔問5〕

（注）この解答用紙は実物を縮小してあります。
B4用紙に106%拡大コピーすると、
ほぼ実物大で使用できます。
（タイトルと配点表は含みません）

配点	一，二　各2点×10　三　各4点×6 四　問1，問2　各5点×2　問3，問4　各8点×2 問5，問6　各5点×2 五　各4点×5	計 100点

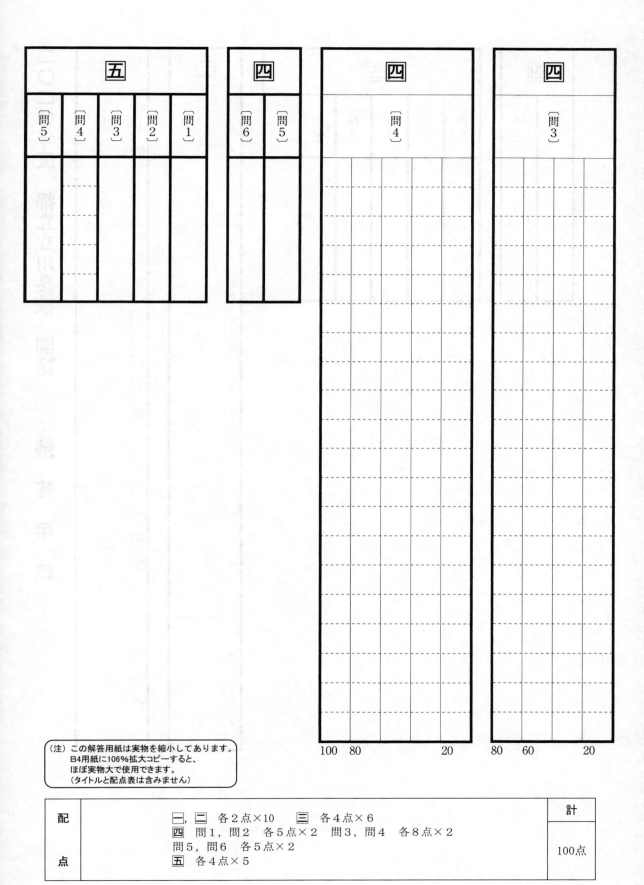

二〇二〇年度　都立立川高校　国語　解答用紙

一

(1) 畝

(2) 遵守

(3) 盤石

(4) 荘重

(5) 万端

二

(1) メイ

(2) タダ（ちに）　ちに

(3) サイゲン

(4) シザ

(5) キショクマンメン

三

〔問1〕

〔問2〕

〔問3〕

〔問4〕

〔問5〕

〔問6〕

四

〔問1〕

〔問2〕

2020年度　東京都立高校　社会
解　答　用　紙

受　検　番　号						
⓪	⓪	⓪	⓪	⓪	⓪	⓪
①	①	①	①	①	①	①
②	②	②	②	②	②	②
③	③	③	③	③	③	③
④	④	④	④	④	④	④
⑤	⑤	⑤	⑤	⑤	⑤	⑤
⑥	⑥	⑥	⑥	⑥	⑥	⑥
⑦	⑦	⑦	⑦	⑦	⑦	⑦
⑧	⑧	⑧	⑧	⑧	⑧	⑧
⑨	⑨	⑨	⑨	⑨	⑨	⑨

▭部分がマークシート方式により解答する問題です。

マーク上の注意事項

1　ＨＢ又はＢの鉛筆（シャープペンシルも可）を使って，◯の中を正確に塗りつぶすこと。

2　答えを直すときは，きれいに消して，消しくずを残さないこと。

3　決められた欄以外にマークしたり，記入したりしないこと。

良い例	悪い例
●	線　小さい　はみ出し　丸囲み　レ点　うすい

1

〔問1〕	㋐ ㋑ ㋒ ㋓
〔問2〕	㋐ ㋑ ㋒ ㋓
〔問3〕	㋐ ㋑ ㋒ ㋓

2

〔問1〕	略地図中の**A〜D**		Ⅱの**ア〜エ**	
	Ⓐ Ⓑ Ⓒ Ⓓ		㋐ ㋑ ㋒ ㋓	
〔問2〕	**P**	**Q**	**R**	**S**
	㋐ ㋑ ㋒ ㋓	㋐ ㋑ ㋒ ㋓	㋐ ㋑ ㋒ ㋓	㋐ ㋑ ㋒ ㋓
〔問3〕	略地図中の**W〜Z**		ⅠとⅡの表の**ア〜エ**	
	Ⓦ Ⓧ Ⓨ Ⓩ		㋐ ㋑ ㋒ ㋓	

3

〔問1〕	**A**	**B**	**C**	**D**
	㋐ ㋑ ㋒ ㋓	㋐ ㋑ ㋒ ㋓	㋐ ㋑ ㋒ ㋓	㋐ ㋑ ㋒ ㋓
〔問2〕	**P**	**Q**	**R**	**S**
	㋐ ㋑	㋐ ㋑	㋐ ㋑	㋐ ㋑
〔問3〕	〔建設された理由〕 〔建設された効果〕			

4

〔問1〕	㋐㋑㋒㋓ → ㋐㋑㋒㋓ → ㋐㋑㋒㋓ → ㋐㋑㋒㋓	
〔問2〕	Ⅰの略年表中の**ア〜エ**	Ⅱの略地図中の**A〜D**
	㋐ ㋑ ㋒ ㋓	Ⓐ Ⓑ Ⓒ Ⓓ
〔問3〕	㋐ ㋑ ㋒ ㋓	
〔問4〕	㋐ ㋑ ㋒ ㋓	

5

〔問1〕	㋐ ㋑ ㋒ ㋓
〔問2〕	㋐ ㋑ ㋒ ㋓
〔問3〕	㋐ ㋑ ㋒ ㋓
〔問4〕	㋐ ㋑ ㋒ ㋓

6

〔問1〕	㋐㋑㋒㋓ → ㋐㋑㋒㋓ → ㋐㋑㋒㋓ → ㋐㋑㋒㋓	
〔問2〕	略地図中の**A〜D**	ⅠとⅡのグラフの**ア〜エ**
	Ⓐ Ⓑ Ⓒ Ⓓ	㋐ ㋑ ㋒ ㋓
〔問3〕		

（注）この解答用紙は実物を縮小してあります。Ａ３用紙に154％拡大コピーすると，ほぼ実物大で使用できます。（タイトルと配点表は含みません）

配点

1（計15点）			2（計15点）			3（計15点）			4（計20点）				5（計20点）				6（計15点）		
問1	問2	問3	問1	問2	問3	問1	問2	問3	問1	問2	問3	問4	問1	問2	問3	問4	問1	問2	問3
5点	5点	5点	5点	5点	5点	5点	5点	5点	5点	5点	5点	5点	5点	5点	5点	5点	5点	5点	5点

2020年度　東京都立高校　理科
解　答　用　紙

受　検　番　号						
⓪	⓪	⓪	⓪	⓪	⓪	⓪
①	①	①	①	①	①	①
②	②	②	②	②	②	②
③	③	③	③	③	③	③
④	④	④	④	④	④	④
⑤	⑤	⑤	⑤	⑤	⑤	⑤
⑥	⑥	⑥	⑥	⑥	⑥	⑥
⑦	⑦	⑦	⑦	⑦	⑦	⑦
⑧	⑧	⑧	⑧	⑧	⑧	⑧
⑨	⑨	⑨	⑨	⑨	⑨	⑨

▭部分がマークシート方式により解答する問題です。

マーク上の注意事項

1　ＨＢ又はＢの鉛筆（シャープペンシルも可）を使って，◯の中を正確に塗りつぶすこと。

2　答えを直すときは，きれいに消して，消しくずを残さないこと。

3　決められた欄以外にマークしたり，記入したりしないこと。

良い例	悪い例		
●	線	小さい	はみ出し
	丸囲み	レ点	うすい

1

〔問1〕	㋐　㋑　㋒　㋓
〔問2〕	㋐　㋑　㋒　㋓
〔問3〕	㋐　㋑　㋒　㋓
〔問4〕	㋐　㋑　㋒　㋓
〔問5〕	㋐　㋑　㋒　㋓

2

〔問1〕	㋐　㋑　㋒　㋓
〔問2〕	㋐　㋑　㋒　㋓
〔問3〕	㋐　㋑　㋒　㋓
〔問4〕	㋐　㋑　㋒　㋓

3

〔問1〕	㋐　㋑　㋒　㋓	
〔問2〕	㋐　㋑　㋒　㋓	
〔問3〕	＊ 解答欄は次頁にあります。	
〔問4〕	①	②
	㋐ ㋑ ㋒ ㋓	㋐ ㋑ ㋒ ㋓

4

〔問1〕	①	②	③	
	㋐ ㋑ ㋒ ㋓	㋐ ㋑ ㋒ ㋓	㋐ ㋑ ㋒ ㋓	
〔問2〕	㋐　㋑　㋒　㋓			
〔問3〕	①	②	③	④
	㋐ ㋑ ㋒ ㋓	㋐ ㋑ ㋒ ㋓	㋐ ㋑ ㋒ ㋓	㋐ ㋑ ㋒ ㋓
〔問4〕	＊ 解答欄は次頁にあります。			

5

〔問1〕	㋐　㋑　㋒　㋓	
〔問2〕	①	②
	㋐ ㋑ ㋒ ㋓	㋐ ㋑ ㋒ ㋓
〔問3〕		
〔問4〕	溶質の名称	
	結晶の質量	g

6

〔問1〕	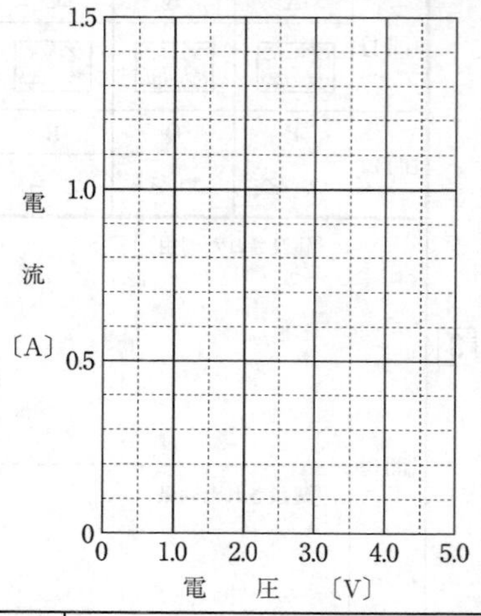	
	電流の大きさ	A
〔問2〕	㋐　㋑　㋒　㋓	
〔問3〕	㋐　㋑　㋒　㋓	
〔問4〕	㋐　㋑　㋒　㋓	

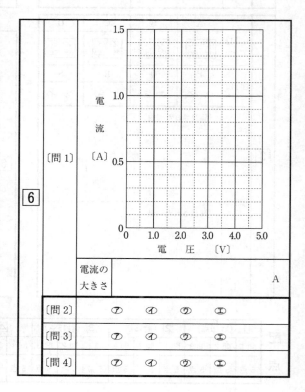

2020年度　東京都立高校　理科
解　答　用　紙

受　検　番　号						

3	〔問 3〕	

4	〔問 4〕	

（注）この解答用紙は実物を縮小してあります。Ｂ４用紙に139%拡大コピーすると、ほぼ実物大で使用できます。（タイトルと配点表は含みません）

配点	1（計20点）					2（計16点）				3（計16点）				4（計16点）				5（計16点）					6（計16点）				
	問1	問2	問3	問4	問5	問1	問2	問3	問4	問1	問2	問3	問4	問1	問2	問3	問4	問1	問2	問3	問4		問1		問2	問3	問4
																					名称	質量	グラフ	電流			
	4点	4点	4点	4点	4点	4点	4点	4点	4点	4点	4点	4点	4点	4点	4点	4点	4点	4点	4点	4点	2点	2点	2点	2点	4点	4点	4点

Memo

Memo

Memo